Houses in South-East Asia
Its Origin, Diffusion, Typology & Transformation

東南アジアの住居
その起源・伝播・類型・変容

布野修司　田中麻里　チャンタニー・チランタナット　ナウィット・オンサワンチャイ
Shuji Funo　*Mari Tanaka*　*Chantanee Chiranthanut*　*Nawit Ongsavangchai*

京都大学学術出版会

口絵 1　貯貝器　石寨山出土　中国国家博物館所蔵　撮影：布野修司

口絵 2　シプソンパンナー（西双版納）のタイ族住居　撮影：布野修司・Chantanee Chiranthanut

口絵3　ヴェトナムのタイ族住居　ヴェトナム民族博物館（ハノイ）　撮影：布野修司

口絵4　タイ系諸族の伝統的住居　上左　バーン・ナーオウ村　上右　バーン・パクシー村　下左　バーン・ノンナウ村　下右　バーン・ノンチャン村　撮影：Chantanee Chiranthanut

口絵5　東南アジアのショップハウス　上　ヘーレン通り（マラッカ）　中左　チャイナタウン（シンガポール）　中右　ホイアン（ヴェトナム）　下左　グロドック地区（ジャカルタ）1979年　下右　クンバン・ジュプン通り（スラバヤ）2016年　撮影：布野修司

口絵6　タイのショップハウス　上　ラッタナーコーシン地区（バンコク）　中　パタニ　下　クロン・スワン　撮影：Nawit Ongsavangchai

口絵7 トゥンソンホン住宅地の変遷 ab：1981年 コアハウジング建設中，cde：落ち着いた住宅地に小店ができる，f：2011年 洪水に襲われる，gh：2016年 洪水を経て床上げ，2階建て改築が進む．撮影：田中麻里

口絵8　ビルディング・トゥゲザーの自力建設住宅（バンコク）　撮影：布野修司

東南アジアの住居

その起源・伝播・類型・変容

Houses in South-East Asia
Its Origin, Diffusion, Typology & Transformation
–Houses of Thai Tribes, Shophouses, and Cities–

布野修司＋田中麻里
チャンタニー・チランタナット＋ナウィット・オンサワンチャイ

Shuji Funo + Mari Tanaka + Chantanee Chiranthanut + Nawit Ongsavangchai

東南アジアの住居

目　次

目　次

はじめに ──────────────────────────────── 1

序章　ヴァナキュラー建築の世界 ──────────────── 5

1　住居の起源　7
2　住居の原型　13

   2-1　洞窟 ── 子宮・部屋・墓　25
   2-2　天幕 ── ノマドの世界　25
   2-3　高床 ── 海の世界　27
   2-4　井籠 ── 森の世界　29
   2-5　組石 ── ヴォールト・アーチ・ペンデンティブ　29

3　住居の形態：地域の生態系に基づく居住システム　30

   3-1　自然環境　31
   3-2　家族と社会 ── 住居・集落・都市　33
   3-3　宇宙と身体 ── 住居とディテール　34

4　住居の変貌　38

第Ⅰ章　東南アジアの伝統的住居 ──────────────── 41

Ⅰ-1　ユーラシアの生態環境と住居　44

   1-1　北方林の世界　46
   1-2　草原の世界　49
   1-3　砂漠の世界　52
   1-4　野の世界　54
   1-5　熱帯林の世界　58
   1-6　海の世界　59

Ⅰ-2　オーストロネシア世界と伝統的住居　59

   2-1　東南アジアの生態環境　59
   2-2　プロト・オーストロネシア語　61
   2-3　住居の原型 ── ドンソン銅鼓と家屋文鏡　62
   2-4　原始入母屋造・構造発達論　66

  2-5 高床と倉 67

I-3 家社会：複数家族と集住形式 70

  3-1 ロングハウス 71
  3-2 ミナンカバウ族の住居 73
  3-3 バタック諸族の住居 74
  3-4 サダン・トラジャ族の住居 74

I-4 コスモスとしての住居集落 76

  4-1 三界観念 77
  4-2 オリエンテーション 79
  4-3 身体としての住居 80
  4-4 水牛・船・ナーガ 82

第Ⅱ章 タイ系諸族の住居 87

Ⅱ-1 タイ系諸族の世界 91

  1-1 タイ系諸族の起源 91
  1-2 タイ系諸族の歴史 93
  1-3 タイ系諸族の社会 101

Ⅱ-2 タイ系諸族の集落と住居 108

  2-1 カムティ族 108
  2-2 シャン族 110
  2-3 タイ・ルー族 115
  2-4 タイ・ダム族 125
  2-5 ユアン族 131
  2-6 シアム族 134
  2-7 南タイ 140

Ⅱ-3 タイ・ラオ族の集落と住居 141

  3-1 メコン中流域の集落と住居 144
  3-2 バーン・ナーオウ（ルーイ県，タイ） 159
  3-3 バーン・パクシー（ルアンパバン県，ラオス） 166

3-4　バーン・ノンナウ（ムクダハン県，タイ）　184
　　3-5　バーン・ノンチャン（カムアン県，ラオス）　194

II-4　タイ系諸族の住居：その起源，原型，変容　206
　　4-1　集落の空間構成　206
　　4-2　住居の空間構成　211
　　4-3　住居の変容　224

第 III 章　東南アジアの都市住居（ショップハウス）──── 225

III-1　ショップハウスの起源と伝播　232
　　1-1　店屋＝ショップハウスの起源　233
　　1-2　ショップハウス・ラフレシア　240
　　1-3　タイのトゥク・テウ　248

III-2　バンコク：首都　255
　　2-1　ラッタナーコーシンとショップハウス　257
　　2-2　ショップハウスの分布と集合形態　258
　　2-3　ショップハウスの類型　263
　　2-4　ショップハウスの変容　265
　　2-5　3つの地区　266
　　2-6　ショップハウスの変容過程　278

III-3　パタニ：港市都市　281
　　3-1　パタニの都市形成　281
　　3-2　チャイニーズ地区 ── その形成とショップハウス　283
　　3-3　チャイニーズ地区の街路体系とショップハウス　287
　　3-4　ショップハウスの空間構成と類型　292
　　3-5　ショップハウスの変容　295

III-4　クロン・スアン：市場町　297
　　4-1　ネットワークの形成 ── 社会経済的背景　298
　　4-2　市場町の形成　300
　　4-3　タラット・クロン・スアンの空間構成　301

4-4　ショップハウスの類型と空間構成　　304
　　4-5　ショップハウスの変容　　305

III-5　**ショップハウスという建築類型**　　309
　　5-1　ショップハウスの形成　　309
　　5-2　ショップハウスの空間構成　　311
　　5-3　ショップハウスの変容　　312
　　5-4　ショップハウスの持続的使用　　316

第 IV 章　東南アジアの現代住居　　317

IV-1　**東南アジアの変貌：過大都市化と過小都市化**　　319

IV-2　**タイランドの変容：生態環境と住居**　　331

IV-3　**古都の変容**　　337
　　3-1　ピマーイ　　338
　　3-2　チェンマイ　　354
　　3-3　アユタヤ　　368
　　3-4　ヴィエンチャン　　380

IV-4　**首都バンコクの変容**　　388
　　4-1　タイの住宅政策と住宅建設　　388
　　4-2　建設現場の仮設住宅地　　398
　　4-3　コアハウジング住宅地　　410
　　4-4　バーンチャロン団地　　429

終　章　　439

1　**地域の生態系に基づく住居システム**　　441

2　**タイ系諸族の住居**　　442

3　**ショップハウス**　　443

4　**アーバン・ヴィレッジ**　　444

目次

5 カンポン・ススン 447

6 未来の住居 455

おわりに 457
主要参考文献 461
英語目次 503
タイ語目次 507
タイ語はじめに 511
索引 515

図表リスト

序　章

図序 1-1　オルドバイ渓谷　写真提供：アフロ
図序 1-2　ホモ・サピエンスの拡散　木村（2001）　作図：古田莉香子
図序 2-1　動物の巣　a：カヤネズミ，b：ハタオリドリ，c：ビーバー，d：オオスズメバチ　写真提供：アフロ
図序 2-2　人類の原初の住居を現代に伝える，a：砂漠の狩猟採集民ブッシュマン，b：熱帯雨林の狩猟採集民ピグミー，c：半砂漠の遊牧民トゥルカナ，d：半砂漠の遊牧民サンブルの住居．撮影・提供：田中二郎．
図序 2-3　壁構造の類型　太田（1988）
図序 2-4　ヨーロッパの木構造の分布　太田（1988）
図序 2-5　ドームとヴォールト　作図：古田博一
図序 2-6　ラテルネンデッケ　a：村田治郎（1930），bc：撮影：布野修司
図序 2-7　建築構造の類型　EVAW：Oliver ed.（1997）
図序 2-8　日乾煉瓦の分布　Vellinga, Oliver and Bridge（2007）　作図：古田莉香子
図序 2-9　焼成煉瓦の分布　Vellinga, Oliver and Bridge（2007）　作図：古田莉香子
図序 2-10　木構造の分布　Vellinga, Oliver and Bridge（2007）　作図：大坊岳央
図序 2-11　外装木材の分布　Vellinga, Oliver and Bridge（2007）　作図：大坊岳央
図序 2-12　ヤシの分布　Vellinga, Oliver and Bridge（2007）　作図：古田博一
図序 2-13　竹の分布　Vellinga, Oliver and Bridge（2007）　作図：古田博一
図序 2-14　草葺・葦葺・藁葺の分布　Vellinga, Oliver and Bridge（2007）　作図：古田莉香子
図序 2-15　シングル葺の分布　Vellinga, Oliver and Bridge（2007）　作図：古田莉香子
図序 2-16　スレート葺の分布　Vellinga, Oliver and Bridge（2007）　作図：古田莉香子
図序 2-17　瓦葺の分布　Vellinga, Oliver and Bridge（2007）　作図：大坊岳央
図序 2-18　天幕住居の分布　Vellinga, Oliver and Bridge（2007）　作図：古田博一
図序 2-19　天幕住居の類型　a：円錐形天幕　Oliver（2003），b：ユルト　Duly（1979），c：黒天幕住居　撮影：布野修司
図序 2-20　高床の水上住居群（ノクウェ湖　ベニン　西アフリカ）　Duly（1979）
図序 2-21　イリアン・ジャヤの樹上住居　EVAW：Oliver ed.（1997）
図序 2-22　高床式住居の分布　Vellinga, Oliver and Bridge（2007）
図序 2-23　ペンデンティブとスキンチ・アーチ　作図：古田莉香子
図序 3-1　オンドル　撮影：布野修司
図序 3-2　バードギル　撮影：布野修司
図序 3-3　中庭式住居　a：パタン（ネパール），b：四合院（西安）　撮影：布野修司
図序 3-4　ジョグロ　撮影：布野修司
図序 3-5　a：ドゴン族の住居　撮影・提供：田中二郎，b：Oliver（2003）
図序 3-6　スンバ島の住居集落　a：Yuswadi et al（1979），b：Tjahjono ed.(1998)
図序 4-1　フエゴ島民　写真提供：アフロ
図序 4-2　トタンの普及　Vellinga, Oliver and Bridge（2007）　作図：古田莉香子

vii

第Ⅰ章

I-1
- 図 I-1-1　ユーラシアの5つの生態区　高谷（1985）
- 図 I-1-2　世界単位　高谷（1996）
- 図 I-1-3　ユーラシアの住居類型　Levin and Potapov（1961）
- 図 I-1-4　累木式建築　Domenig（1980）
- 図 I-1-5　トロブリアンド島のヤムイモの貯蔵倉　Duly（1979）
- 図 I-1-6　シマルングンの住居　撮影：布野修司
- 図 I-1-7　バレエ（ポソ）・トラジャ族の住居　Kaudern（1925）
- 図 I-1-8　ゲル　撮影：布野修司
- 図 I-1-9　ゲルの部品と組み立て順　INAX（1993）；Oliver（2003）
- 図 I-1-10　ゲルの成立過程　INAX（1993）
- 図 I-1-11　シバーム（イエメン）の高層住宅　撮影：布野修司
- 図 I-1-12　客家の円形土楼　撮影：布野修司
- 図 I-1-13　四合院の分布　趙（2013）
- 図 I-1-14　窰洞（下沈式）　趙（2013）
- 図 I-1-15　竹筒屋　趙（2013）
- 図 I-1-16　ハヴェリ　ジャイプール（ラージャスタン　インド）　撮影：布野修司
- 図 I-1-17　バハ・バヒ（パタン　ネパール）撮影：布野修司
- 図 I-1-18　円形住居（タマン・ミニインドネシア・インダー　ジャカルタ，インドネシア）　撮影：布野修司
- 図 I-1-19　水上住居（ヴェトナム）撮影：布野修司

I-2
- 図 I-2-1　東南アジアの生態区分　高谷（1985）
- 図 I-2-2　オーストロネシア世界　Bellwood（1979）
- 図 I-2-3　a：ドンソン銅鼓（インドネシア国立博物館）撮影：布野修司，b：ドメニク（1984）
- 図 I-2-4　石寨山出土の家屋模型と貯貝器（中国国家博物館）（口絵1）　a：ドメニク（1984），b：撮影：布野修司
- 図 I-2-5　家屋紋鏡　奈良県佐味田宝塚古墳出土（宮内庁蔵）
- 図 I-2-6　構造発達論　ドメニク（1984）
- 図 I-2-7　東南アジアの高床式・地床式住居の分布　Huyen（1934）
- 図 I-2-8　ボロブドゥールのレリーフに見られる高床式建築　撮影：布野修司
- 図 I-2-9　a：ボントック族の住居撮影：布野修司，b：北ルソン山岳地帯の諸地域の住居　Scot（1969）

I-3
- 図 I-3-1　カリマンタンのロングハウス　撮影・作図：布野修司
- 図 I-3-2　ミナンカバウの住居　王族の住居（ブキティンギ，西スマトラ）　基本型　撮影・作図：布野修司
- 図 I-3-3　マレー半島（ヌグリ・スンビラン）のミナンカバウの住居　撮影：布野修司
- 図 I-3-4　バタック族の住居　撮影・作図：布野修司　UN RHC（1973）
- 図 I-3-5　サダン・トラジャ族の住居　撮影：浅井賢治　作図：布野修司

I-4
    図 I-4-1　バリ島のコスモロジーと集落パターン　布野（1981）
    図 I-4-2　バリ島の住居　布野（1981）　撮影：布野修司
    図 I-4-3　バリ島の寸法体系　布野（1981）
    図 I-4-4　妻飾り　Kaudern（1925），Waterson（1990）

第 II 章

II-1
    図 II-1-1　タイ系諸族の居住地分布　作製：Chantanee Chiranthanut
    図 II-1-2　プロト・タイ・カダイの移動ルート　Blench（2008）をもとに Chantanee Chiranthanut 作成
    図 II-1-3　モン・クメールの拠点　Aasen（1998）
    図 II-1-4　ハリプンチャイの王都ランプーン Aasen（1998）
    図 II-1-5　スコータイ　Aasen（1998）
    図 II-1-6　大理国　Aasen（1998）
    図 II-1-7　タイ系諸族の国家　Aasen（1998）
    図 II-1-8　ペグー　王宮博物館
    図 II-1-9　インワ　O'Corner and .Scott（1986）
    図 II-1-10　ルアンパバン　Peninsule（2004）
    図 II-1-11　アユタヤ　Garneir（2004）
    図 II-1-12　東南アジアの主要河川　作製：Chantanee Chiranthanut

II-2
    図 II-2-1a　カムティ族の居住域　作製：Chantanee Chiranthanut
    図 II-2-1b　カムティ族の住居の平面構成　Ritu and Aromar（EVAW：Oliver ed. 1997）
    図 II-2-2a　シャン族の居住域　作製：Chantanee Chiranthanut
    図 II-2-2b　シャン族の集落形態　Dankitikul and Sinhanat（2006），Panin（2006）をもとに Chantanee Chiranthanut 作成
    図 II-2-2　c：ミャンマーのシャン族住居　Panin（2006），d：北タイのシャン族住居　Patama Roonrakwit（EVAW：Oliver ed. 1997）
    図 II-2-2　e：ユアン族の影響を受けたシャン族の住居，f：タウンギー地域のシャン族住居　Cho（2002）
    図 II-2-3a　タイ・ルー族の居住域　作製：Chantanee Chiranthanut
    図 II-2-3b　タイ・ルー族の集落形態　Zhu LiengWen（1992）を参照し Chantanee Chiranthanut 作製
    図 II-2-3c　シブソンパンナーの仏教寺院　撮影：布野修司
    図 II-2-3d　雲南のタイ族居住域　楊・朱編（2010）をもとに作図　古田莉香子
    図 II-2-3e　シブソンパンナーの集落景観　撮影：Chantanee Chiranthanut
    図 II-2-3f　雲南タイ族住居「版納型」　Zhu LiengWen（1992），Wongwigkarn, Kawin et al.（2006）
    図 II-2-3g　「版納型」のヴァリエーション　Zhu（1992），川島（1988）
    図 II-2-3h　雲南タイ族住居「孟連型」　Zhu LiengWen（1992）and Kavin ら（2006）
    図 II-2-3i　雲南タイ族住居「瑞朋型」　Zhu LiengWen（1992）
    図 II-2-3j　竹楼　Zhu LiengWen（1992），川島（1988）
    図 II-2-3k　「金平型」　楊・朱編（2010）

図 II-2-3l　北タイのタイ・ルー族の住居　Wongwigkarn, Kawin et al.（2006）
図 II-2-3n　チワン族の住居　Josiane Cauquelin（EVAW：Oliver ed. 1997）
図 II-2-3m　チワン族の分布　作製：Chantanee Chiranthanut
図 II-2-4a　黒タイ族と白タイ族の居住域　作製：Chantanee Chiranthanut
図 II-2-4b　シプソンチュタイ地域　作製：Chantanee Chiranthanut
図 II-2-4c　黒タイ族の集落構成　Inphantang Weera et al.（2006）
図 II-2-4d　黒タイ族の住居　Inphantang Weera et al.（2006）
図 II-2-4e　タイ王国の黒タイ族の伝統的住居　Inphantang Weera et al.（2006）
図 II-2-4f　フランス植民地期以降のシプソンチュタイ地域の住居　Inphantang Weera et al.（2006）
図 II-2-4g　ペチャブリー地域の住居の増築パターン　Inphantang Weera et al.（2006）
図 II-2-4h　タイ王国の黒タイ族の様々な屋根形態　Inphantang Weera et al.（2006）
図 II-2-4i　黒タイ族の妻飾り　Inphantang Weera et al.（2006）
図 II-2-5　a：ユアン族の居住域　作製：Chantanee Chiranthanut，b：ユアン族の住居　田中（2006），Chaichongrak, Ruethai et al.（2002, 2006），c：ユアン族の妻飾り　Chaichongrak, Ruethai et al.（2002）
図 II-2-6a　シアム族の居住域　作製：Chantanee Chiranthanut
図 II-2-6b　ロウベレが描いたチャオプラヤ・デルタの高床住居　De La Lobere.（1668）.
図 II-2-6c　シアム族住居の屋根形態　Rojanasathian, Bunchu（2005）
図 II-2-6d　シアム族住居の類型　Rojanasathian, Bunchu（2005）
図 II-2-6　e：スパンブリのシアム族住居，f：チョンブリのシアム族住居，g：アントンのシアム族住居，h：チャイナートのシアム族住居　Rojanasathian, Bunchu（2005）
図 II-2-7a　南タイ地方　作製：Chantanee Chiranthanut
図 II-2-7b　南タイの住居　Ratnajarana, Khet et al.（1994）
図 II-2-7c　南タイのムスリム住居　サトゥーン・スタイル　Santisan, Araya（2015）
図 II-2-7d　南タイのムスリム住居　パタニ・スタイル　Santisan, Araya（2015）

II-3
図 II-3-1a　メコン中流域の東北タイとラオス　ラオ族の居住域　作製：Chantanee Chiranthanut
図 II-3-1b　東北タイのタイ・ラオ族の集落構成　Tangsakun and Chiranthanut（2005）
図 II-3-1c　東北タイの住居の基本型　Tangsakun and Chiranthanut（2005）
図 II-3-1d　東北タイのタイ・ラオ族の住居　作製：Chantanee Chiranthanut
図 II-3-1e　タイ・ラオ族の集落パターン　Clement-Charpentier（1989, 2003），Weerataweemat, Songyot et al.（2006）
図 II-3-1f　タイ・ラオ族の住居の構成　Clement-Charpentier（1989, 2003）
図 II-3-1g　ファン・ハーンの構成　Clement-Charpentier（1989, 2003）
図 II-3-1h　ラオ族の住居（ヴィエンチャン，ルアンパバン南部：1968, 2006）Clement-Charpentier（2003），Weerataweemat, Songyot et al.（2006）
図 II-3-1i　タイ・プアン族の住居　Weerataweemat, Songyot et al.（2006）
図 II-3-2a　バーン・ナーオウの立地　作製：Chantanee Chiranthanut
図 II-3-2b　タイ・ルーイ式住居の屋根形態　撮影：Chantanee Chiranthanut
図 II-3-2c　タイ・ルーイ式住居の煉瓦柱　撮影：Chantanee Chiranthanut
図 II-3-2d　バーン・ナーオウの構成　調査住居と集落要素　作製：Chantanee Chiranthanut
図 II-3-2e　バーン・ナーオウの空間ヒエラルキー　作製：Chantanee Chiranthanut
図 II-3-2f　住居の基本型　作製：Chantanee Chiranthanut

図 II-3-2g　調査住居　作製：Chantanee Chiranthanut
図 II-3-2h　住居の類型　作製：Chantanee Chiranthanut
図 II-3-3a　ルアンパバンとバーン・パクシー　作製：Chantanee Chiranthanut
図 II-3-3b　集落の移動　作製：Chantanee Chiranthanut
図 II-3-3c　集落の街路体系　作製：Chantanee Chiranthanut
図 II-3-3d　集落の施設分布　作製：Chantanee Chiranthanut
図 II-3-3e　集落空間のヒエラルキー　作製：Chantanee Chiranthanut
図 II-3-3f　バーン・パクシー集落の構成　作製：Chantanee Chiranthanut
図 II-3-3g　宅地の構成　作製：Chantanee Chiranthanut
図 II-3-3h　住居の移動事例　作製：Chantanee Chiranthanut
図 II-3-3i　集落の形成過程　作製：Chantanee Chiranthanut
図 II-3-3j　住居のオリエンテーション　作製：Chantanee Chiranthanut
図 II-3-3k　バーン・パクシーの住居の基本型　作製：Chantanee Chiranthanut
図 II-3-3l　住居類型と実例　作製：Chantanee Chiranthanut
図 II-3-4a　ムクダハン地方　作製：Chantanee Chiranthanut
図 II-3-4b　バーン・ノンナウの3集落　作製：Chantanee Chiranthanut
図 II-3-4c　集落の構成と調査住居　作製：Chantanee Chiranthanut
図 II-3-4e　調査住居の空間構成　作製：Chantanee Chiranthanut
図 II-3-4d　集落の構成（配置図）　作製：Chantanee Chiranthanut
図 II-3-4f　住居の基本的構成　作製：Chantanee Chiranthanut
図 II-3-4g　フアン・ノイとフアン・コェイ　作製：Chantanee Chiranthanut
図 II-3-4h　居住空間とヒエラルキー　作製：Chantanee Chiranthanut
図 II-3-4i　フアン・ブハーンとフアン・サマイマイ　作製：Chantanee Chiranthanut
図 II-3-4j　住居類型　作製：Chantanee Chiranthanut
図 II-3-4k　屋根の形状　作製：Chantanee Chiranthanut
図 II-3-4l　住居の空間分割パターン　作製：Chantanee Chiranthanut
図 II-3-4m　住居の変容　作製：Chantanee Chiranthanut
図 II-3-5a　カムアン地方　作製：Chantanee Chiranthanut
図 II-3-5b　バーン・ノンチャンの立地と集落　作製：Chantanee Chiranthanut
図 II-3-5c　集落の構成と調査住居　作製：Chantanee Chiranthanut
図 II-3-5d　屋敷地の構成　作製：Chantanee Chiranthanut
図 II-3-5e　タイ・カロン族の伝統的住居　作製：Chantanee Chiranthanut
図 II-3-5f　調査住居　作製：Chantanee Chiranthanut
図 II-3-5g　住居類型　作製：Chantanee Chiranthanut

II-4
図 II-4-1a　タイ・ラオ族の集落構成　作製：Chantanee Chiranthanut
図 II-4-1b　タイ・ラオ族の集落の配置パターン　作製：Chantanee Chiranthanut
図 II-4-1c　タイ・ラオ族の集落構成とオリエンテーション　作製：Chantanee Chiranthanut
表 II-4-1　タイ系諸族の住居の特性　作製：Chantanee Chiranthanut
図 II-4-2a　タイ・ラオ族の住居類型　作製：Chantanee Chiranthanut
図 II-4-2b　タイ系諸族の住居　作製：Chantanee Chiranthanut
図 II-4-2c　タイ・ラオ族の住居の構成とオリエンテーション　作製：Chantanee Chiranthanut
図 II-4-2d　タイ・ラオ族の住居の動線と空間構成　作製：Chantanee Chiranthanut

表 II-4-2　タイ・ラオ族の住居の分類　作製：Chantanee Chiranthanut
表 II-4-3　タイ・ラオ族の空間名称（室名称呼）　作製：Chantanee Chiranthanut

第 III 章

III-0
図 III-0-1　16～17世紀の東南アジアの都市　Reid（1998）［リード　1997，2002］
図 III-0-2　バンテン 1635～1639　Guillot（1990）
図 III-0-3　東南アジアのチャイナタウン Aasen（1998）　作図：古田博一

III-1
図 III-1-1　成都市出土画像磚（中国国家博物館蔵）
図 III-1-2　『清明上河図』（部分）（故宮博物院蔵）
図 III-1-3　平江図（蘇州文廟）撮影：布野修司
図 III-1-4　『姑蘇繁華図』（『盛世滋生図』）
図 III-1-5　店屋の発生　丁俊清・楊新平（2009）（『浙江民居』）
図 III-1-6　亭仔脚の原型　李（2009）（『四川民居』）
図 III-1-7　描かれた広東の店屋　1785頃　Nederlands Scheepyaart Museum
図 III-1-8　a：マラッカ歴史街区の地割図，b：ショップハウスの類型　作製：Nawit Ongsavangchai
図 III-1-9　a, b：ホイアンの店屋と街区　Viên Nghiên Cúu, Văn Hóa Quóc, Té-Dai Hoc Nū, and Chiêu Hòya（2003）
図 III-1-10　ビノンド地区（マニラ）の住居類型　a：バハイ・ナ・バト　Zialcita and Tinio（1980），b：アクセソリア　作製：梅谷敬三
図 III-1-11　a：セブ・パリアン地区のショップハウス街　Knapp.（2010），b：バハイ・ナ・バト　撮影：布野修司
図 III-1-12　a：バタヴィアのチャイニーズ街　Merrillees（2000），b：スラバヤのショップハウス　撮影：布野修司
図 III-1-13　a：シンガポール　1823　Lin（1995），b：20世紀初頭のショップハウス　Knapp（2010）
図 III-1-14　台湾大渓三峡のショップハウス撮影：布野修司
図 III-1-15　バンコク　チャルーンクルン通り・ヤオワラート通りの間のショップハウス街区　a：1932 Royal Thai Survey Department, Royal Thai Armed Furces Headquarters., b：1981 National Archives of Thailand
図 III-1-16　a：バンコク　バムルンムアン通りのショップハウス，b：バンコク　ターティアン地区のショップハウス，c：バンコク　旧城壁地区のショップハウス，d：バンコク　チャイナタウンのショップハウス（National Archive）
表 III-1-1　バンコクへのチャイニーズ移民　1882～1912年 Skinner（1956）
表 III-1-2　民族と住居形態　Sternstein（1982）
表 III-1-3　民族と居住地（街路）Wilson（1989）

III-2
図 III-2-1　バンコクとショップハウス　作製・撮影：Nawit Ongsavangchai
図 III-2-2　ラッタナーコーシンのショップハウス 44 街区の立地　作製：Nawit Ongsavangchai
図 III-2-3　ラッタナーコーシンのショップハウス 44 街区の標準型　作製：Nawit Ongsavangchai
図 III-2-4　ラッタナーコーシン調査地区作製：Nawit Ongsavangchai

図 III-2-5　a：ボヴォニヴェット寺院地区，b：ショップハウスの原型，c：ボヴォニヴェット寺院地区のショップハウス　作製・撮影：Nawit Ongsavangchai
図 III-2-6　a：スラソン・ロンタ地区，b：スラソン・ロンタ地区のショップハウス　作製：Nawit Ongsavangchai
図 III-2-7　a, b：アスダン地区の街区とのショップハウスの原型　c：現在の景観　作製：Nawit Ongsavangchai
図 III-2-8　ショップハウスの基本型　作製：Nawit Ongsavangchai
図 III-2-9　ショップハウスの変容過程　作製：Nawit Ongsavangchai
表 III-2-1　ショップハウス１階の利用形態　作製：Nawit Ongsavangchai
表 III-2-2　ショップハウスの所有形態　作製：Nawit Ongsavangchai
表 III-2-3　ショップハウスの建設年代　作製：Nawit Ongsavangchai
表 III-2-4　ショップハウスのファサード類型　作製：Nawit Ongsavangchai
表 III-2-5　ショップハウスの平面類型　作製：Nawit Ongsavangchai
表 III-2-6　ショップハウスの類型（原型）　作製：Nawit Ongsavangchai
表 III-2-7　ショップハウスの類型（現状）作製：Nawit Ongsavangchai
表 III-2-8　ショップハウスの変容パターン作製：Nawit Ongsavangchai
表 III-2-9　ボヴォニヴェット寺院地区のショップハウス居住者　作製：Nawit Ongsavangchai
表 III-2-10　ボヴォニヴェット寺院地区のショップハウスの変容　作製：Nawit Ongsavangchai
表 III-2-11　スラソン・ロンタ地区のショップハウス居住者　作製：Nawit Ongsavangchai
表 III-2-12　スラソン・ロンタ地区のショップハウスの変容　作製：Nawit Ongsavangchai
表 III-2-13　アスダン地区のショップハウス居住者　作製：Nawit Ongsavangchai
表 III-2-14　アスダン地区のショップハウスの変容　作製：Nawit Ongsavangchai

III-3
図 III-3-1　パタニとショップハウス　作製：Nawit Ongsavangchai　作図：古田博一
図 III-3-2　パタニとその周辺　Bougas（1990）
図 III-3-3　17 世紀のパタニ　Bougas（1990）
図 III-3-4　旧チャイニーズ地区　作製：Nawit Ongsavangchai
図 III-3-5　ショップハウスのファサード様式　作製：Nawit Ongsavangchai
図 III-3-6　ショップハウスの平面形式　撮影：Nawit Ongsavangchai
図 III-3-7　ショップハウス街区 No.1～No.11　作製：Nawit Ongsavangchai
図 III-3-8　ショップハウス街区　作製：Nawit Ongsavangchai
図 III-3-9　ショップハウス街区　作製：Nawit Ongsavangchai
図 III-3-10　ショップハウス街区　作製：Nawit Ongsavangchai
図 III-3-11　ショップハウスの標準型　作製：Nawit Ongsavangchai
図 III-3-12　ショップハウスの類型　作製：Nawit Ongsavangchai
図 III-3-13　ショップハウスの変容過程　作製：Nawit Ongsavangchai
表 III-3-1　調査住居の概要　作製：Nawit Ongsavangchai

III-4
図 III-4-1　タイの中央平野　作図：Nawit Ongsavangchai
図 III-4-2　運河ネットワークの発展　作製：Nawit Ongsavangchai
図 III-4-3　市場町の発展図式　作製：Nawit Ongsavangchai
図 III-4-4　タラット・クロン・スアンの施設分布　作製：Nawit OngsavangchaiQR コンテンツ　撮

　　　　　影：Nawit Ongsavangchai
　　図 III-4-5　ショップハウス No.5　作製：Nawit Ongsavangchai
　　図 III-4-6　タラット・クロン・スアンの平面構成　作製：Nawit Ongsavangchai
　　図 III-4-7　ショップハウスの類型　作製：Nawit Ongsavangchai
　　図 III-4-8　ショップハウスの変容　作製：Nawit Ongsavangchai
　　表 III-4-1　タイ中央平野の運河掘削年代　作製：Nawit Ongsavangchai

第 IV 章

IV-1
　　表 IV-1-1　東南アジア諸国の人口推移　UN Yearbook
　　表 IV-1-2　世界の大都市圏　UN Yearbook

IV-2
　　図 IV-2-1　人口と GDP の推移　出所：外国経済概況（2014／15年度）より作成．
　　図 IV-2-2　工業団地の分布　作製：古田博一
　　図 IV-2-3　バンコク都市交通網（出典：JCC 所報 2014 年 1 月号　井坂隆之「バンコク都市交通網の現状及び新路線延伸計画」）　作図：古田博一
　　表 IV-2-1　人口統計からみたタイ社会，バンコクの変容

IV-3
　　図 IV-3-1　a：ピマーイとその周辺　作製：Chantanee Chiranthanut，b：ピマーイの主要都市要素
　　　　　作製：廣富純，c：ピマーイ 1907　L. Lajonquiere，d：ピマーイの街路の変遷　作製：廣富純
　　図 IV-3-1e　宅地へのアプローチの類型　作製：廣富純
　　図 IV-3-1　f：タノンと街区　作製：廣富純，g：宅地割と親族の分布　作製：廣富純
　　図 IV-3-1h　調査住居　作製：廣富純
　　図 IV-3-1i　住居類型　作製：Chantanee Chiranthanut
　　図 IV-3-1　j：ショップハウスの類型　作製：廣富純，k：ショップハウスの立地　作製：廣富純
　　図 IV-3-2a　チェンマイと隣接ウェイン　作製：Nawit Ongsavangchai
　　図 IV-3-2b　チェンマイ 1893　出典：National Archives of Thailand
　　図 IV-3-2　タ・パエ Tha Pae 通り　c：1897 年，d：1902 年
　　図 IV-3-2ef　ター・ワット・ケートのショップハウス　撮影：布野修司
　　図 IV-3-2g　マスタープラン 2000　チェンマイ市
　　図 IV-3-2h　ターカーム村配置図　実測図：田中麻里
　　図 IV-3-2i　ターカーム村の住居類型　田中麻里（2003）
　　図 IV-3-2j　ターカーム村の住居事例　田中麻里（2003）
　　図 IV-3-2kl　ノンホイ団地敷地図と住棟図　作製：古田莉香子
　　図 IV-3-2m　住戸タイプ　作製：田中麻里，菊地雪代
　　図 IV-3-2n　ノンホイ団地の屋外空間　作製：田中麻里
　　図 IV-3-3a　アユタヤの立地　作製：Nawit Ongsavangchai
　　図 IV-3-3b　歴史都市アユタヤ　作製：Nawit Ongsavangchai
　　図 IV-3-3c　アユタヤの都市構成　作製：Nawit Ongsavangchai
　　図 IV-3-3d　チャオ・プロム地区の施設分布　作製：Nawit Ongsavangchai
　　図 IV-3-3e　建物階数　作製：Nawit Ongsavangchai

図 IV-3-3f　住居類型　作製：Nawit Ongsavangchai
図 IV-3-3g　調査住居　作製：Nawit Ongsavangchai
図 IV-3-3h　モダン・ショップハウスの類型　作製：Nawit Ongsavangchai
図 IV-3-3i　ショップハウスの変容　作製：Nawit Ongsavangchai
表 IV-3-3　調査ショップハウスの属性　作製：Nawit Ongsavangchai
図 IV-3-4a　ヴィエンチャンの発展拡大　作製：Chantanee Chiranthanut
図 IV-3-4b　ヴィエンチャンの都市計画図　Chayphet（2005）
図 IV-3-4c　ショップハウスの立地　作製：Chantanee Chiranthanut
図 IV-3-4d　ヴィエンチャンの伝統的住居　撮影：Chantanee Chiranthanut
図 IV-3-4e　ヴィエンチャンのコロニアル・ハウス　作製：Chantanee Chiranthanut
図 IV-3-4f　ラオス風コロニアル・ハウスの基本型　作製：Chantanee Chiranthanut
図 IV-3-4j　アーケード付のショップハウス　撮影：Chantanee Chiranthanut
図 IV-3-4g　調査住居　作製：Chantanee Chiranthanut
図 IV-3-4h　ショップハウスの類型　作製：Chantanee Chiranthanut
図 IV-3-4i　ショップハウスの分布　作製：Chantanee Chiranthanut

IV-4
図 IV-4-1a　タイランドの住宅変化（1976, 1986, 1996, 2011）　出所：Report on Housing Survey 1976, 1986, 1996, The 2011 Household Socio-Economic Survey Whole Kingdom より作成
図 IV-4-1b　地域ごとにみた住宅形態の変化（1986, 1996, 2011）　出所：Report on Housing Survey 1986, 1996, The 2011 Household Socio-Economic Survey Whole Kingdom より作成
図 IV-4-1c　バンコクの住宅ストック　作製：田中麻里
図 IV-4-1d　NHA の事業実績（縦軸は住宅戸数）
図 IV-4-1e　バーン・ウア・アトーン事業における住宅の 4 タイプ　作製：田中麻里
図 IV-4-1f　BEA 事業の住宅タイプ別供給プロジェクト数　作製：田中麻里
図 IV-4-2a　建設現場の仮設住宅　作製：田中麻里
図 IV-4-2b　仮設住宅空間構成（仮設住宅は通常一室空間である）　作製：田中麻里
表 IV-4-2a　居住地の概要 1　調査世帯数，仮設居住地の立地と住宅　作製：田中麻里
表 IV-4-2b　居住地の概要 2　施設・サービス　作製：田中麻里
図 IV-4-3a　コアハウジング事業（トゥンソンホン住宅地）の立地　作製：田中麻里
図 IV-4-3b　トゥンソンホン住宅地の地区構成　作製：田中麻里
図 IV-4-3c　トゥンソンホンにおけるコアハウスの住宅タイプ　作製：田中麻里
図 IV-4-3d　調査地（312 地区）における各住戸タイプの道路や路地との関係　作製：田中麻里
図 IV-4-3e　調査地における住戸利用の形態　作製：田中麻里
図 IV-4-3f　1996 年時点の住居増改築状況　作製：田中麻里
図 IV-4-3g　1996，2002，2016 年のそれぞれの年時点の住居増改築状況　作製：田中麻里
図 IV-4-3h　増改築の事例 1（R1 タイプ）　作製：田中麻里
図 IV-4-3i　増改築の事例 2（R3 タイプ）　作製：田中麻里
図 IV-4-3j　増改築の事例 3（R5 タイプ）　作製：田中麻里
図 IV-4-3k　増改築の事例 4（R7，R8 タイプ）　作製：田中麻里
図 IV-4-3l　住戸の空間構成　作製：田中麻里
図 IV-4-3m　空間利用の実際　日常時（1）と儀礼時（2）　作製：田中麻里
図 IV-4-3n　R1 タイプの住戸の空間利用（断面図，平面図）　作製：田中麻里
表 IV-4-3　増改築されたコアハウスの具体的事例（プロセス，施工者，増改築内容）　作製：田中

麻里
図 IV-4-4a　バーンチャロン団地の敷地概観　作製：田中麻里
図 IV-4-4b　各住棟の入り口に掲示された集合住宅の居住ルール　作製：清水梨恵
図 IV-4-4c　バーチャロン団地の住戸事例　作製：田中麻里・菊地雪代

終　章

図終 4-1　スクォッター・セツルメント　ジャカルタ　撮影：布野修司
図終 4-2　コアハウス・プロジェクト　撮影：布野修司

図終 5-1　タイのパブリックハウジング　a：集合住宅，d：2戸1住宅　撮影：布野修司
図終 5-2　スラバヤのルーマー・ススン（積層住宅）1985年　すでに建て替えられた．撮影：布野修司
図終 5-3　フリーダム・トゥー・ビルドの看板
図終 5-4　ルーラル・ハウジング　a：タイ，b：フィリピン　撮影：布野修司
図終 5-5　フィリピンのエコ・ヴィレッジ　a：ヤシ材の利用，b：バイオガス利用，c：風力発電　撮影：布野修司
図終 5-6　ルーマー・ススン（スラバヤ a：ルスン・ドゥパック，b, c, d, e：ルスン・ソンボ）c：平面図，d：コモン・キッチン，e：コモン・リビング　撮影：布野修司
図終 5-7　スラバヤ・エコ・ハウス（スラバヤ）　a：モデル住宅，b：二重屋根，c：煙突効果利用の換気，d：井水利用の床輻射冷房

はじめに

　鉄とガラスとコンクリートによる近代建築が世界中に蔓延して以来，世界中の住居は随分と似通ってきた．屋根や壁は工業材料で造られるから，同じような色合い，肌合いになる．また，建設も同じような方法によるから住居形式も似てくる．日本の団地形式のような集合住宅や超高層アパートのような形式がその象徴である．
　しかし，それにしても住居は多様である．気の遠くなるような大邸宅に住む人びとがいるかと思えば，ホームレスとか，ストリート・ドウェラー（路上生活者）と呼ばれる，住居をもたない人びとも少なくない．
　鉄とガラスとコンクリートによる住居が一般化する以前には，地域ごとに地域で産出する建築材料を用い，伝統的な建築手法によって住居は作られてきた．近代以前の住居，すなわち建設産業によって建てられるようになる以前の住居は，地域ごとに実に多様である．何がこうした住居の多様性を生み出したのであろうか．また，この多様な住居に共通性はあるのであろうか．いくつかに分類できるのであろうか．本書が考えようとするのは，住居の多様性であり，根源的なあり方であり，かつ未来に向けたその多様な可能性である．
　その大きな問いのために本書が対象とするのは，東南アジアの住居であり，なかでもタイ系諸族の住居そして都市住居としてのショップハウス shophouse（店屋）である．その起源および原型，さらには変化型を地域ごとに明らかにするとともに，それぞれの変容とその諸要因について考察することで，「西洋化」「近代化」「産業化」の実相にも迫ってみたい．では，なぜ東南アジアの伝統的住居とショップハウスなのか．本書の構成を紹介しながら，その理由を述べよう．
　本書は，まず序章において，世界中の伝統的住居すなわちヴァナキュラー vernacular 建築を総覧する．ヴァナキュラーとは，「その土地特有の」「風土的」あるいは「地方語」「方言」といった意味である．もともと「根づいていること」「居住」を意味するインド＝ゲルマン系の言葉で，「自家製」「家で育てた」という意味をもつラテン語のヴァナクルム vernaculum から来ている．ヴァナキュラー建築すなわち地域に土着する伝統的建築である．
　世界中のヴァナキュラー建築を総覧するというと無謀と思われるかもしれないけれど，この間，各地域で数多くの研究が積み重ねられてきた．そして，そうした研究を一大集成した『世界ヴァナキュラー建築百科事典 EVAW』全3巻（P. Oliver ed. 1997）をわれわれは既に手にしている．一線の研究者・建築家による A4 版で全 2384 頁にも及ぶこの百科事典は，今のところ世界中の住居についての最も網羅的な資料である[1]．この EVAW を手掛かりに編んだのが『世界住居誌』（布野修司編 2005）であるが，

はじめに

振り返れば，個別の多様な事例を断片的に集めたにすぎないレヴェルであった．本書は，その一段上のレヴェルを目指すことになる．すなわち，森と海と山と平原が混交した東南アジアという，地域を対象とすることで，それぞれに生態基盤を異にする伝統的住居集落の空間構成原理を明らかにし，その相互関係を統一的に理解しようというのである．東南アジアという，極めて多様な生態空間における住居を分析することは，地球規模の人類居住史を理解する最も有効な手掛かりとなるだろう．

そのために，序章では，住居の原型，住居の形態の規定要因について基本的事項を確認したい．冒頭に述べたように，鉄とガラスとコンクリートによる近代住居が一般化する以前，住居の形態は地域ごとに実に多様であった．こうした多様性を生んだ理由，言い換えれば多様な住居に見る共通性を問うことで，本書の基本的視点を明らかにする．

続く第Ⅰ章では，ユーラシア大陸を俯瞰した上で，東南アジアの伝統的住居についてその基本的共通特性をまとめたい．第Ⅱ章以降，東南アジア大陸部のタイ系諸族の住居に焦点を当てることから，第Ⅰ章で重点を置くのは，東南アジア島嶼部，オーストロネシア世界と呼ばれる，西はマダガスカル島，東はイースター島に至る海域世界である．ドンソン銅鼓，高床式住居，原始入母屋造，倉がキーワードである．そして，住居の集合形式と複数家族居住がもうひとつの焦点となる．また，住居とコスモロジーとの密接な関係が大きなテーマとなる．

第Ⅱ章では，まず，タイ系諸族の起源をめぐる議論を総括する．その起源については諸説あるがほぼ定説とされているのは，中国西南部から東南アジアに南下して来たことである．その経路を踏まえた上で，東南アジア全体におけるタイ系諸族の伝統的集落の分布，その諸形態を明らかにした．そして，タイ・ラオ族の住居集落に焦点を当てて，臨地調査をもとに，バーン・ナーオウ，バーン・パクシー，バーン・ノンナウ，バーン・ノンチャンという4つの集落についてそれぞれ空間構成とその変容過程を比較考察する．

第Ⅲ章では，都市型住居としてのショップハウスに焦点を当てる．ショップハウ

---

1) 『世界ヴァナキュラー建築百科辞典 Encyclopedia of Vernacular Architecture of the World』全3巻 (EVAW (P. Oliver ed. 1997) は，地球全体をまず大きく7つに分け，さらに66の地域を下位区分している．下敷きにされているのは，スペンサー Spencer とジョンソン Johnson の『文化人類学アトラス Anthropological Atlas』，ラッセル Russell とナイフェン Kniffen の『文化世界 Culture World』，G. P. マードック Murdock の『民族誌アトラス Ethnographical Atlas』，そして D. H. プライス Price の『世界文化アトラス Atlas of World Culture』である．加えて，ヴァナキュラー建築の共通特性を考慮すべく，地政学的区分と気候区分を重視している．そして，北から南へ，東から西へ，旧世界から新世界へ，というのが配列方針である．概念的には，文化の拡散，人口移動，世界の拡張を意識している．地中海・南西アジア（Ⅳ）を中核域と考え，いわゆるヨーロッパ（Ⅲ），そしてアジア大陸部（Ⅰ），島嶼部・オセアニア（Ⅱ）を区別した上で，ラテンアメリカ（Ⅴ），北アメリカ（Ⅵ），サハラ以南アフリカ（Ⅶ）を区別する構成である．

スは，中国語の「店屋」の英訳であり，店舗併用住宅のことであるが，この住居形式も中国南部から，チャイニーズの海外移住に伴って東南アジアにもたらされたと考えられている．そして，興味深いことは，S. ラッフルズがシンガポール建設の際に採用したショップハウスの形式は，タイ，マレーシア，インドネシアなど東南アジアに移植されていくとともに，中国南部（福建 Fujian 省，広東 Guangdong 省など）および台湾にアーケード付の「騎楼」と呼ばれる形式として逆移入されていくことである．つまりショップハウスは広く東南アジアを覆う普遍的な住居形態になっていくのである．それはなぜか．第 III 章では，まず，ショップハウスの起源とその東南アジアへの拡張過程を概観した上で，タイにおけるその移植過程を明らかにした．そして，具体的に，首都バンコク，南タイの歴史的港市パタニ，デルタの市場町クロン・スアンをとりあげ，その移植過程とショップハウスの形式とその変容過程を詳細に明らかにしている．

伝統的住居と近代における変容を以上の各章で考察した上で，タイの現代住居について各論を展開したのが第 IV 章である．ここではまず，再び視野を東南アジアに拡大し，この間の急激な生態景観の変化を概観する．東南アジア諸国では，過大都市化が見られる一方，社会主義体制によって人口増加を抑制されることで過小都市化の現象が見られたが，今やグローバリゼーションの波が全域に浸透しつつある．続いて，タイについて，その国土の変容，人口動態，様々な居住地の形態と住居類型そして住宅政策とハウジング（住宅供給）の展開を概観する．そして，ピマーイ，チェンマイ，アユタヤ，ヴィエンチャンというかつての古都について，その変容を，具体的な居住地に焦点を当てて明らかにする．最後は，首都バンコクの変容を，タイの居住問題の象徴である建設現場の仮設住宅地，コアハウス，公共住宅団地などに焦点を当てて，その居住実態を明らかにすることで，現代の住居がどんな実相を示しているのか，具体的に迫ってみたい．

終章では，以上を踏まえて，東南アジア諸国に再び視野を広げて，現代住居の未来について展望する．

序　章
ヴァナキュラー建築の世界

1　住居の起源

　ヒト（ヒト科 Hominidae, ヒト亜科 Homininae, ヒト族 Homin, ヒト亜族 Hominina, ヒト属 Homo）は，長い進化の過程で様々な能力を獲得するが，住居をつくる能力もそのひとつである．
　ヒト科（ヒト，チンパンジー，ゴリラ，オランウータン）とテナガザル科 Hylobatidae からなるヒト上科 Hominoidea からヒト（ホモ・サピエンス Homo sapience：現生人類）が生まれる過程はホミニゼーション（ヒト化）と呼ばれるが，ヒトは，まず「二足歩行」によって物を「手」で持って，長い距離を移動することができるようになる．そして，「脳の大型化」「道具の使用」「体毛の喪失」「言語の獲得」といった適応形質を身につけていく．
　化石類人猿の形態的特徴の解剖学的解析と近年の DNA 解析による進化の系統樹によれば，研究者によって違いはあるが，およそ，旧世界猿（オオナガザル科 old world monkey 一般にサルという場合は新世界猿（広鼻猿類 new world monkey）も含むが，新世界猿は類人猿よりも先に分岐した）から類人猿 ape も含むヒト上科が分かれるのが 2400 万年前，ヒト科とテナガザル科の分岐は 2000 万年から 1600 万年前，ヒト亜科とオランウータン亜科の分岐が 1400 万年から 1200 万年前，ヒト族とゴリラ族の分岐が 800 万年前から 700 万年前（670 万年前），ヒト亜族とチンパンジー亜族の分岐が 700 万年前〜400 万年前（540 万年前〜520 万年前）とされる（スヴァンテ・ペーボ 2015：ユージン・E・ハリス 2016）．
　「二足歩行」の開始は 500 万年前頃とされるが，700 万年前のサヘラントロプス・チャデンシス Sahelanthropus tchadensis が「二足歩行」していたことが明らかになり，DNA の変異についての推定も合わせて，現在では，ヒト亜族とチンパンジー亜族の分岐は 800〜700 万年前に遡るという主張もなされている．また，ゴリラの祖先とされる化石の年代測定（2016 年）によって，ヒトとゴリラの分岐を約 1000 万年前とする説が有力になりつつある．
　ヒト属が現れるのは約 250 万年前とされるが，その最初の種がホモ・ハビリス Homo habilis（器用なヒト，能力ある人：約 250 万年前〜140 万年前）であり，「道具の使用」が開始される．チンパンジーも道具を作製するけれど，精巧な道具を創る能力を獲得するのはヒト属だけである．ホモ・ハビリスの最古の化石は，東アフリカ，タンザニアのオルドヴァイ Olduvai で発見され（1964 年），今のところ最古とされる住居趾もオルドヴァイで発見されている（図序 1-1）．

序章
ヴァナキュラー建築の世界

図序1-1　オルドバイ渓谷　写真提供：アフロ

　「道具の使用」とともに「脳の大規模化」が進行する．そして，ホモ・エレクトゥス Homo erectus（原人：約180万年前～20万年前）が現れ，「火の使用」を始める．ジャワ原人（ホモ・エレクトゥス・エレクトゥス），北京原人（ホモ・エレクトス・ペキネンシス）が知られるが，インドネシア，中国北部の他，インド，シリア，イラクなどから化石が発見されており，ジャワ原人の生息年代を170万年前とすれば，少なくともそれ

以前から約 50 万年前までにアフリカを出立したと考えられている．「脳の大規模化」は，進化の過程でさらに進行していくが，脳の発達とともに，ヒトの再生産，子孫を残すための生殖のメカニズムも進化をとげていく．ホモ・エレクトゥスは，いつでも性交を行うようになり（「発情期の消滅」），妊娠期間も短くなって（「幼児成形」），サル目の中で最も多産な種となる．ヒトの生物学的適応形質の大部分は，ヒトゲノムの変異による進化によって獲得されたと考えられているが，どの部位がどの形質に関わるかについては未解明のことが少なくない．

　何故，四肢動物が「二足歩行」を始め，さらに直立歩行するようになったのか，何故，樹上生活を捨て，サバンナのような開けた場所に出ていったのか，どのように食糧を獲得するようになったのか等々，未解明の問題は少なくないが，ホモ・エレクトゥスは，生存戦略として赤ん坊と母親を安全な場所にとどめるようになる．霊長類の中で決まった居住地（ホーム・ベース）をもつのはヒトだけである．定まった居住地をもつことが，その種の生存可能性を高め，進化の速度を速めた．居住地に戻って休息し，力を回復し蓄えることができるようになるのである．そして，30 万年前頃からいわゆるビッグゲーム・ハンティング（大型動物の狩猟）が開始される．肉食（雑食）によってタンパク質を大量に摂取でき，身体能力が向上するとともに，食糧の蓄蔵によって休息，余暇が得られるようになる．また，動物を追いかけて移動することが必要になり，ヒトの生活領域は拡大し，新たな居住地がつくられるようになる．そして，狩猟は捕獲や解体の技術を発達させ，とりわけ，集団で獲物を捕獲するためのコミュニケーション技術，さらには経験の記憶，蓄積の能力を発達させた．ただ，言語の獲得はホモ・エレクトゥスが姿を消して遥か後のことである[2]．

　最古の「建造物」の址は，上述のように，オルドヴァイ峡谷で発見されている．建造物は，石を積んでつくった風除けのようなもので，支柱の足下に環状に石を並べて固めていたと考えられる遺構である．190 万年前のものと推定されている．オルドヴァイ文化はホモ・ハビリスの文化であり，石器が用いられていたことがわかっている．ヒトは，かなり早くから住居をつくる能力を身につけていたことになる．住居をつくる能力には，単に「道具の使用」のみならず，知覚や認知，空間感覚や空間的推論など抽象化の能力も必要である．ヒトが獲得した全ての能力が住居建設に関わっているといっていい．

　ホモ・エレクトゥスが，各地に拡散していったのは，居住地をもったことがその理由のひとつとされる．フランスのテラ・アマタ Terra Amata で 1966 年に発見された人為的に並べられた石と穴は，小屋のような住居址（40 万年前〜20 万年前）と考えら

---

[2] 一部の人類学者は，言語の獲得はホモ・サピエンスがヨーロッパへ移動した約 4 万年前とする．一方，ネアンデルタール人も，さらにそれ以前のヒトの祖先も，既にコミュニケーション能力をもち，言語能力は徐々に進化してきたとする人類学者も少なくない．

れている．そしてネアンデルタール人 Homo neanderthalensis（旧人，紀元前23万年～3万年）が現れて，ヨーロッパのみならず，マグリブ，中東，イラン，中央アジア，中国まで化石人骨や道具類が出土する．ネアンデルタール人は葬儀を行い，死者のための住居すなわち墓を造ったこと，また，大型の住居を建てたことが知られる．ウクライナのモロドヴァ Moldove 遺跡には，4万4000年前と推定されるマンモスの骨を楕円形に並べた住居址が見つかっている．

現生人類すなわちホモ・サピエンス（新人）が登場するのは40万年～25万年前とされるが，アフリカにおいてホモ・エレクトゥスの近縁であるホモ・エルガステル Homo ergaster から進化し，他のホモ・エレクトゥスとは進化の系統を異にすると考えられている．ホモ・エレクトゥスは，ホモ・ネアンデルターレンシスとの抗争に敗れ，また，狩猟技術にすぐれたホモ・サピエンスとの生存競争にも敗れて絶滅する．

ホモ・サピエンスの起源については，アフリカ単一起源説と多地域進化説が唱えられてきた．有力であったのは多地域進化説である．アジア人の祖先は北京原人やジャワ原人に遡り，ヨーロッパ人の祖先はネアンデルタール人と初期にヨーロッパにいたホミニン（ヒト族）であるとされていた．各地にホモ・エレクトゥスの遺骨が発見されることから，ホモ・サピエンスは，いくつかの地域でそれぞれホモ・エレクトゥスから進化したというのはわかりやすい推定である．しかし，アラン・ウィルソン（1934～1991）が，1980年代末に，ミトコンドリア DNA（ミトコンドリア・ゲノム mtDNA）[3]に着目したジェノグラフィック（遺伝子系統樹）分析によって，全ての人類は母方の家系をたどると，アフリカに約12～20万年前に生きていた一人の女性[4]にたどりつくという「イブ」（ミトコンドリア・イブ）仮説を提出して以降，Y染色体[5]に着目して，ほぼ同時代の「人類共通の男系祖先」を仮定する「Y染色体アダム」仮説も加わり，アフリカ単一起源説が極めて有力となる．ミトコンドリア・ゲノムによる追跡は，女性が女性の子孫を残さなければ系統が途絶えるから種の系統を追えないという問題があったが，その後行われてきた核 DNA に着目したゲノム分析によっても，アフリカ単一起源説は揺らがない．極めて興味深いのは，ネアンデルタール人とホモ・サピエンスは，これまで直接的なつながりはないとされてきたが，スヴァンテ・ペーボのグループによってネアンデルタール人の全ゲノムが解読され（2009年），非アフリカ人

---

[3] ミトコンドリアは，身体を構成する細胞の中に細胞核をもつ動物，植物，菌類，原生生物などほとんどの生物に含まれる細胞小器官で，その形状，大きさは様々であるが，独自のゲノム，ミトコンドリア DNA（mtDNA，mDNA）をもち，分裂する際に複製が行われる．このミトコンドリア DNA の変異パターンを追跡することで，母系統の祖先を辿ることが出来る．
[4] 人類がひとりのアフリカ・イブから生まれたということではない．
[5] 哺乳類の場合，雄のみが X 染色体と Y 染色体の組を持つ．Y 染色体は両端のごく短い領域だけが X 染色体と一致し，残りの非組み換え部分は X 染色体と関連をもたず，遺伝によって組み換えられず，世代から世代へ伝えられる．

のゲノムがネアンデルタール人のゲノムを引継いでいることが明らかにされたことである（スヴァンテ・ペーボ 2015）．DNA 解読法の進歩は著しく，先立ってシベリア西部のデニソワ洞窟の 5 万年前から 3 万年前の地層から出土した人骨の分析によって，ネアンデルタール人でもホモ・サピエンスでもない未知の人類の存在（デニソワ人）が明らかになっている（2010 年）．また，デニソワ人の DNA がメラネシア人のゲノムの数パーセントに含まれており，シベリアから東南アジアに拡がっていたことも明らかになっている．さらに，フローレス島のホモ・フロレシンスが独自の進化を遂げていたことも明らかになった（2016 年）．

いずれにしても，人類進化の舞台はアフリカ大地溝帯であり，ホモ・サピエンスが誕生したのはラミダス猿人の化石骨が発見されたエチオピアのアファール盆地近辺だと考えられている．

アフリカの大地溝帯で進化，誕生したホモ・サピエンスは，やがてグレート・ジャーニーと呼ばれる移住を開始する．そして，その拡散経路についても明らかになりつつある．「イブ仮説」（「新人のアフリカ起源説」）によれば，およそ 12 万 5000 年前にアフリカを出立したホモ・サピエンスは，まず西アジアへ（12～8 万年前），そして続いてヨーロッパ南東部（4 万年前），また，アジア（6 万年前）へ移動して行き，それぞれ定着していったと考えられる．アフリカで見られる約 20 の遺伝子系統のうち 1 系統のみしか他の地域に見られないことから「出アフリカ」は一度のみであったと考えられる．「出アフリカ」は，これまで紅海の北側シナイ半島を抜けて行われたとされてきたが，レヴァント[6]への移住者[7]の遺伝子は現在のヨーロッパ人には見出せず，近年，ペルシア湾西岸のジェベル・ファヤ岩陰遺跡（12 万 5000 年前，アラブ首長国連邦）からアフリカ起源の石器が発掘されたことから，紅海の南端の海を渡ることによってなされたという説が有力になりつつある．それとともに，南アジア，東南アジア，中国南部，オセアニアへの海岸伝いの移動が注目されつつある．西アジアからの移住者が，中央アジア，そして東北アジアに達するルートには，ヒマラヤ山脈の西側あるいは東側さらに沿海部を遡るルートがあり，ジェノグラフィック分析は各ルートの可能性を示しているが，ヨーロッパからの東漸は時代が下ると考えられている．中央アジアで寒冷地気候に適応したのがモンゴロイドであり，ユーラシア東北部へ移動し，さらにベーリング海峡を渡ってアメリカ大陸へ向かう．南アメリカ最南端のフエゴ諸島に到達したのは 1 万数千年前とされる（図序 1-2）．

このフエゴ島 Tierra del Fuego は「火の島」という意味であり，マガリャンイスが

---

[6] 厳密な定義はないが，歴史的に東部地中海沿岸地方，現在では，シリア，レバノン，ヨルダン，イスラエル（およびパレスチナ自治区）を含む地域周辺をいう．フランス語のルヴァン Levant で，「（太陽が）上る」を意味する動詞 lever」から来ている．

[7] カフゼー遺跡（イスラエル，9 万 2000 年前）からホモ・サピエンスの頭骨が発掘されている．

序章

ヴァナキュラー建築の世界

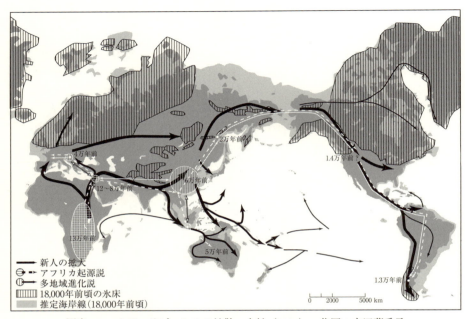

図序 1-2　ホモ・サピエンスの拡散　木村（2001）　作図：古田莉香子

　世界周航の途次（1520年頃）に訪れた際，所々焚き火が見えたところからそう名づけられたのであるが，年間平均気温数度というこの地に裸同然の人びとが暮らしていたという（図序 4-1）．16世紀に至っても，さらに21世紀の現代に至っても，住居をもたずに暮らす人びとがいる（ホームレス）ということは，人間は，火を手に入れることで，裸で，すなわち衣服や住居をもたなくても生きている動物だということである．

　フランスのドルドーニュ川流域には数万年にわたって断続的に人類が暮らした洞窟がある．最後の痕跡は直近の氷河期半ばのものだという．人類最古の住居のひとつの形態が，洞窟のような自然のシェルターである．紀元前3万5000年以降になると，多くの洞窟壁画が発見されている．そして，最後の氷河期が終わった紀元前9000年頃，何故か洞窟壁画は姿を消してしまう．

　一方，ホモ・サピエンスの住居として，後期旧石器時代（3万5000年～1万年前）には，東欧からウクライナにかけて多くの竪穴式の住居址が発見されている．後期旧石器時代になると，遺伝子による進化の時代は終わる．それ以降，ヒトの身体能力は基本的に進歩していない．経験と学習による文化の獲得，創造が歴史の原動力になる．アフリカを出た人類は，各地の気候，地形，風土に合わせて，肌の色，髪の質，頭や顔の骨格を変えていった．そして，大きく，コーカソイド，ネグロイド，モンゴロイ

ドという3つの人種が分かれる．スンダランドに到達した集団がモンゴロイドと呼ばれ，極東アジアや東南アジアの諸民族となる．そして，シベリア（2万年前）経由で南北アメリカ大陸へ渡っていったのが1万4000～1万3000年前のことである．サフル（オーストリア）大陸へは5万5000年前には移動し，アボリジニの祖先となった．ルーツは極東アジアや東南アジアの諸民族と同じと考えられている．

こうして1万3000年前までには，主な人種はそれぞれの地域に定着することになるが，それと平行して，農耕が開始される．最初に農耕が開始されたのは，後氷期から完新世にかけて気候が湿潤温暖化し始めた1万3000年前頃で，アフリカ大地溝帯の北端，野生のムギが生育するレヴァント回廊においてである．興味深いのは，レヴァントでは定住が栽培農耕に先行していることである．農耕革命，定住革命に続いて，都市国家が成立する．農業技術の革新，灌漑農業の開始が都市革命の引き金となる．ウル Ur（現代名テル・アル・ムカイヤル），ウルク Uruk（現代名ワルカ），エリドゥ Eridu，ラガシュ Lagash などが都市国家となるのはウルク期（紀元前4000年～3300年頃）後期のことである（小泉龍人 2001）．今のところ最古の都市と考えられているのはウルク遺跡であり，ハブーバ・カビーラ南遺跡とされる（小泉龍人 2016）．メソポタミアに続いて，エジプト，インダス，黄河・長江に古代都市文明が成立し，それぞれ帝国が形成され，人類史は，それぞれの地域でその歩みを開始することになる．

そして，13世紀に大モンゴルウルスがユーラシア大陸の東西を繋ぎ，さらに15世紀末以降，白人たち（コーカソイド）が「世界」（「新大陸」）を再発見するまで，それぞれの人種は大きく移動することはなく，それぞれの地域において成立した多様な住居形態を維持し，独自の発展をしてきたと考えられている．

2　住居の原型

人類最初の住居は，極めて常識的であるが，簡単な風除け，雨除けのようなシェルターである．あるいは，自然界に存在した洞窟である．

簡素な小屋ということであれば，ゴリラやチンパンジーでも，毎日夕方に樹枝で就眠用の巣を造る．チンパンジーは二度と同じ巣に寝ず日々簡易な巣をつくる．マダガスカル島のリスザルは，自分の糞で球形の巣をつくり樹上に運び上げる．鳥類の中にも天然の穴や樹洞や動物が掘った穴をそのまま利用し何も持ち込まないで産卵するものがあるが，巣とは，一般に，動物が自ら造って産卵，抱卵，育児または休息，就眠に使用する構造物や穴をいう．哺乳類（カヤネズミ，ビーバーなど），鳥類（ハタオリド

序章
ヴァナキュラー建築の世界

図序 2-1　動物の巣　a：カヤネズミ，b：ハタオリドリ，c：ビーバー，d：オオスズメバチ
　　　　　写真提供：アフロ

リが有名），魚類（トゲウオなど），昆虫類（白蟻，蜜蜂など）などがつくる「巣」は見事である（図序 2-1）．

　これらの動物が示す精巧な造巣行動（nest-building）のほとんど全ては遺伝的にプログラムされたものである．興味深いことは，アフリカの狩猟採集民や遊牧民の住居には小枝や草，牛糞などで作られた動物の巣と同様の形をした住居が見られる（図序 2-2）．

　ヒトの場合，住居を造る技術はおそらく遺伝的にプログラムされているのではない．98.8％遺伝子が同じだというチンパンジーは住居を造らないけれど，1.2％の DNA の違いに住居建設の能力が関わるということでもおそらくはない．20 世紀に至っても，裸のままで 1 万年前と同じように暮らす人がいたということは，住居の建設能力は遺伝的プログラムに依存するより，経験と学習，文化に属するということである（A. ラポポート 1987）．地域の自然，社会，文化の生態によってその形態が異なるのはそれ故にである．建築（住居）とは，自然の中に人工的な空間をつくり出すことに他ならない．雨風を避け，寒暖の制御を行いうるシェルターがその起源である．人工的空間をつくり出すために用いられるのは身近にある材料である．

図序 2-2 人類の原初の住居を現代に伝える．a：砂漠の狩猟採集民ブッシュマン，b：熱帯雨林の狩猟採集民ピグミー，c：半砂漠の遊牧民トゥルカナ，d：半砂漠の遊牧民サンブルの住居．撮影・提供：田中二郎．

しかし一方，地域を超えて，住居に共通な要素や形態，住居の原型と呼べる形式を確認できる．住居という物理的空間を構築する場合，入手可能な建築材料などによって架構構法，屋根形態が強く拘束されるからである．地域によって利用可能な建築材料は異なり，建築材料によって構造形式が異なり，住居の形態も異なる一方，同じ建築材料であれば，地域を超えた共通性も見られるのである．まずは，世界中のヴァナキュラー建築を建築構造と建築材料に着目して総覧してみよう．

建築は，一般的には屋根，壁，床によって構成される．最も重要なのは屋根を支える建築構造である．建築構造あるいは架構方式によって空間の規模や形は大きく規定される．

構造方式，架構形式を大きく分けると，

　　SA　天幕構造，
　　SB　軸組構造（柱梁構造），
　　SC　壁組構造（組積構造）

の3つに区別される.

　天幕（テント）構造（SA）は，各種天幕を主材料とする，基本的に屋根の架構形式である．SB，SCと併用されることもあるが，通常，屋根壁一体の架構形式をとる．SB，SCの区別は，主として壁の構造の違いである．SBは線材を組み合わせて枠組みをつくり隙間を埋める方法で，SCは材料を積み重ねて面をつくる方法である．木造であれば，SBは木材を縦横（柱梁）に使い，SCは横に重ねて使う．

　壁の構造の違いについては，太田邦夫がうまく図示している（図序2-

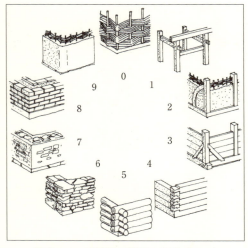

図序2-3　壁構造の類型　太田（1988）

3）．図の1〜3が軸組構造である．壁をもたず，木材を斜めに組み合わせて（合掌組，叉首組）三角屋根とする構法はSBに含めていいが，屋根の架構形式はヨーロッパだけでも細かく見れば様々である（図序2-4）．

　煉瓦や石の場合は，組積造が基本である．屋根については，ドーム形式やヴォール

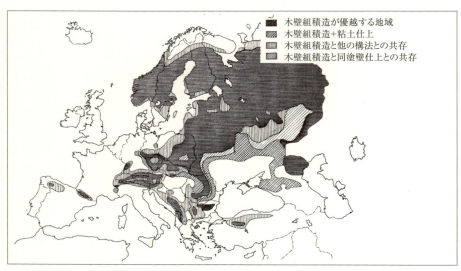

図序2-4　ヨーロッパの木構造の分布　太田（1988）

16

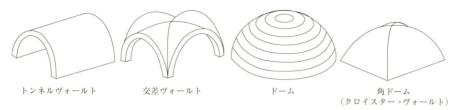

図序 2-5　ドームとヴォールト　作図：古田博一

ト形式が古来考案されてきた（図序 2-5）．正方形の平面の内側に順次正方形を内接させる形で屋根を塞ぐ，ドイツ語でラテルネン・デッケ Laternen Decke（Laternen は提灯，Decke は屋根）と呼ばれる「隅三角状持送式」の屋根架構形式も各地に見られる．四角い平面に丸いドーム屋根を架けるために考えられた方法である（図序 2-6）．「方形 45 度回転式」などとも言われるが，正方形の各辺の中央を繋ぎ，各隅の直角二等辺三角形の部分を塞ぐ，続いて残された中央の正方形について同じことを繰り返す．要するに正方形の内側に順次正方形を内接させていって屋根をつくるわけである．スパン（柱間）を縮めていけばいいのであるから，最初を八角形とする例もある．

　木造の場合，様々な構法が考えられる．天幕住居も，主となる構造は木材である．石造といっても，屋根の架構は木材で組むことは少なくない．様々な組み合わせが，多様な住居の型を生み出してきた．G. カタルディ（EVAW, Olive ed. 1997）は，木構造の基本を分類した上で，建築構造の原型を示している（図序 2-7）．材料が曲がるか

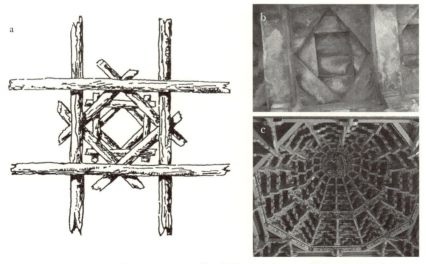

図序 2-6　ラテルネンデッケ　a：村田治郎（1930），bc：撮影：布野修司

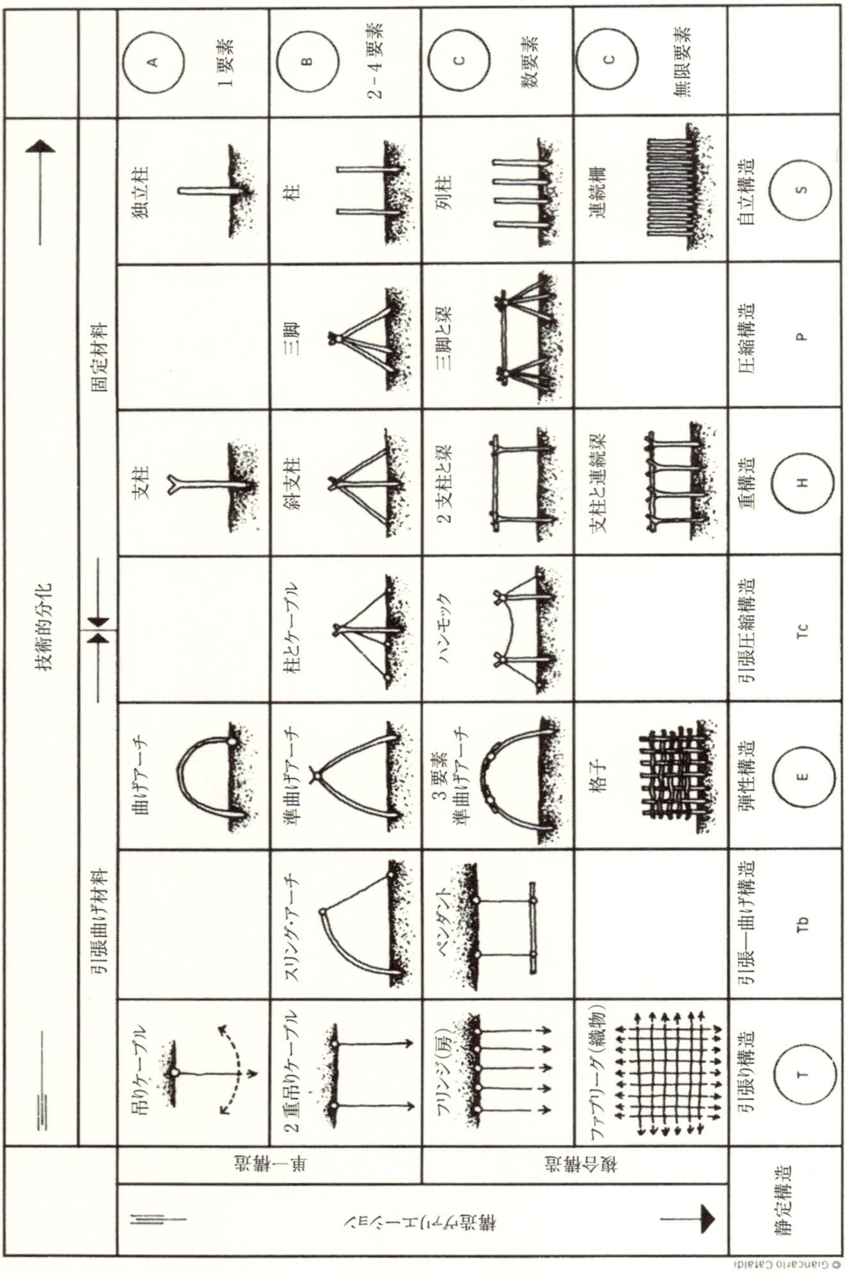

序章
ヴァナキュラー建築の世界

		A 1要素	B 2-4要素	C 数要素	C 無限要素	
技術的分化 ↑	固定材料	独立柱	柱	列柱	連続柵	自立構造 S
		支柱	三脚	三脚と梁		圧縮構造 P
		支柱	斜支柱	2支柱と梁	支柱と連続梁	重構造 H
		柱とケーブル	柱とケーブル	ハンモック		引張圧縮構造 Tc
↓	引張曲げ材料	曲げアーチ	準曲げアーチ	3要素準曲げアーチ	格子	弾性構造 E
		引張曲げ材料	スリングアーチ	ペンダント		引張—曲げ構造 Tb
		吊りケーブル	2重吊りケーブル	フリンジ(房)	ファブリーク(織物)	引張構造 T
		単一構造		複合構造		静定構造
		← 構造グラデーション →				

© Giancarlo Cataldi

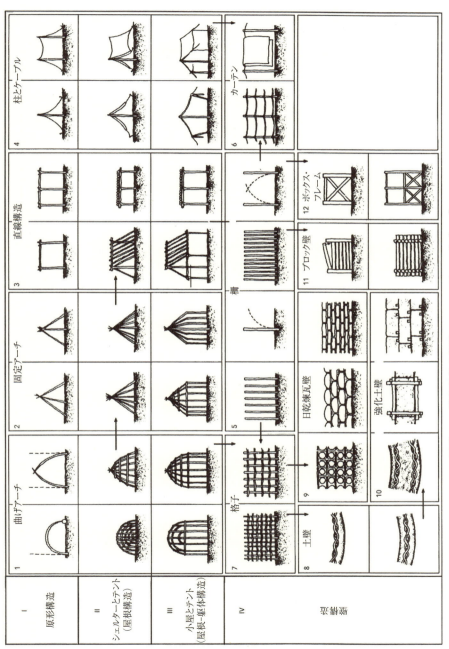

図序 2-7 建築構造の類型 EVAW：Oliver ed.（1997）

どうか，引張力を利用するのか圧縮力を利用するのかによって構造形式は異なる．また，壁屋根一体型と壁屋根分離型にも分けられる．

建築のために利用できる建築材料は，鉄，ガラス，コンクリートといった工業材料が出現するまでは，基本的に以下のような自然材料である．

> MA　土，粘土，石，岩：土は，塗壁などの壁材，三和土（たたき）などの床材など様々に使われる．屋根に芝土を用いるケースもある．また，煉瓦や瓦など部品として使われる．直方体に成形される煉瓦が一般的であるが，丸めて干すだけのものもある．また，中国の版築のように，突き固めて壁をつくる工法もある．また，自然石，粗石（荒石，野石）も様々に用いられてきた．また，切石も古代に遡る．砂岩，石灰岩，大理石，粘板岩などが代表的である．ラテライト（紅土）も建築材料として用いられる．小石をモルタルで固める方法もある．また，海岸部では珊瑚がよく用いられる．
>
> MB　樹木（木本植物）：屋根，壁，床，柱など全てに用いられる．また，樹皮，根，葉なども用いられる．
>
> MC　草（草本植物）：各種草，竹，葦などが各地で重要な建築材料として用いられる．竹は編んで壁にも用いられる．バリ島などに全て竹で造られる住居がある．椰子も構造材として用いられる他，編んで屋根や壁に用いられる．葦は，屋根材，壁材に用いられるが，イラクのマダン族のように束にして構造材に用いる例もある．蔓など種々の草で造られる縄も緊結材として重要である．ラタンなどは家具に使われる．
>
> MD　動物材料　骨，糞，毛，皮，貝：イヌイット（エスキモー）の住居の中には鯨の骨を構造材に用いる例がある．また，太古にはマンモスの骨も使われている．糞は泥と混ぜて壁材として使われる．藁など草の繊維が混ぜられるのが一般的である．山羊や羊の毛，獣皮は天幕地として用いられる．また，絨毯など壁材，床材として用いられる．貝は，フィリピンで見られるように，カピス貝を薄く剥がして窓など開口部に用いる他，砕いて，石灰として用いる．

これらの中で，地域を選ばず利用されてきたのは土であろう．日乾煉瓦として古来使用されてきている（図序 2-8）．日乾煉瓦は英語でアドベ adobe と呼ばれるが，語源はアラビア語である[8]．焼成煉瓦は摂氏 1150 度ぐらいで焼かれる．最古の例はインダス（紀元前 2500〜1500）で出土している．手で捏ねてつくる段階から成型の段階へ

---

8)　アドベの語源は，紀元前 2000 年のエジプトに遡るという．「泥の煉瓦」を意味する dj-b-t が tobe に変化し，このトベがアラビア語のトゥーブ，これに定冠詞アルが付いてアットゥーブとなり，古スペイン語に取り入れられ，アドベとなったという．英語には，18 世紀初めにスペイン語から導入されたとされる．

2
住居の原型

図序2-8 日乾煉瓦の分布 Vellinga, Oliver and Bridge（2007）作図：古田莉香子

図序2-9 焼成煉瓦の分布 Vellinga, Oliver and Bridge（2007）作図：古田莉香子

図序2-10 木構造の分布 Vellinga, Oliver and Bridge（2007）作図：大坊岳央

図序2-11 外装木材の分布 Vellinga, Oliver and Bridge（2007）作図：大坊岳央

序章
ヴァナキュラー建築の世界

移行したと思われるが、その使用地域は、古代都市文明の中心地を核として拡がり、日射量の多い地域に帯状に分布している。焼成煉瓦となると、その使用地域は限定的になる（図序2-9）。インダス地域が古く紀元前2500年頃、中東地域は紀元前1000年頃、中国は紀元前3世紀頃に遡るとされる。それぞれの地域で使用圏域が形成されるが、紀元8世紀にはイスラームの拡張圏に伝えられる。ヨーロッパには古代ローマを通じて伝わるが、19世紀まで大きな変化は無い。日本で焼成煉瓦が製造されるのは19世紀半ば以降であり、アフリカなどで使用され始めるのは20世紀に入ってからである。

木材も、乾燥地帯を除けばほとんどの地域で用いられる。それほど木材は建築材料として重要である（図序2-10）。中でも木壁組積構造（井篭組壁構造、ログ構造、校倉造）として用いられるのは、木材が豊富にあるユーラシア大陸北部および北アメリカの北方林地帯である。一方、樹皮も含めて外装材として用いられる地域は限定的となり、世界に点在する（図序2-11）。木造建築は火災に弱く、特に、都市では建築制限（防火規定）が加えられるようになるのである。また、木材資源が希少となる場合もあるからである。例えば、ロンドンの建築物は1666年の大火までは木造であったが、以降、石造建築に置き換えられていくことになる。一方、日本に19世紀後半に至るまで石造建築が導入されなかったのは木造が豊富に身近に利用可能だったからで、火災に対しては土蔵という防火建築が工夫されたからである。木材の使用も、単に自然の生態環境のみならず、地域の自然、社会、経済、文化の複合的生態環境によって規定されるのである。

ヤシも熱帯中心に広く用いられる。熱帯ではほぼ無限の材料といってよく、建築のみならず、ココナツやサゴヤシ、砂糖ヤシ、あるいはヤシ酒など飲食用、薬用、園芸、木炭など多様に用いられ、「ヤシ文化」と呼びうる文化圏が形成される。建材としての使用も、構造材、壁材、屋根材と多様である（図序2-12）。構造材として用いられるのは、他の木材が得られないアフリカ北部とメソポタミアであり、屋根材として用いられるのは、赤道を挟むアフリカ中央部と東南アジア地域である。

また、竹も熱帯を中心に、屋根材、構造材、壁材、さらに床材など多様に使われる（図序2-13）。竹を編んだバンブーマットもかなり広範に使われる。構造材として使われるのは東南アジアからオセアニアにかけての地域である。屋根材のみに使われるのがメソポタミア、インダス、アフリカ中央部などに限定されることが注目されるが、東南アジアには全て竹による住居もある。マダガスカル島と西アフリカで竹が壁などに用いられるのが興味深い。マダガスカル島は、後述するオーストロネシア世界（第Ⅰ章）の西端に位置し、熱帯海洋世界に共通する生態環境が想定されるからである。また、西アフリカは、あまり注目されないが、稲の起源地でもある。稲と竹の生態複合と建築との関係に共通性が窺われるのである。

2 住居の原型

屋根材としては，植物ではヤシ茸，草茸，葦茸，藁茸がある（図序2-14）．ヤシ茸がヤシの生態圏に対応するように，植生に対応し，また，いくつかの葺き方は重なる．ヨーロッパと東北アジアは，葦茸，藁茸の併用であり，インド，中国の平野部は，藁茸，ヤシ茸の併用である．屋根は，その他，木片を重ねて敷くシングル茸，粘板岩を用いるスレート茸，土を用いる瓦茸が見られる．シングル茸は，ヨーロッパの中央・北・東の他，ユーラシアの高地に点々と見られる（図序2-15）．アメリカ合衆国の南西部は，ヨーロッパの影響である．スレート茸は，スレートの産地と関わるが，西ヨーロッパと北インドの他，山間部に点々と分布している（図序2-16）．瓦茸は，インド，中国，ヨーロッパを中心に見られる（図序2-17）．瓦の起源は，紀元前800年頃の中国とされる．そして，それがローマ時代の頃には地中海地域・ヨーロッパに伝えられ，西欧諸国の海外進出とともに世界に広められたというのが大きな流れである．

建築構造の以上のような分類を前提として，建築材料を規定する世界の自然生態の違いを念頭に，住居の原型と考えられる形態を列挙すれば，以下のようになる．

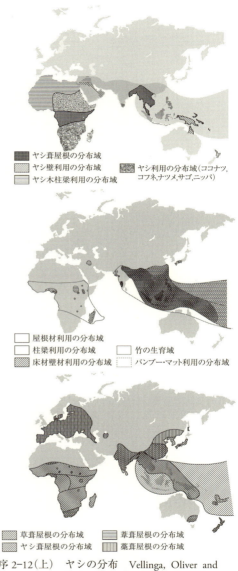

図序 2-12（上） ヤシの分布　Vellinga, Oliver and Bridge（2007）　作図：古田博一

図序 2-13（中） 竹の分布　Vellinga, Oliver and Bridge（2007）　作図：古田博一

図序 2-14（下） 草茸・葦茸・藁茸の分布　Vellinga, Oliver and Bridge（2007）　作図：古田莉香子

図序 2-15　シングル葺の分布　Vellinga, Oliver and Bridge（2007）　作図：古田莉香子

図序 2-16　スレート葺の分布　Vellinga, Oliver and Bridge（2007）　作図：古田莉香子

図序 2-17　瓦葺の分布　Vellinga, Oliver and Bridge（2007）　作図：大坊岳央

2-1 洞窟 ── 子宮・部屋・墓

　住居の原型となるのは，まず，洞窟あるいは地下住居である．建てるのではなく，自然の洞窟を利用する方法，地面や山腹を掘って空間を作る地下住居あるいは洞窟住居は，温熱環境は安定しており，光や通風の採り方の工夫で快適な居住空間をつくることができる．B. ルドフスキーの『驚異の工匠たち』(1981年；Rudofsky 1977) は，第一章を「洞窟を讃えて」としている．洞窟住居は，しばしば，子宮に喩えられる．子宮 womb，部屋 room，墓 tomb は同じ語源である．

　穴居住居としてまず挙げられるのはトルコのカッパドキアであり，中国黄河上中流域の窰洞（ヤオトン）である．カッパドキア渓谷の断崖や谷間に林立する岩山は凝灰岩が浸食や風化をうけて生じたもので，一大地下都市のごとくくりぬかれた修道院や住居群のつくり出す景観は圧巻である．また，中国の華北，中原，西北地方などに見られる窰洞は，天然の黄土断崖をそのまま利用して横穴を掘り進んだものと，人工的に地坑を掘り下げて中庭とし，そこから四方に横穴を掘り進む，平面形式としては四合院と同じ下沈式がある．

　イギリスでも 1970 年代まで西スタンフォードシャーのキンヴァー・エッジに穴居居住者が存在しし，フランスにもソムールなどに石窟居住者が存在する．スペインのクエヴァス，チュニジアのマトマタなどもよく知られている．

2-2 天幕 ── ノマドの世界

　定住革命によって人類は農耕牧畜を開始するのであるが，地球上のあらゆる地域が農耕に適していたわけではない．水の得られない砂漠など乾燥地帯は人間の居住を阻んできた．

　しかし，家畜を手に入れた人類は，農耕に適さない土地へも遊牧生活を開始する．遊牧民（ノマド）の誕生である．その遊牧生活を可能にしたのは，羊，山羊，牛など食糧として欠かすことのできない家畜とともに，ロバや馬，ラクダなどの荷役用動物である．北方のツンドラ地帯，タイガ地帯のトナカイ（カリブー），北アメリカ大平原のバイソンや馬，チベットのヤクなど，地域ごとに気候に対応した動物が用いられる．

　彼らは，間違いなくマンモスなど大型動物を追いかけた人びとの末裔であるが，定住民との何らかの関係をもつのが新たな生業形態としての遊牧である．

　遊牧民が共通に用いる住居が天幕（テント）住居である．天幕住居は，ユーラシア大陸の西アジアからシベリアにかけての全域，アフリカの北部，北欧，そして北アメリカなどに分布する（図序 2-18）．

　天幕住居の形式は，大きく分けて 4 つである．

序章
ヴァナキュラー建築の世界

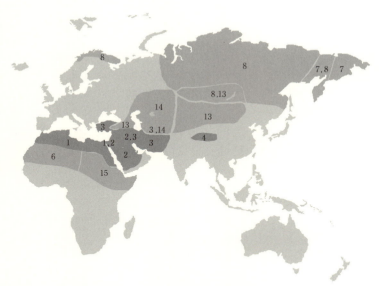

骨組無天幕
1 黒天幕, アフリカ (ヤギ毛, ヒツジ毛, ラクダ毛)
2 黒天幕, アラブ (ヤギ毛, ヒツジ毛, ラクダ毛)
3 黒天幕, ペルシア (ヤギ毛, ヒツジ毛, ラクダ毛)
4 黒天幕, チベット (ヤク毛)

骨組天幕
5 棟天幕, イヌイット (木材, 鯨骨；木炭, 海豹皮)
6 皮革天幕, トゥアレグ (ヤギ皮, 羊皮)
7 円錐円筒形天幕 (トナカイ皮)

8 円錐形天幕, ユーラシア (チュム) (トナカイ皮, カバ木皮, イグサ, フェルト)
9 円錐形天幕, 北アメリカ (ティピ) (水牛皮)
10 円錐形天幕, (ウィグアム Wigwam) (カバ木皮)
11 ウィグアム (カバ木皮, 葦, 草)
12 ドーム形天幕, イヌイット (水牛皮, アザラシ皮)
13 格子天幕, モンゴル (ユルト) (フェルト)
14 格子天幕, キルギス (ユルト) (フェルト)
15 骨組葉産天幕, アフリカ (カバ木皮, 葦葉産, ヤシ葉産)

図序 2-18　天幕住居の分布　Vellinga, Oliver and Bridge (2007)　作図：古田博一

図序 2-19　天幕住居の類型　a：円錐形天幕　Oliver (2003), b：ユルト　Duly (1979), c：黒天幕住居　撮影：布野修司

TA　円錐形天幕住居：三脚あるいは四脚に中心構造を組み，丸太を円形に建てかけ骨組みとし，獣皮で覆う．アメリカ・インディアンのティピが有名だが，ラップランド，シベリアなど広範囲に分布する（図序 2-19a）．
TB　腰折円錐形天幕住居（円錐円筒形住居）：シベリアのタタール族，アルタイ族が用いるヤランガがその代表．円錐形天幕住居の規模を拡大するために，円筒形に壁を立ち上げて，その上に円錐形屋根を載せる形式．
TC　ユルト（ユルタ）yurt（ゲル，包，カピッカ，ケルガ）：モンゴル高原で生み出された組み立て式住居で，円筒形の壁の上にドーム形の屋根を載せる．大袈裟に言えば，人類が生みだした最高の移動住居のひとつである．ユルト（ユルタ）は，トルコ語で住居の意で，中央アジア，西アジア一帯に用いられた（図序 2-19b）．
D　黒天幕住居：メソポタミアで発生した引張（テンション）構造の天幕住居をいう．ゲルは白いフェルトであるが，西アジアで一般的に見られるのは黒いテントである．ヤクあるいは黒山羊の毛で織られる．天幕地の継ぎ方によってペルシア型とアラブ型に分かれる．北アフリカからアラビア半島，イラン，アフガニスタンまで広範に分布する（図序 2-19c）．代表的なのは，ベドウィンである．天幕の形態は，支持柱，骨組みによって多くのヴァリエーションがある．アラビア半島北部のルワラ Rwala 族のテントは，2 列に支柱を立て，20m ほどのフェルトを支柱に沿って縦横に引っ張り水平に近くなるようにする．部屋の間仕切りにはカーテンが吊られる．柱列を増やせば大型のテント住居もできる．

2-3 | 高床 ―― 海の世界

　天幕形式の住居とともに広大な地域を移動した陸上の遊牧民たちに対して，海上を移動する海人（シー・ノマド）の世界がある．彼らの住居は，海や川，湿地の上に床をつくって建てる高床式住居である（図序 2-20）．地面から離して空中に床を設ける住居の原型は，樹上住居である．床を地面から離すことで，湿気を防ぎ，洪水を避け，また猛獣や害虫を防御するというのは，居住しにくい環境に暮らすために人類が選択した，ひとつの解答である．もともと，人類は樹上に生活していたのである．パプア・ニューギニアのコロワイ族の樹上住居が知られるが，インドネシアや中南米の熱帯降雨林に実際に見られた（図序 2-21）．より一般的な高床式住居であれば世界中に見られるが，集中するのは東南アジアである（図序 2-22）．
　スンダランドを揺籃の地とするモンゴロイドが住みついたのは太平洋沿岸であった．アボリジニやパプア人はその末裔である．しかし，彼らの言語は近接するインドネシア語やタガログ語，オセアニア語とは系統を異にする．そこで考えられているのが第 2 派となる集団の移住である．オーストロネシア語族と呼ばれるその集団は，東

序章
ヴァナキュラー建築の世界

図序 2-20（左） 高床の水上住居群（ノクウェ湖　ベニン　西アフリカ）　Duly（1979）
図序 2-21（右） イリアン・ジャヤの樹上住居　EVAW：Oliver ed.（1997）

図序 2-22　高床式住居の分布　Vellinga, Oliver and Bridge（2007）

はイースター島から西はマダガスカル島まで実に広大な海域世界に分布する．

その原郷は，台湾もしくは中国南部と考えられている．紀元前 4000 年から 3500 年にかけて，まず先オーストロネシア語系民族が台湾に移住し，紀元前 3000 年頃フィリピン北部へ，紀元前 2500 年から 2000 年にかけてフィリピン南部からボルネオ，スラウェシ，マルク方面へと次々に拡散していったというのである．

ブラストは，古オーストロネシア語を復元することによって，原初オーストロネシア文化の特徴を，①米と雑穀耕作，②杭上の木造家屋，③豚，犬，水牛，鶏の飼育，④腰機による機織り，⑤弓矢の使用，⑥土器の製作，⑦錫など金属についての知識，と推定した．

高床式（杭上）住居も様々な形式がある．しかし，オーストロネシア世界全体に同じような住居形式が建てられ続けてきたと思わせるのが，ドンソン銅鼓の分布とそこに描かれた家屋紋である．また，石寨山などから出土した家屋模型（口絵 1）である．ミナンカバウ族，バタック諸族などの住居の屋根形態は，そうした家屋紋によく似ているのである．オーストロネシア世界の高床式住居については第 I 章で詳しく見たい．

2-4 │ 井籠 ── 森の世界

木材が豊富にあるユーラシア大陸および北アメリカの北方林地帯に分布する井籠組壁構造（木壁組積造，ログ構造，校倉造）については，先に触れた通りである．この井籠組壁構造の起源については議論があるが，黒海周辺で発生したという説が有力である．そうした意味では，森の世界の住居の原型と言えるであろう．森の世界でも熱帯降雨林の場合は，木は豊富であるが，暑さと湿気の問題があるから，一般的には熱帯には向かない．しかし，東南アジア地域にも井籠組壁構造をみることができる（48 頁図 I-1-4〜7）．黒海周辺起源説に基づくと北方へシベリア方面に向かったものと，南方へインドシナ半島を下ったものとの 2 系統を考える必要がある．東南アジアの井籠組壁構造については第 I 章でみよう．

2-5 │ 組石 ── ヴォールト・アーチ・ペンデンティブ

土と石は，古来の建築材料である．土と石で居住空間を造る場合，掘るか積むか，2 つの方法がある．まず，上で見たように，自然の洞窟を利用する形態，そして，地面や山腹を掘る形態がある．P. オリヴァー（Oliver 2003）は，1 章を「地面から建てる」と題して，穴居，石窟住居，そして組石造，煉瓦造に触れている．石造建造物というと，まず，ドルメン，メンヒル，ストーン・サークルという巨石記念物が思い浮かぶが，エジプトのピラミッドの存在を考えても，紀元前 2500 年には，人類が相当

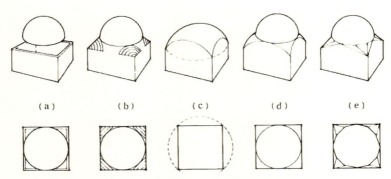

図序 2-23　ペンデンティブとスキンチ・アーチ　作図：古田莉香子

高度の石造技術を獲得していたことは明らかである．ただ，一般の住居が日乾煉瓦で建てられていたこともはっきりしている．メソポタミアの多くの都市で造られたジッグラトも煉瓦造である．

　組積造の基本は，アーチ（コーベル・アーチ，半球アーチ，尖塔アーチなど），ドーム，そしてヴォールトである．要するに屋根をどのように架けるかが問題であり，様々な工夫が必要とされた．四角い平面に半球状のドームを載せるための工夫が，イスラームが発達させることになった四隅のペンデンティブ（球面三角形）であり，スキンチ・アーチである（図序 2-23）．先に挙げたラテルネン・デッケも，屋根架構の手法である．この石造建築，煉瓦造建築の基本的架構法は，西アジア，アルメニア地域で考案され，ギリシャ・ローマの建築，そして，イスラーム建築に取り入れられていくことになる．組積造の場合，屋根架構の方法が空間の単位を規定する．

3　住居の形態：地域の生態系に基づく居住システム

　住居建設の方法は，以上のように，建築材料と建築構造，架構方式によっていくつかに限定されるのであるが，住居の形態を規定する要因にはさらに様々なものがある．通常，住居の形態を規定すると考えられる要因として挙げられるのは，①気候と地形（微地形と微気候），②生業形態，③家族や社会組織，④世界観や宇宙観，信仰体系などである．地域が社会文化生態力学[9]によって形成されるとすれば，その基礎単位である住居も自然・社会・文化生態の複合体として捉えることが出来る．

3-1 自然環境

　住居の形態を大きく規定するのは，第一に，⑨によって規定される自然環境である．建築材料を規定するのは自然環境である．自然環境が地域における植生や生業のあり方を規定し，さらに建築材料を限定することによって建築構造，架構方式を選択させる．すなわち，住居は，地域の生態系に基づいて形成される．

　中でも気候は住居形態に大きく関わる．住居は，暑さ寒さを防ぎ，雨露や湿気を凌ぐ，人間にとっての環境調整のための装置である．W. P. ケッペン Köppen（1846～1950）が 1923 年に提案し，1954 年に R. ガイガー Geiger が修正して今日一般的に用いられる気候区分では，熱帯雨林気候からツンドラ気候，氷雪気候まで 13 程度の区分が行われているが，もう少し細かい気候区分が住居の形態に関わる．また，海岸，砂漠，森林，草原，湖上，低地，海上，斜面，高地，渓谷といった立地の区分も大きい．地震，洪水，土砂崩れ，台風，雪害，火山噴火といった自然災害も住居の形態や立地に大きく作用する．

　寒いところでは暖房が必要である．料理のために火を用いることから兼用で広く炉が用いられる．直火だと煙が出るから，煙出しや煙突の工夫が必要になる．ラップランドの円錐形天幕住居は，酷寒でも中央は開かれたままである．また，ユルトのトーノ（天頂部）も開放できるようになっている．暖房専用となると，暖炉，ストーブがヨーロッパでは一般的となった．

　伝統的な暖房システムとして興味深いのが朝鮮半島のオンドル（温突）である（図序 3-1）．床下に煙道をつくり，温かい煙を回す床下暖房システムである．また，中国の炕（カン）もオンドルに類似したものだが，こちらはベッドを暖める．また，二重にした壁の間に煙を通すやり方も行われる．スペインにはグロリアと呼ばれる中央暖房システムがある．比較的新しく 19 世紀末に導入されたという．日本の炬燵は，世界的に珍しい創意工夫である．

　火を焚くことによって対処できる寒さに対して，暑さへの対処はさらに工夫が必要であった．日射熱をどう遮るか，輻射熱をどう防ぐかは様々な装置を生んできた．日射に関しては，まず，それを遮り，影をつくることが必要である．庇を長くしたり，ルーヴァーを設けたりする．開口部の大きさを調整することも経験をもとに積み重ねられてきた．断熱とともに通風は，熱帯地域では最重点項目である．

---

9)　京都大学東南アジア研究センター（現研究所）における地域研究の方法をめぐって提出された概念．既成の学問分野による地域分析を足し合わせるのではなく，地域のディテールに世界の構造を解読することを目指す．総説書に立本成文『地域研究の問題と方法 ── 社会文化生態力学の試み』（京都大学学術出版会）がある．高谷好一の「世界単位」論も，地域研究を全体化する方法をめぐる議論の中から提唱された．

図序 3-1　オンドル　撮影：布野修司　　　図序 3-2　バードギル　撮影：布野修司

　中でも，風を呼び込む風捕獲装置（ウィンド・キャッチャー）は独特の景観を創り出す．有名なのは，パキスタンのシンド地方の風の塔である．また，イランやイラクのバードギル badgir も著名だ（図序 3-2）．さらに興味深い例として，ヤフチャールと呼ばれる氷室あるいは貯水庫がある．冬の氷を夏まで貯えておく氷室は，オーストラリアを除いた各大陸で，古来用いられてきたことが知られている．アッシリアの皇帝が氷を用いたという楔形文字の記録があるという．ギリシャ，ローマ時代にももちろん用いられ，ヨーロッパ各地で使われてきた．日本での文献上の初見は，『日本書紀』仁徳紀に見える大和の闘鶏（つげ）の氷室の記述である．その構造は，土を 1 丈余り掘り，厚く茅荻を敷き，その上に氷を置き，草をもって覆ったものという．『日本書紀』孝徳紀にも氷連（ひのむらじ）という人名があり，大化以前に朝廷所属の氷室が存在したことが認められる．

　熱，光，空気，音をどう制御するかは，都市においてより重要なテーマとなる．高密度居住になると，光や風をどう取り入れるか様々な工夫が必要となるのである．ひとつの解が中庭式住居（コートヤード・ハウス）である．都市的集住状態において，通風や自然光を確保するための住居形式として，中庭式住居は，古今東西至る所にみることができる（図序 3-3）．

　都市文明の発祥の地とされるメソポタミアの都市遺構を見ると，居住区は全て中庭式住居からなっている．エジプト文明についても同様である．迷路状の街路にびっしりと中庭式住居が密集する形態はイスラーム都市に特有と言われるが，その伝統が遥かにイスラーム以前に遡ることは明らかである．インダス文明の都市遺構であるモエンジョ・ダーロも，住居の基本型は中庭式住居である．中国の四合院もまた中庭式住居である．

　中庭式住居を四大都市文明のいずれにもみることができるのは，その形式の普遍性を示している．ギリシャ・ローマの都市住居の基本も中庭式住居である．

図序 3-3　中庭式住居　a：パタン（ネパール），b：四合院（西安）　撮影：布野修司

3-2 家族と社会 —— 住居・集落・都市

　住居の形態は，こうして，大きくは地域の自然環境によって規定されるのであるが，具体的な空間の配列，平面形式（間取り）を決定するのは，その住居に住む集団のあり方である．

　一般に社会の基本単位をなすと考えられるのは家族である．文化人類学は，まず，親族体系，親族組織に焦点を当てて血縁集団（リネージ，氏族（クラン））を問題にし，部族，村落共同体，社会等々を分析していく．ところが，親族関係は極めて複雑で，父系，母系，そして双系といった家系の概念によって親族組織のパターンを明解に分類することは困難である．

　通常，①血縁（親子，兄弟）の集団が家族を形成するが，家族を定義することは必ずしも容易ではなさそうである．さらに，②火（台所，竈）の共同，③住居（家屋，部屋，屋敷地）の共用，④経済（生産，消費，経営，財産，家計）の共有が家族の条件とされるが，それぞれについて例外は少なくないのである．

　空間に着目するとすれば，むしろ，住居を中心とする集団を単位と考えた方が理解しやすい．③の条件をみたす集団を基本単位（家族）と考えるのである．レヴィ＝ストロースは，そうした社会を「家社会 house-society」と呼んだ．R. ウォータソン（Waterson 1990）は，第Ⅰ章で触れるが，東南アジアから「家社会」の例として，ロングハウスに居住する諸族，ティモールのアトニ族，タニンバル諸島，サダン・トラジャ族をとりあげて，住居と親族関係について論じている．

　長幼，男女，血縁の遠近など，家族，そして集団の関係は住居の空間関係（平面，間取り，プラン）に投影される．逆に，住居は空間化された集団の規範と考えることもできる．さらに，暮らし方は，空間関係に表現される．本書が主として焦点を当てているのは，この空間関係（平面，間取り，プラン）である．

　採集狩猟の社会から国家への社会関係の展開については，文化人類学では，バンド，

氏族 clan，部族 tribe，首長制 chiefdom，国家 state といった概念で整理するが，S. ケントは，空間関係として大きく 5 つの空間形式を分ける (EVAW, Oliver ed. 1997). すなわち，PA：Basic Abode（一室住居），PB：Differentiated Dwellings（区分住居），PC：Divided Domicile（分割住居），PD：Partible House（分業住居），PE：Segmented Residence（分離住居），である．分割という言葉 (Differentiated, Divided, Partible, Segmented)，そして住居という言葉 (Abode, Dwellings, Domicile, House, Residence) のニュアンスを日本語にするのは難しいが，基本的に一室の小屋からなり，外部空間の活動が大半である．そして分業はなく，階級は基本的にない平等社会を形成するのが PA である．PB は，空間が間仕切によって区分されるようになった住居，PC から PE に至ると，性，年齢，階級による空間分割が強固になっていくという図式である．PA には，バサルワ Basarwa，PB にイバン族やイヌイット（エスキモー），PC に，アイヌやイロコイ族などを挙げた上で，PE に日本とともに，バリ，中国，ネパールなどを挙げている．

しかし，こうした大まかな分類では，世界の住居の多様性はおそらく捉えられないであろう．少なくとも，もう少し，細かく事例を見る必要がある．注目すべきは住居の型である．また，住居が集合していく形式である．

都市における住居が中庭式住居を型とするように，住居は様々な条件によって規定されており，その諸条件に対応するいくつかの解答を人類は見つけだしてきているのである．第 I 章で具体的に見よう．

3-3 宇宙と身体 ── 住居とディテール

住居の空間（平面），構造，環境を規定する諸要因については，およそ以上のようであるが，住居にはさらに奥深い世界すなわち世界観との照応関係がある．

『驚異の工匠たち』(Rudofsky 1977) は，『建築家なしの建築』(Rudofsky 1964) に続く本であるが，「洞窟」や「野生の建築（動物や昆虫の巣）」などに加えて，「移動する建築」「城塞」「倉」「死者の倉（墓）」……など，工匠たちの手の技によって創り出された建築が賞揚されている．「建築が遊戯であった時代」「不法占拠への賛歌」「積木欲望」といった章があって，自らが直接的に建設することの意義を讃えている．

そうしたなかに「ささやかな部分の重要性」という章がある．暑さ寒さへの対処方法などの創意工夫が列挙されるが，住居の建築的面白さの大半は，細部（ディテール）にある．まさに「神は細部に宿りたまう」である．

例えば，扉や窓などの開口部を見ると，単なる用途，機能を超えた表情がある．出入口が口や肛門や膣に擬せられるように，巧みな技，装飾によって様々な意味が付与されるのである．

住居の形態：地域の生態系に基づく居住システム

図序 3-4　ジョグロ　撮影：布野修司

　天井，壁，床，屋根など，ありとあらゆる部分が意味付与の対象となり装飾が施されるが，集中するのは，妻，棟，頂華といった端部である．また，柱はしばしば象徴的な意味をもつ．また，接合部は巧みに装飾化される．

　装飾のモチーフもまた多様であり，碑文も書かれる．様々な図式パターンや図像が住居を飾り立てるのは世界中共通である．一方，住居はしばしば宇宙そのものと考えられる．あるいは，宇宙の構造を反映したものと考えられてきた．

　第I章で触れるが，ヒンドゥーのコスモロジーを投影すると考えられるバリ島の住居がわかりやすい．また，遊牧民のユルトはその形態そのものが宇宙と考えられる例である．ジャワ島のジョグロという屋根形式（図序 3-4）は，世界の中心メール山をシンボライズしたものという．高床式住居の場合，屋根裏，床，床下という区分が，しばしば，天上界，地上階，地下階という三界観念に結びつく．

　要するに，太陽や月，星の運動は，どんな地域でも重要であり，東西南北というオリエンテーション（方位）が強く意識されてきたのである．また，山と海，森と川などは生活空間を大きく限定し，住居の立地や向きも限定してきた．興味深いことに，絶対方位が優位な地域と山や森の方角，川の流れの向きが重視される地域がある．

　また，住居は小宇宙としての身体になぞらえられる．有名なのは，マリのドゴン族である（図序 3-5）．屋敷地（コンパウンド）の形が人体に喩えられるのである．厨房 obolo

序章
ヴァナキュラー建築の世界

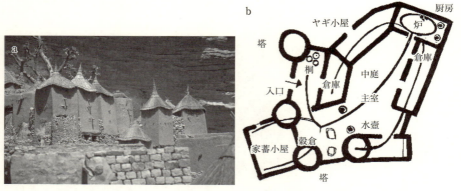

図序 3-5　a：ドゴン族の住居　撮影・提供：田中二郎，b：Oliver (2003)

が頭，主室 deu が胴体，倉庫 kana が腕，入口ホール dolu が足，扉 day が膣に見なされるのである．こうしたアントロポモルフィズム（人体同形主義）は他にも見られる．頭，胴体，足という 3 分割や出入口を口や肛門に見立てる例である．ティモールの東テトゥム族の住居は，正面を顔，両側の壁を足，後壁を肛門と呼ぶ．また，正面入口を眼，後門を膣に見立てる．スンバにおいては，身体のイメージは，住居，墓，集落，耕作地，河川，そして島全体にも使われ，全て「頭部」と「尾部」をもつとされる．村の中央部にある門は「腰門」と呼ばれ，中心部は「腹」padua とか「臍」とか「心臓」puhu と呼ばれる（図序 3-6）．

　身体寸法を用いるのは，これは世界共通である．両手を拡げた「尋」，肘の長さ（肘（腕）尺，キュービット），足の長さ（フィート，尺）などが一般的に用いられる．

　住居に込められるべき秩序，すなわち住居の作り方は，しばしば，マニュアル（建築書）の形で伝承される．あるいは，建築儀礼という形で記憶される．

　日本の建築書としては，『匠明』に代表される木割書がある．また，家相書がある．気学，方位学に関わる大系であり，いずれも，中国起源である．中国には，『営造方式』(1103 年) 以降，『魯般営造正式』(明代初期)，『工程做法』(1736 年)，『欽定工部則例』(1815 年) など，建築書の伝統がある．そしてもう一つ重要なものに「風水」feng-shui（堪輿，地理，青烏）説があり，台湾，韓国では今も一般的に用いられている．

　インドには，シルパ・シャストラ（諸技芸の書）の一環としてヴァストゥ・シャストラの伝統がある．ヴァストゥは建築，シャストラは科学である．最も著名なのはマーナサーラである．

　バリには，ロンタル椰子の葉に書かれたアスタ・ブミ Hasta Bumi（配置），アスタ・コサラ（コサリ）Hasta Kosala (Kosali)（寸法体系），シワ・カルマ Siwa Karma（建築理念）

住居の形態：地域の生態系に基づく居住システム

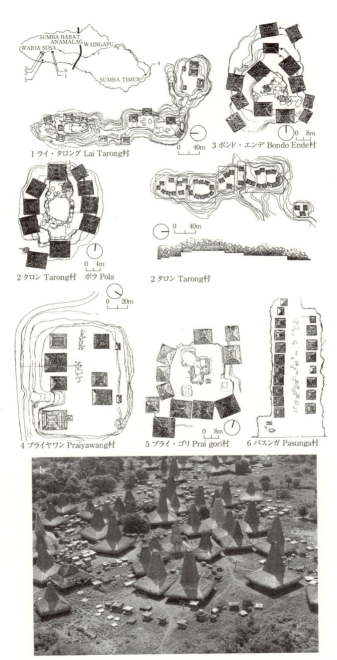

図序 3-6　スンバ島の住居集落　a：Yuswadi et al (1979)，b：Tjahjono ed. (1998)

といった建築書がある．ジャワには，プリンボンと呼ばれる家相書の類がある．
　ヨーロッパには，ウィトルウィウス以降，黄金比あるいは聖なる比例といった観念が建築書として伝えられてきた．また，イスラーム圏には，B. ハキームが明らかにするようなシャリーア（イスラーム法）や判例に基づく規範の体系がある．マーナサーラとウィトルウィウスの『建築十書』がよく似た構造をしているように，身体寸法を基にすることにおいて，それぞれの建築書に共通性はある．しかし，木造か石造かで大きく異なるように，地域ごとに，それぞれの宇宙観，世界観に基づいて，独特の建築体系がつくりあげられ維持されてきたことを以上のような事例が示している．

4　住居の変貌

　地域の生態系に基づいてそれぞれに形成されてきた住居の形態が大きく変貌するのは，西欧人が「新大陸」やアジア各地に植民都市の建設を開始し始めてからである．少なくとも，クリストバル・コロンがサンサルバドル（グアナハニ）島を発見し，マガリャンイスの船団が世界周航を果たした 15 世紀末から 16 世紀初頭の頃までは，各地にそれぞれ固有の住居の形態が存続してきたことははっきりしている．上述のように，マガリャンイスがその名を残す海峡を通過した時，南アメリカ大陸南端と向かい合うフエゴ島には，酷寒の地にもかかわらず，粗末な半地下式の小屋に住み，獣皮をまとう以外はほとんど裸同然で暮らしていた人びとがいたという．19 世紀前半になっても，進化論を打ち立てる C. R. ダーウィン（1809-82）が，海軍の測量船ビーグル号に無給の博物学者として乗船した（1831-36 年）際，フエゴ島を訪れて，地球上に現存する最も原始的な社会の一つとして触れているのである（図序 4-1）．
　異文化の交流ということでは，アーリア人の中央アジアからインド北西部への移動（紀元前 2000〜1500），ハカーマニシュ（アケメネス）朝ペルシアの南下拡大（紀元前 6 世紀），アレクサンドロス大王の東方遠征（紀元前 4 世紀），匈奴，フン族，ゲルマン族等の西方移動（4〜7 世紀），トルコ族のユーラシア東部から西部への移動（9〜11 世紀），モンゴル帝国の形成（13 世紀）そしてティムール帝国の拡大（14〜15 世紀）など，古来，人類は大規模な移動を繰り返してきた．しかし，15 世紀末以降，世界全域にわたった西欧列強による海外進出ほど大規模なものはない．植民都市を建設し，支配したのは，少数のヨーロッパ人であり，白人（コーカソイド）であり，キリスト教徒である．そして，植民都市建設とともに，各地に建設されたのがいわゆる植民地住宅（コロニアル・ハウス）である．西欧列強は自らの住文化を各地に持ち込むことになるのである．

4
住居の変貌

図序 4-1　フエゴ島民　写真提供：アフロ

　いわゆる「発見」,「探検」の時代から「布教」,「征服」の時代へ,「交易」の時代から「重商主義」の時代へ, さらに「帝国主義的支配」の時代へ, 各国の海外進出の過程は大きく転換していく. そして, 19 世紀中葉以降の「大量移民の時代」を迎える. 世界住居史の最大の転換期となるのが 19 世紀の中葉以降である. 産業革命は住居のあり方もまた根底から変えるのである.
　近代建築技術がかつてない規模の空間を実現していくのも大きな変化であるが, 建築が地域産材ではなく工業材料によって造られるようになったことが大きい. 亜鉛鍍鉄板, いわゆるトタンの世界的普及がその象徴である (図序 4-2). トタンの製造が開始されるのは 1820 年代である. アメリカで製造が開始されるのは 1849 年, オーストラリアは 1856 年, 1870 年代から世紀末にかけてその生産は増加し続ける. その普及は, 草葺, 瓦葺の屋根を駆逐し, 住居, 集落の風景を一変させるのである.
　そして, 住居がそれぞれの地域で建てられるのではなく, あらかじめ工場でつくられるようになったこと (プレファブ建築) が決定的である. 以降, 住居は地域性を失っていくことになる.
　もちろん, 一気にその大転換が起こったわけではない. およそ 20 世紀半ば頃まではヴァナキュラー建築の世界が連続していたと考えていい. 日本列島から, 茅葺・藁葺の民家がほぼ無くなるのは 1960 年代の 10 年であった.

序章
ヴァナキュラー建築の世界

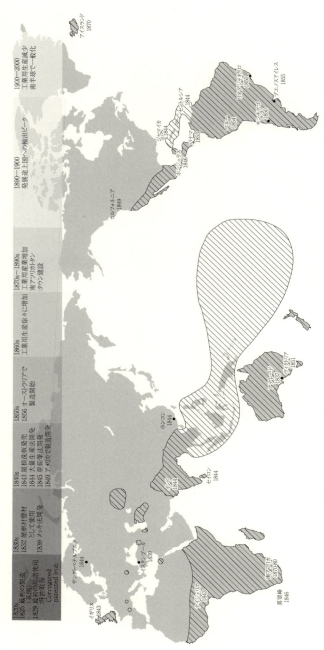

図序4-2　トタンの普及　Vellinga, Oliver and Bridge（2007）　作図：古田莉香子

第1章
東南アジアの伝統的住居

東南アジアという地域概念の成立はそう古くはない．東南アジア学[10]，東南アジア史学[11]は，その成立根拠を問う中で，その地理的範囲を問題にしてきたが，ロンドン大学に「東南アジア史」の講座が設けられたのは1949年であり，その初代教授となったD. G. E. ホール（1891〜1979）によって『東南アジア史』が出版されたのは1955年のことである（Hall 1955）．その地域概念の設定には，第二次世界大戦後の軍事的な世界分割を背景にした国際関係が関わっている．それ故，人工的概念であるという主張や，中国世界，インド世界に挟まれ，双方からの影響を受けてきた東南アジア世界の自律性を疑う主張も少なくない[12]．

　本書は，今日一般的に用いられる西アジア，中央アジア，南アジア，東南アジア，東アジアという区分における東南アジア，すなわち，アセアン諸国（フィリピン，インドネシア，マレーシア，ブルネイ，シンガポール，ヴェトナム，ラオス，カンボジア，タイ，ミャンマー）の領土を対象地域に設定するが，そうした領域に限定するわけではない．東南アジアは，通常，大陸部と島嶼部に分けられるが，島嶼部については，広大な海の世界と関わりをもっている．P. ベルウッドのいうオーストロネシア世界は，東はイースター島，西はマダガスカル島に及ぶ（Bellwood 1979, 1997, 2004, 2013; Bellwood, Fox, and Tryon 1995）．また，本書で焦点を当てるタイ系諸族の住居集落の起源を追いかけようとすれば，少なくとも，中国南部，台湾の住居集落との関係がテーマとなる．第II章で詳細に見るように，タイ系諸族は，中国西南部あるいは台湾を原郷として南下してきたとされる．そうした意味では中国世界の住居集落も一望しておく必要がある．すなわち，より重層的な地域設定が必要となる．

　本書は，住居集落のかたちと地域の生態系との関係をテーマにすることにおいて，東南アジアを東アジアや南アジアと区別された一定の生態圏とみなすことを前提としている．序章でみたように，高床式住居が卓越することが示すように，東南アジアの住居は他地域とは際立って異なる特徴をもっているのである．ただ，住居集落のかたちはより細かな地域ごとに異なる．タイ系諸族は，基本的に稲作を生業基盤としてきた．現在は，主にブラフマプトラ Brahmaputra 流域（インド），サルウィン Salween 流域（ミャンマー），メコン流域（中国・タイ王国・ラオス），紅河流域（ヴェトナム），チャオプラヤ Chao Phraya 流域（タイ王国）の5つの流域に居住しているが，その生態適応の差異，住居集落のあり方に即してその共通性と地域性を明らかにすることが本章の大きなねらいである．

　東南アジアの住居集落に関する著作については，以下に必要に応じて触れるが，今のところ最も優れたと思われる一冊をあらかじめ挙げておかなければならない．R.

10）　矢野暢編集代表（1990〜1992）など．
11）　池端・石井・石澤・加納・後藤・斎藤・桜井・末廣・山本編（2001〜2003）など．
12）　石井米雄（1991），桜井由躬雄（2001）など．

第 I 章
東南アジアの伝統的住居

ウォータソンの『生きている住まい —— 東南アジア建築人類学』(Waterson 1990 [布野修司監訳 1997]) である．ただ，ウォータソンの著作は，大陸部についての記述が薄い．そのことは本書がタイ系諸族の住居集落に焦点を当てる理由のひとつでもある．

I-1　ユーラシアの生態環境と住居

アジアには地域ごとに多様な建築の伝統がある．序章では，世界中のヴァナキュラー建築について，その原型，地域的な差異や多様性よりも共通の特性について概観したが，ここでは東南アジアの伝統的住居を位置づけるために，アジア各地の伝統的住居の形態とその広がりをまず見てみよう．

ユーラシア大陸の生態景観を概観すると，大きく，森，砂漠，草原，野，海の5つの区域を区別できる．大陸の中央部を横断して砂漠と草原があり，その北と南に森が広がる．東西端そして南に，中国，ヨーロッパ，インドの野が位置する．そして，大陸全体を取り巻く海がある（図I-1-1）．

砂漠は，基本的に人間の居住を拒絶するが，ところどころにオアシスが存在し，交易のための宿場町，オアシス都市を発達させた．草原は，牧畜が行われ，遊牧民が移

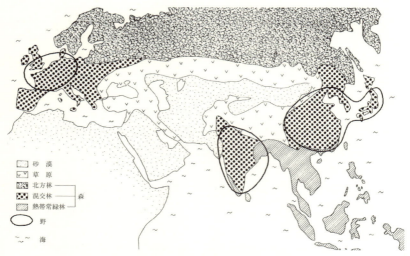

図 I-1-1　ユーラシアの5つの生態区　高谷 (1985)

ユーラシアの生態環境と住居

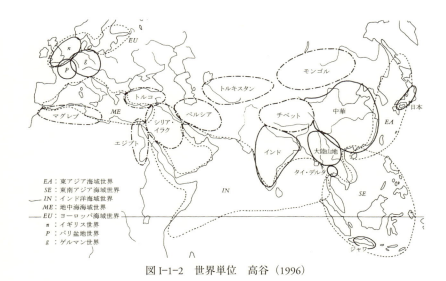

図 I-1-2 世界単位 高谷 (1996)

動する空間であった．亜寒帯の北方林は，針葉樹が豊富であるが，冬の寒気が厳しく，通年の生活は難しい．穀物の栽培も困難で，採集狩猟か牧畜が生業となる．南の熱帯多雨林は，豊かな資源をもつが病原菌や猛獣など人間の生活には相応しくない条件がある．人間が数多く居住してきたのは農耕が行われてきた野の世界である．

　高谷好一は，こうした大きな景観区分の上に，生態・生業・社会・世界観の複合体としての「世界単位」論を展開する（高谷好一 1993, 1996, 1997, 1999, 2010 など）．日本，東アジア海域世界，モンゴル，中華，大陸山地，タイ・デルタ，東南アジア海域世界，チベット，インド，インド洋海域世界，トルキスタン，ペルシア，シリア・イラク，トルコがその単位となる．高谷のこの「世界単位」区分によれば，東南アジアは，大陸山地，タイ・デルタ，東南アジア海域世界の3つの「世界単位」からなることになる（図 I-1-2）．

　大きく区分すれば，大陸山地，タイ・デルタに広がりを見せるのがタイ系諸族の住居集落であり，東南アジア海域世界に広がりをみせるのがオーストロネシア語族の住居集落である．もちろん，それぞれの「世界単位」に，ひとつの住居や集落の形式が対応するわけではない．住居や集落の形式ははるかに小さな地域の生態に規定されているが，まずは，森，砂漠，草原，野，海という大きな生態区分を念頭に，北から南へ，すなわち，東南アジアに下ってみよう．

45

1-1 北方林の世界

　北極海に面して平坦なツンドラ地帯があり亜寒帯林が続く．シベリア山塊，ウラル山地とその間にタイガが広がる．オビ川，エニセイ川流域である．この地域には30を超える民族が住んできた．伝統的な集落は点在しており，住居や集落の形も様々である（図I-1-3）．エニセイ川流域ではトナカイ飼育，バイカル湖周辺では羊の放牧を行うエヴェンキ族のように同じ民族によっても様々な生業を行う場合があるが，大別すると，ツンドラでのトナカイ放牧，タイガでの半定住狩猟，山岳部における半定住遊牧，沿岸部の定住漁労，ステップにおける羊，馬の放牧が生業である．

　居住形態は生業に応じて，トナカイ放牧民のキャンプ，牧畜民のキャンプ，半猟半漁の半定住移住民の季節住居（冬，夏，秋，春），半定住半猟半漁民の冬用固定住居，定住漁民，海猟師，農民の常設住居の5つが区別される．

　住居を大別すると，ユルト（ゲル，パオ）形（ブリャート，チュクチ，トゥヴィニアン……），円錐形（エヴェンキ，ンガナサン，ヤクート……）の他，テントや四角錐台形の土の住居，セルクップの半地下住居，ウデゲのような切り妻の柱梁構造があり，いずれも限られた素材を生かした簡素な，原初的な形態である．そして，東欧から北欧にかけて一般的に見られるのがいわゆるログハウス，井籠組の建築である．また，キャンティの高床校倉のように校倉の伝統は北方にある．

　この井籠組壁構造については既に序章で概観した．森林資源が豊富な寒冷地の構造形式で，ユーラシア北部，ロシアからスカンジナビア半島，アルプス高地に一般的にみられる．樺太，カムチャッカ，黒竜江沿岸，朝鮮半島北部，エニセイ川流域，アルタイ地方，そしてヒマラヤ産地などである．日本の木造建築は基本的に柱梁構造である．木材を縦横に直角に組み合わせて枠組みをつくる．しかし，正倉院の校倉がそうであるように木材を横に積み重ねる校倉形式の構造形式もある．実は日本でも校倉形式の木造建築が数多く建てられていた可能性がある．校倉形式は掘建てと違って穴の跡が残らないのである．井籠組は累木式ともいう．壁で加重を支える壁構造である点で柱梁構造とは異なる．井桁だけでなく，コリャーク族やアルタイ地方の諸族の八角形など多角形に組む事例もある．

　中国でも古くから井籠組あるいは累木式の建築が建てられてきたことは図像として残されており（図I-1-4），また，諸文献にも見える．例えば，朝鮮の建物について「横累木」「積木」「栲京」といった言葉が使われている．「栲京」とは，高床の校倉のことである．中国についても，「井幹楼」「井垣」「井韓」「積木」「累萬木」といった言葉が使われている．北方アジアの他，アフガニスタン北東部高地のヌリスタン族は井籠に組んだ木の間に土を充填する工法を用いている．トルコのポンティック地方にも井籠組工法が見られる．いずれも寒い地域である．

ユーラシアの生態環境と住居

図 I-1-3　ユーラシアの住居類型　Levin and Potapov（1961）

第 I 章
東南アジアの伝統的住居

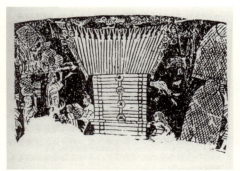

図 I-1-4　累木式建築　Domenig（1980）

図 I-1-5　トロブリアンド島のヤムイモの貯蔵倉　Duly（1979）

図 I-1-6　シマルングンの住居　撮影：布野修司

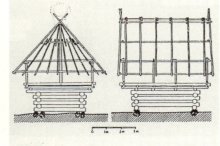

図 I-1-7　バレエ（ポソ）・トラジャ族の住居　Kaudern（1925）

　しかし興味深いことに，井籠組構法は熱帯地域にも存在する．著名な例としては，トロブリアンド島のヤムイモの貯蔵倉（図 I-1-5）が校倉形式である．ただ，木と木の間に隙間が設けられるのは北方の校倉との大きな違いである．さらに例えば，バタック・シマルングンの住居（図 I-1-6）の基礎は井籠組である．同じ地域に柱梁組と井籠組の 2 つの形式が並存することは少なくない．驚いたことに柱梁組と井籠組を併用した建物がある．基礎の構造に限定されるが，サダン・トラジャでも井籠組の基礎をもつものがある（図 I-1-7）．同じ地域で 2 つの架構形式が並存するのは，スラウェシ

島のブギス族の住居もそうである．井篭組の伝統が東南アジアに及んでいることは疑いないところである．

井篭組の構造形式，すなわち校倉形式が同一起源をもつかどうかは明らかではない．興味深いのは，移動遊牧民と井籠組の分布が一致していることである．多くがテント，ユルトを併用している．実際，井籠組の建築を解体して移築することが行われている．黒海沿岸から西欧北欧へ，また，中央アジアをへて南（西北インド，チベット，ヒマラヤ）北（シベリア）2つのルートを経て日本へ及んだという説が立てられる．

1-2 草原の世界

草原では遊牧が行われる．特に重要なのは五畜 ── 馬，牛，駱駝，羊，山羊 ── である．牛は，乳，肉，皮の全てが利用される．羊や山羊は，食肉として重要であるのに加えて，その毛がフェルトとして利用される．駱駝と馬は移動に欠かせない．古来草原を支配したのは騎馬遊牧民である．ユーラシアをまたにかけた騎馬遊牧民には，匈奴，柔然，突厥，ウイグル，蒙古などがいる．騎馬遊牧民は大モンゴルウルスにおいてその頂点を極めた．

遊牧民たちの移動住居としての天幕住居についても序章において既に触れた．住居の原型として，それほどに一般的である．なかでも，人類最高傑作といってもいいのがゲル（ユルト（ユルタ），包，カピッカ，ケルガ）である（図I-1-8）．

ゲルいわゆる蒙古包は，モンゴル平原を中心に極めて広範囲に分布する．バイカル湖付近に住むブリヤート族，カザフスタンのキルギス族，アフガニスタンのウズベク族，トルクメニスタンのヨムート族，イラン北東部カスピ海東岸のヤム族，さらにアナトリアのトゥルコメンなどがゲルを使用する．名称として最も一般的に用いられるのはユルトである．モンゴル人民共和国の10分の1の人口は今なおゲルに住んでいる．ウランバートルの大型ショッピング・センターではゲルの規格品を買うことが出来る．

伝統的なゲルの円形の内部空間は，入口を入ると正面中央に炉があり，その奥が主人の場所，主人に向かって左が男の空間，右が女の空間という単純な構成である．

ゲルの骨組みは，円輪のついた中央の支柱と円形の壁，そしてそれをつなぐ垂木からなる．それぞ

図I-1-8　ゲル　撮影：布野修司

第 I 章
東南アジアの伝統的住居

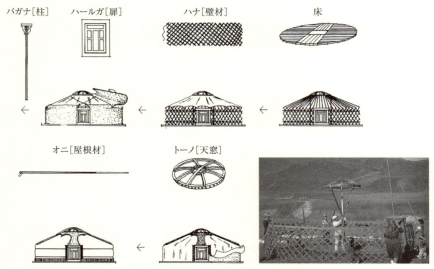

図 I-1-9　ゲルの部品と組み立て順　INAX（1993）；Oliver（2003）

れはロープによって縛られる．構造材料は蒙古の水辺に多い柳條（柳の枝）あるいはポプラの木である．柳條は様々な器物にも用いられるが，3cm 程の茎を菱格子に組んだものを連結してハナと呼ばれる円筒形の壁をつくる．1 ユニットが 1.8m×1.8m 程度だ．大きさは直径 3m から 4.5m，3〜12 ユニットからなる．屋根は，ちょうど傘のような構造である．屋根の垂木材をオニという．トーノという丸い天窓用の部品をバガナという 1 対の肘木のついた柱で支える．トーノにはオニを差し込む臍穴が刻まれており，他方はハナの上部に結びつける．縄や紐はマルと呼ばれる家畜，駱駝や馬の毛でつくる．骨組みはフェルト（氈子，毛氈）で覆う．木製の扉とその枠も部品化されている．入口にはハールガと呼ばれる開きの板扉が挿入される．組立てに要する時間は 2 時間程度で，女性の仕事とされていた．5,6 人いれば 1 時間でも可能だ．トルガと呼ばれる火鉢をゲルの中心に置いて，トーノから煙が出れば完成である（図 I-1-9）．

　移動の際には折り畳む．畳むのは 30 分程度でできる．移動には車を用いるか，駱駝に運ばせる．一家におけるゲルの数は一定しないが夫婦は別の棟に住むから 2 棟は必要である．駱駝や車，家畜はかなりの数になる．固定式のゲルもある．農耕生活を行う定住地域ではゲルも常設の形をとるのである．また，半農耕半牧畜となると，ゲルと一般の住居が併用される形がとられる．ゲルを夏の家として使用し，冬の家として固定的住居をもつのである．

50

ユーラシアの生態環境と住居

ゲルは，中国の文献には，穹廬，拂廬あるいは氈帳，廬帳などと書かれる．少なくとも前漢の匈奴が用いていたことは明らかである．興味深いのは，文献に，氈車，車帳，黒車，高車と記される車付き住居，車上の住居である．車上生活を行う移動民が古くから存在していたのである．スキト族が車上生活をしていたことは古くからギリシャ人に知られ，記録に残されている．また，明器として模型も出土している．匈奴が氈車を用いていたことはよく知られ，元代にはヨーロッパ人旅行者の記述もある．具体的には，蒙古包をそのまま車上に載せ，数頭から二十数頭の牛に引かせる形態である．また，カマボコ（ヴォールト）屋根の幌馬車の形態もある．

ゲルのほか，モンゴルにはマイカンmaikhanと呼ばれる，2本の支柱と2間程度の小屋梁による骨組を切妻状に覆う天幕住居がある．夏用で，ゲルより簡便で，一般的には寒冷地には向かない．チベットやブータンのような高地にも見られるが，草原，砂漠が相応しい．天幕については，円錐形天幕住居と腰折円錐形天幕住居を区別したが，円錐形住居は，エヴェンキ族，ンガナサン族，ヤクート

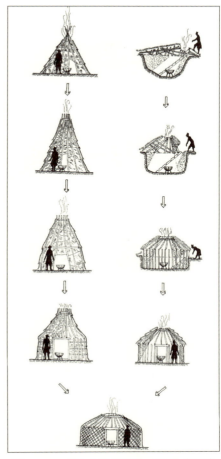

図I-1-10　ゲルの成立過程　INAX（1993）

族など北方林の世界で見られる．シベリア一帯で，いわゆるネオ・シベリアンと呼ばれる諸民族が使用してきた．腰折円錐形住居は，チュウクチ族，コリャーク族などの事例がある．極東に見られ，パラエオ・シベリアンと呼ばれるより古い民族の住居に見られる．技術的な発展を考えれば，円錐形住居→腰折円錐形住居→蒙古包という発展過程をとったと考えられるが，より古い民族が既に腰折円錐形住居を用いていることをどう解釈するかは興味深いテーマである（図I-1-10）．以下は，村田治郎説である．

①パラエオ・シベリアンが極東に移動したとき，モンゴルからシベリアにかけて，円錐形住居およびその進化形である腰折円錐形住居は既に存在していた．

②それに対して西アジア，南ロシアではかなり後の時代まで円錐形住居が用いられていた．トルコ系民族の圧迫によって北走したネオ・シベリアンは円錐形住居をそのまま持って移動した．
③蒙古包は西アジアで発生したのではなく，腰折円錐形住居をもとにモンゴル地方で発生した．

1-3 砂漠の世界

砂漠のオアシスには古くから人びとが住みついた．古代文明は基本的にオアシスを拠点に展開したものである．メソポタミア，エジプト，インダス，黄河，いずれも都市文明の花を咲かせた．そして，イスラーム世界がそのネットワークをつなげていくことになる．オアシスの農業は基本的に灌漑農業である．カナート（導水暗渠）灌漑，バンド（堤）灌漑など灌漑技術の型は，平地か山地か河川域かという立地によって異なる．

メソポタミアからイラン高原にかけて見られる住居は日乾煉瓦による中庭式住居である．バグダード，イスファハン，カーシャン，ヤズドといった都市には今日なおそうした住居を見ることが出来る．興味深いのはヤフチャールと呼ばれる氷室，バードギルと呼ばれる風の塔である（図序 3-2）．

もちろん，西アジアにも，様々な居住形態がある．イラン北部のギラ地方には寄棟屋根でファサードにヴェランダをもつオーソドックスな住居がある．イラク北部のクルド地方では，テント住居が一般的である．ほぼ 2m 間隔に柱を建て，山羊の毛で編んだフェルトをロープで張る構造である．また，クルド族の定住民は日乾煉瓦で陸屋根の中庭式住居に住む．特異な住居として，チグリス・ユーフラテスの湿地帯に住むマダン族はアシを使ったヴォールト住居に住む．

アラビア半島に居住する主要な民族はアラブ人と遊牧民ベドウィンである．建築の形は，海岸部と内陸部に大別され，内陸部は焼成煉瓦造で，熱暑に対応するための厚い壁，小さな開口が特徴である．

興味深いのは，イエメンの高層住居である（図 I-1-11）．西部の山岳地帯ジャバルには多層の塔状住居が見られる．下階は換気口，倉庫のみで家畜用に使われる．2 階以上に生活空間が設けられ，屋上にはテラス，下階へのトップライトがつくられる．東部の砂漠への緩斜面マシュリク地域にも同様の塔状住居が見られる．また，古くからの首都サナアの住居は 7，8 層の高層住居である．いずれも石造，焼成煉瓦造あるいはその併用である．

木造資源の乏しい地域においては，石造あるいは煉瓦造など組積造が用いられる．また，木造と組積造が混用される．中国では，古来，版築，日乾煉瓦，磚（焼成煉瓦）

ユーラシアの生態環境と住居

図 I-1-11　シバーム（イエメン）の高層住宅　撮影：布野修司

が用いられてきた．版築とは土を踏み固める構法である．土，煉瓦，石によって壁をつくるのはそう難しいことではない．問題は屋根である．木材が利用可能であれば，木造建築と同じように屋根を組んだり，床を張ったりするのは比較的容易である．朝鮮半島や中国では木造と組積造の混構造となる．しかし，木材が全く乏しいとなると土，石によって屋根を架けなければならない．そこで生み出されたのが，ドームであり，ヴォールトである．これについても，住居の原型に関わる手法，概念として序章で触れた．

興味深いのは，円形建築である．イラク東北部，イラン国境に近いハムリン盆地のテル・グッパ遺跡（アッカド時代紀元前2300〜2100）には巨大な円形建築がある．メソポタミアとその周辺には円形建築の遺例が数多く分布している．屋根はドームであったと考えられる．

円形建築と言えば，ゲルの形態がまさにそうである．ゲルが固定化され，土で塗り固める事例をモンゴル，北中国に数多く見ることが出来る．ゲルの形態は，移動住居として，東西に広く用いられてきた．空間のひとつの原型として，ゲルの形態が組積造に置き換えられる過程を想定してみることは可能であろう．

全く系譜を異にするが，中国南部，福建省，広東省一帯には，中原から移動していっ

第 I 章
東南アジアの伝統的住居

図 I-1-12　客家の円形土楼　撮影：布野修司

た客家たちの円形土楼と呼ばれる，土を固めてつくる版築の集合住居の形式がある（図 I-1-12）．

　序章で述べた「隅三角状持送式」あるいはラテルネン・デッケとよばれる方法は，石材によるものとして，高句麗の双楹塚古墳（5〜6世紀），山西省大同の雲崗石窟に見られる．木造の例としては，中国の宮殿建築に見られる．『営造法式』には「闘八藻井」という手法が見える．新疆，チベット，カシミールにかけては一般の住居がこの方法で造られている．また，インド亜大陸では，バーミアンの石窟，ジャイナ教寺院などに見られる．黒海周辺の井籠組建築そしてアルメニアの木造建築の多くはこの方法によっていたと考えられている．

1-4 │ 野の世界

　アジア大陸における野の世界とは，具体的に，中国の黄土平原，黄河流域と長江流域を中核域とする中華世界と，インドのインダス川流域，ガンジス川流域を中核域とするインド世界である．中華世界とインド世界はいずれも生態学的には多様であり，草原，砂漠の要素も含む．しかし，漢字と儒教，あるいはヒンドゥー教とカースト制

1 ユーラシアの生態環境と住居

によって文化的には統合的世界が維持されてきた．いずれも早くから農耕が行われ，古代都市文明を発達させてきた．広大な農地が開け，大人口が集中している．

中華世界は，大きく分けて，草原の遊牧民，砂漠の商人，黄土の農民，森の焼畑民，そして海民からなる．その居住形態はそれぞれ異なる．ただ一般に，大きく南北の違いを指摘することができる．北は，磚積みの壁が厚く，開口部が少ない．また，平屋（平房）が多いのに対して，南は木造部材を露出させ壁は漆喰仕上げが多い，開口部は大きく2階屋（楼房）が多い．北には，磚（焼成煉瓦），日乾煉瓦，版築などが多く，南には木造が多く，懸造（吊脚楼）や高床（干蘭）式住居も見られる．

中華世界を代表する住居形式としてまず挙げるべきは，四合院（三合院）という中庭式住居である．都市的集住形式として，古今東西，世界各地に普遍的に見られるのがコートハウス（コートヤードハウス）すなわち中庭式住居である．古代都市文明のいずれにもみることができるが，都市的集住状況に対処するためには，通風や光など自然を取り入れるために中庭が必要となるのである．自然と一体化する空間であり環境調整機能をもつのが中庭である．しかし，それだけではない．自然環境を担保する機能を第一とすれば，中庭そのものが屋外を利用するひとつの空間であることが第二である．また，作業空間になる場合もある．さらに，各部屋を結びつける機能ももつ．多様な機能を担う形で中庭式住居は成立したのである．

中庭式住居にも様々な形態があり，その呼称は各地で異なる．コート（英），クール（仏），コルテ（伊）は同源であるが，アトリウム，ペリステュロス，院子，天井のほか，パティオ，マダン（韓国），壷などがある．インドのハヴェリは，古アラビア語ハオラ haola（パーティションの意）から来ているという．また，ムガル初期の地方名，あるいは現代アラビア語のハヴェラ havaleh（囲む）から来ているという説もある．また，西ベンガルでラジバリ rajbari，マハラシュトラでワダ wada，ハイデラバードでデオリ deori，ケララでナレクッタ nalekutta, nalukettu などと呼ばれる．

四合院（三合院）は，北京をはじめとする華北地方の典型的都市型住居である．地域や時代によって若干の変化はあるが，中央の庭「院子」を囲んで，北側の母屋を正房（堂屋），東西の脇棟を「廂房」，南棟を「倒座」と呼ぶ．この単位が南北につながり，一進，両（二）進，三進と呼ぶ．この四合院は河北省から山西省まで分布するが，「天井」（テンチン）と呼ぶ中庭が小さくなるタイプなど含めれば，吉林，陝西，山東，河南，江蘇，福建，さらに四川，広東，雲南まで広範囲に分布する（図I-1-13）．

黄河流域に見られる興味深い住居形態に窰洞がある．崖に横穴を掘る形（横穴式）と地面を掘り下げて中庭をつくり横穴を掘る形（下沈式）があるが，後者の平面形式は四合院と同じである（図I-1-14）．

都市型住居としては，南に別のタイプが見られる．昆明周辺の「一顆印」，広州のいわゆる「竹筒屋」などがある（図I-1-15）．南中国で興味深いのは客家である．円形，

第Ⅰ章
東南アジアの伝統的住居

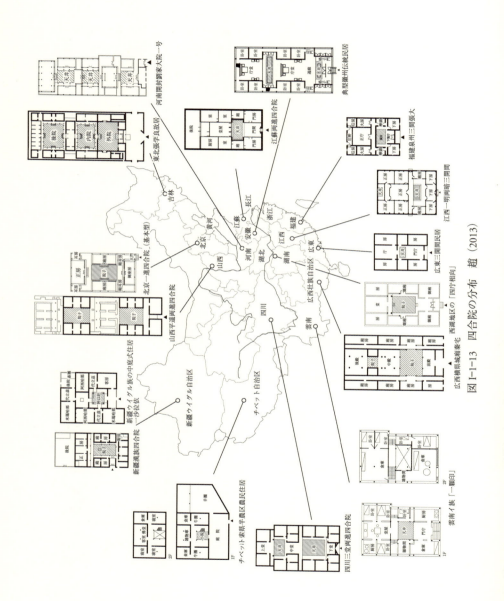

図 I-1-13　四合院の分布　趙（2013）

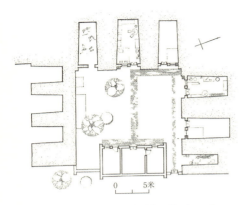
図 I-1-14 窰洞（下沈式）趙（2013）

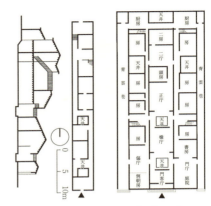
図 I-1-15 竹筒屋 趙（2013）

図 I-1-16（左） ハヴェリ ジャイプール（ラージャスタン インド） 撮影：布野修司
図 I-1-17（右） バハ・バヒ（パタン ネパール） 撮影：布野修司

四角形の多層の土楼による共同住居を見ることが出来る．また，雲南の奥地にはメオ族，タイ族，トン族など数多くの少数民族がそれぞれに木造住居の伝統を維持してきている．

インド世界は，生態的に，デカン台地，インダス乾燥谷，ガンガー湿潤谷，東部丘陵地，西岸多雨林帯，北部山地に分けられる．インドの都市部で一般的に見られるのも中庭式住居である．上述のハヴェリも，北インド，西インドで一般的で，グジャラー

ト，ラージャスタンを中心に見られる（図I-1-16）．南インドでは都市住居の伝統は薄い．

都市型住宅という意味で興味深いのは，ネパール，カトゥマンドゥ盆地のネワールの住居である．バハ，バヒと呼ばれる中庭式住居がもとになって街区が形成される（図I-1-17）．また，古くから3〜4層の集合形式を発達させてきた．

さて，さらに南に下って赤道を挟む熱帯林の世界と海の世界が東南アジア世界となる．東南アジア世界は，大きくは，大陸部と島嶼部からなり，さらに，大陸部は山地部とデルタ地帯に分かれる．それらを以下に概観し，さらに詳しくはタイ系諸族の住居集落の立地に即して第II章でみよう．

1-5 熱帯林の世界

熱帯林として典型的なのが東南アジアの熱帯多雨林である．高木から低木まで多くの樹種が層をなし，年中高温多湿で，病原菌も多く人間居住には適さない．熱帯多雨林では，採集・狩猟，根菜栽培，焼畑耕作，そして水稲耕作が行われてきた．この熱帯林の世界には極めて多様な住居形態を見ることが出来る．大型の高床式住居が見られるのが大きな特徴である．豊富な木材資源，湿潤熱帯という気候が共通の背景にある．屋根の形態として，棟が端部に向かって反り上がる鞍型屋根あるいは舟形屋根と呼ばれる住居形態が島嶼部に広範に見られる．また，中央部が突出する屋根形態も，スンバ，フローレス，そしてジャワ，マドゥラ島などに見られる．円形，楕円形の住居も珍しくない．ニアス島からティモール島，西イリアンまで点々と分布している（図I-1-18）．インド洋のニコバル諸島，アンダマン諸島にも円形住居がある．

図I-1-18 円形住居（タマン・ミニインドネシア・インダー ジャカルタ，インドネシア） 撮影：布野修司

図I-1-19 水上住居（ヴェトナム） 撮影：布野修司

1-6 海の世界

　一般に海の世界は人間の居住空間とは考えられない．しかし，海上に集落を建設する例もなくはない．海は古来豊富な資源をもたらし，交易のネットワークを支えてきた．水上住居あるいは船上住居という居住形態も珍しくない（図 I-1-19）．海の世界とそれをつなぐ交易拠点は，陸の世界と同様極めて重要である．世界史的な交易圏を考慮すると，アジア大陸は，東アジア海域世界，東南アジア海域世界，インド洋海域世界，地中海世界に囲まれ，成り立ってきた．建築の様式や技術も海の世界を通じても伝えられる．フィリピンのルソン島の山岳地方には，イフガオ族の住居など，日本の南西諸島の高倉形式と同じ建築構造の住居がある．明らかに両者の間には直接的関係がある．高床式の建築の伝統はさらに広範である．その建築の伝統を支えた海の世界がオーストロネシア世界である．

I-2　オーストロネシア世界と伝統的住居

2-1 東南アジアの生態環境

　東南アジアの生態環境をさらに細かくみると，大陸部については，山間盆地，平原，デルタを区別できる．熱帯多雨林と海の世界である島嶼部は，沿岸低地と火山島（スマトラ，ジャワ），また珊瑚礁域（フィリピン，モルッカ諸島）を区別できる．さらに，ロンボク島以東を，ウォーラシア，オーストラリアに区別する見方もある（図 I-2-1）[13]．
　東南アジア大陸部には，インド亜大陸とユーラシア大陸の衝突によってできたヒマラヤ山脈とチベット高原の隆起によって狭められた雲南・チベット東部の山岳地域から，紅河，メコン河，チャオプラヤ河，サルウィン河，エーヤワーディ河，ブラマプトラ河の大河川が流れる．山間盆地は，これらの大河川の渓谷沿いに分布し，水稲栽培を生業基盤とする．その担い手がタイ系諸族である．その起源および東南アジアへの移住については第 II 章で詳述したい．
　平原は，東北タイのコーラート平原，カンボジア平原，そしてビルマ平原である．それぞれ乾季が卓越する．タイ，カンボジア平原では降雨は雨季に集中し，乾季（11

[13) 古川久雄（1990）は，気候，植生，地質，地形，土壌について，大きく 10 に区分する．高谷好一（1985）は東南アジアを 7 つの生態単位に分けて，その歴史を振返る（高谷好一「1 章　東南アジア史のなかの生態」『東南アジア学四　東南アジアの歴史』石井米雄編，1981 年）．

第 I 章
東南アジアの伝統的住居

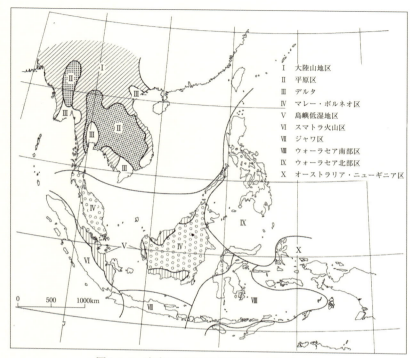

図 I-2-1　東南アジアの生態区分　高谷（1985）

〜3月）にはほとんど降雨が無い．南西モンスーンがアラカン山脈に遮られるビルマ平原は東南アジアで最も乾燥した地域である．乾季の卓越する平原は，落葉樹を含む混交林が形成される．そして，雨季の降雨を利用した天水耕作が行われてきた．中国南部からいち早く南下したモン Mons 族，クメール族が依拠したのがこの平原世界である．

　デルタは，メコン・デルタ，チャオプラヤ・デルタ，エーヤワーディ・デルタの三大デルタである．年間降水量は平原とほぼ同様であり，水田開発は比較的新しく，19世紀以降である．その過程は，ショップハウスの建設拡大過程とともに，第 III 章で詳述する．

　熱帯多雨林は，アフリカのコンゴ河流域，南アメリカのアマゾン河流域にもみられるが，東南アジアの熱帯降雨林は，樹種の数も多く厚みがあり，とりわけ豊かである．金，香料など有用な資源の産地でもある．しかし，年中高温多湿の環境は病原菌の宝庫でもあり，人間の居住には長い間適さなかった．

　そうした中で例外的なのは高地である．赤道直下であれ，海抜1000m近くになれ

ば，針葉樹も生育し，年中温暖な気候となる．スマトラのバタック族，ミナンカバウ族など，豊かな木造建築文化を開花させたのは熱帯高地である．

島嶼部の火山島の輪は，アンダマン，ニコバルに端を発し，スマトラ，ジャワ，スンダ諸島をつたって東インドネシアからフィリピンに達している．この東南アジア島嶼部の東南の境界を縫うような火山諸島は，人間の居住と農業生産にとっては極めて適している．衛生環境はよく，肥沃な火山灰があり，水利に恵まれているからである．ヒンドゥー王国が拠点を置いた中東部ジャワそしてバリ島がその典型である．

火山島の輪の東，太平洋に面する珊瑚礁に取り囲まれた火山島は稲作には適さない．根菜文化の地，タロ，ヤム，パンノキの世界となる．知られるように，バリ島とロンボク島の間のロンボク海峡からスラウェシ島の西，マカッサル海峡を抜けてミンダナオ島南に抜けるウォーレス線の西（東洋区）と東（オーストラリア区）で生物相は大きく異なる．住居集落についても，東には，倉型住居がみられること，円形住居がみられること，住居集落の空間構成にコスモロジカルな秩序が顕著に見られるなど，西との差異が見出せる．

2-2 プロト・オーストロネシア語

東南アジアの民族は，言語学的には，大きくオーストロネシア語族，オーストロアジア語族，シナ・チベット語族の3つの語族からなる．タイ系諸族は，シナ・チベット語族のタイ・カダイ族に属するとされるが，オーストロアジア族に位置づける説もある．一般に，東南アジアにはオーストロネシア語族が先住しており，オーストロアジア語族，シナ・チベット語族が中国南部から東南アジアに南下していったと考えられているが，タイ系諸族の高床式住居の伝統は，オーストロネシア語族の基層文化とも関わりをもつことを示唆している．このことについても，タイ系諸族の起源に関連して第II章で議論したい．

東南アジアの島嶼部の大部分で用いられる言語はオーストロネシア語であり，世界で最も大きな言語族を構成している．最西端のマダガスカルから最東端のイースター島まで，地球半周以上にわたって分布し，東南アジア諸島全体，ミクロネシア，ポリネシア，そしてマレー半島の一部，南ヴェトナム，台湾，加えてニューギニアの海岸部までにもわたる（図I-2-2）．この広大な地域の諸言語は，全て，プロト・オーストロネシア語と言語学では呼ばれる，少なくとも6000年前までは存在していたらしい言語を起源としているとされる．言語学的な足跡は自然人類学や考古学の分析結果ともかなりよく一致し，新石器時代の東南アジア諸島における初期移住の状況を物語っている．

プロト・オーストロネシア語の語彙の分布を復元することによって，人びとの生活

第1章
東南アジアの伝統的住居

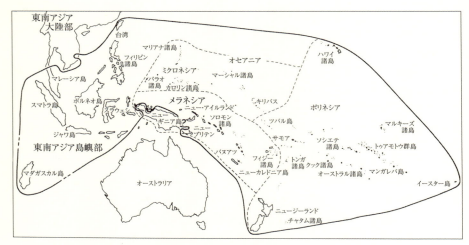

図 I-2-2　オーストロネシア世界　Bellwood（1979）

様式が窺える．住居は高床式であり，床には梯子を用いて登ること，棟木があることから屋根は切妻型であり，逆アーチ状の木や竹によって覆われていたこと，そして，おそらく，サゴヤシの葉で屋根が葺かれていたこと，炉は，壺やたき木をその上に乗せる棚と共に床の上につくられていたことなどが語彙から窺えるのである．

　新石器時代に高床式住居が発達していたことはタイの考古学的資料によっても裏づけられている．西部タイで，三千数百年前から二千数百年前頃の土器群が発見され，バンカオ文化と呼ばれている．言語学者ポール・ベネディクトが復原したプロト・オーストロ・タイ語は，「基壇／階」「柱」「梯子／住居へ導く階段」といった単語を含んでいるという．すなわち，高床式住居は，オーストロネシア語族（特にその下位グループとしてのマラヨ・ポリネシア語族）と密接に関わりをもっているとされる．

2-3 │ 住居の原型 ── ドンソン銅鼓と家屋文鏡

　東南アジアの住居が木造（あるいは竹造）の高床式であったことは，プロト・オーストロネシア語の復元によって推測されるのであるが，具体的な形態がわかるわけではない．東南アジアはインド化の洗礼を受け，続いてイスラーム化の波を受けた．基層文化としての土着文化は，インド文化，イスラーム文化と混淆してきた．漢文化の影響は継続的にある．そして，住まいの伝統を考える上で決して無視し得ない西欧列強による植民地化の長い歴史がある．ヴァナキュラー建築の形態がどのようなものであったのかを明らかにするのはそう容易ではない．

2
オーストロネシア世界と伝統的住居

　しかし，相当以前から各地域の住居は今日と同じ様な形態をしていた，また，東南アジアの住居が共通な起源と伝統をもつのではないかと思われる手がかりがある．ひとつは考古学的出土物に描かれた図像史料，もうひとつは各地につい最近まであるいは現在も建てられている住居そのものである．すなわち，その２つに類似性が認められるのである．

　大きな手掛かりとなるのが，ドンソン銅鼓と呼ばれる青銅鼓の表面に描かれた家屋紋（図I-2-3）である．また，アンコール・ワットやボロブドゥールの壁体のレリーフに描かれた家屋図像である．さらに，中国雲南，石寨山などから発掘された家屋模型や貯貝器（図I-2-4，口絵1）がある．石寨山は，1950年代後半に発掘された前漢時代の墓葬群で，数多くの家屋銅器，家屋紋が出土し，住居の原像を考える大きな手がかりを与えてくれている．そして，日本にも家屋文鏡，家屋模型が出土している．

　まず，ほとんど全ての図像は高床式住居である．古くから高床式住居が一般的であったことが明らかである．そして，わかりやすいのが屋根形態である．切妻，寄棟，方形，円形屋根など様々な屋根形態があるが，注目されるのは，「転び破風」屋根，あるいは船型屋根もしくは鞍型屋根といわれる屋根形態である．棟が大きく反りかえり，端部が妻壁から大きく迫り出している極めて特徴的な形態である．この「切妻転び破風」屋根は，バタック諸族の住居，ミナンカバウ族の住居，トラジャ族の住居を代表例とし，大陸部ではカチン族など，島嶼部ではパラオなどにも見られる．東南アジアの住居についてひとつの共通のイメージを抱くことができるのはこの特徴的な屋根形態の存在があるからである．この点についてはすぐ後に詳述する．

　家屋図像を並べてみると，例えば，石寨山の家屋模型や貯貝器の取手は，西スマトラのミナンカバウ族の住居に極めて似ている．また，ドンソン銅鼓に描かれた家屋紋も同様である．転び破風の屋根形態が相当古くから東南アジアに存在してきたことを示している．

　ヴェトナムのタインホア（清化）省のドンソン（東山）で大量に出土したことからドンソン銅鼓と呼ばれる青銅鼓は，雲南からヴェトナム北部，タイ東北部，さらにインドネシア各地でも発見されている．全ての銅鼓に家屋紋があるわけではないが，ヌサトゥンガラ諸島のスンバワ近くのサンゲアンで発見された銅鼓の図像の住居は高床で，基礎柱にはネズミ返しらしきものがある．床下には動物がいる．屋根には，妻飾りがあって，棟束のようなものが描かれた屋根裏には家財のようなものが置かれている．サンゲアンの青銅鼓の家屋紋と雲南省の石寨山前漢墓から出土した彫鋳模像は実によく似ている．中国西南部と東南アジアが繋がっていることは疑いがない．不思議なのは，銅鼓，貯貝器などに表現された家屋像が，それが発見された中国の少数民族の居住地域には必ずしも見られないことである．

　一方，日本の古代住居の形態を知る上で大きな手がかりとなるのが家屋文鏡であり，

第Ⅰ章
東南アジアの伝統的住居

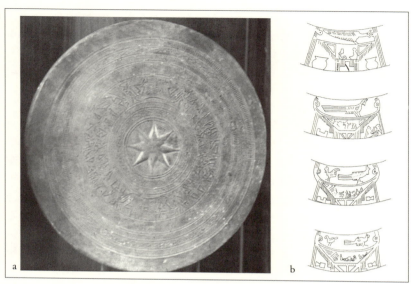

図I-2-3　a：ドンソン銅鼓（インドネシア国立博物館）　撮影：布野修司，b：ドメニク（1984）

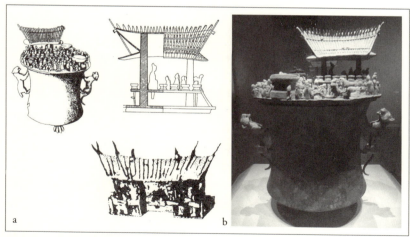

図I-2-4　石寨山出土の家屋模型と貯貝器（中国国家博物館）（口絵1）　a：ドメニク（1984），b：撮影：布野修司

オーストロネシア世界と伝統的住居

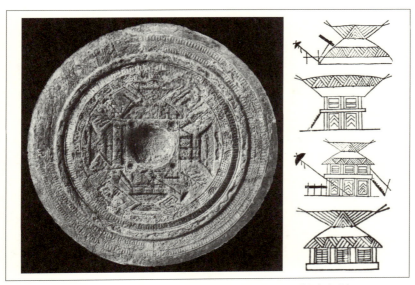

図 I-2-5　家屋文鏡　奈良県佐味田宝塚古墳出土（宮内庁蔵）

銅鐸に描かれた家屋文様や家型埴輪である．家屋文鏡と呼ばれる直径 23.5cm の鏡は，奈良盆地西部の馬見古墳群のなかの佐味田宝塚古墳から発見された完形 26 面の内のひとつである．4 世紀から 5 世紀の初め，古墳時代初頭のものとされる．

家屋文鏡には 4 つの異なった建物（家屋）が描かれている．鏡の上部から右回りにみると，入母屋屋根の伏屋形式の建物（A 棟），切妻屋根の高床建物（B 棟），入母屋屋根の高床建物（C 棟），入母屋屋根の平屋建物（D 棟）である（図 I-2-5）．その 4 つの建物類型が何を意味するのか，日本の住居（建築）の原型が描かれているのではないかという興味から，様々な解釈が試みられてきた．

木村德国は，記・紀，万葉集および残存する五国の古風土記をテキストとし，上代語における建築形式の呼び名を収集し，その記述から建築の形式を復原しようとするなかで，ムロ，クラ・ホクラ，ミヤ・ミアラカ，トノの 4 つの系列を，家屋文鏡の 4 つの家屋形象に当てはめて理解した（木村德国 1979，1988）．また，池浩三は，沖縄，南西諸島に残る神アシャゲを，その祭祀の構造から稲積み系の祭祀施設としてとらえ返しながら，その原型的要素をわが国古代の新嘗・大嘗祭の中心的施設ムロに対比する．さらに家屋文鏡の 4 つの建築類型を大嘗祭施設の原型とみなす（池浩三 1979，1983）．

家屋文鏡の A〜D 棟は，架構形式についてのみ問題にすれば，東南アジアでも一般的に見ることができる．A 棟は原始入母屋造，一般的には竪穴式住居である．B 棟は，それこそ東南アジアの典型的住居，「転び破風」屋根，船型屋根，鞍型屋根である．

65

D棟を平屋とすれば東南アジアにはないが，A，C棟を含めた入母屋屋根は各地に見られる．

2-4 原始入母屋造・構造発達論

　何故，オーストロネシア世界という広大な領域に共通の建築文化が想定されるのかについては，木造の構造力学的原理に関わるもうひとつの理由も挙げられる．木材を用いて空間を組立てる方法は無限にあるわけではない．荷重に耐え，風圧に抗するためには，柱や梁の太さや長さに自ずと制限がある．架構方法や組立方法にも制約がある．歴史的な試行錯誤の結果，いくつかの構造方式が選択されてきているのである．そうした問題を考える上で興味深いのがG. ドメニクの構造発達論[14]である．ドメニクによれば，実に多様に見える東南アジアの住居の架構形式を，日本の古代建築の架構形式も含めて，統一的に理解できるのである．

　ドメニクは，東南アジアと古代日本の建築に共通な特性は「切妻屋根が棟は軒より長く，破風が外側に転んでいること」（「転び破風」屋根）であるという．そして，この「転び破風」屋根は，切妻屋根から発達したのではなく，円錐形小屋から派生した地面に直接伏せ架けた原始的な入母屋造の屋根で覆われた住居（原始入母屋住居）とともに発生したとする．

　原始入母屋住居については既にいくつかの復元案がある．一般的には円錐形の小屋組から変化して発生したと考えられてきた．煙出しの必要から切妻の棟が考えられ，何対かの棟叉首の上に棟木を渡す形が生まれたとされるのである．それに対して，ドメニクは，基本となる棟叉首は二対のみで，当初から用いられていたとする．微妙な違いのようであるが，実際の建設過程を考えると極めて明快である．

　ドメニクのいう発達過程の5段階は，以下のようである（図I-2-6）．

　①叉首組と垂木のみで構築された円錐型小屋から直接派生した原型．②2本の桁状の木材を導入することにより，煙出し用の細長い切れ目が出現．③煙出しの構造が変化して，桁梁構造が出現．④桁梁が拡張されることにより，内部空間が広く明るくなる．構築過程中補助柱を必要とし，完成後除去される．⑤補助柱は大規模な架構においては最終的に保持され，いくらか地中に埋め込まれ，上部は桁梁と結び合わされる．

　この段階において新しい支持架構が出現し，構造力学的システムは根本的変化に遭遇することになる．交叉叉首（こうささす）組は特に風に対する斜材として，さらに構築時の足場としての用をなしている．すなわち，柱・桁梁架構が新しい支持機能として取って代わるため，完成した建物においては，交叉叉首組は支持構造としての機

---

14) G. ドメニク：構造発達論よりみた転び破風屋根—入母屋造の伏屋と高倉を中心に」（杉本尚次編 1984）．

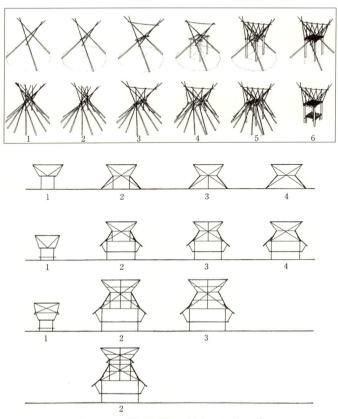

図 I-2-6　構造発達論　ドメニク（1984）

能はもはやない．

　さらに興味深いことに，ドメニクは，この第⑤段階から高倉が誕生するという．原始入母屋造を北方系の円錐形屋根と別の高倉系の切妻屋根との結合体とみる見方がある中で，切妻屋根の高倉もまた原始入母屋造りの内部から発達してきたとする構造発達論には一貫性がある．

2-5 ｜ 高床と倉

　高床式（杭上）住居は，序章で概観したように，世界中に分布するが，アジアでは，東南アジアに集中的に見られる．ただ，オーストロネシア世界の中に例外的地域があ

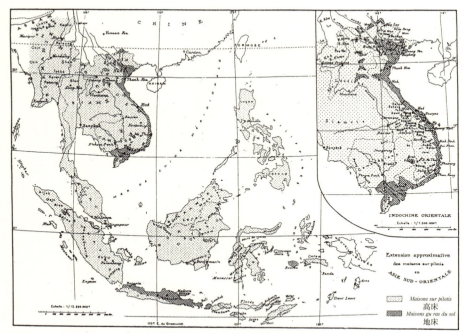

図 I-2-7　東南アジアの高床式・地床式住居の分布　Huyen（1934）

る．ジャワ島，そして，バリ島，ロンボク島西部である．また，大陸部のヴェトナムの南シナ海沿岸部，西イリアンとティモールの高地も地床式である．もうひとつ，モルッカ諸島の小さな島，ブル島が高床式住居の伝統を欠いている（図 I-2-7）．

　ところが，ボロブドゥールやプランバナンなど，中部ジャワ，東部ジャワに残る，9世紀から14世紀に建てられたチャンディ（ヒンドゥー寺院）の壁のレリーフには地床式の建物はない（図 I-2-8）．かつては高床式住居が一般的だった可能性が高い．同じジャワ島でも，スンダ（西部ジャワ）の伝統的住居は高床である．ジャワ島西部のバドゥイの集落や，プリアンガン（バンドンを中心とする地域）のナガの集落の例がある．高床式住居が支配的である生態文化圏において，何故，ジャワ，バリ，ロンボクの住居が地床式なのかについてはいくつか説がある．まず，地床の伝統をもつ南インドの影響があげられる．インドネシアへのヒンドゥー文化の伝播は南インドから行われたと考えられている．中国との関係を重視して，その影響を考える説もある．中国人が直接移住したヴェトナムの沿海部は地床式である．そして，イスラームが高床式住居を禁止したという説もある．イスラームの平等主義は，先住のヒンドゥー・ジャワの階層（カースト的）社会を嫌い，その支配層を攻撃する上で宮殿の伝統的形式を

2
オーストロネシア世界と伝統的住居

図I-2-8　ボロブドゥールのレリーフに見られる高床式建築　撮影：布野修司

廃したとするのである.

　ヴェトナムの南シナ海沿岸部が地床式であるのは明らかに中国の影響である．しかし，中国といっても広い．全てが地床式というわけではない．中国西南部には高床(干欄)式住居が少なくない．本書が焦点を当てるタイ系諸族の住居は高床式である．

　何故，高床式住居なのかについて，稲作との関係が指摘される．米倉を高床式住居の原型と見なす見方がある．しかし，中国での発掘遺構によれば，稲作以前にも高床式住居が存在したことははっきりしている．金属器と高床の技術の関係も議論されるが，石器で高床をつくることは充分可能であった．浙江省の河姆渡遺跡（紀元前5000年頃）の高床式建物に使われたのは石器だけである．石製工具には斧と鑿があるのみで，木材の加工のためには，他に，楔と木槌，木棒が使われただけである．

　稲作と高床の発生は関係がない．また，高倉は稲作に固有でもない．北方に見られる高床の倉は基本的に稲作とは関係ないのである．しかし，稲作の伝播と米倉の伝播は当然結びつく．東南アジア各地の米倉をみるとそれぞれよく似ている．例えば，北ルソンの山岳地帯のイフガオ族やボントック族の住居は，日本の南西諸島に見られる高倉とそっくりである（図I-2-9）．すなわち，稲作の技術と米倉の建設技術はセット

69

第 I 章
東南アジアの伝統的住居

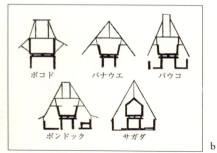

図 I-2-9　a：ボントック族の住居撮影：布野修司，b：北ルソン山岳地帯の諸地域の住居　Scot（1969）

になって伝播した可能性が高い．米倉は，解体して移築することもあった．米倉がモデルとなって，高床の技術を各地に伝えたということは大いに考えられることである．
　そして，倉と住居は明確に関係がある．東南アジア各地の米倉は住居のミニチュアといっていいほどよく似ていることが多い．単にミニチュアというだけでなく，住居が倉から造られたと考えられる例が東南アジア一帯に見られる．穀倉型住居にも，主柱の上の穀倉部分に居住空間がある形式，主柱の中間，穀倉部分の下に居住用の床を追加した形式，地上に土間の居住空間をもつ形式など，いくつか類型がある．

I-3　家社会：複数家族と集住形式

　ウォータソン（1997）は，東南アジアの住居は，物理的な構造物のみならず，居住する親族集団を意味するとし，それを「家社会」（レヴィ・ストロース）であるとする（（『生きている住まい――東南アジア建築人類学』7　親族関係と「家社会」）．ここでは，複数家族（世帯）[15]が居住する例を中心に，明快な空間構成原理をもつものを挙げてみよう．

---

15)　一般に家族形態は，①夫婦家族 conjugal family，②直系家族 stem family，③複合家族 compound family などに分けられる．さらに，場合によっては，④複婚家族 polygamous family（a）一夫多妻家族，（b）一妻多夫家族，（c）集団婚家族が区別される．住居形式は，以上のような家族の類型によって異なる．そして，それぞれの家族類型においても住居形式は多様であり得る．

家社会：複数家族と集住形式

3-1 ロングハウス

　第一に挙げるべきは，ロングハウスと呼ばれる長屋形式の共同住居である（図I-3-1）．ロングハウスは，大陸部にも島嶼部にも見られる東南アジアを特徴づける住居形式と言っていい．島嶼部では，ボルネオ（サラワク，サバ，カリマンタン）のイバンIban族，ダヤクDayak族，ケンヤーKenyah族，カヤンKayan族など，インド洋メンタワイMentawai諸島のサクディ族，南フィリピンのマラナオ族，大陸部では，ヴェトナム高地のジョライJörai族，エデ族など，ビルマ，タイ高地のカチンKachin族，カレンKaren族などがロングハウスに居住する．ビルマ高地に接する北東インドにもミシン族やニシ族のように高床のロングハウスが見られる．
　ロングハウスは，一般に，長い廊下および開放されたヴェランダでつながっている多くの独立した部屋で構成される．各家族（世帯）用の住居単位を連結する極めてシステマティックな構成である．単位となる住居は，ヴェランダ廊下―居室―厨房によって構成されるが様々な形態がある．イバン族やサクディ族のような平等主義の社会と

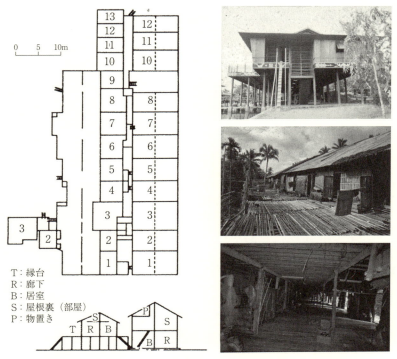

T：縁台
R：廊下
B：居室
S：屋根裏（部屋）
P：物置き

図I-3-1　カリマンタンのロングハウス　撮影・作図：布野修司

第 I 章
東南アジアの伝統的住居

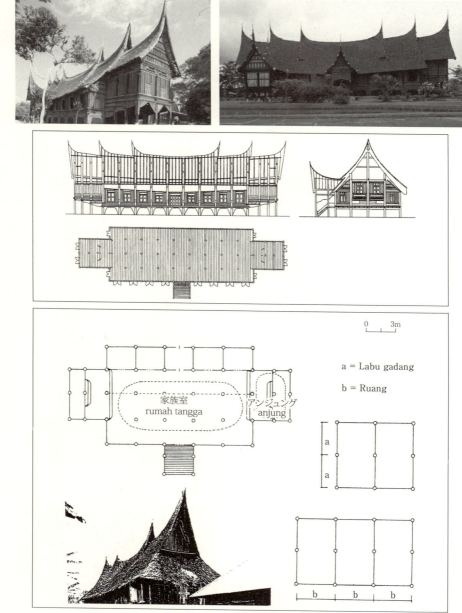

図 I-3-2　ミナンカバウの住居　王族の住居（ブキティンギ，西スマトラ）　下図　基本型　撮影・作図：布野修司

ケンヤー族やカヤン族のような階層的な社会とでは空間構成は異なる．ケンヤー族のロングハウスでは，首長の住居は大きく中央に配置される．ロングハウスというと，家長に従う大家族が居住すると考えられるが，核家族が集合する形式も少なくない．ボルネオには，1つ以上のロングハウスから構成される村落をつくるものもある．

3-2 ミナンカバウ族の住居

　ミナンカバウ族は，西スマトラのパダン高原一帯に居住する．ムランタウ（出稼ぎ）慣行をもち，マレーシアのマラッカ周辺にも移住している．世界最大の母系制社会を形成することで知られる．住居は高床式でゴンジョン gonjong と呼ばれる尖塔をもつ特異な屋根形態をしている．

　9本柱の家，12本柱の家など柱の本数によって住居が類型化されるが，家族の規模に応じて柱間を増やす形をとる．ゴンジョンは2本，4本，6本の3種ある．住居の前部に1対の米倉をもつ．アンジュング anjung と呼ばれる階段状の端部は冠婚葬祭など儀礼時に用いられる．桁行き方向はルアングという単位で数えられ，梁間方向はラブ・ガダン labu gadang という単位で数えられる．サ・ブア・パルイ sa pua palui と呼ばれる母系大家族が居住する．原則として，奥側の一間を既婚女性の家族が占め，前面部は各世帯によって共有される．家族および住居の規模を決めるのは既婚女性の数である．規模の大きいものは梁間4間（4ラブ・ガダン）で，ラジャ・ババンディングと呼ばれる．最大数十に及ぶ世帯が住んだ例もある（図 I-3-2）．

　興味深いことに，マラッカ周辺に移り住んだミナンカバウは全く異なった住居形式に住む．前部にヴェランダ，居住部分，厨房と後ろに棟を付加していく形である．同じ民族でありながら，住居形式を全く異にするのが興味深い．住居形式は，建築材料など地域の条件に大きく規定されるのである（図 I-3-3）．しかし，さらに興味深いの

図 I-3-3　マレー半島（ヌグリ・スンビラン）のミナンカバウの住居　撮影：布野修司

は，屋根の端部の棟を西スマトラの住居のゴンジョングの反りに似せて上向きにすることである．この棟の反りに民族のアイデンティティが表現されるのである．

3-3 バタック諸族の住居

北スマトラ一帯にバタック族が居住する．バタック・トバ族，バタック・カロ族，バタック・シマルングン族，バタック・マンダイリング族など6つの種族に分かれるが，互いに近接しながら，住居形式は少しずつ異なっているのが興味深い（図I-3-4）．トバ湖およびサモシル島周辺に居住するバタック・トバ族の住居，集落がひとつの典型である．

住居は，棟が大きく反り，破風が大きく前後に迫り出した鞍型屋根をしており，内部は仕切りのない一室空間である．この大型住居にリペと呼ばれる核家族を単位に何組か，炉を共有して居住する．3世代の拡大家族が居住単位として1住居に住む．家長のスペースは入口を入って右奥というように，内部空間にはヒエラルキーがある．集落は土塁と竹林で囲われ，住居棟と米倉が平行に配置される．住居棟と米倉の間の広場は多目的に使われる．この住居と米倉が平行に配置される形式は，南スラウェシのトラジャ族，マドゥラ島のマドゥラ族，ロンボク島のササック族など東南アジア一帯で見ることができる．

バタック・カロの住居はバタック・トバの住居より大型である．中に4〜6の炉が切られ，1つの炉を1ないし2家族（ジャブ）が使用する．全体では，4〜12家族が共住する．20人〜60人が一室空間に居住することになる．集落は，住居棟が棟の方向をそろえて（川上―川下に合わせるのが原則）並べられる．米倉，脱穀などの作業棟，若衆宿，納骨堂などの諸施設が配され，カロ高原のリンガ村のように2000人規模になるものもある．

バタック・シマルングンの住居の場合，基礎が井籠組とされるのがユニークである．地域の生態系に基づくといっても架構形式を大きく異にする地域は珍しい．

3-4 サダン・トラジャ族の住居

南スラウェシ北方高地のサダン・トラジャの住居はトンコナン tongkonan と呼ばれる（図I-3-5）．トンコナンは1室であるが，3つに分けられる．真ん中のサリと呼ばれるスペースは床のレベルが下げられ，炉が置かれる．居間，食堂，厨房兼用の多目的スペースである．奥のスンブンが家長のスペースとなり，入口のパルアンが客間もしくは他の成員のスペースとなる．

サダン・トラジャ族の場合，双系的親族原理をもち，男女を問わず子供には平等に

家社会：複数家族と集住形式

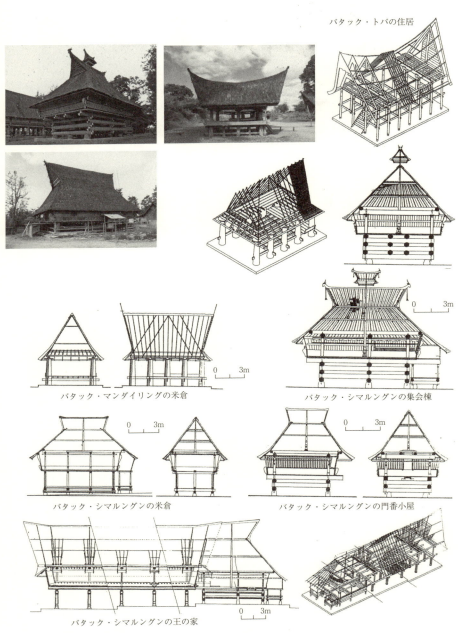

図 I-3-4　バタック族の住居　撮影・作図：布野修司　UN RHC（1973）

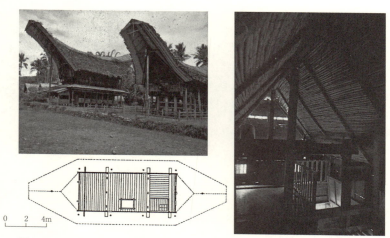

図 I-3-5　サダン・トラジャ族の住居　撮影：浅井賢治　作図：布野修司

相続の権利が与えられている．また，トラジャでは，異なるトンコナン，両親の出生地，祖父母の出生地，あるいはさらに遠く離れた先祖の出生地から出自をたどることができるとされる．親族関係に関する表現は，しばしば「家」という語彙で表され，「トンコナン内の兄弟」，「トンコナン結合」などと言われる．トンコナンの子孫は，自分たちの集団の中から一家族を選出し，その家族は管理人として，その出自となったトンコナンに居住する．

I-4　コスモスとしての住居集落

　東南アジアには，第 III 章で触れるように，自生的な都市形成の伝統は極めて薄い．ユーラシア大陸における都市の伝統を振り返ると，東南アジアの諸都市は，インド，中国の都市文明の影響，さらにイスラームそして西欧文明のインパクトを受けて他成的に形成されたと考えられる[16]．東南アジアの都市としては，古来，インド化国家の首都，あるいはムアン連合国家の拠点都市が知られるが，アンコールを含めて都市的

---

16)　東南アジアにおける，インド都城の系譜また中国都城の系譜，さらにイスラーム都市の系譜については，それぞれ布野修司『曼荼羅都市 —— ヒンドゥー都市の空間理念とその変容』(2006)，『大元都市 —— 中国都城の理念と空間構造』(2015)，布野修司＋山根周『ムガル都市 —— イスラーム都市の空間変容』(2008) に委ねたい．

集住形式はよくわかっていない．16世紀10万人を超えていた都市は，アユタヤ，ペグー，タンロン（昇竜），マタラムとされるが (Reid 1998)，都市の形態が，西洋都市とは相当異なったものであったことが，訪れた西欧人によって記されている．中庭式住居のような都市的集住形式は東南アジアでは生み出されなかったのである．リードは，東南アジアの都市の構造は，内陸都市であれ，港湾都市であれ，基本的に同じであり，宇宙の構造を映すべく建設されたという．

東南アジアの島嶼部には，住居集落の空間をコスモロジカルな秩序として構成する事例が様々にみられる．ウォータソンは，西ジャワのバドゥイ，バリ，スンバ，ニアスをとりあげているが（「5　コスモロジー」），ここではバリ島の事例をとりあげよう．

4-1 | 三界観念

オーストロネシア言語圏にかなり広く分布する「バヌア banua」という言葉がある．大陸，土地，集落，村，町，国という意味である．インドネシア語で，ブヌアは大陸や領土，サダン・トラジャではバヌアは住居を意味し，隣のブギスではワヌアは長老や領主に統治された領域のことである．北スラウェシのミナハサでは，ワヌアは村落や地方を意味し，フィリピン南部のミンダナオの言語では，バンワは，領地，地域あるいは村落の集合を指す．ニアスで，バヌアは，村落，世界そして空あるいは天を意味することもある．

こうして，バヌアという言葉の広がりは，住居や集落の配置が宇宙そのものの配置を反映するという思考の広がりを示している．代表的なのが，宇宙が3つの層，天上界，地上界，地下界からなるという三界観念である．東南アジア島嶼部の大半の地域では，上下の世界に挟まれた人間の住む世界が存在するという概念を共有していることが知られる．

バリ島では，島，村，屋敷地，棟，柱のそれぞれの構成に宇宙（マクロコスモス）と身体（ミクロコスモス）を貫くひとつの秩序が想定される．まず，天地人の宇宙の三層構造に対応して，バリ島全体が山と平野部と海の3つに分けて考えられる．そして，個々の集落も，頭部と胴体と足部の3つに分けられ，カヤンガン・ティガといって，全ての村には，必ずプラ・プセ（起源の寺），プラ・デサ（村の寺），プラ・ダレム（死の寺）という3つの寺が1組となって配置されている．各住棟は，屋根，壁，基壇の3つに分けて考えられ，柱も柱頭，柱脚には特有の彫刻が施され，3つに分けられる．全て頭部・胴体・足部という身体の構造に対応する．身体，住居を包む環境全体がコスモスなのである（図I-4-1）．

そもそも高床住居の構造が，宇宙の3つの層への分割を反映していると考えられる．住居の床下の領域は最も不潔な部分で，そこにはゴミや糞が台所から捨てられ，

第Ⅰ章
東南アジアの伝統的住居

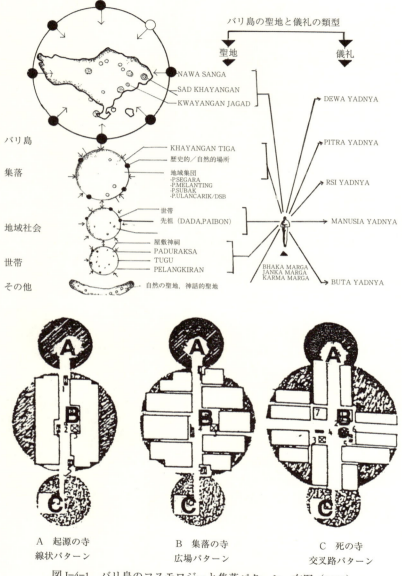

A　起源の寺　　　　B　集落の寺　　　　C　死の寺
　線状パターン　　　　広場パターン　　　　交叉路パターン

図 I-4-1　バリ島のコスモロジーと集落パターン　布野（1981）

豚など動物が飼われている．高床上は人間の住む場所で，一方，屋根裏部屋は，先祖伝来の家宝や籾が納められる，最も神聖なところである．

4-2 | オリエンテーション

　住居あるいは集落の配置はオリエンテーション（方位）についての様々な規則に従い，その規則に地域や民族の宇宙観が投影される．

　バリ島ではオリエンテーションの感覚は極めてはっきりしている．まず，日の出の方向は正（生），日の入りの方向は負（死）という観念がある．そして，山の方向カジャが聖，海の方向クロッドが邪である．バリ島の南部では，北が聖なるアグン山の方向であり，南が悪霊のやってくる，汚れた海の方向である．東—西，山—海という2つの軸を基準として，各屋敷地は，北東の角を最も価値の高い場所とし，南西を最も価値の低い場所とする位階的秩序によって区分され，各棟の配置が決められる．北東の角には，サンガと呼ばれる屋敷神が祭られる．バリ島の北部地域に行くと，南が山の方向で，南東が屋敷神の場所となる（図I-4-2）．

　ボルネオのンガジュ・ダヤク族のように川上，川下の感覚が強い地域もある．山—海，あるいは川上—川下という地理学的な特徴が住居，集落の配置に影響し，方位感覚を規定するのである．また，右と左の区別がオリエンテーションの感覚に重要性をもつ例がある．ロティとアトニ（ティモール）は，ともに東西軸を固定された軸と見なし，東へ向かって，北と南を左と右を表すものと考える．エンデ（東フローレス）では，海—山という軸が固定されたもので，左—右はこの軸との関係において海に向かって定義される．

　カロ・バタックの住居は，住居内部に地理的隠喩が持ち込まれる．中央の溝あるいは通路の両側に並んで2つの高床があり，床は壁から中央に向かって幾分傾斜している．高い部分はグヌン（山）と呼ばれ，最も名誉あるところであり人が寝るところである．中央に近い，最も低く，全く敬意を払われないところはサワー（田）と呼ばれる．内部空間の構造が，ある種の景観を生み出しており，自然界を反映しているのである．

　また，オリエンテーションの規則は寝るときの頭の向きに適用される．船上生活者のバジャウは，常に船と十字に寝る．死体は，船に見立てて造られた棺に縦に埋葬されるからである．死に関わる悪い方角はどこでも意識されている．ブギスにとって，北に向かって眠ることは死者になることである．日本でも北枕は縁起が悪い．ヌアウル人は東西軸に沿って寝る．山—海（南—北）軸に沿って寝ると死ぬと信じている．トラジャ族も東西に寝る．タイ・ユアン族も，東枕で，他の方角は危険と思っている．

第 I 章
東南アジアの伝統的住居

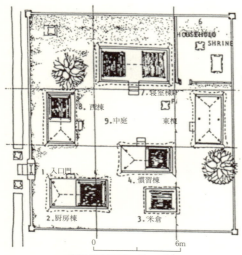
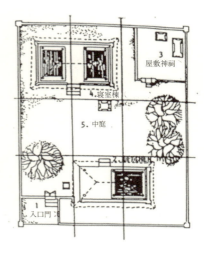

PEKARANGAN：プカランガン　　　　　　PONDOK：ポンドック

図 I-4-2　バリ島の住居　布野（1981）　撮影：布野修司

4-3 │ 身体としての住居

　住居の各部分を小宇宙（ミクロコスモス）としての身体の部分になぞらえることがある．サヴでは，住居は頭，尾，首，頬，呼吸をする空間，胸そして肋骨をもつとされる．ティモールのテトゥム族では住居には背骨，眼，足，体，肛門，顔，頭，骨そして子宮や膣があるとされる．

　スンバでも，上述のように，住居，墓，村落，耕作地，河川そして島そのものにも身体の比喩が使われる．住居を身体として捉える考え方は水平的にも垂直的にも見られる．住居の前面は人間の頭であり，後面は尻である．住居の頂部は「髪の結び目」などと表現される．リンディ族によれば，頂部は住居の最も重要な部分であり，人が住む部分は頂部の延長あるいは手足と見なされる．

　ティモールのテトゥム族の住居は，細長い切妻の建物であるが，前面は顔と呼ばれ，

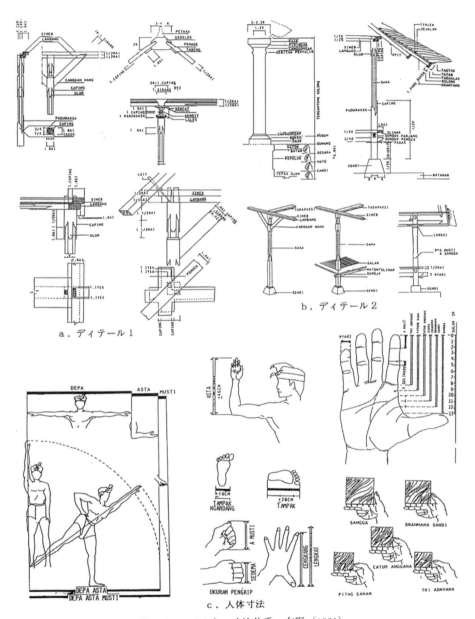

図 I-4-3　バリ島の寸法体系　布野（1981）

男性用の扉は「住居の目」と呼ばれる．後部の女性用の扉は「住居の膣」と呼ばれる．側壁は脚，棟は背骨，後壁は肛門である．住居には3つの部屋がある．儀礼的にも居住の面でも，最も広く重要な部屋は後の部屋であり，「住居の子宮」（ウマ・ロロン）と呼ばれる．

住居の各部分は，身体寸法に基づいてつくられるのが一般的である．バリの場合，男の世帯主の身体が寸法の基準となる．ロンボクのササック族は妻の身体を基準とするが，それは住居で最も長い時間を過ごし仕事をしなければならないのが妻だからという．全ての寸法体系が身体寸法に基づいて決定されているから，建築法規や基準がなくとも自然に，景観にまとまりが生み出される．寸法は身体そのものであり，そしてこの寸法に魂が吹き込まれて初めて命をもつとされる．この場合，寸法の霊をインドネシア（マレー）語でジワ・ウクランという（図I-4-3）．

4-4 水牛・船・ナーガ

東南アジアの建築について，繰り返し見られるのは，交差する角の形をした装飾的な妻飾りである（図I-4-4）．この妻飾りは，ブギスやマレーの例のように，垂木の延長として簡素に形作られることが多いのであるが，時には，入念に彫刻が施される．この妻面端部の装飾の名称は，多くの場合「角」という単語に由来している．

東北インドのナガ族，タイ北部，スマトラのバタック族，また以前の中央スラウェシなどの場合，その角は水牛のものである．バタック・カロ，バタック・シマルングン，バタック・マンダイリングなどは棟に極めて具象的な水牛そのものの彫刻が置かれる．

西フローレスのマンガライやロティ島，中央スラウェシのポソなどでは，鳥やナーガ（東南アジアのコスモロジーにおける地下界を支配する神話上の海ヘビ，龍）の形に彫られる．また，マレー住居のシラン・グンティンのように開いたハサミの形に擬せられることもある．

角のモチーフとしての選択が，東南アジアの多くの社会で水牛が大変重要であることを反映していることは疑いの余地がない．水牛の角は戦いの際の主要な武器であることから，角の装飾は家を守る役目をシンボリックに果たしているのではないかという説がある．一般に富の基準は，水牛の所有数で代表され，水牛はしばしば儀式上で一番の捧げ物とされる．豊かな家ほど入念に角の装飾を施し，その装飾的要素は，地位や身分を，それとなく指し示す役割を果たしている．高貴な家柄の重要な建築物のみが，素晴らしく彫刻された装飾をもっているのが各地域で普通なのである．

水牛が生け贄としての役割を果たすことによって，天上と下界を橋渡しするのだと言う説もある．死者は，天上界（または死後の世界）へ水牛に乗って行くと信じられて

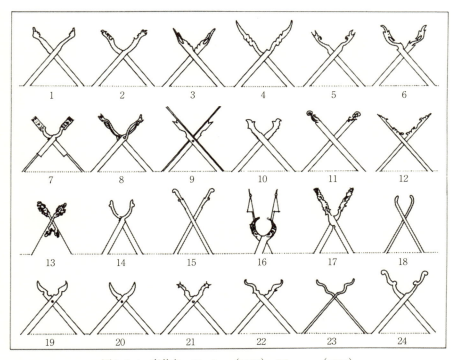

図 I-4-4　妻飾り　Kaudern (1925), Waterson (1990)

いるのである．
　妻の端部は，船の船首，船尾を象徴することもある．東南アジアの各地に点々と分布するロングハウスの棟の端部には大規模で勇壮な棟飾りがかつては施されていた．また，鞍型屋根そのものが船を象徴しているという説がある．
　フロクラーへは，1936年に書かれた「東南アジアと南太平洋の巨石文化における船」の中で，先端のとがった曲線屋根（切妻転び破風屋根）が実はインドネシア諸島にこの文化をもち込んだ人びとが乗ってきた舟を象徴しているという．彼はこの屋根の様式を「船型屋根」と呼んだ．その理由として，彼は夥しい事例を引用している．すなわち，住居や村落を船にたとえたり，住居や村落の各部の名称に船の用語を使用する，例えば，村長や他の高位の人びとを「船長」や「舵手」などの称号で呼ぶこと，あるいは，死者の魂が舟に乗って来世へ旅立つと信じたり，また死体を，船型の棺あるいは「舟」という名の石の甕棺や墓にいれて埋葬するといった，インドネシア社会にみられる多くの事例である．
　その後，「マスト」を意味すると主張されている言葉はもともと単に「柱」の意味

にすぎないというように，必ずしも船に関わる言葉とは限らないといった指摘がなされる．また，船のシンボリズムを欠く地域も当然ある．が，船のモチーフが，東南アジア各地に点々と見られるのは事実である．

東南アジアのヒンドゥー・仏教建築の編年で注目されるのが，カーラ・マカラ装飾である．カーラ・マカラ装飾は，怪獣が口を大きく開けた形をとり，出入口に用いられる．マカラは怪魚あるいは鰐の形をしており，よく排水口に用いられる．また，ナーガ（蛇，龍），シンガ（獅子），ガルーダ，キンナラ（人首鳥身），アプサラス（踊り子）なども頻繁に現れる．

寺院と違って住居ではそう顕著ではないけれど，バタック・トバの住居や倉の梁の端部はシンガの形に装飾されている．バリ島の住居の場合，随所にヒンドゥーのモチーフを見ることができる．チャンディ・ブンタール（割れ門）には，カーラ・マカラ装飾が用いられるし，棟木を支える部材にガルーダの彫刻が施されたりする．また，柱を柱頭，柱身，柱脚の3つに分けて装飾するのは一般的である．

中でも，ナーガの象徴としての装飾は，東南アジア一体で見ることができる．ナーガとは，サンスクリットで蛇のことだ．中国に渡って龍となる．水の神，水の象徴とされるのがナーガである．

ナーガは，ヒンドゥー教の様々な神話や物語の中で極めて象徴的に扱われる．とぐろを巻いてヴィシュヌ神を護持する役割もそのひとつである．また，宇宙の創生神話の乳界撹拌にも登場する．ナーガを引いて乳界撹拌を行っている場面をものの見事に造形化したのが，アンコールの遺跡群に見られる橋の欄干である．また，コブラの形の形象は至る所に見ることができる．手摺や門，塀などに，くねくねとうねった形は収まりやすい．バリ島のウンプル・ウンプル，あるいはタイのトゥン・チャイ，しなる竹と布をつかった幡もナーガを象徴しているとされる．

船の舳先にナーガはよく用いられる．水の神の象徴だから最も相応しい．船のシンボリズムとナーガは不可分である．また，屋根の破風，棟の端部にナーガが用いられることも多い．火避けの意味あいもある．また，端部の処理にナーガの曲線が造形化しやすいのである．

ウォータソンの『生きている住まい —— 東南アジア建築人類学』(Waterson 1990) は，以上に触れてきたように，東南アジアの住居の起源がオーストロネシア世界全体に共通すること（序章「起源」），「家社会」の親族関係あるいは社会関係が空間形式や建築物の相互関係に投影されていること（第3章「建築形式の相互関係」，第7章「親族関係と「家社会」，第8章「空間と社会関係の形成」），住居の形態や細部は地域の生態と建築技術によってのみ規定されるのではなく象徴機能をもつこと（第4章「技術とシンボリズム」），住居や集落の形態とコスモロジーが強く結びついていること（第5章「コスモロジー」）など重要な指摘を行うが，その核心はタイトルに示されるように，住居が生きている

ということである（第6章「生きている住まい」）．住居が生命力をもったものと考えられていることは，様々な建築儀礼に示される．また，身体になぞらえられ身体寸法に基づいて建設されることにも示される．そして，死者の家すなわち骨壺や棺，墓が住居に擬せられることには死生観に関わり（第9章「死者の家」），それ故コスモロジーが関わる．

　住居が生きているという世界は，おそらく東南アジアに固有のものではない．日本の住まいもかつてはそうであった．しかし，日本の住宅や住宅地は，死者と共に住むそうした空間を失ってきた．そして，以下の章でみるように，東南アジアもそうした方向へと向かいつつあるように思われる．

　しかし重要なのは，東南アジア世界の各地域が閉じた系として固有性を古来維持してきたのではないことである．むしろ，古来，激しい移動を繰り返してきたのが東南アジア社会である．そして出稼ぎ慣行は今日も見られる（第10章「移住」）．すなわち，移住はむしろ一般的であった．タイ系諸族がまさにそうである．何が維持され何が変わっていくのか，以下に具体的に見たい．

第Ⅱ章
タイ系諸族の住居

タイ系諸語を話す諸民族をタイ系諸族と総称する．現在，中国南部，海南 Hainan から北ヴェトナム，ラオス，タイ，ミャンマー，インドのアッサム Assam まで広い範囲に居住し，およそ 7000 万人いるとされるが，そのうち 6000 万人は，タイ王国とラオス人民民主共和国に居住する（図 II-1-1）．

　タイ系諸語は全て極めて近く，「タイ（Tai/Thai）」「ターイ（Tay）」「タイー（Taii）」という呼称は，時代と場所をこえて，タイ系諸族の住む地域で用いられてきた（Maspero 1952）．タイ系諸族には，自称と他称（異民族による呼称）があり，同一種族が幾つもの名称で呼ばれ，あたかも多数の種族が存在するように思われることがある．例えば，ビルマ北部のシャン Shan 族は，彼ら自身を「タイ Tai」または「タイ・ヤーイ Tai Yai（大タイ）」と呼んでいるが，周辺の諸族からは別の名称で呼ばれている．シャンは，ミャンマー人が彼らの周辺のタイ系諸族を呼ぶ名称である．カチン Kachin 族[17]，ラシ族などはかれらをサム Sam，マル族はセン Sen，中国人は擺夷，白夷などと呼ぶ．東北タイに住むタイ系諸族は，自身をタイ・ヨイ Tai Yoi，プータイ，プアン Phuan，タイ・ルーイ Tai Loei，タイ・カロン Tai Kaloeng などと呼び，タイ王国に住むタイ人（コア・タイ Core Thais）は，タイ・ラオ Tai Lao，ラオ，タイ・イサーン Tai Isan などと呼ぶ．メコン河を挟んで東北タイとラオスに住むタイ系諸族を一般的にタイ・ラオ族という．名称は様々であるが，全てタイ・カダイ語族の亜族とされる[18]．

　ラオスのルアンパバン Luang Prabang を中心に栄えたラーンサーン Lan Xang 王国の末裔であるとされるラオ族は，もともとメコン河の両岸に居住していたが，インド

---

17) チンプオ，チンポー族（景頗族／景頗族／ジンポー族）とも呼ばれ，主にミャンマーのカチン州，インドのアッサム州，雲南省に住む．稲作を主としてきたチベット・ビルマ族とされ，広くはマル族，ラシ族，アツィ族も含められる．

18) タイ系諸族の文化・歴史・民族・言語などに関する研究は，主にタイ系諸族およびその言語の起源を考察の対象としてきた．タイ系諸族の起源についての最初の論考として挙げられるのは 1880 年代にロンドン大学の言語学者であったテリエン・デ・ラクーペリエによる『中国語以前の言語』（Terrien De Lacouperie 1887）である．以後，代表的な論著として，東南アジアを旅した W. C. ドッド（Dodd 1932），言語学・人類学の P. K. ベネディクト（Benedict 1942, 1970），W. ゲドニー（Gedney, William J. 1976, 1991, 1994, 1995）などがある．また，古タイ語族に着目し，タイ系諸族の起源は中国の東南沿岸，福建省，台湾説と唄える T. L. サガート（Sagart, 2004），R. ブレンチ（Blench, 2008）の説が近年注目されている．タイ語文献によって研究業績をあげてきた欧米の学者には，古くは考古，歴史学における G. セデス（Coedes, 1968 など），ミャンマーとアッサムの民族調査を行った親族組織研究で知られる E. リーチ（Leach, 1954）などがいる．近年の研究者として，東南アジアのタイ系諸族の民族の系統を概観した J. シュリーシンガー（Schliesinger, 1997）がいる．日本の代表的な研究者によるものとしては，永積昭，大林太良らの研究があり，タイ系諸族の社会に着目して諸族の社会の特性などを明らかにしている綾部恒雄の一連の研究がある．また，特にタイ王国のタイ系諸族，東南アジアのタイ系諸族の歴史と稲作社会から社会の変化までを明らかにしている石井米雄の研究がある．タイ系諸族に関する主要な研究は末尾に挙げるが，関連する箇所でそれぞれ触れたい．

第II章
タイ系諸族の住居

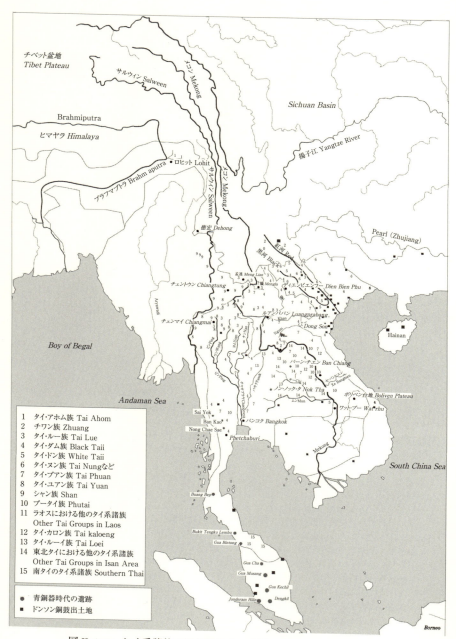

図 II-1-1　タイ系諸族の居住地分布　作製：Chantanee Chiranthanut

シナを植民地としたフランスが1893年に設定した国境によって居住領域を2つに分断され，現在に至っている．本章では，メコン河中流域[19]に居住するタイ・ラオ族の住居と集落に焦点をあてるが，まず，タイ系諸族の起源に遡って，各地域のタイ系諸族の住居と集落について，その共通の特性と差異，その起源，原型と変化型すなわち地域類型を明らかにする．

II-1　タイ系諸族の世界

1-1　タイ系諸族の起源

　タイ系諸族の起源をめぐる諸説には，①アルタイ Altai 山脈起源説[20]，②タイ王国起源説[21]，③東南アジアの島嶼部（インドネシア，ジャワ）起源説[22]，④南詔 Nan Chao（中国西南部，南詔）起源説[23]，⑤中国南部起源説[24]，⑥中国の東南沿岸，福建省，台湾起源説などがあるが，最も有力なのは中国南西部，揚子江 Yangtze（長江 Chang Jiang）

---

19) 中国雲南省のシーサンパンナ（西双版納，シプソンパンナー Sipsongpanna）タイ（傣）族自治州に発しインドシナ半島を流れるメコン河はアジア最大の国際河川である．南下してラオスおよびミャンマーの国境に接する芥子栽培で有名なゴールデン・トライアングル，そしてミャンマー領内からの支流を取り込みながら，ルアンパバンを抜けてラオスの山岳地域をさらに南流，ヴィエンチャン平原，さらに，カンボジアへ抜けてメコン・デルタへ到り，ヴェトナム，ホーチミンの南で南シナ海に注ぐ．大きく区分すれば，中国の雲南省からミャンマー，ラオス，タイの北部山間部までが「上流域」，ラオスのルアンパバンからラオス中部と南部を分けるセ・バンヘイン Xe Banghien 川までが「中流域」，それから南が「下流域」あるいはメコン・デルタとなる．

20) 代表的なのが W. C. ドッドの『タイ民族：中国人の兄』(Dodd 1923) である．ドッドは，チェンライ Chiangrai，ミャンマーのチェン・トン Chiang Tung (Kengtung)，中国の西双版納，広東を調査し，各地のタイ系諸族の人びとのヒヤリングをもとに，また中国の史書も参照しながら，中国人（漢族）よりタイ系諸族が先に中国に居住していたことを主張する．そして，中国人の侵入によって，タイ系諸族は，紀元6世紀頃，起源の地であったアルタイ山脈からインドシナへ移動したという．

21) 解剖学者 S. サンヴィチェンの説 (Sangvichien 1966) がその嚆矢で，1960〜62 年にカーンチャナブリー Kanchanaburi 県のバーン・カオ Ban-Kao 遺跡から出土した 37 体の先史時代の人骨と近年のタイ人の人骨を比較して分析し，両方の骨格が類似していることを根拠にタイ系諸族の起源は現在のタイ王国であるとした．

22) 言語学，人類学の泰斗 P. K. ベネディクトと E. セイデンファーデン（Seidenfaden, 1958）の説．P. K. ベネディクトの主張の核心は，タイ語族は，オーストロネシア語族に近いとする点である (Benedict, 1942)．

の南から雲南にかけての地域を起源とするという説(⑤)である．中国の雲南の昆明，景洪 Jing Hong，勐臘 Meng La，勐連 Meng Lian タイ族ラフ族ワ族自治県などで発掘された新石器時代の考古学的史料やタイのバーンチェン Ban Chiang[25]やノン・ノック・タ Non Nok Tha で出土した陶器や青銅器などの史料によると，今日のタイ人 Thais およびタイ系諸族 Tais[26]の先祖たちは，中国の広西 Guangxi チワン族自治区および四川省の大部分に居住し，また一部は貴州 Guizhou，雲南，アッサム，ラオス，北部タイなどに居住していた可能性が高いのである．

中国南部起源説(⑤)[27]は，タイ系諸族の起源は，稲作に適した低地であるとするが，その起源地については，広西チワン族自治区とするもの(Damrong Rajanubhab 1862～1943[28])，南中国雲南，長江(揚子江)南部低地とするもの(Credner, William 1909)，中国南部の広い範囲(湖南省 Hunan，貴州省，広東省および北ヴェトナム)とするもの(Mote 1964)などがある．

中国南部起源説とともに，古タイ語の起源を中国の東南沿岸，福建省，そして台湾であるという説(⑥)も注目される．オーストロネシア語と古タイ・カダイ語は関連があるとされ，オーストロ・タイ語という概念を提示するのが P. K. ベネディクトである(Benedict 1942, 1975)．ベネディクトとともに，古タイ語とプロト・オーストロネシア語が類似しているというのが，P. ベルウッド(Bellwood 1997)，T. L. サガート(Sagart 2004)，C. ベーカー&パースック・ポンパイチット(Baker and Pasuk Phongpaichit 2005)，L. リード(Reid 1996)，L. ブレンチ(Blench 2008)，J. フダック(Hudak 2008)などである．

古タイ語は，台湾，中国東南部，ハイナン(海南省)・トンキンから，中国内陸(広東省，広西チワン族自治区)や北ヴェトナム(トンキン湾，海南省)へ移動する(Pholdi, Orathai 2004)．そこで，他の語族(モン・クメール Mon-Khmer 語族，シナ・チベット語族など)の

---

23) イギリスの言語学者であるテリエン・デ・ラクーペリエが，『タイ民族のゆりかご』(Terrien de Lacouperie 1885)や『中国語以前の中国の言語』(Terrien de Lacouperie 1887)などで主張している．

24) いち早く提起したのはゲドニー・ウイリアム(1950)である．ゲドニー・ウイリアム以前に，イギリス人のコルホーン Colguhon, Archibal R. (1883)が，タイ系諸族が，広東省からミャンマーのマンダレーまで広い範囲に広がっていったことを示している．続いて，雲南地域に注目した W. クレドナー Credner, William (1909)がいる．

25) タイ東北部のウドンタニー県の紀元前 3000～2000 年とされる遺構．1966 年に発見され，メソポタミア，インダス，黄河の古代文明と異なる文明遺構として 1992 年に世界文化遺産に登録された．

26) 今日のタイ王国国民をタイ人またはシアム人，民族としてのタイ系諸族を含めて Tais とする．

27) 近年，中国南部起源説を主張するのは，B. J. ターウィール(Terwiel 1979)，T. L. サガート(Sagart, 2004)，L. リード(Reid, 2005)などである．

28) モンクット王のティサヴァラクマルン Tisavarakumarn 王子として生まれ，文人行政官として数多くの著作を残した．国立タイ研究所の初代長官である．

タイ系諸族の世界

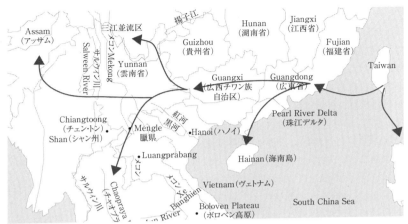

図 II-1-2　プロト・タイ・カダイの移動ルート　Blench（2008）をもとに Chantanee Chiranthanut 作成

影響を受けて，タイ語が成立したとする．三谷恭之（1977）の言語年代学によると，プロト・タイ・カダイ語は，4000〜5000 年前に存在し，3000〜3500 年前にプロト・ダイ Proto-Daic 語とリー Li 語に分かれる．プロト・ダイ語族は，2000〜3000 年前にラキア Lakia，カム・スイ Kam-Sui，ベ Be，タイ Tai 語に分かれ，現在のタイ語（南西タイ語）が成立したのは 1000 年前頃だという．ベルウッドは，古タイ語族の起源は台湾だという（Bellwood 1997）．T. L. サガートは，プロト・オーストロネシア語族は揚子江の河口北部にいて，その後中国の東南沿岸と福建省へ移動したという．さらにサガートは，プロト・タイ・カダイ語を話す人びとは，もともと稲作民ではなく，稲作技術はおそらくオーストロアジア語を話す人びとから学んだのだという．このプロト・タイ・カダイ語族の一部が台湾へ，もう一部が南（広東省の珠江デルタ）へ移動したとする（Sagart 2004）．また，R. ブレンチ（Blench 2008）も，古タイ語の起源は台湾だといい（図 II-1-2），言語や民俗（顔面刺青，切歯，鉄漿），考古学的遺構（頭蓋骨），図像（蛇など）をもとにして，プロト・タイ・カダイ語族はオーストロネシア語族と関係が深いという．

1-2　タイ系諸族の歴史

タイ系諸族の起源とその移住に関する以上の諸説を念頭に，加藤久美子（2000），川野明正（2013）などをもとにその歴史についてまとめるとおよそ以下のようになる．

タイ系諸族は，揚子江南部地域において稲作を生業基盤としていた．中国の史書に

第 II 章
タイ系諸族の住居

「百越」「越人」と記される民族がその先人と考えられている．前漢時代に，福建に「閩越」国，広東，広西，ヴェトナム北部に「南越」国を建てたのが「百越」「越人」である．中国でタイ系諸族が集中的に居住しているのは雲南であり，それ故，起源地としては雲南が有力視されるが，トン・タイ語群系言語の祖型は広西，ヴェトナム国境地帯に求められるという説もある．

タイ系諸族は，やがてインドシナ半島へ下り，稲作技術を東南アジアにもたらすことになる (Credner 1934)．このタイ系諸族の移動には，安南山脈の東側を下る流れと，メコン河の渓谷と盆地およびさらに西のサルウィン川に沿って下る流れの二つの大きな流れがあるが，稲作が可能な低地を居住地としてきたことから，R. ハイネ・ゲルデルンはタイ系諸族を「渓谷移動民」と呼ぶ (Heine-Geldern, 1923)．13世紀までに，タイ系諸族は，西はインドのアッサムにまで居住域を拡げる．

タイ系諸族は，もともと，各地に分散するムン（曼）[29]に居住し，各ムンはひとりの長，チャオ Chao によって治められていた．そして，各ムンは，中国王朝に対抗する場合はしばしば連携してきた．このムンは，タイ語のムアン muang である[30]．

タイ系諸族が揚子江下流域からインドシナ半島に大規模に移住していくことになる背景には，漢民族による統一王朝の成立とその南下がある．とりわけ，隋唐帝国の中国統一以降，7世紀から13世紀末にかけて大規模の移動が起こっている．

唐王朝に対して，タイ系諸族は連合して南詔国（738～902年）を建てる．南詔の王族蒙氏は，大理盆地の王都大和城（779年に陽苴咩（大理古城）に遷都）を本拠地とし，ヴェトナム，ラオス，ミャンマーに勢力を伸ばす一方，唐に対抗して，成都も攻略し（829年），9世紀半ばにはその最大版図を達成する．南詔を構成したのは白蕃，烏蕃と呼ばれる諸族で，蒙氏は烏蕃系，廷臣の大多数は白蕃系の連合政権であったが，漢人の参与によって官制が整備されるなど唐朝の制度も取り入れていく．仏教は南詔後

---

[29] 盆地の意（川野明正 2013）．曼＝ムラ．シプソンパンナー（シーサンパンナ，西双版納）には曼の字を関する地名，村名が数多く残る．曼の上位の行政単位が孟力 meng である．

[30] ムアンは，現在のタイ語では，国，都市などを一般的にいう．ラオスではムアンは県の下位の行政区分である郡を表す行政用語である．古くは中国古代でいう「都市国家」を意味したと考えられるが，タイ族の世界においては，多数の村の核となった都市や国主（チャオ）により治められていた街や村々の全体領域を表す言葉となり，村々の上位にある単位を表す言葉ともなった．加藤久美子（2000）は，「ムアン」は，都市的集落そのものを指すと同時に，その都市的集落を中心として形成された数個から100個ほどに到る村落を内包する小国の枠組みを指す言葉でもある，とする．ラーンナー世界ではムーバーン（あるいはバーン）と呼ばれる村の集合体があり，それが複数集まりパンナーと呼ばれる集落を形成，さらにそれが軍事的な防施設を持つようになると，ウィアンと呼ばれる都市を形成する．ウィアンの中でも王侯貴族がその支配に当たるものはチェンと呼ばれる．ウィアン，チェンを中心とする都市国家がムアンと呼ばれた．ラーマV世のチャクリー改革によりモントン（州制）が導入されると，ムアンはその下位の行政単位となった．1916年以降，それまでムアンと呼ばれていた県はチャンワットと名付けられ，ムアンという呼称は廃止された．

期に隆盛を誇り，崇聖寺と三仏塔が建設された．安史の乱以降王朝の体をなしていなかった唐の隙をみて勢力を伸ばしたが，唐の滅亡，吐蕃の分裂と期を一にするように，内部分裂によって滅亡する．

唐朝は，チベットの吐蕃と対抗するために当初は南詔とは友好関係を保ったが，南詔は，その間，北部ラオス，ヴェトナム，ミャンマーに勢力を伸ばした．南詔の存在はタイ系諸族にとって極めて重要で，数世紀にわたって中国王朝の南下を防ぐことになるのである．しかし，唐代後期になると，唐と南詔との関係は悪化し，度重なる戦闘の結果，タイ系諸族の南下は決定的となった．

南詔国滅亡の後，雲南に覇を唱えたのは大理国（937〜1254年）である．白蕃出身の南詔の廷臣段思平によって建国され，300年以上，雲南地方を統治する．後期（後理国時代）には，宋朝の冊封を受け，雲南地方の統治を委ねられている．大理国は，宋朝にとって重要な交易相手となり，特に軍馬の供給源として重要であった．歴代大理国王は，南詔同様，仏教に帰依し，保護した．

大理国は，クビライ・カーンの雲南遠征によって滅ぼされ，元朝に組み入れられる．このモンゴルによる征服によって，今日のタイ王国の領土にタイ系諸族民は大量に移住にすることになるが，一方，モンゴルの侵攻に対して，タイ系諸族は，各地にムン連合国家を建て対抗することになる．雲南には，ジン・ホン Jing Hong（景洪，タイ語ではチェン・フン Chiang Hung あるいはチェン・ルン Chieng Rung）を中心にムン連合国家シーサンパンナ（西双版納）王国がつくられる．西双版納はタイ語でシプソンパンナー Sipsongpanna と発音し，「12・千・田」という意味である．現代中国では西双版納と表記するが，もともとは十二版納と表記した．「パンナー」は一つの行政単位で「ムアン」と同義である．シプソンと呼ばれる部族連合的な国家をつくっていたのである（綾部 1971，加藤 2000）．元朝は新たな行政システムを採るが，地方レヴェルでは，地域の首長にその統治を委ねた．この統治システムは，明朝の1570年まで存続する．地域の首長が，徴税のために地域を12の管轄区に分けたことから，地域はシーサンパンナー（西双版納傣族自治州 Xishuangbanna）と呼ばれる．

タイ北部には，タイ・ユアン族がチェンマイを拠点にランナー（百万・田）王国をつくる．ラオス北部には，少し遅れて14世紀中葉，ルアンパバンを中心に，タイ・ラオ族がラーンサーン王国を建設する．シプソンパンナー王国は，14世紀中葉，ランナー王国から南方上座部仏教を受容するなど，ムン連合国家間の関係も密接である．

明代に入ると，雲南西部にタイ系のムン・マオ王国が勢力を張り，明朝に対する抵抗，叛乱を繰り返している．ムン・マオ王国の本拠地は雲南の徳宏州瑞麗市である．シプソンパンナー王国がミャンマーのタウングー朝に滅ぼされるのは1563年である．

以下の歴史については，視点を東南アジアのタイ系諸族に移そう．

今日のタイ王国の領域には，南中国から紀元前9世紀頃には移住したとされるモ

第 II 章
タイ系諸族の住居

図 II-1-3　モン・クメールの拠点　Aasen（1998）

ン族 Mons とクメール族 Khmers が居住していた．クメール族はメコン流域に居住し，モン族は北部タイおよび北部ミャンマーに居住した．モン族は，大陸部において小国家を継起的に建てるが，インドとの交易によって大きな影響を受け，インド文化がモン族に受容されていった．今日の北部タイに数多くのサンスクリット起源の地名が残っているのはその名残である．5 世紀にスリランカから上座部（小乗）仏教 Theravada がもたらされるが，モン族はこれを熱心に受け入れ，アンコールのクメールやマラヤに伝えることになる．

東南アジアの大陸部では，数世紀にわたって，ヒンドゥー教は支配体制と社会的文化的枠組みの範として，仏教は倫理的規範として，共存するかたちで受け入れられてきた．その受容に大きな役割を果たし，文化的にも優位であったのがモン族である．モン族は紀元前 1500 年頃には東南アジア地域大陸部に居住しており，もともとは中国雲南省付近からインドシナ地域へ南下したと考えられている（図 II-1-3）．紀元前 300 年頃には，サンスクリット Sanskrit 語（パーリ Pali 語）で「黄金の地」を意味するスワンナブミ Suvarnabhumi 王国を現在のミャンマーに建国した．6 世紀から 11 世紀にかけて存在したドヴァーラヴァティ Dvaravati 王国もモン族の王国で，チャオプラヤ河沿いのロッブリ Lopburi を拠点とし，ナコンパトム Nakhon Pathom 付近を中心に，メコン河の流域（タイ東北部イサーン地方）にまで影響を及ぼしていた．現在のタイ王国ランプーン Lamphun 県にハリプンチャイ

Haripunchai 王国（7世紀〜1281年）を建てたのもモン族である（図II-1-4）.

　10世紀になって，モン族の諸王国は，その領土の大部分をクメール族のアンコール王国によって征服される．13世紀にいたって，ジャヤヴァルマンⅦ世が死去しアンコールが衰退すると，クメール族の支配を離れて，タイ系諸族の最初の国家が勃興することになる．ユーラシア大陸の歴史において，あるいは世界史において，13世紀はモンゴルの時代であるが，その歴史と直接関わる形で東南アジアはタイの時代となる．

　タイ系諸族がクメール王国の北西地域の拠点であったスコータイ Sukhothai を攻略して，スコータイ王国（1238〜1438年）を建国したのは1238年である（図II-1-5）．クビライ・カーンが大理国（図II-1-6）を攻略することで発生した大量のタイ系諸族移住者はタイ国家の独立を強化することになる（図II-1-7）．タイ系諸族の兵士たちは，モンゴルの侵略者たちを追い払うことでスコータイ王国を援護し，クメール族に対する中央平原における優位を確保するのである．王国の領域は，スコータイ，シーサッチャナーライ，ウッタラディット，カンパパンペット，

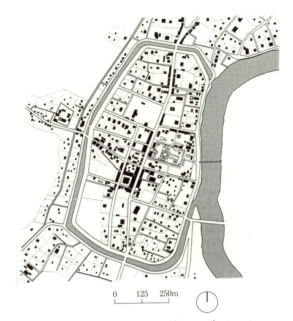

図II-1-4　ハリプンチャイの王都ランプーン　Aasen（1998）

図II-1-5　スコータイ　Aasen（1998）

図 II-1-6　大理国　Aasen（1998）

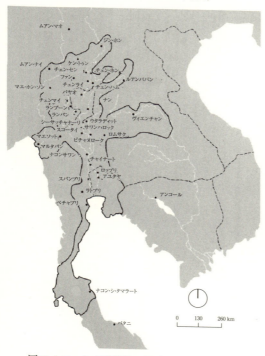

図 II-1-7　タイ系諸族の国家　Aasen（1998）

ピッサヌローク，ナコーンサワン，チャイナートまでに広がり，さらにマレー半島全域から，ベンガル半島までに及ぶ．スコータイ王朝時代に，タイ文字が創られる．タイ王国では，スコータイ王国の建国をもって独立したタイ系諸族国家の出現とみなしている．スコータイ王国の基盤をなすのは，稲作を行う農村共同体ムー・バーン Moo Ban（ムーは集まる，バーンは家を意味する）である．

一方，北部においては，タイ・ユワン Yuan 族は，モン族の国家であるハリプンジャヤ王国を征服し，上述のように，1281年にチェンマイ（第 IV 章 3-2）を中心とするランナー王国を建てる．モン族の中心は，以降，ペグー（バコ Baco）に移る（図 II-1-8）．

タイ・ダム Tai Dam（Black Tai）族は，西北ヴェトナム紅河流域でシプソンチュタイ Sipsongchutai 王朝を建国した．

ミャンマーでは，パガン朝が衰退，滅亡すると，もともとパガン朝末期には既にタイ系豪族が実権を握っていたとされるが，ビンヤ朝（1312〜1364），ザガイン朝（1315〜1364），この両王朝に続いて上ビルマを支配したインワ朝（アヴァ朝，1364〜1555）はいずれもタイ系の王朝

タイ系諸族の世界

である（図 II-1-9）．

　ラオスの主要民族であるタイ・ラオ族も，上述のように，11世紀以降にタイ北部からメコン河の東岸に渡った人びとによってラーンサーン Lan Xang（百万の象）王朝（1354～1709）を建てている．ラーンサーン王朝の最初の王都はメコン中流域に位置するルアンパバンに置かれた（図 II-1-10）．ラーンサーン王朝は，支配領域をメコン河流域から東北タイのコーラート台地（ピマーイ）（第 IV 章 3-1）にまで広げる．

　14世紀半ば，チャオプラヤ流域中下流部でアユタヤ王朝（1350～1767）が誕生する（第 IV 章 3-3）．アユタヤの圧力を受け，スコータイ王朝はいくつかの小国に分かれて存続したが，その後アユタヤ王朝に吸収され消滅する．アユタヤ王朝は，王位継承などで弱体化していたアンコール王朝を 1430 年頃滅亡させる．

　アユタヤ王朝は，中国への米の輸出で国力をつけたほか，日本，東南アジア島嶼部，アラブ・ペルシア方面や西洋と活発に貿易を行い，莫大な富を蓄えた．マレー半島にマラッカ王国が成立すると，アユタヤ王朝の南部はイスラームの侵食を受けるが，王朝は引き続き発展する．この富を背景にアユタヤでは当時繁栄していたクメール文化を吸収しながら，中国，ヨーロッパ，ペルシアなどの文化の影響を受けた独自の華やかな文化が開花した（図 II-1-11）．初代王は，国内統一のため，スリランカから僧を招いて小乗仏教を国家の公式な宗教

図 II-1-8　ペグー　王宮博物館

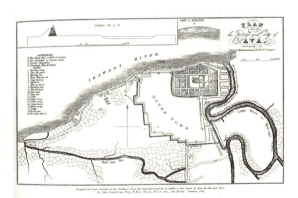

図 II-1-9　インワ　O'Corner and .Scott（1986）

図II-1-10　ルアンパバン　Peninsule（2004）

とするとともに，ヒンドゥー法典や三印法典（Kotmai Tra Sam Duang）[31]を整備した．この三印法典は近代的な法典が整備される19世紀までタイの基本法典として重視されることになる．

16世紀後半，ビルマのタウングー Taungoo 朝（第一次1531～1629，第二次～1752）のバインナウン王（1571～1581）は強力な軍事力によって，タイ系王朝を次々に征服する．ランナー王国(1558)，アユタヤ王朝(1569)，ラーンサーン王朝(1574)，そしてシプソンパンナー王国(1563)もその軍門に下る．

ラーンサーン王朝は，1560年に，タウングー朝の侵攻を恐れ，王都をヴィエンチャン Vientiane に移している（第IV章3-4）．17世紀に入って3つの王国，ヴィエンチャン王国，ルアンパバン王国，チャンパサック王国（南部ラオスでカンボジア人の祖先であるモン・クメール語族の王国）に分裂する．その後，トンブリ Thon Buri 王朝（チャオプラヤ流域のタイ系諸族）の支配下に組み込まれ，最終的にフランスに植民地として割譲されることになる．植民地時代以前には，民族間の争いや王朝間の争いで，タイ系諸族は移住を余儀なくさせられてきた．例えば紅河流域にいたタ

図II-1-11　アユタヤ　Garneir（2004）

---

31) タイ語『三印法典』は，タイ国における1350～1805年の455年間に制定・公布された法令・布告集で，現ラタナコーシン王朝ラーマI世によって1805年に編纂された．アユタヤ時代からの全ての社会・経済活動を網羅したタイ最古の成文法典である．京都大学東南アジア研究所では，1990年に「三印法典」タマサート大学5冊本の計算機総括用例索引「Computer Concordance of The Law of Three Seals」（5分冊，3850頁，23万9576用例）を出版している．

イ・ダム族はチャオプラヤ流域（タイ王国のカーンチャナブリー Kanchanaburi 県）に移住する．

アユタヤ王朝は，パガン朝の流れをくむタウングー朝（ビルマ族）の攻撃によって滅亡する（1767年）．その後，トンブリを中心にしたタクシン Taksin 朝を経て，ラッタナーコーシン Rattanakosin 朝が建てられ（1782年），チャオプラヤ・チャクリー（ラマⅠ世）によるバンコクへの遷都が行われた．その後，ラーマ 1 世によってタイの現王朝が建てられることになった．首都はバンコクにあり，王宮が運河とチャオプラヤ河に囲まれたラッタナーコーシン島にあることからラッタナーコーシン王朝と呼ばれる．

16 世紀以降，オランダ，英国，ポルトガル，フランスなどのヨーロッパ各国が，貿易の中継基地としてアユタヤに出入りをはじめ，こうした流れがインドシナ地域（メコン河流域）の植民地化への足がかりとなっていった．19 世紀以降の植民地支配によって，それぞれの地域の王朝は破れて領地を失う．シアム（現在のタイ王国）は自治権を保つが，メコン河沿いの一部（ラーンサーン王朝）はフランスに割譲され，メコン中流域からメコン・デルタの地域までのラオス・カンボジア・ヴェトナムのインドシナ諸国は，仏領インドシナとなる．

1-3 タイ系諸族の社会

タイ系諸族という呼称は，上述のようにタイ系諸語を話す民族の総称であるが，言語のみならず他にも「タイ文化」と呼びうる文化を共有してきた．タイ研究者の諸説を合わせると，伝統的なタイ系諸族は，①タイ語を話し，②仏教を信仰し，③一般に姓をもたない，④低地渓谷移動の稲作農耕民で，⑤「封建的」統治形態をもつ人びとの集団といった共通の特性をもつ．①～⑤以外にも，⑥伝統的には高床式住居に住むこと，⑦親族名称について祖父母名称が 4 つあり，両親の兄弟について 5 つの名称があることなどもタイ系諸族の特色として挙げられる（綾部 1971）．しかし，以上は必ずしも全てのタイ系諸族にあてはまるわけではない．姓（③）に関しては，1930 年代までのタイ系諸族に関しては妥当であるが，今日，タイ王国やラオス国に住むタイ系諸族は姓を用いている．統治形態（⑤）についても，タイ，ラオスのような国家形態をとるタイ系諸族に対してはもはや当てはまらない．仏教（②）についても，タイ系諸族の中には非仏教徒が多数存在する．ラオスの北部山地，ヴェトナム山脈以東ないしは以北に住むタイ諸族（黒タイ，白タイ，トー，ヌン Nung など）および中国南部のタイ系諸族のほとんどは仏教徒ではない．南タイのタイ人の多くはムスリムである．

タイ系諸族の分類については，最も重要な分類基準であるタイ語についていくつか下位分類が試みられている．中国学の泰斗でインドシナ諸民族の宗教，風俗，習慣，社会組織に関する優れた研究で知られる H. マスペロは，語頭子音の推移を分析する

ことによって，タイ系諸族の方言を，①タイ Thais，ラオ，②黒タイ，白タイ，アホム，③シャン，カムティ（アッサム地方）の3つに分類する（Maspero 1928）．

これに対してP. K. ベネディクトは，①アジア全体における言語の基層には，インドネシア，中国南部，北部トンキンそして海南島に4つの分散した言語があり，これらの言語は単一のカダイ語群を構成する，そして，②カダイ語群の中に，タイ語族とインドネシア語族を結びつける過渡的な形態がみられるとする（Benedict 1942）．カダイ語群は，タイ語との接触が多かったと考えられるが，プロト・タイ語というカダイ語群とインドネシア語の同一の起源を想定することで，タイ系諸族の系譜と分類について一説を唱えるのである（図II-1-2）．ベネディクトによれば，タイ系諸族に大きくは5つの地域区分があることになる．

ベネディクトと並んで，アメリカ・インディアンの言語，シナ・チベット語族，タイ・カダイ語族の研究に大きな貢献を果たした中国人言語学者，季方桂[32]は，タイ語に関する辞書の類を整理し，20種のタイ方言を3群に分類している．すなわち，①シアム（タイ人 Thais），ラオ，黒タイ，シャン，ルー，白タイ，アホム，②タイ Tay，トー，ヌン，ルン，チョー，チェン，パオ，チュン，③ブーミン，チェン，ツへ，リン，ユン，シー・リンである．

タイ語は最も重要な分類規準ではあるが，それだけでは複雑な民族の分離，拡散，統合などの伝統を把握できない．例えば，アッサムに居住するアホム族は，アッサムへの移住の歴史，生活慣行などからタイ系諸族として分類されるが，少数の僧侶階層を除いては完全にタイ語を忘却し，ヒンドゥー化している．

タイ系諸族に大きく2つの流れがあり，社会体制や文化にも明瞭な相違のあることを最初に指摘したのはT. ギナールである．第1の流れは，ヴェトナム山脈の東側に分布している（ヌン族，プータイ族など）．ただ，白タイ族，黒タイ族は例外とする．第2の流れは，メコン河，チャオプラヤ河，サルウィン川に沿って分布している（ラオ族，シアム（タイ人），タイ・ルー族など）．この2つ流れは，言語，文字，宗教，家名または氏族名の使用の有無についても差があるという（Guignard 1912）．M. E. サイデンファーデンは，地理学的観点から，インドシナ半島を中心として東西南北の4つに区分して①北部および中部タイ系諸族[33]，②西部タイ系諸族[34]，③東部タイ系諸族[35]，④南部タイ系諸族[36]に分類している（Seidenfaden 1958）．タイ系諸族をどう分類するかについては定説がないが，その移住の経路を考えると，そしてそれぞれの居住環境を考えると，大河川の流域ごとに以下のような5グループに分けて考えることができる（図II-1-12）．

---

32) 1930年代以降に行ったタイ・カダイ諸語の調査結果は後に『竜州土語』（1940），『莫話記略』（1947），『武鳴土語』（1956），『水話研究』（1977）などの著作にまとめられた．1977年の『A Handbook of Comparative Tai』はタイ祖語をはじめてしっかりした形で構築した著作である．

1 タイ系諸族の世界

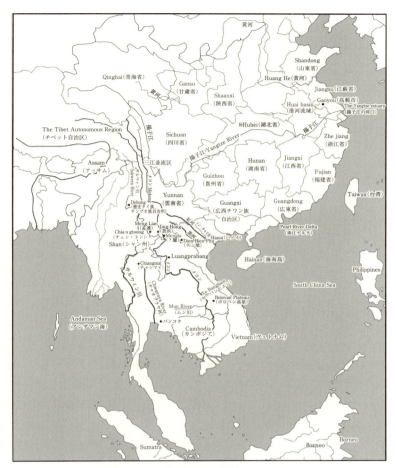

図 II-1-12　東南アジアの主要河川　作製：Chantanee Chiranthanut

33) ヤンツェ・タイ Yangtze Tai, タイ・ルン Tai Lung, タイ・ナム Tai Nam, タイ・ライ Tai Lai, タイ・タヨク Tai Tayok
34) アホム Ahom, シャン, タイ・クーン Tai Khoen, ビルマ・シャン, カムティ Khamti
35) ディオイ Dioy, トー Tho, ヌン Nung, ハツカ Hakkas, リー Li, トー・ティ Tho-ti, ヤン Yang, 白タイ, 黒タイ
36) ラオ・サウ Lao Sau, ラオ・ヴェン Lao Vieng, プータイ, 赤タイ, シアム, ユアン Yuan, タイ・コラート（ピマーイ）

①ブラフマプトラ流域

北東インドのアッサム州地域で，地形的には2つの平野部とそれらを囲む丘陵部からなる．州を東西に横断して流れるブラフマプト河流域にはブラフマプトラ平野が広がり，バングラデシュと接する南西部にバラク平野が広がっている．アッサムに居住するのは，ほとんどがチベット・ミャンマー語族であるが，タイ語族であるタイ・アホム Tai Ahom 族（アホム族），シャン族，カムティ Khampti 族（タイ・カムティ族）が生活している（大林 1978）．また，タイ・カムヤン Tai Khamyang, タイ・パーケ Tai Phake, タイ・アイトン Tai Aiton 族なども移住している．アサッム州以外では，アルナチャル・プラデシュ Arunachal Pradesh 州にタイ・カムティ族が居住している（Ritu Varuni and Aromar Revi, Oliver 1997）．

7～8世紀には，最初のタイ系諸族が南中国から移動してきたとされる（Dodd 1932, Sai, 2000）．また，13世紀に現在のミャンマー北部からアッサム州のブラフマプトラ河流域に大規模な移動が行われたとされる．タイ系諸族の中で最も西に位置する．彼らはアッサムに王国を築き，600年間統治を続けたが，タイ系諸族固有の言語や宗教は王国が17世紀にヒンドゥー教を受け入れた頃から廃れていった．現在ではその母語はアッサム語であり，ほとんどがヒンドゥー教を信仰している．

②サルウィン川流域

全長が2400kmを超えるサルウィン川（怒江 NuJiang）は，チベットを源流とし，中国雲南省（北西雲南の徳宏 Déhóng の東側）を流れ，北部ミャンマーのシャン台地を南下してアンダマン Andaman 海に注ぐ[37]．サルウィン川の一部はミャンマーとタイの国境を成している．サルウィン川の両側は険しい山脈で，シャン州内は300kmにわたる大峡谷となっている．徳宏には，タイ系諸族以外に漢族など他の諸族が多く生活している（Dankitikul and Sengseehanat 2006）．シャン州には，タイ系諸族の他，モン族（チベット・ビルマ語族），ミャンマー族（チベット・ミャンマー語派），カレン Karen 族（チベット・ミャンマー語派）など様々な民族が居住する．タイ系諸族はシャン族と呼ばれるが，タイ・ヤーイ，パイ・イ Pai-y，タイ・ルアン Tai Luaung, ギアオ Ngeow などの呼称もある．ミャンマーの人口は約5400万人（2015年）と推定されるが，そのうち約1割近くがタイ系諸族（シャン族）で，シャン州に住んでいる．彼らは稲作農耕民で，水田耕作は水牛による鋤耕である．

③紅河流域（ヴェトナム語でソン・ホン Song Hong, 中国語で Hong He 元江 Yun Jing）と黒河（ソン・ダー Song Da）

北部ヴェトナムの紅河平原は，低平な自然堤防と後背湿地の複合体やデルタが地形

---

37) 中国雲南省西北部（三江並流）のチベット高原（青蔵高原南部の横段山脈）に位置し，北側はチベット，東南側は省内の迪慶，麗江，大理，保山と接している．南北を怒江が貫き，その東側には怒江と平行して瀾滄江（メコン川の源流）が流れている．

の大部分を占める．したがって，夏の雨期にしばしば冠水する地域であり，豊富な水源を利用して先史時代より水稲耕作地帯として発達を遂げてきた．紅河は全長1200 kmで，酸化鉄が多く含まれることからそう呼ばれるが，中国雲南省に発し，ハノイ北西で平行する黒河とともに紅河デルタを形成し，トンキン湾に注ぐ．200万人のタイ系諸族のうち，中国に居住するのは，110万人あまりで，中国の紅河流域（上流・雲南地方，新平県と元江県）に居住しているタイ系諸族の人口は，およそ15万人，中国のタイ系諸族全人口の約13％を占めている（Zheng Xiaoyun 2002）．

先史時代，この地域はヴェト・モン Viet-Moung 語族（キン Kinh 族，ムオン Muong 族，トー Tho 族，チュット Chut 族に分けられる．ヴェトナムは54の民族からなるとされるが，キン族がヴェトナムの人口の約87％を占める）の本拠地であった．タイ系諸族が紅河デルタに南下してくるとヴェト・モン語族は山地へ移動する．その後，17世紀にはモン族が，貴州 Guizhou・雲南・広西 Guangxi から移住してくる．また，17～19世紀にはチベット・ミャンマー語族が北ヴェトナムに移住してくる（Schliesinger 1998）．

非キン族地域である北部山地では，多くの州で紛争がみられる．特に目立つのは，今日タイ系諸族が主に居住する[38]紅河以東の地域で，山地民族間に隣接諸国が絡んだ抗争もしばしば生じている．太祖初期（1012～1014）の滑竜州（宣光 Tuyen Quang 省）の雲南勢力と結んでの反抗，太宗・聖宗期の広源州（高平 Cao Bing 省，東南部），七源州（諒山 Lang Son 省西北部）方面での儂氏と末が絡んだ複雑な抗争がそうであり，末との国境紛争における「甲洞蛮」（諒州諒山省：1036年）や「蘇茂州蛮」（海寧 Hai Ninh 省方面：1036，1055年）など，李朝側に立つ少数民族の活動もみられる．

現在，紅河中流域に居住するタイ系諸族は，ターイ族，タイ・ヌン族，タイ族である．タイ族は，地域により言語，生活様式などが異なるため，その服装の色の違いで，タイ・ダム（黒タイ）族，タイ・デン（赤タイ）族，タイ・カオ（白タイ）族に分けられる．

④チャオプラヤ河流域

漢族の圧力を受けてタイ系諸族は南下するが，メコン河下流域はクメール族が支配していたため，チャオプラヤ渓谷がその第1ルートとなる．

チャオプラヤ・デルタは，その水文環境や河川の規模や土地利用などにおいて，東南アジア・南アジアのデルタの典型である（高谷好一 1982）．チャオプラヤ・デルタはアユタヤ付近で上流と下流に分かれる．水系は1本の樹木に見立てられる．すなわち，上流部は多くの支流が枝となりさらにその上流の細流を集める．北タイの上流部で，4つの川（ピン Ping 川・ワン Wang 川・ヨム Yom 川・ナーン Nan 川）がチャオプラ

---

38) ヴェトナムに住むタイ系諸族は Tay と Thai と唆る．前者は，タイ語を話すタイ系諸族であるが，ヴェト・モン語族の影響を与えたタイ系諸族である．後者は，黒タイ族，白タイ族をいう（Schliesinger, 1997）．

ヤ河に注ぎ込んでいる．中流部は一本となった本流が幹となって全ての水を集める．下流部は根で，本流が無数の分流に分かれて海に注ぐ．デルタはこの根の部分，すなわち下流部の分流帯にあたる．

　北タイからチャオプラヤ河流域にかけて，様々な王朝が誕生し，盛衰を繰り返してきた．結果として，流域には，タイ系諸族およびモン族，クメール族，ビルマ族，中国人，ヨーロッパ人などが居住する．北タイ流域に多く居住しているタイ系諸族は，チャオプラヤ流域に住むタイ系諸族をタイ・ノイ Tai Noi，タイ・コム Thai Khom，タイ・クラン Tai Klang と呼ぶ．彼らはタイ王国の核となる人びとで，標準的中央タイ語を話す．

　タイ系諸族は13世紀後半にいたって，スコータイ王国を建国，突然歴史として記録されるが，タイ語を話すタイ人はそれ以前から中央平原一帯に居住しており，タイ系諸族が移住以前にこの地域を支配していたモン族，クメール族のドヴァーラヴァティ帝国，アンコール帝国に対する一定の支配権を既に確立していたとされる．今日のタイ王国の中央平野をクメール帝国が支配していた時代に，タイ系諸族は，既にモン族，クメール族と混血しており，彼らはシアム人という（Schliesinger 2001）．

　タイ・ノイ族以外のタイ系諸族として，近年に移動してきた，メコン流域および紅河流域に以前居住していたタイ系諸族が存在する．例えば，タイ・ダムは，現在でもタイ王国のピサヌロック県（チャオプラヤ上流域）および西タイのカーンチャナブリー地方（ミャンマーとの国境）にかけて居住している．

⑤メコン河流域

　メコン河は，中国語では湄公河（Mei Gong He）という．タイ語ではメーナム・コン Mae Nam Khong である．メーナム Mae Nam は「水の母」を意味し（Mae は母，Nam は川を意味する），東北タイとラオスでは「メーナム・コン＝メコン」と呼ばれ，ミャンマーではメー・カウン Mae Khaung と呼ばれる．カンボジアではトンレトム Tonle Thom，ヴェトナムではソンクーロン Song Cu Long（河九龍）と呼ばれる．

　メコン河の全長はおよそ4800kmで，世界で12番目に長い．源流はチベット高原（中国の青海省 Qinghai）に発する．源流点から1880kmは中国領内の山岳部を流下し，その間は瀾滄江（ランチャン・ヂヤン Lancang Jiang）呼ばれる．1000kmほどは，メコン，長江，サルウィンが並行に流れ，それぞれ切り立った峡谷をつくっている．中国を離れるとラオスとビルマの国境線上を約200kmにわたって流れる．以降はメコン河下流域とされ，ラオス高原部からカンボジアの平原を貫き，ヴェトナムに入って穀倉地帯メコン・デルタを形成し，南シナ海に注ぐ．メコン河はインドシナ半島6ヶ国（中国・ミャンマー・ラオス・タイ・カンボジア・ヴェトナム）を縦断する国際河川である．

　メコン河流域では，石器時代にはモン・クメール語族が生活していたと考えられている．メコン・デルタ地域における最も古い歴史の記録としては，紀元後1世紀か

ら7世紀にかけて栄えた扶南（フナン Funan）と呼ばれる国が，中国の後漢書をはじめとする史書に記されている．扶南は，現在のカンボジアのタケオ Takeo 州付近を中心としたクメール系民族の国家と見なされており，ヒンドゥー教をはじめとするインド伝来の文化に強い影響を受けていた．

紀元550年頃，扶南の支配下にあったクメール族が現在のラオス南部（チャンパサク Champasak 地方）で独立し，7世紀初頭に，チャンパ王国（チャム Cham 族）との抗争で勢いを失った扶南を併合する．この時，扶南国の一部は，ジャワのシャイレンドラ朝に移住していったと考えられている．その後，水真臘が台頭，チャンパサック地方を治め，扶南が強固な地盤を築いていたメコン・デルタ地域を中心に発展する．8世紀に入ると，ジャワ島から勢力を拡大したシャイレンドラ朝が，水真臘を一時的に支配下に組み入れる．そして，クメール族の全盛期を形成するアンコール朝の時代を迎える．

現在のラオス国民の過半数を占めるラオ族は，他のタイ系諸族と同様中国南西部から移住してくるが，11世紀以降にタイ北部からメコン河の東岸に移住したと考えられている．当時，メコン河流域には，クメール族以外に，モン族，タイ系諸族，ビルマ族，チベット族，南詔，キン族，チャム族などが居住していたと考えられている．メコン河流域北部には，上述のように，7世紀〜9世紀にかけて南詔国が建っており，10世紀に大理国に取って代わられるが，その大理国も1254年にクビライ・カーン率いる元の侵略を受けて衰退し，雲南は，最終的に中国（明）に併合されて独立権を消失している．

1353年にファーグム王がルアンパバンを都にラーンサーン王国を建国したことも上述の通りである．1546年に即位したセタティラート Setthatirat 王は，1563年に都をルアンパバンからヴィエンチャンに移す．1707年には王位継承紛争の結果，ルアンパバンとヴィエンチャンの2王国に分裂し，1713年にはヴィエンチャンがさらに分裂して，南部ラオスにチャンパサック王国が成立する．

ラオス3王国は18世紀末にはタイに服属する．1827年にヴィエンチャン王がタイに侵攻したが失敗，ヴィエンチャン王家は廃絶させられる．1893年に，フランスがラオス全土を植民地化し，ルアンパバン王をラオス王国の王とする．1975年のラオス社会主義革命でラオス国王は廃位させられ，王国は共和国となった．

中国南部から移動してきたタイ系諸族は，それぞれの地域でムアンや集落ムー・バーンを建設し，他族と混血する場合も少なくなかったと考えられる．メコン河上流域のタイ北部のタイ・ルー族は，かつて雲南南部からラオス北部にかけて，いわゆるシプソンパンナーのムン連合国家をつくっていた種族である．メコン河下流域のボロベン Boloven 高原におけるタイ諸族とモン・クメール語族間の名称は極めて複雑である．

II-2　タイ系諸族の集落と住居

　タイ語を話し，仏教を信仰し，稲作農耕民であるという共通の特性を有していたタイ系諸族の大河川沿いの南下の経緯を念頭に置きながら，それぞれの伝統的住居と集落について概観しよう．タイ系諸族の集落と住居の原型はどのような形態をしていたのか，その原型は移住によってどのように変異していったのか，地域の生態環境にどのように適応していったのかが基本的な視点である．

　雲南の山間部から東南アジアの湿潤熱帯へ下っていくことによって，タイ系諸族の住居は開放的になっていく．すなわち，半戸外の空間が重要になっていく．欧米の研究者は半戸外の空間について様々な英語を用いるが，本書では，テラス terrace は屋根や覆いをもたない空間，ヴェランダ verannda は，屋根はあるが壁をもたない空間とする．テラスは，テラ（地上，地面）を語源とするように，本来盛土，基壇をいい，屋根のある場合もある．ヴェランダあるいはバルコニーは 2 階以上の場合に用いられる．これも屋根のある場合もない場合もある．本書でのテラス，ヴェランダは，高床の半戸外空間を指すので，いずれも使われるが，ヴェランダは，母屋に近接していて屋根のあるもの，テラスは母屋と関係なく，高床上の屋外空間とする．

2-1 ｜ カムティ族

　タイ系諸族の中で最も西に居住するのがカムティ（タイ・カムティ）族である．その居住地域は，アッサムのアルナチャル・プラデシュ Arunachal Pradesh 州のロイット Lohit 地域のブラフマプトラ川南岸に分布している．カムティ族は，もともと北ビルマから移住してきたシャン族で南方上座部仏教徒であったが，現在は，タイ・アホム族と同様，ヒンドゥー教の影響下にあり，タイ系諸族固有の文化を失っている（Gurdon 1914）．人口は数十万を数えるとされるが正確な数字は不明である．

　集落は一般的に中央の細長い広場を住居の列で挟む下水システムを備えた一定のパターンに従って計画される．ほとんど全てに僧坊があり，寺院は入念に装飾が施されている．ユニークな形態をしている穀物を貯蔵する共同倉庫は，通常，火災を避けるために水源の近くに配置される．住居は木造高床式住居で，壁はバンブーマットもしくは板壁，床は竹または板，屋根は竹の垂木が用いられ，椰子の葉で葺かれる．寄棟の屋根は緩やかな勾配で低く下がり，外から壁は見えない（Panchani, Chander, Shekhar 1989, Ritu Varuni and Aromar Revi, Oliver, Paul ed. 1997）.

住居は間口 5〜6m，奥行 24〜30m ほどで，3〜4 部屋に区切られる．半円錐形の屋根が一部に架かるエントランスの高床のテラスに接して，前面が開放された半戸外のヴェランダがあり，そこには炉が置かれる．この屋根つきの開放的な高床のヴェランダは，通風がいい快適なスペースとして，作業をしたり，食事をしたり，団欒をしたりする場所として用いられる．居間・食堂・厨房（LDK）の空間で

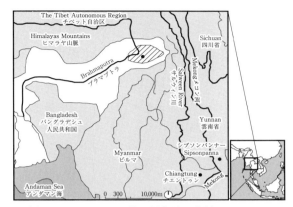

図 II-2-1a　カムティ族の居住域　作製：Chantanee Chiranthanut

ある．後述するタイ・ユアン族では「テーン」toen，タイ・ラオ族では「ハーン」han と呼ばれる空間である．一般的に言えば居間である．ただ，カムティ族の住居では厨房が分化も独立もせず，多目的に使われている．この空間から奥に入ると居室があり，居室は前室と寝室からなる（図 II-2-1）．

ヴェランダも壁で囲われていくと居室となるが，カムティ族の場合は，テラスと呼ばれる空間は三方を壁で囲われており，居間と言っていい多目的の部屋である．テラス，ヴェランダ，居室からなる平面構成はタイ系諸族に共通する．寄棟屋根で全体を覆い，テラス（妻側の屋根を半円錐形にしてエントランス部分を覆う）＋居間＋n 居室（前室＋寝室）を並べる空間構成は明快である．シャン族の居住地域であるミャンマーを経由して移動してきたカムティ族が，シャン族の住居形式をそのまま持ち込んだのか

どうか，他の民族，他の地域の住居の空間形式を比較することになる．共通するものと異なるものに着目しながら，中国雲南のシプソンパンナーにまで遡ってみよう．

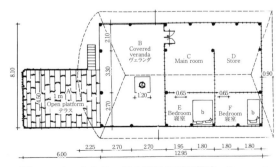

図 II-2-1b　カムティ族の住居の平面構成　Ritu and Aromar（EVAW：Oliver ed. 1997）

2–2 シャン族

　シャン族の居住地域は広く，インドのアッサム地方，雲南の徳宏ダイ族チンポー Jingpo 族自治州，ミャンマーのシャン州北部および北西部タイなどに分布している（図 II-2-2a）[39]．タイ系諸族が南下する以前，最初のシャン族の国として中国史書とともにシャン族の史書に記されているのは，雲南徳宏を拠点としたムアン（ムン）・マオ王国である（Dodd 1932）．

　水稲耕作を主体とし，野菜，豆類のほかマンゴ，サトウキビなどを栽培している．一般に，シャン族の男性は自身の村の女性と結婚する．イトコ同志の結婚に制限はなく，結果として，ほとんどの村は親族の内婚的集団によって構成される．結婚式は花嫁の家で行われるが，新郎の家で生活する（大林太良 1978）．結婚して花嫁の家に居住するのが一般のタイ系諸族社会とは異なる[40]．シャン族の社会は，トンキン，ラオス，タイ王国でも同様であるが，3つのカースト，貴族（王族），平民，下層民に分けられる（Leach 1954）．かつてアニミズムを信仰していたシャン族は，仏教を受け入れてからも，その信仰を維持してきており，集落内には，精霊（ピー Phi）の祠などが現在でもみられる．

　シャン族の集落は一般的に以下のようである（図 II-2-2b）．

　集落は，サマンターン Samanthan とマハターン Mahathan によって構成される．サマンは「一般的」「平凡」，ターンは「立場」「位置」を意味し，平民と下層民の居住地がそう呼ばれる．マハは「大」「上位」を意味し，貴族の居住地および精霊や信仰に関する土地をいう．上下の階

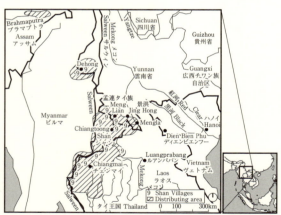

図 II-2-2a　シャン族の居住域　作製：Chantanee Chiranthanut

---

39) シャン族の総人口は約 330 万人といわれる．ミャンマーに 310 万，タイに 7〜8 万人程度，アッサム地方と雲南の徳宏タイ族自治州に 10 万人程度と考えられるが，正確な数字は不明である．
40) 東北タイのプータイ族社会は，母系社会であり，結婚した際 2〜3 年新郎が花嫁の家族と暮らすのが一般的である．新郎が一緒に住めるように家の中には，スアム Suam という空間がある（Tangsakul and Chiranthanut (Wongkham) 2006）．東北タイ方言ではスアムは，娘の部屋・新婚の部屋をいう（Saranukrom Tai-Isan Vol.13）．

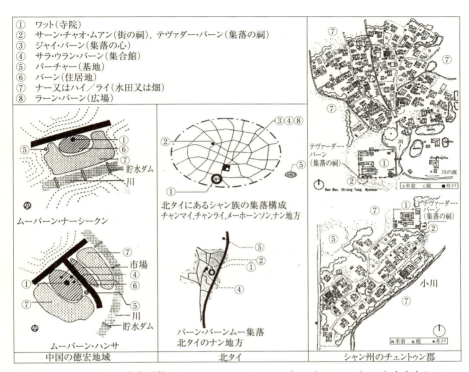

図 II-2-2b　シャン族の集落形態　Dankitikul and Sinhanat (2006), Panin (2006) をもとに Chantanee Chiranthanut 作成

層分化が集落の空間構成に棲み分け（セグリゲーション）のかたちで反映されるのがシャン族の特徴である．

集落の諸施設として，ワット Wat（寺院），サーン・チャオ・ムアン San Chao Muang（ムアン（国）の祠），ジャイ・バーン Jai Ban（集落の心・中心），パー・チャー Pacha（墓地）がある．ジャイ・バーンには広場があり，ラク・バーン Lak Ban（集落の柱），テヴァダー・バーン（集落の祠）がある．マハターンはサマンターンより高い所に設置し，マハターンの周りを広場にすることが基本である．ワットおよびジャイ・バーン（ラク・バーン）やサーン・チャオ・ムアンが中心に置かれ，その周りに住居と水田が配置される（Dankitikul and Sinhanat 2005）．住居は，ラーン・バーン Lan Ban（前庭），主屋，井戸，米倉（高床・木造，切妻屋根・板壁）からなる．

サルウィン流域のミャンマーのシャン州（B1），北タイ（B2），雲南徳宏（B3）の3つ地域のシャン族の伝統的住居集落について以下にみよう．

第Ⅱ章
タイ系諸族の住居

①ミャンマーのシャン族住居

シャン族が居住するシャン州は，年間を通じて涼しく，暑季の4月でも気温は25℃以下である．その集落のほとんどは標高約1400mに位置し，人びとは1年中長袖の服で過ごす．雨季は5〜9月である．

住居の屋根には，切妻の母屋の前に半円錐形の屋根を設けるもの（a）と入母屋の形をとるもの（b）の2つの形態がある．

　（a）地面から1〜2mの高さに床が設けられ，10m×5mほどの規模で，大きく，ヴェランダ，居間，寝室，床下空間の4つに分かれる．ヴェランダは，木製の階段もしくは簡易な竹の階段で地面から上がっていく前室で，切妻の母屋の前に半円錐形の屋根が架けられる．外部に広く開かれた休息のための空間としても使われる．居間は，ヴェランダから入る最大の部屋で，炉がきられる．すなわち厨房としても用いられる．仏壇がこの居間の東の壁に設けられる．寝室は，居間に接する．室内には家具も棚もなく，日常着る服は，ロープを張ってそれに掛ける．床下は全て板壁あるいは竹土壁で囲われ，倉庫，作業場として使われる．冬場には，家畜小屋としても使われる（Clement-Charpentier, Sophie, Oliver ed. 1997）．

　（b）シャン州のチエントゥンに多くみられるシャン族の住居は，平面構成は上記（a）とほぼ同じである．高床の平面はヴェランダ，居間，寝室からなる．床下空間は，昼間に小物作ったりする作業場として使われている（図Ⅱ-2-2c）．ヴェランダは完全に屋根が架けられる．ヴェランダは，バンブーマットか板の壁で囲まれる．居室内に炉を設けることも同じであるが，ここでは煙出し用の小さな切妻の開口部が設けられている．室内の床レベルは基本的に段差がない．住居の規模は，長さ7〜12m，幅6〜7mほどである．階段は，必ずヴェランダに設置する（Ornsiri Panin 2006）．

（a），（b）の屋根形態の違いは，エントランス（あるいはヴェランダ）の屋根覆いの違いである．一般に大工技術は入母屋のほうが高度である．切妻屋根に半円錐形の付加する（a）が（b）に発達したと考えていい．カムティ族の寄棟屋根の妻側の屋根を半円錐形にするのもひとつの対応である．住居の空間形式としては，（b）（図Ⅱ-2-2c）は，カムティ族の住居システム（図Ⅱ-2-1b）より原初的である．狭小な住居ということもあるが，室内は寝室が分化した2室住居にヴェランダが付加された形式である．ただ，炉の上に煙出しの破風屋根が設けられていること，後部に洗い流し用のテラスが設けられているなど空間分化の兆しが見られる．

②北タイのシャン族住居

タイのメーホーソン地方の気候は大陸性気候で，夏季の間（4月〜8月）に温度は41〜43℃にまで上がるが，冬季の間（11月〜2月）には9℃まで下がる．山脈と渓谷か

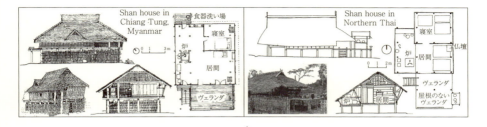

図 II-2-2　c：ミャンマーのシャン族住居　Panin（2006），d：北タイのシャン族住居　Patama Roonrakwit（EVAW：Oliver ed. 1997）

らなり，雨量は 800〜1400mm で，最も多いのは 6 月である．

基本的な平面構成はミャンマーのシャン族の住居と大きな違いはない．ヴェランダから居間，寝室が繋がる（図 II-2-2d）．北タイのシャン族の住居はチエントゥンの平面構成とほぼ同じであるが，厨房が分化し，居間の床レヴェルより一段低く，下屋を伸ばす形で設けられている．また，ヴェランダには屋根のない部分（テラス）もあり，チエントゥンの住居より広い．室内 3 室（居間＋厨房＋寝室）＋ヴェランダ＋テラスの空間形式はひとつの型として成立している．

棟は南北を軸とし，南妻入りが一般的である．少女が結婚適齢期に達すると，寝室は少女のみが用い，他は居間で寝る．寝る場合，身体を棟に直行させ，頭を東に向けるのが一般的である．仏壇が居間に設けられるのもシャン族に共通である．階段は西側に設けられ，厨房も西側に置かれる（Clement-Charpentier, Oliver ed. 1997）．

③徳宏地域のシャン族住居

雲南のシャン族の住居に関する資料は少ない．2003 年に行われた臨地調査（Chaiyasit Dansitikul and Singhanat 2005）によると雲南の徳宏地域に住むシャン族の生活文化には近代化と中国化の波が大きく及んでいる．集落内はワットを中心に配置されるのが基本であり，ジャイ・バーンとラク・バーン（集落の柱）は存在しない．伝統的な住居は，木造高床式で，板壁又はバンブーマットの壁である．

シャン族の伝統的住居は，サルウィン流域のミャンマーや北タイで見られる形式をしていたと推測されるが，その他の住居形式に居住するシャン族がいる（図 II-2-2e）．

サルウィン流域以外の北タイのシャン族の住居は 2 棟からなり，廊下を挟んで 2 列の寝室を配置する．明らかにユアン（ランナー）族の影響を受けたと考えられる．以下に見るが（II-2-5），タイ・ユアン族は 2 つの屋根を持つ．すなわち 2 棟で構成され前面に共通のヴェランダがある．チャンマイのユアン族の住居の場合，厨房は一方の棟に置かれるが，厨房は居間に連続する場合もあれば，厨房室を持つ場合もある．また，厨房を別棟とする場合もある．いずれにせよ，シャン族の伝統的住居より複雑

第 II 章
タイ系諸族の住居

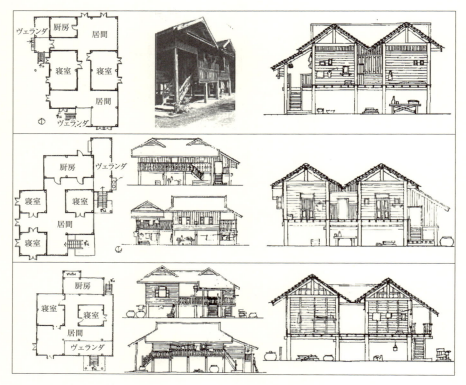

e

f

図 II-2-2　e：ユアン族の影響を受けたシャン族の住居，f：タウンギー地域のシャン族住居
　　　　　作製：Chantanee Chiranthanut

である.

　また，ミャンマーのシャン州の中でも地域によって住居の平面形式に差異がみられる．シャン州南西部のタウンギー Taunggy 地域のシャン族の調査（2001～2002）を行ったチョウ・オウーによれば，厨房（囲炉裏）が母屋（居間）の外に配置される．この地域の気候は高温（年平均気温25℃）多雨である．これに対して，北タイ山地は，寒暖の差が激しく，40℃ 程度に上がる場合もあるが 4℃ 程度まで下がる場合もある．厨房が母屋（居間）の中に配置されるのはこの気候条件による．夏は高床下で生活し，冬は住居の中で過ごすのが一般的な生活様式である（図 II-2-2f）．

2-3 ｜ タイ・ルー族

　タイ・ルー族の大半は中国雲南に居住する（QRII-2-3 雲南傣族 西双版納）．タイ族（傣仂 Dǎilè）は，中国の 56 の民族のひとつとして認定されているが，そのほとんどが居住するのが雲南である．そして，その中心がシプソンパンナー（西双版納タイ族自治州）である．中国では，タイ・ルー，タイ・ナー，タイ・ヤーなど 9 つの下位集団が区別されている．中国以外では，ラオス北部ではムアン・シン Muang Sing とルアンパバンの間のメコン河湾曲部を中心として居住し，トンキンではビンルー地方（ヴェトナムのライチャオ Lai Chao 省のフォントー Phong Tho 郡）に分布している．タイ王国では，ランパーン Lampang，ランプーン，プレー Prae，ナーンの諸郡に，ミャンマーではチエントゥン地方に居住する[41]（図 II-2-3a）．

　雲南では，上述のように，タイ系諸族によって 8 世紀に南詔が建国される．南詔国の後，雲南を支配した大理国が大モンゴルウルスによって滅ぼされると，一方，ムン国家連合体としてシプソンパンナー王国が建てられる．タイ・ルー語の資料に基づけば，シプソンパンナーという王国的政体はムアン・ルーと呼ばれた．タイ・ルーという名称の起源である．タイ・ルーは，かつて漢人から「水

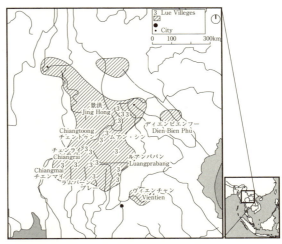

図 II-2-3a　タイ・ルー族の居住域　作製：Chantanee Chiranthanut

擺夷」と呼ばれ，水辺居住者というイメージを持たれていた．タイ・ルー族は，北部タイのランナー王国（タイ・ユアン族），ミャンマーのシャン州のチエンテーン王国（シャン族あるいはタイ・ヤーイ族），ラオス北部のラーンサーン王国（ラオ族）などのタイ系諸王国と密接な相互関係を保持してきた[42]．また，相互連帯意識は強く，様々地方に分散孤立している場合にも，ルーあるいはタイ・ルーとしての意識をもち，特色を失っていない場合が多い（綾部 1971）．

①タイ・ルー族の住居集落

タイ・ルー族の住居集落[43]に関して一般的に指摘されるのは以下のような点である．

水稲耕作を主体とし，豆，バナナ，マンゴなどの果物栽培を生業としている．一夫一婦制で基本的に母系制である（Zhu 1992）が，家族の財産については末子相続が行われ，娘および年長の男子は結婚によって財産を放棄する（Wu Qingzhou, Oliver ed. 1997）．ラオスのタイ・ルー族には，母系制と父系制2つのシステムが存在している 2005）．すなわち，東南アジアの親族原理について一般的に指摘される双系的な特性をもつ．最初の3年は同じように花嫁の家で生活するが，その後3年は，花嫁が新郎の家族と生活しなければならない．両方の両親の作業（稲作，家事，家族の面倒など）を6年かけて手伝ってから独立するのが慣行である．

アニミズムを信仰していたタイ・ルー族は，6世紀さらに15世紀にビルマから上座部仏教を受け入れるが，その信仰を維持してきている．集落内には，精霊（スア Sua とピー Phi）に関係あるものが現在でもみられる．精霊は，①ムアンのレヴェル：ラク・ムアン（ムアンの柱），スア・ムアン Sua Muang（ムアンの守護神），②集落のレヴェル：ジャイ・バーン（バーンの精霊）[44]，スア・バーン Sua Ban（バーンの守護神），パトゥ・ムーバーン Patu Mooban（集落の門，悪者・悪霊を予防：簡単な形に編んだ竹などの飾りを門に飾る）など，③家族や家のレヴェル：ピー・ポー（父の霊）ピー・メー（母の霊），ピー・フアン Phi Huan（家の霊）などに大きく分けられる．

集落の空間構成は，集落内にワット（寺院）が建設されるようになる以前と以後で2つのパターンを区別できる（図II-2-3b）．集落の中心に広場がつくられ，住居はその

---

41) タイ・ルー族の総人口は約150〜200万人といわれる．中国国内126万人，雲南に122万人（川野 2013）（シプソンパンナーに30万人：Zhu Lianwen 1992），タイに7万人（Department of Public Welfare, Thailand,1995）程度，ラオスに12万人（THE ETHNICS GROUPS IN LAO P.D.R., Nanthatulad Printed, Laos, 2005）程度，ヴェトナムに4000人程度（Schliesinger 1998），ミャンマーに20万人程度と考えられるが，詳細は不明である．
42) 長谷川清「タイ―山間盆地に暮らす人々」（綾部恒雄監修，末成道男・曽士才編 2005）．
43) 雲南地方におけるタイ・ルー族の住居集落に関する文献として Zhu Lianwen（1992）の他，塩谷壽翁・沖田福美子（1998），谷内真理子・塩谷壽翁（2003）などがある．
44) 毎年ジャイ・バーンを参拝する祭りが行われる，基本的にソンクラーン祭り（タイ系諸族の新年祭り 4月）の後に行われる．

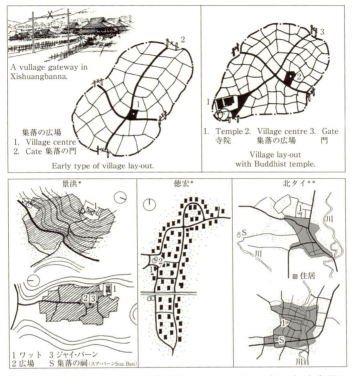

図 II-2-3b　タイ・ルー族の集落形態　Zhu LiengWen（1992）を参照し
　　　　Chantanee Chiranthanut 作製

周りに，ジャイ・バーンは集落の境界の周りより高い位置に，水田は一番外に配置される．ワットは居住地区より高い位置に建てられる．

　屋根の棟はワットへ向けられるのが原則である．ワットに向かって拝礼する意味をもつ．建築材料として，ワットは煉瓦を用いるが，住居は木造や竹を使う．ワットの屋根は2段以上重ねられる．ミャンマーとの関係が深いことがこの屋根を重ねる建築様式にも見ることが出来る（図II-2-3c）．また，住居の壁には，色を塗らないのが原則である（Zhu 1992）．

図 II-2-3c　シプソンパンナーの仏教寺院　撮影：布野修司

第Ⅱ章
タイ系諸族の住居

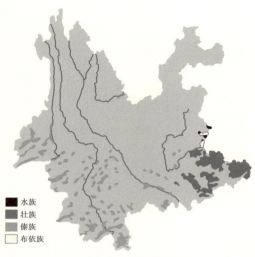

図Ⅱ-2-3d　雲南のタイ族居住域　楊・朱編（2010）をもとに作図　古田莉香子

凡例：
■ 水族
▨ 壮族
▨ 傣族
□ 布依族

②雲南

雲南には，タイ族の他にも多くの民族が居住し，それぞれユニークな形態の住居に居住する（図Ⅱ-2-3d）．雲南地域の伝統的住居は，大きく3つの文化圏（すなわち中原，チベット，東南アジア）との関係によって説明されるが，住居の形態としては，合院式住居，「土掌房」，そして高床式（「干欄式」）住居がそれぞれに対応する．「土掌房」とは煉瓦造で，陸屋根（フラットルーフ）の住居である．

タイ族が居住する西双版納は，95％が山地で残りが盆地である．海抜は1200～2200mで，シプソンパンナーのほぼ中央をメコン河が流れている．亜熱帯性気候で稲作には最も適している（図Ⅱ-2-3e）．5月～10月が雨季で，11月～4月が乾季である．気温は高度によってかなり差があり，年平均気温が15℃のところもあるが，19～22℃のところもある．一般に気温の日格差は激しい．盆地や谷間では，午後は30℃前後，早朝は10℃前後となるところがある．

タイ族の住居は木造高床式（「干欄式」）住居である．敷地には，母屋とともに，井戸，米倉（高床・木造，切妻屋根・板壁），ラーン・バーンが配置される．高床上で，食事，調理，休息，就寝など日常生活のほとんどが行われるが，大きくは，①ヴェランダ（屋根があり，壁のない空間で，階段が設置される），②テラス（屋根がない洗い場や物干し場），③居間（炉が設置される），④寝室の4つの空間から構成される．高床下は，農道具の収納，水牛や豚などの家畜小屋として使われる（川島1988，Zhu LiengWen（1994），Wu Qingzhou, Oliver ed. 1997，谷内・塩谷2003など）．

シプソンパンナーの現在のタ

図Ⅱ-2-3e　シプソンパンナーの集落景観　撮影：Chantanee Chiranthanut（1992）

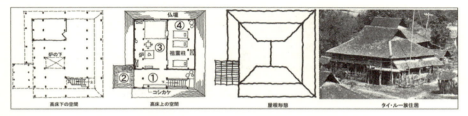

図 II-2-3f　雲南タイ族住居「版納型」　Zhu LiengWen (1992), Wongwigkarn, Kawin et al. (2006)

イ族住居は，大きく「版納型」「孟連型」「瑞朋型」に分けられる．「版納型」と呼ばれる最も単純な基本型は以下のようである（図 II-2-3f）．

　全体の屋根が架けられた空間に入り，階段を上るとヴェランダ（前廊：①）で，壁はない．休憩スペースであり，作業場であり，客の接待を行う場所である．ヴェランダをもたずいきなり居間に入る場合もある．通常，ヴェランダに接してさらに，テラス（晒台：②）が設けられる．テラスは，穀物や衣服を干したりする 15～20m² 程度の屋根のない空間である．手すりが設けられる場合もある．ヴェランダから内部空間に入ると居間（堂屋：③）で，炉が切られており，客をもてなす．また，料理を行い食事をする．通常炉は一年中燃やし続けられ，シロアリ駆除のために，居間は時々煙で満たされる．客人が泊まる場合は，寝室としても使用される．居間に接して扉がいくつか設けられ，寝室（臥室）（④）につながる．プライバシーの度合いは高く許可なく入室はできない．

　この「版納型」は，明快な 1 つの住居形式，基本型である．様々なプロセスで成立したと思われるが，アッサムのカムティ族の住居形式やシャン族の住居形式は，むしろ，この基本型が成立する過程の住居形式と見なせる．しかし，居間と寝室が棟方向の左右に配される点は異なっており，空間システムとしては独自である．

　基本型も桁行方向と梁間方向のスパン数によってヴァリエーションがある（図 II-2-3g）．伝統的には，基礎の上に通し柱を立て（石場建て），2 段に交差する貫で繋いで床を支え，頭を梁で繋ぎ屋根トラスを載せる簡単な構造である．入母屋屋根で，主架構部は 5～7m スパン，下屋部分のスパンは 2m 以下である．梁間は 2～4m，柱間は 1.3～2m で 6～8 間からなる．梁間方向には，1.2～1.6m 幅ほどの 1 列あるいは 2 列の下屋（庇）が設けられる．庇の長さは 0.8m ほどである．屋根勾配は 35～40 度で，主架構の方が急である．規模が大きくなると，屋根の架構に束が用いられる和小屋の形式をとる．

　「版納型」をもとにいくつかの棟を組み合わせるヴァリエーションが「孟連型」である（図 II-2-3h）．大小 2 つの短形を組み合わせた平面を有し，大小 2 棟の入母屋屋根を架ける例である．こういう住居形態の平面も，基本的には上述した 4 つの機能

第 II 章
タイ系諸族の住居

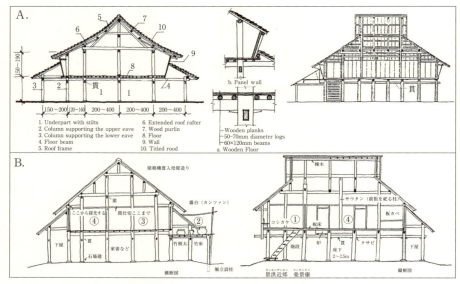

図 II-2-3g 「版納型」のヴァリエーション Zhu(1992),川島(1988)

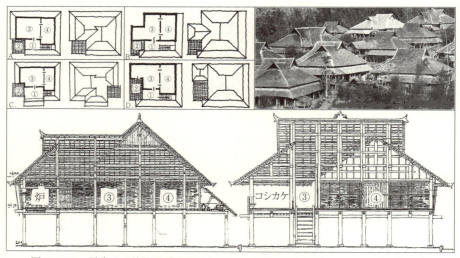

図 II-2-3h 雲南タイ族住居「孟連型」 Zhu LiengWen(1992) and Kavin ら(2006)

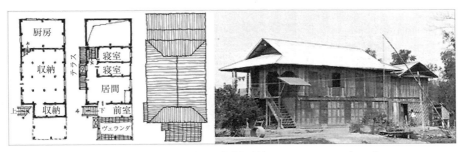

図 II-2-3i　雲南タイ族住居「瑞朋型」　Zhu LiengWen（1992）

からなる．大小2棟の組み合わせたものの他には，完全に2棟から構成されるものもみられる．シプソンパンナーでは，基本型（「版納型」）を様々なかたちで組み合わせることで，家族人数の増加や大規模化に対応する上位の空間構成のシステムが成立しているのである．

　そして高床の下の空間を壁で囲むのが「瑞朋型」である（図II-2-3i）．徳宏地域の類型であるが，床下は収納スペースと厨房として使われる．屋根は低く，細長い入母屋であり，2段の屋根がない．高床上の平面は，前階段，ヴェランダ，居間，個室の寝室，テラス（細長いスペース）から構成される．2つの階段，前階段（外）と館内の階段が設置される．窓が多く炉は居間の真ん中に設置される場合が多い．厨房の中では，料理や調理以外に，食事，家事の場所として利用される．徳宏については，集落構成もシプソンパンナーと異なり，タイ・ルー族の集落にはワットと広場はあるが，スア・バーンやパトゥ・ムーバーンが存在しない（Zhu 1992）．

　タイ族住居の原型と思われるのは「版納型」であるが，明らかに，タイ族の起源の形態とはいえない．タイ・ルー族の住居は，柱以外の建築部材には全て竹を用いるのが基本であった．敷地の周りも竹垣で囲まれていた．このため漢族は，タイ系諸族の住まいを「竹楼」と呼んでいた（図II-2-3j）．建築規制が厳格にあり，一般庶民は瓦葺屋根の住居は建てることはできなかったのである．伝統的なそうした建築システム

図 II-2-3j　竹楼　Zhu LiengWen（1992）and 川島（1988）

第 II 章
タイ系諸族の住居

図 II-2-3k 「金平型」 楊・朱編（2010）

が崩れ，茅葺ではなく瓦葺が用いられるようになったのは 1949 年以降，この数十年のことである．現在の住居は，ほとんどが木造で，一部に竹が使われており，屋根は瓦葺または板葺である．すなわち，タイ系諸族の住居の原型はもう少しプリミティブであったと考えられる．原型に近いのは，「金平型」（図 II-2-3k）とされる紅河上流の金平県に見られる草葺屋根の高床住居である．空間形式としては「版納型」である．

実は，雲南のタイ族の住居は高床式住居に限定されるわけではない．生業形態が異なれば，居住形態が異なるのは当然である．また，ある民族がひとつの住居形態を維持し続けるわけではない．中華人民共和国住房和城郷建設部編（2013）『中国伝統民居首次全面調査成果　中国伝統民居類型全集上中下冊』（中国建築工業出版社）によれば，「干欄式」の他に「土掌房」と呼ばれる陸屋根の煉瓦造住居に住む地域，さらに漢民族の合院形式を受け入れた「合院式」がある．「土掌房」は，紅河流域のタイ族集落に見られ，「合院式」は，徳宏州で特に見られる．徳宏とミャンマーの国境に国際道路が建設され，ミャンマーと中国との貿易プロジェットが実施されるなど，かつて農村であったタイ・ルー族集落の変化は急激である．

そしてシプソンパンナーでも竹楼が消え，瓦葺の「版納型」あるいは「孟連型」も，大きく今変容しつつある．2 階に炉を切る生活は維持されており，気密化されて空気調和設備が導入されるということはないけれど，大きいのは，煉瓦造，鉄筋コンクリート（RC）造の導入である．床柱が煉瓦柱に置き換えられるのは，第 IV 章でみるヴィエンチャンにおけるパー・トクシーの出現を思わせる（IV-3-4）．また，RC 造となると，人工地盤の上に入母屋住居を載せる形となり，プロポーションが異なる，すなわち，階高が高くなることになる．景洪の都市化の進展で，町に取り込まれる形となったタイ族集落では，1 階を店にするなど，新たな展開がみられる．

③北タイ

北タイのタイ・ルー族の集落は谷間の川沿いに位置する．ムアン間の争いのために 200 年前にシプソンパンナーから北タイ地方へ移住してきたとされる．その集落は，他のタイ系諸族と同じく谷間の盆地の川沿いに位置する．北部タイは亜熱帯気候に属し，比較的シプソンパンナーより暖かい．11 月～2 月ごろまでが乾季であり，3 月～5 月までが最も暑い時期であり，6 月～10 月ごろまでが雨季である（実際に雨が 4 月～10 月まで降る）．平均湿度は 77% である．乾季には気温差が激しく，この時期は昼夜

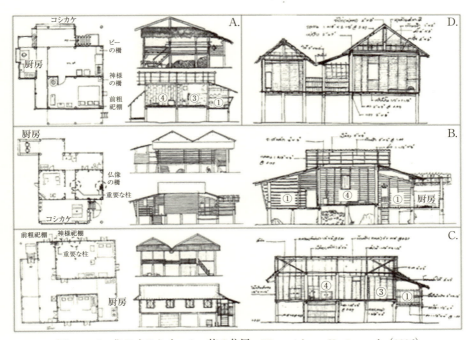

図 II-2-31　北タイのタイ・ルー族の住居　Wongwigkarn, Kawin et al.（2006）

の温度差が大きいので陽が沈むと急に冷え込みを感じる．年平均気温が25℃のところもあるが，36℃を超える場合もある．北タイでは，稲作，畑作の他，果樹，野菜などを栽培している．

　北タイとシプソンパンナーのタイ・ルー族の住居の違いはいくつかある．

　屋根形態については，北タイのタイ・ルー族は，明らかにタイ・ユアン族の影響を受けたと考えられる．以下に見るが(II-2-5)，タイ・ユアン族は，2つの屋根をもち，その前に共通のヴェランダをもつ．また，北タイのタイ・ルー族の住居には，2棟からなり，廊下を挟んで2列の寝室を配置するものがある．厨房は居間に連続する場合もあれば，住居の裏側に配置される場合もある．また，厨房が別棟となる場合もある．

　構造に着目すると，北タイのタイ・ルー族の住居は，柱は一般の北タイにみられる掘立式で，石場建てではない．また，シプソンパンナーの住居の場合は，全体構造を固定させるために，柱は全て通し柱で，柱相互は貫でつなぐという仕組である．床の段差はほとんど利用されないのに対して，北タイのタイ・ルー族の住居の場合では，床の段差が多く，段差によって空間のヒエラルキーがある．屋根は入母屋より妻入と

第 II 章
タイ系諸族の住居

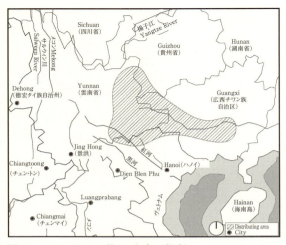

図 II-2-3m　チワン族の分布　作製：Chantanee Chiran-thanut

下屋を組み合わせる住居が多い．

　平面構成はシプソンパンナーの住居より複雑であるが，2つのパターンに分けることができる．1室空間（一つの部屋で全員一緒に寝る）のパターンと寝室を小部屋に分けるパターンの2つである（図 II-2-3l）．気候が温暖なため，住居は，開口部や隙間が多い，開放的な空間構成をとる．前者は，階段を上がると壁のないヴェランダに入り，ここに腰掛ベンチが設置される．ヴェランダに接する「テーン」と呼ぶ居間空間があり，ここから寝室に入る．「テーン」は，ユアン族の言葉で，寝室前の空間，前室を意味する．「テーン」から家族全員が使用する寝室に入る．厨房と炉は母屋の外に設置される場合もあれば，別棟になる場合もある．後者は明らかにユアン族のランナー住居の平面の配列に似ている．ランナー住居のように廊下を挟んで2つの寝室が配置される（図 II-2-3l：B，C）．

　タイ・ルー族の伝統的住居の原型は，シプソンパンナーにみられるものであったと推測される．すなわち，「版納型」「孟連型」という，単位空間となる住居形式（基本型）とその組合せからなる分棟式の2つの空間システムをもっている．北タイにあるタイ・ルー族の住居形式は，気候の違い，地形，周辺の文化の影響で，原型が変容した形式である．

　トン・タイ語族に属するチワン族は，雲南省から広西チワン族自治区，さらに紅河上流域に分布する（図 II-2-3m）．中国では壮（チュアン Zhuang）族[45]と表記される．チワン族は，総人口は約170万人とされるが，雲南には120万人強が居住する．漢文化の圧力を受け，道教などを受け入れているが，本質的にアニミズムを信仰している．タイ系諸族固有の社会組織を完全には消滅させてはいない（綾部 1971）．

　広西チワン族自治区におけるチワン族の住居には，地床（土間）式と高床式の2つ

45）　もともと長江以南に居住した「百越」の系統で，「雒越」と呼ばれた部族で，宋代以降，「撞族」「獞族」と言われたが，中華人民共和国成立以降，けもの偏を嫌って「僮族」に統一された．しかし，「僮」にも僕（しもべ）の意があることから「壮族」に表記が変更された．

のタイプがある．前者は平地に分布し，漢民族の影響を受けた住居形式と考えられる．後者は山間の盆地に立地し，伝統的な住居形式と推定される（図II-2-3n）．中国の明代の史書は，チワン族の住居は，高床式で床上に人間が住んでいて床下には家畜のための空間がある，とする．

図II-2-3n　チワン族の住居　Josiane Cauquelin
（EVAW：Oliver ed. 1997）

木造高床式のチワン族の住居は石場建てである．平面は，階段が設置される屋根のあるヴェランダ，炉が部屋内に配置される居間，そして寝室からなる．小規模な住居の奥行きは2～3スパン，5スパンあるものもある(Josiane Cauquelin, Oliver ed. 1997)．壁には他のタイ系諸族とは異なって，竹を編んだ下地に土を塗る土壁が用いられている．これは漢民族の影響を受けたものである．

2-4 タイ・ダム族

紅河および黒河の流域に南下してきたタイ系諸族のうち，タイからラオスまで広い範囲に分布するタイ（Taii）族は，上述のように，服装の色の違いから，タイ・ダム Taii Dam（黒タイ）族，タイ・カオ Tai Khao（白タイ）族に分けられる．タイ・ダム族は，タイ・ソン・ダム Taii Song Dam，ラオ・ソン・ダム Lao Song Dam，ラオ・ソン Lao Song などとも呼ばれる(Inphantang, Weera 2006)（図II-2-4a）[46]．ソ

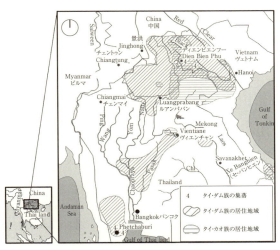

図II-2-4a　黒タイ族と白タイ族の居住域　作製：Chantanee Chiranthanut

---

[46] タイ・ダム族の人口は約80万人程度とされ，タイ王国に2～3万人（小野澤 1997），ラオスにおよそ5～6万人（1995年に刊行されたフランス人による民族調査報告書は119の言語集団を区別し，ラオスはタイ・カダイ系諸語の25集団のひとつとして推定人口を160万としている（タイ・ルー12万5000，タイ・ダム5万，タイ・ヌア3万5000～）（Chazee, 2002），ヴェトナムに70万人（Schliesinger, 2003）程度居住すると考えられるが，正確な数は不明である．

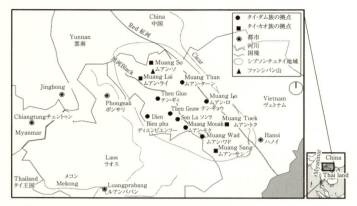

図 II-2-4b　シプソンチュタイ地域　作製：Chantanee Chiranthanut

ンは服を着るという意味，ダムは黒いという意味で，タイ・ダム族の呼称は彼らが黒いズボンを着用するからだとされる．

　タイ・ダム族の本拠地は，トンキンのディエンビエンフーを中心とした一帯および紅河と黒河の間に挟まれたシプソンチュタイ地方である．シプソンは 12，チュはムアンを意味する．シプソンチュタイの居住地域は，タイ・ダム族とタイ・カオ族の 12 のムアンから構成される（図 II-2-4b）．

　タイ・ダム族は，10 世紀ごろに紅河・黒河流域（滇 Thean 王国）[47]（ディエンビエンフー）へ中国南部から移住してきたとされる．その後，11 世紀から 18 世紀にかけて，ムアン間の争いなどでメコン中流域およびチャオプラヤ流域（ペチャブリー県中心）まで移動し，そのまま定住した部族がいる．

　シプソンチュタイは周辺の王朝（南詔，ランナー王朝，スコータイ王朝，ラーンサーン王朝，トンブリ王朝など）に服属し，さらにはシアム王朝（現在のタイ王国）に属した．そして，フランスがヴェトナムを植民地化すると，シプソンチュタイ地方はヴェトナム内に組み込まれる（1889 年）（Kasetraj 1969；Pitipat and Poonsuwan 1997；Sribusara 1979；Sonsong 1997；Jimreiwat 2001）．

　タイ・ダム族の社会について一般的に指摘されるのは以下のような点である．

　タイ・ダム族の社会は，大きく 2 つのカースト，貴族（王族，タイ語ではピア Pia あるいはプタオ Phutao（プは「人」，タオは「偉い人，貴族」，ノイは「小さい」の意）と平民（プーノイ Phunoi）からなる（Kamjong 1995）[48]．また，精霊（スアおよびピー）信仰が

---

[47]　タイ・ダム族の建国神話では，彼らの祖先は，最初にディエンビエンフーに天から降臨したことになっている．間違った行為を行った者はこれらのテーンの神によって処罰（病気，苦痛，死）される．

その中心に置かれている（Pitipat and Poonswan 1997）．

精霊には，①ムアンのレヴェル：最高のテーン神，②集落のレヴェル：スア・バーン（集落を作る際，集落の長老が木を切って集落の真ん中に設置する[49]．長老のスア Sua（シャツ）をその木に巻く），ラーン・カンバーン Lan Kangban（集落の広場），③住居のレヴェル：土地のピー，ピー・パオプー Phi Paopoo（父側の先祖の霊），スエ Sue（母側の先祖の霊），ピー・フアン（家の霊）というレヴェルがある（Jaturawong, Chotima 1997；Inphanthang Weera et al. 2006）．

タイ・ダム族は，父系的に継承される姓を持つ（小野澤 1997；樫永 2006）．父親が死亡すると，長男が家長を継ぐが，末子の息子がその遺産を最も多く相続する．結婚の際は，花嫁が新郎の家で生活し，自分たちの住居を建てるまで親の住居に生活する．男女のヒエラルキーがあり，男性を上位，女性を下位とする（Pattiya 2001；Inphanthang Weera et al. 2006）．このようなヒエラルキーは，敷地や住居の空間構成に反映されることになる．

①シプソンチュタイ地域[50]

タイ・ダム族が居住する北部ヴェトナムのシプソンチュタイ地方は，インドシナの屋根と呼ばれる標高 3143m のファンシーパン Fansipan 山がある．山脈と細長い谷からなる複雑な地形をしている．年間平均気温は 22℃ で，夏季（5〜11 月）に雨が多い．稲作は二期作で，棚田が多い．外界から比較的孤立し，現在でも精霊信仰が根強く残っている．

集落は，川の流れの方向が重視され，山地の谷間の河沿いに等高線に沿って立地する．上流は「フア・バーン Hua Ban（集落の頭）」と呼ばれ，下流は「タイ・バーン Tai Ban（集落の後ろ・裏）」と呼ばれる．集落の中心に居住地が設けられ，精霊に関わるスア・ムアンとスア・バーンは居住地の周りに配置される．タイ・バーンの外側に墓地が配置される．集落内にはワットがない（Inphanthang Weera et al. 2006）．この点は他のタイ系諸族の集落とは異なっている（図 II-2-4c）．

各住居の敷地には，米倉，井戸，フアン・ピー（ピーの家）が配置される．住居の空間構成に関わる原則として「就寝時には，頭は土地・山に，足は河に向ける」というものがある．また，住居の屋根の棟は並列にするのが原則である．

伝統的住居は平入で，木造の高床式住居である．柱は石場建てで，床高はやや低く 1.5m 程度である．高床下は，農業用の道具の収納，水牛や豚などの家畜小屋として

---

48) フランス植民地期にカースト制は廃止される．タイ王国の場合は，ラーマⅤ世の奴隷制廃止（1874年）によって，カースト制は廃止された．
49) 集落の境に位置する場合が少なくない．
50) タイ・ダム族に関する研究は少なくないが，伝統的な住宅について扱った研究としては，上田（1998），Inphantang, Panin, Kasemsook, Jaturawong（2006）がある．

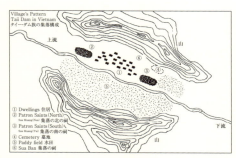

図II-2-4c　黒タイ族の集落構成　Inphantang Weera et al.（2006）

使われる．住居は1棟のみで構成され，主な生活行為は高床の上で行われる．年中涼しく，冬季は炉を中心に生活する．雨量は多く，急勾配の屋根となるが草葺きである．軒の出が大きく，外観では壁がみられないほどである．

住居は，大きく①ヴェランダ（半円形の屋根の下，壁のない空間で，階段が設置される），②大きな居室（寝室・居間・厨房），③ジャーン Jan（テラス，半円形の屋根の下，洗い場や物干し場）によって構成され，階段も設けられる（図II-2-4d）．住居の前後にヴェランダとテラスを設け，2つの階段から出入りするのは，これまで見てきた地域にはない新たな住居形式である．

居室は，Ⓐピーの部屋（先祖の遺骨などを置く．サオピー Saophi と呼ばれる，先祖の霊が宿る柱がある），Ⓑ両親の寝室，Ⓒ夫婦の寝室（夫婦ごとに1スパンが当てられる），Ⓓ未婚の子供（一番奥に設置する），Ⓔ男性の居間（炉が設置される），Ⓕ女性の居間（厨房用の炉が設置される）からなる[51]．住居を拡大する場合は，ジャーン側に部屋を増築する．タイ・ダム族の住居形式もまた明快な空間システムに基づいている．

そして，極めて特徴的なのは，男女，人霊，上下といった社会秩序や世界観，家族関係が空間のヒエラルキーとして表現されていることである．家長と家族の関係，男女の役割分担は，居場所や炉の位置に示される．建物の両端にある2つの階段は男

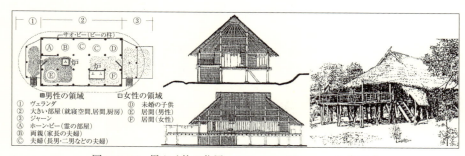

図II-2-4d　黒タイ族の住居　Inphantang Weera et al.（2006）

51）1967年にベトナムのソンラ地方で臨地調査したパッチヤ・ジムレワットによれば，タイ・ダム族の住居には，1軒に12世帯（約60人），3世代が一緒に住み，10m×60mで，11スパンあるものなどかなり規模の大きなものがある（Pattiya 2001）．

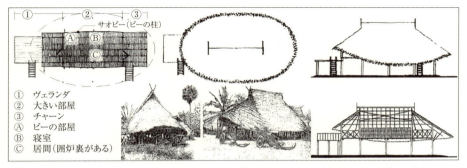

図 II-2-4e　タイ王国の黒タイ族の伝統的住居　Inphantang Weera et al.（2006）

図 II-2-4f　フランス植民地期以降のシプソンチュタイ地域の住居　Inphantang Weera et al.（2006）

女に分けて利用される．そして，来客は一般的に居室内には出入りできない．

　タイ・ダムの住居も，タイ・ルー族の住居のように，柱以外の建築部材には全て竹を用いるのが基本であった（図II-2-4e）．ラーマV世時代（1868〜1910）に，タイの軍隊長であるチャオプラヤー・スラサクモントリー Chaopraya Surasakmontri が，シプソンチュタイ地方での回族との戦いの際に，タイ・ダム族の住居を見て，「床は薄い竹で，壁は簡単な編んだ竹で，木が利用されていない」と記している（Sribusara 1979）．一般庶民は瓦葺き屋根の木造住宅は建てることはできなかったが，フランス植民地以降に建てられるようになる（Pattiya 2001；Inphantang, Weera et al. 2006）．シプソンチュタイ地方では，フランス植民地期以降，瓦葺きが普及し，瓦は半円形屋根に用いることが難しいため，入母屋の屋根形態が多く造られるようになる（図II-2-4f）．また，室内の炉は使われなくなり，厨房棟が出現する．

②ペチャブリー地域

　タイ王国のペチャブリー地方のタイ・ダム族は，トンブリ時代にヴェトナムからチャオプラヤ流域の西側へ移動してきた．この地域の海抜は20〜30mで，シプソンチュタイ地方とは異なり，川沿いの緩やかな坂傾斜地と平地からなる．気候はシプソンチュタイより大陸的で，夏季の間（2月〜5月）に温度は40℃にまで上がり，冬季の間（10月〜2月）には10℃まで下がる．雨季は6月に始まり，7月から稲作を行い

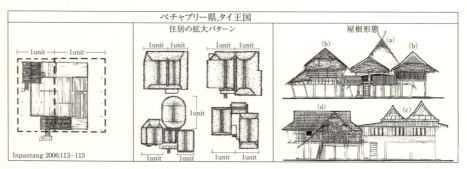

図 II-2-4g　ペチャブリー地域の住居の増築パターン　Inphantang Weera et al.（2006）

10月に収穫する.

　ペチャブリー地方のタイ・ダム族の集落にはワットがある.住居は,もともとはシプソンチュタイで見られた妻側に半円形の屋根をかけるものが見られたが（図II-2-4e）,暑さに適応するためとタイ Thai の住居の影響を受けて変化する.まず,炉を居間から移動し,別棟（厨房棟）を建てるようになる.また,チャオプラヤ流域の住居のように床下を高くし,高床下の空間を利用するようになる.南東から北西へ吹く風（夏季のモンスーン）に対応するため棟と妻を東—西に設置し,風通しをよくしている.軒の出は小さく,外観から壁がみえる.また,住居を改装する際には,かつてはシプソンチュタイ地方同様,後ろのテラスに部屋を付加したが,現在では平側に部屋あるいは軒を増築するのが一般的である（図II-2-4g）.

　現在では,伝統的な住居の屋根形態以外に以下の4つの形態がみられる.(a)切妻と半円形屋根を組み合せる形態,(b)切妻と下屋を組み合わせる形態,(c)急勾配切妻の屋根形態,(d)瓦葺の入母屋がみられる.また,ひとつの住居で様々な屋根形態を持つ住居もある.住居形態は一つの屋根の下の大きい部屋ではなく,2列の屋根形態あるいは1軒以上からなる屋根形態がみられる（図II-2-4h）.

図 II-2-4h　タイ王国の黒タイ族の様々な屋根形態　Inphantang Weera et al.（2006）

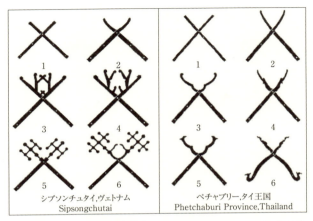

図 II-2-4i　黒タイ族の妻飾り　Inphantang Weera et al.（2006）

　タイ・ダム族の伝統的住居は，もともとシプソンチュタイ地方にある形式であったと考えられるが，ペチャブリー地方の伝統的住居は，地域の自然文化社会の生態系の違いが住居の変容をもたらした事例となる．

　東南アジアの住居の共通点の一つとして，第I章で述べたが（I-1-4），タイ・ダム族の住居にも交差する角の形をした装飾的な妻飾りをみることができる（図II-2-4i）．一般には，家を守る役割をもつシンボルと考えられているが，家族の格や所有者の地位を示すこともある．シプソンチュタイのタイ・ダム族は，妻飾りに①未婚，未亡人（単身）の住居，②一般の住居，③家族構成員が多く，社会ランクが高い貴族の住居の別を示すという（Inphantang Weera et al. 2006）．一方，タイ王国のペチャブリーの住居の妻飾りには，シプソンチュタイ地方のような役割は確認できない（図II-2-4i 右）．これまで住居の空間構成，その形式を中心にみてきたが，住居は，物理的に壁で仕切られる空間の連結関係によって秩序づけられるだけでなく，居住者の自然観，社会観，世界観は見えない境界によっても表現される．それを示すのは，大黒柱のような建築の部位，神棚，仏壇，炉のような礼拝要素，そしてディテールや装飾である．妻飾りは，民族や家のアイデンティティを表現する重要な要素である．

2-5　ユアン族

　ユアン族は，ラーンナー・タイ Lanna Tai 族あるいはヨノク Yonok 族とも呼ばれ，タイ・ルー族との関係（文字，言語など）が深い．その居住地域は，ランナー地域，北

部タイ，チャオプラヤ流域北部である（図 II-2-5a）．ランナー地域とは，狭くは，タイ北部のチェンマイ県，チェンライ Chiangrai 県，ランプーン県，ランパーン県，ナーン県をいう．広義のランナー地域は，上のランナー地域に加え西はサルウィン川東岸地域まで，東はメコン川西岸地域すなわちラオスのサイヤブリー Xayabouly 県，北はミャンマーのシャン州あるいは中国のシプソンパンナーまで含む[52]．南のチャオプラヤ・デルタを中心とするシアム Siam 族より皮膚の色が白く，骨格，容貌も異なる．

ユアン族は，13 世紀に南部中国から現在のタイ王国北部とラオス北部に移住してきたとされる．ユアン族は，腰から腹にかけて刺青をする習慣から「腹の黒いラオ Lao Phung Dam」と呼ばれる．タイの東北地方に住むラオ族は，刺青をせず，「腹の白いラオ Lao Phung Khao」と呼ばれる（綾部 1971）．しかし，ユアン族は，言語，容貌上の特色を保持しているが，すでに部族とか種族とかという言葉では説明できない存在になってきており，タイ国内では単なる地方的差異と考えられるようになっている（綾部 1971；Schliesinger 2001）．

ユアン族は，上述のように，今日のタイ王国の領土に最初のムアン連合国家，ランナー王朝（13〜18 世紀）を建てた民族である．マンラーイ Mangrai 王によって 1296 年に建国，首都はチェンマイである（第 IV 章 3-2）．ユアン族は，1330 年代に上座部仏教を受け入れてから，ランナー文字を創り出している（Schliesinger 2001）．1558 年以降，ビルマの支配下に入り，完全にビルマの一部と化したが，18 世紀以降，反ビルマ運動を展開，1774 年にシアムのタクシン王につき，その後チャクリー王朝の朝貢国となった．ラーンナー・タイ地方は，近代国家としてのタイ国の政治体制に組み込まれる以前は，バンコクの王朝よりは伝統的にラオスのルアンパバンなどとの交流の方が強く，現在も言語や文化のうえで，ラオスの影響を強く残している．この地域の文化は，他のタイ王国の地域とは異なっており，ランナー文化と言われる．

北タイ[53]は山地が多く，4 つの河川（ピン川，ワン川，ヨム川，ナーン川）がほぼ平行に南北方向に流れ，チャオプラヤ河に合流する．5 月〜9 月が雨季，11 月〜4 月が乾季で，乾季終盤の 3 月〜5 月上旬は酷暑季となり，40℃ まで気温が上がる場合もある．昼夜の寒暖の差が大きい．雨はスコールが多く，長雨は少ない．年平均気温は 25

---

52) ユアン族の総人口はおよそ 603 万人で，タイ王国に 600 万人（Schliesinger, 2001），ラオスに約 3 万人（Schliesinger, 2003,；Bandachonpao 2005）が居住する．

53) タイの住居集落に関する論考として，Anuvit and Vivat 1978；Ruethai, Somchai, Ornsiri, and Saowalak（2002）がある．日本人による研究として，赤木・北原・竹内（2000）は中部タイと東北部の 2 つの村において，同一村の再調査をして 15 年間の農村社会の変容状況を明らかにしている．また，芝浦工業大学建築工学科畑研究室（畑研究室通史編集委員会 2009）が山地少数民を対象とした民族建築研究を精力的に展開してきたがタイ族の住居集落調査は少ない．タイ王国南部に住むタイ系諸族の住居集落に関する資料は少ないが Ratnajarana, Sawejinda, Chaumpruk, Nakachat,（1994）がある．

℃程度，平均湿度は77％である．

　北タイのユアン族が多く居住するチェンマイ周辺は，80％が山地で，残りが盆地である．チェンマイは，タイ王国の第2の都市であり，標高1000mある山々に囲まれている．タイ最高峰の山であるインタノン Intanon 山（標高2575m）はチェンマイ市内の西に位置する．その集落のほとんどは標高約300mに位置する．

　ユアン族は他のタイ系諸族のように川沿いに集落を建設する．集落内には寺院がある．屋敷地は，住居，米倉，井戸，前庭，精米機，水浴び場，牛小屋，祖霊の祠から構成される．屋敷地の境界を示すために竹の柵が使われる．ユアン族は，結婚する際，基本的には先に新郎が花嫁の家で生活し，その後，新郎の家で生活する．あるいは，自分達の家を建て，独立する．

　住居は，フアン・マイブア Huen Maibua（竹造住居），フアン・マイジン Huen Maijing（木造住居），フアン・ガレー Huen Kalae（伝統的な木造住居）の3タイプに大きく分類される（Anuvit and Vivat 1978；田中麻里 2006）．ユアン族の社会には，タイ・ルー族やタイ・ダム族のようにカーストがある．フアン・マイブアとフアン・マイジンには，一般の住民が住む．一方，フアン・ガレーには，貴族やチャオ（地域のリーダー）が居住する．

　一般的に，ユアン族の伝統的住居は複数の棟で構成される（図II-2-5b）．この点，次に見るシアム族の住居の空間構成に似ているが，それ程システマティックではない．2棟の間の廊下を挟んで2列の居室が配置されるのが基本であるが，様々な空間構成がみられる．階段①を上がると「チャーン」（テラス）②があり，「チャーン」は「テーン」と呼ばれる開放的広間③に繋がる．「テーン」は，開放的な居間であり，応接など多様に使われる．客や親戚の寝室として使われることもある．床はテラスより15cm程高くなっている．仏壇や先祖の祀棚を設置する場合が多い．寝室は，基本的にテーンに接する．寝室は，廊下を挟んで両側に配置される．「テーン」には炉は置かれず，厨房は分離され，住居の後方に位置する場合もあれば，別棟となる場合もある．これは，タイ・ルー族の住居やシャン族の住居とは異なる点である．中廊下の形式は，北タイのタイ・ルー族の住居のパターンに近い．ユアン族は起源の土地から移動してきて，新しい環境に対応するために，すなわち，シプソンパンナー地域より長い暑季に対応するために，こうした開放的な平面構成を採用したと考えられる．

　ユアン族の住居の入口の階段にはサオ・レンマー Sao Lengma と呼ばれる屋根を支える柱が建てられる．サオは柱，レンは結び，マーは犬を意味する．この柱は，ユアン族の伝統的住居のシンボルとされる．住居形式は，北タイの住居形式を採用しながら，サオ・レンマーに民族のアイデンティティを表現するのである．そして，ユアン族の住居も，タイ・ダム族の住居のように，ガレー Kalae と呼ばれる交差する角の形をした細かな装飾的な妻飾りが特徴的である（図II-2-5c）．ガレーは，切り妻端部の

第 II 章
タイ系諸族の住居

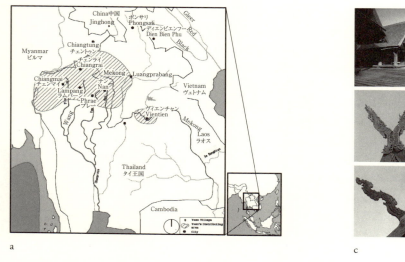

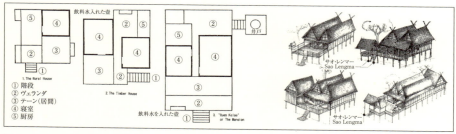

図 II-2-5　a：ユアン族の居住域　作製：Chantanee Chiranthanut，b：ユアン族の住居　田中（2006），Chaichongrak, Ruethai et al.（2002, 2006），c：ユアン族の妻飾り　Chaichongrak, Ruethai et al.（2002）

屋根材を押さえる機能を持っているが，一方で，タイ・ダム族の住居のように，家族の格や所有者の地位を示している．

2-6　シアム族

　タイ人は，シアム族あるいはタイ・クラン（中央タイ）族と呼ばれる．彼らはタイ王国の中核をなし，タイ標準語を話す．シアム族は，バンコクを中心としたチャオプラヤ・デルタに住むタイ族で，今日のタイ王国（チャクリー王朝）の中心であり，北のウッタラディット Uttaradit 地方から南のマレー半島のペッチャブリー地方にかけて

分布している（Schliesinger 2001）（図II-2-6a）．スコータイ王朝を建てたタイ系諸族と関係が深く，ラーンナー・タイのユアン族とも密接な関係があったが，形質上は先住民のモン・クメール族との混血が多い．つまり，シアム族というのは，チャオプラヤ・デルタを中心として，比較的新しいタイ系諸族の集団をさし，民族，部族，種族とは呼べない極めて定義のはっきりしないグループの総称である（綾部 1971）．ユアン系でもなく，タイ・コーラート（東北タイのピマーイ（ナコーンラーチャシーマー Nakornrachasima 地方）に住むタイ系諸族）系でもなく，チャオプラヤ・デルタに住むタイ系諸族の総称がシアム族である[54]．

　チャオプラヤ流域は，前述のように（第I章1-3④），1本の木に譬えると，上流は枝，中流は幹，下流は根である．アユタヤ時代の都市と現在タイ王国の首都であるバンコクが位置するのはチャオプラヤの下流部，すなわちデルタ域区である．チェンマイやナーンなど，古くから人びとが住み都市が発達した上流は山地と小さい盆地からなる．中流部は台地と大河からなり，大陸的な景観をしている．下流のチャオプラヤ・デルタは古デルタと新デルタに分けられる．古デルタは，河沿いの自然堤防は高く，幅広く，常緑樹が多い．自然堤防の背後は，雨季には場合によって2〜3mの深さに湛水する後背湿地である．新デルタは，陸地造成中であり，雨季の全面湛水と乾季の全面乾燥が季節的に繰り返される環境である（高谷 1982）．

　熱帯性気候で，モンスーンの影響が大きい．雨季は6月〜10月で，特に8月〜10月に降雨量が多く，しばしば洪水が起こる．11月〜2月は雨が少なく，比較的涼しく，気温は20℃を下回ることがあるが，3月〜5月は非常に暑く，平均気温は約28℃である．

　シアム族は双系的な親族関係を基礎にした社会を形成する．結婚はしばしば両親によって決められる．結婚式は花嫁の家で行い，結婚の後新郎が花嫁の両親の家に移り住

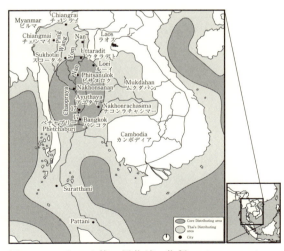

図II-2-6a　シアム族の居住域　作製：Chantanee Chiranthanut

54）2004年の人口調査によるとタイ王国の総人口はおよそ6000万人で，そのうちおよそ3分の1がシアム族とされる（Schliesinger, 2001）．

第Ⅱ章
タイ系諸族の住居

み，そして2,3ヶ月後，あるいは子供が生まれた後に，独立して自分自身の家に住む．社会的には，妻の地位が高く，家の外に出入するのは自由である．一般には近親間の結婚は禁止されているが，王の場合は例外で，王家は親戚の間で結婚することが許されている．また，シアム族の社会には，上述のタイ・ルー族などのようにカーストがある．カーストによって住居形態が異なる．

シアム族の集落は大きく3つのパターンに分けられる．

①川や道路に沿った帯状集落：河や道路沿いに立地し，河川が主な交通手段である．集落は基本的に寺院と住居からなり，市場などの施設が付加される．高床式住居の他「いかだ住居 raft house」（ルアンペー Ruen Pae）の形態も多くみられる．

②塊（クラスター）状集落（塊村）：基本的に小さな丘の上に立地する．集落には寺院と住居があり，その周囲を水田が取り囲む．集落ごとにひとつ以上の大きな人工池が設けられる．池は，毎年11〜12月に河川の洪水によってでき，1年分の稲作や果物園用に使われる．住居形態は高床式が一般である．

③散居村：集落の境は曖昧である．一般的には，一つの世帯が一つの住居を自分の水田の中に建設する．

アユタヤ時代から19世紀前後までのチャオプラヤ・デルタにおける伝統的タイ式住居についてはラ・ロウベレ La Loubere によって描かれた絵（図Ⅱ-2-6b）があり，アベ・デ・ショアジー Abbe de Choisy（1644〜1724）およびジョン・ボーリング Sir John Bowring（1792〜1872）（Bowring 1857）によって書かれた記録がある．奥行1間の急勾配の切妻屋根をもつ木造高床式住居である．住居はルアン ruean と呼ばれるが，この小規模な住居が原型となる．竹造のものと木造のものとに分けられるが，この単位となる住棟をいくつか並べ組合せることによって住居が構成される．地域によっても異なるが，1棟のみのもの，2棟連結されるもの，3棟連結されるもの，さらに，棟を直交させて高床のテラスを囲むものが標準型となる（図Ⅱ-2-6c）．一般的に2棟連結の切妻屋根の住居が多くみられる．家族形態に応じて，核家族の単一住居，拡大家族住居，チャオや貴族の住居，僧侶の住居，ショップハウスの5つに大きく分類される．

シアム族の生活パターンは戸外が中心である．上述した他のタイ系諸族の住居とは異なり，開放的な空間構成に特徴がある．また，チャオプラヤ河の氾濫などのため，高床下より床上の大きなテラスの周りに様々な空間が配置される．テラスを中心に生活が展開され，シアム族の貴族住居の中心はテラスである．テラスは住居の総面積の割合の40%で，ヴェランダも含めると約60%ある．住居の周辺には，果樹や竹などが植えられ，野菜園もつくられるのが一般的である．屋敷地の境目はあいまいで，ほ

タイ系諸族の集落と住居

とんどは共有スペースになっており，親の屋敷地内に息子と娘の夫婦の家を建てるのが一般的である．

住居は，いずれも基本的に以下の4つの空間から構成される（図II-2-6d）．

① ルアン・ノーン Ruean Non（住棟，寝室棟）：独立棟で，急勾配の切妻屋根をもつ．
② ラビァーン Rabeang（ヴェランダ）：寝室の前に配置し，屋根がある．テラスと寝室の間に設置し，その部屋に住む人の休息スペースとして使われている．
③ チャーン Chan（テラス）：屋根のないテラスであり，ヴェランダの前に配置され，端に階段が設けられる．テラスを

図II-2-6b　ロウベレが描いたチャオプラヤ・デルタの高床住居　De La Lobere.（1668）．

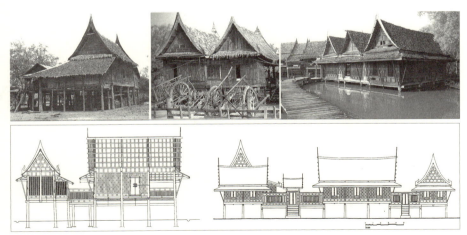

図II-2-6c　シアム族住居の屋根形態　Rojanasathian, Bunchu（2005）

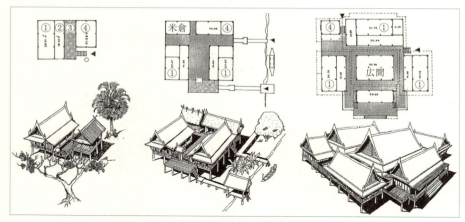

図 II-2-6d　シアム族住居の類型　Rojanasathian, Bunchu（2005）

中心に周りに小部屋が配置され，テラスに壁で囲まれる場合が多い．寝室とヴェランダと厨房棟以外に米倉や広間（屋根あるが壁がないスペースで，床レヴェルはテラスより 40cm 程度高くなっている）などがテラスに配置される例もある．
　④ルアン・クルア Ruean Krua（厨房棟）：別棟が基本で，テラスの端に配置される．

　貴族の住居の場合，最初から大きなテラスを中心にいくつかの部屋（寝室，客の寝室，多目的な室など）が配置される．一方，拡大家族住居の場合，住居を増築する際は，基本単位から，テラスを挟んで寝室棟（小部屋）の反対側に新しい寝室棟を付加する．
　空間構成には，上述のように，いくつかの型があるが，地域ごとに一定の型をもっている．スパンブリ Suphanburi 地域もチョンブリ Chonburi 地域も 2 棟を直交させて配置するが（図 II-2-6ef），テラスの規模，構成はやや異なる．アントン Ang Thong 地域は，2 棟の棟を平行に並べ，間にテラスを配するのが一般的な形式である（図 II-2-6g）．チャイナート Chai Nat 地域は，倉もテラス上に置いて 3 棟によって構成される（図 II-2-6h）．
　高床の床高は，2.6m 程度あり，テラスはヴェランダより 30～40cm 程度低くなっている．柱は，掘立柱で，全て通し柱である．シアム族の伝統的住居もまた身体寸法をもとに設計されていることが明らかにされている（Chaichongrak, Ruethai et al. 2002）．
　茅葺屋根の雨漏りを防ぐため，急勾配の屋根を用いること，暑さを解決するため，棟と妻を東―西に設置し南東から北西へ吹く風をとり，風通しをよくしていること，

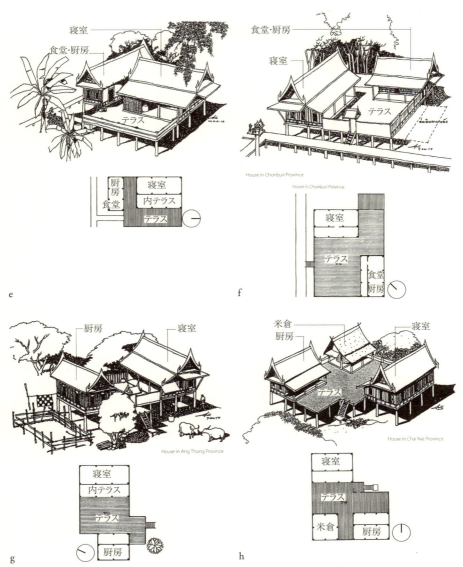

図 II-2-6　e：スパンブリのシアム族住居，f：チョンブリのシアム族住居，g：アントンのシアム族住居，h：チャイナートのシアム族住居　Rojanasathian, Bunchu（2005）

棟とそれに付随するヴェランダ，外部のテラスの床レヴェルを変えて，その隙間を風が通るようにしていること，厨房をテラスでつながった別棟とし，主屋の西側に配置し午後の太陽を避けることなど，涼しく住まうための工夫が様々にみられる．

シアム族の住居は，緩やかにカーブした妻の破風が特徴的である．その両端は様々な形にデザインされる．妻の破風の形の由来や意味は不明であるが，貴族住居に使用され，それが広がったと考えられる．

住居に関する儀礼やタブーは多く，例えば，階段の踏み台の数は奇数にし，寝る際人は頭を西に向けて寝てはいけない．角型の棟飾り，寺院の飾りあるいは王宮の飾りは，住居に使ってはいけない．いくつかの儀礼はヒンドゥー教の影響によるものだといわれる（Brahmin 2002；Chaichongrak, Ruethai et al. 2002）．

2-7 │ 南タイ

タイ南部はマレー半島北部に位置し，東西は海に面している（図II-2-7a）．東海岸に位置するパタニ Pattani は，歴史的には，東シナ海とインド洋を陸路でつなぐ交通の要衝として，またタイ王国の重要な港湾都市の一つとして栄えてきた．また，この地域はアユタヤ時代からタイ・ムスリム文化の中心地である．現在も，住民の70％がムスリムであり，仏教徒より圧倒的に多い．南タイは乾季と雨季がはっきりしており，蒸し暑く，雨季の雨量は多く激しい．稲作以外にゴム栽培や漁業が生業とされる．

集落は，塊（クラスター）状集落（塊村）と散居村の大きく2つのパターンに分けられる．生業によって集落構成は異なり，稲作農村の場合，塊（クラスター）状集落が多い．集落の中心にモスク，その周りに宗教指導者の家とマドラサがあり，そして住居と水田や畑からなる．

南タイの住居も高床式で，竹造と木造の2つがある．屋根形態には，寄棟，入母屋，切妻の3タイプがみられる．雨季の雨に対応するためにいずれも急勾配である．強風のため軒の出は小さい．屋根はかつて草葺きであったが，1898年代にナコン・シー・タマラート Nakhon Si Thammarat の首長によって，瓦葺きが導入され，一般的に用いられるようになった．仏教徒の住居は，外観はチャオプラヤ・デルタの住居に似ているが，降雨が多くヴェランダがないものもある．また，ヴェランダは雨の吹き込みを避けるために壁で囲われる場合がある（図II-2-7b）．

3スパンの長方形の住居の場合，両端に寝室空間を設け，真ん中に広間を配置する．それぞれ前に前室かヴェランダがあり，その端部に階段が設けられる．住居を増築する際には，平側に増築するのが一般的である．

ムスリムは，パタニ，ヤラー Yala，ナラーティワート Narathiwat，サトゥーン Satun の4つの県に居住する．住居形式はパタニ式とサトゥーン式の2種類に分けられる

(Ratnajarana, Khet. et al. 1994).
サトゥーン式の住居は，マレーシアの影響を受けていて，サゴヤシ葺きが多く，急勾配の屋根（図 II-2-7c）をもつのに対して，パタニ式の勾配はやや勾配は緩い（図 II-2-7d）．いずれも，部屋は寝室と礼拝室だけが間仕切られるだけである．礼拝室は母屋に設けられ，西向きに配置する．床の高さは4つか5つのレヴェルに分けられ，居間（多目的な空間）と寝室の床が最も高い．階段の段数は奇数が

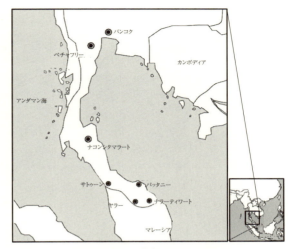

図 II-2-7a　南タイ地方　作製：Chantanee Chiranthanut

よいとされ，住居の妻側は東―西に設置するのはよくないといった吉兆観がある．奇数重視は仏教徒にもムスリムにも共通している．

II-3　タイ・ラオ族の集落と住居

　さて，メコン川中流域に焦点を絞りたい．タイ系諸族は，上述のように（II-1-3），中国南部，雲南地域から5つの大河川に沿う形で南下して来たと考えられている．

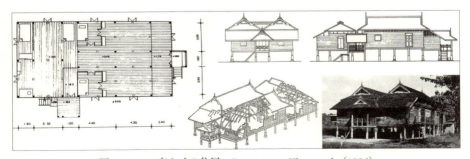

図 II-2-7b　南タイの住居　Ratnajarana, Khet et al.（1994）

第 II 章
タイ系諸族の住居

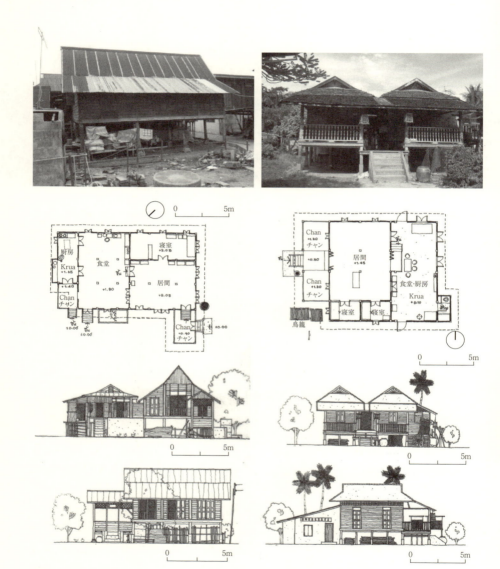

図 II-2-7c　南タイのムスリム住居　サトゥーン・スタイル　Santisan, Araya（2015）

図 II-2-7d　南タイのムスリム住居　パタニ・スタイル　Santisan, Araya（2015）

その伝統的な社会，景観をめぐって，文化人類学，歴史民族学，言語人類学など様々な分野で研究が行われてきているが，住居や集落に関する研究は少ない[55]．また，これまでのタイ系諸族の住居・集落に関する建築系分野（住居・集落計画・住まい方研究）の研究は，ほとんどが単一の民族集団に限って，また各国の国内に限って行われてきている．メコン河上流域，中国雲南省におけるタイ・ルー族の研究は少なくないが，下流域におけるタイ系諸族の住居・集落の研究は極めて少ない．ひとつには，この地域にはタイ系諸族が入る前にクメール族やチャム族が集住していたということがある．また，移動してきたタイ系諸族がクメール化してきたという経緯がある．

メコン河を挟んで東北タイとラオスに住むタイ系諸族は，名称は様々であるが，一般的にタイ・ラオ族と呼ばれる．メコン中流域に居住するタイ系諸族の中には，上述した，シャン族，タイ・ルー族，タイ・ダム族，ユアン族がいるが，それ以外に最も重要なタイ系諸族がタイ・ラオ族である．タイ側の東北タイ（中部と東北部）におけるタイ系諸族は，他の地域のように集団としてまとまって生活するよりも，他のグループと混住することが多く，生活パターンや住居形態も区別しにくい．一方，ラオス側では，注目すべき重要な2つのタイ系諸族が区別される．一つは，ラオスで人口が最も多く，メコン中流域のラーンサーン王朝を建てて，かつてメコン中流域全体を支配してきたラオ族である．もう一つは，ラーンサーン王朝とともにムアン・プアンを形成してきたタイ系諸族であり，2006年以降，住居集落に関する研究が開始されたシェンクワーン地方におけるタイ・プアン族である．

メコン中流域のタイ・ラオ族の伝統的住居，集落の空間構成について，ここでは臨地調査を行った以下の4つの地域について明らかにする．

①東北タイのルーイ県の山奥のタイ・ルーイ族の住居集落．切妻の木造高床式住居が東北タイのタイ・ラオ族住居の原型とされるが，ここには床柱を煉瓦造（煉瓦柱）とするものや寄棟や入母屋の屋根形式がみられる．また，土壁のようなパー・トクシーと呼ばれる壁が用いられる．タイ・ラオ族の住居集落との共通点，相違点について，その歴史的背景を明らかにする．

---

55) タイとラオスにおけるいくつかのタイ系諸族の農村集落について，臨地調査を基にして空間構成を明らかにする文献として，Clement-Charpenteir, Clement, (1989), Suwit 1978 ; Somchai (1987) などがある．近年，Inphanthang, Weera et al. (2006) が東北タイのタイ・ラオ族の住居・集落の住居形態や空間構成などについて調査している．この調査は，ラオスのサヴァナケートにおけるプータイ族の土着住居についても報告している．本章に関わる地域としてメコン流域の環境については，上流の雲南（シプソンパンナー地方）のタイ系諸族社会や歴史以外に地形や環境も明らかにしている加藤（2000）がある．文化・生業・農業社会について，北部ラオスは横山・落合編（2008），南部ラオスについては中田（2004）がある．メコン中流と下流の地形・気候・森林・土壌について明らかにしているのは，タイ王国の地理学者のプラシット Prasit Kunurat（1987）とラオス人研究者シーサリアウ・サウェンスッサ Sawengsuksa, (1989) である．

②ラオスのルアンパバンの中部の丘に立地するラオ族の住居集落．一般のラオ族の集落は平地に立地するのに対して，ここでは，集落は丘に立地する．その形態，空間構成を規定する諸原理を明らかにする．

　③東北タイのムクダハンの平地に立地するプータイ族の住居集落．東北タイに居住し自らをプータイと称する．このプータイ族はヴェトナム北部からラオス，そしてメコン川を越えて東北タイに侵入してきたと考えられている．プータイ族の住居集落の構成原理を明らかにする．

　④ラオスのカムアン Kamuan 県のカムアン高地に立地するタイ・カロン族の住居集落．新しい，洪水にしばしば襲われる集落であり，タイ系諸族の伝統的な集落構成・住居形態・空間構成・儀礼やタブーなどがどう継承されているか，東北タイにおけるタイ・カロン族との類似点と相違点について明らかにする．

　それぞれ，住居集落の構成原理，その地域性と共通性，その起源，伝播，類型，変容に関わる興味深い事例である．

3-1 ｜ メコン中流域の集落と住居

　タイ・ラオ族の居住地は，上述のように，タイ側の一般のシアム族に同化した東北タイ（中部と東北部）とラオス側の２つのタイ系諸族が歴史的に拠点を置いた地域に区別される（図II-3-1a）．まずは，焦点を当てる地域以外のメコン中流域のタイ・ラオ族の住居集落について概観しておきたい．

①東北タイ

　東北タイは，一般的にイサーンあるいはコーラート台地と呼ばれ，ここに居住するタイ系諸族をタイ・ラオ族あるいはイサーン人と呼ぶ．タイ王国の総人口はおよそ 6700 万人（2015 年）で，そのうち，3 分の 1 弱（2000 万人）が東北タイに居住している．東北タイでは，タイ・ラオ族の数は非タイ系諸族より圧倒的に多い[56]．非タイ系諸族は，東北タイの南（タイ王国とカンボジアの国境，シサケート県，スリン県，ブリラム県）と東北の周辺（ムクダハン県とサコンナコン県）に多く分布している．

　東北タイは，台地をなし，平均高度は海抜約 200m で，15 万 5000km² の面積を有する．サコンナコン Sakonnakorn 盆地とコーラート盆地の２つの盆地から構成される．ナコーンラーチャシーマー地方からやや傾いておりメコン河に流れ込むムーン川とチー川に削られ，ラオス側に向かって開いている．台地の西側にはベッチャブーン Phetchabun 山脈が広がっており，これが東北タイとタイ中部および北部を分け隔てて

---

[56] 2006 年の人口調査では，東北タイに居住する非タイ系諸族の人口は，クメール族は約 100 万人，ソー So 族は 55 万人，クーイ Kuy は 30 万人，ブルー Bru は 25 万人，モン Mon 族は 5 万人程度である．

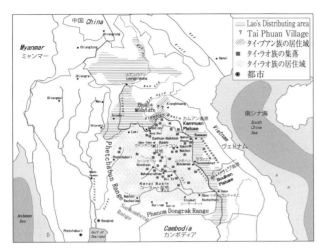

図 II-3-1a　メコン中流域の東北タイとラオス ラオ族の居住域　作製：Chantanee Chiranthanut

いる．東北タイの北側および東側はメコン河が流れていて，これが台地の境界線となっている．台地南側にはカンボジアとの国境線でもあるドンラック Dongrak 山地があり，これが台地南部の境界線になっている．

　この地域には，雨季（5月〜10月），乾季（11月〜2月），暑季（2月末〜4月）の3つの季節がある．年中暑く，乾季の平均気温は23.95℃，暑季の平均気温は28.9℃である．しかし，乾季に気温が－1.4℃まで下がったこともある．年間降水量は1330mm程度で，年間平均湿度は71.99%である（Prasit 1987）．降雨量は多いが，土壌が悪く，植物はあまり育たない．河川は多いが，雨季以外にはほとんど枯れている．この地域では，洪水と干ばつが繰り返される．タイ・ラオ族の集落は，基本的に灌漑池の近くに位置し，水田耕作は雨季に行い，それ以外は畑で米とトウモロコシや豆類を栽培している（Nopadon and Chantanee 2006）．

　東北タイ地域に古代から人が居住していたことは，ウドンタニ Udonthani 県で出土したバーンチェン遺跡によって知られる．紀元前数千年という有史以前の時代の遺跡であり，この遺跡の主である民族は今のところ不明とされている．タイ系諸族がこの地域に住み始めるのは，上述のように，およそ1000年前であったと推定されている．最初期には，メコン河沿いのノンカイ Nongkhai からナコンパノムにかけて居住していた．その後，サコンナコン盆地（ノンカイからウドンタニにかけて），コーラート盆地（ナコーンラーチャシーマー地方）の順に居住域は拡大し，集落を形成し，東北タイ全体に広がっていった（Tawat 1989）．14世紀後半から15世紀前半までにラーンサーン王朝の領地は，東北タイのメコン河沿い（東北）まで拡大している．その後，1778年にこの地域はアユタヤ王朝の領地になり，ラーンサーン王朝内の争いで，何回か（1767

年，1809年～1824年など）にわたって，ラオスに住むタイ・ラオ族（タイ・ダム族，タイ・プアン族，プータイ族，タイ・ヨイ Tai Yoi 族，タイ・ヨー Tai Yoa 族，タイ・セーク Tai Seak 族など）がラオス側から移住してくる．アユタヤ時代からチャクリー王朝に移った後も，タイ・ラオ族の移住は続き，シアムとヴィエンチャンの争いのためにラーマII世（1767～1824年）からラーマIII世（1787～1851年）の時代にかけて大規模な移動が行われた（Tawat 1987；Bangorn 1998；Amornwongvichit 1963；Suwit 2000）．

　タイ・ラオ族は，祖霊崇拝も維持したが，この地域に先住していたモン族やクメール族からヒンドゥー教を受け入れてきた（Sparkes 2005）．現在，タイ・ラオ族のほとんどは仏教徒ではあるが，精霊（「テーン」神とピー）も信仰している．集落内には，「テーン」神やピーなどの祠と柱以外にテワダ Thewada（ヒンドゥー語由来で，神（デーヴァ）を意味する）の祠，ワットがある．住居内部には，精霊の柱やピーの柱，テワダの棚，仏像を置く棚がみられる．ドンプータ Donpoota と呼ばれる村落森では，村民はきのこなどの食物や薪を自由に得ることができる．そして，ドンプータには，住民を守る祖霊が宿るとされ，1年間住民が幸せに暮らせ，米などの収穫もよく，自然災害がないなど，また，未来もこのような生活ができるよう願いを込めて水牛や豚などを供える儀礼が行われる．

　東北タイにおけるタイ・ラオ族の住居集落に関する研究は，30年程前から行われてきているが，中部とサコンナコン盆地におけるタイ・ラオ族に関するものがほとんどである（Suwit 1978；Pairoj 1988；Nopadol and Chantanee 2005 など）．上述したように，この地域の環境は厳しく，米不足になることもしばしばある．そのため，特に東北タイの中部に住むタイ・ラオ族は，他の集落に頼らなければならないことから，古来他の集団と交流し，共同社会を形成してきた（Jaruwan 1988；Chattip and Pornpilai 1994）．

　東北タイ中部とチー川周辺における典型的な住居はタイ・ラオ式住居と呼ばれる（Ruethai 1977）．19世紀の後半にタイ王国へ移住してきたタイ・ダム族は，最初は伝統的住居（半円形の屋根・室内の炉）を建て住んでいたが，最終的にタイ・ラオ式の住居に住むようになった（Tawee 1998）．東北タイでは，豊かな土地を目指して何回も集落の位置を変えることが多い（Songyot 2006）．それ故，この地域の住居の多くは，他の地域に比べ簡単な構造をとる．集落の敷地は，水源，森，水田または畑，微高地（周囲土地より少し高く，雨季に氾濫の恐れを避けるため）を考慮して行われる（Tawat 1989：226）．

　この地域のタイ・ラオ族は精霊祖霊を強く信仰してきている（Sparkes 2005；Tangsakun and Chiranthanut 2006）．「東は，聖，良い，神，上位」「西は，俗，悪い，鬼，下位」という観念をもち，住居集落は，太陽の動きに関わる東西（南北）の方位観に基づき構成される．また，一番高い位置に寺院とラク・バーン（集落の柱）が配置され，その周りに住居や集落の施設，そして水田あるいは畑，一番外に墓地（集落の西南から西

タイ・ラオ族の集落と住居

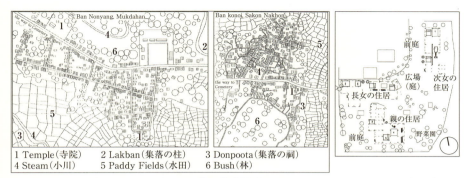

1 Temple（寺院）　2 Lakban（集落の柱）　3 Donpoota（集落の祠）
4 Steam（小川）　5 Paddy Fields（水田）　6 Bush（林）

図 II-3-1b　東北タイのタイ・ラオ族の集落構成　Tangsakun and Chiranthanut（2005）

が配置される．集落は保護森と池の側に立地する（Tangsakun and Chiranthanut 2006）．

　住居の配置も，日の出と日の入りの方向を考慮して決定される．住居の長手方向を東西の軸に沿って配置する．男性と年配は上位で，女性は下位とされる．そのため東には男性に関わる空間を，西には女性に関わる空間を配置する規則がある．ただ，現在は，東西軸をもとに配置しない集落もある（図II-3-1b）．

　住居は，ユアン族と同様，フアンHuenと呼ばれ，屋敷地の中央に置かれ，その周りに井戸と果樹園や米倉，そして住居の前に庭（広場）が配置される．東北タイの住居は，フアン・デウHuen Deaw（1棟住居），フアン・フェードHuen Fead（2棟住居），フアン・ヤオHuen Yao（簡易住居）の大きく3タイプに分けられる（図II-3-1c, d）．いずれも高床で，木造が多い．

　A：フアン・デウはこの地域の基本的な住居で他のタイプより多くみられる．住居は，母屋と厨房の2つの空間からなる．厨房は別棟とされることが多い．基本的に母屋棟の奥行きは3スパンである．間取りは方位観によって決定されており，東には男性の使用に供する空間が，西には女性のための空間が配置される．また，西は死を象徴する方位とされ，就寝時に頭を西の方角に向けることはタブーとされる．

　内部空間は寝室とヴェランダで構成される．ヴェランダの床は寝室より少し低くなり，端に階段が設けられる．このヴェランダには様々な呼び方があり，コェイKoei, シアSia, ラビアンRabiengなどと呼ばれる．コェイは屋根のあるヴェランダで，接客，家事など多目的に使われる．屋根のないテラスはヴェランダに接して，物干し，母屋（寝室とヴェランダ）と厨房を繋ぐ．テラスがない場合，直接ヴェランダから厨房へ入ることになる．母屋の空間は，フアン・ヤオを除いて基本的に4つの空間から構成される．

　①ポンPeang：息子と仏像棚や祖霊棚の空間，東に配置される．
　②スアムSuam：未婚の娘，新婚夫婦（1〜3年結婚した後新郎が新婦の家で生活する）

第 II 章
タイ系諸族の住居

図 II-3-1c　東北タイの住居の基本型　Tangsakun and Chiranthanut（2005）

の空間，西に配置される．この部屋のみ 4 面で壁を囲む．
　③ホーン・カーン Hong Kang：両親と小さい子供の寝室で，2 つの部屋の間に設置される．
　④パイチーン Pai Teen：物置，寝室内の多目的スペースである．
　B：フアン・フェードは 2 つの切妻屋根が連結している．2 棟の大きさは異なる場合もあり，一つが寝室でもう一つが多目的な空間あるいは厨房の場合もある．内部空間はフアン・デウのようになる．
　C：フアン・ヤオ（フアン・ノイともいう）は，新しい夫婦が住む一般的な住居の形である．寝室と厨房の 2 つの部屋から構成され，奥行きは 2 スパンである．厨房の前に入口があり，そこに階段が設けられる．住居の前にテラスがある場合もある．これが暮らすために必要な最小限の空間である．上述した住居が建てられると，もとのフアン・ヤオは改造されて厨房になる場合が多い．
　住居の規模の決定については，身体寸法（指（ニュ Neu），手（クーブ Kuub），指先からひじ（ソク Sok），両手を広げた指先から指先（ワー Waa））が用いられる．基本的に妻側が 3 スパンで，奥行きは奇数（3，5，7，9 など）にする．高床の高さは，チャオプラヤ流域と東北タイは，他の地域より高く，およそ 1.5〜3m 程度である．柱間は様々で，最も狭い場合 1.3m，広い場合は 3.5m 程度である．

②ラオ族
　ラオスは 1989 年まで対外的にはほとんど完全に閉鎖されてきた．2009 年の人口調査によるとラオスの総人口はおよそ 680 万人，そのうち，66.2％がラオ族とされる．
　ラオスの北から南へメコン河が流れる．タイとの国境はメコン川，ヴェトナムとの国境はアンナン山脈で，国土の 8 割を山地と高原が占め，平地はメコン川流域のみに見られる (Tangsakul and Chantanee (wongkan) 2005)．主な平地は 2 つで，ヴィエンチャン平地はヴィエンチャン地方から南にあるカムアン高地まで広がっている．ラオスで最も広い範囲の平地として知られるのがサヴァナケート（サワンナケート）Savannakhet 平地である．ルアンパバン地域は，95％は山地（海抜約 1300m）で，残りが盆地である（Dankitikan and Sinhanat 2005）．国土の 3 分の 2 は森林で，最高峰はプー・ビア Phu

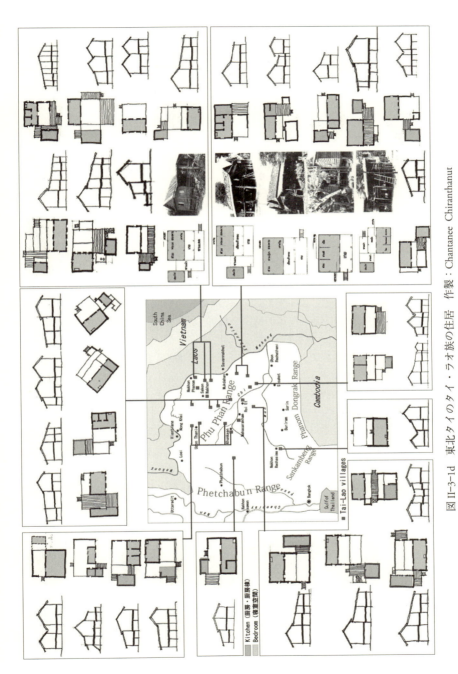

図 II-3-1d 東北タイのタイ・ラオ族の住居 作製：Chantanee Chiranthanut

第II章
タイ系諸族の住居

Bia（2817m）である．南の平地の外輪にラオス中部と南部の境界域を占めるセー Xe 流域があり（Sisaleaw 1989），そこにセバヒアン Xebanghiean 川が流れ，東のヴェトナムとの国境から西にあるメコン河に注ぐ．

高温多湿で南部は熱帯，北部は亜熱帯気候に属する．モンスーンの影響を受け，5～9月が雨季で10～4月が乾季．年間平均気温は15～30℃程度である．地域によって気温は様々であり，例えば，ルアンパバンで年間平均気温は25℃程度で，中部のサヴァナケート（サワンナケート）Savannakhetでは27～28℃，南のパクセーでは年中気温は30℃を超える．年間平均湿度は70～85％程度で蒸し暑い．年間降水量は，南の山地では3500～4000mmであるが，シェンクワーンでは1000mm程度，ヴィエンチャンとサヴァナケート（サワンナケート）Savannakhetでは1500～2000mm程度である．

ラオス政府はラオス国籍を持つ者を一様にラオス人として定義しているため，公式には少数民族は存在しない．ラオス政府の定義するラオス人は住む地域の高度によって，低地ラオ（ラオ・ルムと呼び，タイ系諸族で国民の約70％），丘陵地ラオ（ラオ・トゥンと呼び，700～1000mの高度に住み，モン・クメール系で，国民の約20％），高地ラオ（ラオ・スーン，高度1000m以上に住み，ほとんどシナ・チベット系）に分けられる（Bounthavy and Christian 2000）．かつてほとんどが精霊を信仰していたが，現在60％が仏教徒である．労働人口の8割近くが農業に従事し，米，綿花，トウモロコシなどを栽培している．農業の集団化を進めていたが，山岳部では焼畑農業も行われている．食料はほぼ自給する．輸出作物はチーク材とコーヒーである（Luanrent 2002）．

ラオ族は他のタイ系諸族のように川沿いに集落を建設する[57]．住居の配置については，屋根の棟を川と平行させるか他の住居と平行させるという規則がある（図II-3-1e）．屋敷地は，住居，米倉，井戸，前庭，精米機，水浴び場，牛小屋，祖霊の祠から構成される．集落は，川についてのオリエンテーションの感覚に基づいて構成され，上流は集落の頭で上位とされ，下流は集落の後ろまたは裏で下位とされる．住居の配置については，妻側を北南に向け，屋根の棟は隣接する住居と平行させるという規則があ

---

[57] P. クレメント—シャルペンティールは1968年にルアンプパバンにおけるラオ族の集落（バーン・クウカム村，バーン・サンカロク村，バーン・ナルアン村，バーン・フウイトン村，バーン・ゼェングェン村，バーン・ドンモ村の6集落）を調査している．また，ソンヨット他は2004年にルアンパバンにおけるラオ族集落（バーン・ムアンカーイ村とバーン・シン村）（実測8棟）を調査している．メコン中流域におけるラオ族の住居集落に関する研究は，1968年に P. クレメント—シャルペンティール他がヴィエンチャンの中部8集落について行った研究がある（Clement-Charpentier, 2003）．これ以外に，ボリカムサイ Bolikamsai 地方，サヴァナケート地方，サイヤブリー Xaiyabuli 地方のラオ族の住居集に関する研究がある（Clement-Charpentier, 1989：135-160）．また，Weerataweemar, Songyot et al. (2006) は，ルアンパバン中部2つの集落を臨地調査している（6棟を実測した）．

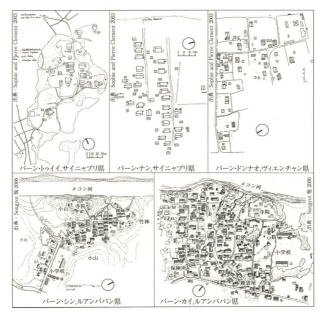

図 II-3-1e　タイ・ラオ族の集落パターン　Clement-Charpentier（1989, 2003），Weerataweemat, Songyot et al.（2006）

る．また，川沿いに立地する場合，屋根の棟は川と平行にするという規則もある（Clement-Charpentier and Clement 2003）．

　ピエール・クレメント他（2003）が明らかにしたラオ族の伝統的な住居は，いずれも高床式木造住居であり，2つの空間（母屋棟と厨房棟）によって構成される（図 II-3-1f）．この2棟は，直接つながる場合もあれば，間にテラスを介する場合もある．住居の母屋棟の屋根形態は，大きく，Ⓐ1列の切妻屋根のもの，Ⓑ切妻屋根の側面に片流れ屋根が附属するもの，Ⓒ2列の切妻屋根のもの，の3つに分類される（図 II-3-1g）．厨房棟の屋根形態は，(a)1列の切妻屋根，(b)切妻屋根の側面に片流れ屋根が附属するものの2つに分類される．住居は木造の高床式で，地面から1.8m程度の高さに床が設けられる．基本的に母屋棟と別棟の厨房空間からなる．

　結婚すると新郎が新婦の家で生活し，その後独立する．上述した東北タイのタイ・ラオ族のフアン・ヤオのようにトゥーブ Toob と呼ばれる2スパン程度の小さな仮設的住居にまず住む．トゥーブは，竹造がほとんどで，寝室と厨房の2つの空間から構成され，住居内に炉が設けられる．

　住居の空間構成には，以下のようなヒエラルキー（男女・上下）がある．男性にか

第Ⅱ章
タイ系諸族の住居

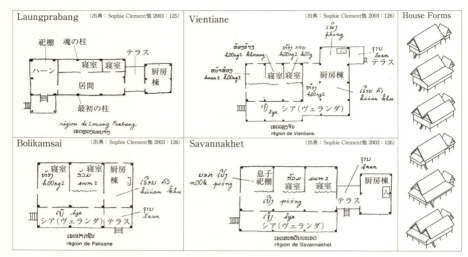

図 II-3-1f　タイ・ラオ族の住居の構成　Clement-Charpentier（1989, 2003）

かわる空間はタン・ナー Tang Na（前の方の意味で，男性と客が使う空間で，上位とされる）に，女性に関わる空間はタン・ラン Tang Lang（後ろ・裏の方，下位とされる）に配置される．すなわち，母屋棟は通路方向に面し，厨房棟は敷地の奥に配置される．屋根形態を問わず住居の平面構成に着目すると大きく2タイプに分けられる．

A：フアン・ハーン Huen Haan（ハーンがある住居）

　一般的に平入であり，屋根形態は切妻である．平面構成として3つの空間が1列に配列される．動線は，ハーン，寝室空間，テラス（ある場合），厨房の順となる．

①ハーン Han：住居の一番前に配置される空間で，壁で囲まれるが窓が大きく半開放的な空間で，端に階段がある．寝室前の居間で，もう一つの役割として接客空間として使われる．ハーンと寝室は壁と扉で区切られ，客が寝室に入ることはよくないとされる．接客は男性の仕事とされ，女性はここに入らない．ハーンは，住居のタン・

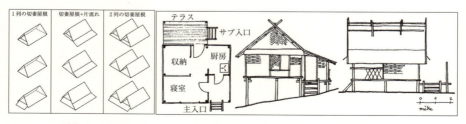

図 II-3-1g　ファン・ハーンの構成　Clement-Charpentier（1989, 2003）

ナーに配置される．ここには，祀棚が設置される．ハーンは，ルアンパパン地方の特徴といっていい．

②寝室空間：タン・ナー（前側）のハーンとタン・ラン（裏側）の真ん中に位置する．寝室内は，息子の寝るスペース，親が寝るスペース，娘が寝るスペースと居間の4つの空間を基本として，その組み合わせによって構成される．ハーンに近い方に息子の寝室が置かれ，ホーン・カーン，スアム・コイ Suam Koi（娘または新婚の寝室）の順に配列される．ハーンに近い方の空間には，サオヘーク Saoheak とサオクワン Saokwan と呼ばれる柱がある．この柱は，住居を建てる時に最初に立てる柱であり，家を守るために先祖の霊あるいは精霊が宿る柱である．

③厨房空間：住居のタン・ランに配置される．母屋棟と厨房の間にテラスが配置されない住居もある．女性の空間とされ，階段が両方（前と後ろ）にある場合，男性は後ろの階段を使わない．

B：フアン・シアー Huen Sia あるいはフアン・コェイ Huen Koei（シアーあるいはコェイがある住居）

上記とは異なり，このタイプはハーンがない．基本的な空間構成は，シアーあるいはコェイ，寝室空間，テラス（ある場合）と厨房の4つの空間からなる．シアーあるいはコェイと呼ばれる空間は，住居の平側の寝室の前に配置される屋根をもつ細長いヴェランダである．ここは，接客，食事などに使われる．動線は，上記の住居とは異なり，厨房や後ろのテラスに直接シアーから入ることができる．

住居は木造の高床式である．主要な生活行為は高床上で行われる．柱は全て通し柱で，柱の足元は貫でつなぐ．さらに，ピエール・クレメント他（2003）によると，ルアンパパン地域では，もともと炉は住居内にあったが，1920年以降に厨房を外に設置するようになった．煙の問題，防火の問題が大きかったと考えられる（図II-3-1h）．

かつてアニミズムを信仰していたラオ族は，仏教を受け入れてからも，その信仰を維持してきており，集落内には，精霊（ピー Phi）に関係あるものが現在でもみられる．ラオ族の空間認識あるいは方位（オリエンテーション）感覚について，ピエール・クレメント他（2003）は，生きている人が不幸な方角である西の方に枕を向けて寝ることはよくないと考えられ，東の方向に枕を向けて寝るのが基本であったと記述している．さらに，川の存在からもたらされるヒエラルキーを指摘している．すなわち，川に面した住居では寝るときに足を川の方に向ける．住居に関する数は，奇数が良いとされ，住居のスパン（柱間）は3，5，7とする．階段の踏み台の数も奇数とされる．

③タイ・プアン族

シェンクワーン県は，ヴィエンチャンから約200km北東に位置する．山地が多く，海抜は約1200mである．気候は，年間を通じて涼しく，乾期の気温は17℃以下で，0℃以下までに下がるときもある．雨量は少なく，年間降水量は約1000mmである．雨

第 II 章
タイ系諸族の住居

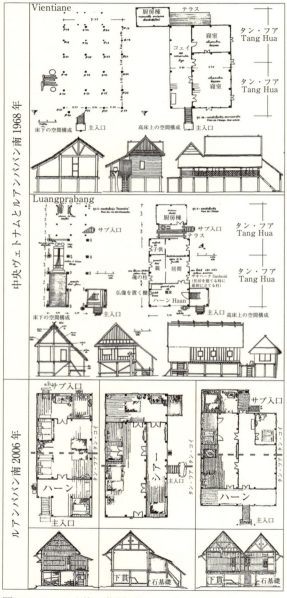

図 II-3-1h　ラオ族の住居（ヴィエンチャン，ルアンパバン南部：1968，2006）Clement-Charpentier (2003)，Weerataweemat, Songyot et al. (2006)

季は5～9月である（Sisaleaw 1989）．

シェンクワーン県は，かつてムアン・プアンといわれ，この地域に居住するタイ系諸族はタイ・プアン族と呼ばれる．タイ・プアン族の総人口は約20万人といわれ，タイ王国とラオスの中部・東北部に分布する．現在も自給自足によって生活を営んでいる．

シェンクワーンに住むタイ・プアン族は，1969年に戦争を避けるためヴィエンチャンへ移動し，1975年に元の居住地に戻ってきたという．住民は，主に稲作を行っており，仏教とともにアニミズムを信仰している．

タイ・プアン族の集落は，仏教に関わるもの（寺院）とアニミズムに関するもの（ラク・バーン，ジャイ・バーン，墓地）から構成される．根強いアニミズム社会でもあるため，ピー（精霊）やスア（神）を信じ，集落を形作る際，「頭は水田（米＝神）に，足は墓地（死＝霊）に向ける」という規則がある．屋敷地には，家畜小屋，果樹園，米倉などから構成される．トイレ

は屋敷地内になく，周縁の森で用をたす習慣がある（Songyotet al. 2006：109-112, 115-117）．

住居は1棟のみで構成される（図 II-3-1i）．厨房も同じ建物内に設置し，主な生活行為は高床の上で行われる．居住空間には以下のようなヒエラルキーがある．住居は，タン・ホーン Tang Hong（ホーン側：男性に関わる空間）とタン・ホェ Tang Hue（ホェ側：女性に関わる空間）と呼ぶ空間からなる．タン・ホーンは，①ヴェランダ，②タオ・ホーン Tao Hong（タオウは炉の意味）が設置されている居間，③ポン Peung あるいはホーン（息子の寝室と仏像を置く棚または先祖を祭る棚が設置される室），タン・コイは，④スアム・コイ（寝室），⑤タオウ・ホェ Tau Hue（ホェ炉）が設置される居間，⑥後ろのヴェランダから構成される．住居の後部のヴェランダにサーンが設置され，皿洗い場として使われる．また，階段は2つ，建物の両端にあるヴェランダに接し，男女に分けて利用される．

住居内の男女の空間や上位・下位のヒエラルキー以外に住居計画において守らなければならない規則がいくつかある．例えば，来客は一般的に住居内には出入りできない．住居を大きくしたい場合は，改装せずに家を新しく建てないといけないという規則がある（Weerataweemat, Songyot et al. 2006：118-138）．

住居は，木造で，平入の高床式住居であるが，床高は低く1.2～1.5m程度である．柱は，掘立柱で，全て通し柱である．柱相互は貫でつながれる．住居内の床の段差はほとんどない．年中冷たい強風が吹くため炉を中心に生活し，冷たい風を避けるために軒の出が大きく，外気に接した空間（ヴェランダなど）は小さく，床の高さは低い．居間には，小さな窓が設置されるが，寝室には窓がない．屋根は妻入で半円形の下屋を組み合わせるタイプである．雨量は少ないが風が強いため，屋根の勾配は30～35度程度ある．

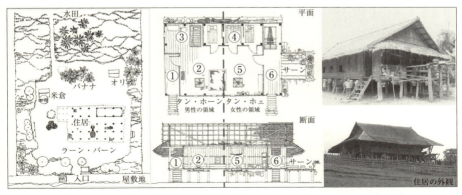

図 II-3-1i　タイ・プアン族の住居　Weerataweemat, Songyot et al.（2006）

3-2 バーン・ナーオウ（ルーイ県，タイ）

タイ，ルーイ県に居住するタイ族は，タイ・ルーイ族[58]と呼ばれる．ルーイ県は，タイ東北部イサーンの最北端に位置しており，県北部にはメコン河が流れ，ラオスのサイニャブリーに接している（図II-3-2a）．

現在ルーイ川流域一帯に居住する人びとは，もともとアユタヤ期（1350～1569）に，ラオスのルアンパバンとヴィエンチャンより移住してきたとされる．1853 年にラーマ IV 世によって国境民族調査が行われた際，ルム・ナム・ルーイ Lum Nam Loei 辺りに多くの比較的大規模なタイ系諸族の集落が集合していることが確認され，この地域にムアン・ルーイ Muang Loei という名称が与えられた（Vipakpodhanakit 1987）[59]．また，ムアン・ルーイに居住するタイ系民族はコン・タイ・ルーイ（コンは人という意味）と呼ばれるようになったという．

ルーイ県には，東北タイにおいては極めて珍しい，床柱を煉瓦造とした（木造）住居，寄棟や入母屋の屋根形式がみられる（図II-3-2b, c）．また，一部の壁にパー・トクシー[60]を利用する建物もみられる．このような住居形式は，ルーイ県以外には存在しないため，タイ・ルーイ式住居と呼ばれるが，ヒヤリングによれば，ここ 100 年の間に形成されたものである．また，このような住居形式はラオスのルアンパバンにもあり，両者の間には何らかの文化的交流による影響関係があ

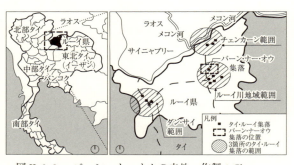

図 II-3-2a　バーン・ナーオウの立地　作製：Chantanee Chiranthanut

---

58) タイ・ルーイ族は，タイ・カダイ語族のサブ・グループの中でも比較的少数のグループである．2000 年においてタイ・ルーイ人の人口は 25,000 人でルーイ川周辺に居住している（Schliesinger, 2001）．
59) 1907 年にルーイ川流域の集落は県（チャンワット）に昇格された．
60) パー・トクシーは，土壁をいう．小舞壁のように，細かく竹で編んだ網の両側に土を塗る．ルアンパバン地域に多く存在する（Clement-Charpentier 2003）．1900～1950 年代にルアンパバンにおいて煉瓦・粘土瓦・パー・トクシーなどの建築技術を用いた数多くの建物は，ヴェトナム人大工によって造られたものである．1893 年にラオスがフランス植民地になる前に，既にヴェトナムがフランス植民地であった．木造とパー・トクシーの技術とフランス植民地風の技術を持つ一部のヴェトナム人大工がラオスに入り，ラオスで彼らによってパー・トクシー及び煉瓦型建物を造り始めた．前述のようにタイ・ルーイの母屋の柱が煉瓦によって造られ，パー・トクシーを利用していることは，その建築文化の影響と考えられる．

図 II-3-2b　タイ・ルーイ式住居の屋根形態　撮影：Chantanee Chiranthanut

図 II-3-2c　タイ・ルーイ式住居の煉瓦柱　撮影：Chantanee Chiranthanut

ると考えられている（Vipakpodhanakit 1987）．

　ルーイ県にタイ・ルーイ族の集落は3箇所確認できる（Amornwongvichit 1963；Bunmatham 1986；Vipakpodhanakit 1987；Metarikanon 2003）．ラオスの内戦が原因でタイ族が南部へ移住してきたが，一部は現在のルーイ地域に移住した．特に1476年，1827年，1877年の3度にわたる移住によって3つの集落，チェンカーン Chiangkhan，ルム・ナム・ルーイ Nam Loei，ダーンサイ Dansai が建設された（図II-3-2a）．3つの集落の中で，調査対象としたのはルム・ナム・ルーイ地域にあるバーン・ナーオウ Ban Na O である[61]．タイ・ルーイ集落のなかでも，バーン・ナーオウ集落は最も古い集落のひとつとされ，かつての集落の構造と街路体系を維持しており，タイ・ルーイ式住居が数多く残されている．1952年にタイ政府によって本格的な整備が行われ，道路・商店街が建設されて隣県から簡単にアプローチできるようになった．また，ルム・ナム・ルーイ地域の中心，ルーイ市にも道路が建設された．その結果，ルム・ナム・ルーイ周辺の都市化が進み，多くの集落が急激に変化しつつある．

---

61) 第1次調査（2004年2月15日〜22日）において予備調査を行い，居住者へのヒヤリング（年齢，家族構成，職業，家柄や出身地，入居時期，集落を形成した初期の状況，建築技術，他地域との影響関係，住居の増改築過程など）調査を行うと共に，ルム・ナム・ルーイ流域に関する歴史的文献，ルーイ県の地籍図，対象集落の計画図と航空写真などの資料収集を行った．第2次調査（2004年4月20日〜28日）では，地籍図を利用してのタイ・ルーイ集落配置図の作成，バーン・ナーオウ集落の空中写真にもとづく住宅やレイアウトの図作成，バーン・ナーオウ集落の26軒の住居の実測調査を行った．調査は，全てチャンタニー・チランタナットによる単独調査である．

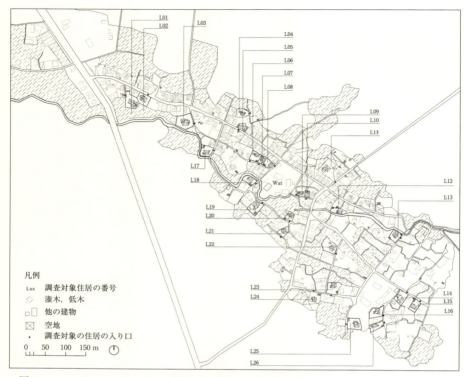

図 II-3-2d　バーン・ナーオウの構成　調査住居と集落要素　作製：Chantanee Chiranthanut

①集落の空間構成

　バーン・ナーオウはルーイ市から直線にして北に 15km のところに位置する．2つの丘の間に位置し，南東の丘の上にワットが造られ，それを取り囲むように集落が配置されている．集落の外側には畑や果樹園があり，さらにその外側に墓地がある（図II-3-2d）．集落は細長い形をしており，東西約 700m，南北約 400m である．集落を西北から南東に細流が流れ，およそ 300m 離れたルーイ川に注いでいる．人口は 2004年2月の時点で 675 人（男性 327 人，女性 348 人），190 軒の住居があり，稲作農業を主な生業としている．他に，林業，森林から採れる植物（ハーブ，きのこ，竹の子）の採集，販売などを行う．
　バーン・ナーオウはワットを丘上に設定し，その下に住居を，さらにその下に水田

や水源などを，そして一番低いところに墓地を配している．一方，平面的なヒエラルキーは方位による．タイ系諸族社会では，一般に最良の方位は，太陽の昇る東で，最も悪いとされる方位は日の沈む西である．こうしたオリエンテーションの感覚は，以下に述べるように居住空間の使われ方に影響を与え，空間の配置，儀礼の順序などに生きている（図 II-3-2e）．

②タイ・ルーイ式住居

タイ・ルーイ式住居は，煉瓦柱の上に建てられる高床式であり，住居の内部空間では最良の方位とされる東側は，男性用の空間として利用される．不吉とされる西側には，別棟として厨房が置かれ，主に女性用の空間として利用される．

煉瓦柱の寸法は幅 30×30cm，高さ 120～180cm である．床下には，物置

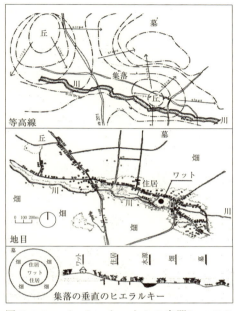

図 II-3-2e　バーン・ナーオウの空間ヒエラルキー　作製：Chantanee Chiranthanut

や鶏小屋があり，農具を収納したり，修理したりする場所として使われる．また，住人が竹のベッドで休息したり，居間として客を招いたりするスペースとして使われる[62]．柱梁は堅木[63]を用い，部屋は一般的に天井を貼らず，床，壁は板張りで，建具も木製である．

住居の基本構成は，生活空間である母屋を中心に，クアー Kua（厨房），ウエット Wet（便所），ラオ・カーオ Lao Kao（米倉）が付随する分棟形式である．住居は主に寝室棟と厨房棟からなり，厨房はサーン（テラス）を挟んで寝室棟とは別棟で構成され，1棟が取り壊されても別棟に影響を与えない（図 II-3-2f）．東寄りにある大きな棟が寝室棟であり，西寄りにある小さな棟が厨房で，その裏にある小さなテラスで食材を洗う．2棟の間を繋ぐテラスには元来屋根が無く，床は寝室や厨房の床よりも 15～25cm ほど低くなり，床のレヴェル差を利用して風を通す構造をもつ．テラスの幅は 125～250cm で，地面からテラスの床までの高さは 90～180cm である．

バーン・ナーオウ集落で見られるタイ・ルーイ式住居の屋根形状については，一般

---

62) ただし，雨季の洪水時には，テラスが使われる．
63) チーク，マホガニー，鉄木，ローズウッドなど．

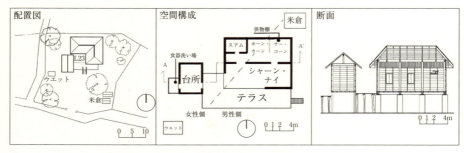

図 II-3-2f　住居の基本型　作製：Chantanee Chiranthanut

的に，ジュウア Jua（切妻）(i)，ムク Mook（寄棟）(ii)，ナー・ムク Na Mook（「L」型の寄棟）(iii)，パン・ヤー Panya（入母屋）(iv)，ランカー・テーブ Langkha Teub（片流れ）の 5 つが区別される（図 II-3-2g）．ジュウア，ムク，ナー・ムクはルーイ地方に固有の呼び方で，後の 2 つは一般的タイ語である．厨房には，一般的に切妻が用いられる．テラスは，約 30 年前からトタンの片流れの屋根を用い，基本的に母屋棟に附属する．

　調査住居の中には，いくつかの共通した空間構成を持つものを確認できる（図 II-3-2g）．基本的な空間構成について，以下のような特徴を挙げることができる．タイ・ルーイ周辺では，特定の部屋に地域固有の名称が用いられている．サーンには階段[64]で昇り降りする．母屋の屋根の形状に着目して住居の平面形式を分類すると以下のようになる．

　タイ・ルーイ住居の母屋棟は，寝室とシャーン・ナイ Shan Nai の 2 つの空間によって構成される．

　　a．寝室（1）の四周は壁で囲まれる．室内には以下の 3 つのスペースが設けられる．

　　　ナー・コーン Nakong（Nk）：ここには，精霊（祖霊）を祀る棚が設えられ，男性あるいは息子のスペースとして利用される．東に配されるのが基本で，住居の最も重要なスペースであり，客人や女性が勝手に入ることは許されない[65]．「ナー」は，日本語で「前表」の意味であり，「コーン」はヒード・コーン Heedkomd，すなわち，タイの伝統的な文化や儀礼を守ることを意味する．

---

[64] 住居によっては，表側と裏側の両方に階段を設ける事例がある．裏側階段は女性専用のものであり，男性（主人）と客には表側のみを利用することにされている．このように設定された階段には，空間儀礼の使い方以外にも女性が厨房や寝室へ直接アプローチするための利用目的をもつ．

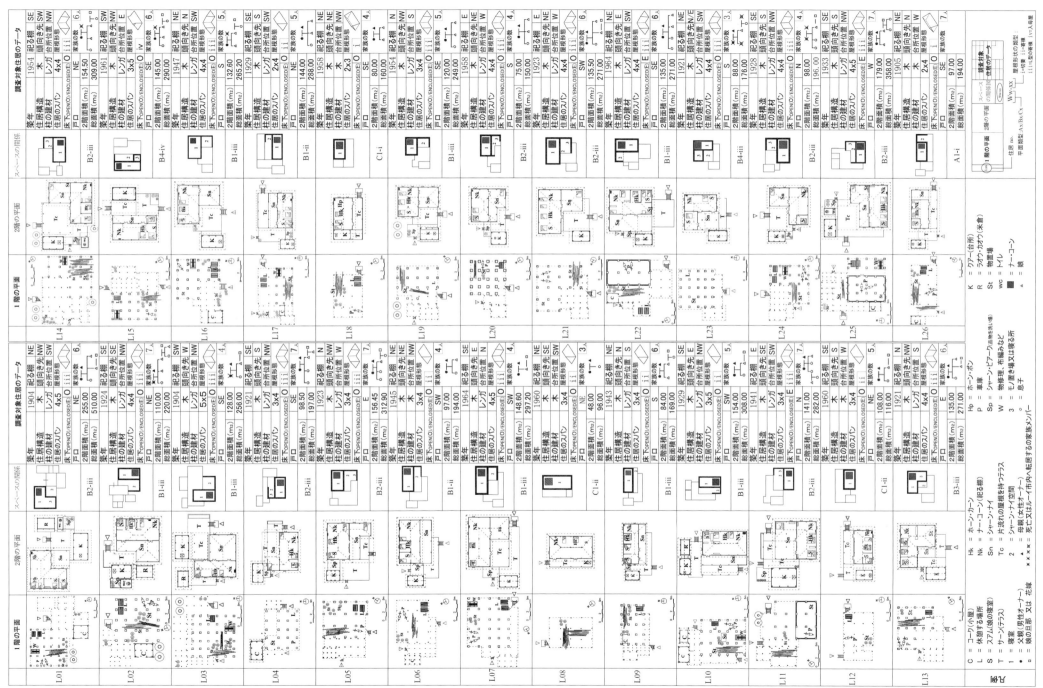

図 II-3-2g 調査住居 作製：Chantanee Chiranthanut

ホーン・カーン（Hk）：両親の寝室で，中央に配置される．ホーンは「部屋」を意味し，カーンは中央を意味する．
　　スアム（S）：未婚の娘の寝室で，西側に配される．ナー・コーンは間仕切り壁のない部屋であるが，スアムは基本的に壁で囲まれる．
　b．シャーン・ナイ（2）は3面が壁で囲まれる（場合によっては2面のみ壁で囲まれることもある）．ここでは，食事，接客，家事など，その世帯のほとんどの活動が行われる．客人はシャーン・ナイまで入ることはできるが，寝室棟内への立入は禁止される．

　母屋棟のみに着目すると，上述のように，母屋は寝室（1）とシャン・ナイ（Sn）の2つの空間から構成されるが，平面構成に影響を与えるシャーン・ナイに着目して住居を分類すると以下のようになる．
　　Aタイプ：シャーン・ナイがL字形で，寝室の前に配置される．来客を接待する場所として使われる空間の一部と寝室が並列に配される．
　　Bタイプ：シャーン・ナイが長方形で，寝室の前に配される．シャーン・ナイ内における空間の利用方法に着目すると，以下の4つに分類できる．
　　B1タイプは，シャーン・ナイの先端に多目的のスペースが設置される．基本的には3面の壁で囲まれ，物を置かずに接客空間として利用される．
　　B2タイプは，シャーン・ナイをベッドをはじめとする物置として利用する．
　　B3タイプは，シャーン・ナイの一部のスペースを寝室と合併し，多目的空間として利用される．
　　B4タイプは，B3のようにシャーン・ナイの一部を4面壁で囲い，個室とする．
　　Cタイプ：シャーン・ナイが配されない．

　以上，2つの分類を組み合わせると，24の住居タイプを区別できる．平面形式のAタイプは切妻タイプ（i）のみである．16の住居タイプは存在しないため，住居は大まかに8つのタイプに分けられる（図II-3-2h）．
　この村の起源となる住居はAタイプと考えられるが，現在最も多い，標準型となるのは，B1-iii（7軒），B2-iii（9軒），の2タイプである．この2タイプは1900年以降に数多く造られるようになった．母屋の形態に着目すると，26軒中17軒がナー・ムク（iii）の屋根を持つ（図II-3-2f）．平面構成に着目すると，B1（11例）とB2（9例）

---

65) 建物の配置や住居の間取り，利用において，方位が重視される．住居は一般に男性と女性の空間に分けられ，寝室棟内では仕切り壁で男性側と女性側に分かれて就寝する場合が多い，東は最善の方位で男性および供物棚の位置とされる．西は霊（悪い影響）の方位で，女性が関わるスペースが配置される．さらに西は不幸な方角のため生きている人が西の方に枕を向けて寝ることは禁止され，東の方向に枕を向けて寝るのが基本とされる．

第 II 章
タイ系諸族の住居

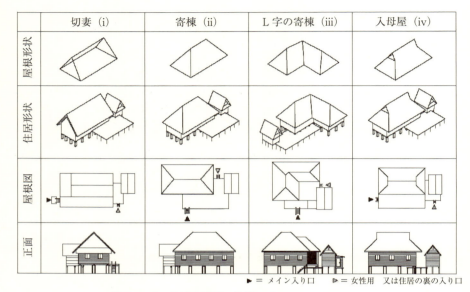

図 II-3-2h　住居の類型　作製：Chantanee Chiranthanut

が母屋の平面の標準型であるといえる．17 軒のナー・ムク（iii）屋根をもつ住居は全て B タイプの平面である．母屋を構成する柱は 3×4（8 例）あるいは 4×4（9 例）のものが多い．4×4 のものは，全てが B タイプの平面でナー・ムク（iii）を持つものである．柱間にはばらつきがあり，バーン・ナーオウ村では 255〜325cm であった．最古の形態とされるジュウアを持つ住居は A1-i の 1 軒のみである（L26）．

床下に煉瓦造とパー・トクシー壁を利用しているものを 3 軒（L11，L22，L25）確認できるが，いずれも建設当初のものであり，現在では倉として利用されている．屋根は粘土瓦を用いている場合が多いが，1 軒のみ草葺を用いている（L08）．

住居の面積の平均は，124.25m^2［最大 255.0m^2（L01），最小 48.0m^2（L08）］である．調査した 26 軒の中で 3 軒（L11，L21，L25）は，一部の床下空間がパー・トクシー壁で囲まれている．それらの面積を含めると全体の面積は，L11 が 192.00m^2，L22 が 185.50m^2，L25 が 249.00m^2 となる．

③**住居の変容**

現存するバーン・ナーオウのタイ・ルーイ式住居は，この 100 年の間に造られたものであり，ヒヤリングによると，L26（1905 年建設）が最も古い起源の例である．

タイ・ルーイ式住居の変容は，住居が建設された年代，集落外の影響，家族の人数および空間用途の変化によって進行してきたと考えられるが，一般的に，住居の変容

に大きな影響を与えるのは，建築材料，建築技術，空間の利用方法（使われ方）である．

　柱に着目すると，木造と煉瓦造の2つがあるが，かつては木造の柱であったものが，煉瓦造の柱へと変化している．斜面でも煉瓦を積み重ねることによって，床や家のレヴェルの調節が簡単にできるようになった．さらに，煉瓦の接着にモルタルを使用することで，柱の耐久性を強め，メンテナンスが容易になった．粘土瓦を利用することによって，雨季の雨漏りの問題が解決された．以上はヒヤリングによって明らかとなった変化である．

　また，平面構成についても，ヒヤリングによれば以下のようになる．かつては母屋内部の空間にプライバシー空間を必要としなかったために間仕切りがなかった．しかし，現在の母屋の居住空間は，家族人数の増加（結婚[66]など）によって寝室内に新たな部屋が配置され，家具や収納スペースが造られるなど，変化してきた．また，例は少ないが，母屋以外に，トイレ，米倉，下屋の増築が行われる場合もみられる（L01，L02，L03，L10，L14，L25）．

　住居内部とは対照的に外観に大きな変化はない．

　AタイプとBタイプの違いはシャーン・ナイの位置である．ナー・コーンの隣（Aタイプ）から寝室の前（Bタイプ）に設けられるようになった．その後，Bタイプでは，シャーン・ナイ内の変容が進行し，B1，B2，B3またはB4の順番に替えられたと推定される．これはヒヤリングによっても裏付けられているが，平面相互の比較による推定としても自然である．

　AタイプとBタイプの共通点はシャーン・ナイとナー・コーンである．Cタイプは，L18を除き，ナー・コーンはあるが，シャーン・ナイがない．これらは1952年以後に建設され，東北タイの住居形式の影響を受けたと考えられる．L18の住居平面のパターンは基本的なタイ・ルーイ式住居と違い，ナー・コーンの替わりに，ホーン・ポン[67] Hong Puengというスペースが出現する．ヒヤリングによると，男性（世帯主）が隣県出身であり，バーン・ナーオウの村の人と結婚し，最初は嫁の家に入り，第一子が誕生してから独立し，現在の住居を建設したという．

　タイ・ルーイ式住居は，切妻のAタイプを原型とし，1900年代以降にBタイプへと変化し，さらに1950年以降に新たなCタイプの住居が生まれた．また，煉瓦造もBタイプと同時に普及し，柱の土台には石の替わりに煉瓦造が利用された．また，一

---

66) タイ・ルーイ人の親族構造は基本的に母系的で，結婚する場合，一般に男性の側から嫁の家に入り，夫婦の結婚後の住まい先については，妻方の両親と同居し，第一子が誕生してから独立するとされる．
67) ホーン・ポンは，東北タイの伝統的な住居の内部空間に配置され，仕切り壁のないスペースで，住居の東側にある．「ポン」は息子を意味する．

第 II 章
タイ系諸族の住居

部の住居の一階（L11, L22, L25）で用いられるパー・トクシーも同年代に流入したと考えられる．

　以上のように，タイ・ルーイの伝統的住居は，もともと木造高床式の切妻住居であったが，ヴィエンチャン，ルアンパバン地域の住居形式に影響を受けて変化し，それを東北タイに持ち込んだと考えられる．パー・トクシー，煉瓦柱を用いたその住居構法は，植民地期にフランスによって影響を受けて成立したものである．東北タイには19世紀以前にはなかったものである．寄棟や入母屋の屋根も東北タイには珍しい．さらに，20世紀半ば以降になると，東北タイで一般化してきた住居形式の大きな影響を受けていったのである．

3-3 ｜ バーン・パクシー（ルアンパバン県，ラオス）

　ラオスのタイ系諸族は，上述のように，ラオ族あるいはタイ・ラオ族[68]と呼ばれるが，ラオスに居住する民族は現在49に分類され，中心を占めるラオ族の他，先住民族と言われるモン・クメール系やその他の少数民族なども生活している．一般に，ラオ族が居住する高度を基準として，標高400m以下の低地に居住し，平野部で水稲作をおもな生業とするラオ・ルム Lao-Lum（低地ラオ），標高300〜900mの山の中腹部に居住するラオ・トゥン Lao-Tueng（中部ラオ），標高800m以上の高地に居住するラオ・スーン Lao-Soong（高地ラオ）の3つのラオ族が区別される．なかでもラオス全人口の50％以上を占めるラオ・ルムが，政治・文化などあらゆる局面で支配的であり，ラオ・ルムの話す言語が公用語（ラオス語）となっている．

　ラオスの古都ルアンパバン周辺にはラオ・ルム族が居住する．ルアンパバン県は，ラオスの北部に位置する比較的冷涼な地域である．熱帯モンスーン気候で，雨季（5月〜10月）と乾季（11月〜4月）がある．年間平均気温は25℃程度，年間降水量は1300mm程度である．ルアンパバンの都市部の人口は約3万人程度（1995年），県全体の人口は36万4840人ほどである（園江 2006）．統計によればルアンパバン県の全世帯の89.8％が農家である．臨地調査の対象にしたのは，ルアンパバン県のバーン・パクシー Ban Paksy[69]である（QRIII-3-3）．

①集落の空間構成

　バーン・パクシーは，ルアンパバン市の南西約22km，幹線道路02号線沿いにメ

---

68) ラオス人民は49もの民族集団で構成されているが，人口統計的には総人口の半数以上がラオ族である．ラオ，タイ・ラオ，ラオ・タイ，アイ・ラオ Ai-Lao は，ラオスに居住するタイ系諸族である．
69) バーンは村，パクは出口，シーは固有名詞で川の名，「シー川口の村」という意味である．

コン河を 300km ほど遡った河岸に位置する．ちょうどシー川という小さな川がメコン河に合流する地点に当たり，2 つの河川の間にある小さな丘の上に立地している．メコン河東岸に沿って細長く広がる集落の範囲は，長辺方向約 300m，短辺方向約 160m である．集落の南東から北西に向かってシー川が流れ，メコン河に注ぐ（図 II-3-3a）．

バーン・パクシーにいつどのようにして入植が行われたか，正確な時期は不明であるが，村長によると，1932 年に新しい寺院の本堂を建て替えた時には，既にこの地に住み始めていたという．1932 年以前はワットの南にこの集落があり南へと拡大したが，南にある墓地が限界となり，さらに南の土地は雨季の洪水が激しかったため，ワットの北に現在の集落が成立したという（図 II-3-3b）．

バーン・パクシーの人口は 2008 年 12 月の時点で 776 人（男性 444 人，女性 332 人），世帯数は 147 である．このうち 108 軒に対してヒヤリング調査と実測調査を行った．1 世帯の平均の家族人数は 5.4 人である．主な職業は稲作であり，水田はおよそ集落から 30 分以内の距離にある．自作水田所有世帯の平均水田所有面積は 2.25ha である．住民は水田稲作以外にもメコン河での漁業，また林業を営む．森林作物（ハーブ，きのこ，竹の子）の採集，トウモロコシ栽培，酒の製造・販売などを行う他，船員もいる．さらに，雨期以外には，メコン河の河川敷で販売用と自家用のための野菜の栽培も行う．住民は，一般的に集落内にある小学校を卒業すると，ルアンパバン市内にある学校へ進学する．高校を終え，大学へ進学しない場合はルアンパバン市内に就職す

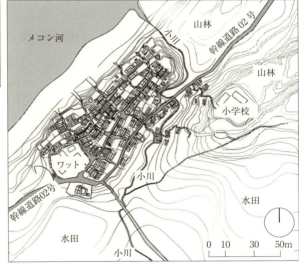

図 II-3-3a　ルアンパバンとバーン・パクシー　作製：Chantanee Chiranthanut

ることが多い.稲やトウモロコシの収穫時期には集落に戻り,収穫の手伝いをする人が少なくない.

1987年以降,生活用水は集落の東約3.3km地点にあるクアンシー滝からチューブを使って引いており,メコン河に対して直交する2本を使い,1本目がワットの前(図II-3-3cの道路4-4'),2本目が道路2-2'に分岐ポイントを置き,それぞれの住居にそこから水を引いている.農業用水については集落の北約400kmにあるシー川の水を利用している.

水田稲作を主生業とするバーン・パクシーは,2つの丘の間に位置し,南の丘の上にはワットがある.現在の集落はワットの北側に広がる.ワットの南には水田があるが,さらにその南の一番低いところにパーヘオ Paheo と呼ばれる共同の墓地がある.集落の周辺には,生活に使われる竹林がメコン河沿いにあり,建材用に使われるチークなどの木材は集落西側のメコン河を渡った場所から調達する.メコン河の河川敷は野菜の栽培に利用され,水田は,集落の西側以外の三方を囲むように広がっている.

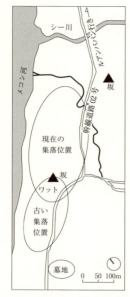

図 II-3-3b 集落の移動
作製:Chantanee Chiranthanut

集落内の道路は,メコン河にそれぞれ平行・直行する2軸に沿って配されている.メコン河に平行する3本の道路のうち最も東側を走るもの(C-C')が幹線道路02号線であり,そのひとつ西側の道路(B-B')が集落内の主要道路となる(図II-3-3c).この集落内の主要道路沿いには,南から寺院,集会所,竹林等の主要な集落要素が並んでいる.住居は斜面に立地し,住居を建てるために石垣で段々を造って平らな敷地を造成している.ラーン・カーンバーンと呼ばれる集落の中心にある広場に集落の集会所がある(図II-3-3d).

村人は仏教徒であるが[70],祖先崇拝と精霊信仰も見られる.集落の中心にはラク・バーン Lak Ban(集落の柱)がある[71].精霊信仰に関しては,集落内には小さな祠[72]が存在する.これはサーン(またはサーン・ピー)と呼ばれ,土地と住居の守り神として

---

70) ルアンパバンでは14世紀のラーンサーン朝建国以来,上座仏教が信仰されてきており,朝方,通りでは施しを行う人びとが出家者を待つ.出家した人びとは俗世を離れ,ソング Song と呼ばれる集団修行組織に加入している.ルアンパバンに多くの仏教寺院が維持されているのも,人びとの信仰の現れである.一方で精霊信仰も根強く,新年のお祭りには,プーニュー PooYhua・ニャーニュー YaYhua(ニューおじいさん,ニューおばあさん)パレードが行われる.プーニュー・ニャーニューは天地創造時の原初の夫婦であり,この集落の守護霊である.

71) ラク・バーンは,集落の神聖な所であり,汚れることはタブーである.集落の中心として祭りや集会が行われる場所である.

認識され，木で造られている．バーン・パクシーにおいては，これらの信仰が混淆している．また，方位観に従って，高一低の軸を清一濁（神聖一不純）に対応させて，ワットは高い位置（山の上・川の上流）に，墓地は下流の集落より低い場所に配置している（図II-3-3e）．

現在の集落はワット（寺院）の北側に広がる．ワットの南には水田があるが，さらにその南の一番低いところに墓地がある．メコン河の河川敷は野菜の栽培に利用され，水田は，集落の西側以外の三方を囲むように広がっている．かつてタイ・ラオ族の人びとは豊かな土地（平坦な土地あるいは小さな丘に植物が多く，水源があること）を集落立地の条件にしていた．住居を建てる際には，住居を建てる範囲にある植物だけを刈り取り，集落周

図II-3-3c 集落の街路体系 作製：Chantanee Chiranthanut

辺の植物を残すようにした．また，敷地（土地）の真ん中に住居を配置し，その周囲に果物（ヤシやマンゴー）の木を植えるのが一般的であった．平地における稲作集落では，耕作に使う水牛は住宅の敷地内あるいは高床下で飼い，その近くに草場を設けた．集落内には，井戸がない，生活用水はチューブによる水路によっている．集落内の下水は，一部は地面に浸透させているが，敷地奥（厨房棟が向かい合う）に背割りのかたちに配された下水路により，メコン河に流している．近年（1985年以降），地面より高く便器を配置して，基礎部の穴から排泄物を汲み取る新しい汲み取り式トイレが導入され，便所が各住居の周辺または住居内に設置されるようになった．その他，商業的施設として，集落内には，5つの雑貨屋がある．

バーン・パクシーでは集落内の敷地に余裕が無く，住居と住居の間にも植物が少ない．集落内の植物は殆ど刈り取ってしまった状態で，集落の周りにのみ植物が残っている．また，住居の敷地は短冊状の細長い形をしており，余裕がないため米倉は少ない．傾斜地であるため，水牛の餌（草）を運ぶ作業も大変なため，水牛は水田の辺りで自由にさせ，病気，または子供ができた時などに限って集落内で飼う．

---

72) 家族（子孫）を見守るよう住居の中またはその土地の敷地の中に，祀る棚を設置する．先祖崇拝の儀礼は，家族（血縁・親戚）の関係を強める役割をもち，家族のメンバーが増え，拡大して離れていても家族の拠所となる．

第 II 章
タイ系諸族の住居

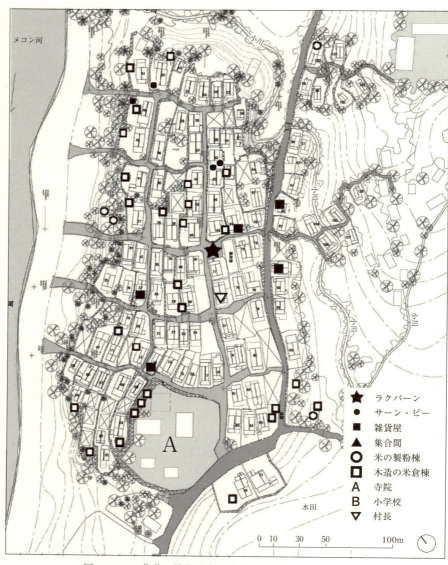

図 II-3-3d　集落の施設分布　作製：Chantanee Chiranthanut

バーン・パクシーには147軒の住居がある（図II-3-3f）。屋根の棟の向きに着目すると，全体がメコン河に平行している（図II-3-3g）。集落にある147軒のうち2軒がジュアフエードJuafead（2列の切妻屋根のもの）であり，1920年と1970年に建てられたものである。それ以外の屋根形態はジュアJua（1列の切妻屋根のもの，勾配約35～45度）である。1958年にトタン屋根が導入され，それまでの草葺屋根や粘土焼きの瓦の屋根が取替えられるようになった。ヒヤリングによると，1960年以前の住居の屋根（棟高）は現在より高く，勾配は45度以上であったが，強風に何度も飛ばされたため勾配を35度程度にしたという。

住居は通路を介して，左右対称に，通路側から，ラーン・バーン（前庭，ラーンは，構内，広場を意味する），階段，母屋棟，そして道から最も奥まった所に厨房棟という配置になる。母屋は前に置かれ，厨房棟は母屋棟の裏に設けられる。調査した住居108軒のうち，妻入りは87棟と多く，平入り21棟の約5倍ある[73]。妻入りの場合，入口からハーン（前室，寝室の前に置かれる接客・食事などを行う多目的スペース）を介して寝室のあるフアン・ノンが配置され，その奥にフアン・クアーと食器洗いなどに使われるテラスが順に並べられる。一方，平入り住居の場合は，入口となる階段がフアン・ノンとフアン・クアーの間のテラスまたはフアン・ノンの端などに設けられるため，住居内の動線は入口からハーンを介して左右に分かれるかたちとな

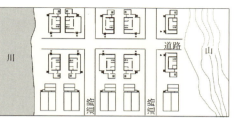

配置パターン

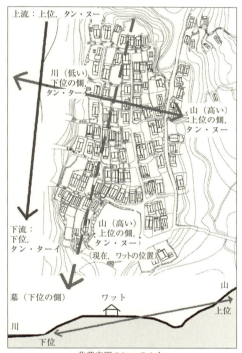

集落空間のヒエラルキー

図II-3-3e　集落空間のヒエラルキー　作製：Chantanee Chiranthanut.

---

73) 平入住居の最も古いものは1920年に建てられたものである（住居 no.36）。

第 II 章
タイ系諸族の住居

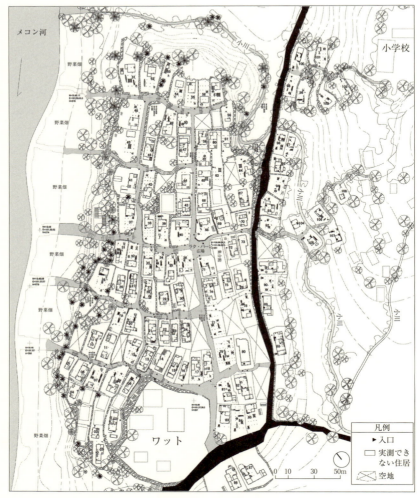

図 II-3-3f　バーン・パクシー集落の構成　作製：Chantanee Chiranthanut

る．妻入り住居が道路を介して向かい合う場合，道路を軸として左右対称に内側から，ラーン・バーン（前庭），階段，フアン・ノン，そして道から最も奥まった所にフアン・クアーという配置になる．いずれも，母屋が厨房より道路側に設置されるのが一般的である．

　バーン・パクシーの住居は，建築年代を問わず 93.88% 以上が 2 階建てである．建材に着目すると，全体が木造，木造が主構造で壁が編んだバンブーマット，2 階が木

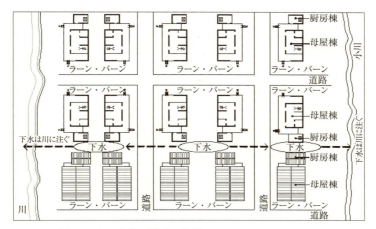

図 II-3-3g　宅地の構成　作製：Chantanee Chiranthanut

造で1階がブロック，全体がブロック造，2階が竹で1階がブロック造の，5つのパターンがみられる．108軒のうち，全体が木造の割合が12.03%（13軒），木造が主構造で壁が編んだバンブーマットの割合が12.03%（13軒），2階が木造で1階がブロック造の割合が最も多く50.93%（55軒），全体がブロック造の割合が9.26%（10軒），2階が竹で1階がブロック造の割合が15.74%（17軒）であった．木造の場合，掘立て柱は用いず，石またはセメント基礎の上に柱梁を組む．

　高床式住居を特徴づけるのはタイトゥン Taitoon またはコンラーン Konglang[74]という大きな床下空間である．高床の高さは170〜270cmで様々である．タイトゥンには3つパターンがみられる（108軒のうち9軒の平屋建てを除く）．①全て開放されているものが12軒，②一部を壁で囲い部屋として利用しているものが46軒，③全体を壁で囲い部屋として利用しているものが42軒である）．97軒の2階建て住居のうち，①の割合が最も少なく12.12%，②の割合が最も多く46.46%，③の割合が42.42%であった．

　タイトゥンは，昼間における日常生活の中心的場所で，昼寝や休憩，料理や食事，接客，居間や収穫道具の収納スペース，近所の住民との交流の場，駐車場など，様々な活動が展開される．

　ヒヤリングによると，火事を避けるために厨房を2階から1階に移動するようにと政府からの指導があり，1960年代以降，厨房が1階に設置されるようになった．

---

74) 床下部分は，タイ語でタイトゥン，ラオ語で「タラン」（またはコンラーン，コンタラーン Kongtalang もいう）と呼ばれる．現在はタイトゥンが一般的に用いられる．

調理には炭火を使うため，2階にある厨房は三方，四方を壁で囲んでいたが，厨房が1階に移ってもこの形式が保持されたため，1階部分に壁が用いられ始めた．さらに，政府が示した清潔な集落を目指し，1987年に水道が設置され，それまで集落の周りの林などで済ませていたトイレやメコン河での沐浴は，各住居の周辺または住居内に設置されたトイレや浴槽で行われるようになった．そしてその後，新建材（トタンやブロック）が導入され，1階の厨房に木と竹の代わりにブロックが利用されるようになった．高床の下には，厨房以外に収納や鶏小屋，米倉などが置かれる．また，日中の居所，作業空間，近所の住民との交流の場として利用される．

タイ・ラオ族の稲作農村では，米倉が別棟として建てられるのが一般的である．バーン・パクシーでは，住居の敷地が細長い形をしており，米倉が少ない．バーン・パクシーでみられる穀物庫の形式には3つのパターンがある．①独立した米倉，②高床下に配置された編んだ竹で作った高さ150cm程度の円筒の籠，③ビニール袋に収穫した米を入れ，住居の1階または2階の床に何重にも積み上げたもの，の3つである．

②集落の形成過程

現在のバーン・パクシーは，上述のように，1920年代以降，ラク・バーンとワットを結ぶ集落の真中にある主要通路を中心に発展してきた．調査住居のなかで最も古い住居は1920年代に建てられたものである（住居No.13）．

バーン・パクシーは，母系社会であり，結婚すると男性が女性の家に入り，1～2年間一緒に生活しながら女性の家の農作業などを手伝う．そして，新居を建てるための建材や資金が集まると，集落の中にある空地を選んで自分たちの住居を建て，親の住居から独立して移住する．

結婚，独立のプロセスについてのヒヤリングによると，例えば以下のようである（図II-3-3h）．住居No.14（建築年代不明）に住んでいる5人の子どものうち，4人の男子と女子が結婚して集落内の空地を選択して移住した．もう一人は，親から独立し，ルアンパバン市内へ移住した．第1世代の親の住居（No.14）から第2世代の家族（住居No.16, 51, 62, a）が誕生し，さらに住居No.62の息子が結婚して相手の女性の家（住居No.81）に入り，現在3世代の家族が誕生した．集落内ではこのようなプロセスが繰り返され，現在の範囲にまで拡大していった．また，集落の北方いっぱいに広がったため，メコン河沿いから幹線道路を越えた反対側（小学校側）へと広がるようになった．このように，バーン・パクシーでは結婚により誕生した新しい世帯が集落内に独立して住居を構えることでその範囲が拡大してきたと考えられる．

住居建設年代をもとに集落の形成過程を図示すると図II-3-3iのようになる．1932年に幹線道路02号が造られたが，現在より幅が狭く，土の道路であった．住居の建設時期をみると，1950年代以降，住居の建設は，主要道路からメコン河方面へ，さらに，幹線道路沿いに北方へと広がっていったことがわかる．ひとつの理由は，雨季

に毎年起こるメコン河の洪水による被
害を避けるためである．1980年代に
入ると集落の空地が少なくなったた
め，メコン河沿いと幹線道路沿いに住
居を建てるようになった．現在，空地
はまだいくらかみられるが，ほとんど
余地がなくなりつつある．空地は集落
の主要道路沿いとワットの周囲では5
年以内前に所有者が新しい住居を建て
替えるために古いものを壊した土地で
ある．メコン河沿いの低地に，洪水が
あるにもかかわらず住居を建てる例も
ある[75]．資金不足のため，洪水に遭っ
ても住居を建て替えない居住者もいる
（住居 no.05, 10）．

図II-3-3h　住居の移動事例　作製：Chantanee Chiranthanut

③空間のオリエンテーション

住居の建設に際して，タイ・ラオ族
について一般的に指摘される，太陽の動きに従い東（聖）と西（俗）を区別する方位
観，北―南あるいは川の上流―下流の軸を長―幼に対応させる観念（Clement-Charpentier
1989）は，バーン・パクシーでも確認できる．具体的には，就寝場所を年長者から順
に北寄りで決めていくこと，居間の客座を上段，もしくは東よりに設けることがみら
れる．さらに，川に面した住居では寝るときに足を河の方に向けること，西は不幸な
方角で，生きている人が西に枕を向けて寝ることはよくないと考えられ，東に枕を向
けて寝るのが基本であるとされるが，バーン・パクシーでは枕を山の方に向ける例が
見られる．ヒヤリングによると，むしろ「アウフアーパイハープー，アウチーンパイ
ハーナーム（Aou Hou Pai HaPoo Aou Teen Pai HaNam 頭は山の方向で，足は川の方向にする）」
を原則としている．方位観としては，太陽の動きに基づく絶対方位よりも，山や川な
ど場所の自然に規定された方位観に大きな影響を受けていることが指摘できる．住民
たちは，山は強い力のシンボルで，枕を向けて寝ると元気になると言う．一方，川は
病気や不運のシンボルで，頭を川の方向に向けて寝ると病気になるという．フアーは
頭，ハープーは山という意味で，テーンは足，ハーナームは川という意味である．バー
ン・パクシーでは，山側を上位（ヌー Nue），低地を下位（ルム Loom）とする．また，
上流を上位（タン・ヌー Tang Nue），下流を下位（タン・ターイ Tang Taii）とする（図II-

---

75)　固定資産税は，1年8Kip（0.088円）／m² である．

第 II 章
タイ系諸族の住居

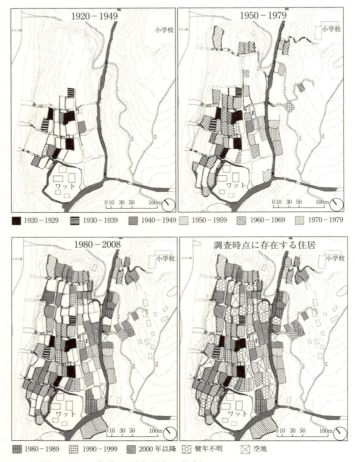

図 II-3-3i　集落の形成過程　作製：Chantanee Chiranthanut

3-3e). また，先に建設された住居が後に建設される住居に影響を与え，並んで建てられる住居では，就寝の際，頭と頭がそれぞれ向かい合うように空間が配置される（図 II-3-3j).

集落や住居の守護霊（神）ピー（テヴァダー Thewada またはジャオテイー Jauthi ともいう）に関しても，強い意識が維持されている．タイ系諸族は，新しい集落を建設する時に必ずその土地のピーを移動させ，ラク・バーンに宿させる．土地には霊が宿っているとする．集落の建設後には，様々に土地を利用することによって土地が汚れる．土地の霊の怒りで人間（住民）が病気になったり，収穫が悪くなったりすると信じられて

いる．ラク・バーンにピーを移動させることによって，集落のなかは人間が暮らす空間となり，守護霊はそのラク・バーンにすむようになると考えている（森 1992；Tawat 1987）．バーン・パクシーでは，かつては，毎年ラク・バーンに集落のひとびとが幸せに暮らせるように祈る習慣があったが，現在は，住民が重い病気になったり，悪いことが起こったりした時にお祈りが行われる．ラク・バーンはピーが住むところだから上位にし，汚れないように下位から高いところ（盛り土）に位置させる，または他の建物などから離してラク・バーンを建てる．バーン・パクシーでは，以前にはワットとラク・バーンが坂の上方に配置され，集落より高いところにあった．集落がワットの北側へ拡大し，ラク・バーンの周辺を広場にし，汚れないように広場の縁に住居を建て，フアン・クアーを広場の反対側に配置している．

住居を建設する時には，その土地にいるピーをホー・テバダーまたはサーン・ピー[76)]に移住させる．こうすることによって，その土地の住民と住居はピーが守ると信じられている．現在，バーン・パクシー内には4つのホー・テバダーが確認（住居 No.48，52，62，65）できる．ホー・テバダーを上位とし，住居からの汚れを避けるために敷地の前庭に位置させるという．以上のような方位観や集落や住居の守精霊ピーについての空間意識

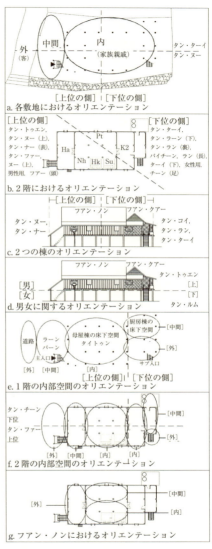

図 II-3-3j　住居のオリエンテーション　作製：Chantanee Chiranthanut．

---

76)　「ホー」は小さな建物を意味し，「テヴァダー」は天使を意味する．「サーン」は小さな祠（木で造られている），「ピー」は霊の意味である．

は重層的に存在している．そして，住居の空間構成に反映されている．
　集落の空間構成，上位下位のヒエラルキーは住居内にも持ち込まれる．まず，各敷地と道路の関係については，道路が外，住居が内である．道路に面するラーン・バーン（前庭）は「外」，高床下（コンラーン）は「中間」，2 階部分は「内」である（図 II-3-3j，a）．2 つの棟は，上位と下位（タン・コイ Tang Koi，タン・ラン Tang Lang，タン・タイ Tang Taii）の 2 つに分かれる．フアン・ノン（母屋棟）は上位，フアン・クアー（厨房棟）は下位である（図 II-3-3j，a～d）．主居住面は高床の上部 2 階にある．2 階は，外（ノーク Noak）と内（ナイ Nai）と中間（カーン Kang）の 3 つの空間[77]に大きく分けられる（図 II-3-3j，f）．
　日常生活における空間の使われ方は男女によって異なる．男性に関わる行為は，ホーン・ノンの周辺で行われる．竹で小物を作るなどの作業，祭祀などが行われる，フアン・ノンの上位タン・ナーのナーホーン Nahong とハーンは一家の主人，男性が使用する場所となる．一方，女性は，住居のフアン・ノンの下位スアムとフアン・クアーや食器洗いなどを行うテラスなどを使用する（図 II-3-3j，b，c，d）．
　高床の上下の使用についても，男女の区別がある．上位（タン・トゥエン Tang Teung）は，男性およびヒンの場所である．下位（タン・ルム Tang Lum）には，女性に関わる空間が配される．男性は，高床下については，フアン・クアーの下は避け，フアン・ノンの下しか使用しない（図 II-3-3j，c）．
　また，頭と足に関する観念としては，頭が「上」で足は「下」とみなされる．階段は足に関係があり，階段は頭とは反対側にむけるのが原則になる．本来，川の方向に足を向けるのが原則であるが，尾根の主要道路（寺院の前から北へ南北に走る道路）の西側，すなわちメコン河側にある住居の中には，西（メコン河）に頭を向けている住居が多くみられる．それは，入口（階段）の位置と関係している．メコン河に近い方は度々洪水にあうため，北からアプローチできる住居は除いて，各敷地の主入口を東南側，すなわち標高の高い方にしている．その場合，入口の階段はハーンの端（東南）に設けられるが，それに応じてヒンは奥の部屋パイチーンの階段と反対の側に設けられることになる．頭はヒンの方に向けて寝るのが原則であるから，西のメコン河に頭を向けることになるのである．

④住居類型とその変容
　タイ・ラオ族の伝統的な住居は，高床式木造住居であり，2 つの空間（母屋棟と厨房棟）によって構成される．基本的に，母屋は通路に面し，厨房棟は奥に位置する．この 2 棟は，直接つながる場合もあれば，間にテラスを介する場合もある．住居の母屋棟の屋根形態は，大きく，①1 列の切妻屋根のもの，②切妻屋根の側面に片流れ

---

[77]「ノーク」は外・関係無し・家族以外，「ナーイ」は内・家族，「カーン」は中央を意味する．

屋根が附属するもの，③2列の切妻屋根のもの，の3つに分類される．厨房棟の屋根形態は，①1列の切妻屋根，②切妻屋根の側面に片流れ屋根が附属するものの2つに分類される．

　バーン・パクシーの住居の基本型は，高床式で，切妻の屋根を持ち，母屋棟と厨房棟2つの棟から構成される（図II-3-3k, No.34）．母屋棟は道路に近い方に，厨房棟はその奥に配置される．母屋棟は，ハーン（前室：寝室の前に置かれる多目的スペース）と寝室によって構成される．基本的に家族以外に寝室に入ることは禁じられているが，現在，こうした認識は薄れつつある．寝室内は，祀棚を設置させるところと息子の寝るスペース，親が寝るスペース，娘が寝るスペースと廊下，の4種の空間を基本として，その組み合わせによって構成されている．

　バーン・パクシーの建築面積の平均は87.33m²，2階の平均面積は64.54m²，延床面積の平均は151.87m²である．延床面積の最小のものは36.69m²，最大のものは377.97m²である．

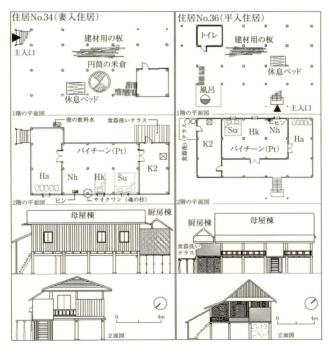

図II-3-3k　バーン・パクシーの住居の基本型　作製：Chantanee Chiranthanut

バーン・パクシーの住居は，フアン・ノンとフアン・クアーの2つの空間によって構成される．

1：フアン・ノンは，ハーンとホーン・ノン Hong Non[78]（寝室）によって構成される．ホーン・ノンは板壁で囲まれ，以下の4つのスペースからなる．基本的に家族以外はホーン・ノンに入ることは禁じられ，ハーンまで入ることが許されているが，前述したように，現在，こうした認識は薄れつつある．ハーンの端に階段がある．

[Nh] ナーホーンまたはホーン・ルッチャイ Hong Lookchai：間仕切り壁はなく，世帯主あるいは男性のみのスペースである．ここには，サオクワン（またはサオヘーク）と呼ばれる柱[79]がある．この柱は，住居を建てる時に最初に立てる柱であり，家を守るために先祖の霊あるいは精霊が宿る柱である．ナーホーンには入口の反対側にヒン Hing[80]が置かれる．ヒンは棚を意味するが，高い位置に設けられるハーン・パ Haan Pa（仏像を置く棚）と一般的に先祖を祀る棚であるヒンの2種類ある．

[Hk] ホーン・カーン[81]またはホーン・ポーメー Hong Phomae：主寝室として中央に配置される．

[Su] スアム：未婚の娘の寝室．フアン・ノンの奥に配され，基本的に四方を壁で囲まれる．

[Pt] パイチーン[82]：ホーン・ノン内のスペース．家族全員が使用し，休息したり，昼寝をしたりするなど，家族を結びつける空間のひとつである．パイチーンは，結婚式と葬式を行う場として利用される[83]．足を向ける側に配される．ちなみに，頭を向ける側は「タン・フアー Tang Houa[84]」，足を向ける側は「タン・チーン Tang Teen」と呼ばれる（図II-3-3j, f）．

[Ha] ハーン：基本的にホーン・ノンの前に，半屋外空間として多目的（接客，食事，家事など）に使用される．80cm程度の高さの手摺で囲まれ，階段が設けられる．ホーン・ノンとハーンは同じレヴェルであるが，フアン・ノンはフアン・クアーより15～20cm程度高く作られることが多い．客人はここまで入ることができる．階段は「外」であり，ハーンは「中間」（媒介空間）として外と内の境界になっている．

2：[K1] クアーあるいは [K2] フアン・クアーは，フアン・ノンより「奥」に配

---

78) 「ホーン」は部屋を意味する．
79) 「サオ」は柱，「クワン」は魂，「ヘーク」は最初を意味する．
80) 「ハーン，ヒン」は棚，「パ」は仏を意味する．
81) 「カーン」は中央，「ポー」は父，「メー」は母を意味する．
82) 「パーイ」とは端を意味し，「テーン」は足を意味する．また，「フアー」は頭を意味する．
83) パイチーンの幅が狭い場合には，ハーンで行う．
84) ラオ語で，「タン」は方位・向き，「ナー」は前・先頭，「ヌー」は上部・上場を意味する．また，「トウエン」は上，「ルム」は下という意味である．また，「ターイ」は下部・低い，「ラン」は裏・後ろを意味する．

置され，一般的に切妻である．クアーは，1階にある厨房，フアン・クアーは，別棟の厨房，2階にあるものをいう．フアン・クアーの「裏」にある小さいテラスで食品，食器を洗う．テラスは，フアン・クアーに附属し，一般的に屋根が無い[85]．床はフアン・クアーの床よりも15〜25cmほど低くなっている．テラスは125cm程度の幅で，地面からテラスの床までの高さは90〜180cmである．

住居の平面形式に大きく影響を与えるのは，階段（主入口）とフアン・クアーの位置である．住居への入口は，棟の方向との関係に着目すると，妻入［I］と平入［H］の2つに分けられる．また，主入口を2階とし階段がハーンの端に設けられるもの［A］と，主入口を1階として階段が屋内に設けられるもの［B］の2つにわけられる．フアン・クアーあるいはクアーの位置に着目すると，クアーが1階に配されるもの［i］と，フアン・クアーが2階に配されるもの［ii］の2つを区別できる．また，階段とフアン・クアーの位置が変わることによって住居内の空間に変化がみられ，1階のスペースが多目的のスペースとして利用されて2階のハーンの存在・役割・機能に影響がみられる．

フアン・ノンはホーン・ノン［Nh］とハーン［Ha］の2つの空間から構成されるのが基本であるが，ハーンのないものがあり，ハーンがある（またはあるが現在使っていない）パターン［a］とハーンがないパターン［b］の2つに分けられる．

［A］と［B］を主軸として，以上のような視点と平面構成の配列（配置構成）からバーン・パクシーの108の住居を分類すると12に類型化できる（図II-3-31）．その内，主なものは以下である．

　　Aタイプ：主階段がハーンの端に，または主階段が外に設けられる．
　　Aia1：階段，ハーン，ホーン・ノン，クアー（1階）によって構成されている．
　　Aib1：階段，ホーン・ノン，クアー（1階）によって構成されている．
　　Aiia1：階段，ハーン，ホーン・ノン，フアン・クアー（2階）によって構成されている．
　　Aiia2：Aiia1と似ているが，ハーンがフアン・クアーに接している．
　　Bタイプ：主入口は1階にあり，屋内に階段が設けられている．
　　Bia1：屋内階段，ホーン・ノン，クアー（1階）によって構成されている．ハーンはあるが，現在使っていない．
　　Bib1：屋内階段，ホーン・ノン，クアー（1階）によって構成されている．ハーンはない．

85）　1980年頃からトタンの片流れの屋根が架けられるようになった．

第 II 章
タイ系諸族の住居

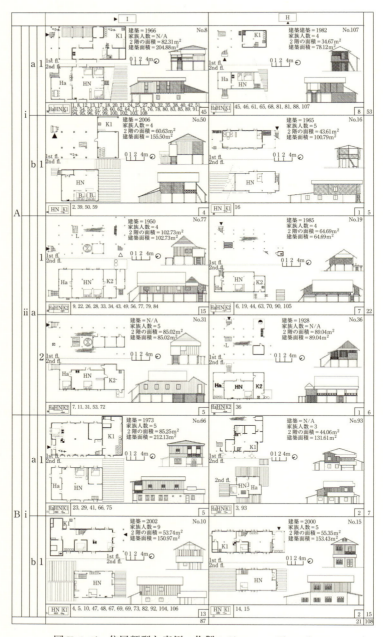

図 II-3-31　住居類型と実例　作製：Chantanee Chiranthanut

調査した住居 108 軒のうち，87 軒が妻入りである．A タイプは 86 軒（79.63%），B タイプは 22 軒（20.37%）である．クアーが 1 階に設置される Ai 型（Aia1-I, Aia1-H, Aib1-I, Aib1-H）は，108 軒のうち 58 軒（53.70%）ある．フアン・クアーが 2 階に設置される Aii 型（Aiia1-I, Aiia1-H, Aiia2-I, Aiia2-H）は，108 軒のうち 28 軒（25.93%）ある．Ai 型は Aii 型より 2 倍多い．

集落内に最も多く，現在の標準型となるのは Aia1 型（53 軒）である．しかし，Aia1 型の住居の世帯主へのヒヤリングによれば，最初に建てた住居は Aiia1 と Aiia2 型であったケースが多い（例えば住居 No.12, 20, 24, 35, 85）．その後，改造したり，壊れて，あるいは古くなった部分を修理したりしたため，Aia1 型になる．Aia1 型が Aib1 型より多い（前者が 53 軒，後者が 5 軒）．Aib1 型は，住居 No.39 を除いて，最近（2000〜2006 年）建てられたものである．建材費を節約するため簡単な機能にし，一般に 2 階に配されるハーン的（多目的）スペースを 1 階へ移動したものと考えられる．Aiia 型から様々型へ変化された住居が多く，バーン・パクシーの住居の原型，あるいは基本型は，Aiia 型と考えられる．

B 型（Bia1-I, Bia1-H, Bib1-I, Bib1-H）は，クアーが 1 階で，主入口を 1 階とし，安全のため外にあった階段を屋内へ移動したものであるが，ほとんどが 1990 年以降に造られたものである（108 軒のうち 22 軒（20.37%））．Bia 型（Bia1-I 型と Bia1-H 型）の平面構成に着目すると，ハーンは存在するが，基本的にハーンの端に附属した階段がない．住居 No.66 の場合，2 階にあったハーンに設けられた階段を外して屋内階段を設け，1 階の床下をブロック壁で囲い，フアン・クアーを 2 階から 1 階へ移動している．

バーン・パクシーは，以上のように，伝統的な住居集落の空間構成を維持してきている．極めて重要なのは，空間のオリエンテーションの感覚は現代にも生きていることである（①）．山側を上位（タン・ヌー），その反対の川側を下位（タン・ターイ）とし，頭の向きやヒンは「上」とし，それを山側に設置し，寝る時に足を「下」として反対側（入口，階段）に向けるといったする方位感覚，フアン・ノンは道路に面し，フアン・クアーは奥に配置すること，隣接する住居は，互いの頭（ヒン）と頭（ヒン）を向き合うように間取りを設置する，棟の方向を揃えるといった原則が遵守され，集落の景観は一定の調和がとられてきている．

また，集落の形成が母系社会を基礎にする親族集団の分家により行われてきたことも確認される（②）すなわち，コスモロジーに基づくオリエンテーション感覚が共有されており，それに合わせて，土地の所有利用を編成するシステムが維持されているのである．さらに合わせて，仏教信仰とともに祖先崇拝と精霊信仰も根強く維持されてきている（③）．住居内には先祖を祀る棚を設置し，また，敷地の中には小さなサーンが設置される．家族全員が先祖崇拝の儀礼に参加し，家族（血縁・親戚）関係は強く濃い．家族の構成員が拡大して新たに住居を建設する場合，以上②のように，家族

のネットワークが基礎になっている.

　タイ・ラオ族の住居の基本型は,妻入り,高床式で,切妻の屋根を持ち,フアン・ノンとフアン・クアーの2棟から構成されている.フアン・ノンは道路に近い方に,フアン・クアーはその奥に配置される.妻入住居が道路を介して向かい合う場合,道路を軸として左右対称に内側から,ラーン・バーン,階段,母屋棟,そして道から最も奥まった所に厨房棟という配置になる(④).すなわち,住居形式とそれを支える空間システムも維持されてきた.しかし,その基本型であるフアン・ノンとフアン・クアーの2つの主要な空間から構成された伝統的な平面形式は,基本的な動線を階段(外)→ハーン(中間)→ホーン・ノン(内)としてきたが,階段(外)→ホーン・ノン(内)に変化していく.また,1960年以降,高床下の空間を壁で囲んで部屋として利用するようになる.そして,主入口を1階に設け,外階段が屋内に設けられているようになる.また,ハーンを改造し,ハーンの一部を4面壁で囲い,個室とするケースもみられる(⑤).基本形の変容,住居類型の関係については上で分析した通りである.

　大きな変化は,かつて生活の中心は高床の2階にあったが,現在では2階を寝室あるいは倉庫として利用し,1階を利用する(寝室,食事,居間,接客,厨房など)ようになってきていることである(⑥).また,厨房が2階から1階へ移動することにより,タイトゥンの空間が少なくなったこと,あるいはタイトゥンが無くなったことも大きい(⑦).そして,米倉を別棟で建てるのが基本であったが,住居の周囲に別棟の米倉を配置する余裕がなくなり,高床下に配置された編んだ竹で作った円筒の籠,ビニール袋に収穫した米を入れるようになったのも大きい(⑧).

　一方,住居の建築構造,建築材料がこの間変化してきたことは他の地域と同様である.草葺屋根がトタン屋根に,板壁がブロック壁に取替えられ,RC造も1990代以降,建設され始めている.草葺屋根がトタン屋根になって屋根の勾配が緩やかになったことは,集落の景観を大きく変えつつある(⑨).

3-4　バーン・ノンナウ(ムクダハン県,タイ)

　東北タイに居住するタイ系諸族に自らをプータイと称する種族がいること,このプータイ族はヴェトナム北部からラオス,そしてメコン川を越えて東北タイに侵入してきたことは前述の通りである.ここでは,ムクダハン県のバーン・ノンナウ Ban Nongnuown をとりあげる(図II-3-4a).人口の80%以上がプータイ族であり,現在でもなお集落の原形をよくとどめている.住居を採寸し,ヒヤリング調査したのは,バーン・ノンナウに住む79世帯のうち,生まれた時からこの集落で生活している33世帯である.

①集落の空間構成

　バーン・ノンナウはバーン・ノンナウ，バン・ノンナウ・マイ（マイ Mai は「新しい」の意），バーン・ノンナウ・ヌエ（ヌエ Nue は「北」の意）の3つの集落からなる．すなわち，全体は3つの社会集団からなる．1つはサヴァナケートのムアン・ピンから移住してきた最初の集団（バーン・ノンナウ）であり，他の2つはここから派生したものである（図II-3-4b）．総人口はおおよそ1000人であり，そのうち約300人がバーン・ノンナウに住んでいる．世帯の平均人数は4～5人である．

　それぞれの家族は，もともと少なくとも2, 3世代分の住居を建てるのに十分な土

図 II-3-4a　ムクダハン地方　作製：
　　　　　　Chantanee Chiranthanut

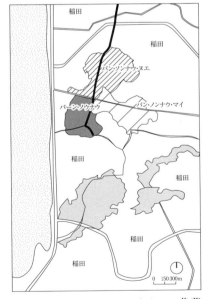

図 II-3-4b　バーン・ノンナウの3集落
　　　　　作製：Chantanee Chiranthanut

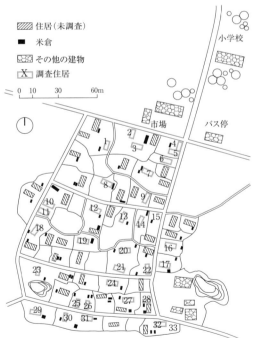

図II-3-4c　集落の構成と調査住居　作製：Chantanee Chiranthanut

地を所有していたと考えられるが，家族数の増加に伴い土地が足りなくなると，後の世代は，親族の敷地の外に自らの住居を建てるようになる．初めの入植地の居住者のほとんどが最も古い世代であり，2番目，3番目の入植地に住む人びとがその末裔である．住民へのヒヤリングによると，若い世代のほとんどがラオ族やコア・タイなど他の部族との混血である．

住民の大半は農家であり，仏教を信仰している．栽培作物は米と椰子である．バーン・ノンナウは周囲を取り囲む平野と水田に向かってわずかに傾斜した小坂の上にある．集落の西部には農地に水を供給するため池と小川がある．北には商店があり，南東にはワットがある（図II-3-4c）．集落の南側（下流にあたる）にはドンプータ Donpoota と呼ばれる保護森があり，集落の住民がきのこなどの食物や薪を自由に得ることができる．ドンプータの近くにはパー・ヘウ Pa-heu あるいはパー・チャー Pa-cha と呼ばれる先祖の墓地がある．拡大した集落は，もとの集落の北，および東へと広がっていった．住民は仏教寺院で仏教儀式を行い，宗教儀式が行われる際，ドンプータは住民が集う場所として使われる．

集落を建設する場合，初めにラク・バーンと呼ばれる集落のシンボルとなる木製の柱が立てられる．この柱は集落の真ん中に位置し，集落の配置を決める際の要となる．

住居は集落の敷地全体に散在している（図II-3-4d, e）．全ての住居の屋根は切妻であり，半数以上の住居が基礎柱の上に建てられている．基礎柱の多くは2〜3mの高さであり，中には1.6m程度のものもある．床下のオープンスペースを多目的に使う部屋に改造している住居もある．

②住居の類型

調査住居33軒（図II-3-4f）をみると，住居の基本要素，そして基本型を理解することができる．住居は，一般に，トゥア・フアン Tua-huen と呼ばれる母屋（寝室棟）とクア Kua と呼ばれる厨房棟の2棟によって構成される（図II-3-4g）．クアはトゥア・フアンから独立して建てられ場合と，シャン Shan（テラス）を介して繋がる場合がある．トゥア・フアンは敷地の中央に配置され，近くに小さなユーン Yoong（米倉）が置かれる．米倉は木造で，壁は竹下地の土壁である．クアがトゥア・フアンの西側か南側に建てられるのに対して，米倉は西側を避けて建てられる．米倉の床高は，クアからの汚水を避けるためにクアよりも高く設定される．この他，敷地内には便所やコック Kok（家畜小屋）などが建てられる．また，敷地内で様々な樹木や野菜が栽培される．住居と庭の間には明確な境界はない．

A　トゥア・フアンは，以下の5つの空間からなる．

　A1　ポン Pueng：信仰のための空間で一番重要な方位である東に位置する．普段は息子の寝室などに使われる．壁などの物理的な区切りは無くても，非常にプラ

イベートな空間として捉えられており，厳重に守られるべきものと考えられているので，主人や息子以外の者が立ち入ることはできない．かつてはこの空間の一角に先祖の霊を祭る祭壇があったが，仏教の浸透に伴って仏教のための空間へと変化し，今では仏壇がこれに替わって配置されている．まれにこれら両方が存在する場合もある．

A2　ホーン・カーン：夫婦の寝室で，ポンとスアムの間に位置する．

A3　スアム：娘の寝室で住居の西側に位置する．母屋が東西軸に沿って配置されていない場合は，厨房の近くに配置される．この部屋は間仕切壁やカーテンなどで他の空間と隔絶されている．

A4　パイチーン：寝室の前にあり，シャン・ナイ Shan-Nai（内側のテラス）へと繋がる空間で，多目的に使われる．親しい客が立ち入ることができる．

A5　シャン：住居の長手側に取り付けたテラスで，居間や仕事のため，さらには洗濯や農作物を洗ったり，鉢植えの植物が置かれたりする屋外空間である．離れて建つ各棟間の繋ぎの空間でもある．地上からテラスに上がるための階段は，一般的に母屋の後ろ側に取り付けられる．シャンには主に次の3つがある．

図 II-3-4d　集落の構成（配置図）　作製：
Chantanee Chiranthanut

図 II-3-4e　調査住居の空間構成　作製：
Chantanee Chiranthanut

第 II 章
タイ系諸族の住居

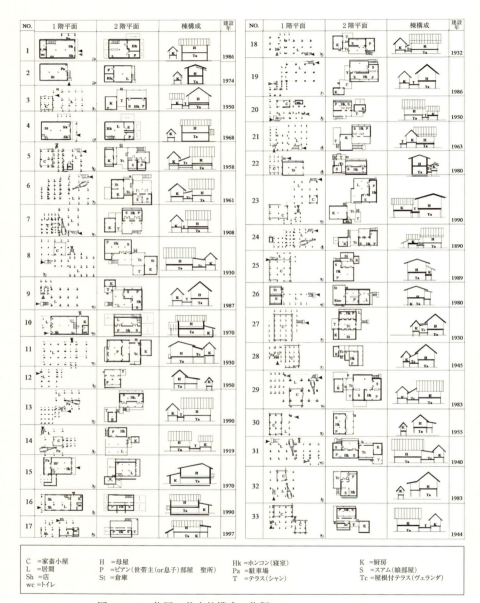

図 II-3-4f　住居の基本的構成　作製：Chantanee Chiranthanut

A5ⅰ　シャン・ナイあるいはコェイは，母屋のパイチーンに隣接する屋根付のテラスである．一角には地上から上がる階段がある．

A5ⅱ　屋根の無いシャンはシャン・デー Shan Dad（デーはタイ語で日光の意）と呼ばれる．シャン・ナイが近隣の住民と座って話をしたりする場所として使われるのに対し，シャン・デーは主に食べ物や衣類を干すための空間として使われる．床レヴェルは必ず母屋よりも低く設定されている．

A5ⅲ　シャン・ピアク（Peakはタイ語で湿気の意）は，洗い物や水浴びに使われる．この空間は厨房の近くに配され，夜の冷たい空気を楽しんだり，洪水の際には臨時の倉庫として活用されたりするなど，夜間や雨季に活躍する

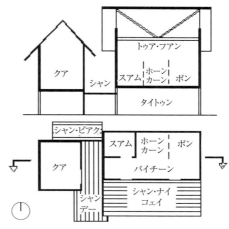

図Ⅱ-3-4g　フアン・ノイとフアン・コェイ
作製：Chantanee Chiranthanut

B　フアン・クアー：厨房棟は母屋から独立して建てられ，住居の奥のスアムの近くに位置する．

C　タイトゥン Taitoon（高床下の空間）：居間，作業場，儀式の際の仕度場，遊び場，農作物置場などの用途に使われる．

住居の空間構成については，第一に，方位が重視される（図Ⅱ-3-4h）．一般に，日の出と日の入りの方向を考慮して，住居の長手方向を東西の軸に沿って配置する．そして，東は良い方角，西は悪い方角という価値観に結び付けられる．この東西軸は，男女の上下関係に対応するとされ，東には男性の使用に供する空間が，西には女性のための空間が配置される．すなわち，ポンと呼ばれる神聖な場所など，男性に関する空間が東側に，厨房やスアム Suam と呼ばれる娘の寝室など，女性に関係する空間が西側に配置される．クアはトゥア・フアンの西に配置され，厨房の奥には食器や食材を洗うための空間シャーン・ピアク Shan Peak が配置される．これらの空間は汚染された空間と考えられており，住居の西側，さらに男性が使う空間よりも低い位置に設定されている．

また，タイ・ラオ族について西は死を象徴する方位と考えられており，就寝時に頭を西の方角に向けることは嫌われる．

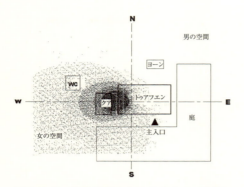

図 II-3-4h　居住空間とヒエラルキー　作製：Chantanee Chiranthanut

調査住居の3分の2以上はフアン・ブハーン Huen Buhan と呼ばれる木造の高床住居であり，7件はタイトゥンの部分をブロックの壁で完全に取り囲んだフアン・サマイマイ Huen Samaimai と呼ばれる住居である（図II-3-4i）．フアン・ブハーンには，フアン・ノイ Huen Noi と呼ばれる1棟の狭小住宅とフアン・コェイとよばれる1棟＋下屋からなる住居が含まれる．

住居の原型と言っていいフアン・ノイは，新婚夫婦が住む一般的な住居であり，1棟で寝室と厨房の2つの部屋からなる．その後，より広い正式な住居が建てられると，もとのフアン・ノイは改造されて厨房になるというのが，一般的な建設過程である．フアン・コェイは，上述の基本的な要素を備えた標準住居である．

こうした原型，標準型を念頭に，トア・フアンとクアの関係に着目すると，以下の4つのタイプに分類することができる（図II-3-4j）．

　タイプ i：独立したトア・フアンとクアから成る最小限の構成で，住居の基本形となる．以下のタイプ ii，iiiはこの発展形と考えられる（No.1, 2, 4, 12, 30, 32の計6件，18.18％）．

　タイプ ii：タイプ i の発展形である．トア・フアンとクアの間の繋ぎの空間としてシャーン・デーがある．シャーン・デーは雨季の洪水から身を守るためや，夜間の快適な睡眠のために利用される（No.3, 7, 9, 13, 14, 19, 20, 21, 33の計9件，27.27％）．

　タイプ iii：タイプ ii とほとんど同じように見えるが，シャンに壁と屋根が付加され，内部空間が拡大している（No.6, 11, 31）．シャンは半屋外の空間から季節に関係なく安全に使うことが出来る内部空間へと改造されている．この集落に存在する住居の大半がこのタイプに属する．対象

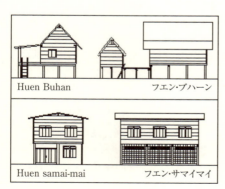

図 II-3-4i　フアン・ブハーンとフアン・サマイマイ　作製：Chantanee Chiranthanut

タイ・ラオ族の集落と住居

住居の 39.39％を占める (No.5, 6, 8, 11, 18, 22, 23, 24, 25, 27, 28, 29, 31 の計 13 件, 39.39％). 便所と米蔵が住居の奥に計画されたものや (No.23), 家畜の檻や倉庫, 便所, 店舗, 駐車場などのために 'タイトゥン' を部分的に囲んだ例も見られる (No.5, 24).
タイプ iv: 上の 3 つのタイプと異なって, 厨房が母屋の中にあり, 独立した厨房棟を持たない (No.10, 15, 16, 17, 26 の計 5 件, 15.15％).

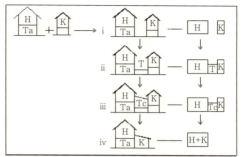

H=居室(トゥア・フエアン)　K=厨房(クア)　T=テラス(シャン)
Ta=タトゥーン　Tc=屋根付テラス(ヴェランダ)

図 II-3-4j　住居類型　作製：Chantanee Chiranthanut

住居の屋根の形は切妻が基本であるが, その中にもいくつかの種類がある (図 II-3-4k).

プータイ族の伝統的な住居は, 周辺の地域から容易に入手できる素材でつくられている. 屋根には草や木タイルなどの自然素材が使われている. 伝統的な屋根の勾配は 45 度前後であるが, 鉄板が使われるようになるに従い, タイプ a からタイプ b, c, d, e へと段階的に変化していった. タイプ a は屋根の勾配が 40 度以上の住居である. 調査対象住居の半数近くが 25 度の勾配 (タイプ b) であった. タイプ c と d は屋根勾配 10 度以下の勾配の住居である. タイプ c はタイトゥンの部分が開放されているが, タイプ d は壁で囲まれている. タイプ e は平入りの住居で, 外観が近代的なショップハウスとよく似ている.

母屋の空間を間仕切壁で区切ることによって, 寝室, ユーティリティ, 居間, 倉庫などの間取りが構成されるが, 様々なヴァリエーションがある (図 II-3-4l). タイプ A が基本となる間取りであり, 寝室が物理的な区切りのない開放された空間として計画されている. 約半数の住居がこのタイプに属する. タイプ B はタイプ A が発展したもので, 家族の成長に伴い,

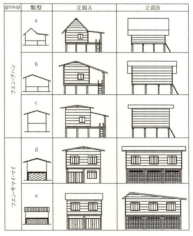

図 II-3-4k　屋根の形状　作製：Chantanee Chiranthanut

第Ⅱ章
タイ系諸族の住居

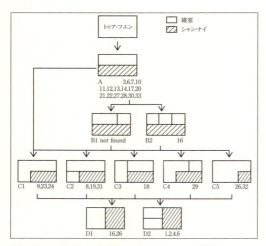

図 II-3-41 住居の空間分割パターン 作製：Chantanee Chiranthanut

スアムの部分だけが壁で囲まれて部屋となったもの（B1），さらには，寝室の部分が3つの小部屋に分割されたもの（B2）などがある．タイプCもタイプAの発展形で，寝室の部分が広いため，様々に分割されたものである（C1，C2，C3，C4，C5）．このタイプの間取りは大家族に相応しい．一般的に娘が結婚すると，スアムの部分が新しい夫婦のための部屋となる．しかし，ホーン・カーンの部分に十分な広さが無い場合，シャン・ナイの部分を改造して部屋にし，スアムとする（No.8, 9, 19, 23, 24, 25, 29, 31）．また，No.18の場合のようにポンに改造される場合もある．タイプDにはいくつかのパターンがあり，No.1, 2, 4, 5のように，間仕切壁を使って空間を2つの部屋に分割しているものや，No.15, 26のように，上階に半屋外のテラスが計画されているものがある．住民によると，ブロック造の住居は集落の外からやってきた職人によりもたらされたという．ブロック造の住居は，上流階級の人びとに，より洗練された住居として捉えられ，工業化住居に続いてこの30年でタイの北部に広く普及した．

③住居の変容

住居は初めから完成したものではなく，住民のニーズの変化に伴って徐々に形作られていく．初めに仮の住まいであるフアン・ノイが建てられ，住民はそこに数年間住まう．その後，必要に合わせて段階的に必要な空間を付加していく．正式な住居が建設されると，元のフアン・ノイは厨房に改造される．こうして，住居の基本となる2つの建物が完成する．これが基本形となるタイプⅰである．次に，上階への繋ぎの空間としてシャンが付加される（タイプⅱ）．この構成が最も一般的である．次に，テラスの部分が屋根や壁で覆われる（タイプⅲ）．以上3つのタイプのどれにも当てはまらないものをタイプⅳとした．

住居の間取りが変化すると同時に，屋根の形状もaからb, c, dへと変化する．タイプaでは屋根材に草や木材などを使っているが，自然素材は補修に費用がかかるため，鉄板が使われるようになった．多くの住居が屋根の勾配を変え，タイプaからタイプcに変化した．住居の形はこのように明らかに変化している．

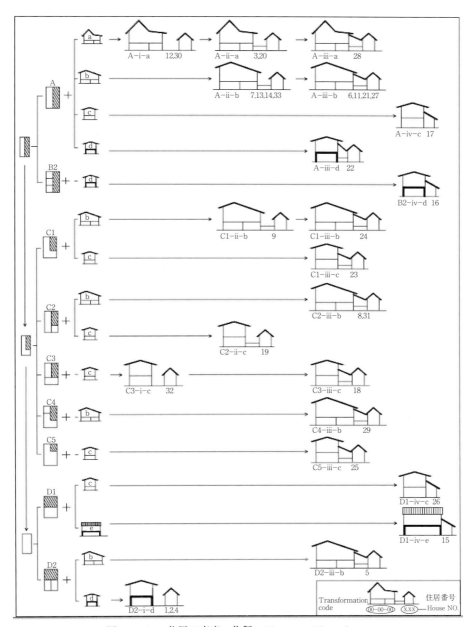

図 II-3-4m　住居の変容　作製：Chantanee Chiranthanut

はじめに長方形の空間がつくられ、それがタイプAのように分割される（図II-3-4m）。ポン、ホーン・カーン、スアムの空間が一列に並び、それぞれを分割する間仕切り壁は基本的に設けない。必要があれば、娘のための空間だけを壁で囲む。タイプBはタイプAの各空間が間仕切り壁等により3つの部屋に分割されたものである。タイプAに属するものは16件で、調査対象住居全体の48.48%を占め、eのタイプの屋根形状の住居を除くあらゆる住居型に見受けられた（aグループではA-i-a, A-ii-a, A-iii、bグループではA-ii-b, A-iii-b、cグループではA-iv-c、dグループではA-iii-d）。家族人数の増加に伴い様々な方法で部屋が追加されていく。この集落で見られた最も一般的な間取りはタイプAである。次に、タイプA（またはB2）はC1, C2, C3, C4, C5へと変化していく。この変容過程にある住居型はタイプiiiに見られる（C1-iii-c, C2-iii-b, C3-iii-c, C4-iii-b, C5-iii-c）。寝るための空間だけでなく、他の様々な目的に使われる空間が加わる。倉庫や居間の空間は母屋の中にまとめて組み込まれている。さらに次の段階として、AやBのタイプの住居が拡大してタイプDへと変容する（D1-iv-c, D1-iv-e, D2-i-d, D2-iii-b）。この段階では、上階に新しい空間を拡大するスペースがないので、地上階が店舗や便所、厨房や駐車場などのために使われる。このように住居の変容がさらに進むと、床下の空間が壁で囲まれる。この段階に達すると、住居は基礎の上に建った急勾配の切妻屋根を持つフアン・ブハーンから、緩勾配の屋根を持ちタイトゥンの部分が壁に囲まれたフアン・サマイマイへと完全に変容を遂げている。

3-5 バーン・ノンチャン（カムアン県、ラオス）

カロン族あるいはタイ・カロン族は、タイではマイノリティーとされ、諸部族とされるサブ・グループのひとつである。もともとはヴェトナムのシプソンチュタイの瀕あるいはディエンビエンフー周辺地域に居住していたと考えられている（図II-3-4a）。歴史的には、低地に住む有力な部族との間で、領土をめぐる闘争があり、カロン族は内外のタイ系諸族との戦いを余儀なくされてきた。17世紀には、ディエンビエンフーを離れ、ラオスのカムアン地方、サヴァナケート地方、シェンクワーン地方、マハチャイ地方、ピン地方などの村に移住したとされる。また、なかにはメコン川を越え、タイのムクダハンやサコンナコンまで達した集団もいた。現在も、ムクダハンとサコンナコン地方にはカロン族の村がいくつか維持されている[86]。

ラオスのカムアン県のカムアン高地に立地するカロン族の住居集落をみてみたい。

---

[86] タイにおけるタイ・カロン族の人口はおおよそ8000人であり、主にムクダハン地方とサコンナコン地方に住んでいる。

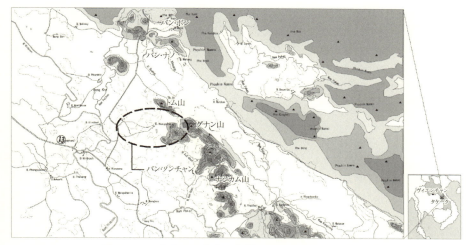

図 II-3-5a　カムアン地方　作製：Chantanee Chiranthanut

　調査対象[87]としたのはバーン・ノンチャン Ban Nongchang（ノンは「池」，チャンは池の名である）である（QRIII-3-5，図 II-3-5a）．

　カムアン県は，ヴェンチャンの南東約 400km に位置し，西はタイ国境のメコン河に接し，東は山脈でヴェトナムと国境を接する．メコン河沿いに細長い形で平地（海抜 100〜200m）があり，東の山地に向かって高地となっていくが，この高地がカムアン地方である．ほぼ中央に標高 500m のプー・パペッド Phu Paped（プーは「山」の意）があり，3つの河川がメコンに向かって流れる．カムアン県とサヴァナケート県の境界となるヴェトナムとの国境から西へ流れてメコン河に注ぐセ・バンファイ Xe Bangfai 川，東南の山地から北西へ向かって流れメコン河に注ぐカディン Kading 川，高地のほぼ真ん中からメコン河に注ぐヒンブーン Hinboon 川である．熱帯モンスーン気候で，雨季（5月〜10月）と乾季（11月〜4月）がある．年間平均気温は 23.7〜26.3℃，年間降水量は 3000mm 程度である．

　ラオスには9つの県があるが，カムアン県は，国土のほぼ中央に位置し，人口約 25万人の県である．カムアン県は，9つの郡，874 の集落からなり，主要な生業は農林業で，主食である米をはじめ，野菜類，豆類などを栽培している．また，県の東部の1000m を超える山々からの高級なチークなどの森林資源によって，同県の経済は支えられている．

87）臨地調査は 2009 年 8 月に行った．実測調査と居住者へのヒヤリングを行ったのは 22 軒である．調査参加者は，チャンタニー・チランタナット，布野修司，山田愛，チャンタオン・ムアー，ササダ・インタオン，エッドである．

第 II 章
タイ系諸族の住居

　カムアンは，北方から移住してきたタイ系諸族と南ラオスのモン・クメール系の境界域として注目すべき地域である（Schliesinger 2001）．上述（II-1-1）のように，カムアン地方は，かつてモン・クメール系が生活していたと考えられている．5世紀頃のカムアンはスリコトラブーン Srikotraboon と呼ばれ，扶南や真臘の領地であった．
　20世紀前半にフランスがカムアンを港として利用し，タケーク Thakhek と呼ばれるようになった．ラオ語で「タ」は港を，「ケーク」は外国人を意味する．カムアンには，ムアン間の抗争によってヴェトナムから移動してきたヴェトナム人が多い．さらに，ヴェトナム戦争時代（1957～1975）に，多くのヴェトナム人が移住してきたが，1967年～1972年以降徐々にヴェトナムへ戻っている（Laurent 2002：15-19；Matriya 2003：123）．メコン中流域の南部には，タケークの他にもサヴァナケートなどに，ヴィエンチャンやルアンパバンなどのようにフランス植民地時代に建設されたコロニアル風やヴェトナム風のショップハウスが多くみられる．しかし，タケークには，ルアンパバン市内やルーイ県のように，煉瓦柱とパー・トクシーを利用した住居はみられない．

①集落の空間構成

　バーン・ノンチャンは，タケーク郡の北西約50km，国道13号線から約5km入った所に位置する．集落の西約3.5kmにメコン河に注ぐヒンブーン川が流れ，東北から南東にかけて丘がある．丘と川の間にある広い平地に集落は立地している．
　バーン・ノンチャンは，村長によると，比較的新しい集落で，約35年前に，8km北の山奥にあるバーン・ボン Ban Bong 村（図 II-3-5b：A）から派生して建設された．そしてバーン・ボン村の建設はさらに約200年前に遡るという．人口が増加したために空き地が少なくなり，農業用地も不足したことから，一部の住民がバーン・ノンチャンに移住したのである．
　稲作は一期作で，芋とトウモロコシも栽培する．他に，植林[88]を行っている．水田と畑は集落から30分以内の距離にある（図 II-3-5b：D）．自作世帯の平均田畑所有面積はおよそ1.2ha である．食糧としているのは，村の森や周囲の山，ラク・バーンの林から得られる果実や茸，そして小動物などである．
　降雨量は多く，しばしば洪水の被害にあう．洪水は，年1～2回（雨季の9月～10月に多い）起こり，1ヶ月ほど続く．水深2mにも及び，洪水の時期には，高床上で生活する．
　バーン・ノンチャンは，北，東，南を山に囲まれる平地に立地する．楕円形をした塊（クラスター）状集落（塊村）で，規模は長辺方向約450m，短辺方向約400mである．他のタイ・ラオ族と同様，集落は，住居，広場以外は，仏教に関わるもの（ワット），と精霊に関わるもの（ラク・バーン，墓地，池，集落の森など）で構成される（図 II

---

[88] ラオス政府から住宅用の木の植林をすすめられ，植えてから5～6年後に売れる．

-3-5b：左).ワットの南東（約 300m）に細長い形の溜池がある.

集落は，①集落のほぼ真中にある最初に住居を建設した区域，②集落の南東で①から拡大した区域，③真中から東西にかけて拡大した区域の 3 つの区域からなる．①には，ワットがあり，集落内で最も古い 1984 年に建てられた住居がある（住居 No.13）．②にある住居は，住居 No.22 を除き，2001 年以降に建てられたものがほとんどである．洪水は，集落の東側から南側に及ぶため，集落は北西方向へ拡大している（図II-3-5b：右).②には集落の南の境界がある．調査対象は，最初に移住し始めた範囲①と②である．

集落内の道路は，様々な方向に配されており，平行する道路はない．主要道路は，南東からワットの前と広場を通り，斜めに北西へ向かい，集落の北西を抜けて北の水田や畑へと至る．主要道路沿いには，南から②の住居群，寺院，広場（集合所），公共米倉，①の住居群，雑貨屋，公共井戸がある広場，③の住居群，林などの主要な要素が並んでいる（図II-3-5c).

集落には水道がないため，いくつかの共有井戸が掘られている．また，ワットの前の広場に共有米倉が置かれている．下水は浸透式である．公共井戸とトイレは 1987 年に，小学校は 1995 年に，入口となる道路は 2003 年に建設されている．電気はようやく 2003 年に開通し，それ以前にはケロシン・ランプが使われていた．その他，商業的施設として，集落内に 2 つの雑貨屋がある.

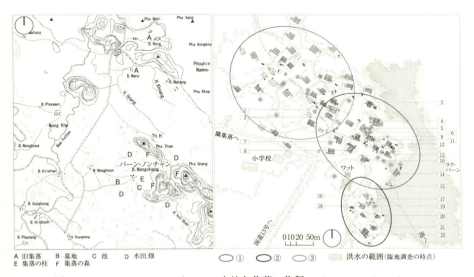

図II-3-5b　バーン・ノンチャンの立地と集落　作製：Chantanee Chiranthanut

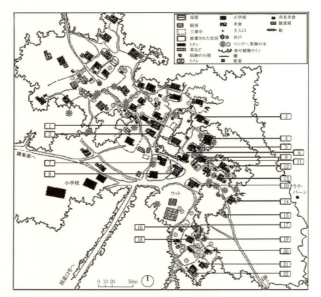

図 II-3-5c　集落の構成と調査住居　作製：Chantanee Chiran-thanut

　集落の構成については，ここでも方位観が意識されている．一般のタイ・ラオ族のように，東は良いとし，西は良くないとされる．また，山に近い方に寺院とラク・バーン（集落の柱）と保護森が配置され，住居や集落の施設（小学校，広場），そして水田や畑，一番外側に墓地（集落から2km離れた南西）が配置される．住居の棟は，隣の住居の棟と並行させるものが多い．

　屋敷地には柵がないが，住居 No.14 のように，井戸・ヤシの樹・道路・電信柱などから屋敷地の範囲が決められている（図 II-3-5d）．住居は，通路からラーン・バーン（前庭），階段，母屋棟，そして母屋棟の隣に厨房棟という配置になる．屋敷地には，精霊（先祖）の祠がない．ヒヤリングによると，それぞれの家族グループの祠があり，子孫は，基本的に週1回は親の家に戻り，祠に参るという．集落内に居住している人びとの間に，親戚関係が認められることも多く，集落内および家族関係は緊密である．

②住居の空間構成

　バーン・ノンチャンの人口は 2009 年 8 月の時点で 395 人（男性 201 人，女性 194 人），世帯数は 63 である．1 世帯の平均の家族人数は 6.3 人（22 世帯平均）である．

カムアン地方のカロン族の伝統的住居は，ヒヤリングによれば，上述した他のタイ・ラオ族のフアン・フェードのような2列の切妻屋根を持つ住居で，フアン・フアロイ Huen Hualoi と呼ばれたという．フアン・フアロイは，2棟の住居で，1棟は寝室棟，もう1棟は居間棟として使われる．居間は，開放的で，基本的に付属のヴェランダをもたない．2つの棟は直接つながる場合もあれば，間にテラスを介する場合もある．ヴェランダは，コェイ Koei

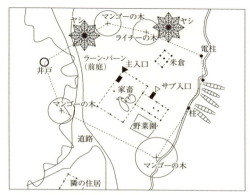

図 II-3-5d　屋敷地の構成　作製：Chantanee Chiranthanut

とカトゥブ Katueb と呼ばれる．いずれも，居間の空間の平側に増築される．

　寝室棟は，ホーン・タム Hong Tham（仏像が置かれる部屋），スアン・ポー Suam Pho（親の空間），スアン・ルーク Suam Look（子供の空間）と廊下の4つの空間で構成され，それぞれの空間は間仕切られる．一般に，娘の寝室に近い方にもう一棟，厨房棟を配置する（図 II-3-5e）．カムアンのカロン族は，結婚する際，新婦が新郎の家で1〜2年程度（あるいは独立することができるまで）生活するのが一般的であるが，上述したシプソンパンナーのタイ・ルーのように，家族の財産については末子相続が行われ，結婚相手がこの家に入る．末子と結婚した男性は，新婦の親が死ぬとその家の家長となり，遺産を相続する．

　タイ語でホーンは部屋，タムはダンマ Dhamma を意味する．仏教を受け入れて以降，他のタイ・ラオ族の影響もあって，仏像が置かれるようになり，ホーン・タムという室名が用いられるようになったと考えられる．タイ・ラオ族は，サオクワン（魂の柱）がある部屋を「ホォーン」「コーン」「ナー・コーン」「ナー・ホォーン」「ポン」などと呼ぶ．それらは，上述したタイ・ルーイ族の「ヒード・コーン Heed-Kong」という言葉に由来した言葉である．ヒード・コーンとは，「タイの伝統的な文化」や「儀礼を守る」ことを意味する．

　タイ・カロンの住居は，東北タイにおける一般のタイ・ラオ式住居同様，切妻の屋根形式を持つフアン・コェイ（平側に下屋があるオープンテラスを持つ住居）が基本型で，住居の棟を東―西に配置する（住居の妻側を東―西に配置する）ことを基本とする．住居における空間認識についても，他のタイ・ラオ族のように，西は不幸な方角とされる．

　しかし，タイ・ラオ族は一般に頭を東に向けて寝るのに対し，タイ・カロン族は，

第Ⅱ章
タイ系諸族の住居

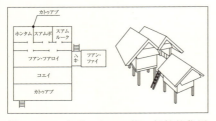

図 II-3-5e　タイ・カロン族の伝統的住居
　　　　　作製：Chantanee Chiranthanut

頭を北，足を南へ向けて寝ることを基本とする．つまり，住居の配置パターンでは，頭が大事とされ，頭に関わる空間（位置）は北側に設置する．頭を向ける側は「フア・フアン Hua Huen」，足を向ける側は「タン・ナーフアン Tang Nahuen」，厨房棟が配置する側は「タン・カン Tang Khang」と呼ばれる．フアは頭，フアンは住居，タンは方向，ナーは前側，カンは隣側を意味する．

高床上の空間には，「フア・頭」「ナー・前」「カン・傍」「ラン・裏」と認識されるヒエラルキーがみられる．

　①住居の頭を意味する「フア・フアン」と呼ばれる側は，上位とされ，（ホーン・タムのある）就寝空間を配置する．
　②住居の前を意味する「タン・ナーフアン」と呼ばれる側は，①より下位とされ，ここに主階段が設けられるヴェランダを配置する．
　③住居の傍「タン・カン」あるいは住居の裏を意味する「タン・ラン」と呼ばれる側は，高床上の空間の中で最も下位とされ，厨房やテラスなどが配置される．高床下の空間は，住居の中で最も下位とされ，基本的に男性は入らない．

ホーン・タムは，主に仏像が置かれる部屋で，家族全員が入ることができる．ここで息子と家長以外が寝るのはよくないとされるが，ホーン・タムの使い方は，タイ・ラオ族の中では最も緩やかである．バーン・ノンチャンでは，この空間に先祖の祀棚はほとんどみられない．上述したように，子孫は親の家を定期的に訪ね，親の家にある祀棚にお祈りするため，自分たちの家に祀棚を設ける必要性が少なくなってきたためである．

しかし，以上のような伝統的住居はほとんど見られなくなりつつある．村長によれば，1990年代には2列屋根のフアン・フアロイのような住居はあったという．しかし，古くなった住居のメンテナンスが面倒であること，伝統建築の技術に詳しい大工も少なくなったこと，森から木材をとることも禁止されたため住居を建てるための建材の入手が難しくなり，また，住宅資金が足りないなどの理由で，伝統的とされる住居を造ることができなくなったという．また，降雨量が多い地域に立地するため，2列屋根の間（谷部分）に雨漏りがあり，新しい住居としては1棟のフアン・コェイが建てられるようになっている．

③住居類型とその変容

実測した22軒の住居を見ると（図II-3-5f）[89]，いくつかの共通した空間構成が読み

取れる．以上にまとめたように，伝統的住居を受け継ぐ高床式住居は，母屋棟と厨房棟からなる切妻屋根の妻入が一般的で，主な生活空間は2階で，床下空間は家畜(豚，水牛など)小屋あるいは農業道具の収納スペースとして使用される．母屋棟と厨房棟は，直接繋がる場合もあれば，サーン(屋根のないテラス)で繋がる場合もある．

寝室棟は，以下の空間から構成される．

ホーン・タムと呼ばれる空間［Ht］：仏像が置かれる部屋である．場合によって，息子が，ここで寝る場合もある．

ホーン・ポー Hong Por ［Hp］：基本的に父親の寝室である．ホーンは部屋で，ポーは父を意味するが，両親の主寝室をいう．しかし，小さい住居あるいは2スパンの住居の場合，親と小さい子供が一緒に寝るのは一般的で，寝室をボン・ノン Bon Non ［Bn］と呼ぶ場合がある(住居No.19，20など)．タイ・ラオ語でボンは「場所」，ノンは「寝る」を意味する．また，大きい住居の場合，全ての寝室をボン・ノンと呼ぶ人もいる(住居No.1，4など)．

ホーン・ルーク Hong Look ［Hl］：基本的に子供の空間をいう．しかし，娘または息子が結婚し，同居するようになると，この部屋は若い夫婦の寝室となる．その場合，一般的なタイ・ラオ族同様，この部屋はスアム Suam ［Su］と呼ばれる．未婚の息子は，ホーン・タムかボン・リン Bon Lin (ヴェランダ)で，未婚の娘は，ホーン・ポーで寝ることになる．プライバシーを確保するために，スアムを壁で囲む場合や(No.9，12，13)，カーテンで間仕切りする場合もある(No.6，14，22)．また，家族全員が，それぞれの部屋を持つ場合もある(住居No.8)．

パイチーン Pai Teen ［Pt］：寝室内の空間で，基本的に物を置く空間(テレビ，冷蔵庫，衣類のたんすなど)として使われる．バーン・ノンチャンでは，パイチーンを大きくした例があり，休息したり，昼寝をしたり，室内の居間として使われたり，寝室が狭い場合には息子の寝室に利用されたりなど多様に使われる(No.4，8，13，16)．

シアー Sia ［Si］：ヴェランダ．基本的に下屋の屋根をもち，パイチーン(平側)の前に配される．このような住居は，フアン・シアーと呼ばれる．ここは，くつろぎ，接客，食事，家事やかごを織るなどの作業をする空間で，ここをボン・リンと呼ぶ場

---

89) 61軒の住居のうち，平屋建ての雑貨屋が2軒，2階建て(高床式住居)が58軒，現在使われていない住居が1軒，工事中が2軒である．高床式住居を特徴づけるのはタイトゥンと呼ばれる大きな床下空間である．調査した22軒の高床の高さは様々で1.57～2.86m，平均の高さは2.28mである．木造がほとんどで，竹と木造の組み合わせ住居が14軒(24.14％)である．約15年前に使い始めた市販柱(コンクリート製)を利用した住居が3軒で，そのうち住居の高床下がブロック壁で囲まれる住居が1軒である．

母屋棟の屋根建材は，草などが30％程度，10年前に流行し始めたトタンを利用した住居が70％を占める．屋根は緩やかな勾配を持つ切妻屋根がほとんどである．特に，トタン葺き屋根の勾配は10度程度である．

合もある．タイ語（ラオ方言）で，ボンは場所，リンは遊ぶ，リラックスすることを意味する．ボン・リンには，テレビ，冷蔵庫，息子のベッド，物置（本棚）などが置かれる（No.6，8，10，11，18 など）．ここは 3～4 面の壁で囲まれる場合もある（No.2，7，10，18）．

バーン・ノンチャンの住居形態は，フアン・ヤオと呼ばれるタイプ［A］と，フアン・シアーあるいはフアン・ヤーイ Huen Yai（ヤーイは大きいを意味する）と呼ばれるタイプ［B］の 2 つに分けられる．

［A］フアン・ヤオは，仮の住居として，新しい夫婦が正式の住居（フアン・シアー）を建てるまで，まずここに住む 1 棟の住居である．一般に竹造（竹とマイ・ローク Mai Roak を組み合わせた構造）である．マイ・ロークとは，竹より硬いが，直径が 10cm 以内の小木である．住居の前にテラスが設けられる場合もある．

［B］フアン・シアーあるいはフアン・ヤーイは，一般的に 2 棟以上で構成される．フアン・シアーを建ててから，旧フアン・ヤオを改築して厨房棟として利用する場合が多い．

奥行 2 スパン（柱間）の住居は，基本的にフアン・ヤオで，寝室と炉のある居間からなる．集落の全体に分布し 14 軒ある．しかし，奥行 3 スパンのものが過半を占め，その大半はフアン・シアーあるいはフアン・ヤーイである．

［A］と［B］を念頭に，柱間（スパン）の数からバーン・ノンチャンの 22 の住居を分類すると以下のようになる．

A2：仮設住居で，母屋の平側の奥行きが 2 スパンである．
B2：高床木造住居で，母屋の平側の奥行きが 2 スパンである．
B3：高床木造住居で，母屋の平側の奥行きが 3 スパンである．
B4：高床木造住居で，母屋の平側の奥行きが 4 スパンである．

調査した住居 22 軒のうち，17 軒が B タイプ（フアン・シアーあるいはフアン・ヤーイ）で，5 軒が A タイプ（フアン・ヤオ）である．柱間（スパン）に着目すると，2 スパン住居が 7 軒，3 スパンが 14 軒，4 スパンは 1 軒である（図 II-3-5g）．

最も数が多く標準型となるのは B3 型で，いずれも 2 棟（母屋棟と厨房棟）で構成される．A2 型は，フアン・ヤオの基本型となる．住居 No.19 は，厨房が室内に配置されるのに対して，他は厨房が別棟に配置される．

バーン・ノンチャンのカロン族の住居のほとんどは，この 30 年間に造られたものである．ヒヤリングによりフアン・フアロイ式の伝統的住居は，およそ 20 年前頃から徐々に建て替えられ，フアン・シアーあるいはフアン・ヤーイ（B3 型）が支配的になってきたことがわかる．

図 II-3-5f 調査住居　作製：Chantanee Chiranthanut

タイ・ラオ族の集落と住居

タイ・カロン住居の変容は，先に触れたように，伝統的住居に詳しい大工が少なくなったという建築技術的な問題，伝統的な住居を建てるのに多くの建材が必要だが森から木材を入手することが困難になったという経済的な要因，一方で市販の建材が普及し，また洪水が多発する気候と環境の変動要因，家族の人数および空間用途の変化など複合的な要因によって進行してきたと考えられる．なかでも住居の変容に大きな影響を与えるのは，建築材料（トタンなど）と建築技術である．

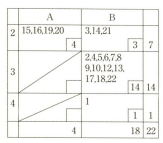

図 II-3-5g　住居類型　作製：Chantanee Chiranthanut

森から自由に建材が得られなくなり，村人は集められる建材を用いて簡単な住居を建設することになった．そのため成立したのがフアン・ヤオ (No.15, 16, 19, 20) である．伝統的住居の原型は，3スパンで，3つの機能（ホーン・タム，ホーン・ポー，スアム）の空間をもっていたが，現在2スパンに3つ以上の機能をもつもの (No.14) もあれば，2つの機能しかない住居 (No.3, 21) もある．また，専用のホーン・タムが設けられず，ホーン・ポーの中に仏像を置く棚が設けられる住居もある (No.17, 21, 19など)．すなわち，空間構成に変容が見られる．

一般的に，シアーはくつろぎの空間として使われる．しかし，場合によって空間の使い方が変化している．例えば，母屋内では狭いためシアーで寝る人もいれば，広い就寝空間があるにもかかわらずシアーで寝る人もいる．トタン葺き屋根の住居内は暑いため，シアーを寝室として使うようになった住居も多い (No.6, 10, 11, 18など)．

バーン・ノンチャンの住居の床下空間[90]は，バーン・ノンナウ集落 (II-3-4：東北タイのムクダハン県) の住居とは異なり，全てが開放空間である．洪水に遭うたびに1ヶ月程度を高床の上で生活しなければならないことから，建築面積の半分はヴェランダとテラスである．また，寝室の前にヴェランダ（東北タイのバーン・ノンナウでは「コェイ」，ここでは「シアー」と呼ぶ）が設けられる構成が基本であるが，降雨量が多いため，ヴェランダから壁で囲むもの（住居 No.2, 6, 7, 22）やヴェランダをつくらず居間を大きくする例もみられる（住居 No.4）．

---

90) 住居の建築面積の平均は 83.53m² で，最小のものは 26.75m²，最大のものは 139.87m² である．床の高さは 2.8m を超える例がある (no.8, 10)．

II-4　タイ系諸族の住居：その起源，原型，変容

　タイ系諸族の住居集落について，その特徴を地形・気候，宗教・社会，儀礼やタブーなども含めていくつかの指標ごとにまとめると表II-4-1のようになる．これをもとに，タイ・ラオ族の住居，集落の特性に焦点を当てながら，タイ系諸族の住居の地域的特性，すなわち，その起源，原型，変容について総括しよう．

4-1 ｜ 集落の空間構成

　タイ系諸族の集落形態は，一般的に帯（リボン）状あるいは塊（クラスター）状集落であるが，平地が広がるチャオプラヤ下流部には，離散状集落（散居村）も少なくない（図II-4-1a, b, c）．

　第一に共通に指摘されるのは，タイ系諸族の社会にはかつてカーストが存在し，その階層社会の構成が集落の空間構成に投影されてきたことである．シャン族の集落が平民と下層民の居住するサマターンと貴族や聖職者の居住地であるマハターンによって構成されていたことがその典型である．

　そして第二に共通に指摘できるのは，階層社会の秩序が世界観，自然観に基づく方位（オリエンテーション）観に結びつけられ，集落の空間構成を大きく規定していることである．タイ系諸族の集落は，一般的に精霊と仏教に関わる施設や場所を中心に，寺院，精霊の祠，住居，水源，墓地，水田または畑によって構成される．地域によって，集落の核に，ジャイ・バーン（集落の心），ラック・バーン（集落の柱），広場，集落林のような要素が加えられる．仏教を受け入れなかったシプソンチュタイのタイ・ダム族集落では仏教寺院は存在しない．南タイのようにムスリムが居住する場合にはモスクが中心に建てられる．ほとんどの集落にラック・バーンがみられるが，中国化が進んでいる徳宏のタイ・ルー族の集落内にはみられない．

　仏教に関わるもの（寺院）と精霊に関するもの（祠，集落の柱，集落林）に対するヒエラルキー観と共に，川（上流・下流）や太陽の動き（東西），土地の高低に対するオリエンテーション観も強く意識される．聖俗，上下，高低に，尊卑，正邪，浄不浄……などの観念が結び付けられ，寺院は上位とされるため住居地より丘の上など高い位置に建設し，墓地は下位とされるため集落より低い位置に配置することなどが，空間編成の基本原理とされるのである．タイ系諸族の集落は，一般的に伝統的なオリエンテーションの感覚に基づいて形成されている．

住居の配置についても，屋根の棟を同じ方向に向けるパターンが一般的にみられる．東西を軸にするのはシャン族とタイ・ラオ族の集落に共通である．川と平行させるのがシプソンパンナーのタイ・ダム族やタイ・ルー族である．シプソンパンナーのタイ・ルー族は，全ての住居の棟を仏教寺院の本堂の棟と平行させている．ミャンマーのシャン族，シプソンチュタイのタイ・ダム族，東北タイのタイ・ラオ族やラオスのラオ族の集落でも同様のパターンが見られる．

第三に指摘できるのは，親族婚が一般的で，集落が親族関係をもつ家族によって構成されることである．親族関係については様々で，タイ・ダム族のように父系制もあれば，ラオスのラオ族のように母系制も存在し，さらに，ラオスのタイ・ルー族は双系制である．タイ・ダム族では，結婚する際，新婦が新郎の家族と生活し，親（父）が亡くなると，息子が次の家長になり，遺産（家，土地）を相続する．一方，ラオ族では，新郎が新婦の家族と生活する．最後に結婚する娘あるいは未婚の娘が親の面倒を見る予定であれば，その娘に家と土地が相続される．双系制の場合，両方の家族と生活する規則があり，遺産を相続するのは相談による．どのシステムでも，相手の家族と生活する期間は，長くても3年（双系制の場合は計6年）程度で，親の仕事（稲作，家事，家族の面倒など）を手伝ってから親の屋敷地内に自分の家を建て独立することが基本である．また，タイ系諸族の社会は，同じグループ，同じ集落の人びとと結婚することが多く，同じ家柄を維持し，同じ祖霊を信仰し，集落内の人びとは現在でも強い関係を保つのが一般的である．家族の構成員が結婚する場合，親の屋敷地内に家を建てるのが一般的である（屋敷地共有結合）．屋敷地に空き地がなくなると，集落外へ移住し，集落の規模が大きく拡大されるのが，集落拡大の一般的過程である．

メコン中流域におけるタイ・ラオ族の集落に即してさらに詳細にみると，以下のような点を確認できる．

①メコン中流域のタイ・ラオ族の集落形態は，川沿いに立地するものと平地の天然池を中心に形成されるものの大きく2タイプに分けられる．前者は，帯（リボン）状集落となり，後者は塊（クラスター）状集落となるが，東北タイの集落は，川沿いに立地する場合も平地に立地する場合も，塊（クラスター）状の形態をとる．川沿いの集落の場合，雨季に氾濫を避けるため微高地に建設される．しかし，以上に詳細にみたように (II-3)，それぞれの立地環境の違いによって集落の配置パターンは異なる．バーン・ナーオウ（東北タイのタイ・ルーイ族）は，丘の間にある細長い谷間に立地し，ほぼ真ん中を小川が流れている．バーン・パクシーは，かつてメコン河沿いの平地に立地した旧集落が，メコン河沿いの丘へ移動してきたものである．バーン・ノンチャンは，山で囲まれていた旧集落から平地に移ってきたものである．少なくとも，タイ・ラオ族について指摘できるのは，ごく近年，20世紀前半までは移住することが一般的であったことである．

②タイ・ラオ族の集落も，他流域のタイ系諸族の集落同様，仏教に関わる施設（寺院）と精霊に関わる施設（ラク・バーン（集落の柱），パー・チャー（墓地），ドンプータ（集落の森））を核として構成される．これらの施設の配置を規定するのは，世界観，自然観に基づく方位観（オリエンテーション感覚）である．

③オリエンテーションに関するルールは集落の立地によって様々である．メコン中流域の地形は様々であり，東北タイの高原では，山間部のコーラート盆地とサコンナコン盆地という２つの盆地のあるルーイ県を除いて，太陽の動きに関わるオリエンテーション，すなわち東西軸を重視した空間構成をとる集落が多い．一方，ラオス側は，川と山が平行する土地が多いルアンパバン地方，山地が多く平地がほとんどないシェンクワーン地方やカクアン地方，ラオスの中で唯一平地を持つヴィエンチャン地方，山地によって構成されるカムアン地方など様々な地形からなる．バーン・パクシーは，山と川に対するヒエラルキーに基づく２つの軸から構成される．一つは，山の軸で，山の方向を頭の側（タン・ファー）として上位とし，川（低い土地）の方向を足の側（タン・チーン）として下位とする．もう一つは，川の軸で，上流を上側（タン・ヌア）として上位とし，下流を下側（タン・ターイ）として下位とする．また，バーン・ノンチャンの場合も，太陽の動き（東西）よりも山の方向を表側（上位）とし，反対側を裏側（下位）とする．

④住居の配置も，オリエンテーションの感覚によって大きく規定される．住居の棟を東西軸に平行にし，母屋は東に，厨房棟は西に配置するパターンは，東北タイの中部と東北部に多くみられる．風通しのために，東北タイの南東から北西へ吹く風（夏季のモンスーン）を受け入れるのにも，棟を東西に配置するのが適している．

住居の棟を川の流れと平行にする集落構成のパターンは，メコン中流域に多く見られる．また，他地域のタイ系諸族の集落においても多い．川からは悪霊がやってくると信じられ，川の反対向きが安全で良いとされる．したがって，足を川方向に向け，頭を反対側に向けて寝るのが基本とされる．ただ，川が南北に流れる場合は，一般には西は死に関わる方位とされるから，東西に頭と足を向けて寝るパターンもみられる．メコン中流域において，山の近くに位置する集落の場合，川よりも山に対するオリエンテーションが強く意識され，屋根の棟を山の方向へ向けるパターンもある．

絶対方位（東西南北），自然方位（山川）に従うのとは別のレヴェルで，住居の棟を隣接する住居の棟と平行にする，隣接関係を重視するパターンがある．カムアンにおけるバーン・ノンチャン集落がそうである．こうした方位観が失われるのは都市的な集住パターンにおいてである．

⑤住居は屋敷地の中央に置かれ，道路に接するラーン・バーン（前庭）が設けられる．東北タイのように水が足りない地域では各屋敷地に井戸が設けられる．川沿いに立地する集落の場合，各屋敷地に井戸を設置する必要はないが，水不足時期に対処す

るため，集落内に公共井戸が設けられる．また，屋敷地内に米倉を別棟として建てるのが一般的である．敷地に余裕がない場合には，近くに米倉を設ける場合や集落内に公共米倉を設ける例もある．タイ・ラオ族は，一般のタイ系諸族のように仏教を信仰している一方，祖先崇拝と精霊信仰も根強く維持しており，屋敷地に祠が設けられる場合も少なくない．

⑥タイ・ラオ族の場合も，他のタイ系諸族と同様，親族と結婚することが一般的で，親族関係を基礎として集落空間が構成されてきた．両親の屋敷地内に新婚夫妻の住居を建てるのであるが，屋敷地内に空地がなくなると，集落内の空地あるいは集落外へ移住し，集落の規模が大きく拡大されていく．しかし，集落が大きくなり過ぎると，水田などが足りなくなる．その場合，バーン・ナーオウとバーン・ノンチャンのように，村人は旧集落を出て，新しい集落を形成する．こうして，移住村が建設される．移住村は，バーン・ノンナウのように，旧集落の近くに位置する場合もあれば，バーン・ノンチャンのように離れた所に立地する場合もあるのである．

4-2 │ 住居の空間構成

　タイ系諸族の住居は，以上に見てきたように地域によって様々である．その起源の地と考えられているシプソンパンナーの住居形式を含めて，それぞれの地域に一定の住居形式が成立していることを明らかにしてきた．各地域の住居形式間の関係を考察する前に，まず，タイ系諸族の住居の基本的構成，共通特性を確認した上で，メコン中流域のタイ・ラオ族の住居類型を明らかにする．メコン中流域のタイ系諸族の住居に焦点を当てることで，各地域の特性も明らかとなる．それを踏まえて，各地域の住居類型の相互関係，原型と変容，地域類型の成立過程について明らかにする．

①基本特性

　タイ系諸族の住居は，木造（あるいは竹造）で高床式である．これは，稲作地域に共通するが，稲作の発生と高床式住居の発生は同時ではない．ただ，稲作の伝播と高床，特に高倉の伝播は随伴して行われたと考えられる．タイ系諸族は稲作の技術とともに高床の形式を東南アジアに伝えたのである．そのルートは5つの大河川であり，それ故，タイ系諸族は上述のように「渓谷移動民」と呼ばれる．高床の形式は，湿気や洪水，そして猛獣などへの対処のために，また，床下空間を水牛（蹄耕）などの家畜小屋あるいは農機具などの収納庫として使うために必要とされた．高床は水牛が入れるくらいの高さ，また，バーン・ノンチャンのように洪水の高さ以上に床を設置するのが基本である．

　木造あるいは竹造は，自然環境すなわち入手可能な建築材料に規定されたものであ

る．基礎は掘立式，石基礎式（石場建て）に分けられるが，日本でも掘立式がそれ以前には一般的であったが，仏教建築の受容によって新たに石基礎式が導入されたように，2つの基礎の違いは，主構造の進化発展と関わる．東北タイ全体では掘立柱が一般的で，ラオス側の東岸では，上流では石基礎が多く，下流では掘立式が多い．石基礎式は，シプソンパンナーのタイ・ルー族，徳宏のタイ・ルー族，シプソンチュタイのタイ・ダム族，そしてルアンパバンのラオ族の住居にみられる．傾斜地に立地するため，住居を建設するとき石の基礎で住居のレヴェルを調節するのがひとつの理由であるが，木造の仏教建築が大きな影響を及ぼしている．すなわち，東南アジアにも仏教建築の伝播と並行して石基礎式が導入されたと考えていい．

屋根は切妻屋根がほとんどである．西はシャン州のトゥンオウから，チャオプラヤ上流域，東北タイ，ラオスのルアンパバン，また南のタイ系諸族の住居は切妻が基本である．切妻以外に，タイ・プアン族の住居のように，切妻と半円形屋根を組み合わせる屋根形態があるが，エントランスの日除け，雨除けのための付加的対応である．タイ・ルーイ族の住居には，入母屋と寄棟の形態もみられるが，これも大工技術の進化発展に関わる．すなわち，切妻の屋根が技術的には最も容易なのである．切妻屋根の平側，そして妻側に下屋が設けられ，その下のヴェランダが壁で囲われ室内化されるとともに寄棟，入母屋屋根がつくられるようになるのである．入母屋屋根の成立は相当時代が下がる．

屋根の勾配，そして軒の出は専ら，雨，風，気温などの気候条件に規定される．軒の出が大きいのはシャン族，タイ・ダム族，タイ・ルー族，タイ・プアン族などの住居であり，いずれも山地に立地し，タイ・プアン族を除いてそれぞれ依拠する河川の上流に立地する住居である．屋根勾配は，草葺，板葺，瓦葺など屋根材料に依存するが，それも気候条件に対処するためである．降雨量が多い地域で草や葉などで葺かれる屋根は，シアム族やタイ・ダム族の住居のように急勾配となる．一方，強風を避けるため，勾配を緩やかにするタイ・プアン族の住居のような例がある．瓦葺の導入の時代はごく近年のことといっていい．

木造高床の形式と建築の構造（架構，屋根形状，基礎方式）が大きく自然の生態によって規定されることは以上のようである．そして，住居の空間構成が自然の気候条件によって大きく規定されることも同様である．チャオプラヤ流域のように，蒸し暑い気候では，住居内の気温を下げるためにテラスを大きくし，小部屋を回りに配し，風通しをよくする構成が採られる．北タイのユアン族と東北タイのタイ・ラオ族もそうである．

しかし，空間構成を規定するのは，単に自然の生態条件ではない．集落や住居の空間構成に，社会関係が反映されることはこれまで各諸族についてみてきたところである．集落社会の階層的ヒエラルキー，長幼，男女の上下関係は，東西，前後，高低と

いった空間関係に表現される．男性に関わる空間は前に配置されるのに対して，女性に関わる空間は裏側に配置されるのが基本である．男性と年長者に関わる空間（就寝空間，男性の炉，男性の階段など）と精霊と仏教に関わるもの（仏壇，精霊の祀棚，魂の柱，ピーの部屋（タイ・ダム族），サオヘークと呼ばれる柱（住居を建てる際，最初に建てた柱））は上位とされ，住居の前側に配置される．一方，女性に関わる空間（厨房，スアムと呼ばれる未婚娘の部屋あるいは新婚夫婦の部屋，食器洗いテラス，裏側の階段，高床の下など）は下位とされ，住居の裏側に配置される．また，こうしたヒエラルキーとともに，川の流れる向き（川側と反対側・怖れ安心など）や太陽の動き（東西・聖俗など）に関するオリエンテーション感覚も意識されている．タイ・プアン族のように，水田方向（米・神）を良いとし，墓方向はよくないとする例もある．ラオスのタイ・プアン族の場合は，「米＝神，墓＝死」とされるため，他のタイ系諸族とは異なり，寝る際，頭は水田へ向けて寝る．男女の空間をはっきり分けるのはほとんどのタイ系諸族に共通である．女性より男性の地位が高く，男性の領域は西以外の方に配置される．母屋内には，少なくとも一つの4面を壁で囲まれる部屋が存在する．この部屋には，未婚女性が住むが，新婚家庭が成立するとこの部屋は新婚夫婦の部屋となり，未婚女性は親の部屋へ移動するという居住過程が一般的に見られる．

　住居に関する儀礼やタブーは多いが，共通なのは，寝室，ピー部屋，祀棚が配置される部屋，魂の柱がある部屋などに，女性と客は入ることは禁止されること，西は死との関係があるとされ，寝る際，タイ・プアン族を除き頭は西方向に向けないで寝ること，奇数は良いとされるため，部屋のスパンや階段の踏み台の数などを奇数にすることなどである．

②メコン中流域の住居類型

　タイ系諸族の住居の共通特性は以上のようであるが，細かくは，地域ごとに，諸族ごとに差異がある（図II-4-2a）．まず，本書で焦点を当てる，より多くのデータのあるメコン中流域の住居類型を確認したい．メコン中流域の住居形式には2つの大きな特徴，ヴェランダが平側に配置されることと3つの基本空間（居室）を1列に並べる配列がある．これを念頭に，住居の空間構成に大きく影響を与える母屋棟内の居室の配列とヴェランダとの関係を縦軸にし，①炉の位置，②居室の配列，③屋根形態の3つの項目を横軸にとる．

　まず，母屋棟内の居室の配列とヴェランダの位置関係は，大きく4つのパターンに分けられる．

　　I　居室が中央に設けられ，前あるいは裏または両方の妻の先端にヴェランダが設けられるパターン．
　　II　ヴェランダが平側の居室の前に設けられるパターン．

第Ⅱ章
タイ系諸族の住居

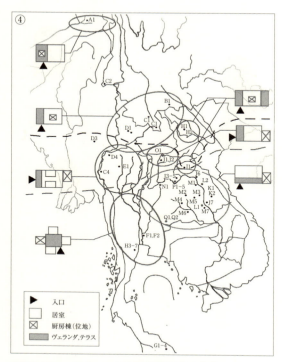

図 II-4-2a　タイ・ラオ族の住居類型　作製：Chantanee Chiranthanut

Ⅲ　ヴェランダを中心とし，その周りに居室が配置されるパターン．
Ⅳ　ヴェランダがないあるいはヴェランダが玄関となるパターン．

①炉の位置については，炉が母屋の中と炉が外に設置される2つのパターンに分けられる（表 II-4-2①）．
②居室の配列については，大きく5つのパターンに分けられる（表 II-4-2②）．

i　祀棚がある空間・親の空間・娘の空間の3つのスペースが順に一列に並べられるパターン．基本的に，それぞれの空間が1つのスパンを占め，3スパンで構成される．
ii　居室の配列は1列であるが，3スパン以外のパターン．
iii　居室が小部屋に分けられ，廊下を挟んで配置されるパターン．
iv　居室が小部屋に分けられ，それぞれ別棟に配置されるパターン．
v　その他上記の分類に含まれないパターン．

③屋根形態は，大きく5つがみられる（表 II-4-2③）．

(a)　入母屋
(b)　切妻と半円形屋根を組み合わせる屋根形態
(c)　切妻1棟
(d)　2棟の切妻
(e)　寄棟

タイ系諸族の住居の地域特性は，以上の分類軸によって，明らかにすることができる（図II-4-2b）．

ミャンマーのシャン族をはじめ，雲南のタイ・ルー族とチワン族やタイ・ダム族の住居の場合，炉は住棟内にある．メコン中流域でも，年中涼しいシェンクワーンに立地するタイ・プアン族の住居は炉が住棟内にある．こうした住居は，全て1棟で構成されている．

ヴェランダはほとんど妻側に配置される．ヴェランダが平側にあるものは，居室の前にヴェランダが置かれるものとテラスを中心に居室が配置されるものの大きく2タイプに分けられる．前者は，メコン中流域に集中し，後者はチャオプラヤ流域の下流にみられる．南タイにおける住居の居室の配列パターンは北タイに似ているようにみえるが，基礎上に建て（石場建て），入母屋が多い点では別のパターンである．

地域によって様々に呼称されている空間（部屋）の名称（室名称呼）を整理しておこう（表II-4-3）．屋根がないテラスは，最も一般的には「サーン」という．「シャーン」「シャン」など地方によって発音は異なるが，タイ系諸族の中では一般的に通用する．シアム族は「チャーン」と呼ぶ．屋根があるヴェランダは，「シアー」あるいは「コェイ」と呼ばれる．ほとんど平側にあるヴェランダがそう呼ばれる．ルアンパバンでは「シアー」「コェイ」の他に「ハーン」という名称も使われ，この地域に特徴的な妻側にあるヴェランダをいう．他に，「ポン」「チャリアン」という地域もある．仏像あるいは祀棚が設置される空間は，タイ・ルーイ族は「ナー・コーン」，ラオ族は最も一般的な名称と

表II-4-2　タイ・ラオ族の住居の分類　作製：Chantanee Chiranthanut

なる「ポン」，タイ・イサン族は「ホォーンあるいはホーン・タム」と呼んでいる．他のタイ・ラオ族も，サオクワンがある部屋を「ホォーン」「コーン」「ナー・コーン」「ナー・ホォーン」「ポン」などと呼ぶ．この名称は「タイの伝統的な文化」や「儀礼を守る」ことを意味する「ヒード・コーン Heed-Kong」という言葉に由来する．タイ・ルーイ族は，「ヒード・コーン」を「ヒード・ホォーン Heed-Houng」と発音する．また，「ヒード・コーン」を「ナー・コーン」と呼ぶ．「コーン・ダンマ Kong Dhamma」に由来した言葉で，ダンマはサンスクリット語でダルマ Dharma，仏法で，コーンは「ダンマに従う」ことを意味する．「ホーン・ダンマ Hong Dhamma」，ホーンは部屋の意味で，「ダンマの部屋」を意味する．「ポン」には，サオクワン（魂の柱）があり，家を守ることを願って花などを供える習慣がある．住居の中で，最もヒエラルキーの高い空間である．未婚女性の部屋は，「ソアム」「ソム」「ホン・パイ」などと呼ばれる．厨房は，「フアン・ファイ」「フアン・クア」「タオ・ホエ」などと呼ばれる．

　メコン中流域における住居集落の空間構成および住居類型についてまとめると以下のようになる．

　a．メコン中流域におけるタイ・ラオ族の伝統的集落の空間構成は，仏教（寺院）と精霊（祠，街の柱，村落森）に関するヒエラルキー（聖俗）と共に，川（上流・下流）や太陽の動き（東西），土地の高低（上下）に関するオリエンテーションが強く意識され，規定されてきた．

　b．メコン中流域におけるタイ・ラオ族の伝統的住居の平面構成とオリエンテーションの関係も，基本的に集落の配置パターンと共通している．また，男性および年長者を尊敬する社会習慣に基づいて，良いとされる方位に男性に関わる空間を，その反対側に女性に関わる空間を配置する（図II-4-2c）．

　c．メコン中流域におけるタイ・ラオ族の伝統的住居の形態は，母屋棟と厨房棟の2つによって構成され，木造高床式住居である．屋根形態については，切妻以外に，切妻と半円形屋根を組み合わせる形態と入母屋と寄棟の形態もみられる．基礎は，掘立式と石基礎式に分けられる．掘立式は平地で多くみられる．石基礎は，ルアンパバンに多くみられるものとタイ・ルーイ，ルアンパバン，ヴィエンチャンの住居に利用される新しく導入された煉瓦柱の2つタイプがある．

　d．メコン中流域におけるタイ・ラオ族の伝統的住居は，祀棚がある部屋，両親の寝室，娘あるいは新婚の寝室，の3種の空間を基本的空間として，1列に配置され，それぞれ1スパンを占める．ヴェランダは，平側に配置される（図II-4-2d）．

　e．タイ系諸族の住居の空間構成は，地域によって異なる．チャオプラヤ流域を除いて，それぞれ流域の上流における伝統的住居の特徴は，1棟で構成され，入母屋根で，炉が室内に，ヴェランダが妻側に配置されているのに対し，メコン中流域における住居の特性は，母屋棟と厨房棟の2棟によって構成され，切妻屋根を持ち，ヴェ

表 II-4-3　タイ・ラオ族の空間名称（室名称呼）　作製：Chantanee Chiranthanut

タイ・ラオ族	地方	テラス（屋根がない）	ヴェランダ（屋根ある）	娘の寝室	息子/穀倉/ある部屋	厨房
A：プー・タイ族	東北タイ	シャーン・モン Shan Mon	カ・ポン Kapueng / コェイ Koei / ポン Pueng	ソム Som / ホン・プァ Hong Pue / ホン・パイ Hong Pai	ホーン Hoong	フアン・ファイ Huen Fai
B：タイ・ヨア族	東北タイ		カ・ポン / ポン	ソム Som		フアン・クア Huen Kua / フアン・パイ Huen Pai
C：ラオス族	ラオス	サーン San	シャリアン Chaliang / シアー Sia		ポン Pueng	
D：タイ・ヨイ族	東北タイ	サーン / ビアク San Peak / サーン・ラ San La	コェイ / ハーン Han / シアー	ソァム Saum / ソァム・コイ Saum Koi	ポン	
E：タイ・セク族	東北タイ	シャーン・フォン Shan Fon	カ・ポン / シアー	ボク・ヌン Bok Noon	ホーン	ラン・ヴィ Ran Vi
F：タイ・プアン族	東北タイ	シャーン・フォン / シャーン・ナム Shan Nam / シャーン・トンファン Shan Tongfan	シアー	ソァム	ホーン / チョーン / ナ・コーン Na Kong	タオ・ホエ Tao Hue / タオ・ホーン Tao Hong
	ラオス	シャーン / サーン・ビック		ソァム	ポン	フアン・ファイ
G：タイ・カロン族	東北タイ	サーン / テー Shan Ded	ポン・リン Bon Lin / シアー / コェイ	ソァム / ソァム・コイ / ソァム・パイ Hong Pai / スァム・ルク Suam Look	ホーン / ホーン・タム Hong Tham	フアン・パイ
	ラオス	カ・ヌウブ Kanueb / サーン				
H：タイ・ルー族	東北タイ	サーン・ビック	サーン・ナイ San Nai	ソァム	ナ・コーン	フアン・ファイ

219

第Ⅱ章
タイ系諸族の住居

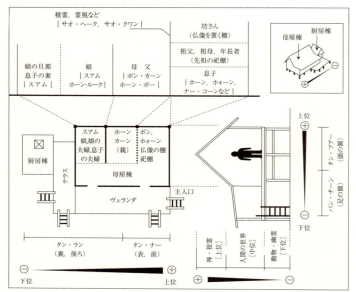

図 II-4-2c　タイ・ラオ族の住居の構成とオリエンテーション　作製：Chantanee Chiranthanut

ランダが平側に配置される．

③住居の原型，変異型，地域類型

　メコン中流域の住居類型をもとに，タイ系諸族全体の住居類型とそれらの相互関係を明らかにしよう．

A　原型 Architype

　タイ系諸族の原型と一般的に考えられるのは，その起源地と考えられているシプソンパンナーのタイ・ルー族の住居である．それは入母屋屋根の高床式住居で，一棟で構成され（「版納型」），屋根がある半開放的なヴェランダ（前廊），炉が置かれる居間（堂屋），寝室（臥室），そして高床下の4つの空間から構成される．そして，この4つの空間は，明快な連結関係をもっており，入母屋屋根の1棟を構成している．すなわち，ひとつの型として成立している．しかも，1棟からなる原型に加えて，複数の棟で構成される住居形式（「孟連型」）もシプソンパンナーで見られる．住居単位とその組合せのシステムが成立している．これは，切妻の1棟の組合せで住居空間を構成するチャオプラヤ・デルタのシアム族の住居システムに対応する空間システムである．

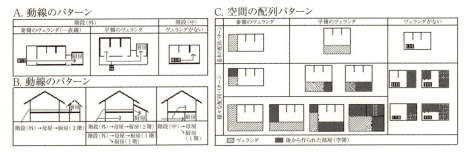

図 II-4-2d　タイ・ラオ族の住居の動線と空間構成　作製：Chantanee Chiranthanut

　すなわち，シプソンパンナーのタイ族の住居の空間構成システムはタイ系諸族の中でも極めて高度であり，タイ系諸族が，これを原型として，南下していったとは考えられない．「原型」として考えられるのは，もう少し，プリミティブな住居であった．シプソンパンナーのタイ族の住居はもともと「竹楼」と呼ばれた簡素なつくりで，瓦葺で石基礎を用い，貫で床を受け，入母屋屋根とする現在みられる住居形式が成立したのは，ごく近年，一世紀も遡らない頃である．タイ族住居の「原型 Architype」が成立し，その「原型」から現在のシプソンパンナーの住居形式が成立していったのであり，同様に，東南アジアに南下していったタイ系諸族は，「原型」からそれぞれの地域類型を成立させたのである．

　「原型」と考えられる住居は，炉のある一室空間である．上で確認したように，炉のある居室をもつのは，シプソンパンナーのタイ族の他，アッサムのカムティ族，ミャンマーのシャン族，タイ・ダム族などである．注目すべきは，これらが全て1棟の住居であることである．

　タイ系諸族の住居の「原型」は，極めて素朴な想定であるが，高床に炉を置く1室住居である．そうした意味で，「原型」に近いのは，ミャンマーのシャン族の住居（113頁　図 II-2-2c）である．ただ，1室住居のなかに寝室が区切られ，すなわち2室住居となり，さらに厨房が分離されていく過渡的状態を既に示している．むしろ，家長の居場所，柱間毎の居住区分，男女の炉の区分など，空間のヒエラルキー区分は見られるが，間仕切壁を設けず1室住居を一体的に使用している北ヴェトナムのシプソンチュタイのタイ・ダム族の住居の1棟1室の形式（128頁　図 II-2-4d）が「原型」のひとつの事例である．

P　基本型 Prototype

　「原型 Architype」が1棟の住居のかたちで具体化した住居形式，「基本型 Prototype」のひとつがシプソンパンナーの「版納型」である．階段で，ヴェランダ（前廊）へ上

がり，室内に入るが，炉のある居間（堂屋）と寝室（臥室）は，棟の軸の左右に配置されるパターンである．「版納型」の場合，階段もヴェランダも同じ入母屋屋根で覆われている（P1：119〜120 頁　図II-2-3fg）．

それに対して，階段でテラスに上がり，居間に入り，寝室群は棟の軸方向に配置されるのが，アッサムのカムティ族の住居形式である（P2：109 頁　図II-2-1b）．

いずれにせよ，1 棟の住居と米倉など付属施設によって屋敷地が構成されるのが「基本型」である．

V　変異型 Variant

炉のある 1 棟 1 室の「原型」が，寝室が分化することで一定の形式「基本型」が成立すると，様々な「変異型 Variant」が派生する．

「基本型」の炉のある居間から厨房が分化していくことになる．一般に見られるのは「基本型」の増築というかたちで厨房部分を分離していくパターンである（V1）．すなわち，北タイのシャン族の住居（113 頁　図II-2-2d）のように，基本型に下屋を掛け，壁で囲んで厨房とするのである．また，バーン・パクシーのタイ・ラオ族の住居のように，居間に接するかたちで別棟を増築するパターンも見られる．

そして，やがて厨房棟として独立することになる．すなわち，厨房棟を別に設けて 2 棟（母屋棟と厨房棟）からなる住居形式が成立する（V2）．トゥア・フアン Tua-huen と呼ばれる母屋（寝室棟）とクア Kua と呼ばれる厨房棟の 2 棟によって構成されるバーン・ノンナウの住居（189 頁　図II-3-4g）が典型的である．また，バーン・ナーオウのタイ・ルーイ族の住居（160 頁　図II-3-2f）がそうである．この 2 棟からなる分棟型は，東北タイのタイ系諸族にも見られる．

また，寝室の拡張や付加も「基本型」を増築すること一般的に行われる（V3）．増築による「変異型」は各地域で見られるが，上で分類したように，東北タイの住居に様々なヴァリエーションをみることができる（149 頁　図II-3-1d）．小径木しか入手が出来ず，大スパンの架構が難しい地域では，「基本型」を 2 棟並べて居室をつくるパターンがみられる．それに厨房棟を加えて 3 棟で住居を構成するのがユアン族の住居（134 頁　図II-2-5b）である．

そして，さらに多くの住棟で住居を構成するパターンが成立する（V4）．それがシアム族の住居形式である（138 頁　図II-2-6d）．一定の住居類型というのではなく，地域によって様々な住居類型を生み出す 1 次元上の空間構成システムがシアム族の住居形式である．

物理的な空間単位に注目すると，1 棟 1 室型（A 原型），1 棟型（P 基本型），複数棟型（V 変異型）のそれぞれをタイ系諸族の住居形式にみることができるということであるが，第一に指摘すべきは，炉を居室に置く「原型」に近い住居形式が山間部，5

つの大河川の上流部のみに見られることである．また，シプソンパンナーにおいては，現在も炉を置く居室が維持されていることである．そして，丘陵部からデルタ部にかけては，寝室棟と厨房棟を分離する住居形式がみられることである．すなわち，ヴェランダ，テラスが増え，住居がより開放的になることである．言うまでもなく，この変容は寒冷な気候から蒸し暑い気候に対応するためである．

　第二に指摘できるのは，山間部に比べて，下流部では建築材料として小径木の樹木しか利用できないことである．それ故，1棟の空間単位が小規模で，「基本型」のような住居形式を1棟では実現し得ず，1棟の空間を連結させたり，複合化したりする方法が採られるようになるのである．

　以上を前提に，II-2 で見てきた地域ごとに成立した住居形式を振り返ってみよう．

　カムティ族の住居形式は，既に上で確認したように，「基本型」のひとつである（P2）．家族規模に応じて寝室を棟方向に増築していく空間システムをもっている．シプソンパンナーのタイ族住居（P1）とは異なるパターンであるが，いずれも「原型」の具体的表現である．逆に言えば，タイ系諸族に「原型」が共有されていた証左である．

　シャン族の住居についての情報は少ないが，上で見たように「原型」が変容していく事例（113頁　図II-2-2c）が見られる．ブラフマプトラ川流域，サルウィン川流域を伝わって「原型」が伝播していったことは明らかである．シャン州，タウンギー州には，厨房部が下屋の空間に分離された事例がある（V1：114頁　図II-2-2f）．しかし，北タイのシャン族住居は，2棟が連棟する形式をとっている（V3：114頁　図II-2-2e）．これは，ユアン族の住居形式の影響を受けたものである．

　紅河および黒河の流域に南下してきたタイ・ダムの住居（128頁　図II-2-4d）も，以上に確認したように「原型」である．すなわち，ここからメコン中流域に移住してくるタイ・ラオ族もまた「原型」を共有していたことは明らかである．

　しかし，北タイへ移住してきたタイ・ルー族の住居形式には，「基本型」から「変異型」（V1, V3）への展開が見られる（122頁　図II-2-3k）．変容を促したのは気候条件の変化である．タイ・ルー族と関係の深かったラーンナータイのユアン族の住居形式（134頁　図II-2-5b）も同様である．

　そうした中で，寝室棟と厨房棟の分棟形式が成立する（V2）．上述のように，バーン・ノンナウの住居（189頁　図II-3-4g），バーン・ナーオウのタイ・ルーイ族の住居（160頁　図II-3-2f）がそうである．そして，チャオプラヤ・デルタのシアム族の住居システムのような複数棟を組み合わせる住居形式（V4）が産み出される．

　タイ系諸族の住居形式の原型，伝播，変容（地域適応），地域類型の成立の過程は以上のようである．

4-3 住居の変容

　地域ごとに一定の形式を成立させてきたタイ系諸族の住居は，近代化，都市化の進行と共に大きく変化してきた．第一に，新たな建築技術，新たな建築材料の導入がある．第二に，生活様式の変化がある．第三に，ショップハウスのような新たな都市型住居の出現がある．

　この間の変化を象徴するのは，トタン屋根の導入である．伝統的住居は切妻屋根が圧倒的に多く，とりわけ，中下流部では急勾配の屋根が一般的であった．トタン屋根になって，屋根勾配は緩やかになり，集落の景観は一変することになるのである．

　また，フランス植民地期におけるパー・トクシーと煉瓦柱の導入も変化の先駆けである．1900年代に，全焼したヴィエンチャンを復興するために，フランス植民地政府によって，短時間に建設できる煉瓦柱とパー・トクシーが導入されるのであるが，最初期には，フランス人やラオのチャオなどの住居に用いられるのみであったが，その後一般の住民にも普及し，メコン河の西岸まで普及するのである．そして，現在は，木造住宅が減少し，ブロック造，RC造に置き換えられつつある．

　空間構成については，厨房設備とトイレ設備の変化（近代化）が決定的である．空調機器の普及もある．高床のヴェランダの役割が失われていくのである．また，プライバシーの観念の普及によって部屋の細分化が進行することで平面構成は大きく変化してきた．

　都市化の影響も大きい．メコン中流域では現在でも見られるが，都市住居でも高床式住居が「基本型」で，2階に寝室と厨房を持ち，トイレは一階とするものが一般的であった．しかし，厨房を1階に置くものが増えてきた．タイトゥンと呼ばれる床下は，農村では開放的空間として家畜小屋や収納空間として使われるが，都市住居では，店舗が1階に設けられるとともに，トイレ，厨房，居間なども1階に配置されるようになる．

　この都市住居のあり方は，農村部にも影響を与えつつあり，集落内に全く馴染まない住居も増えつつある．集落内に，1階の空間にショップハウスのように設備を配置する住居もみられるようになってきた．

　都市住居の場合，歴史的には，タイ系諸族の伝統的住宅とは全く異なった展開が見られる．都市型住居としてのショップハウス（店屋）の導入である．次章からは，都市型住宅の歴史的展開をみよう．

第Ⅲ章
東南アジアの都市住居（ショップハウス）

本章では，ショップハウス（店屋）という都市住居の形式に焦点を当てて，東南アジアの都市住居の起源，成立，変容について明らかにしたい．
　東南アジアにおける都市住居の起源ということを論じるならば，都市そのものの起源に遡る必要がある．東南アジアの諸都市の起源については，世界都市史を構想する作業の中で，すなわち，『近代世界システムと植民都市』（布野修司編 2005），『曼荼羅都市 —— ヒンドゥー都市の空間理念とその変容』（布野修司 2006），『ムガル都市 —— イスラーム都市の空間変容』（布野修司+山根周 2008），『グリッド都市 —— スペイン植民都市の起源，形成，変容，転生』（布野修司・ヒメネス・ベルデホ　ホアン・ラモン 2013），『大元都市 —— 中国都城の理念と空間構造』（布野修司 2015）において論じてきた．
　第一に言えるのは，東南アジアには都市的伝統がそもそも薄いということである．同じことであるが，今日に至る都市のほとんどが「植えつけられた都市」であること，すなわち西欧列強が建設した植民都市を起源とすることである[91]（布野編 2005a：図III-0-1）．
　第二に確認できるのは，古代文明の都市に限らず古今東西の都市における一般的な都市住居の形式である「中庭式住居」が，東南アジアの都市には必ずしも見られないことである．そもそも，アンコール・トムの街区や居住形態が今のところ不明であるように，東南アジアの伝統的都市の都市住居のあり方は充分に明らかにされていないが，農村住宅が密集する都市村落的な形態が一般的であったと考えられる．
　第三に指摘すべきは，都市形態もヨーロッパとは大きく異なっていることである．14世紀に成立したヒンドゥー王国パジャジャラン王国支配下の港市の一つであったバントゥン Banten（バンテン，バンタム Bantam）については詳細に検討したが（布野編 2005a），その形態は，東南アジア都市の原型としての都市村落的なイメージを与えてくれる（図III-0-2）．『曼荼羅都市』（布野 2006）で焦点を当てたロンボク島のチャクラヌガラはむしろ例外といえるだろう．
　O. E. D.（Oxford English Dictionary）は，ショップハウス shop-house を"…in S. E. Asia a shop opening on to the pavement and also used as the residence of the proprietor"「東

91）　ポルトガルがマラッカを占領した16世紀初頭から17世紀にかけて，東南アジア各地に存在した都市について，アンソニー・リード（Reid 1993）が諸文献の推計を整理してまとめているが，16世紀における主だった都市は，アユタヤ，ペグー，マラッカ，パサイ，ブルネイ，デマ（ドゥマッ），グレシクである．また，17世紀について，加えて挙げられるのが，タンロン，キムロン，フエ，プノンペン，パガン，パタニ，ジョホール，アチェ，バントゥン，マタラム，スマラン，ジュパラ，トゥバン，スラバヤ，マカッサルなどである．都市の規模については信頼性の薄い出典も多いが，16世紀にはタンロン，アユタヤ，ペグーが10万人規模の都市であったとされる．そして，マタラムも含めて17世紀中葉には15万から20万人に達したと考えられる．続いて，アチェ，マカッサル，バントゥン，キムロンなどがピーク時に10万人規模となり，デマが6〜8万人，トゥバン，スラバヤが5万人程度，パタニ，ヴィエンチャン，プノンペンは2万〜5万人と考えられる．

第 III 章
東南アジアの都市住居（ショップハウス）

図III-0-1　16～17世紀の東南アジアの都市　Reid（1998）［リード　1997，2002］

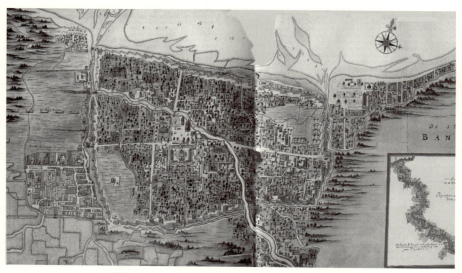

図III-0-2　バンテン 1635～1639　Guillot（1990）

南アジアにおける通りに開かれた店舗併用住宅」と定義する．伝統的な建築形式としては，前部を店，後部を住居とするものと地上階を店，上層階を住居とするものがあるが，基本的には連棟形式のものをいう．古代ギリシャ・ローマの都市のストア stoa がまさにそうであるように，市場を囲む屋根のある通路に店や事務所が並ぶ形式は世界中にみることができる．ショップハウスという用語は，後述のように，中国語の「店屋」の英訳である．本書におけるひとつの関心はその起源である．その関心は東南アジアにおける都市の起源に関する関心と重なり合う．

それ故，東南アジア諸国におけるショップハウスに対する関心は高いが，ショップハウスに関する総括的研究は現在のところない．そうした中で，マレーシアおよびシンガポールのショップハウスについては比較的数多い研究があり，その歴史や保存のための調査報告など様々な観点から論文が書かれている．そうした中に J. S. H. リムの「ショップハウス・ラフレシア」(Lim 1990, 1993) があり，ショップハウスの定義，法令，建築様式，発展過程，アジア地域への拡散などについて幅広く論じている．リムは，英国植民地の建築条例によって，ショップハウスはマレーシアの都市住居のプロトタイプになり，それが東南アジア諸国そして中国沿岸部の諸都市に影響を与えていったが，ショップハウス自体は啓蒙の所産であり，労働や余暇などのための都市空間の利用に対するアジア諸国の広範な需要に必ずしも合致していたとは限らないという．

このリムの論文の提起を受けて，日本では泉田英雄が一連の論文を書いている（泉田 2006 他）．その主要な関心は，都市計画とショップハウスの関連であり，香港，インドネシア，マレーシア，シンガポールを扱っている．その大きな目的はショップハウスのユニークな特性，そのファサードの画一性，アーケード付歩廊などの起源を明らかにすることにある．ただ，タイは視野外に置かれている．また，一連の論文にショップハウスの諸要素についての様々な用語が用いられていて必ずしも連続性がない．

J. ウィドドの学位論文 (1996) また『船と都市 —— 東南アジア沿海部のチャイニーズ・ディアスポラと建築』(Widodo 2004) は，東南アジア沿海部諸都市の都市形成に果たした中国人居住地（チャイニーズ・ディアスポラ）の役割を明らかにしている（図 III-0-3）．広範な臨地調査から得られたデータを基にした形態学的研究であり，インドネシア，マレーシア，シンガポールにおける中国人居住地とその住居すなわちショップハウスの形態モデルを明らかにしている．その形態モデルは，本章で扱うタイのアユタヤ，バンコク，パタニを含んでいる．

タイにおけるショップハウス研究は 1970 年代に開始され，数多くの論文が書かれてきているが，そのほとんどは現状調査をもとにした保存計画の提案を目的にしている．また，その対象は，バンコクやプーケット Phuket の著名なショップハウス群に限定されている．そうした中で特記すべきもののひとつとして S. チャンタウィラスヴォンの論文『ショップハウス建築の研究』(Chantavilasvong 1978) がある．論文の中

第III章
東南アジアの都市住居（ショップハウス）

図III-0-3　東南アジアのチャイナタウン Aasen（1998）　作図：古田博一

心はバンコクであるが，タイ全土のショップハウスを概観しており，ショップハウスの歴史，意義，使われ方，有用性など基本的な問題とその背景を明らかにしている．その上で，バンコク中心部のショップハウスの使われ方調査をもとに，その問題点を指摘している．そして，ショップハウスの形態，構造，材料，装飾，階数などに着目して，その建設時期をラッタナーコーシン王朝期（1782〜）の王の在位毎の法令の強制力を重視して，4期すなわち 1862〜1896，1896〜1900，1900〜1936，1936〜1953 に分けている．1953年以降は，実測を行っておらず，不明とするが，多くの写真，スケッチを用いて，タイの都市におけるショップハウスの長所，弱点，その存在意義を論じている．

都市計画の観点からの初期論文のひとつがC. スチャ・サヤの『ショップハウスとアーバン・デザイン』（Sucha-Xaya 1981）である．この論文も，ショップハウスの建設時期については，ラッタナーコーシン王朝期を4期に分けた上で，もう1期 1953〜1969年をつけ加えている．何故1969年で区切るのかについては曖昧であるが，およその目安にはなる．スチャ・サヤ論文で強調すべきはショップハウスと都市拡張との関係を指摘している点である．

V. サチャクルの学位論文『バンコク・ショップハウス —— 社会経済分析と改善戦略』(Sachakul 1982) は，20世紀後半のバンコクを扱っている．ショップハウスの空間構成の変容過程については触れてはいないが，使われ方や居住環境の改善の可能性を主張している．

　1990年代に入って，Y. ピモンサティアン (Pimonsathean 1993) が，主として史料に基づき，バンコクの特にラッタナーコーシン地区 (バン・ルアン・ムアン Bam Rung Muang 通商店街) の形成過程を明らかにしている．また，1988年のショップハウス改善のためのガイドラインについて考察し，居住者へのインタビュー調査をもとに，全体的な保存計画の必要性，特に民間との協働の必要性についてその改善を提案している．日本では安藤徹哉 (1993) がバンコクのショップハウスについて概括的に紹介している．

　タイのショップハウスについての1990年代までの既往の研究，保存の取組みはおよそ以上のようであったが，それを踏まえて書かれたのが本章の元になっている，ナウィット・オンサワンチャイの論文である (Nawit 2006)．ナウィット・オンサワンチャイが臨地調査を行ったのは，バンコクの他，パタニ，クロン・スアン，アユタヤである．各都市の調査地区は，都市の規模，行政上の地位，立地，歴史を異にしている．各都市のショップハウスの位置づけは以下のようである．

　バンコクは首都であり，国の中心に位置し，最大規模の大都市である．調査対象としたラッタナーコーシン地区は，バンコク発祥の地区であり，王宮，寺院，官庁などの間に現在も数多くのショップハウスが建ち並ぶ．

　パタニは，タイの南半島東海岸に位置するタイ湾に面する古くからの港町である．15世紀から18世紀にかけて，東南アジアの国際交易中継地として，数多くの海外商人が居住したが，その大半はチャイニーズ（華僑，華人）[92]であり，パタニには古くから極めて特徴的なショップハウスが建設されてきた．調査地区は，タイの最も古いショップハウス街のひとつである．

---

[92] 「華僑」という言葉は，19世紀末の国際条約締結の際に自国民の保護のために使われ出した言葉である．「僑」という漢語は形容詞で「流寓する」という意味で「僑居華民」を縮めたのが「華僑」である．そして，国籍法，国・共の分立がからんで，「華僑」は愛国者というニュアンスで使われるようになる．さらに，1970年代に中華人民共和国が現地同化への柔軟な姿勢を打ち出してからは「華人」という漢語が一般的に用いられるようになった．「華僑」以前に歴史的にもっとも多く使われた漢語は「唐人」である．中国人の海外移住は古代に遡るが，斯波義信 (1995) によれば，華僑の歴史は「端緒期」「展開期」「大量流出期」の3つの時期に分けられる．「端緒期」は，対外貿易が発展した唐代であり，「展開期」は16世紀の明代である．16世紀は世界貿易がヨーロッパの大航海時代の訪れとともに活発となった「商業の時代」である．王賡武 (1978, 1987) は，華僑の発生順に「華商型」「華工型」「華僑型」「華裔型」という4つの類型を提案している．「華商型」は，最も古く一般的である．「華工型」は，18～19世紀の労働移民であり，世界規模で広がっていった．「華僑型」は，20世紀の前半に民族主義と結びついた愛国者である．「華裔型」は，現地社会に溶け込んだものをいう．

クロン・スアンは、タイの中央デルタの農村部に位置する、運河沿いに形成された小さな市場町である。町は運河のみで外部に繋がっており、ショップハウスは運河沿いに建設されている。中央平野の商業センターでもあり、船着場の役割も果たしている。

アユタヤは、バンコクの北に位置するトンブリ朝に先立つアユタヤ朝の王都である。歴史的にはチャイニーズがタイで初めて居住した都市であり、ショップハウスに類似した建物を建てている（Sawaetvimon 2001）。東南アジア最大の商業中心として、アユタヤは国際交易に重要な役割を果たし、15世紀から18世紀にかけて最も栄えた（Reid 1998）。1765年の対ビルマ戦争で完全に破壊された後、復興するが、旧市街が形成されたのは比較的新しい。ショップハウスが、タイの一般的な都市住居の形式として定着してきたことをアユタヤの新しい形のショップハウスは示している。アユタヤについてはIV-3-3で扱う。

III-1　ショップハウスの起源と伝播

東南アジアに一般的に見られるショップハウスの形式は、中国南部を起源とし、オーヴァーシーズ・チャイニーズ（華僑、華人）によって持ち込まれたというのが定説である。すなわち、海外移住してきたチャイニーズが商業活動のために用いた住居形式が根づいたとされる。そもそも、上述のように、ショップハウスは中国語の「店屋」[93]の英訳である（Lim 1990, 1993; Yeoh 1996; Home 1997）。店屋は、北京語Mandarinで店屋 dian wu あるいは商店 shang dian、福建語で店屋 tiam chu[94]、広東語で商店 siong tim あるいは poh tao (business shop)、香港語の房 hong（福建語）はヨーロッパ現地代理人の事務所 Chinese business houses を意味した。シンガポールの都市再開発機関 URAS (Urban Redevelopment Authority of Singapore) は、ショップハウスを、「狭小間口のテラスハウスで職住併用の建築。1840年から1960年にかけて建設され、共有の間仕切壁で連棟し、前面に日除け、雨除けの歩廊「ファイブ・フット・ウエイ」を持つ2～3階

---

93) 中国語に「町屋」という言葉はないが、福建以南で用いられる「店屋」がそれに相当する。日本でも「町屋（マチヤ）」を「店家（マチヤ）」とも書く。台湾では「街屋」という言葉が一般的に用いられる。「店（みせ）」ということでは、中国には「廛」「肆」「店」「舗」といった語が古来あるが、必ずしも、日本の「町屋」のように、一定の建築類型を意味しない。「店屋」という形式がいつ成立したかが問題となる。

94) 南タイのプーケット地域には旧市街には数多くのショップハウスが残っているが、チャイニーズの商店主は同じように店屋 tiam chu と呼ぶ。

ショップハウスの起源と伝播

建ての建築」とする[95]．
　「ファイブ・フットウエイズ」という言葉はアングロ・サクソン起源で「ファイブ・フット」と「ウェイ」の合成である．「ファイブ・フット」は，「カキ・リマ kaki lima」（マレー語）ないし「ゴー・カキ goh kaki」（福建語）の直訳であり，すなわち足 5 つ分（five feet）を意味する．「カキ」は「足」である．「ウェイ」は「フットウエイズ」の略である．「フットウエイズ」は，1856 年の「インド保護法」Indian conservancy Act No.14(1856)[96]に用いられているが，海峡植民地では，他にヴェランダ，ヴェランダ・ウェイズ，ファイブ・フット・パスも用いられ，ラッフルズはアーケードという語も用いている．「ファイブ・フットウエイズ」は，最小限の歩廊幅を意味し，職人たちの間で使われ始めたのではないかと考えられている．

1-1 店屋＝ショップハウスの起源

　店屋が，中国において，どこでどのように成立したのかについては必ずしも定説はないが，およそ以下のように考えられている．
　中国における都市的集住形式と言えば「四合院」である．この分棟で中庭の前後左右を囲む「四合院」という形式が，住居のみならず，宮殿，壇廟，寺観，官衙なども含めてあらゆる建築類型に用いられることは中国建築の大きな特質である．そして，明・清に遡る現存の「四合院」が，さらに遙かに時代を遡るものであることも明らかになっている（田中淡 1995）[97]．この分棟形式で中庭を囲む中庭式住居の形式は古今東西にみることができ，四大都市文明にも共通することは前述の通りである．それに対して，連棟形式の日本の「町屋」の形式は別の系譜に属する．中国では「店屋」がその系譜にあたる．「店屋」の成立については，「四合院」と「店屋」の関係がひとつの視点となる．

①「市」

　中国の「市制」の起源は，農業生産の伸展，人口増加，交通網の発達，商業の発展に関わる．春秋時代には各国の「城市」の郭内に「市」[98]が存在し，ある程度組織的

---

95) マレーシアでは，歴史的にも，法律用語としてもショップハウスという言葉は用いられず，1949 年の新聞記事（The Malaysia Pictorial Observer (9/8/1949) 'Shophouse line the main street' (in Kampar)）が初出とされる．
96) 「ファイブ・フットウエイズ」は 77 条に現れる（Fee 1998）．1908 年のマラッカの条例に，初めて「ファイブ・フットウエイズ」が使われている．「フットウエイズ」は，元々は車道から塀で守られた歩道を意味する．これも「インド保護法」No.14（1856）に規定されていた．
97) 西周時代の遺構が見つかっている．
98) 「市」の字の初見は西周時代の金文とされる．各地の「市」についての史料が得られるのは春秋時代で，『春秋左氏伝』には，各地の「市」についての記述がある．

233

第 III 章
東南アジアの都市住居（ショップハウス）

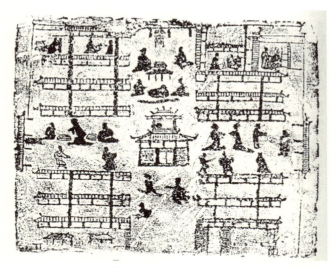

図III-1-1　成都市出土画像磚（中国国家博物館蔵）

に運営されていたことが推測されるが，国家的管理機構があったわけではない．「市」が発達し始めるのは戦国時代で（宮崎 1991），「市」の管理を行う「市吏」が現れ，各国で「市制」の整備が行われ始めたことが確認されている．地方における「市」は，街道筋に設けられた「亭」と関わっていたことが指摘されるが，戦国時代後期の「城市」になると，郭内に「府」「庫」「倉」といった財政機構が設けられるようになり，「市制」もその中に組み込まれていくことになる．そして，その「市制」は秦漢の「市制」に受け継がれる．

「市」の具体的形態が伺える成都付近出土の後漢代の画像磚（図III-1-1）によると，常設市は牆壁（闠）で囲われ，中には，「市廛」「隧」「肆」がある（劉 1973）．「市廛」は「市物の邸舎」（倉庫），「肆」は店舗の列，「隧」は「列肆の道」を意味する．「肆」は唐代の「行」であるが，画像磚に描かれる列肆の長屋形式の建物は「店」の原型である．平安京の東西市の「座して物を売る舎」もおそらく同様の形態であった．漢代の「市」は上述の画像磚から推測されるように，牆壁で囲われて場所が限定され，時間的にも開門閉門などの時刻が決められており，度量衡，価格，営業登録，税など国家管理のもとに置かれていたと考えられている．おそらくは秦による「天下統一」前後に確立したと考えられる漢代の「市制」と唐代の「市制」は多くの類似点があるが，「市」の設置が，唐代には原則として城内に限られる点が異なる．

②「里」と「坊」

秦の始皇帝が国土を全て皇帝直轄地とし（紀元前 221 年）「郡県制」を敷いて以降，

中国における地方行政区画制度は，漢代の「郡国制」を経て，唐代には「州県制」に変化していく．秦漢において郡県を構成していたのは，「郷」であり，「亭」であり，「里」である．いずれにせよ，秦漢における地方行政区画の最小単位は家族によって構成される隣保組織としての「里」である．「里」は壁で囲われ，門を「閭」といい，「里」中の道を「巷」と呼んだ．それ故，「里」のことを「閭里」ともいった．

この「里」に変わって，都市区画の名称として，唐代以降「坊」が公式に使われ始める．「坊」は「防」が訛ったもので，防壁である坊墻で囲まれた街区をいう．後漢末から魏晋南北朝にかけての動乱期に出現したとされる．「坊」が外郭城全域に造られたのは北魏平城が最初である．「坊」は東西巷と南北巷によって十字街に分割されていたと考えられている．

「里」も上述のように同様の形態をしており，「坊」との大きな差はないことから「里坊制」という言葉も用いられるが，一般には，都市組織，都市街区について「坊」が用いられるようになったということで，「里制」と「坊制」は区別される．「坊」という行政区画名は，坊墻壁が無くなって以降も明，清まで用いられるから，唐代までの「坊制」は「坊墻制」と呼んで区別される．この「坊制」あるいは「坊墻制」を基にしていたのが唐代の「市制」である．「店屋」の成立が問題となるのは，この「坊墻制」に立脚した「市制」の崩壊以降ということになる．

③房廊

「坊墻制」は，唐代末期には崩壊しつつあった．唐末の混乱のなかで，坊墻を破壊し，入口を街路に開いたり，街路を占拠したりして舎屋を建てる「侵害」が行われてきた．平安京における「条坊制」の崩壊過程と並行する現象である．

北宋の首都，開封において，「坊墻制」は最早実態をともなっていなかった．「坊墻」は存在したけれど，新たに坊門や「坊墻」が建設されることはなく，街路に面して建造物を建てることは公認されていた．「坊制」の崩壊とともに「市制」も崩壊していく．城市内の「坊」に場所を限定されていた「市」は，その場所と形を変える．全国的市場が成立するとともに，「県」のなかに，「鎮」「草市」「虚市」「歩」「店」などと呼ばれ，「鎮市（市鎮）」と総称される小都市，集落が発達してくる．

「邸店」「房廊」「停塌」（旅館倉庫業）といった建物の地代，賃借料を収入とする富裕層が出現し，「客商」（遍歴商人）とその組織である「商幇」（同郷商人集団）が成長していく．唐代以前には，商業用倉庫は「邸」「店」ないし「邸閣」「邸店」と称され，城市の「市」の壁に沿って設けられていたとされるが，「市制」の崩壊に伴って「邸」「店」は，市壁外に設けられるようになる．仲買を行う「客商」のために，倉庫業と旅館業を兼業する形で出現してきたのが「邸店」「房廊」「停塌」である．地方では「店肆」（旅館）を核として「鎮市」となる事例が出現する．

こうした新たな建築類型，そして新たな都市組織（街区）の具体的な形態について

第 III 章
東南アジアの都市住居（ショップハウス）

図 III-1-2　『清明上河図』（部分）（故宮博物院蔵）

は必ずしも明らかにされているわけではないが，首都，開封における「市」のあらたな形態，あらたな建築類型の出現などについて，大きな手掛かりとされるのが『清明上河図』（張擇端）であり，『東京夢華録』である．『東京夢華録』には各街で数多くの品物が売り買いされていることが細かく描かれている．「坊制」下の長安で夜市が盛んであったことが知られるが，北宋の開封でも夜市が盛んであったことも活き活きと描かれている．『清明上河図』にも数多くの店や物売りの姿が描かれている[99]．『清明上河図』を読み解く作業の中で注目すべきは，店のテーブルと腰掛に着目した小泉和子の指摘（小泉 2003）で，テーブル，腰掛のみ描かれて飲食店らしくない 20 軒は，回船問屋あるいは問屋，卸仲買の店であるという．これがおそらく「邸店」の具体的な形態である（図 III-1-2）．一方，『清明上河図』に描かれた建物を一覧する限り，長屋形式の建物（「房廊」）は確認できない．高村雅彦は，「房廊」を「前面に吹き放しの，いわばアーケードを持った割長屋の店舗あるいは倉庫・邸店群」とし，『東京夢華録』巻二「宣徳楼前省府官宇」に「十三間楼」とあるのを河沿いの柱間十三間の「房廊」だとする（高村 2007）．そして，この宋代の「房廊」は，元の大都の「半坡屋」，明清の「廊房」に引き継がれるとする．この「房廊」（→「半坡屋」→「廊房」）がアーケードをともなった長屋であるかどうかはわからない．少なくともアーケードの存在は不明である．

　唐代から宋代にかけて，新たな建築類型が出現してきたことは以上の通りである．

---

99)　『清明上河図』は開封を描いたものではなく，近郊の小都市を描いたとする説もあるが，いずれにせよ，北宋末における都市の光景を描いたものである．

ショップハウスの起源と伝播

日本の場合のように，条坊制の崩壊から町屋の成立を鮮やかに跡づけることは困難であるが，そもそも，坊制下における坊の分割（宅地編成）パターン，住居形式についても必ずしも分かっているわけではない．宮殿区においては四合院形式が採られており，住区も四合院が一般的な住居形式であったと考えられているが，1棟あるいは2，3棟で構成されている宅地もあったであろうし，ゲルも用いられていた．

「四合院」が遙かに時代を遡るものであることは上述のように考古学的遺構でわかっており，その形式が成立する自然生態学的根拠，原理はわかりやすい．問題は，もうひとつの都市型住宅としての「店屋」（町屋）がどのように，いつ成立したかである．『清明上河図』を見る限り，一間間（いっけんま）の門をもつ屋敷地が二つほど見られるが，「店屋」かどうかはわ

図 III-1-3　平江図（蘇州文廟）
撮影：布野修司

からない．長屋形式には見えないまでも壁を接して「邸店」などが並ぶ街並みは新たな都市景観であるが，「界墻」とよばれる煉瓦壁，日本でいう「卯建」を介して連続する町屋の形式は描かれていない．

「房廊」あるいは「界墻」によって連担する町屋の形式が描かれるのは後代[100]の『清明上河図』である．蘇州をはじめとする江南諸都市で『清明上河図』の贋作（「蘇州片」）が数多くつくられ，そこに「界墻」が描かれていることは興味深い．江南の諸都市は，まさに唐代から宋代にかけて，「鎮市」として発展してきた都市である．多くは水郷都市，水運を基礎にした都市であり，中原の諸都市とは異なる都市組織を発達させてきたと考えられる．

焦点となるのは，紀元前514年に呉国の王都として築かれ，また「平江図」（1229）（図 III-1-3）の残る蘇州であるが，一般に江南都市についての資料が得られるのは明末であり，その都市組織の実態がある程度わかるのは18世紀の半ばである．1990年代初頭の臨地調査をもとにした高村雅彦（2011）によれば，江南諸都市には，「専住形式」「中庭群店住形式」「上下店住形式」という，3つの住居形式が存在している．店の機能をもつかどうかに着目した命名であるが，前二者には大きな空間形式の違いはない．「四合院」形式に含めて考えられるが，いわゆる北方の「四合院」の形式とは異なり，間口が狭く，したがって中庭（「天井」）が狭く，奥行きが長い．細路地である「避弄」の存在もユニークである．

100）張擇端の『清明上河図』は，明の仇英によるもの，清の沈源のもの，「清院本」といわれるもの，など多くの模作，贋作がある．

237

第 III 章
東南アジアの都市住居（ショップハウス）

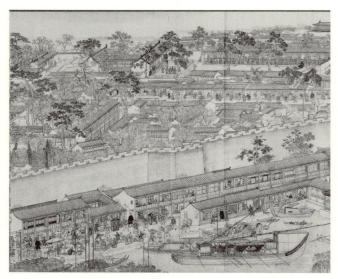

図 III-1-4　『姑蘇繁華図』（『盛世滋生図』）

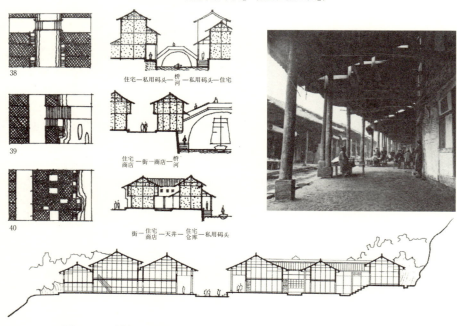

図 III-1-5（左）　店屋の発生　丁俊清・楊新平（2009）（『浙江民居』）
図 III-1-6（右）　亭仔脚の原型　李（2009）（『四川民居』）

2間程度の極めて狭小な間口の場合，福建で「手巾寮」，広東で「竹筒屋」と呼ばれる中庭の小さい住居形式と同じ系譜が成立しているとみることができる．この形式は，日本の「町屋」に似た形式である．時代は遥かに下るが，乾隆年間の徐揚『姑蘇繁華図』（原名『盛世滋生図』，図III-1-4）[101)]には，棟を連ねる2階建あるいは「店屋」が数多く描かれている．また，「手巾寮」そして「四合院」形式の大型住居も見ることができる．

④店屋

「上下店住形式」というのは，「店屋」のひとつの形式である．船着場に接し，倉庫，作業場，中庭などが並び表に店，住居を2階に設ける空間構成は極めて自然である．浙江地方の伝統的住居を見ると（図III-1-5），いつ成立したか，その起源をどこまで遡れるかどうかは定かではないが，水路と街坊の間に一定の建築類型が成立しており，そこに「亭仔脚」（アーケード）の発生を確認することができる．

一方，「店屋」は，上述のように「邸店」「房廊」からの発展を考えることができる．「坊墻制」から「店屋」が軒を連ねる形式への転換をはっきりと跡づけることのできる例はないが，塊村あるいは集村の形式として，それを見ることができる．四川地方で「廊坊式場鎮」と分類される（李先逵 2009）集落（図III-1-6）がそうで，「亭仔脚」とともに各地に今なお残っている．

「店屋」について，ひとつの鍵になるのが「亭子脚」（アーケード）の存在である．ヨーロッパにおけるアーケードという形式の伝統はギリシャ・ローマ時代に遡るが，ポルトガルがマカオに到達（1517年）して以降に中国に持ち込まれた可能性も考えられる．ただ，18世紀後半に広東を描いた図像（絵画，陶器）（図III-1-7）には連続したアーケードを確認できない．「亭仔脚」が，高温高湿の気候を背景として中国南部にその起源をもつというのはほぼ動かないであろう．

---

101) 清朝の宮廷画家徐揚が，乾隆年間における江南・蘇州城内外の風物を描いた縦39cm，全長1241cmの図巻．蘇州の山川，城郭，大通りや横町，橋梁，運河，波止場，寺院，廟堂，役所，米倉，民家，店舗などの当時の情景が描かれており，さらに蘇州の船舶，轎輿，学塾，舞台，服飾品，看板などの様子，婚礼，宴会，文人の集まり，科挙の試験，巡幸，演芸，商売，田作，漁業，建築，錬兵，などまで描かれている．本図巻に描かれている人物は全部で4600余人，家屋などの建物は約2140棟余り，各種の橋梁が40余，各種の客貨船舶及び筏合わせて約300余隻．各種の商号看板が300余りあり，造船，絹織物，綿花問屋や錦織物，染物屋，顔料，漆器，竹細工製品，磁器，煉瓦，石灰，銅器，錫器，鉄器，金銀装飾品，玉器骨董，書画，花木盆栽，扇子，手拭，化粧品，楽器，靴類，帽子，雑貨，書簡紙，文具，図書，食糧，をはじめ約50余種の商工業を代表しており，蘇州経済の隆盛を物語っている．

第 III 章
東南アジアの都市住居（ショップハウス）

図 III-1-7　描かれた広東の店屋　1785 頃
Nederlands Scheepvaart Museum

1-2　ショップハウス・ラフレシア

　中国と東南アジアは古来密接な関わりをもってきた．前章でみたように，タイ系諸族は中国南部から南下してきたと考えられている．秦始皇帝の「徒民（しみん）」（強制移住），北方遊牧民族の侵入[102]に伴う中国人（漢族）の南下，福建省，広東省一帯への客家の移動など，「中国」内の社会変動がその南下を促してきたのである．また，中国人（漢族）の海外活動も古来行われてきた．「海のシルクロード」と呼んで強調されるが，唐代より，東アジア海域とインド洋海域を繋ぐ海のネットワークは東南アジアを経由して成立していた．広東のモスク（懐聖寺）の建設は 7 世紀前半とされ[103]，泉州の清浄寺の創建は 1009 年という．イスラームは，その誕生まもなく海のネットワークを通じても中国に達していたのである．中国は，唐代半ばには，海上活動を活発化させ，その交易活動は，北宋半ばから画期的に展開する（11〜12 世紀）．そして，南宋・元・明にかけて，世界最初の海洋帝国を築きあげることになる（斯波義信 1995）．
　中国の店屋がどのように東南アジアに移入されていったかについては以下のプロセスが想定される．
　初期のショップハウスは草葺の平屋であったであろう．今日のタイの田舎でもそうした店屋をみることができる．通りに向かって商品を並べて売買する，従って前面に

---

102) 中国では匈奴・鮮卑の侵攻（304〜580 年），キタイ・女真の侵攻（907〜1235 年），蒙古の侵攻（1280〜1368 年）を北狄の三大侵攻という．
103) 唐高祖在位の武徳年代（618〜626 年）にムハンマドに派遣された門徒 4 名が布教のため中国を訪れたといわれ，そのうちの一人，アブー・ワンガスが貞観元年にペルシア湾から広州に辿り着き懐聖寺を建立したとされ，以来すでに 1300 年以上の歴史がある．火災による焼失のため，現存する懐聖寺は清康熙 34（1695）年に修築されたものである．

は壁がないのが一般的で，後方あるいは屋根裏に寝泊まりするというのがショップハウスのプリミティブな原型である．もう少し原理的に考えるとすると，中国について前節で考えたように，東南アジアでもショップハウスは沿岸部あるいは川沿いに成立したと考えられる．水上交通が主であり，運ばれて来た商品を荷揚げして，それをストックして売るための空間形式が成立したと考えられる．次の段階で，2階建てにして2階を居住スペースとするのはごく自然である．

一方で，ヨーロッパの，特に英国のテラスハウス，そしてヨーロッパにおけるアーケードの影響も考えられるが，その萌芽的形態は，以上のように，中国人によってもたらされたと考えるのが自然である．

東南アジアにおけるショップハウスの起源については議論が残されているが，第一に考えられるのはポルトガルの植民地拠点となったマラッカそしてマカオである．すなわち，西欧列強の植民都市建設と共に交易に従事するチャイニーズの居住地が形成されていったと考えられる．マラッカのヘーレン Heerlen 通りには，17世紀前半に遡る細長い敷地割が確認される．ショップハウスの形式は遅くとも18世紀には成立していたと考えられている（図III-1-8）．また，ヴェトナムのホイアンにも17世紀後半から18世紀にかけての敷地割が確認される．ヴェトナムの南シナ海沿岸部では古来チャイニーズ商人が交易に従事していた．18世紀末頃には，ショップハウスの形式は成立していたと考えられている（図III-1-9）．

そしてもうひとつ考えられるのはフィリピンである．スペインは，セブ（1565），パナイ（1569），マニラ（1571），ヴィガン（1574）と植民都市を建設していったが，日本人町とともにチャイニーズ街パリアン[104]が形成されている．マニラの場合，パリアンは1582年に創設以降，1860年に破壊されるまで，約300年近く存在したが，所在地区は5期9回にわたって移り変わっている（布野・ヒメネス＝ベルデホ 2013）．ビノンド地区，サン・ガブリエル地区は現在もチャイニーズ地区として存続するが，ショップハウス街は必ずしも見られない．ショップハウスの形式は，おそらく，16世紀末から17世紀にかけて導入されたと考えられるが，必ずしも一般的には定着しなかった．フィリピンの場合，世界文化遺産に登録された（1999年）ヴィガンがその都市景観を伝えるように，バハイ・ナ・バト Bahay na bato（石の家）と呼ばれる都市型住宅が成立し，ビノンド地区でも建てられるようになったということがある．また，マニラでは，アクセソリアあるいはカマリンと呼ばれる簡易な連棟住居が一般化したということもある（図III-1-10）（ヒメネス＝ベルデホ・布野・梅谷 2015；ヒメネス＝ベルデ

---

104) パリアンの語源は，メキシコ語説，イロコス語説，中国語説あって定かではない．メキシコでは東洋物産の市場をパリアンと呼ぶ．もともとスペイン語のアルカイセリア，すなわち生糸市場をパリアンといい，中国産の生糸の市場を意味したと考えられる．中国語ではパリアンに「澗」あるいは「澗内」という漢字を当てているが，発音は異なる．

第III章
東南アジアの都市住居（ショップハウス）

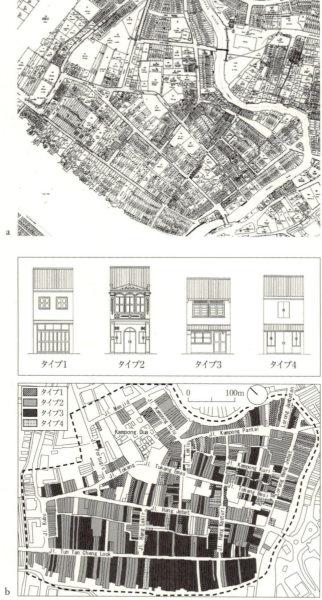

図 III-1-8　a：マラッカ歴史街区の地割図，b：ショップハウスの類型　作製：Nawit Ongsavangchai

ショップハウスの起源と伝播

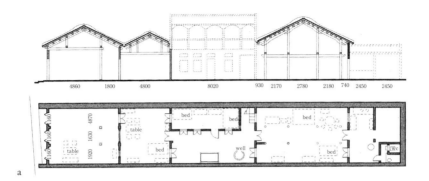

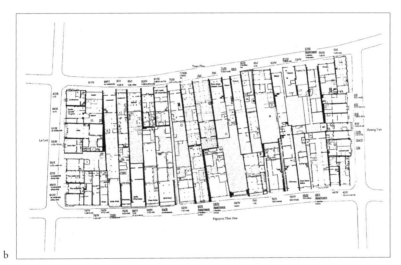

図 III-1-9　a, b：ホイアンの店屋と街区　Viên Nghiên Cúu, Văn Hóa Quóc, Té-Dai Hoc Nũ, and Chiêu Hòya（2003）

ホ・布野・梅谷 2016）．セブの場合，ショップハウス街が存在して来たことははっきりしている．しかし，現在はパリアン全体が再開発され，バハイ・ナ・バトの伝統的住居がわずかに残るだけである（ヒメネス＝ベルデホ・布野 2011）（図 III-1-11）．

　オランダ植民都市としてのバタヴィアが建設されるのは，東インド会社 VOC の第 IV 代総督（第VI代総督）J. P. クーンによってであり，1650 年にはほぼ完成している．チャイニーズは，当初，バタヴィア城内，チリウォン川東岸に居住していたが，1740 年には全て城外に移住させられ，南西部にカンポン（村，集落）を形成している．バタヴィアの形成史また社会経済史については膨大な研究があるが，チャイニーズが

第 III 章
東南アジアの都市住居（ショップハウス）

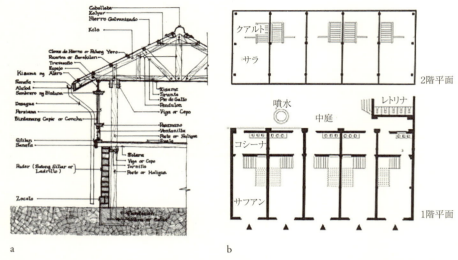

図 III-1-10　ビノンド地区（マニラ）の住居類型　a：バハイ・ナ・バト　Zialcita and Tinio (1980). b：アクセソリア　作製：梅谷敬三

図 III-1-11　a：セブ・パリアン地区のショップハウス街　Knapp. (2010). b：バハイ・ナ・バト　撮影：布野修司

ショップハウスという居住形式を持ち込んでチャイニーズ街を形成して来たことは明らかになっている．ジャワ島北岸パシシール地域のスマラン，スラバヤにもチャイニーズ街が形成されてきた（図 III-1-12）．

　現存するショップハウスが主として建設されたのは 19 世紀前半から 20 世紀にかけてである．はっきりしているのは，スタンフォード・ラッフルズ Stamford Raffles がシンガポール建設に際して，ショップハウスを建設していることである．J. S. H. リムは「ショップハウス・ラフレシア」と名づけるが，この連棟のショップハウスは，前面に連続した歩道となる開放的なアーケードをもつ形式をしている．1822 年のラッ

ショップハウスの起源と伝播

図 III-1-12　a：バタヴィアのチャイニーズ街　Merrillees（2000），b：スラバヤのショップハウス　撮影：布野修司

　フルズの布告は「各住居は，通りの両側に連続する屋根のある通路とし，定められた奥行きで，常に開放されたヴェランダを備えなくてはならない」とし，上述のように歩道の幅を 5 フィートとしたから，この歩道は「ファイブ・フットウエイズ」，マレー語で「カキ・リマ」と呼ばれる（図 III-1-13）．
　「ファイブ・フットウエイズ」を組み込んだ「ショップハウス・ラフレシア」は，まさに都市住居の「型」であり，都市計画の基本単位となる．このショップハウスの形式は，19 世紀から 20 世紀にかけてシンガポールから東南アジア各地，さらに中国南東部[105]そして台湾に逆移植されていくことになる（図 III-1-14）．
　19 世紀初期には，マラッカの他ペナン，シンガポールに建設され，19 世紀後半にはマレー半島の他の都市にも受け入れられていった．初期のマラッカのショップハウスの奥行きは長く，150 フィートに及ぶものがあるが，一般的に，間口 13〜20 フィート，奥行きは間口の 2〜3 陪で，基本的な形式は大きくは変わらない．また，ショップハウスは通りや広場に面して配されるから，グリッド街区を構成するのが一般的に

---

[105] 中国南東沿岸部の「騎楼」というショップハウスの形式については，趙冲（2013）の学位請求論文他以下の一連の論文がある．趙冲，布野修司，川井操「泉州鯉城区（福建省）の住居類型とその分布に関する考察 Considerations on distribution of house types of Licheng District (Quanzhou, Fujian)」（日本建築学会計画系論文集，77 巻，No.669, pp2033-2040, 2011 年 11 月），趙冲，布野修司，川井操「泉州鯉城区（福建省）の住居の平面構成とその変容に関する考察 Considerations on Transformation of House Plan of Licheng DIistrict (QUANZHOU, FUJIAN)」（日本建築学会計画系論文集，pp2499-2506，第 77 巻，NO.681, 2012.11）．趙冲，河野菜津美，布野修司「漳州旧城・薌城区（福建省）の住居類型とその分布に関する考察 Considerations on Distribution of House Types of Old Casle Area XIANGCHENG」(Zhangzhou, Fujian, （日本建築学会計画系論文集，第 79 巻，No.703, pp1863-1869, 2014 年 9 月），趙冲，于航，布野修司，川井操「学院門社区（開封旧内城）の住居類型とその変容に関する考察 Considerations on House Types of Xue yuan men she qu（Kaifeng Old Castle Area) and their transformation」，（日本建築学会計画系論文集，第 80 巻，No.710, pp.777-784, 2015 年 4 月）．

第 III 章
東南アジアの都市住居（ショップハウス）

図 III-1-13　a：シンガポール　1823 Lin（1995），b：20世紀初頭のショップハウス　Knapp（2010）

図 III-1-14　台湾大渓三峡のショップハウス　撮影：布野修司

なる．チャイニーズは，しばしば，通り名を住戸数で，「十戸通」「二十小住宅通」と呼んでいる．

　ショップハウスのファサードのデザインは，都市ごとに，また時代によって多様で

ある.それぞれの民族や集団のアイデンティティが表現されるのである.チャイニーズは,土着の要素とヨーロッパ的要素を巧みに折衷していった.初期には中国風のデザインを踏襲していたのであるが,ヨーロッパ風デザインにマレー的要素,アラブ的要素,インド的要素を取り込んでいくのである.1880年代から1890年代にかけては木製サッシュのシンプルなデザインであったが,1900年代になると,チャイニーズ風,マレー風,ヨーロッパ風が混在混淆していく.1910年から1930年にかけて,窓枠をギリシャ・ローマ風に装飾するもの,ヨーロッパの古典主義建築を模してペディメントを付けたもの,パラディアン・ウインドウやヴェネツィアン・バルコニーなどが一般的になる.1930年代にはアールデコ風のデザインが流行するのである.

　ヨーロッパ植民地は,19世紀を通じて拡大し続け,世界恐慌そして第二次世界大戦勃発直前には,東南アジア全体に拡大する.それとともにチャイニーズの交易活動も活発化し,数多くのショップハウスが建設されることになった.マレーシアでは,ゴム・ブームの1920年代にピークを迎え,1930年代には,他地域同様,建設は減少している.

　ショップハウスの形式は,それぞれの地域の気候や環境に従って,また,その建設に関わる建築家や職人たちによって,少しずつ変化していくことになる.そうした中で,大きな影響力を持つことになったのは,植民地政府による,安全や衛生,都市の美観に関わる条例や建築基準法などの法制である.

　T. S. ラッフルズは,1822年にシンガポールの都市計画を開始する.海岸線に沿って 5km,幅 1km の範囲を英国植民地政府と商業地区に指定し,丘を削ってその土で湿地を埋め立て,現在のラッフルズ・スクエアが造成された.ラッフルズの計画に従って,商業建築は,煉瓦造,瓦葺で,日除け,雨除けのための屋根付歩廊すなわちアーケード(ファイブ・フット・ウエイ)が設けられた.各民族にそれぞれ地区が割り当てられたが,急速に増加しつつあったチャイニーズに対しては,商業地区に接するシンガポール川の西側全部を割当てチャイナタウンとし,さらに出身地ごとに区分した.各集団の長,カピタン kapitans は大きな宅地を与えられ,裕福なアジア人は官庁地区に近接してヨーロッパ人と一緒に居住することが許された.このラッフルズの都市計画における「ファイブ・フットウエイズ」付のショップハウスの形式は,セランゴール Selangor の総督 F. スウェッテナム Frank Swettenham によって 1884 年に法制化され,マレーシア中に広められることになる (Fee 1998).そして,このショップハウスの形式は,法制とともに,東南アジア各地に,さらに中国へ広まっていく.

　東南アジアのヨーロッパ植民地におけるショップハウスの拡散過程は,およそ以上のようであるが,唯一例外的なのが,植民地化を免れたタイである.

第III章
東南アジアの都市住居（ショップハウス）

1-3 タイのトゥク・テウ

　タイは西欧諸国に植民地化されることはなかったが，その影響は強く受けてきた．タイ王国の宮廷には西欧人スタッフが雇われており，バンコクの宮殿，官庁，近代的施設の計画や建設は彼らによってなされたのである[106]．そうした中で，ショップハウスは，バンコクの景観の最も重要な要素の1つとなり，その都市形態，空間構造に極めて重要な役割を果たすことになる．

　タイにショップハウスに相当する語はない．タイでは，トゥク・テウ Tuek Thaew あるいはホン・テウ Hong Thaew という．トゥク Tuek は一般的に「建物」を意味し，テウ Thaew は「列」，ホン Hong は「部屋」を意味する．トゥク・テウとホン・テウの違いは，前者がコンクリート造など防火構造，後者が木造など非防火構造ということである[107]．

　ショップハウスがタイに特有の建築ではないことははっきりしているが，初期のショップハウスに似た伝統的建築の類型がある．ラーマIV世時代（1851〜1868）の木造の連棟住居である．店と居住部分からなるショップハウスで，その外観はタイの伝統的建築とは全く異なる．ラーマIV世の年代記によれば，プラヨーン・ウォンサワート Prayoon Wongsawart 寺院とチャクラワット Chakkrawat 寺院の前に連棟の住居群があり，中国人の商人に賃貸していたという．また，ラーマIV世は大宮殿の外郭にも別の連棟の住居群を所有していて，政府官僚や外国商人に賃貸していたという．

　東南アジア各地と同様なショップハウスがタイに導入され，発展するのはサクディナー Sakdina[108]制が廃止され，自由経済制となって以降である．タイは1855年にイギリスとボウリング条約 Bowring Treaty（英泰友好通商条約）[109]を締結し，王が独占していた外国との貿易を解放するが，コメが第一級の商品となり，中央デルタ平原で収穫されたコメはバンコク経由で輸出された[110]．これによってバンコク経済は急成長し，市域は急激に拡大，大きく変容する．農民から商人へ転職するものが増え，水に依拠した生活から陸での生活へ，タイ社会は大きく転換していくことになるのである．地方への交通路として道路建設が行われ，タイの経済成長は首都から周辺地域に及び，自由経済が浸透していく．それとともに，各レヴェルの都市にショップハウスが建設されていった．交易を担ったのは外国人であり，その大半は中国人移住者である．

---

106) ラーマIV世は約80人の外国人を雇っていた．西洋式の建築，蒸気船，道路，運河，橋梁は彼らによって建設された．バンコクとシンガポールを電報によって連結したのも西洋人である．米国人と英国人の顧問が経済を行った．王室の家庭教師を務めたのはアンナ・レオノウェンである．ただ，アナンタ・サマコム Ananda Samakhom 宮殿や商務省ビルなど主要な建築が建設されたのはラーマV世の時代である．

107) バンコク建築基準法は，「ショップハウス」を店舗と住居の2つの機能をもつ連棟建築と定義している．

ショップハウスの起源と伝播

　中国人は，アユタヤ朝（1350～1767）末期以降にタイに移住し始めるが，サクディナー制には組み入れられず，また，労働力として徴兵されることもなく，交易に従事するには都合がいい立場を得ていた．船乗り，徴税員，貿易商などは中国人が独占するところであった．

　1855年以降，自由主義経済が浸透するに従って，サクディナー制は徐々に変化していくことになるが，それとともに多くの都市が成長していく．その過程で都市建築の主要な類型となるのがショップハウスである．東南アジアの他の地域と同様，ショップハウスは中国人移住者によってもたらされたのであるが，タイの場合，西欧諸国に植民地化された他の東南アジア諸国と異なり，一応独立を保ったことから，ショップハウスの導入過程についても他と異なる点がある．

　サクディナー制が廃止される以前は，タイの村落及び町の経済は実質経済であり，米を主要産品とし，稲作によって生計が建てられていた．政府は，一種の人頭税（スワイ）を徴収し，余剰米は，サクディナー制下で貿易を独占した国王手許金管理局 Privy Purse Bureau (PPB)[111]によって輸出された．ボウリング条約以前には，外国貿易はタイ全体の経済には影響を及ぼさなかった．小規模な交易は住民間で行われたが専業ではなく，チャイニーズ商人は中央平野の主要な都市に居住し，地方の町や村まで出かけることはなかった．経済成長が遅く市場が成立していなかったタイ北部を除いて，定期市が開かれるのみであった．サクディナー制下では，商人階層は存在せず，バンコクが唯一の交易センターであり，文化的，宗教的，行政的中心であった．

---

108) サクディナー (Sakdina) は，サンスクリット語の「シャクティ」に由来する「サクディ」とタイ語の語尾「ナー」からなり，田園権を意味する．全ての土地は王の所有物とされ，地位に応じて稲田が班給され，身分に従って特権が与えられた．分配される土地の大きさによって社会政治的階層が規定される封建制に似たサクディナー制の起源は15世紀に遡り，アユタヤ朝（1350～1767）の第8代ボロンマ・トライローカナート Boromma Trailokkanat（1448～1488）王によって創始されたとされる．長く国内の基本的な土地システムとなり，官吏の収入源となってきたが，ラーマⅤ世時代にチャクリー改革によって給料制が導入されると次第に機能しなくなる．ボウリング条約が締結されると，サクディナー制は，絶対君主制の下で中央集権的な資本制に組み込まれていくことになる．旧貴族，サクディナー支配者層は抵抗し，農民は強制労働や給与制（賃金労働）を拒否したが，政府は，賃金労働者は中国から調達する．しかし，中国人労働者も組合を結成し，待遇改善を求めた．恐慌と各層の不満が結びついた結果，1932年のタイ民主革命によって絶対君主制は打倒され，サクディナー制は廃止された．
109) ボウリング条約は，英国の全ての商品に対する関税障壁を撤廃することを求めるものであったが，その直接的な目的は，1846年のメイズ法 Maize Act に基づいて，トウモロコシ市場をアジア諸国に拡大することであった．
110) 条約締結によってタイの米輸出は17%から47%に増加している．
111) PPBは，1890年に財務省の部局として設立された．ラーマⅢ世の時のプラクラン・カンティ Phrakhlang Khangthi が発展したもので，王の個人的な財産管理を行う機関であった．PPBは国家予算を国王に配分する権利を有した．ラーマⅣ世時代には国家予算の5%が国王に配分された（Wattanasiri 1986）．

表 III-1-1　バンコクへのチャイニーズ移民　1882〜1912 年 Skinner (1956)

年	移入	転出	年	移入	転出	年	移入	転出
1882	17.3	9.3	1893	27.7	11.2	1905/06	13.1	10.6
1883	18	9.9	1894	33.8	16.1	1906/07	68	38.9
1884	13.1	8.4	1895	29	17.3	1907/08	90.3	53
1885	13.9	7.8	1896	27.8	18.2	1908/09	61.6	49.2
1886	14.2	7.9	1897	31	18.6	1909/10	66.8	57.2
1887	15	9.2	1898	33.6	19.1	1910/11	80.8	73
1888	15.7	7.9	1899	33.7	20.7	1911/12	76.7	63.9
1889	18.3	10.1	1900	27.3	19	1912/13	72.8	60.5
1890	18.9	10.4	1901	30.4	19.3	1913/14	73.3	57.2
1891	16	9.1	1902	36.5	18.8	1914/15	60.1	56.8
1892	17.1	9.4	1903	54.5	29.9	1915/16	69.2	47.1
			1904	44	23.7	1916/17	53.4	40.3
			1905	45.8	30	1917 (3/4)	29.6	27.6
計	177.5	99.4	計	455.1	261.9	計	815.7	635.3

(単位：千人)

　チャイニーズは，上述のように，アユタヤ朝末期にタイに移住してくるが，サクディナー制下で，彼らは，1. 土地の所有権をもたず，2. 農業，官僚，軍人には従事できず，3. 特定のバンコクのラッタナーコーシン地区以外のサンペンのような地区にのみ居住が許され，4. 居住権は税金を政府に払うことによって保障された．すなわち，チャイニーズはタイ人に比べ制限されており，都市部で労働者となるか商人になるか，あるいは，船員や徴税官，特定の商品の輸入業者になるかであった．彼らは，しばしば，竹でつくったニッパヤシ葺きの小屋掛けをして路上で商売をした．また，宝くじはチャイニーズによって販売された．19 世紀後半になると，故郷の土地を離れタイの新天地に職を求めるチャイニーズ移住者の多くは裕福な層となっていく（表 III-1-1）．

　チャイニーズは，大きく 2 つの層にわかれる．ひとつは労働者として西欧人の経営する工場や港で働く層，もうひとつは，最初小売から始めて商業を行い，やがて紡績業を中心とする製造業なども手掛けていった層である（Virojrat 2000）．1880 年にバンコクを訪れた西洋人の記録によると（Sternstein 1982），バンコクの業務の大半はチャイニーズの監督下にあり，タイ人の商人や企業家はほとんどいなかったという．チャイニーズの居住地は過密で，住居の前部は商品を展示する棚がぎっしり並べられており，居住スペースは後部にあった．また，寺院と大工の住居が至る所にあったという．

　ラーマ I 世から III 世に至る時期にはバンコクに舗装道路はなかった．ラッタナーコーシン地区の道路が舗装されるのは，タイの近代化を推進したラーマ IV 世の時で

ショップハウスの起源と伝播

a   b

図 III-1-15　バンコク　チャルーンクルン通り・ヤオワラート通りの間のショップハウス街区
　　　　　　a：1932 Royal Thai Survey Department, Royal Thai Armed Furces Headquarters., b：
　　　　　　1981 National Archives of Thailand

ある．ショップハウスは，この新たに舗装された道路に沿って建設されるのである．チャイニーズは，このショップハウスの建設に大工として，職人として，また労働者として参加する．また，商売をするために入居者となった．チャルーンクルン通り Charoen Krung Rd. そしてヤオワラート Yaowarat 通りに沿って多くのショップハウスが建設された（図 III-1-15）．

ショップハウスの出現とともに，人びとは水に依拠した生活様式を放棄し，筏住宅や高床住宅からショップハウスに移住するようになる．チャオプラヤ河を蒸気船が行き来することになったのも大きな変化である（Saksri 1991）．1868 年から 1910 年にかけてのラーマV世の時代に，ラッタナーコーシン地区及びバンコク全体で 38 の道路建設が行われた（Tongsari 1983）．この道路建設に大きな役割を果たしたのは国王と王室である．道路建設に伴って，ショップハウスも建設された．王室は道路建設とショップハウス建設によって多くの利益を得るのである（図 III-1-16）．投資したのは PPB である．

土地登記証は，最初ラーマ IV 世時代に発行され，その権利は国家によって保障された．それ故，土地価格は急騰し，土地所有が高価値の財産となった．PPB は，積極的に土地取得を行って財産とし，利益獲得を計った．ラーマV世の時代には他の政府

251

第III章
東南アジアの都市住居（ショップハウス）

図III-1-16　a：バンコク　バムルンムアン通りのショップハウス，b：バンコク　ターティアン地区のショップハウス，c：バンコク　旧城壁地区のショップハウス，d：バンコク　チャイナタウンのショップハウス（National Archive）

機関からも土地を取得している．王室もまた土地取得の権利を持ち，国王手許金管理局の上位の組織として資産省を設立し，施設建設のための土地取得を命じている．大臣は王への報告義務を負い，王が判断決定した上で，国王手許金管理局に権利を移管，開発と経営をゆだねるかたちをとった．

　PPBは，抵当ローンで土地取得し，契約終了の場合あるいはローンを返済できない場合，土地建物の所有権は返還された．PPBは，同様のやり方で，農民，貴族，官僚から多くの土地を取得し，また，売買することで土地を獲得していった．

　公共事業省そして市政府機関が道路建設を行ったが，国王もまたその政策決定の権利をもっていた．その場合も，PPBは，国王の代理として，全ての情報を得て他に先んじて土地取得を行うことができたから，多くの利益を得ることができた．

　土地取得，道路建設，そしてショップハウスの建設は，場所によっては，国王の監督のもとの国家による開発であった．ラーマIV世の末期からラーマV世の初期にかけて経済が繁栄した時期になると，土地所有権は急速に設定され，土地収用による獲

表 III-1-2　民族と住居形態　Sternstein (1982)

住宅	タイ人	チャイニーズ	マレー人	インド人	西洋人	その他	計
戸建住宅							
地床	16	52	10	19	19	15	26
高床	73	14	81	30	51	78	56
連棟住宅							
地床	4	21	1	48	13	4	9
高床	N. A.	1	N. A.	—	—	1	1
筏住宅	4	8	7	1	4	N. A.	5
船上住宅	N. A.	1	—	—	—	—	N. A.
不明	3	3	1	2	13	2	3

(単位：戸)

表 III-1-3　民族と居住地（街路）Wilson (1989)

通り	タイ人	チャイニーズ	インド人	西洋人	その他	計
チャルーンクルン	322	866	85	38	16	1,327
ブムルンルアン	114	210	23	1	6	354
バンクハミン	152	49	4	—	—	205
フアンナコーン	163	145	7	5	—	320
ロップ・プラナコーン	578	174	2	5	3	762
サンペン	12	483	24	1	—	520
計	1,341	1,927	145	50	25	3,488

(単位：人)

得は次第に困難となり，PPBは土地を購買するようになる．1889年以前は，政府は一切補償なしで土地を収用したが，ラーマⅤ世の末期（1901年）になると，政府は土地所有者に補償を行うようになる．ラッタナーコーシン地区の開発はバンコクで最も高価な開発となるのである．王が寺院の土地を収用する場合，PPBは同一規模の代替地を用意する必要があった．寺院は，宗教法で土地の売買を禁じられていたからである．ラーマⅤ世治下では，PPBはラッタナーコーシン地区で最大の地主になり，多数のショップハウスを建設した（表III-1-2, 3）．次いで王室が多くのショップハウスを建設した．例えば，プヤ・ナラティッパパンポン Phya Narathippapanphong は，自らの宮殿を解体してプラーン・ナラ Phraeng Nara Rd. 通りを敷地に導入し，両側にショップハウスをつくっている．

プヤ・サパサート・スパキット Phya Sappasart Supakit は，チャルーンクルン通り

第III章
東南アジアの都市住居（ショップハウス）

にショップハウス20戸を建設し，1戸9万6000バーツbahtでPPBに売却した．そしてさらに，その利益をもとにタナオ通りの宮殿前に120戸のショップハウスを建設し，戸当たり月10-15バーツで賃貸し，月少なくとも1200バーツの収入を得たという[112]．プヤ・ブッダレスタムロンサクPhya Buddharesthamrongsakの宮殿の土地をPPBが買って，プラーン・プートン通りPhraeng Phuton Rd.の両側に109戸のショップハウスを建設した事例もある[113]．

ラーマⅥ世時代（1910〜1925）には，ショップハウスは民間会社が保有し始める．1913年にサイアム・セメント会社が設立されるが，会社はのちに鉄の製造も行う．1930年代には鉄筋コンクリート造のショップハウスが建設されるようになる．また，西洋風のファサード・デザインのショップハウスが流行する．

ショップハウスの建設はラーマⅦ世（1925〜1935）時代に引き継がれる．その末期には，経済成長によって，農村部からバンコクや地方の主要都市への移住者が急増し，その需要に対応するためにショップハウスが建設され，住宅地は拡大していった．土地価格の高騰と需要増加のために，また，工業化の進展に伴う建設技術の進歩によってショップハウスは同じようなかたちで建てられるようになる．前世紀の装飾的なショップハウスは姿を消し，鉄筋コンクリート造の煉瓦壁が主要になり，壁は10cmほどに薄くなった．木造は用いられても階段回りのみとなっていく．近代ショップハウスの誕生である．

1980年以降，中間層が育ってくると購買需要によって開発がなされ，土地価格が急騰する．職住分離が進行し，バンコク中心部ではアパートやコンドミニアム，オフィスビルなど新たな建築類型が建設されるようになり，ショップハウスは郊外に追いやられるようになる．また一方，派手な西洋風スタイルの高級ショップハウスがもてはやされるようになる．

タイ北部については，19世紀末までバンコクとの交易はなく，ビルマそして中国雲南との間で交易が行われていた．チェンマイとバンコクの間のピン川による交通交易が行われるようになったのが19世紀末であり，主要な商品は森林資源であった．水路による交通が陸路に替わるのは1916年であり，ランパーンまでの鉄道が敷設されたのは1922年で，まもなくチェンマイまで延長された．コメの輸出が増加していき，タイ北部が商品米を生産するようになったのは1920年代のことである．ボウリング条約は自由交易のインパクトを北部に与えて来なかったけれど，鉄道が開通して，経済が急速に発展すると地方の政治家やチャイニーズは土地を取得し，開発を行う．

---

112) Krom Ratcharekathikarn, 1910, Kamgrabangkomthoon Khong Gromkhun Sappasart Supakit, Fold 70/272.

113) Krom Ratcharekathikarn, 1911, Kamgrabangkomthoon Khong Gromkhun Samatraamornpan, Fold 36/426.

多くの道路建設が行われ，地方の都市も拡大していく．そして，多くのショップハウスが北部地域にも建設されることになった．

タイ南部についても，1855年以前は，サクディナー制下に置かれていた．バンコクから遠く離れているため，地方首長が中央政府に替わって税金（スワイ Suai）を徴収した．主な産品はコメではなく木製品であった．チャイニーズは錫鉱山の主要な労働者であった．タイ南部は1920年以前に鉄道が敷設され，1922年にはペナンまで延長されている．交易は一方通行で全てバンコクから輸送されて南タイで売られた．ただ，中央から離れていることから，地方首長はマレー半島，ペナン，シンガポールと交易を行った．中国南部およびマレー半島から数多くのチャイニーズが移住して，交易あるいは地方政府のための徴税官に従事した．経済は発展し，都市は次第に拡大していった．チャイニーズが建設したのは中国風のショップハウスであった．

III-2　バンコク：首都

バンコクの都市景観を俯瞰すればすぐさま理解できるように，ショップハウスはその最も重要な都市住居のひとつである（図III-2-1）．

ショップハウスは，バンコクの最も古い都市核であるラッタナーコーシン Ratanakosin 地区にラーマ IV 世によって1861年に導入された．ラーマ IV 世の治世の初期に地区は建設されたのであるが，道路は全く舗装されておらず，馬車の通行に不便であることから，外国の領事たちの不満の種で，改善要求が強かった．そこで，ラーマ IV 世は1859年にシースリヤヴォン Srisuriyavong とヴィーサヌナット Vihsanunart の両大臣をシンガポールに派遣し，都市開発について調査させている（Narissaranuwattivong 1962）．そして建設されたのがチャルーンクルン通りであり，通り沿いのショップハウスである．以降，ラッタナーコーシン地区には舗装道路とともにショップハウスが建設されていき，地区の形成と発展に大きな役割を果たすことになる．それとともに，タイの伝統的住居は急速に消えていくのである[114]．

ラッタナーコーシン地区のショップハウスは，シンガポールのコロニアル・ショップハウスの影響を受けてはいるが，その相貌，構成，規模は大きく異なっている．そして，ラッタナーコーシン地区のショップハウスの建設は王と王室の庇護によって行われたことが特徴的である．

---

[114] ショップハウス導入以前は，高床式住居といかだ式住居が一般的な住居形式であった（Sternstein 1982）．

第III章
東南アジアの都市住居（ショップハウス）

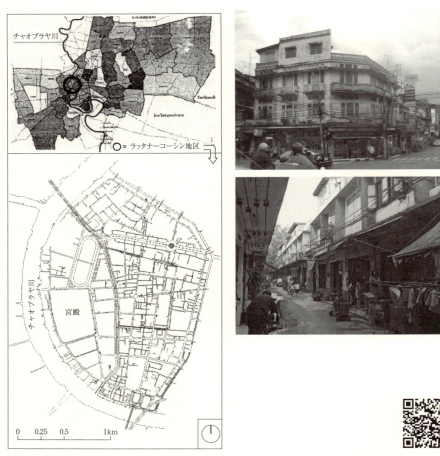

図III-2-1　バンコクとショップハウス　作製・撮影：Nawit Ongsavangchai

　多くの研究者がラッタナーコーシンについて書いているが，その歴史と変容過程について最も包括的なのがSaksri（1991）である．また，歴史的資料と年代記については Sternstein（1982）が重要である．さらに，Tongsari（1983）が舗装道路建設とショップハウスの出現の関係について明らかにしている．ショップハウスの建設と開発プロセスについて最も重要な文献となるのがWattanasiri（1986）であり，ショップハウス建設における国王とPPBの役割を明らかにしている．

2　バンコク：首都

2-1　ラッタナーコーシンとショップハウス

　チャクリー王朝（バンコク王朝，ラッタナーコーシン王朝）がラッタナーコーシン島を王都の地に創設したのは 1782 年である．

　バンコクは，もともと水路を第一の交通路とする水を基盤とする都市であった．陸の道路網は次第に整備されるが，ラーマⅠ世からⅢ世にかけての治世（1782〜1851）には，主要な施設を繋ぐわずか 12 の道路が建設されたに過ぎない[115]．舗装道路が建設される前にラッタナーコーシン地区を占めていたのは，王宮と寺院，そしてサクディナー体制下の様々な地位の官吏の邸宅である．すなわち，地区の土地は主として王と王室に所属し，一般の役人，職人，住民の居住地はごくわずかであった．

　しかし，サクディナー体制が廃され，舗装道路が建設されると，宮殿，邸宅の所有者は道路沿いに，また，道路を敷地内に引き込んで，ショップハウス建設を行うようになる．近代的な舗装道路が最初に建設されたのはラーマⅣ世の治世（1851〜1868）である．その初期にはほとんどの住民は川に近接して居住していたけれど，末期にはその数は少なくなり，舗装道路の建設とともに陸路の便利がよくなったことから，水上生活から陸上生活への転換が起こっている[116]．

　ラッタナーコーシン地区の最初の舗装道路である外チャルーンクルン道路が城壁外に建設されたのが 1861 年で，続いて内チャルーンクルン道路とバムルンムアン道路 Bumrungmuang Rd. およびフアンナコーン道路 Fuangnakorn Rd. が 1863 年に城壁内に建設された．チャルーンクルン道路の建設は，1859 年にラーマⅣ世によってシンガポールに派遣され，都市開発を学んできたスリスリヤウォン大臣によるものである．道路舗装には運河を掘削した土が用いられた．

　スリスリヤウォンは，上述のように，道路建設の方法のみならずショップハウスについても情報を得てくる．ラーマⅣ世は，その報告をもとに，1861 年に外チャルーンクルン沿いに，1862 年に内チャルーンクルン沿いにショップハウス建設を命じる．バムルンムアン道路の場合は，個人によって素朴な形態のショップハウスが建設されるが，フアンナコーン道路はラーマⅣ世の指示に従って建設された[117]．ラーマⅤ世は，1870 年にシンガポールとジャワを訪問するが，自ら見たショップハウスを参考

---

[115] これらの初期の無舗装の道路は西洋の基準では道路の名に値しないものであった．道路は日常的には使われず，土を突き固めるか煉瓦を敷く簡便に造られるもので，歩道のように狭く汚かった．ラーマⅠ世時代に 9 つの道路，ラーマⅡ世の時に 1 つ，ラーマⅢ世の時には 2 つ建設された．

[116] 1883 年にはチャルーンクルン通り，バムルンムアン Bumrungmuang 通り，フアンナコーン Fuangnakorn 通りにはかなりの住民が居住していた（Ouyyanont 1999）．ラッタナーコーシン地区の変容の詳細は Saksri（1991）を参照．

[117] Kurusapa, Prachum Pongsawadan (Chronicles Compilation), No.14, Chapter 25, 1964.

に，バムルンムアン道路を拡張して直線化し，両側のアーケードに沿ったショップハウスのファサードを統一するように PPB に命じている（Tongsari 1983）．

市壁は，ラッタナーコーシンが首都になった時に建設されたが，英国がミャンマーを植民地化すると不要となる．撤去された市壁および水路との間の土地がショップハウスの建設用地になった．また，環状道路の一部がショップハウス建設用地とされた．

王の指令が逸早く実行されたのは，PPB が当時ラッタナーコーシン地区に多くの土地を所有しており，また，一般人や政府機関から容易に土地の取得ができたからである．PPB はラッタナーコーシン地区で最大の地主であり，その開発に大きな影響力をもった．ショップハウス建設によってさらに土地価格が上昇し，賃貸料収入も増加した．ラーマⅤ世の治世（1868～1910）に，城壁内に 38 の道路が次々に建設された[118]．賃貸料を払える裕福なチャイニーズ層を対象に PPB は資金を回転していくのである．結果として，数多くのチャイニーズが毎年ラッタナーコーシン地区に流入し，タイ人につぐ人口を占めるようになる．

2-2 ショップハウスの分布と集合形態

ラッタナーコーシン地区には，臨地調査によれば，1656 戸のショップハウスがある．それらは，その立地，形式，ファサード様式について 44 のグループに分けられる（図 III-2-2）その特性，地上階の利用パターン，所有，建設時期は表 III-2-1～3 に示すとおりである．

その多くは幹線道路沿いに立地し，店を開いている，すなわち，本来の店舗併用住居の形式を維持しているものが 45.28％（751 戸）．専用住居となっているものが 17.45％（289 戸）あるが，その多くは幹線道路間を連結する第 2 レヴェルの道路に面している．地主は，大きく 3 つに分かれ，王立財務局 Bureau of the Crown Property（BCP）[119]（46.56％），民間部門（23.85％），寺院（16.73％）である．PPB から発展した最大地主 BCP が最大のショップハウス所有者でもある．PPB は自らショップハウスを建設するとともに王室あるいは政府機関のショップハウスも所有してきたのである．同じグループでも，BCP に属するものと民間のものが存在する場合があるが，それはかつて PPB のものであり，一部が民間に譲渡されたものである．BCP は，グループごとに異なった賃貸料を設定している．また，同じグループでも異なった賃貸料を設定している場合もある[120]．44 グループのショップハウスのうち 17 グループが BCP 所有であるが，賃貸料には 200～2630 バーツ（月額）の幅がある．

民間部門のショップハウスには，上述のように譲渡された PPB や王室のものも含

---

118) National Archives, Document of Ministry of Public Works, 9/107.
119) BCP は，1899 年に PPB を引継ぐことになる．

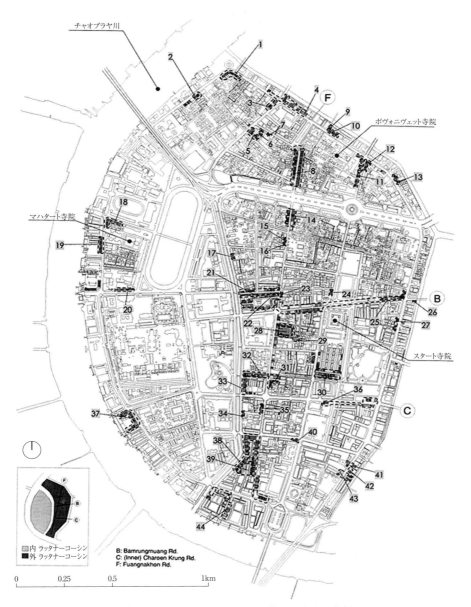

図 III-2-2　ラッタナーコーシンのショップハウス 44 街区の立地　作製：Nawit Ongsavangchai

まれるが，一般に家主は居住せず賃貸するケースが多い．また，多くのショップハウスを所有する家主が多い．持家は稀である．家主は賃貸料を自由に設定できることから，17 グループの賃貸料は 1000～1 万 2367 バーツと BCP より高い．しかも，その他に年毎に法外な礼金を要求される場合もある．17 のうち 5 グループのみが持家のグループであった．

寺院所有のショップハウスは，マハタート Mahathat 寺院の 24 戸，スタート寺院の 36 戸，ボヴォニヴェット Bovonnivet 寺院の 217 戸である（図 III-2-2）．寺院所有の場合は，同じ場所のものは全て同じ賃貸料である．44 グループのうち 7 が寺院所有であるが，賃貸料は 900～1500 バーツである．

ショップハウスの建設時期についてみると，現存するものは全てラーマ IV 世から VII 世にかけて（1851～1934）建設されたものであるが，ラーマ V 世の統治期が圧倒的に多く，その後，ラーマ VI 世の時に激減し，ラーマ VII 世の時に若干増えているが，あまり建設されていない．マレーシア，シンガポールと同様，世界恐慌とともに 1930 年代には減少している．第二次世界大戦後，特に 1960 年代以降に再びショップハウスは建設されるが，折衷主義のファサード・デザインではなく，モダニズムのデザインが支配的となる（Fee 1998）．ラーマ IV 世の時のものが 1 箇所残っており（図 III-2-2；No.11），市壁のあった場所に建てられたショップハウス群は 5 箇所ある（図 III-2-2；No.1, 2, 9, 10, 42）．

ショップハウスは主に，外ラッタナーコーシン，主にチャルーンクルン通り，バムルンムアン通り，フアンナコーン Fuangnakorn 通り，そして市壁沿いに走る環状道路沿いに分布している．道路沿いと市壁がショップハウス建設用地に選ばれたことを示しているが，その場合，ショップハウスの集合形態はリニア（列状）になるのが自然である．背後の敷地にアプローチする場合は，入口をピロティのかたちにするものが一般的に見られる（表 III-2-1）．

ショップハウスの集合形態と街区構成をみると，ショップハウスが，1. 街区全体を構成するもの，2. 街区の隅部を占めるもの，3. 街区を囲むもの，4. 街区の内部を占めるものの 4 つに分類できる．

道路沿いのショップハウスは全て 2 階建てである．また，車でアプローチできない街区内道路やバックレーン（裏道）に面するショップハウスは，No.43 の 23 戸を除いて平屋である．2 階建てショップハウスの中には，幹線道路を連結する第 2 レヴェルの道路に面するものもある．街区全体は一気に計画されて建設されるわけではないから，まず，道路沿いにショップハウスが建設され，その背後は後回しにされること

120）賃貸料の違いは，ショップハウスの立地と居住者の使用の仕方の違いによる．BCP は角地のショップハウスを高く設定している．住居専用の方が店舗併用の場合より一般的に安い．新たに賃貸契約が行われる場合は，従前の賃貸料より高くなる．

が多い．そのため，ラッタナーコーシン地区のバックレーンは計画されたものは少ない．現在見られるものは，ショップハウスと背後の建物の間に後でつくられたものである．街区の幅奥行きは長く，幹線道路に前後とも面するショップハウスはない．寺院のショップハウスの場合，ウボソット Ubosot（講堂）とヴィハーン Viharn（金堂）のような主要な建物からは離して，幹線道路に近い敷地の角に建てられることが多い．

2-3 │ ショップハウスの類型

　44 グループからそれぞれ 1 住戸を選んでその平面構成をみると（図 III-2-3），全て狭小間口で奥行きが長い．間口は 3m～4m，奥行きは 20m 以下で，最小建築面積は 26m²，天井高は 2.7m を超えない．これは建設時期に関わらず，同時期に建設されたものでもヴァリエーションがある．建築基準法がなく，狭小宅地への建設も可能であり，また，王宮や寺院の土地にショップハウスを建設する場合も，家賃収入を最大化するために小住宅を可能な限り多く建設することが行われたからである（Wattanasiri 1986）．

　ファサード・デザインについては 5 つに分類できる（表 III-2-4）．共通の特徴は，1 階の扉が全面開口できるように木製の折畳扉であること，3～4 戸ごとにコンクリートの防火間仕切壁をもつこと，菱形のセメント瓦が用いられること，1 階と 2 階の間に日除け，雨除けの庇が設けられること，交差点や街角のショップハウスは周辺のものより軒高が高いことである．タイプ 4 が最も典型的である．

　極めて小規模な初期のショップハウスの平面構成は A～E の 5 つに類型化できる（表 III-2-5）．

　　タイプ A：前庭タイプ：塀で囲われた前庭をもつ．
　　タイプ B：アーケード・タイプ：前面にアーケードをもつ．
　　タイプ C：閉鎖タイプ：庭をもたない．
　　タイプ D：裏庭タイプ：裏庭をもつ．
　　タイプ E：前庭・裏庭タイプ：前庭と裏庭をもつ．

　1 階は，店舗の場合，店とラウンジと両方に使われる．2 つに分けられる場合もあり，後部の部屋は前部より通常は小さく，商品の倉庫あるいはシャワー室，台所，洗濯室に用いられる．台所は通気のためにしばしば後庭に置かれる．シャワー室や洗濯場も後庭に置かれることがある．折畳扉は前庭タイプでは用いられず，一対の開閉扉が用いられるが，入口は真中には設けられない．居住空間としての上階は，同時に商品の倉庫として用いられることもある．上階の面積は 1 階と同じか小さい．上階の前部に小さなバルコニーをもつグループ No.15 を除いて，前にも後ろにもバルコニー

第 III 章
東南アジアの都市住居（ショップハウス）

表 III-2-4　ショップハウスのファサード類型（左）表 III-2-5　ショップハウスの平面類型（右）　作製：Nawit Ongsavangchai

① 2階建平入．1階は木製の折畳扉．2階は，1〜2の上部アーチ（扇光窓（ファンライト））の開扉窓．1, 2階の間にはトタン屋根の庇が設けられる．
② 平屋平入．木製の折畳扉．切妻のセメント瓦屋根．トタンの庇と屋根の間に丸い通気口が設けられる．
③ 2階建平入．1階は2つのアーチ形の開口部．2階は，2つの開扉窓．1, 2階の間にはトタン屋根の庇が設けられる．
④ 2階建平入．1階は木製の折畳扉．1, 2階の間にはトタンあるいはコンクリート屋根の庇が設けられる．
⑤ 2階建平入．1階は木製の折畳扉．2階は開の開口部．1, 2階の間にバルコニーが設けられる．

表 III-2-6　ショップハウスの類型（原型）　作製：Nawit Ongsavangchai

類型	A	B	C	D	E	計
1	0	0	6	2	0	8
2	1	0	1	1	0	3
3	0	1	1	0	0	2
4	0	0	14	15	1	30
5	0	0	1	0	0	1
計	1	1	23	18	1	44

を持つタイプはない．

タイプCが最も多く44のうち23（726戸）を占める．18（630戸）がタイプDである．タイプA，タイプEは1グループのみで，それぞれ46戸と26戸である．興味深いのは，グループNo.25（64戸）のタイプBで，アーケード付である．

寺院のショップハウスの場合（9グループ），庭を持たないのに対して，BCPのショップハウスは後庭を持つ（10グループ）．民間のショップハウスの場合，必ずしも一定のタイプに従っていない．

建築様式と平面形式によって分類すると25タイプを区別できるが（表III-2-6），44グループが当て嵌まるのは11タイプである．タイプD-4が最も多く一般的で15グループ（576戸）ある．続いてタイプC-4が14グループ（468戸）である．タイプD-4，C-4が，ラッタナーコーシン地区の標準型ということになる．

2-4 ショップハウスの変容

44の調査事例が，供給時の空間構成を住民がそれぞれ変化させてきていることを示している．興味深いのは，一般的に庭を室内化してタイプCに変容していることとである．また前面にアーケードをもつグループNo.25の場合も，歩廊部分を囲う傾向にあることである．

44の平面形式をみると，階段の位置がそのヴァリエーションを大きく規定していることが分かる．具体的に階段は浴室の位置に影響を与えている．後部に階段がある場合，浴室の上に設けられるが，前部の場合，浴室は分離されて後部に配されるのが一般的である．現状は，階段の位置によって次のように分類できる．

　　タイプ i：前部階段
　　タイプ ii：後部階段

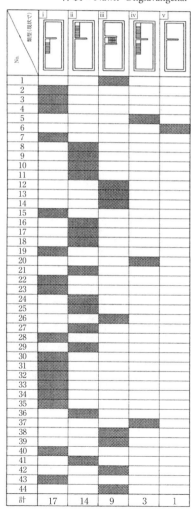

表III-2-7　ショップハウスの類型（現状）
作製：Nawit Ongsavangchai

表III-2-8 ショップハウスの変容パターン 作製：Nawit Ongsavangchai

現状＼原型	A	B	C	D	E	計
i	0	0	8	9	0	17
ii	1	1	11	1	0	14
iii	0	0	2	6	1	9
iv	0	0	2	1	0	3
v	0	0	0	1	0	1
計	1	1	23	18	1	44

タイプiii：中間部階段
タイプiv：前部階段＋後部階段
タイプv：階段無し

　44の事例は表III-2-7のように分類されるが，17グループは前部に階段がある．後部に階段があるのは14グループである．前後部に2つ階段を持つものは3グループ，中間部に階段がるのは9グループである．すなわち，前部に階段をもつ住戸が26グループあり，過半は前部に階段があることになる．

　原型から現状への変化は表III-2-8で示される．元々庭を持たなかったタイプCを別として（表III-2-5），タイプDがタイプiに変化するパターンが最も一般的である．続いてタイプiiiへの変化が多く見られる．前部後部に2つ階段をもつタイプivは，タイプC，Dのみである．

　住居の変容は，以上のように，内部空間を拡張するかたちで行われる．庭を室内化する平面的な拡張がまず行われ，続いてあるいは同時に階段が増やされる．すなわち，2階への垂直的拡張が行われるのが一般的な変容プロセスである．

2-5 | 3つの地区

　ラッタナーコーシン地区のショップハウスの所有者は，寺院，王室財務局BCP，そして民間の3つに分けられるが，それぞれから具体的な地区を選んでさらに住居類型とその変容について明らかにしよう（図III-2-4）.
① 寺院ショップハウス：ボヴォニヴェットBovonnivet寺院ショップハウス（タイプA）：46戸．1851～1868年建設（ラーマIV世期）
② BCPショップハウス：スラソン・ロンタ Srasong-Longthaショップハウス（タイプ

①ボヴォニヴェット寺院地区
②スラソン・ロンタ地区
③アスダン地区

図III-2-4 ラッタナーコーシン調査地区 作製：Nawit Ongsavangchai

D）：98戸．1910年建設（ラーマⅤ世期）
③ 民間ショップハウス：アスダン Asdang ショップハウス（タイプC）：108戸．20世紀初頭～1927年建設（ラーマⅤ世期～ラーマⅦ世期）

①ボヴォニヴェット寺院地区

ラッタナーコーシン地区で現存するもっとも古い地区で，全46戸が王宮職員のために建設されたショップハウスである[121]（図Ⅲ-2-5）．現在は，マハモンクット・ラッチャウィタヤライ財団（MRF）によって管理されている．

幹線街路に面し，後部は寺院経営の高校に接している．バックレーンはない．全てのショップハウスは，3階建ての隅部のものを除いて2階建てで，以下の要素から構成される．

1）前庭：初期には馬がつながれた場所で，壁で囲われていた．
2）前室：居間，昼間の活動のための空間．
3）後室：浴室，階段，洗濯，料理のためのサーヴィス空間．
4）上階室：1室空間．

46戸のうち38戸について住み方調査と世帯主へのインタビュー調査を行ったが（表Ⅲ-2-9），半数は少なくとも40年居住し，3世帯は100年以上居住している．世帯人数は様々であるが10人は超えない．No.288とNo.62は独居である．業務専用で居住していないものもある．右側（No.2～80）と左側（No.280～292）で店舗の種類は異なり，左側は全て旗屋もしくは旗関連店舗である．右側はサトレー・ウィタヤ Satree Wittaya 女子高に隣接することから大半は女子学生関連の美容室や文具店，土産店である．賃貸料は戸当り900バーツであるが，戸建てのNo.56は1100バーツである．No.56は隣接する空地に増築して住居と別にレストランを建設して経営している．

住区全体は大きな変化はないが，それぞれのショップハウスは原型タイプAから以下のように様々に変化している（表Ⅲ-2-10）．

タイプA-1：前庭の両側の壁を間仕切壁とするが，前面の木製の塀は残している．庇を伸ばして前庭の一部を覆い，半屋外空間としている．
タイプA-2：前面の木製の塀を鉄製の折畳扉付きのコンクリート壁に替え，タイプA-1の半屋外空間を囲っている．階段とトイレの位置も変更される．

121）ショップハウスの建設時期について，Department of Fine Arts（1982）は，ラーマⅣ世（1851～1868）の治世下とするが，Pimonsathean（1993）はラーマⅦ世（1925～1935）の治下とする．第一次資料がなく判断が割れているが，居住者へのインタビューによれば，ラーマⅦ世の遥か以前に遡る．また，ラーマⅤ世時代の地図に描かれていることは分かっている．すなわち，ラーマⅣ世時代に建設されたと考えられる．

第Ⅲ章
東南アジアの都市住居（ショップハウス）

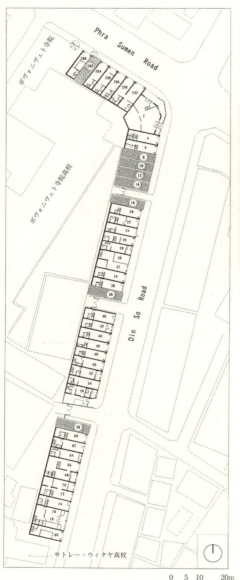

c ショップハウスの現状

図Ⅲ-2-5　a：ボヴォニヴェット寺院地区，b：ショップハウスの原型，c：ボヴォニヴェット寺院地区のショップハウス　作製・撮影：Nawit Ongsavangchai

表 III-2-9　ボヴォニヴェット寺院地区のショップハウス居住者
作製：Nawit Ongsavangchai

Sh Shophouse number	Living duration	Number of dwellers	Rent (Baht)	Occupation of of dwellers	Function of shophouse on the ground floor	Function of shophouse on the upper floor
2　280	100	5	900	Trade	Flag Store	Living
284	50	5	900	Trade	Flag Store	Living
286	80	4	900	Trade	Flag Store	Living
288	40	1	900	Trade	Flag Store	Living
290, 292	52	12	900	Trade	Flag Store & Storage	Storage & Vacant
4	50	3	900	Trade	Ice Store	Living
6	70	5	900	Trade	Picture Frame Shop	Living
20	50	10	900	Service	Tailor	Living
22	5	3	900	Service	Beauty Salon	Vacant
24	45	3	900	Trade	Shoe Store	Living
26	80	6	900	Trade	Grocery	Living
28	50	2	900	Trade	Living	Storage
30, 32	20	8	900	Service	Copy Shop	Living
34	60	7	900	None	Living	Living
36	30	7	900	Service	Beauty Salon	Living
40	>100	2	900	Service	Tailor	Living
42	30	6	900	Trade	Internet Café, Grocery	Living
44	44	6	900	Trade	Student Uniform Shop	Living
46	>100	3	900	Trade	Restaurant	Living
48	>70	8	900	N. A.		
50	20	3	900	Service	Beauty Salon	Living
52	55	5	900	Trade	Peanut Selling	Living
54	0.8	3	900	Service	Book Rent	Living
56	>100	8	1,100	None	Living & Restaurant Restaura ttttttttttttt Restaurant RRestaurant	Living
58	>10	5	900	Trade	Grocery	Living
60	30	3	900	Trade	Sweet Selling	Living
62	50	1	900	Trade	Restaurant	Living & Storage
64	<1	2	900	Service	Beauty Salon	Living
66, 68	30	5	900	Trade	Sweet Making & Selling	Living
70, 72	>20	7	900	Trade	Stationery Store	Living
74	18	3	900	Trade	Gift Shop	Living
76, 78	8	4	900	Service	Photo Printing	Living
80	0.5	3	900	Trade	Food Making & Selling	Living

Source: Field survey, May 2002.

タイプ A-3：前室と前室の間の壁を撤去している．階段とトイレの位置も変更される．

タイプ A-4：階段の位置を後室から前室へ変更している．あるいは，新たな階段が前室に設けられる．

タイプ A-5：前室と後室の間の壁が撤去され，階段とトイレが最奥部に移される．全体が1室空間とされる．

以上の変容パターンは，面積拡張の要求に従っている．まず，前庭が室内化され，平面的には1階全体が1室化される．そして，垂直方向への拡張は，階段の位置の変更によって行われる．トイレと階段の位置の変更には様々なヴァリエーションがある．

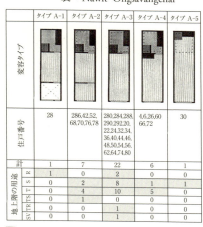

表 III-2-10　ボヴォニヴェット寺院地区のショップハウスの変容　作製：Nawit Ongsavangchai

R=住居，S=サーヴィス，T=店舗，TS=店舗・サーヴィス，TR=店舗・住居，SA=倉庫あるいは空室

第 III 章
東南アジアの都市住居（ショップハウス）

タイプ A-1 は原型に近いが No.28 のみである．タイプ A-2，A-3，A-4 は，商業活動によって異なる．はっきりしているのは，タイプ A-3 からタイプ A-5 への変化が，フレキシビリティと将来の拡張のためにより広い空間が要求されていることを示していることである．

②スラソン・ロンタ地区

元々，スタート寺院所有の土地で，ラーマ V 世が，1910 年に，PPB に買収を命じ，ロッド Lodd 運河に平行に 2 つの通り（スラソン通り Srasong Rd. とロンタ通り Longtha Rd.）が建設されるとともに 98 戸のショップハウスを建設したのが起源である．敷地内には寺院の池と東屋があったが，1952 年にここにスタート寺院がショップハウスを 12 戸建設している（図 III-2-6）．

地区は，スタート寺院の僧坊（北）とロッド運河（南）に挟まれており，西端（図 III-2-7；No.8〜4L）東端（No.58〜29L）を除いてバックレーンがサーヴィス道路として使われる．スラソン通りの北側のブロックは僧坊と共用のサーヴィス街路が設けられている．スタート寺院のショップハウスは，当初以下のような全く同じ形式であった（タイプ D）．

1) 前室：店舗空間として使われ，階段のみが置かれる．
2) 後室：半屋外空間として後庭に接続し，隅に浴室が置かれる．
3) 後庭：屋外空間で料理，洗濯が行われ，後壁にバックレーンへの裏口が設けられる．
4) 上階：居住空間として使われる．

76 世帯の世帯主へのインタビュー（表 III-2-11）によれば，No.13，No.31 そして No.6 L，No.7L の居住者は 1910 年から居住しており，多くは 50 年以上の居住者である．世帯人数は 10 人を超えない．75 年以上居住する世帯は住居専用で，専用住居は 25 戸ある．18 戸に中 2 階が造られ，居住スペースとして使われている（表 III-2-12）．併用住居は，14 戸が製造関係，10 戸がサーヴィス関連業務，小売店舗は 7 戸である．多くは鉄鋼関係あるいは印刷業で，地区に散在している．No.14 の事務所は隅部にある．地区の居住者が利用する業種が多く，したがって，交通量は少なく，静かな住宅街である．

賃貸料は場所によって，また，用途，契約更新回数，居住年数などによって異なる[122]．一般に，専用住居の方が安い．戸当り 144〜2630 バーツである．75 年以上居住する住居は 1000 バーツ以下である．

変化はバックレーンに面するショップハウスの後部に見られる．バックレーンは，

---

[122] 1910 年末には，角地は戸当り 12 バーツ，他は 10 バーツであった（Bureau of the Crown Property）．

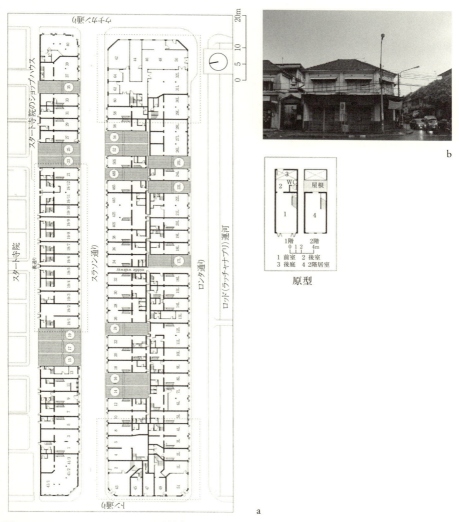

図III-2-6　a：スラソン・ロンタ地区，b：スラソン・ロンタ地区のショップハウス　作製：Nawit Ongsavangchai

第III章
東南アジアの都市住居（ショップハウス）

図III-2-7　a, b：アスダン地区の街区とのショップハウスの原型　c：現在の景観
作製：Nawit Ongsavangchai

表 III-2-11　スラソン・ロンタ地区のショップハウス居住者　作製：Nawit Ongsavangchai

ショップハウス番号	居住年数	居住人数	賃料バーツ	居住者の職業	地上階の用途	上階の用途	中2階の有無
1, 3	70	3	600	事業	金属工場	居室	X
5	80	6	540	—	居室	居室	O
7	3	10	550	商人	店・居室	居室	O
9	12	10	370	サービス業	美容院	居室	X
11	20	4	635	店員	居室	居室	O
13	90	8	420	国家公務員	居室	居室	X
21	48	2	405	店員	居室	居室	O
29	9	3	N.A.	—	居室	居室	O
31	90	4	405	—	居室	居室	O
33	80	5	525	—	居室	居室	O
37, 39	60	6	1,000	商人	食料品店	居室	X
40	25	4	N.A.	事業	金属工場	居室	X
43, 2	20	1	1,275	商人	居室	居室	X
8	41	3	540	事業	製本工場・居室	居室	X
10	40	7	550	商人	レストラン	居室	O
12	75	8	550	事業	製本工場・居室	居室	X
16	52	4	144	店員	居室	居室	X
18	81	5	450	店員	居室	居室	X
20, 10L	4	7	N.A.	事業	パン工場・駐車場	居室	O/X
22	20	4	480	事業	製本工場・居室	居室	X
26, 28	53	10	5,260	サービス業	電子修理店	居室	X
30	12	6	605	事業	カード印刷工場	居室	O
32	33	7	144	—	居室	居室	O
34	80	4	540	サービス業	電子修理店	居室	X
36	10	3	600	事業	カード印刷工場	居室	X
38	14	5	180	店員	居室	居室	X
40S, 42S, 44S	20	2	3,630	事業	金印刷工場	居室	X
46S	40	6	800	—	居室	居室	X
50S	5	7	N.A.	店員	居室	居室	X
56	10	4	2,630	商人	居室	居室	X
58	75	6	405	—	居室	居室	O
62, 64, 42, 44, 46, 48, 50, 31L, 32L	11	100	4,895	商人	オフィス	オフィス	X
29L, 30L	22	4	1,080	商人	銃火器店	居室	X
28L, 27L, 26L	N.A.	—	N.A.	—	倉庫	倉庫	X
22L, 21L	10	3	1,100	事業	金属工場	居室	X
20L	70	3	N.A.	商人	居室	居室	X
19L	30	3	440	サービス業	銃火器修理店	銃火器修理店	X
16L	66	3	2,630	事業	箱工場・ステッカー印刷工場	居室	O
15L, 14L	70	4	3,130	サービス業	発電機修理店・居室	居室・倉庫	X/O
13L	70	4	500	サービス業	車修理工場	居室	X
12L, 11L	70	6	1,500	事業	ナイフ工場	居室	X
9L	7	4	1,000	サービス業	インターネットカフェ	居室	X
8L	7	2	1,000	商人	映画配給会社	居室	X
7L, 6L	90	3	2,000	サービス業	仕立て屋・居室	居室	X
5L	N.A.	—	N.A.	—	倉庫	倉庫	X
4L, 3L	74	6	1,270	—	居室	居室	X
2L	45	8	750	—	居室	居室	O
1L, 51, 49	20	13	3,000	商人	オフィス	オフィス	X
47	15	1	450	—	居室	居室	X
45	20	3	405	商人	食料品店	居室	X

Source : Field survey, May 2002. / *Rent is calculated from the total occupied shophouses of the same household.

料理，洗濯，倉庫に改造されている．スラソン通りの北のブロックは寺院所有であり，そうした転用は見られない．No.8 を除いて，全ての住戸で屋上への増築が見られる．街区全体で後部の景観は大きく変わってしまっている．住居の空間構成の変容については次のように分類することができる（表 III-2-12）．

　　タイプ D-1：裏庭が室内化される．
　　タイプ D-2：前室に中2階がつくられ，後部にも拡張される．トイレが改造される．
　　タイプ D-3：タイプ D-2 と同様であるが，前室には中2階を増築しない．
　　タイプ D-4：階段とトイレの位置が変更される．場合によっては，元の階段は

表III-2-12　スラソン・ロンタ地区のショップハウスの変容　作製：Nawit Ong-savangchai

	タイプD-1	タイプD-2	タイプD-3	タイプD-4	タイプD-5
変容タイプ					
住戸番号	8	5,7,11,21,29,31,33,10,12,20,30,34,36,56,58,16L,14L,2L	41/3,27,18,26,28,38,40S,46S,24L,20L,18L,12L,8L,7L,5L,3L	41/1,41/2,1,3,9,13,37,39,43,2,4,22,32,42S,44S,50S,30L,29L,28L,27L,26L,22L,19L,15L,11L,10L,9L,6L,4L,49,45	40,6,60,62,64,42,44,46,48,50,32L,31L,21L,13L,1L,51,47
計	1	18	16	31	17
地上階の用途 MR	0	0	1	1	12
M O	0	4	2	6	2
S R	0	10	6	7	2
T S	0	1	1	3	1
V T	0	1	1	5	1
T R	0	1	0	5	0
SA	0	0	3	6	0
	1	1	0	1	0

凡例：□前室　■後室　■階段　W.C.　垂直方向への増築

（Notes：R=住居，S=サーヴィス，T=店舗，TS=店舗・サーヴィス，TR=店舗・住居，SA=倉庫あるいは空室）

そのまま使い，後室に階段が新たに設けられる．

タイプD-5：前室と後室の間の壁が除去され，階段とトイレが最後部に設けられる．垂直方向の増築は新しい階段によって行われる．

中2階の設置は原型を変更せずに行われる．変容はまず後室を室内化することによって始められる．続いて，垂直方向への拡張のために後室に階段が設けられる．そして次に，前室と後室の間の間仕切が撤去される．タイプD-2の中2階は全て同じ大工によって同じ時期に造られている．その規模，材料，構造，階段の位置全てが同じである．中2階は住居専用に多く見られる．後庭の室内化は全てのタイプで行われている．No.8のみはこの段階までの変容に留まっているが，タイプD-3が16戸，タイプD-4が31戸，タイプD-5が17戸である．原型を全く変えるタイプD-5は事務所である．

③アスダン地区

アスダン地区はラーマⅤ世の土地に建設されたものであるが，現在はモン・ラッチャヲン・デトサック・パヌパン Mom Ratchawong Detsak Panupan の所有である[123]．鍵の手状のバンモ道路 Ban Mo Rd.（図III-2-7, No.186〜276：計45戸）とプラ・ピアタック道路 Phra Phitak Rd.（No.24〜132：計16戸）沿いのショップハウスは20世紀初頭1910年までに建設された[124]最初のグループで，アスダン道路沿いのショップハウス（No.133〜179：計47戸）は最初のショップハウスに似せて1917年から1927年にかけて建設されたものである．この時期，前庭をもち間口の広い別のタイプのショップハウス（No.1〜29：計15戸）が南のブロックに建設されている．後に，1925年から1934

---

123) ラーマⅤ世の後，ラーマⅦ世が相続するが，その死後モン・チャオ・アウパレーサン Mom Chao Aupareesan に譲渡され，さらに1950年にモン・ラッチャヲン・ティナサック・パヌパン Mom Ratchawong Thinnasak Sakdidet Panupan とモン・ラッチャヲン・デトサック・パヌパンに譲渡され，現在は後者が所有する（Bangkok Metropolitan Administration：Department of City Planning 2001）．

年にかけて，さらに同じタイプの 11 戸（No.20〜40）が反対側に建設された．最後のグループ（No.131/1〜131/45, 132/1, 132/2, 154/1〜154/6：計 53 戸）は，北ブロックの内部に 1960 年代に建設されたものである[125]．この時期，モダンなタイプのショップハウス No.26, 28, 182, 184 が以前の敷地に建てられている[126]．

地区は建詰まっており，東西道路で南北に 2 分されている．以上のように様々な時期に建設され，住居タイプも様々である．そのうち幹線道路沿いに 108 戸あり，ファサードのスタイルは時代を表している．ただ，建築面積など規模はボヴォニヴェット寺院やスラソン・ロンタの場合とほぼ同じである．

最初期のショップハウスの原型は以下のようである（図III-2-8）．

1) 前室：店舗あるいは居室．
2) 階段室：前室とサーヴィス室，上下階の中間にあり，U 字形をしている．
3) サーヴィス室：洗濯，料理の空間で隅に浴室が配される．
4) 後室：現在は台所もしくは倉庫として使われる．
5) 上階室：1 階前室と同じ面積の居室．

建設時期が異なるため，当初は，周辺にバックレーンがつくられたが，現在は居住者が私的に使用している．

191 戸のうち，128 戸（幹線道路沿いのショップハウス 53 戸）について調査し，78 人の世帯主にインタビューを行ったが（表III-2-13），居住年数が長い世帯ほど世帯人数は少ない．

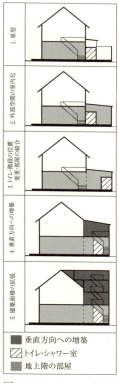

図III-2-8 ショップハウスの基本型
作製：Nawit Ongsavang-chai

---

124) バンモ通りとプラ・ピタック通りの正確な建設年は不明であるが，1912 年の地図には記載されている．さらに，1904 年にはそのひとつがタイ最初の銀行ブック・クラブ"BOOK CLUB"として使われていたことがわかっている．従って 20 世紀の最初の年には建設されたのではないかと推測される．アスダン通りのショップハウスは 1912 年の地図にはない．ラーマ VI 世の治世後まもなく建設されたのではないかと思われる（Bangkok Metropolitan Administration: Department of City Planning 2001）．
125) 1949 年のバンコクの地図には見られない．住民へのインタビューによれば，フラットルーフで装飾のない，モダン・デザインとして 1960 年代に建設されたという．
126) 1912 年と 1949 年の地図には，バンモ通りとプラ・ピタック通りの交差点にショップハウスが存在するが，現在はモダンなショップハウスに建替えられている．

第 III 章

東南アジアの都市住居（ショップハウス）

表III-2-13　アスダン地区のショップハウス居住者　作製：Nawit Ongsavangchai

ショップハウス No.	居住年数	住居番号	賃貸料/月（礼金/年）バーツ	職業	用途 1階	用途 2階
178	21	5	1,500 (40,000)	商業	居室	居室
175	>10	6	4,000 (74,000)	商業	居室	居室
171	1.5	4	N.A.	サービス	インターネットカフェ	居室
170	<1	7	N.A.	労働	倉庫・居室	居室
169	2	5	3,200 (N.A.)	商業	薬局	居室
168	6	3	1,500 (80,000)	サービス	バイク修理店	居室
167	20	2	3,000 (98,000)	食品販売	料理屋	居室
166	4	3	N.A.	商業	薬局	居室
162	1	3	N.A.	サービス	歯科医院	空き
158	N.A.	N.A.	N.A.	サービス	オフィス	N.A.
157	>80	5	700 (30,000)	食品販売	料理屋・居室	居室
155-156	—	—	—	—	空き	空き
154	1	6	10,000 (—)	商業	ラジオショップ	居室
153	25	2	800 (74,000)	商業	レストラン	空き
151	40	4	8,200 (—)	商業	商業	居室
150	5	3	N.A.	商業	カーオーディオショップ	居室
148	8	3	7,500 (—)	サービス	ラジオ修理店	居室
145-146	8	15	20,000 (—)	サービス	ラジオ修理店	居室
144	16	11	N.A.	商業	ラジオショップ	居室
137	24	3	N.A.	商業	電子機器店	居室
134	2	—	N.A. (No.133 支払)	商業	電子機器店	居間（No.133 支払）
133	40	6	N.A.	商業	電子機器店	居室
131	25	4	1,000(N.A.)	商業	電子機器店	居室
129	10	7	N.A.	商業	倉庫	倉庫・使用なし
4	10	8	N.A.	商業	金売買店	居室
8	7	10	N.A.	サービス	テレビ修理店	空き
10	30	3	N.A.	商業	電子機器店	居室
196	>40	2	700(80,000)	商業	ハードウェアストア	居室
200	10	3	N.A.	ビジネス	手作りブローチ店	居室
202	40	3	700(50,000)	—	居室	居室
204	N.A.	N.A.	N.A.	商業	うどん屋	居室
206	>1	2	16,000(—)	商業	電子機器店	居間・格納
208	48	4	700(50,000)	サービス	ファン・モーター修理店	居室
216	5	12	700(59,000)	商業	商業	居室
220-222	N.A.	N.A.	N.A.	N.A.	駐車場	N.A.
224	60	7	N.A.	商業	宝石店	居室
226	70	7	700(45,000)	商業	うどん屋	居室
232	50	4	700(100,000)	商業	商業	居室
236	4	4	10,000 (—)	商業	ラジオショップ	倉庫
240-242	10	4	14,00(100,000)	商業	カーオーディオショップ	居室
244	40	2	5,000(—)	商業	レストラン	居室
246	4	3	2,800(N.A.)	サービス	ジュエリーショップ	居室
252	7	6	6,000(—)	サービス	ラジオ修理店	居室
258	22	5	700(80,000)	サービス	ビューティーサロン	居室
260	70	5	6,000(—)	—	居室	居室
272-274	—	—	—	—	改装	改装
276	65	6	750(90,000)	ビジネス	印鑑屋	居室
132/1	20	6	1,500(28,000)	ビジネス	商業組合	居室
132/2	>1	5	6,000(—)	ビジネス	ジュエリーショップ	居室
131/2	2	15	N.A.	ビジネス	ジュエリーショップ	居室
131/5	>10	1	700(N.A.)	サービス	ビューティーサロン	居室
131/6	6	5	4,200(—)	ビジネス	商業組合	居室
131/11	20	5	7,500(—)	商業	商業組合	居室
131/15	16	7	6,000(—)	商業	商業	貸室（居室）
131/16	>30	4	800(28,000)	商業	レストラン	居室
131/18	34	7	800(50,000)	商業	商業	居室
131/20	22	8	4,200(—)	—	居室	居室
131/25	>30	3	700(N.A.)	—	居室	居室
131/29	15	5	700(80,000)	サービス	タイプライター修理店	居室
131/35	43	8	4,500(—)	—	居室	居室
131/37	>10	7	700(N.A)	ビジネス	印鑑屋	居室
131/38	36	3	800(40,000)	労働	居室	居室
131/39	>30	4	700(27,600)	—	居室	居室
131/40	>10	4	800(N.A.)	商業	食料品	居室
154/4	41	5	5,000(—)	商業	レストラン	居室
154/5	30	5	700(60,000)	商業	倉庫・居室居室	居室
1	50	4	700(100,000)	商業	商業	居室
11	12	4	N.A.	商業	野菜貯蔵庫	居室
13	7	5	700(40,000)	商業	野菜貯蔵庫	居室
15	60	6	N.A.	—	居室	居室
17	30	5	700(50,000)	政府役人	居室	居室
19	15	10	800(50,000)	商業	生花卸売	居室
21	22	6	N.A.	商業	野菜貯蔵庫	居室
23	N.A.	6	N.A.	商業	野菜貯蔵庫	居室
25	N.A.	—	N.A.	商業	野菜貯蔵庫	N.A.
29	2	4	700(200,000)	商業	野菜貯蔵庫	居室
36	20	4	7,000(100,000)	ビジネス	洋服屋	居室
40	15	2	700(84,000)	—	野菜貯蔵庫	居室

Source: Field survey, May 2002. / * Annual gift money

表 III-2-14　アスダン地区のショップハウスの変容　作製：Nawit Ongsavangchai

変容タイプ	タイプ C-1	タイプ C-2	タイプ C-3	タイプ C-4	タイプ C-5
住戸番号	167,168,169, 196,200,202, 204,206,208	157,226,230, 244,252,272, 276	4,246,258,274	8,10,130,131, 138,139,140, 142,144,145, 146,148,150, 151,153,154, 170,171,224, 228	129,132,133, 134,137,141, 155,156,166, 216,236,240, 242
計	9	7	4	20	13
地上階の用途 M	1	1	0	1	0
R	1	1	0	1	0
S	2	1	1	5	0
T	5	2	2	13	0
RS	0	0	0	1	0
SV	0	2	1	0	4

M＝製造業，R＝住居，S＝サーヴィス，T＝店舗，RS＝住居及び倉庫，SV＝倉庫あるいは空室

凡例：階段、W.C.、後室、前室、サーヴィス室、垂直方向への増築

No.144, 216, 131/2 は 10 人を超えるが，他は 10 人以下である．

道路に面するものは店舗として使用されるものが多いが，特に電気製品と宝石を売る店が多い．街区内部は住居専用のものが多いが，南に市場があることから野菜倉庫もある．

民間のショップハウスであることから，賃貸料，そして礼金も比較的高い．居住年数，契約階数などによって異なるが，賃貸料は 700〜4000 バーツ，礼金は年 2 万 8000〜20 万バーツである[127]．

ショップハウスの変容パターンはスラソン・ロンタ地区の場合と同様である．バックレーンは料理や洗濯などのために私的に使われている．入口を隠す形で私室にしている例もある．街区景観の変化としては，特に後部が上部に増築されていることである．原型のタイプ C の変容は以下のようである（表 III-2-14）．

　タイプ C-1：1 階平面はそのままでサーヴィス室の上部に増築する．
　タイプ C-2：C-1 のサーヴィス室と後室の間の壁を撤去する．
　タイプ C-3：階段室を後部に移動する．上階の改築と合わせて，階段とトイレの改築が行われる場合もある．
　タイプ C-4：C-3 の階段室の壁をひとつ撤去する．
　タイプ C-5：全体を 1 室化し，階段，トイレは最奥部に配置する．

---

127) 賃貸料が安い場合の方が礼金は高い．賃貸料と礼金には一定の比例関係がある．

上階の増築は，原型に変更を加えずに最初の段階で行われる．次の段階で，階段とトイレが改造される．また，壁が撤去され，上下により広い空間が造られるのが一般的プロセスである．

2-6 ショップハウスの変容過程

ラッタナーコーシンのショップハウスは，建設時期，地主，家主，そして平面構成を異にするが，間口 3.5m～4m，奥行 11m～12m という規模はほぼ同じである．平面構成も，基本的には 1 階 2 部屋，2 階 1 部屋は共通であるが，庭の形態は異なる．その変容過程も基本的には似ている．空間の拡張の要求が第一で，庭があればまず室内化される．次に，垂直方向への拡張が行われるが，階段の位置によって異なる．一般には，間口が狭いため階段は通りに直角に壁に沿って設けられ，後部にあるから上階への増築は後部で起こる．アスダン地区の場合は稀で，階段は中央にあって 2 階の前後に増築可能である．一般的に後部階段は付け替えられる．あるいは，そのままにして，新しい階段が造られる．次の段階で，壁が撤去される．究極的に 1 室化され，この場合は躯体のみ残され，原型はとどめない（図III-2-8）．改築，庭の室内化，階段，トイレの設置による変容によって，通風や昼光が得にくくなり，外部空間における洗濯や物干しなどの場所が失われる．後部に置かれた台所も不具合となり，多くの場合，後部にはみ出し，バックレーンを私的に覆って使う現象が起こっている．空調設備の設置も，料理や洗濯に不都合となり，設備機器が飛び出してファサードを変化

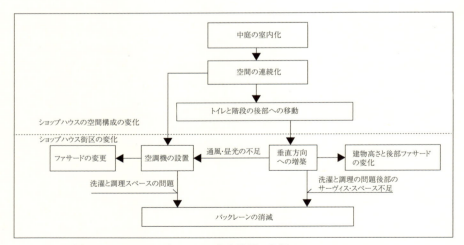

図III-2-9　ショップハウスの変容過程　作製：Nawit Ongsavangchai

させる.また,後部の増築によっても外観は大きく変わる(図III-2-9).

タイではプララーチャバンヤット・クアップクム・コンサーン・アーカーン Phraratchabanyat kuabkum karnkorsang akarn[128] (建築基準法) と呼ばれる最初の建設関連法が制定されたのは1936年であり,1961年に改定された後,定期的に改定されてきている.プララーチャバンヤット・クアップクム・アーカーン Phraratchabanyat kuabkum akarn と呼ばれる建築基準法が制定されるのは1979年である.ただ,ほぼ全てのショップハウスが建設法施行以前に建設されたものである.ボヴォニヴェット寺院地区のショップハウスはバックレーンを持っていないが,スラソン・ロンタ地区は持っていた.それ故1952年にスタット寺院がショップハウスを建設した時には既に建設法が施行されていたが,バックレーンによって合法的にサーヴィス道路を確保することが可能であった.アスダン地区の北地区のショップハウスの建設の際には建築法が施行済であり,公道に面していないトゥク・テウあるいはホン・テウは,6m以上の空地に面することとされ,この空地への建設は禁止されていた.また,トゥク・テウあるいはホン・テウは幅3m以上の道路に面することとされ,1.4m以上以内の階段の突出以外は増築を禁止されていた.さらに公道に面する建物は,道路中心から少なくとも3m以上後退することとされていた.アスダン北地区に空地が設けられているのはそのせいである.

3地区とも建設された時代の建設法に従ってきているが,大半の増築は非合法に行われてきている.住宅内部の増改築も非合法であり,大家との契約に違反している.行政の黙認と大家の無関心から,こうした状況は放置されてきている.増改築は地主の同意が必要とされるが,一般に,構造躯体に影響を及ぼさない限り同意される.しかし,居住者は地主大家の許可を得ることなく増改築するため,景観的な調和は失われる.立法の遅れ,建築行政の対応の不備などで,以上のような増改築プロセスが進行してきたのである.

ショップハウスに関して,現在の建築基準法は,「ホン・テウあるいはトゥク・テウの各戸は,間口は壁芯から壁芯まで4m以上,奥行きは4m以上24m以下とする.また,建築面積は30m^{2}以上とする.奥行きが16mを超える場合は,12m〜16mに庭を設ける必要がある.庭は建築面積の10%以上とする」と規定している.

この規定に従い,ショップハウスは同じような特徴をもつ.間口はちょうど4mで奥行きは庭を設ける必要がないよう16m以内が一般的である.階数は4階を超えない.5階以上はエレヴェーターをつける必要があるからである.中2階は,法的に階数に数えられない.この法律によって,既存のショップハウス地区はある程度将来の拡張が可能となっている.奥行き16mを超えるショップハウスは,後で中庭を室内

---

128) Phraratchabanyat は法,Kuabkum はコントロール,Karnkorsang は建設,Akarn は建物を意味する.

第 III 章
東南アジアの都市住居（ショップハウス）

化することは禁じられている．増築する場合，後方に空地を設けることが義務づけられており，規模，プロポーション，開口面積など法的に規定されている．

　ラッタナーコーシン地区のショップハウスの起源，役割，その変容の過程についてまとめると以下のようになる．

　1. 新たに導入された都市住居として，ショップハウスの建設は，他の都市要素，舗装道路，市壁，王宮，寺院の建設などとともに都市近代化を進めてきた．BCP がショップハウスの最大家主であり，他は，寺院所有，民間所有である．ショップハウスの規模やタイプに所有者の別は関係がない．共通の特徴はファサード・デザインの要素とスタイルで，タイプ4が典型的な建築様式である．

　2. 現在の空間パターンは閉じた空間からなるが，最初は庭をもついくつかのパターンがあり，バックヤードをもつタイプDが典型的であった．基本的にはタイプCが典型的であるが，建築様式を考慮すると，ラッタナーコーシン地区では，タイプ D-4 が最も典型的なショップハウスの原型モデルである．

　3. タイプCの中庭を持たないショップハウスが現在の典型であるが，階段の位置によって5タイプ（i-ii-iii-iv-v）に分類できる．タイプ i が調査住戸の最も多くを占めている（44戸）．

　4. 最初から中庭をもたないタイプCを除くと，タイプDの変容が最も多様でタイプ i～v までの変容が見られる．

　5. ショップハウスの所有者や最初の空間形式が異なるにもかかわらず，変容の方向が共通なのは興味深い．空間の拡張が目指され，中庭の室内化そして階段の位置の移動による上階への増築が共通に起こっているのである．

　6. ショップハウスの空間構成は単純で，1階は2室（前室と後室），上階は1室（前室の上部）からなる．上階への増築は，したがって，後部に行われる．ショップハウスの増改築は一見ばらばらに行われているように見えるが，一定の原理があるのである．空間拡張の要求は，全体を1室化するところへ行きつくが，通風と昼光の必要性から，前後に空地が必要とされるようになる．しかし，建築基準法によって，さらなる拡張は制限されている．

　7. ラッタナーコーシン地区に導入されたショップハウスは，シンガポールのショップハウスをモデルにしたものであったが，その建築要素や空間構成はシンガポールより単純である．建築様式より，型の統一，都市景観上の統一性が重視されている．

III-3　パタニ：港市都市

パタニは古来東南アジアの主要な国際交易港市であった（図III-3-1）．その繁栄によって，多くの外国商人が訪れ移住してきたが，中でも現在に至るまで居住し続けてきたのがチャイニーズであり，ショップハウスは古くから建設されてきた．西欧列強が進出してくると，パタニはタイとマレー半島の西欧植民地との間の戦略的要所に位置し，様々な文化の坩堝ともなった．その様相はショップハウスのデザインにみることができる．

パタニを臨地調査の対象に選んだのは以上のような歴史と立地に着目するからであるが，パタニのショップハウスに関する既往の研究は皆無である．パタニの歴史的形成について，主としてBougas, W. A.（1990, 1994）やHuttha, Krongchai（1998）をもとにまとめた上で，チャイニーズ居住地区のショップハウスに焦点を当てたい．

3-1　パタニの都市形成

考古学的な遺構に基づくと，5世紀頃まで，パタニ地域にはランカ・スカ Langka Suka[129]と呼ばれるインド化された国家があり，大乗仏教とヒンドゥー教が奉じられていたことがわかっているが，どういう民族がこのインド化国家を，成立させたかはわかっていない．その中心はパワエ Pawae[130]と呼ばれる内陸都市で3kmほどパタニ川から離れた地に建設されていた．パワエは大きな四角な都市で三重の土壁によって囲われていた．この古代都市の周辺には煉瓦造の宗教建築の遺構が散在している．ランカ・スカが，何時，何故パタニと呼ばれるようになったのかは不明である．

図III-3-1　パタニとショップハウス　作製：Nawit Ongsavangchai　作図：古田博一

129）ランカ・スカは，梁朝Liang Dynasty（502〜556(587)A. D.）の史書に初めて登場する（Bougas 1990）．

すなわち，15世紀以前のパタニについては確かなことはわかっていない．マレー半島およびスマトラ島から移住してきたマレー人がランカ・スカ国の沿岸部に小さな集落をつくり，この集落が内陸のパワエの外港として成長していった．そして，パワエの首長がその居を沿岸部に移し，パタニという名の新たな中心都市をつくった．それと同時にパワエは衰退したというのが推測である[131]．パタニの建設時期は，1350年から1450年の間ではないかという（Wyatt and Teeuw 1970）．この時期，イスラームが到来し，アユタヤの属国となっていたパタニ国は王が1470年に改宗し，イスラーム化されている（Bougas 1990）[132]．

ポルトガルがマラッカを占領し（1511年），国際交易の流れが遮断されると，ムスリムとチャイニーズはその代わりにパタニを拠点にするようになる．それとともに東南アジア有数の交易港となる．ポルトガルがマラッカからパタニへ商船を送ったのは1516年であり，1538年までに300人のポルトガル商人が居住したという（Cheewasarth 1986）．1602年にオランダが，アユタヤとの交易開始（1608年）に先立って訪れている．続いて，英国が1611年に訪れる．スペインは1605年から短い期間来航したが，まもなくより有利なフィリピンを拠点としている（Syukri 1985）．1630年には，パタニと平戸は頻繁に交易を行う関係となる．こうして，パタニはラジャ・イジャウ Raja Ijau の治世（1584〜1616）にその絶頂期を迎える．その繁栄はラジャ・クニン Raja Kuning の時代（1635〜1688）まで続くが，その後，様々な理由から衰退していく．

パタニはシアムからの独立を何度か試みているが，特に，アユタヤ朝がビルマに攻略（1767年）されて以降，反乱を繰り返した．しかし，最終的には，1932年にタイ王国の地方州に統合される（Songmuang, Buakaew, and Thiangtham 1999）．

パタニは，以上のように，16世紀には現在のパタニの6km東に位置する小さなムスリムの村に過ぎなかった．Bougas (1990) は，パタニ湾の海岸に沿う砂丘に位置し，川と運河によって区画されていたという（図III-3-2）．中心は，1600年代初頭にはケルシク川の土手に位置したが，土砂で埋まり，また，交易活動の拡大のために西のスンガイ・ブサール（大きい運河）に移動している．城塞の中心に王宮があり，ほぼ東

---

130) パワエは方言であり，宮殿を意味するプラワン Pra-wang もしくはプララチャワン Praratchawang の転訛と推測される．古代マレー語ではコタ・マリガイ Kota Ma（h）ligai（コタは都市）と呼ばれていたという．パワエの遺構は，パタニ州のヤラン地方にある（Songmuang, Buakaew, and Thiangtham 1999）．
131) パワエの衰退ははっきりしないが，その立地の問題あるいは宗教的な問題が原因だと思われている．パワエは沿海部から遠いが，国際貿易港として発展する条件を備えていた．また，王が大乗仏教からイスラームに改宗することによって，ムスリム国家の新たな中心になったと考えられる．
132) パタニを1564年まで統治した第三代王がイスラームに改宗していたことは分かっている（Syukri 1985 ; Songmuang, Buakaew, and Thiangtham 1999）．

西南北軸に沿って配置されていた（図III-3-3）．都市全体は長さ約1000m，幅約500mの規模である．都市は6〜8フィートの土の壁で囲われており，都市門は西壁に設けられていた．都市の中心には広場があり，その西側にモスクが建設されていた．そして，広場の北側に市場があった．チャイニーズとマレー人の商人たちは広場から海側（北側）と西側に向かって居住した．この居住区がカンポンであり，民族ごとに棲み分けられた．オランダと英国の倉庫はおそらく城塞の西部に置かれていた．船舶は市から半マイル離れたパタニ湾に停泊し，大規模なチャイニーズ居住区はカリ・ブサールの堤防，城塞の東南部に位置した．これは運河を開削した土を使った人工島であった．この島の北にも市場があった．

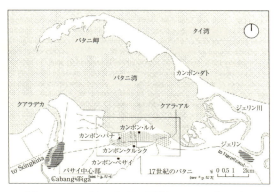

図III-3-2　パタニとその周辺　Bougas (1990)

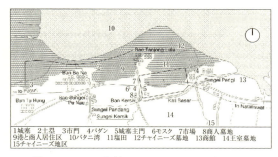

図III-3-3　17世紀のパタニ　Bougas (1990)

　王が居住した城塞・王宮，広場を囲むモスクと市場，港と商人居住区が主要な要素であるが，以上はアチェやバンテンも同様であった．このパタニは，反乱を繰り返した末，1785年にシアム軍に完全に破壊される[133]．その後，この古パタニは放棄され，現在のパタニ川の右岸に新たに建設されたのが，現在に至るパタニの起源である．

3-2 │ チャイニーズ地区 ── その形成とショップハウス

　今日のパタニの市街は，パタニ川両岸に広がるのであるが，中央政府が左岸に行政

---

133) シアムが1785年にパタニを攻略することでクランタンKelantan王朝は廃絶され，中央政府の傀儡として地方政権が置かれた．

第 III 章
東南アジアの都市住居（ショップハウス）

府を建設するまでは，仏教徒のチャイニーズとムスリムのマレー人は右岸に居住していた（図III-3-4）．チャイニーズ居住区とマレー人居住区はそれぞれ特徴をもっていた．チャイニーズ地区は交易のために川に近い高地を占め，大半が商業活動に従事した．同郷のものごとに集まって居住し，それぞれ中心に中国式の寺院あるいは礼拝堂を建てていた．ムスリムのマレー地区は，低地を占め，王宮とモスクがその中心に建設されていた．マレー風の装飾を施した高床式住居に居住した．

スコータイ王朝（1238～15世紀）以前から，チャイニーズはマレー半島と行き来しており，交易活動を行っていた．スコータイ朝からラッタナーコーシン朝初期，1853年までは，タイは，中国との冊封体制のもとで，国王の庇護によって交易は続けられた．良好な政治的関係のもとでチャイニーズは徐々に主としてタイ湾南部およびマレー半島に定住していった．チャイニーズの多くは中国南部，特に福建，広東の出身でタイのチャイニーズの95％を占める．パタニには，上述のように，スコータイ王朝からチャイニーズは移住してきていたが，最初の移住がいつなのかははっきりしない[134]．ただ，1580年にリム・トー・キャン Lim Toh Khiam という名の福建人がパタニに居住し，統治者からパタニ湾の商人から税を徴収する権利を得ている（Wyatt and Teeuw 1970）．ラーマ III 世の治世（1824～1851）に，厦門からソンクラ Songkhla へ移住してきた福建商人ルアン・サムレトキットコーン・チャンワン Luang Samretkitkorn Changwang が地方行政官になっている．彼は，タイ王国に反旗を翻したパタニを攻略している．反乱を鎮圧した功績で，彼はチャイニーズ移住者の長に任命され，後にフア・タラット Hua Talat（中央市場）と呼ばれることになる集落を建設する土地を与えられている（Kananurak 1995）．

このルアン・サムレトキットコーン・チャンワンに率いられて建設されたフア・タラットがパタニのチャイニーズ居住地の起源である．彼は，福建の建築様式に従って住居を建設したが，このスタイルは現在もパタニ川に沿って下るアルノル Arnorru 道路の両側に見ることができる．近くのパタニピロム道路 Patanipirom Rd よりはるかに中国的である．

1881年にパタニを訪れた W. カメロンは次のように書いている．

> パタニは人口 3000～4000 人くらいで，チャイニーズ，マレー人，シアム人が住む．チャイニーズ地区はマレー人地区より良好な場所にあり，店や住居から道路が川に向かって走っていた．川からの入口には石，煉瓦，セメントでできたしっかりした門があった．そこから真直ぐ入ると商いをするチャイニーズの住居が並んでいたが，みん

[134) 宋（960～1279），明（1368～1644）の陶磁器が，パタニ州のヤラン地域から数多く発見されている．チャイニーズ商人がスコータイ朝期に数多くパタニを訪れていたことがわかる（Cheewasarth 1986）．

パタニ：港市都市

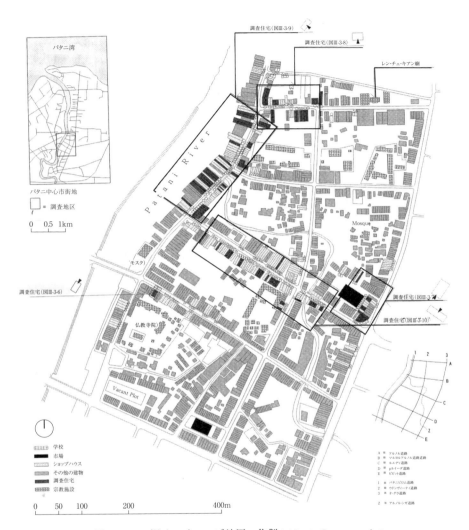

図 III-3-4　旧チャイニーズ地区　作製：Nawit Ongsavangchai

第 III 章
東南アジアの都市住居（ショップハウス）

ないい材料でできていた（Cameron 1883）.

このカメロンの記録によれば，チャイニーズが土地を得てから少なくとも 30 年後には既にチャイニーズ地区が形成されていたことが分かる．その規模はそれと区別できるまでに達しており，その場所がフア・タラットであったことは間違いない．現在門は残っていないが，川から内陸に向かう道路はアルノル道路である．チャイニーズ移民は徐々に増え，中には国際貿易に従事する者も出てきた．沖に停泊した船と港の間を小さな艀が行きかい，パタニ川は賑わった．徴税の仕事もまたチャイニーズが行い，パタニの商業活動のほとんどはチャイニーズによって行われた．その繁栄によってパタニは発展していき，チャイニーズ地区は南へ，パタニ川に平行するパタニピロム通沿いに拡張していった．この推測は建物の建設年代によって確かめられる．フア・タラット地区のアルノル道路沿いを除けば，パタニピロム沿いが最も古いのである．2 階建ての店舗併用住宅で，チャイニーズ風の平面形式，構造と，材料を残している．ただ，そのほとんどは正面ファサードを持っていない．ラーマ V 世が 1884 年に訪れた際，従者のひとりが人口約 2 万人，3000 棟の住戸があったと書いている．その大半はマレー人で，農業，金鉱山での採掘，小売業に従事していた．チャイニーズは約 600 人いて，交易，鉱山業，製陶業などに従事し，徴税もチャイニーズの仕事であった．残りの約 200 人がタイ人でマレー人と同様の生業に就いていた．市については次のように書いている．

> 市は川の東土手に位置する．中国人首長（キャプテン・チナ）はその土手に住み，そこから遠くない土手沿いに 50 戸ほどの住居が建っていた．首長の家の前に 2 本の道路があり，その 1 本の道の北端に首長の新居があった．中国様式の 2 階建てで 3 連棟であった．市門から入ると 4 ワ wa（約 8m）幅の道路があり，両側に平屋の中国風の建物がニッパヤシの建物も交えながらならんでいた．通りの反対側の端には大きな道観プン・タオ・コン Pun Tao Kong 廟があった．この廟と門の間がトン・タラット（市場）と呼ばれていた[135]．

パタニの人口は大まかなもので実際は定かではないが，多少はあっても，チャイニーズ人口が着実に増え，パタニの主要な住民となっていったことは確かである（Annandal 1930）．また，この記録によって，1884 年には，パタニピロム道路沿いのフア・タラットが既に市街化され，商業的中心になっていたことが分かる．中国人首長の前の家の

---

135) 記録は 1884 年に書かれたものであるがプン・タオ・コン寺院はルアン・サムレトキトコルン Luang Samretkitkorn Changwang によって 1864 年に修復されたチョ・ス・コン Cho Su Kong 寺院と思われる．現在はレン・チュ・キアント Leng Chu Kiang という名に改称されている（Kananurak 1995）．

パタニ：港市都市

位置はわからないが，新しい住居は今日まで残っている（図III-3-8：No.14）．トン・タラットと呼ばれた地区がフア・タラットであることは疑いなく，今日でも平屋の中国風建物が残っている．旧プン・タオ・コン廟は，今日，チャオマエ・リム・コ・ニアオ Chaomae Lim Ko Niao Shrine（レン・チュ・キアン Leng Chu Kiang）廟として広く知られている．最初に建設されたアルノル道路は，現在も，市場，廟などを結び付ける重要な役割を果たしている．居住地は川に平行に南に向かって拡張してきた．

3-3 │ チャイニーズ地区の街路体系とショップハウス

パタニ川の東土手のチャイニーズ集落から発展してきた旧チャイニーズ地区は総面積約 $0.45km^2$ を占める（図III-3-4）．調査住居の立地，平面形式，建設時期は図III-3-6～10 に示すとおりである．上述のように，建設時期は地区の形成過程を示している．起源の地は北のアルノル道路沿いのフア・タラット地区である（図III-3-8）．ショッ

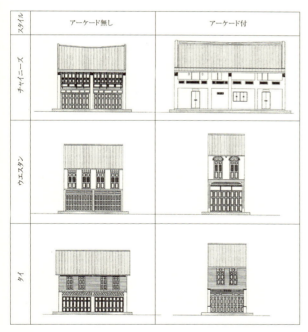

図III-3-5　ショップハウスのファサード様式　作製：Nawit Ongsavangchai

図III-3-6　ショップハウスの平面形式　撮影：Nawit Ongsavangchai

287

第Ⅲ章
東南アジアの都市住居（ショップハウス）

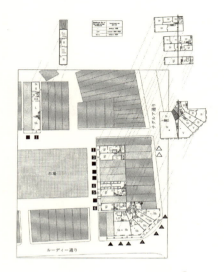

凡例
A ＝アーケード
B ＝寝室
Bl ＝バルコニー
D ＝食堂
F ＝陸屋根
G ＝庭
H ＝ホール
K ＝厨房
L ＝居室
Lp ＝波止場
M ＝中二階
P ＝歩道
Pa ＝配膳室
S ＝シャワー室
Sh ＝店舗
St ＝倉庫
Sw ＝側道
T ＝トイレ
Te ＝テラス
V ＝空室
Wa ＝洗濯場

◎＝水槽
▨＝ショップハウス
▧＝その他の建物
①②＝ショップハウスNo

チャイニーズスタイル・ショップハウス
○＝ファサード無
●＝ファサード有
ウェスタンスタイル・ショップハウス
□＝ファサード無
■＝ファサード有
タイスタイル・ショップハウス
△＝ファサード無
▲＝ファサード有

図Ⅲ-3-7　ショップハウス街区 No.1〜No.11　作製：Nawit Ongsavangchai

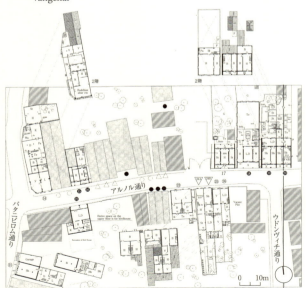

図Ⅲ-3-8　ショップハウス街区　作製：Nawit Ongsavangchai

パタニ：港市都市

図 III-3-9 ショップハウス街区　作製：Nawit Ongsavangchai

第 III 章
東南アジアの都市住居（ショップハウス）

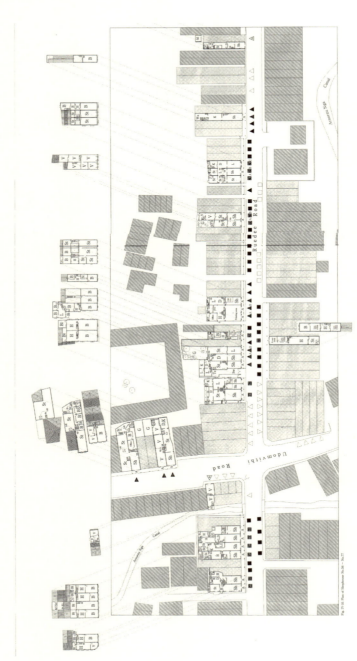

図 III-3-10　ショップハウス街区　作製：Nawit Ongsavangchai

プハウスは1824年から1851年にかけて建設されている．その地域の核になったのがレン・チュ・キアン廟である．屋根形態，構造，建築様式など最も古い中国風の形式が残っている．

フア・タラット地区からパタニピロム道路沿いの地区（図III-3-9）は19世紀末に，ルエディ通り沿いの地区（図III-3-7）は20世紀初頭に開発された．ショップハウスのファサード・デザインは簡素化され，土着の要素が加わっている．さらに，20世紀に入ると，西洋風の要素も取り入れられる．ルエディ通り沿いのショップハウスには中国風のデザインはみられない．アーチが用いられ，柱，扉，窓に西洋風の装飾が用いられている．そして，20世紀の最初の四半世紀以降になると，西洋風のデザインは少なくなり，変わって，タイの伝統的木造建築風のデザインが流行するようになる（図III-3-5）．この木造のショップハウスはプリーダ通りPreeda Rd.やナ・グルア通りNa Grua Rdに見られる．

①街路体系

川に平行な道路とそれにほぼ直交する道路によって，全体は大きく8つの街区に分けられる．ただ，川は曲がっており，全体は正確なグリッドパターンをしているわけではない．最初にアルノル道路ができ，続いてそれにほぼ直交する川沿いのパタニピロム道路ができたのは上述の通りである．さらに，パタニピロム道路に直交する形で第3のルエディ道路がアルノル道路と並行につくられ，東西軸となっている．この3つの道路の幅は6m〜8mである．ルエディ道路沿いのショップハウスの建設年代ははっきりしないが，第二次世界大戦以前には建設されていたことが住民へのインタビューからわかる．多くは大戦中の体験について記憶しており，日本人兵士がショップハウスを宿泊所にしていたという証言がある．ルエディ道路沿いのショップハウスには，上述のようにそれ以前の中国様式のものはみられない．そして建築構造についても，以前の壁構造ではなく，柱梁構造によって建設されている．そして，前面にアーケードを付置しているのが特徴である．

続いてプリーダ道路が建設される（Huttha 1998）．上述のように，市街地は南に向かって発展していく．かつてはアルノルズ・ンガArnorzu Nga運河が南西部への交通路として使われていたが，現在ではウドンヴィティ通りUdomvithi Rd.とナ・グルア通りNa Grua Rd.が建設され，地区の東の境界になっている．この3つの通りには，アーケードをもつものともたないものの2タイプのショップハウスがある．ピピット通りPipit Rd.が最後に建設されて地区の南の境界となり，パタニ川の左岸の新市街地に繋がっている．この沿線には中国風，西欧風のショップハウスはなく全て最近の建設である．

アルノルズ・ンガ運河は廃止され，新商店街は，ピピット通りおよびナ・グルア通りに移っている．

第Ⅲ章
東南アジアの都市住居（ショップハウス）

②ショップハウスの分布

　ショップハウスは一般的に道路沿いに分布し，街区内部には専用住宅や学校などが立地する．歴史的ショップハウスは地区の北西部に残っている．アルノル通り，パタニピロム通り，ルエディ通りのショップハウスは，中国風，西欧風，タイ風と3種類に分けられ，さらにアーケード無し，アーケード付の2タイプに分類できる（図Ⅲ-3-5）．ただ，全てのショップハウスは，棟を道路と平行にさせる平入住居である．中国風のショップハウスは，厚い壁で鞍形屋根が特徴的である．アルノル通りとパタニプロム通りに集中する．アーケードは個別に設けられ，統一的な景観をとらない．西欧風のショップハウスは，ルエディ通りに集中し，一般的にアーケードをもつ．ラッフルズによって1822年に建てられたショップハウス以降のマレー半島のショップハウスの影響を受けたと考えられている．例外はパタニピロム通りの4戸のみである（図Ⅲ-3-9）．タイ風の木造ショップハウスは地区全体に分布する．ウドムヴィティ通り，ナ・グルア通り，ピピット通りの建物は全てコンクリート造のフラットルーフのショップハウスである．

　ショップハウスは，その名称通り店舗併用の形式であるが，その後，住居専用となったものも少なくない．アルノル通りのものはほとんどが専用住居となっている．特別な事例として，1階を船置場にするもの（図Ⅲ-3-9：No.29, 38）と鳩小屋として使用するものがある（図Ⅲ-3-8：No.21, 22, 図Ⅲ-3-9：No.53）．

3-4 ショップハウスの空間構成と類型

　パタニのショップハウスは，ラッタナーコーシンと比べると間口は狭く，奥行きは長い．幅は 3.75〜10m, 奥行は 14.31〜54m の範囲にある．計 296 戸のショップハウスから 83 戸（75 世帯）について実測調査とヒヤリングを行った（図Ⅲ-3-6, 表Ⅲ-3-1）[136]．

　1 階を店，2 階を住居，1 階の後方部分に食堂，倉庫，浴室，厨房を置くという空間構成が標準型（タイプⅰ）である（図Ⅲ-3-11）．この標準型から2つのタイプが派生する．ひとつは，2 階建てのユニットが付加されるパターン（タイプⅱ），もうひとつは標準型の後方に標準型を付加するパターン（タイプⅲ）（図Ⅲ-3-11）である．標準型は，54.21％（45 戸）を占める（図Ⅲ-3-12）．極めて単純であるが，後部の構成は奥行の長さによって異なる．部屋は戸境壁（パーティ・ウォール）の両側に設けられる（例，店―居間・食堂―倉庫―台所―浴室（No.76））が，一般的に後部は大きくなく，食堂・厨房・倉庫は 1 室に収められる．浴室だけは独立である（No.5）．タイプⅱは 33.73％（22

---

[136] 19 世紀の後半に大量のチャイニーズがマレー半島に移住してくると，ショップハウスが都市型住宅となり，1884 年に法制化もなされ，アーケードもフランク・スウェッテンハム Frank Swettenham によって導入された（Fee 1998）．

表 III-3-1　調査住居の概要　作製：Nawit Ongsavangchai

住居 No.	間口 (m)	奥行 (m)	建築面積 (m²)	世帯人数／出身地*	居住年数	賃貸料**	用途（1階／2階）
1	4.6	32.5	242.15	2/パタニ	>55	持家	厨房用品／居室
2	4.5	16.74	150.66	N. A.	N. A.	持家	金製品／居室
3	4.5	16.74	150.66	6/パタニ	40	持家	雑貨屋／居室
4	4.5	16.74	150.66	—	—	持家	改装中
5	4.5	16.74	150.66	3/パタニ	55	持家	織物屋／倉庫
6	4.5	16.74	150.66	7/パタニ	25	持家	織物屋／織物屋
7	10.34	17.13	340.27	4/パタニ	>30	8,000	文房具屋／倉庫
8	9.87	18.9	170.02	2/パタニ	>30	4,000	衣料品店／空室
9	4.5	19	114.45	3/パタニ	35	4,000	香料店／倉庫
10	4.5	19.4	122.58	3/パタニ	>30	持家	金物屋／居室
11	8.8	17	175.15	2/バンコク	29	持家	薬局／居室
12	4.5	28.54	171.06	3/チュンポーン	8	1,500	理髪店／居室
13	4.5	29.18	197.34	3/ソンクラ	27	3,500²	仕立屋／居室
14	9.5	42.68	625.04	3/パタニ	>120	持家	居室／居室
15	4.5	18	121.5	N. A.	N. A.	持家	居室／居室
16	4	18	106.71	6/パタニ	>100	持家	居室／居室
17¹	10	11.83	138.1	None/パタニ	>100	持家	聖祠／—
18	11	32.68	509.33	4/ソンクラ	22	Rent free	—
19	7	36.25	244.1	6/ソンクラ	18	3,740	アンプ修理店／居室
20	7	36	290.86	4/パタニ	29	持家	アンプ修理店／居室
21	6.6	24	312.14	3/スラッタニ	4	持家	雑貨屋＆居室／居室＆鳥小屋
22	8.3	13.65	239.8	2/パタニ	N. A.	N. A.	居室／居室
23	10	17.2	270.25	2/パタニ	>62	持家	居室／鳥小屋
24	7.6	43.16	261.21	5/パタニ	10	4,200	携帯屋＆車庫／居室
25	4	37.22	187.79	3/パタニ	10	2,000	居室／居室
26	4	37.22	108.83	—	—	N. A.	空室／空室
27	4.3	36.25	145.82	6/パタニ	1	2,300	車修理店／居室
28	19	43.24	1199	3/パタニ	>80	持家	事務所＆居室／居室
29	4.5	48	313.64	None/None	>10	2,000	波止場入口／空室
30	4.2	48	261.17	4/ソンクラ	28	持家	雑貨屋／居室
31	4.2	36.77	242.71	5/スラッタニ	35	2,000	居室／居室
32	4.2	35	243.64	3/パタニ	>40	1,800	食堂／居室
33	5.6	35.78	536.31	7/ナコンシリタマラート	12	3,000	漁網修理店／居室
34	5	9.31	42	1/パタニ	21	700	美容院／—
35	5.5	30.45	243.61	2/Trang	<1月未満	2,500	カラオケ店／居室
36	4.5	39.68	236.33	4/パタニ	>100	持家	雑貨屋／居室
37	5.5	30.6	280.56	3/Phang Nga	5	持家	雑貨屋／居室
38	11.6	54	812.13	N. A.	N. A.	持家	食堂＆波止場入口／倉庫／居室
39	8	40	489.55	3/パタニ	>80	持家	居室／居室
40	4.5	8.68	44.64	3/ナコンシリタマラート	19	1,500	仕立屋＆理髪店／—
41	4.5	19.28	183.19	4/パタニ	48	持家	居室／居室
42	4	19.28	85.9	3/パタニ	16	1,800	雑貨屋／居室
43	4	19.28	112.6	2/パタニ	35	1,800	珈琲屋／居室
44	4.2	27.85	151.23	6/ランパン	5	1,500	カラオケ店／居室
45	4.2	27.85	145.97	5/ナコンシリタマラート	29	1,500	洗濯屋居室
46	4.2	27.4	160.56	3/ランパン	4	3,000	カラオケ店／居室
47	4.2	20.65	129.93	2/ソンクラ	>30	1,500	仕立屋／居室
48	4.2	21.2	121.76	4/ナコンシリタマラート	18	1,500	車修理店／居室
49	4.2	20.65	118.77	3/ソンクラ	25	1,500	トタン屋／居室
50	4.2	21.2	129.26	1/ナコンシリタマラート	>10	1,500	車修理店／居室 motor repair shop／居室
51¹	6.5	19	116.02	2/パタニ	>48	持家	居室／居室
52	5	19.31	149.45	5/パタニ	>20	1,500	珈琲屋／居室
53	9.5	25.52	298.72	3/スパンブリ	>24	持家	TV ラジオ修理店／鳥小屋
54	6.5	17.31	165.152	4/スラッタニ	12	2,000	雑貨屋＆食堂／居室
55	8.5	28	284.11	4/パタニ	>10	N. A.	圧延工場／居室
56	4	19	160.66	3/パタニ	6	7,000	衣料品店／空室
57	4.5	19	139.6	2/バンコク	1	3,500	衣料品店／居室
58	4.5	25	180.31	1/パタニ	52	3,000	香料店／居室
59	4.5	25	207.82	5/パタニ	29	6,000	薬局／居室
60	4.5	25	165.41	3/ナコンシリタマラート	>20	N. A.	衣料品店／居室
61	4.5	25	171.91	N. A.	N. A.	持家	改装中
62	4.3	14.31	85.33	0/パタニ	>70	持家	改装中
63	10.1	29.2	479	3/ヤラ	32	持家	電気屋＆居室／倉庫／倉庫
64	4.8	29	185.02	—	—	N. A.	改装中
65	4.8	29.11	178.12	3/パタニ	>20	持家	食堂／居室
66	6	21	283.56	3/パタニ	>30	5,000	金物屋／居室
67	6	21	241.2	6/パタニ	9	5,000	衣料品店／居室
68	4	23.97	271.81	6/パタニ	>40	持家	本屋／居室
69	8	19.5	232.9	4/パタニ	>59	持家	魚釣屋＆居室／居室
70	4	19.5	135.6	3/パタニ	>6	持家	歯医者／空室
71	9	19.875	351.75	3/パタニ	15	持家	コピー屋／居室＆倉庫
72	4.5	19.875	167.3	3/ナコンシリタマラート	1	3,500	骨董屋／倉庫
73		25.56	313.65	3/インドネシア	37	持家	本屋／空室

*世帯主の出身地.
**賃貸料はバーツ／月.
　Rent is calculated from the total occupied buildings of the same household（unit＝baht/month）.
¹No.17 と No.51 はショップハウスではない.
²Plus 20,000 baht gift money for two years.
³No.74B，以外は 4,000 バーツ／月．No.74 は 3 戸を使用する．

備考：平屋は No.17 と No.51，3 階建は No.63．他は全て 2 階建．No.34 と No.40 の 2 階は隣家の居室である．
　　　調査数は 83 戸，75 世帯となる．

第 III 章

東南アジアの都市住居（ショップハウス）

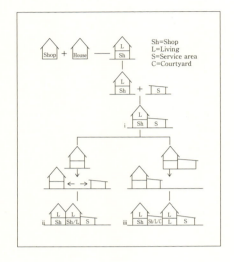

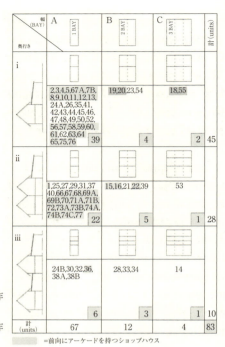

図 III-3-11（上）　ショップハウスの標準型　作
　　　　　　　　　製：Nawit Ongsavangchai
図 III-3-12（下）　ショップハウスの類型　作
　　　　　　　　　製：Nawit Ongsavangchai

戸）を占める．その基本的構成はタイプ i に類似するが，2 階建ての増築部分は，店舗として用いられるもの (No.66, 71) と住居として用いられるものがある (No.1, 67)．タイプ i では店舗部に階段が設けられるが，タイプ ii は増築部に階段が設けられる (No.1, 25, 72)．タイプ iii は 12%（6 戸）を占める．2 つの 2 階建てのユニットの間に中庭をもつのが特徴であるが，現状はほとんど全ての中庭には屋根がかけられ，No.14 を除いて井戸をもっている．後庭にも多くのショップハウスが井戸を持っている (No.14, 17, 18, 19, 20, 24, 25, 26, 27, 28, 33, 35, 36, 39, 43, 44, 45, 46, 53, 55, 69, 73)．後庭は後部の土地を買い足すことによって設けられる場合もある．パタニピロム通り沿いのショップハウスは川に向かって高床の床を増築している．原型を残すものは少ない．

　ショップハウスの中には間口 1 スパンのタイプ A ばかりだけではない．2 スパンのタイプ B，3 スパンのタイプ C がある（図 III-3-12）．もちろん，1 スパンのタイプ A が基本型で 80.7%（67 戸）を占める．その約 2/3 がアーケードを付置している．2 スパンのタイプ B は，そのほとんどがアルノル通りに見られ 14.5%（12 戸）を占める．この中には 3 スパンのものから変化したものも含む (No.15, 16, 19, 20)．この 4

戸は戸境壁をもっておらず，2スパンの店がアーケードに面している．この4戸以外ではNo.22のみがアーケードに接している．間口が広いために，後方部はタイプiより自由度が高い．また，それぞれ独立した部屋となる（例，店—居間，食堂，浴室，倉庫，庭（No.19）．No.39は，より洗練された例である）．3スパンのタイプCは4戸のみである．そのうち2戸（No.18, 55）がアーケードをもち，No.55は2階にバルコニーをもつ．もともと店の後部に中庭があったことがわかるのはNo.14, 18そして53である．

3-5 ショップハウスの変容

図III-3-13は，間口の違いによるタイプA（1スパン），タイプB（2スパン）およびタイプC（3スパン）の原型と変化型を図示している．それぞれの類型はさらにそれぞれ3つに分かれる．例えば，タイプAは奥行の違いによってA-ⅰ，A-ⅱ，A-ⅲに分類される．すなわち，全体は9タイプに分類されるが，C-ⅲは実際には見られない．8つの住居類型の変化型はそれぞれa〜a'，a"，のように示される．大きく変容するのは後部である．前部の店および階段による2階居住室という構成は基本的には変わらない．後部に2階建てが増築される場合には後部に階段が付加される．変容過程は，以下のように大きく3つに整理される．

1. 後部の改築あるいは後庭への建築（A-ⅱ-a, C-ⅰ-a）
2. 後部の垂直方向への増築（A-ⅰ-a', A-ⅱ-a" および B-ⅱ-a）
3. 後部への増築および改築

増築は通常は棟と平行に隣接して行われるが，個々の増築は以上のように棟に直角方向になされる（A-ⅰ-a"（No.8, 9, 24A），A-ⅲ-a'（No.38A, 38B），B-ⅰ-a（No.19），C-ⅲ-a（No.14）．次の変容は図III-3-13のbのサフィックスで示されるが，さらに水平方向，垂直方向へ増築が行われる．建設年代あるいは原型に関係なく，変容の方向には共通性がある．前部の構成は基本的に変化しない．後部の増改築は，大抵は法令違反であり，前部は違反が目立つというのもその理由である．後部の屋根形状や構造は，部屋の独立性の確保によって変化する．No.73Bは典型的な例である．すなわち，一般的に，屋根形状によって内部の空間構成を理解することができる．

パタニピロム通りの川岸のショップハウスの変容パターンが最も多様である．川に向かって増築が行われるからである．敷地の奥行も深い．居室が1階に置かれる場合もある（No.27, 30, 31, 32, 39, 63）．垂直方向への増築を行うものが19戸あり，No.63は3階建てとなっている．図III-3-13の左側に示すのは，統合と分割のパターンである．統合は1スパンのタイプAにのみ見られ，2戸で1戸となるのがNo.7, 24, 38,

第 III 章
東南アジアの都市住居（ショップハウス）

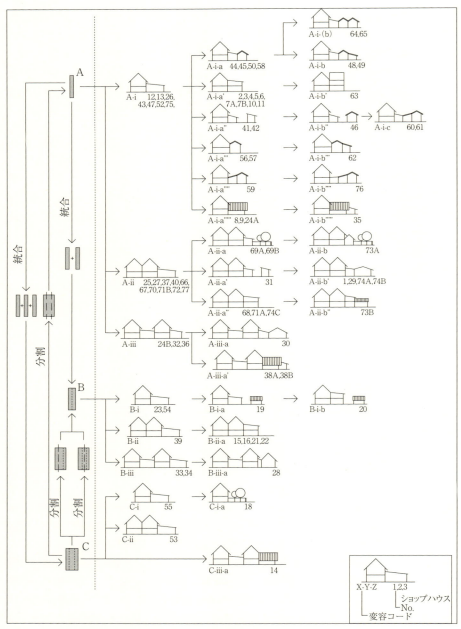

図 III-3-13　ショップハウスの変容過程　作製：Nawit Ongsavangchai

69, 71, 73 で，3 戸で 1 戸となるのが No.74 である．統合されると戸境壁は撤去される（前部，No.7, 71, 73, 後部，No.24, 38, 69, 74）．一方，分割は 3 スパンのタイプ C のみ見られる．1 スパン＋2 スパンのケース（No.53），1.5 スパン＋1.5 スパンのケース（No.15, 16, 19, 20），そして 1 スパン×3 のケース（No.36）がある．さらに 1 階と 2 階が分割されるケース（No.34, 40）がある．この場合，隣接する住戸が 2 階を使用する．

パタニの発展は，以上のように，国際交易と切り離せない．その都市計画や建築には移住者の影響が色濃くあり，中でもチャイニーズの影響は著しい．アルノル通沿いのフア・タラット（中央市場）周辺は最初のチャイニーズ街である．市街は，パタニ川に沿って発展していき，ショップハウスもその発展に従って建設されていった．
前面が 2 階建てで後部が 1 階建てのタイプ i が原型であり，これから 2 つのタイプ ii，iii が発展する．パタニのショップハウスは，バンコクのショップハウスよりマレー半島のショップハウスに近い．もともとの類型がどうあれ，変容（増改築）は後部に見られるのが一般的である．また，部屋の細分化，また，2 戸を 1 戸とする改築も一般的にみられる．その変容型の成立過程はわかりやすい（図 III-3-13）．

III-4　クロン・スアン：市場町

タイ中央平野部の水路網に位置する市場町におけるショップハウスの形成に焦点をあて，その社会経済的背景を含めて考察したい．具体的に詳細調査を行ったのは，バンコクの東にある有数の市場町，サムットプラカーン Samut Prakarn 州とチャチョンサオ Chachoengsao 県の境界に位置するクロン・プラヴェット・ブリロム Khlong Pravet Burirom 沿いのタラット・クロン・スアン Talat Khlong Suan[137]である（図 III-4-1）．タイが英国とのボウリング条約によって自由貿易を開始して以降，コメの輸出が増大すると，中央平野部の稲作地帯との交通網が必要とされ，主要河川とつながる運河網が掘削された．そしてそれに伴って市場町が建設され，発展していくことになる．運河の開削，貿易，市場町の建設に積極的な役割を果たしたのはチャイニーズである．タラット・クロン・スアンはそうした市場町のひとつである．
タラット・クロン・スアンの建築，計画に関する研究はこれまでない．したがって，

---

[137] タラット Talat は市場，クロン Khlong は市場，スアン Suan は庭を意味する．

第 III 章
東南アジアの都市住居（ショップハウス）

図 III-4-1　タイの中央平野　作図：Nawit Ongsavangchai

その歴史も含めて，現地でのインタビューや様々な文献における断片的な記述が手掛かりとなる．中央平野部の水路網に沿った市場町については多少の研究はある．Panin（1998, 2001）は，市場町の歴史的背景，計画，建築類型について広範に調査しており著名であるが，バンコク西部の平野に限定されている．中央タイの水路システムについては多くの文献があるが，英語文献として Beek（1995）がある．

4-1 ネットワークの形成 ── 社会経済的背景

近代的な経済システムが導入される以前は，上述のように，タイの村落や町の経済は，サクディナー体制の下での実体経済であった．コメが主要な生産物で，家庭で消費される以外の余剰分はスワイ（一種の人頭税）として国家に納入された．そしてその一部は，サクディナー体制下で国王が独占交易権を与えた国王手許金管理局（PPB）によって輸出された．しかし，この交易体制はボウリング条約（1855 年）とともに終わる．自由貿易体制となると，砂糖が輸出品として注目されるようになる（Beek 1995）．中央平野部の西部にサトウキビ栽培のために運河が建設されたのはこの段階である．1855 年から 1868 年にかけて，4 つの運河が主として王室によって掘削された（表 III-4-1，図 III-4-2：No.6〜9）．ラーマ V 世は，王位に就く（1868 年）と，行財政改革を進めるが，水路が発展の触媒と考え，運河開削に最新の技術を導入する．運河システムの形成は 2 段階で整備される．第 1 段階（1868〜85）は，中央平野西部の砂糖プランテーションとバンコクを結ぶ運河の掘削であり，第 2 段階（1886〜1910）は，稲作のための新田開発のための運河掘削である（Beek 1995）．第 1 段階の砂糖プランテーション開発は，不運なことに，1870 年代に，過剰供給から砂糖の値段が暴落して失敗に帰した．そこで政府は重点をコメに戻すのである．それが第 2 段階である．最初の運河クロン・サワット・プレムプラチャコーン Khlong Sawat Premprachakhon が東盆地に掘削されたのは 1870〜72 年で，アユタヤからバンコクに運ばれた．バンコクと東部の町を繋ぐためにクロン・ナコン・ヌアン・ケット Khlong Nakhon Nuang Ket が掘削されたのは 1876〜77 年で，バンコクの東部郊外のクロン・サンサープ Khlong Sansaep とチャチョンサオが結ばれた．しかし，この 2 つのプロジェクトは，運河の

クロン・スアン：市場町

表 III-4-1　タイ中央平野の運河掘削年代　作製：Nawit Ongsavangchai

図中文字	運河 チャオプラヤ川西部	建設時期
1	Khlong Phra Phuttha Chao Luang	1705
2	Khlong Mahachai Cholamak	1705
3	Khlong Lat Lang Muang Nakhon Khuan Khan	1826
4	Khlong Bang Khuntien	1831-?
5	Khlong Sunak Hon	1834-?
6	Khlong Mahasawat	1860
7	Khlong Chedi Pucha	1860
8	Khlong Damnen Saduak	1860-1868
9	Khlong Phasi Charoen	1866-1872
10	Khlong Tavee Wattana	1878
11	Khlong Nara Pirom	1878-1880
12	Khlong Raja Pimon	1890-1899
13	Khlong Phraya Bunlue	1892-1899

図中文字	運河 チャオプラヤ川東部	建設時期
A	Khlong Samrong	pre-1498
B	Khlong Sansaep	1837-1840
C	Khlong Phrakanong	1837-1840
D	Khlong Sawat Premprachakhon	1870-1872
E	Khlong Nakhon Nuang Ket	1876-1877
F	Khlong Pravet Burirom	1878-1880
G	Khlong Preng	1886-1888
H	Khlong Luang Pang	1888-1890
I	Khlong Udom Chonlajorn and its 2 branches	1888-1890
J	Khlong Charoen	1890-1892
K	Khlong Rangsit and its 43 branches	1890-1904

出典：Bunnak, 1994, pp.29-52 and Beek, 1995, pp.121-124

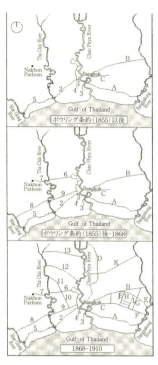

図 III-4-2　運河ネットワークの発展　作製：Nawit Ongsavangchai

両側を過剰に買い占めた地主のせいで，そううまくいかなかった（Bunnak 1994）．そこで1年後に，バンコクとチャチョンサオ間を短縮するもう1本のクロン・プラヴェット・ブリロム運河が開削された．これはプラガード・クド・クロン（運河開削布告）とよばれる法律制定（1877年）に基づく最初の運河掘削となった．全長28.7km，幅8m，深さ2mで，クロン・ナコン・ヌアン・ケットと同様，クロン・プラカノン Khlong Phrakanong から，チャチョンサオの下部のバンパコン Bangpakong 川に流れ込むクロン・タ・トゥア Khlong Tha Thua の東口に至る．費用は主として PPB が負担し，一部を運河両側で利益を享受する土地所有者の寄付に拠っている[138]．このプロジェクトは成功したとされるが，新田開発の需要にはまだ十分ではなかったため，更

138）興味深いことに，政府は，予算削減のため，チャイニーズ労働者にはアヘンで支払ったという．（Bunnak 1994）．

299

にクロン・プラヴェット・ブリロム Khlong Pravet Burirom へ向けて4つの支流が掘られた．調査対象としたのは，このクロン・プラヴェット・ブリロムに建設されたタラット・クロン・スアンである．この時期，稲作のための新田開発のために西部盆地に2つの運河が掘削されている（表III-4-1：No.10, 11）．

1881〜85年の間は，世界市場における米価の暴落のため運河は掘削されなかったが，1886年に経済が回復するとクロン・プラヴェット・ブリロムに繋がる4つの運河が掘削された（表III-4-1：Code No.G〜J）．1890年以降，クロン・ランシット Khlong Rangsit と呼ばれる灌漑プロジェクトが進められ，東部の低盆地の全体が開発されていく．政府が開発を委託したのはサイアム土地運河灌漑会社 SLCIC であり，これが初めてであった[139]．様々な問題があったが，運河掘削事業は1904年に終了した．以降，ラーマV世の治世には運河は開削されない．交通体系は，徐々に道路そして鉄道に切り替わっていく．

4-2 市場町の形成

ボウリング条約以降，自由貿易を PPB が独占し経済が飛躍的に発展する中で，19世紀末にはコメが最も主要な産品となり，バンコクから輸出されていったこと，交易に携わったのが主としてチャイニーズであること，バンコクが拡大しショップハウスが導入され，陸上交通が次第に重要性を増し，水に依拠した生活が変化していったことは，バンコクのショップハウスに関連して上で触れた通りである．

1905〜06年，輸出米の98％は中央平野産であった．自給のための稲作から商品米のための稲作に変化していったことになる．それとともに，町や村も徐々に変化していくことになった．まず，市場町がバンコク周辺に形成されていった．バンコクと市場町を繋いだのは水路であり，小規模な道路のネットワークであった．

農業用水の確保と水上運搬のために運河が開削されたのは以上の通りである．掘削のための労働は主としてチャイニーズが担ったが，その徴用については，サクディナー制に依らず，政府が雇用する形態を採った．多くのチャイニーズが移住してくることになったが，その促進のために土地所有権（1860）と奴隷解放（1874）に関する2つの法律が制定されている．

運河の開削は，商品をバンコクに輸送する新たな商人層を産む．多くはチャイニーズであるが，行商人として舟で村々と町を旅してまわった．そして，彼らの中からタイ人村落に住み着く者が出てくる．さらに，当初は賃労働や小売業に従事していた者のなかから，大規模に商業を営む者が出てくる．タイ人との結婚によって，タイ人と

---

[139] SLCIC はタイとイタリアの合弁会社で1888年に設立され，クロン・ランシット・プロジェクトの向こう25年間の開発権を独占した（Beek 1995）．

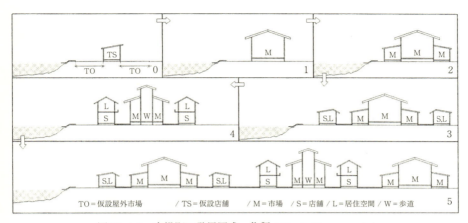

図 III-4-3　市場町の発展図式　作製：Nawit Ongsavangchai

しての諸権利を獲得し，タイ社会に根差すことで商売を拡張していくのである．彼らの多くは脱穀業あるいは仲買人になっていった．そして，彼らの存在によって村が商業拠点となり，市場町となっていくのである．市場町は，バンコクへ商品を送ると同時に，近隣の村々からの産物を売り買いする場所となるのである．市場町は，次第に増え，内陸部に形成されていくことになる．

　その空間形成の過程は以下のようである．運河の堤防の側に設けられるタラット・ヌット Talat Nut（青空市場）[140]に，まず，仮設の店となる簡素な建物が建てられる．そして次の段階で，簡素ではあるが恒久的な店舗が建てられ，それが徐々に拡大されていく．多くの場合，市場は，平屋の店舗併用住居によって囲まれていく．そして，平屋のショップハウスは2階建てのショップハウスとなる．こうして日常的に市場を開催することが可能となる段階で，市場町の形成が開始される．市場町は単に市場があるだけではなく，それを核として成長し，通常の都市が必要とする様々な施設をもつものをいう（図 III-4-3）．道路のネットワークが貧弱であったために，市場町は運河沿いに形成されていくのである．

4-3 ｜ タラット・クロン・スアンの空間構成

　市場町は，通常様々な規模の船が集まる主要な水路の堤に沿って立地する．タラット・クロン・スアンもバンコクとチャチョンサオを結ぶ運河クロン・プラヴェット・

---

[140] 場所と時間は告知される．

ブリロム沿いに位置する．他にハウ・タカエ Hau Takae, ルアン・パン Luang Pang, プレン Preng・クロン・スアン Khlong Suan がある．タラット・クロン・スアン Talat Khlong Suan がユニークなのはクロン・プラヴェット・ブリロム，クロン・クワン・クルン Khlong Khwang Krun, クロン・プヤ・ナガラ Khlong Phya Nagara の3川が交差する地点に位置することである．タラット・クロン・スアンは，サムットプラカーン Samut Prakarn 州とチャチョンサオ県の境界に位置し，チャイニーズ，ムスリム，仏教徒が共住する（図III-4-4）．中央平野部で最大級の市場町のひとつである．

タラット・クロン・スアンは2つの市場からなる．クロン・プヤ・ナガラ川によって東西に分かれるチャチョンサオ県のバン・ポー Ban Pho 地区の東市場とサムットプラカーン州のバン・ボー Bang Bo 地区の西市場である．ショップハウスや他の施設は両岸に分布する．両方に旧式の精米機が残っており，往時を偲ぶことができる．東市場は，最初，チャイニーズの三姉妹によって1901年以前に平屋の木造住宅で建設され，タラット・サム・ピー・ノン Talat Sam Pee Nong（三姉妹市場）と呼ばれていた．ニッパヤシ葺きで通路は土間であった．その後，現在の2階建のショップハウスに建替えられたが（1934），通路は依然として土の地面のままである．西市場は，チャイニーズの家名に因んでアサワニッチ Assawanich と呼ばれたが，100年以上前に東市場と同様なかたちで建てられたという．現在のショップハウスがいつ建てられたかは不明であるが，ファサードのデザイン，空間構成，装飾，建築材料は東市場と同じであり，同時期に建てられたと推定される[141]．

何戸か火事で焼失しており，当初の戸数はもっと多かったが，現存するショップハウス89戸（東市場43戸，西市場46戸）は，長屋建てで，運河に沿って平行に並んでいる．両端には精米所がある．このショップハウスの列の背後に通常の町が形成され，ガレージ，保健所，警察，住居，役所などがある．かつて，西市場にある池の場所に，娯楽施設とアヘンの吸引所があったが，現在は食料品売場と土産物屋の間に小さなコンクリートのチケット売場が残っているにすぎない．町にはチャイニーズの廟と会所もある[142]．すなわち，その存在は多くのチャイニーズが住んできたことを示しているが，周辺の景観は典型的なタイの中国人町風となっている．一方，仏教寺院ワット・クロン・スアン Wat Khlong Suan とムスリムのためのアルワルトルネヤ Alwartorneya モスクは，クロン・プラヴェット・ブリロムの反対側に位置する[143]．3つの橋はオリジナルのものではないが，市場ができた当初から存在し，3つの宗教施設を結びつけ

---

141) 居住者へのインタビューでも確認でき，ショップハウスが建設されたのは約60年前である．
142) 廟の名前はプン・タオ・コン Pun Tao Kong（本頭公）で100年以上前に建設されている．現在のコンクリート造の建物は1962年建設である．チャイニーズの伝統的集会施設（会館）のペン・アン・トゥオ Peng An Tuo（平安壇）も100年以上前の建設で，もともとは木造でニッパ葺であったが，現在は鉄筋コンクリート造である．

クロン・スアン：市場町

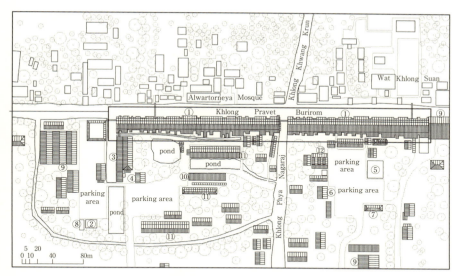

①ショップハウス　②市場町創設者記念館　③食物店・土産店　④情報センター
⑤町役場　⑥警察署　⑦診療所　⑧チャイニーズ廟　⑨精米機　⑩車庫　⑪公営住宅
⑫チャイニーズ会所

図 III-4-4　タラット・クロン・スアンの施設分布　作製：Nawit Ongsavangchai
QR コンテンツ　撮影：Nawit Ongsavangchai

ている．運河の交差地点は独特の景観を呈している．さらに興味深いのは，西市場は水上マーケットになっていることである．クロン・プラヴェット・ブリロムとクロン・プヤ・ナガラが北と東を境界づけているのであるが，西と南には堀網が続いている．かつては，水路以外では接近することができなかったのである．

　バンコクとチャチョンサオを繋ぐ重要な中継地点であったタラット・クロン・スアンは，テッパラジ・アオルン・ヌッチ道路 Thepparaj-Aorn Nuch Rd が建設されて陸上交通が主になるにつれて，次第に衰退し始める．道路とともに新しい市場タラット・ヌート Talat Nut ができ，より多様な商品を扱いだすと，タラット・クロン・スアンはその役割を変えざるを得ず，現在では，観光と娯楽の場所として客を集めつつある[144]．

4-4 ショップハウスの類型と空間構成

　東西のマーケットのショップハウスは，いずれも，2階建ての連棟でトタン葺きである．クロン・プラヴェット・ブリロムからみると画一的に見える．通路は，現在はコンクリート床になっている．運河に面する部屋がオリジナルのものではなく，後に通路を挟む形で建てられたものである．コンクリート床の上のこの増築部は様々で，壁のないもの，一部に壁のないセミ・オープンのもの，部屋となっているものなど変化に富んでいる．川の上に高床式で増築されているものもある（図III-4-5, 6）．

　ショップハウスの間口は狭く，奥行は長い．間口は 2.5m～8m，標準は 3m である．奥行は 16.20m～29.35m，後部の状況によって異なる．89戸のうち，空き家など調査ができなかった住戸を除く68戸を採寸し（図III-4-6），インタビューを行った．

　空間構成は様々であるが，1階前部が店，後部がサーヴィス関連部分，2階が居住部分という基本構成は同じである．奥行は，増築（図III-4-6：No.19, 20），別棟新築（図III-4-6：No.67, 69）敷地の拡張などによって異なっている．間口は，連棟で建て

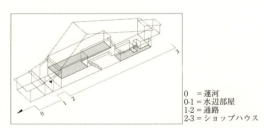

図III-4-5　ショップハウス No.5　作製：Nawit Ong-savangchai

0 = 運河
0-1 = 水辺部屋
1-2 = 通路
2-3 = ショップハウス

---

143) ワット・クロン・スアン Wat Khlong Suan は1887年の建設，アルワルトルネヤ・モスク Alwartorneya Mosque は1851年の建設である．もともとは木造の切妻屋根で1966年に建替えられたものである．

144) サイアム建築家協会 Association of Siamese Architect（ASA）は，2004年に，タラット・クロン・スアン地区の保存修景活動に賞を与えている．

られたものは同じである筈であるが，間口 2.5m，3m，3.5m，4.5m，5m，5.5m，6m，6.25m，7m，7.5m，8m のものがある．一見バラバラであるが，基本的に 2.5m および 3m を単位としていることがわかる．すなわち，[2.5m]，[3m]，[3.5m]，[1.5+3m] あるいは [1.5m] + [3m]，[2.5m] + [2.5m]，[3m] + [2.5m]，[3m] + [3m]，[1.25m] + [2.5m] + [2.5m]，[2.5m] + [3+1.5m]，[3m] + [3+1.5m]，[2.5m] + [3m] + [2.5m] である．間口 3.5m は例外であり，数も少ない．典型的なものは間口 3m であり，1 スパン・タイプ，1.5 スパン・タイプ（間口 4.5m），2 スパン・タイプ（間口 6m）（図 III-4-7）がある．

　図 III-4-7 に示すショップハウスは原型を完全に維持している．前部の空間は店舗部分で，場合によっては，店舗部分は奥深くスペースを占めている．トイレと浴室は後部に置かれている．階段は中央部に置かれ，上階の前部のみ居住スペースとされ，後部は 1 階への吹き抜け（オープン・ウエル，天井）になっている．現在でも見られるが，居住者へのインタビューに拠れば，2 階後部の居室は，後からの増築である．

　調査時において，専用住宅は No.70 のみで他は全て，それぞれ，手工芸品，植木花壇用品，家具，機械工具，金物，繊維製品，電気製品，飲料などを売る店舗併用住宅である．雑貨屋，ゲーム・センター，診療所，レストラン，喫茶店などもある．上階は原則として居住室として使われるが，水辺に面した部屋は，乗船場，洗濯場，店，倉庫，食堂，厨房など多様に用いられる．

　1 スパン以上の間口を持つ場合，余裕があるため，居住者は 1 階だけ使用するケースが少なくない（図 III-4-6：No.29, 31, 40）．その場合，寝室は中央部もしくは後部に設けられ，2 階は使われず，倉庫になっている．また，老人が 2 階に居住する場合がある．

　ほとんど全てのショップハウスが賃貸で居住者はテナントである．No.79, 80, 81 と 83 のみが個人所有である．西市場のショップハウスは全て賃貸でアサワニッチ Assawanich 家の所有である．テナント料は月 100 バーツである．東市場は，個人所有のものを除いて，数名の家主によって所有され，賃貸料は 250〜1000 バーツで，規模，入居時期によって異なる．水辺の部屋は別途賃貸料が要り，ガードマンの費用も別である[145]．

4-5 ｜ ショップハウスの変容

　ショップハウスは，居住年数が経るとともに変化していく．興味深いのが東市場の

---

[145] 最大のショップハウスの所有者は，東市場に居住しているが，警備員に 1 間口当り月 60 バーツ支払っている．1 間半の間口であれば 90 バーツとなる．また，川側の住戸はさらに 20 バーツを支払っている．

第 III 章
東南アジアの都市住居（ショップハウス）

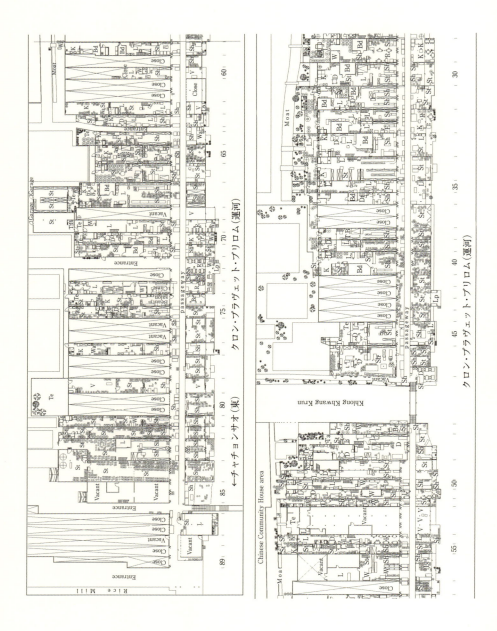

4

クロン・スアン：市場町

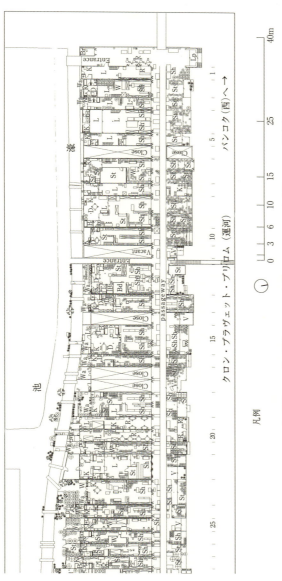

図III-4-6 クラット・クロン・スアンの平面構成 作製：Nawit Ongsavangchai

307

第 III 章
東南アジアの都市住居（ショップハウス）

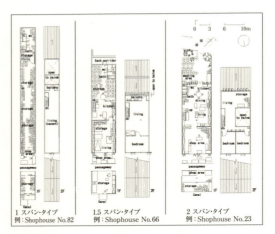

図 III-4-7　ショップハウスの類型　作製：Nawit Ongsavangchai

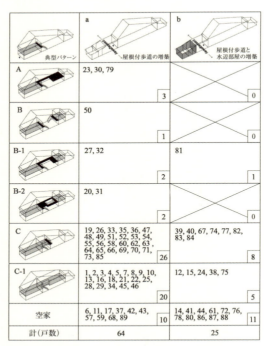

図 III-4-8　ショップハウスの変容　作製：Nawit Ongsavangchai

No.49（図III-4-6）で，典型的な変容パターンを示している．No.49 は，原型の前部の店舗部分のみ，2 分割されているのである．原型を基準に類型化すると，変容パターンは図 III-4-8 のようになる．

A は，2 階バルコニーが中庭とともに後部に拡張されるパターンである．B は独立した建物が後部の上部に増築されるパターンで，階段が新たに設置され，2 階は前部の 2 階とバルコニーで繋がれる．バルコニーと形成される中庭の規模と形態によって，B-1，B-2 に下位分類される．C は，2 階のバルコニーが室内化されるパターンである．全ての空間が変容し，中庭を持たないのがパターン C-1 である．パターン C を除いて，後部の平屋部分は 2 階建てとなり，全部の 2 階建部分はバルコニーによって後部とつなげられる．

パターン A～C は，以上のように，前部の歩道，水辺側に増築されるスペースによってさらに 2 つに分けられる．亜鉛鍍鉄板屋根で，地床の歩道のみの場合がタイプ a である．水辺側に倉庫などの建物が増築されるのがタイプ b である．

それぞれのパターン，タイプは図 III-4-8 に示す通りである．多数を占めるのは C，C-1 である．C-a（38.23％：26 戸）が最も多いパターンである．

前部は一定の形態が維持されるが，後部の変容は後部の敷地と増築建物の形状，材料，高さ，色彩などによって多様になる．後部の増築は多くの場合，不法である．そして，これは，タイの他の都市のショップハウスの場合も同様である．

III-5　ショップハウスという建築類型

ショップハウスの空間構成とその変容に関する以上のような臨地調査に基づく分析をまとめると以下のようになる．ショップハウスの持続的利用についてのガイドラインについても考える．

5-1 | ショップハウスの形成

ショップハウスは，タイでは 19 世紀初頭に首都バンコクに導入される．自由貿易制度が導入されると，19 世紀半ば以降には首都バンコクから地方の主要都市へ，その建設は拡がっていった．ショップハウスの建設に主要な役割を果たしたのは，政府とチャイニーズである．政府は，その導入と建設について，王と王室，王室財務局 PPB（BCP）の意向に従ってきた．ただ，首都から遠く離れた地域では政府の援助は少なかっ

第 III 章
東南アジアの都市住居（ショップハウス）

た．その場合，政府に替わって大きな役割を果たしたのがチャイニーズの商人であった．パタニとクロン・スワンがその例である．その場合も，政府の間接的支援は行われた．すなわち，自由貿易の推奨は，商業活動を活発化し，結果としてその商業活動のためのショップハウス建設が促進されるのである．新しい道路の建設や水路の開削など交通手段の整備によって，新たなショップハウスが建設されていったのも間接支援である．

政府主導のショップハウスとチャイニーズによるショップハウスは相互に関連するが，その形態は異なる．政府主導のものは一定の形式に従い，ファサード・デザインも空間構成も統一性が見られ，中国風の要素はそう多く見られない．また，その主要な目的は賃貸住宅の提供であった．それに対して，チャイニーズが主導したショップハウスの空間構成や外観デザインには中国風の要素がはっきり見られる．形態，規模，ディテール，材料，計画の多様性は，ショップハウスが私有であるからでもある．賃貸用のショップハウスを個人が建設するケースは極めて少ない．いずれにせよ，どちらがより重要な役割を果たすかによって異なるのである．

王と王室は，チャイニーズの工務店や大工，建設労働者に建設を依頼した．チャイニーズの商人に賃貸するという目的がその理由のひとつである．チャイニーズが活動する場所に対して，政府は道路建設や電気設備事業を積極的に行っていった．王の推進するショップハウス建設は，PPBによって管理され，王室はPPBに従って，街路に面する王室所有の土地を提供するのである．

政府主導のショップハウス建設は，バンコクのラッタナーコーシン地区で最初に行なわれる．シンガポールのショップハウスをモデルとしたとされるが，その形態，空間構成は異なっている．ラッタナーコーシンのショップハウスは，ファサード・デザインも装飾もより単純である．規模も小さく，奥行きもそう長くない．すなわち，中庭をもたない．ただ，後庭がある．小規模のため，共有スペースを除いて，トイレ，階段，寝室など必要な要素のみが配置されるだけである．

シンガポールのショップハウスの形態，空間構成の直接的影響は，以上のように，疑問であるが，建築形態の規則性，統一性，街区景観の調和についてはシンガポールのショップハウスが参照されたことははっきりしている．ショップハウスの導入以前のタイには，一定の規則に従う住居類型と統一的都市景観はほとんどみられなかった．そういう意味では，シンガポールのショップハウスの影響は決定的であった．ただ，ショップハウス前面の屋根付歩廊（アーケード）いわゆるファイブ・フット・ウエイは導入されなかった．現在に至るまで，シンガポールのような屋根付歩廊設置の条例や建築基準法は定められてはいない．ファイブ・フット・ウエイが採用されなかった理由のひとつは，ショップハウス前に余裕が無かったからである．また，ショップハウス建設が賃貸を主目的にしており，広さを確保するために共有のファイブ・フッ

ト・ウエイは省かれたのである．タイのショップハウスの規模は小さく，共用のスペースをつくる余裕は無かったのである．

　王室とPPBが最初にショップハウスを建設したのはバンコクのラッタナーコーシン地区であるが，その成功によって，ショップハウス建設は地区外，そして他の都市に広められていった．まずは，米の集散地となった中央平原のアユタヤやチャチョンサオにショップハウスは建設されるが，PPBは自由貿易のためにそれを強力に推進していった．アユタヤやチャチョンサオのショップハウスがバンコクのショップハウスに似ているのはそのせいである．

　一方，チャイニーズによって建設されたショップハウスは，首都から遠く離れた都市に多く，そのデザインは多様である．地域の伝統的装飾やパターン，地域産材が用いられている．クロン・スアン市場町やパタニのショップハウスがいい例である．国境近くのショップハウスは隣国の影響も受けている．パタニのショップハウスは中国風の要素が濃厚であり，次第に西欧風の要素が加わっていくが，これはマレーシアのショップハウスの影響である．東北タイにはフランス植民地の影響がラオスを通じて見られる．国境周辺のショップハウス建設を担った人たち，また職人たちは，PPBとは異なった建築様式を採用するのである．

5-2 ショップハウスの空間構成

　タイは植民地化されることはなかったから，ショップハウスは，他の植民地のように総合的都市計画のもとに導入されたのではなく，それぞれの都市の発展と変容の過程で徐々に建設され定着していった．市壁，運河，寺院，王宮のような都市の構成要素もショップハウスの導入に関わっている．市壁の撤去や運河の建設に伴ってショップハウスが建設されるのである．寺院や王宮はその土地を提供するのである．

　ショップハウスの建設について大きな役割を果たしたのはチャイニーズである．ショップハウス街区にはチャイニーズの廟が建設されている．馬祖廟あるいは天后廟と三保洞 Sam Pa Kong 廟あるいは本頭公 Pun Tao Kong 廟の大きく2つが区別される．前者は海の女神馬祖を祀り，後者は，永楽帝のもとで1405年から1433年にかけて7次に亘って，インド洋，ペルシア湾，アフリカにまで遠征した鄭和 Zheng He を祀る．本頭公廟が最も一般的であるが，馬祖廟も合わせて建設される場合も少なくない．

　ショップハウスは，一般的に市場を囲む形で建設される．現在では，バス・ターミナルや劇場，百貨店やホテルを取り囲む形で街区を形成するのが一般的である．その場合，アユタヤについてみるように（IV-3-3），モダン・ショップハウスである．すなわち，3階以上の新たな建築類型としてのショップハウスである．

第 III 章
東南アジアの都市住居（ショップハウス）

　ショップハウスの空間構成は，基本的に単純で，間仕切りは無く，主要要素は店舗部分と階段，そしてトイレである．タイの場合，ファイブ・フット・ウエイは付置されない．後部にユーティリティ（台所，トイレ，洗濯場）のための諸室が設けられ，上階は寝室とするため間仕切られることが多い．また，後庭が設けられるのが一般的である．屋根がかけられて半戸外にユーティリティ・スペースが設けられる場合もある．2 階にバルコニーが作られる場合もあるが一般的ではない．

5-3 ショップハウスの変容

　ショップハウスは，居住年数を経るに従って，その利用形態とともに変容していく．その変容要因は以下のようである．

1. 家族人数の変化：タイの家族制度は，拡大家族を基本単位としている．家族人数が増えるとより広い空間が必要とされる．
2. 建物の劣化：年数を経るに従ってショップハウスは劣化する．補修改善が必要となって，同時に，改築増築が行われる場合が多い．
3. 利用パターンの変化：商業活動の変化，扱う商品が異なれば，改築が必要となる．また，工場に変えたり，賃貸住宅にしたり，住居専用とする場合は，改築が必要となる．
4. 経済状況の変化：経済状況の変化は，商業活動を大きく左右し，居住者の家計に大きな影響を与える．経済状況が良ければ，増築やリノベーションが行われる．例えば，倉庫スペースが不足して増築される．
5. 世代の変化：世代が変わると，相続のために兄弟姉妹間でショップハウスを分割することが行われる．一般に間口が 1 スパン以上ある場合にそうした分割が行われる．
6. 所有者あるいは借家人の変化：所有者あるいは借家人が変化すると，新入居者は自らの生活要求，生活様式に合わせるために，いくつかの要素や空間構成を変えることが一般的である．

　以上のような変化要因に従って，ショップハウスの増改築が行われるが，その変容は以下のように要約できる．

1. 中庭の室内化あるいは半室内化：ショップハウスが庭をもつ場合一般的には後庭である．後庭に，トイレや台所のようなサーヴィス関係の部屋が増築される．
2. 階段，トイレの位置の変化あるいは統合化：階段とトイレはショップハウスの主要な要素であるが，それ故，増築の場合，最初にその位置が動かされる．多くの場合，階段の下にトイレが設けられる．

3. バックレーン(裏道)あるいは後部公共空間への侵街：裏道は，時間がたつに連れて，個人的に利用されるようになり，専用化されるようになる．後部が公共的空間の場合にも，同様の侵犯が起こることが多い．後部に川や運河がある場合も同様である．
4. バックレーンの室内化：私的使用は，不法に部屋を増築することに行き着く傾向にある．
5. 垂直方向への増築：垂直方向への増築は，ショップハウスの後部で行われ，場合によると，3階，4階建てにもなる．
6. 後部への敷地の拡張：バックレーンへの不法な拡張とは異なり，後部の土地を入手(購買)することによって行われる．入手した土地には，新たな棟が建てられる場合と庭として用いられる場合がある．
7. 中2階の設置：中2階は通常全部につくられる．後部につくられる場合もあるが，稀である．
8. 中庭の室内化あるいはホールへの転用：中庭の室内化は上下階合わせて行われるのが一般的である．
9. 屋根裏部屋の設置：屋根裏部屋は，暑さのために設置されることは少なく，設置される場合も小規模である．
10. 間仕切および諸要素の撤廃：増築するのではなく，間仕切，階段，トイレなどを撤去し，よりフレキシブルな空間に変容させる例も見られる．この場合は，街区内部への通路を確保するために行われることが多い．

増改築(1-9)，撤廃(10)の他に，ショップハウスの統合化，あるいは分割化が行われる．これらの変容は多様なパターンを生み出している．

ほとんどの変容は，後部で行われ，多くの場合，不法である．増改築は，居住者の予算や動機に従って徐々に行われる．在り合わせの安価な材料で行われることによって，結果として，ショップハウスの後部のファサードはバラバラとなる．一方，前面のファサードはオリジナルのままに維持される．

熱帯気候のために，タイ人は，熱や雨から遮られた，通風のいい日陰の外部空間で過ごすことを好む．前部の店舗部分は，廂を歩道に伸ばして日射を遮ろうとする．洗濯や物干し，調理などの場所についても同様である．すなわち，外部空間が大きな意味をもっている．増改築が行われるのは，通風や日光が得られなくなった場合である．増改築は，したがって，自然な変容であるが，一方，前面への突出は歩道を遮ったり，景観を損ねたりする問題がある．

ショップハウスの前面の外部空間は，私的に専用されるが，アーケードがないのもその理由である．逆にアーケードがある場合も，専用化によって壁を設けることも行

第 III 章
東南アジアの都市住居（ショップハウス）

われるため，結局，歩行者は車道を歩くことになる．熱帯では，アーケードが極めて有効であることは明らかであるが，タイでは慣習的に機能しないのである．アーケード無しのショップハウスの建設は，タイの生活様式を充分考慮した上でのことか，たまたまであるのかに関わらず，アーケードに拠らないで都市景観に統一をもたらし，歩道を占拠することを難しくするという結果をもたらしたのである．

5-4 ショップハウスの持続的使用

　伝統的なショップハウスの問題は，第一に小規模で，現代的要求に対して充分な空間が確保できないことである．この点，モダン・ショップハウスのように，階数を増やし，規模を拡大することによって解決される．現在の法令は，間口4m以上，階数は4階以下と規定し，地上階に中2階，屋上に屋外空間を設けることを認めている．モダン・ショップハウスという建築類型は，住居専用，あるいは事務所として用いられることもあるが，その場合，増改築は屋内もしくは屋上で行なわれる．ただ，モダン・ショップハウスという新たな建築類型は，必ずしも，伝統的なショップハウスの形式をそのまま引き継ぐかたちで成立したものではない．
　ショップハウスという形式の持続可能な使用は，ショップハウスの変容過程とその諸要因についての理解，すなわち，タイ人の生活様式 ―― 拡大家族をベースとすること，日常活動を囲われた外部空間で行うこと，共有空間を私的に使用すること，増改築を恣意的に行うことなど ―― についての理解に根ざしてなされるべきである．ショップハウスは連棟であり，戸建住宅より制約が多い．ポイントはこの制約を可能な限り少なくすることである．
　空間構成について，まず，庭は後庭ではなく，店舗と後部の間の中央部に設ける．後庭だとどうしても増築行為が発生するが，中庭は様々に使用可能であり，折りたためる屋根や間仕切りの使用によって，気候の変化に対応し，暑さや日射，雨を制御することが可能である．中庭本来の，通風，光，遮熱の機能，そして多様な作業空間としての機能が確保されれば，居住者もその価値，意味を理解することで，中庭の空間を維持していくことになるであろう．もし増築が必要となった場合も，中庭への増築は，後庭の場合より容易であり，外観に与える影響は無い．
　ショップハウスの外装については，内部空間の機能に応じて，1階は全面開口の扉が設けられるから，通風のための窓はその扉の上に設けられる．また，その窓は中2階への採光ともなる．2階については，側部には開口が設けられないので，前部，後部とも十分な日光と通風が得られるよう開口部が設けられる．将来の増築のための空間も用意されるべきである．全体として，火災や盗難などに対して安全性が確保されるべきなのは言うまでもない．そして，都市景観上の調和を重視し，不規則な増改築

がなされない空間構成が必要である．

　以上のように，様々な要素を考慮したプロトタイプでも，増改築は行われる可能性がある．不法な，恣意的な増改築を放置しておくと，地区全体の環境悪化はさけられない．そのためには，居住者が隣人や街区全体，また都市全体について敬意を払う，そうしたルールが共有されていく必要がある．不法な増改築についての厳格なコントロールと監視が社会的には必要であり，街区全体について，良好な環境を維持していくためのコミュニティ組織が必要となる．歩道の私的使用はタイ社会においては避けられないが，楽観的には，ショップハウスと歩行者の双方にとって有用でもある．私的使用が恒久化しないよう配慮がなされ，また，歩行者の権利が優先されるという相互理解の下に，歩道が清潔に保たれるのであれば，活気あるショップハウス街の形成に有効であろう．

　ショップハウスは，都市の建築類型として，大きな役割を果たしてきた．本章で明らかにしたのは，その特性を十分理解した上で，維持していくことが極めて重要であることである．

第 IV 章
東南アジアの現代住居

タイ系諸族の住居集落の起源，拡散，類型そしてその変容の過程，また，東南アジアの都市住居の歴史の主要な一環として，タイのショップハウスの起源，伝播そしてその変容を明らかにすることによって，東南アジアという地域空間の一断面を浮かび上がらせることができたと思う．
　以下においては，20世紀後半以降すなわち現代の住居，そして都市の空間構成に焦点を当てたい．まず，再び，東南アジア全体に視野を広げて，この間の居住空間の急激かつ大規模な変化を確認したい．また，タイ国の国土の変貌についてまとめたい．そして，古都すなわちピマーイ，チェンマイ，アユタヤ，ヴィエンチャンの変容を住居空間に即して明らかにした上で，首都バンコクの変貌を具体的な地区を取り上げて，その空間編成の行方について考察したい．

IV-1　東南アジアの変貌 ── 過大都市化と過小都市化

　西欧列強による植民地支配を脱して諸国が独立し，それぞれの首都が計画されるなかで，諸国を見舞ったのは爆発的な人口増加である．1950年に約25.3億に達していた世界人口は2000年には61.2億人を超え，2011年には70億人を超えたが，20世紀後半の50年間に増加した36億人のうち，32億人以上は発展途上地域における増加である．第二次世界大戦後，脱植民地化を果たして独立した東南アジア諸国もまた急激な都市化の波に襲われることになった．プライメイト・シティ Primate City の出現がその象徴である．プライメイト・シティは「首座都市」あるいは「単一支配型都市」と日本語に訳されるが，ある国あるいはある地域で断トツの人口規模をもつ巨大都市をいう．先進諸国の場合，国内の都市の規模については連続的なヒエラルキーが存在し，ランク・サイズ・ルール（順位規模原則）と呼ばれてきた．しかし，発展途上地域の場合，しばしばそのルールから大きく逸脱し少数独裁（オリガーキー）的な偏りがみられるのである[146]．その象徴がプライメイト・シティの存在である[147]．
　東南アジアの場合，独立の過程で冷戦構造が確立していくそのせめぎあいの最前線に巻き込まれ，社会主義勢力が主導権を握ったヴェトナム，ラオス，カンボジア，ミャ

---

[146] ランク・サイズ・ルールは，1941年にG. K. ジップによって見出された（Zipf 1941）．人口規模の都市数と，それと異なる水準の規模の都市数との間には比例関係があるという説である．また，プライメイト・シティという概念は1939年にM. ジェファーソンによって提唱されたものであり，45箇国を調べた結果，植民地支配の拠点として開発された中心都市の規模と，比較的小さな国では国内全体，大国の場合はかなり広範にわたる周辺を含めた一帯で次位の都市の規模との格差が極めて大きい大都市を類型化する概念である（Jefferson 1939）．

第IV章
東南アジアの現代住居

ンマーでは他の諸国とは事情が異なる．しかし，ソビエト連邦が解体して（1989）以降のグローバリゼーションの流れの中では，東南アジアの全域がその波に飲み込まれつつある．

①植民地国家の領域区分

東南アジアの諸地域が西欧列強によって植民地化され，大きく再編されていくのは18世紀末から20世紀初頭にかけてのことである（池端・石井・石澤・加納・後藤・斎藤・桜井・末廣・山本編 2001e）．

ポルトガルは，ゴアに拠点を置いて（1510）さらに東へ向かい，マラッカを占領して（1511），モルッカ（マルク）諸島との香料交易のためにテルナテ（1513），アンボイナ（1512），バンダ（1512）そして広州・マカオ（1517）に到達，次々に拠点を構築していったが，拠点は要塞と商館程度の点でしかなく，東南アジア地域で植民都市（シウダード）を建設したのはマラッカとマカオに過ぎない．16世紀～17世紀にかけての東南アジアの都市については，第III章冒頭で触れたが，各地に土着の王国，王都が点々と存在していた（Reid 1998）（228頁 図III-0-1）．その後，オランダ東インド会社VOCが17世紀以降バタヴィアを拠点に点の支配から面の支配への展開を図ってきた．例えば，ジャワについては18世紀後半には内陸支配を強めてきた（布野編 2005a）．しかし，VOCの解散（1799）によって英国にヘゲモニーを奪われてしまう．英国は，英仏七年戦争に勝利すると（1763），インドを拠点に18世紀末からマレー世界に影響力を強め，マラッカ海峡（ペナン，マラッカ，シンガポール）を押さえることになる．しかし，19世紀中葉まで東南アジアに多数の独立王国が存在していたことはそれ以前と変わらない．フランスがメコン・デルタに侵攻したのは1860年代であり，カンボジアを保護国化し，ハノイを占拠し（1882），ラオスをも仏領インドシナに編入したのは1899年である．

---

147) プライメイト・シティの人口のその国の都市人口に対する割合をプライマシー（首位性，支配度，一極集中度）の指標として国連の人口データ（UN Demographic Year Book 1980）をみると，1980年に人口10万以上の首都をもつ発展途上地域の105箇国のうち，プライマシーが50%を超える国は全体の33.3%（35），40%を超える国が46.7%（49），30%を超える国は70.5%（74）にのぼる（布野 1987）．人口規模の小さい首都の場合，その傾向はさらに強まる．人口規模が大きくなると首座都市そのもののプライマシーは低くなる傾向がある．しかし，国全体に対するプライマシーが低くなるからといって，その都市がプライメイト・シティとしての特性をもたないというわけではない．中国（上海），インド（カルカッタ），インドネシア（ジャカルタ），ブラジル（サンパウロ）といった1億を超える桁外れに総人口の多い大国の大都市のプライマシーは比較的低くなる．総人口5000万人以上の国をみると，人口100万人以上の首都のうちプライマシーが40%を超える国は35.1%（13/37），30%を超える国は62.2%（23/37）と，多くの都市はプライメイト・シティとしての性格をもっている．インドについては，ボンベイ（ムンバイ），カルカッタ（コルカタ），マドラス（チェンナイ）及びニューデリーがそれぞれ下位地域におけるプライメイト・シティである．

東南アジアの変貌 —— 過大都市化と過小都市化

フィリピン諸島がスペインによって植民地化されていくのは1565年のセブ占領以降であり、パナイ (1569)、マニラ (1571) そしてヴィガン (1574) といった植民都市が建設された (布野・ヒメネス＝ベルデホ 2013)。しかし、ミンダナオ島以南にはいくつかのイスラーム国家が存在しており、フィリピン諸島全体が植民地支配に組み入れられるのは米西戦争での米国の勝利 (1898) 以降である。

この西欧列強の東南アジアへの侵入が、住居、集落、都市のあり方に大きな変容のインパクトを与えたことは前章までに見たところである。唯一植民地支配を逃れたタイであるが、英国とのボウリング条約締結以降、各国と同様の条約を強いられることにおいて、経済的には植民地的な支配下におかれたことは他の東南アジア地域と変わらない。

19世紀半ばから1910年代にかけて、東南アジアの欧米植民地間の国境 (米領フィリピン、蘭領インドネシア、仏領インドシナ、英領マラヤ・北ボルネオ、英領ビルマ、独立国タイ (シアム)) が画定される。面的支配を確立した植民地 (後期植民地国家) 体制が成立する過程は、東南アジア全域が世界資本主義体制に包摂されていく過程である。産業革命による交通手段 (蒸気船、蒸気機関車)、コミュニケーション手段 (海底電線) の革新が大きい。ヨーロッパと東南アジアの時間距離が短縮されることによって、東南アジア経済圏は世界市場により緊密に直結され、地域間の分業体制も成立していく。タイのサクディナー体制下の自給自足の経済圏が海外市場に結びついて開かれていったことはショップハウスに即して前章でみたところである。そして、植民地経済を支えたのは移民労働である。大人口地域である南中国、南インドからの多くの移住者があり (東南アジア地域内でも人口稠密のジャワからマレー半島への移住者があった)、プランテーションや鉱山業に従事した (池端・石井・石澤・加納・後藤・斎藤・桜井・末廣・山本編 2001f)。華僑、印僑と呼ばれるが、商人層として流入した層もいる。ショップハウスがチャイニーズ商人と密接に関わっていることは前章で見た通りである。

②脱植民地化と国民国家の形成

東南アジアの植民地体制は、しかし、世界恐慌 (1929) によってその基盤を揺さぶられることになる。また、植民地体制に対する抵抗運動、ナショナリズムの勃興を招くことになる。そして、第二次世界大戦の勃発 (1939) とアジア・太平洋戦争によって東南アジアの全域は戦場と化すことになる。日本の朝鮮半島、中国、そして東南アジアへの侵攻は、東南アジア各地に大きな爪痕を残した。第二次世界大戦終結によって、大日本帝国の「大東亜共栄圏」が崩壊すると、脱植民地化、独立の動きが一気に加速され、東南アジア各地に国民国家が形成されることになる。独立運動を中核で支えたのは国際共産主義運動である。ロシア革命以後の資本主義 vs 社会主義の対立構造が冷戦構造として戦後に引継がれることにおいて、東南アジアにおける脱植民地化の過程も大きく二分されることになった。

第 IV 章
東南アジアの現代住居

　フィリピンが，（再）独立[148]するのは 1946 年，イギリス領植民地の集合体であるマラヤ連邦（1947）が独立するのは 1957 年，シンガポールがマラヤ連邦に合流しマレーシアが成立するのが 1963 年，シンガポールがマレーシアから独立するのが 1965 年である．フィリピンの場合，米国の内政関与を含むバックアップによって，戦後復興の経済成長を遂げることになった．マラヤ連邦の場合，マラヤ共産党が最大勢力を誇っていたにもかかわらず独立運動は起こらなかった[149]．インドネシアがオランダから独立したのは 1949 年であるが，インドネシアの場合，独立宣言後 10 年を経て，党員 200 万人を誇った共産党を一夜にして壊滅させ，「建国の父」スカルノを失脚させることになった「九月三〇日事件」（1960）が起こっている[150]．インドネシア，マレーシアは，以降，開発独裁の道を歩むことになる．

　一方，東西に引き裂かれたのがヴェトナムである．大日本帝国がポツダム宣言を受諾すると，ヴェトナム独立同盟（ヴェトミン）がハノイを占拠，ヴェトナム民主共和国の独立を宣言（1945），中国，ソ連はこれを承認する．初代国家主席ホー・チ・ミンによって対仏独立運動が展開されるが，フランスはそれに対して，サイゴンにバオダイを復位させ，ヴェトナム国の独立を認める．しかし，フランスはディエンビエンフーの戦いで敗北し（1954），ヴェトナムから撤退することで独立戦争は終結する．この時，国土は北緯 17 度線を境に分断され，米国の軍事介入によって，第二次インドシナ戦争（1962），そしてヴェトナム戦争（1965）につながっていくことになる．1975 年のサイゴン陥落によるヴェトナム戦争終結まで混乱は続く．南北統一後の国名はヴェトナム社会主義共和国に改名される（1976）．その後もカンボジア・ヴェトナム戦争（1975〜1989），中越戦争（1979）など戦火は絶えないが，1986 年以降は，社会主義型市場経済を目指す『ドイモイ（刷新）政策』を開始する．そして，1991 年に至ってようやく越中関係は正常化する．

　ラオスは，1953 年にフランス・ラオス条約により完全独立を達成したが，独立後，右派，中立派，左派（パテート・ラーオ Pathet Lao）による内戦が長期にわたり続いた．米国が 1973 年にヴェトナムから撤退するとラオス民族連合政府が成立したが，サイゴンが陥落すると王政を廃止，ラオス人民民主共和国が樹立される．その後もタイとの国境紛争，中国共産党との断絶（1979），関係改善（1990）など混乱が続くが，ラオス人民革命党が一党独裁体制維持を掲げる一方，東南アジア諸国連合（ASEAN）に加

---

148) 米国とフィリピンの合意（1935）に基づき，フィリピンは 1943 年に独立して第二共和国を樹立するが，その政権は軍の統帥権を大日本帝国軍が握る傀儡政権であった．
149) 原不二夫「マラヤ連合の頓挫とマラヤ連邦」（池端・石井・石澤・加納・後藤・斎藤・桜井・末廣・山本編 2002b）．
150) 山崎功「インドネシア　未完の民族革命―独立宣言からスカルの末期まで」（池端・石井・石澤・加納・後藤・斎藤・桜井・末廣・山本編 2002b）．

東南アジアの変貌 —— 過大都市化と過小都市化

盟している（1997）．

　カンボジアは，大戦末期（1945）に独立を宣言，一旦フランス領に復帰した後，1953年に完全独立を達成した．しかし，ヴェトナム戦争が始まると国内は不安定化し，内戦が勃発し，クーデターによりシハヌーク国王が追放され（1970），極端な共産主義を掲げるクメール・ルージュによって民主カンプチアが樹立される（1975）．以降，その崩壊までの4年ほどの間に100万人から200万人以上が虐殺，飢餓などで死亡したとされる．

　ミャンマーは，1949年にイギリス連邦を離脱してビルマ連邦として独立する．大戦中に日本軍を後ろ盾としてビルマ国を建国したが（1943），ビルマ共産党，ビルマ国民軍，人民革命党の三派が合同する反ファシスト人民自由連盟（パサパラ AFPFL：1945～1962）のクーデターによって打倒されている．独立を主導したのはアウン・サンの暗殺後にパサパラを引継いだウー・ヌである[151]．ウー・ヌ政権は10年余り続くが，ネ・ウィンが軍事クーデターを敢行（1962），ビルマ社会主義計画党（マ・サ・ラ BSPP）を結成して大統領となる（1962～1981）．中国の文化革命の影響が及ぶと中国共産党の指導・支援下に入る．このネ・ウィンの軍事独裁体制政権（ビルマ連邦社会主義共和国）は，大統領職を辞した後まで維持されたが，経済政策の失敗に起因する民主化運動によって退陣することになる（1988）．しかし，軍部はすぐさまクーデターによって政権を奪回，ビルマ連邦が設立される．総選挙を公約としたことから，多くの政党が乱立，アウン・サン・スーチーらが国民民主連盟（NLD）を結党するが，軍部は国民統一党を結党し体制維持をはかった．その後の長い経緯があって，政権交代が実現するのは2016年である．

③プライメイト・シティとアーバン・ヴィレッジ

　そもそも都市の伝統が希薄であった東南アジアであるが，現在，東南アジア諸国の人口（2015年←1990年（順位2015年←1990年），UN Yearbook）は，インドネシア（2億5756万人←1億8144万人（4位←4位）），フィリピン（1億70万人←6195万人（12位←14位）），ヴェトナム（9345万人←6821万人（14位←13位）），タイ（6796万人←5658万人（20位←18位）），ミャンマー（5390万人←4201万人（25位←18位）），マレーシア（3033万人←1821万人（44位←45位）），カンボジア（1558万人←901万人（71位←75位）），ラオス（680万人←425万人（105位←111位）），シンガポール（560万人←302万人（114位←129位）），東ティモール（119万人←74万人（157位←156位）），ブルネイ（42万人←26万人（174位←176位））と半数は25位以内の人口規模を誇る（表IV-1-1）．そして，都市的地域（都市的集積地域[152]）の推定人口（2014）をみると，ジャカルタ（3054万人，2位），マニラ（2412

151）根本敬「ビルマの独立—日本占領期からウー・ヌ時代まで」（池端・石井・石澤・加納・後藤・斎藤・桜井・末廣・山本編 2002b）．

第 IV 章
東南アジアの現代住居

表 IV-1-1　東南アジア諸国の人口推移　UN Yearbook

順位	国名	2015 年	順位	2014 年	順位	2013 年	順位	2012 年	順位	2011 年	順位	2010 年
4	インドネシア	257,564	4	254,455	4	251,268	4	248,038	4	244,808	4	241,613
71	カンボジア	15,578	70	15,328	70	15,079	69	14,832	69	14,593	69	14,364
114	シンガポール	5,604	114	5,507	115	5,405	115	5,300	115	5,191	115	5,079
20	タイ	67,959	20	67,726	20	67,451	20	67,164	20	66,903	19	66,692
157	東ティモール	1,185	157	1,157	158	1,129	158	1,102	158	1,078	158	1,057
12	フィリピン	100,699	12	99,139	12	97,572	12	96,017	12	94,501	12	93,039
174	ブルネイ	423	175	417	175	411	175	406	175	399	176	393
14	ベトナム	93,448	14	92,423	14	91,379	14	90,336	14	89,322	13	88,358
44	マレーシア	30,331	44	29,902	44	29,465	44	29,022	44	28,573	42	28,120
25	ミャンマー	53,897	25	53,437	25	52,984	25	52,544	25	52,125	24	51,733
105	ラオス	6,802	105	6,689	105	6,580	105	6,473	105	6,367	106	6,261

順位	2009 年	順位	2008 年	順位	2007 年	順位	2006 年	順位	2005 年	順位	2004 年	順位	2003 年
4	238,465	4	235,361	4	232,297	4	229,264	4	226,255	4	223,269	4	220,308
69	14,144	68	13,934	68	13,729	66	13,525	66	13,320	64	13,112	64	12,901
116	4,965	116	4,850	116	4,733	117	4,615	116	4,496	118	4,375	118	4,255
19	66,548	19	66,453	19	66,354	19	66,174	19	65,864	19	65,405	19	64,817
158	1,042	158	1,031	158	1,021	156	1,008	156	989	156	963	156	929
12	91,642	12	90,297	12	88,966	12	87,593	12	86,141	12	84,596	12	82,972
176	387	176	381	176	374	176	368	176	362	176	356	176	350
13	87,449	13	86,589	13	85,771	13	84,980	13	84,204	13	83,440	13	82,683
42	27,661	42	27,197	42	26,731	42	26,263	43	25,796	43	25,332	43	24,869
24	51,370	24	51,030	24	50,699	24	50,356	24	49,985	24	49,583	24	49,152
106	6,153	106	6,045	106	5,940	105	5,839	105	5,745	105	5,659	105	5,579

順位	2002 年	順位	2001 年	順位	2000 年	順位	1999 年	順位	1998 年	順位	1997 年	順位	1996 年
4	217,369	4	214,448	4	211,540	4	208,644	4	205,753	4	202,854	4	199,927
65	12,682	65	12,449	65	12,198	65	11,928	65	11,642	65	11,339	65	11,022
119	4,136	119	4,023	120	3,918	120	3,823	124	3,736	124	3,653	125	3,570
19	64,137	19	63,415	19	62,693	19	61,974	19	61,251	18	60,545	17	59,879
156	895	156	866	156	847	156	841	156	845	156	854	156	859
14	81,294	14	79,605	14	77,932	14	76,285	14	74,656	14	73,043	14	71,437
176	343	175	337	175	331	175	324	175	317	175	310	175	302
12	81,917	13	81,124	13	80,286	13	79,400	13	78,463	13	77,460	13	76,376
44	24,402	44	23,921	44	23,421	43	22,899	44	22,358	44	21,808	45	21,261
24	48,690	25	48,196	25	47,670	24	47,107	24	46,510	24	45,896	24	45,291
105	5,502	104	5,425	104	5,343	104	5,256	104	5,165	105	5,069	107	4,966

順位	1995 年	順位	1994 年	順位	1993 年	順位	1992 年	順位	1991 年	順位	1990 年
4	196,958	4	193,940	4	190,873	4	187,762	4	184,615	4	181,437
66	10,694	68	10,355	71	10,007	74	9,659	75	9,324	75	9,009
125	3,483	125	3,389	126	3,291	127	3,193	129	3,100	129	3,016
17	59,266	17	58,723	17	58,238	17	57,762	19	57,226	18	56,583
155	856	155	843	155	820	156	793	156	765	156	740
14	69,836	14	68,240	14	66,655	14	65,079	14	63,510	14	61,947
175	295	175	287	175	280	175	272	175	264	176	257
13	75,199	13	73,924	13	72,559	13	71,130	13	69,671	13	68,210
45	20,725	45	20,206	45	19,701	45	19,205	45	18,710	45	18,211
24	44,711	25	44,164	25	43,642	25	43,126	25	42,588	25	42,007
107	4,858	107	4,743	108	4,622	108	4,497	111	4,372	111	4,248

東南アジアの変貌 —— 過大都市化と過小都市化

万人, 4位), バンコク (1500万人, 19位) と上位25位に3都市圏が入る (表 IV-1-2). 少なくとも, ジャカルタ, マニラ, バンコクが典型的プライメイト・シティであることははっきりしている.

何故, プライメイト・シティが成立するか, すなわち, ある一国 (あるいは一地域) において他の都市と比較して極端に人口規模の大きな都市が生み出されるかについて, まず問題とされるのは都市化と経済発展あるいは工業化 (産業化) との関連である. 西欧先進諸国においては, 都市化と工業化の過程は密接不可分のものと考えられてきた. 産業革命以降の資本主義的生産様式の発展のなかで進行してきた都市化は, 農村の社会構造の崩壊に伴う都市への人口移動が工業化に必要な労働力を提

表 IV-1-2 世界の大都市圏 UN Yearbook

順位	都市的地域	人口	面積 (km²)	人口密度 (人/km²)
1位	東京＝横浜	37,843,000	8,547	4,400
2位	ジャカルタ	30,539,000	3,225	9,500
3位	デリー	24,998,000	2,072	12,100
4位	マニラ	24,123,000	1,580	15,300
5位	ソウル＝仁川	23,480,000	2,266	10,400
6位	上海	23,416,000	3,820	6,100
7位	カラチ	22,123,000	945	23,400
8位	北京	21,009,000	3,820	5,500
9位	ニューヨーク	20,630,000	11,642	1,800
10位	広州＝仏山	20,630,000	3,432	6,000
11位	サンパウロ	20,365,000	2,707	7,500
12位	メキシコシティ	20,063,000	2,072	9,700
13位	ムンバイ	17,712,000	546	32,400
14位	大阪＝神戸＝京都	17,444,000	3,212	5,400
15位	モスクワ	16,170,000	4,662	3,500
16位	ダッカ	15,669,000	360	43,500
17位	カイロ	15,600,000	1,761	8,900
18位	ロサンゼルス	15,058,000	6,000	2,400
19位	バンコク	14,998,000	2,590	5,800
20位	コルカタ	14,667,000	1,204	12,200
21位	ブエノスアイレス	14,122,000	2,681	5,300
22位	テヘラン	13,532,000	1,489	9,100
23位	イスタンブル	13,287,000	1,360	9,800
24位	ラゴス	13,123,000	907	14,500
25位	深圳	12,084,000	1,748	6,900

都市的地域の推定人口と面積 (Demographia, 2014年人口上位25位).

供するという過程と, 家内制工業からマニュファクチュア工業そして工場生産制工業への移行が労働力の集中と市場の開拓を必然化し都市化を促進させるという過程の二重の過程を経る. 都市化は労働力の集中と市場という本質的な要素によって工業化を引き寄せ, 工業化が逆に都市化を推進させるという二つの相互過程はしばしば同一のものと考えられてきた. 事実, 多くの実証的研究は, 都市化と工業化あるいは経済発展との一定の関係を明らかにしてきたが, 発展途上国の場合, 工業化の水準をはるかに超える都市化が見られ, 先進諸国の都市化理論は必ずしも当てはまらないことが指摘され, 「過大都市化 (Over Urbanization)」あるいは「工業化なき都市化」(Urbanization without Industrialization) という概念が提出されてきた. その象徴がプライメイト・シティの出現である.

プライメイト・シティの特性として共通に指摘されるのは, a. 西欧諸国の植民都市であったという起源をもつこと, b. 複合社会が形成されること, c. 二重の経済構

---

152) 国連統計局は都市的集積地域 urban agglomeration という概念を用いるが, その具体的設定は各国で異なる. フランス国立統計経済研究所 (INSEE) は建物が200m以上離れず連続する地域として設定する.

造(バーザール・セクター bazaar sector とファーム・セクター firm sector)をとること,d.都市村落が形成されることである.

a.植民都市

　発展途上国のほとんどは西欧列強による植民地支配の歴史を経験している.そして,その植民地支配の歴史はそれぞれの都市形成のプロセスに大きな影響を与えている.植民都市は,土着の沿海部の港市を拠点に西欧的な植民地支配のシステムが持ち込まれることにおいて成立するのであるが,この土着の都市と新たに建設された西欧的都市との関係は重層的である.ラテンアメリカでみられるように土着の社会システムが一旦破壊され,その上に新たな都市が建設される場合もあるが,そこでも異質のシステム間に何らかの接合が起こる.発展途上国の都市を特徴づけるのは,植民地期に遡る異質のシステムの接合関係が様々な形で残存していることである.

b.複合社会

　植民都市の大きな特性はまさに植民にある.植民地経営のために宗主国すなわち植民地権力は様々な形で植民を行う.プランテーションや鉱山開発など新たな生産体制を確立する上で,現地住民の労働力を補強するために域外から労働力を調達して投入する方法が採られる.ラテンアメリカにおけるアフリカの黒人奴隷の移入がまさにそうである.また,東南アジアの場合のように各地域から集められることも多い.さらに強制的な植民ではなく,印僑,華僑のように植民地支配のためにその利益と結びつく限りにおいて保護され,流入する商業交易に従事する層もある.その結果,植民都市には多民族からなる複合社会 plural society(J. S. Furnival)が形成される.その特質は,単に多民族によって社会が構成されるということだけではなく,社会的秩序として支配被支配の関係が厳然と貫かれることがその本質である.支配層についても,宗主国の市民社会を体現する層とクレオール(植民地生まれの本国人)との格差が存在する.また,現地住民の間にも,貴族や旧権力層などエリート層とそれ以外の層との決定的な対立がある.また,住民相互の間にも,民族的,人種的宗派的な差別(区別)が存在する.さらに,それにメスティーソ,ムラート,ユーレイシアンといった白人との混血や主として流通機構をになう外国人商人の層が混住する.こうした複合社会の特質は,様々な形で今日の発展途上国の都市の特質としてひき継がれ,グローバリゼーションが進行し,格差を拡大し続ける今日の大都市にも見ることができる.

c.二重経済構造

　植民都市の複合社会としての特質,そして,土着的都市と西欧的都市との並存関係は,しばしば都市の空間的構造に反映される.支配層と被支配層との居住地区が画然

東南アジアの変貌 ── 過大都市化と過小都市化

と区別されるのはむしろ一般的であり，現地人居住地も，民族毎，出身地毎にまとまって形成されることが多い．インドネシアのジャカルタやスラバヤなどの大都市の街路名として各地域の名がつけられていることはそうした歴史の名残である．こうした民族別，出身地別の居住地区分はその後次第に崩れていく傾向にあるが，エリート支配者層の居住地区と一般民衆の居住地区との対立的な分離はその後も発展途上国の都市に引き継がれる．いわゆるファーム・セクターとバーザール・セクターあるいはフォーマル・セクターとインフォーマル・セクターの対立的形成である．いずれも経済学的な概念であり，近代的な工場労働部門（ファーム・セクター）に賃労働者として吸収される層とインフォーマルな経済活動において生計を立てる大量の層とを分離するものであるがそのファーム・セクター，バーザール・セクターの分離は，同じように都市の空間的構造に反映されるのが一般的である．過大都市化により人口が吸収されるのがバーザール・セクターであり，中心業務地区 CBD の周辺にスクォッター・スラムに象徴される居住地が形成されるという形は，発展途上国の大都市に共通なのである．

d．都市村落

過剰都市化による大量の「スラム」の発生は，発展途上国共通の深刻な居住問題を生むが，その「スラム」は必ずしも西欧における「スラム」という概念で捉えられるわけではない．まず，現象的にその発生の規模において，すなわち，西欧の諸都市がその内部にそうした居住地区を囲い込んだのに対して，発展途上国の大都市では都市全体を覆うほどの規模であることにおいて異なっている．そして「スラム」という概念においてしばしば指摘される家族解体や個人の疎外，近隣社会の崩壊など様々な病理現象が必ずしもみられないことも大きな特徴である．都市化の過程と構造は西欧とは大きく異なるのである．

発展途上国の「スラム」といってもそれぞれに多様である．貧困者層の居住地区がインドネシアとマレーシアではカンポン（布野 1991）[153]，フィリピンではバロン・バロン barong barong[154]，南米ではバリオ barrios[155] あるいはファヴェーラ favela[156]，北アフリカではビドンビル bidon villes[157]，トルコではゲジェコンドゥ gedzekondu[158]，

---

153) カンポン Kampung は，マレー語（インドネシア語，マレーシア語）で「ムラ」を意味する．都市の居住地であるにも関わらずカンポンという．まさにアーバン・ヴィレッジである．もともとは，樹木で覆われた屋敷地が集まって，周囲を柵や土塁で囲まれた住区がカンポンである．カンポンは，英語のコンパウンド compound（囲い地）の語源，それが訛ったものという説がある（OED）（椎野 2000）．

154) バロンという植物の繊維で織った布で作る民族衣装をいう．フィリピンで，一般的にコミュニティの基本単位は，南米同様，バリオである．また，タガログ語のバランガイ barangay が用いられる．

327

インドではバスティー bustee[159] などと各国それぞれに呼ばれていることは，それらがスラムという言葉に置き換えることによっては捉えられない側面をもっていることを暗示している．

　発展途上国の都市村落について一般的に指摘されるのは，村落共同体的な社会関係が何らかの形で維持されていることである．またそれとともに伝統的な下位文化（サブカルチャー）が保持され続けるという特質も指摘される．「巨大な村落」と言われるが，大都市内部においても農村的なコミュニティ組織がむしろ強固に存在している例は多い．

　発展途上国の都市化をめぐる詳細な議論については「植民都市論」（布野編 2005a）に委ねたいが，植民地支配の体制が独立後にも引き継がれたことが，先進諸国とは異なる都市化のパターンや都市現象の主因になったことは一般的に指摘されてきた．「低開発の開発」論，「従属的都市化」論など，発展途上国における都市化を先進諸国の都市化を含めてひとつの「世界システム」の構造とその過程として理解する理論が様々に示されてきたところである．

　しかし，東南アジアの場合，以上にごく簡単に独立の経緯を振り返っただけでもわかるように，単純な世界システム論や従属理論では捉えられない政治経済的プロセスが展開してきた．端的に言えば，「過小都市化 under urbanization」が見られる地域がある．一方に，援助や投資，市場を特権的に制御する開発独裁と呼ばれる体制，他方に，資源の社会主義的配分を理念としながら，独立戦争，内戦，ヴェトナム戦争によっ

---

155) スペイン語で，近隣のことををバリオ barrio という．イベロアメリカ（ウルグアイ，アルゼンチン，キューバ，プエルトリコなど）で最小の行政単位をいう．その後，ブエノスアイレスのバリオ地区のような特別な低所得者居住地を意味するようになった．ただ，バリオ・セラドというと閉じたコミュニティ（ゲイティド・コミュニティ）を意味する．バリオ・デ・インヴァージョン（あるいはコムーナ）は貧困地区をいう．むしろ，アメリカ合衆国でバリオはスペイン人居住区をいい，スラムといったニュアンスをもつ．

156) ファヴェーラという名称は，ブラジル北東部サヴァンナ地域に生育する植物の名に由来する．19世紀末に反乱（カヌードス戦争）を鎮圧するために政府軍に参加し勝利した兵士が任務を解かれてリオデジャネイロに流入，郊外の土地を占拠し街を形成，モーロ・ダ・ファヴェーラ Morro da Favela と名付けたが，その後，自由黒人らが流入し，ファヴェーラは黒人を主としインディオ，メスティーソらも住む貧民街へと変わっていった．以降，ファヴェーラはスクォッター・セトゥルメントを意味するようになる．1940年代には住宅危機が起こり，都市部の貧民たちは郊外に無数のバラック街を築いた．また，1970年代には，ファヴェーラはリオデジャネイロ市の範囲を超えて都市圏の外縁部まで達した．

157) フランス語でスラムの訳語．貧民街．チュニジアで最初に使われたとされるが，アフリカでも様々な呼び方がある．ガボンではマパネ Mapane またはマティティ matiti，アンゴラでムセクMusseques，ケニアでキジジ Kijiji などである．

158) トルコ語の gece（夜）と konmak（尋ねる）を合わせた言葉で「一夜建て」の意味．バラック街をいう．

159) ヒンディ語で住居を意味する．

東南アジアの変貌――過大都市化と過小都市化

て自発的発展を阻害される体制が並存してきたのである.

④メガ・アーバニゼーション

人類史の大きな実験であったロシア革命（1917）とその後の社会主義国家建設の試みが，ソ連邦の崩壊（1991）によって挫折し，資本主義の勝利と歴史の終焉が宣言され，第二次世界大戦後の冷戦構造に代わってアメリカ合衆国による一極支配が実現したかに見えた世界秩序は 21 世紀を迎えて大きく流動化しつつある.

9.11（2001）の同時多発テロがその始まりを告げ，イスラーム世界と西欧キリスト教世界の対立が大きく浮上する中で，各地域，各国で民族対立が噴出していくことになった．西側世界における欧州連合（EU）の結成（1993）による新たな秩序の模索も加盟国の中に格差を孕み，一方中華人民共和国の抬頭があり，さらにロシア連邦の国力の回復がある．世界秩序が混沌とする中で，世界資本主義によるグローバリゼーションが世界の隅々まで覆う情況にある.

グローバリゼーションの進展，情報技術の発展によるネットワーク社会の拡大浸透など，世界資本主義システムの新たな運動局面が現れる中で，都市のあり方も大きく変わりつつあるが，その第一は，都市化の速度がますます加速するなかで，「メガ・アーバニゼーション」と言われる巨大な大都市圏が産み出されつつあることである．とりわけ，アジアの各地で巨大な都市（メガ・シティ）が増殖し，それぞれがさらに膨張し続けている．中国，インド，インドネシア，日本，パキスタン……等々，アジアには人口大国が集中し，世界人口の過半が居住する．ニューデリー，コルカタ，ムンバイ，チェンナイ，上海，重慶，北京，東京，ジャカルタ，バンコク，マニラ……等，1000 万人規模の都市がひしめき合い，とりわけ熱帯アジアにおいて人口増加はますます加速されつつあるのである.

「拡大大都市圏」EMR[160]あるいはメガ・アーバニゼーションという概念が東南アジアの都市について議論され出したのは 1990 年代初頭のことである．東南アジアの都市化研究の第一人者といっていい T. G. マッギーによる巨大都市化のさらなる展開をめぐる提起は[161]，この「拡大大都市圏」化が東南アジアに特異なものかどうかという議論を引き起こし，例えば M. C. ダグラス[162]によって，「拡大大都市地域あるいは巨大都市地域は，地域における世界資本の蓄積と循環の司令センターとして，世界諸都市のヒエラルキーの一部を構成している」と引き受けられた．ダグラスは，「地

---

160) Extended Metropolitan Region. あるいは EMR-isation（拡大大都市圏化）.
161) McGee, T. G., 'The Emergence of Desakota Regions in Asia: Expanding a Hypothesis' (Ginsburg, Koppel, and McGee eds. 1991). McGee, T. G. 'The Emergence of Extended Metropolitan Regions in Asia' (McGee and Robinson eds. 1995).
162) Douglass, M. C., 'Global interdependence and urbanization: Planning for Mega-Urban Region' (McGee and Robinson eds. 1995).

第IV章
東南アジアの現代住居

域と国家との一連の政治的,社会的,経済的諸関係,すなわち一極化が巨大都市地域を生むのであり,場合によって,「拡大大都市圏」は国や地域の境界を超えつつある」という。国際的な相互依存関係,グローバリゼーションによる巨大都市化,多国籍企業による投資,新たな国際労働力分割が「拡大大都市圏」の出現に関わっている,というのが共通認識となりつつある。

「拡大大都市圏」化は,しかし,単に大都市圏が空間的に連続して(国境や行政単位を超えて)拡大するということではない。「拡大大都市圏」は,ひとつの都市を核とする大都市圏ではなく,多くの核をもち,都市化しつつある多くの農村を含んでいるのである。T. G. マッギーは,これを「デサコタ Desakota」という。マレー語で,デサはムラ,コタはマチで,直訳すれば「都市村落」となるが,発展途上地域の多くの大都市が内部に抱え込んだ居住地をかつてアーバン・ヴィレッジ[163]と呼んだのとは異なる。パートタイムの仕事を求める都市圏近郊の農村の人々がオートバイなど安価で早い交通手段で近郊の農村と都市圏を結びつけることによって,「拡大大都市圏」は生まれつつある。プライメイト・シティが象徴する「過大都市化」あるいは「工業化なき都市化」の位相と「拡大大都市圏」の出現は位相を異にしているのである。

東南アジアには,こうして,ジャワ,バンコク,クアラルンプール,マニラそしてシジョリ SIJORI という,五つの「拡大大都市圏」が出現しつつある。シジョリとはシンガポール,ジョホールバルー,リアウの三角地帯をいう。この5つでアセアン ASEAN の都市人口の3分の2を占め,その規模はラテンアメリカの都市地域の規模に匹敵する。世界都市システムにおけるその重要性は明らかである。

東南アジアの各地を旅すると,かつて極めて多様であった各地域の景観が次第に似かよってきたという感慨を覚える。大都市の中心部には超高層ビルが林立するが,それぞれどこに建っていてもおかしくない。超高層ビルの周囲には住宅地が形成され,延々と郊外へ向かって広がっていく。これも俯瞰すればよく似ている。一方,大都市から離れた田舎の光景も急速に個性を失いつつある。はるか昔から同じように家をつくり続けて来たヴァナキュラー(土着的,風土的)建築の世界にも亜鉛鍍鉄板(トタン)のような近代的な工業材料が浸透し,家の形態は変容しつつある。各地域の中核都市には,現代的な新しい,コンビニやショッピング・センターのような冷房完備の建築が増えつつある。本書冒頭に述べたが,建築生産の工業化を基礎にする近代建築の理念は大きな力を持ち続けているということであろう。工場でつくられた同じような建

---

163) アーバン・ヴィレッジという場合,カンポン kampung が典型的である。前述の通り英語のコンパウンド compound は kampung に由来する (OED)。バントゥン,バタヴィアあるいはマラッカにおいて民族集団ごとに囲われた居住地の一画をさしてそう呼ばれていたのが,インドの同様な都市の区画も同様にそう呼ぶようになり,コンパウンドはアフリカ大陸の囲われた集落にももちいられるようになったという (椎野 2000)。

築材料が世界中に流通するから，住宅地の景観が似てくるのは当然である．

IV-2　タイランドの変容　生態環境と住居

　東南アジアの各地域は，以上のように，植民地化そして脱植民地化の過程で大きく変容してきた．続いて，タイランドすなわちタイ王国について，この間の変容を確認しよう．第III章でショップハウスの立地に即して見てきたけれど，19世紀半ばにサクディナー体制から自由貿易体制へ転換する過程でチャオプラヤ・デルタの水田開発が進み，運河掘削による水上交通のネットワークが整備されて，同時に，水に依拠した生活様式が維持されてきたが，19世紀末から20世紀初頭にかけて，首都バンコクを中心に陸上の生活が一般化するとともに，陸上交通のネットワークが整備され，さらに鉄道の敷設によって，国土の編成は大きく変わった．タイの古都チェンマイの変容は，続いてみるように（IV-3-1），こうした交通インフラストラクチャーの転換に大きく規定されている．また，バンコク大都市圏がプライメイト・シティの性格すなわち一極集中を強めてきたことも，以上に触れた通りである．

①森林王国の凋落（土地利用の転換）

　タイの国土面積は51万km^2，日本の約1.4倍で，多様な自然環境を有する．20世紀初頭まで広大な原生林を有する森林王国だったが，1900年以降，輸出目的で高級材のチークやローズウッドの伐採が急速に進み，また南部でもゴム園や農地の造成，スズの採掘を目的に天然林の伐採が進んだ．それでも森林率は1946〜47年前後には63％であった．しかし，1958年に53％，1975年に原木輸出禁止令が出されたにもかかわらず，1985年には30％を切り，減少の一途を辿る[164]．

　森林減少に歯止めがかかるのは1990年代に入ってからである．1988年の南部での洪水被害の拡大を受ける形で1989年，政府は天然林からの伐採を全面的に禁止し，森林行政は保全の方向へ大きくシフトした[165]．1994年には国王戴冠50周年祝賀行事として「500万ライ植林運動（80万ha　1ライ=1600m^2）」が行われたが，最初の3年間で160万ライが植林されたもののその後は思ったほど伸びなかった[166]．

　森林面積は2005年には33％，2013年には32％となっている．日本の66％，インドネシアの50％，マレーシアの62％と比べると森林面積はかなり少ない．第1期国

---

164) 環境省ホームページ「世界の森林と保全方法，タイ王国」http://www.env.go.jp/nature/shinrin/fpp/about/index.html
165) 1996年にはマングローブ林の伐採許可も政府によって全て無効とされた．

家環境向上プログラム（1997～2016 年）や第 10 次国家経済社会開発計画（2007～2011年）においても 30％の森林維持が掲げられている[167]．2006 年以降，途上国における森林減少・劣化の抑制等による温室効果ガス排出削減（REDD プラス[168]）のパイロット・プロジェクトが進められており，様々な方法で森林面積を維持または増やす方策が試みられている．

②アグロインダストリー

タイの GDP は，アジア通貨危機の際（1997 年）を除き，右肩上がりで成長し，1990年からの 20 年間に下位中所得国から上位中所得国の仲間入りを果たした（図IV-2-1）．タイの産業構造を就業者数で見ると，農林漁業が 40％を占め，次に多いのは製造業14％である（バンコク日本人商工会議所 2015）．GDP の構成割合で見ると農林漁業は 1980年には 23％，その後 1993 年に 9％まで低下し続けたものの，その後微増し 2012 年には 12％で，ここ 10 年横ばいで推移している[169]．

タイは世界第 3 位の水産品輸出国で，水産業もタイ経済にとって重要な地位を占める．天然水産資源よりも養殖や輸入水産物を加工して輸出する加工水産業が中心である[170]．タイは天然ゴムでも世界第 1 位の生産国である[171]．

---

166) 初年度は植林用苗木と育成費用として 1 ライ当たり 2000 バーツを支給し，2，3 年目は各 500バーツの育成補助金を王室林野庁が提供して 1994～1996 年の 3 年間に 160 万ライが植林されたが，申請者の経済的負担が大きいことによりその後は縮小した（バンコク日本人商工会議所 2015：285-286）．

167) 第 1 期国家環境向上プログラム（1997～2016 年）では，森林被覆目標として 50％（保全目的 30％，生産目的 20％）という数値が掲げられ，第 10 次国家経済社会開発計画（2007～2011 年）においても，天然資源と生物多様性の保全に関し，国土面積の少なくとも 33％を森林として維持すること（うち少なくとも 18％が保全林）や保全林約 46 万ヘクタールの再生，資源管理に対するコミュニティの権利と参加の拡充などの具体的目標が盛り込まれている．

168) 途上国では，熱帯林を中心に急速に森林の減少（deforestation）・劣化（forest degradation）が進んでいる．森林減少・劣化に由来する温室効果ガスの排出を削減すること（reducing emissions from deforestation and forest degradation in developing countries, REDD）が気候変動対策を進める上で重要な課題となっている．REDD は，過去の推移等から予想される森林減少からの排出量と実際の排出量との差に応じて資金などの経済的インセンティブを付与し，これにより森林減少の抑制を図る考え方で，2005 年にパプアニューギニア等によって提案された．森林減少・劣化からの排出削減に加えて，森林の保全等も対象としたものが REDD＋（プラス）と呼ばれている．林野庁ホームページ「気候変動と森林　途上国の森林減少劣化に由来する排出の削減（REDD）」より http://www.rinya.maff.go.jp/j/kaigai/#FRA2015

169) 経済産業省「通商白書 2014（HTML 版）」第 2 部第 1 章第 4 節．

170) タイの海洋水産資源は衰退しつつある．タイ湾において標準的な地引網を用いて 1 時間漁業を行った場合の単位あたりの漁獲量は，1963 年には 256kg だったが，2011 年には 25kg まで低下している．アンダマン海側においても，1965 年には 308kg だったが，2011 年には 41kg まで低下している（バンコク日本人商工会議所 2015）．

171) FAOSTAT Rubeer natural, production of top 5 producer average 1993-2013, http : //faostat3.fao.org/browse/Q/QC/E

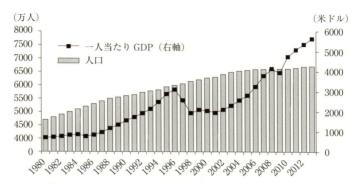

出所：外国経済概況（2014／15年度）より作成．

図 IV-2-1　人口と GDP の推移

　経済が高成長を続ける中で，農林水産業部門は経済的にも 10 年横ばい状態を維持し，就業者数の割合も 4 割のシェアを維持し，農林水産業とアグロインダストリー部門が強固に存在していることがタイ経済の大きな特徴となっている[172]．

③東南アジア工業の一大拠点

　タイは，自動車，電機電子産業の東南アジアの一大拠点であり，東洋のデトロイトともいわれる．タイで最初に工業団地が建設されたのは 1971 年である．バンコクの北，約 50km に建設されたナワナコン工業団地（Nava Nakorn）が第 1 号である．外資 100％での進出が可能になった 1980 年代後半から 1990 年代初めに多くの企業が進出し，工業団地も整備された．2016 年の日本アセアンセンターのタイの工業団地リストから，各都県の工業団地数を数えると 23 都県，74 箇所に増加している（図 IV-2-1c）．

　工業団地数が多く，また近年集中しているのが東部のラヨン（15 箇所）でありチョンブリ（8 箇所）である．これは 1991〜1998 年に使用が開始された東部のレムチャバン港をはじめとする港湾施設の開発によるところが大きい．この港は自動車輸出港として機能拡大しており，2000 年にはバンコク（クロントイ）港のコンテナ取扱量，船舶入港隻数の 2 倍を超え，2013 年には 4 倍となっている[173]．

　東部の次に工業団地が多いのは，バンコクとアユタヤ（各 7 箇所）及びその周辺地域である．2011 年の大洪水で電子メーカーなど多くの工場が被害を受けた地域である．被害はタイと日本にとどまらず，北米，欧州にもおよび，グローバル化したサプ

[172) 農地についてみると，全国の農地のうち灌漑が整っている地域は約 22％に過ぎない．タイでは雨季に降雨が集中し，時期や場所によって洪水が起こる一方で，干ばつに見舞われる村落の数は増加傾向にある．必要な水資源の供給をはじめ，農業部門での課題も多い．

173) バンコク（クロントイ）港は，貨物の取扱量については依然としてタイ国最大である（バンコク日本人商工会議所 2015：550-561）．

第 IV 章
東南アジアの現代住居

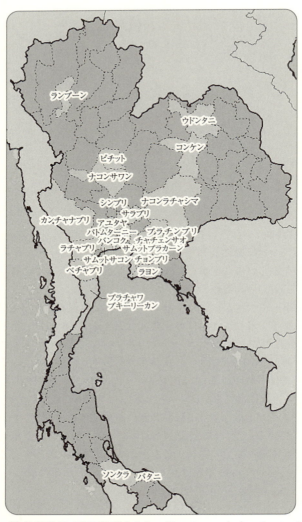

タイの工業団地(名称記載が工業団地所在ありの県 ラヨン (15), チョンブリ (8), バンコク (7), アユタヤ (7), サラブリ (5), プラチンブリ (5), チャチェンサオ (4), パトムターニー (3), サムットプラカーン, サムットサコン, ナコンラチャシマ, ランプーン, ソンクラ (各2) シンブリ, ラチャブリ, カンチャナブリ, ペチャブリ, プラチャワプキーリーカン, ウドンタニ, コンケン, ナコンサワン, ピチット, パタニ (各1) 日本アセアンセンター「タイの工業団地リスト」).

図 IV-2-2 工業団地の分布 作製:古田博一

ライチェーンの実態が大きくクローズアップされた（図 IV-2-2）．

④首都圏道路鉄道網

　タイ経済にとって道路は最も重要なインフラである．1950 年代までは河川や運河を利用する水運が中心であったが，1960 年以降急速に道路整備が進んだ．道路による旅客輸送が 94％，貨物輸送が 84％を占めている．日本の場合の 66％，51％に比べて道路の依存率が高い．国道，県道の総延長は約 5 万 3999km で舗装率は 90％を超える[174]．

　バンコク首都圏の高速道路は，道路渋滞を緩和する目的で整備されてきた．1981 年に最初の区間が開通し，1996 年に環状線が完成，1998 年と 2010 年に外郭環状道路が完成し，渋滞緩和に一定の改善効果が見られる．ただ，道路の中でも都市間の高速道路計画が承認されているものの思うように進んでいない．バンコク都内を中心とする有料高速道路は全長 208km，1 日平均約 180 万台の利用がある．

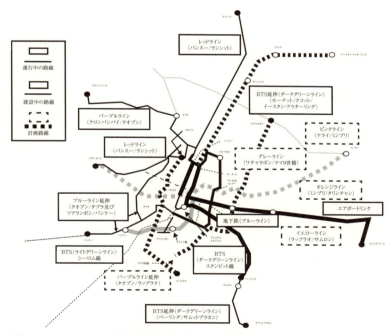

　図 IV-2-3　バンコク都市交通網（出典：JCC 所報 2014 年 1 月号　井坂隆之「バンコク都市交通網の現状及び新路線延伸計画」）　作図：古田博一

---

174)「2.5.2 道路」『タイ国国鉄バンコクーチェンマイ間速度向上計画予備調査報告書』日本財団図書館．

バンコクでは 1999 年にスカイトレイン（高架鉄道 BTS）が開業した．開業当初は 2 路線合わせて 1 日あたり 16 万人の利用であったが，延伸などによって 2014 年には 59 万人に増えている．2004 年 7 月には地下鉄ブルーラインが開業し，こちらも 1 日あたり 25 万人の利用があり，増加傾向にある[175]．こうした都市鉄道事業は現在も延伸，新設が進行中である．

一方で，19 世紀末に始まるタイ国鉄（SRT：State of Railway）は設備投資やメンテナンスが十分に行われておらず，主要輸送手段としての位置付けは低い．子会社が運営するエアポートリンク路線を除けば全線非電化で単線区間が 9 割を占める．コンテナ輸送については，バンコクと南部を結ぶ路線とレムチャバン港とコンテナデポを結ぶ路線以外ではそれほど活発ではない．道路，鉄道ともに都市間や首都圏と地方を結ぶインフラ整備が思うように進まないのであるが，バンコク首都圏の整備は推進され一極集中がさらに進んでいる（図 IV-2-3）．

⑤急速に進む少子高齢化

1980 年代から右肩上がりに経済成長してきたタイであるが，経済発展に重要な影響をもたらしたのは人口構造である．15～59 才の生産年齢人口が全人口に占める比率が伸び，経済成長は豊富な労働力に支えられたのである．しかし，多産多死から少産少子への短期間での移行は，タイ社会に劇的な変化をもたらすことになった（末廣 2014）．

タイ全体で見ると 1990 年から 2010 年のわずか 20 年で人口成長率は低下しているが，バンコクでは増加している．合計特殊出生率はタイ全体でもバンコクでも低下し，年少人口比率が減少する一方で高齢人口比率は増えていることも共通している．バンコクではもともと経済活動人口の平均教育歴が長く，初婚年齢が高かったが，タイ全体でも教育歴が伸び初婚年齢が上がってきている．

世帯あたりの家族構成員は 1990 年の 4.4 人から 2010 年には 3.1 人へと減少しているが，バンコクでは 2010 年に 2.7 人とより小さくなっている．さらに単独世帯比率はバンコクでもタイ全体でも増加し，女性世帯主比率も増えている（表 IV-2-1）．現代タイ社会が抱える課題は，日本と異なるところかむしろ共有するところが大きい．

以上のような動向を踏まえ，タイでは「創造的経済」を推進する方針をとる．タイの輸出構造は 1981 年から 2013 年までの間に大きく変化し，輸出総額は 32 年間で 45 倍に増加している．なかでも輸出全体に占める IT 製品の比率が低いという事実は，タイの強みである．つまり，タイが保有する資源・一次産品を原料として，同時に世界市場で競争力を発揮できる輸出品が IT 製品以外にも多数存在し，例えば米やハーブを原料とする化粧品をはじめ，タイでは農業とその加工品の分野でイノベーション

---

[175] 路線が限定的で他の交通モードとの接続が悪いため，交通手段によるトリップ数としては依然として乗用車及びバスが占める割合は高い．

表 IV-2-1　人口統計からみたタイ社会，バンコクの変容

タイ				バンコク		
1990年	2000年	2010年		1990年	2000年	2010年
1.96	1.10	0.80	人口成長率（％）	2.25	0.77	2.68
2.36	1.88	1.52	合計特殊出生率（人）	1.84	1.51	1.22
29.2	24.4	19.2	年少人口 0-14 歳（％）	21.5	17.5	12.8
63.4	66.1	67.9	生産年齢人口 15-59 歳（％）	72.5	74.6	77.6
7.4	9.5	12.9	高齢人口 60 歳以上（％）	6.0	7.9	9.6
24.7	25.6	28.4	初婚年齢（歳）	28.1	28.0	28.5
5.7	7.2	8.1	平均教育歴（年）	8.8	9.7	10.8
4.4	3.8	3.1	世帯当たり家族構成員（人）	4.3	3.6	2.7
5.1	9.4	18.4	単独世帯比率（％）	7.9	12.9	23.0
19.4	26.2	34.7	女性世帯主比率（％）	28.7	32.6	36.6

出所：NSO, The 2010 Population and Housing Census Bangkok, Whole kingdom より作成

が進んでいる．

　タイの競争優位を「タイらしさ」に求める投資委員会は，労働集約型産業（繊維・衣類など）を外し，タイ企業が競争優位を発揮できる分野（代替エネルギーと環境サーヴィス，食品・農産物加工，ホスピタリティとウェルネス，医療サーヴィス，外国人向けロングステイ・高齢者介護施設など）を奨励分野に選定している．タイが目指すべき方向性と競争優位分野の選択は，アジア地域の中での自分の居場所を見出し，社会の安定を獲得しようとする試みである（末廣昭 2014）．

IV-3　古都の変容

　中国南部から東南アジアに南下して来たタイ系諸族は，やがて，自らの国家を建てるに至る．雲南では，前述のように（II-1-2），タイ系諸族によって 8 世紀に南詔が建国される．南詔が，吐蕃の分裂，唐の滅亡とともに滅びると，雲南は大理国（大理国 937〜1094，大中国 1094〜1095，後理国 1096〜1254）によって支配される．その大理国がモンゴルによって滅ぼされると，ムン国家連合体としてシプソンパンナー王国（1180〜）が建てられる．このムン国家連合体の 1 つとして，北タイのタイ・ユアン族は，13 世紀中葉にチェンマイを中心にムン連合国家ラーンナー王国を建てる．また，14 世紀中葉にはメコン河中流域ルアンパバン盆地を中心にタイ・ラオ族はラーンサーン

王国を建国する．パガン朝の末期以降，上ビルマを支配したザガイン朝(1315〜1364)，インワ朝（1364〜1555）などもタイ系の王朝である．

シプソンパンナー王国は大元ウルスに服属することになるが，クビライ・カーンが大理国を攻略することで発生した大量のタイ系諸族移住者はタイ国家の独立を強化することになる．王国の領域は，スコータイ，シーサッチャナーライ，ウッタラディット，カンパパンペット，ピッサヌローク，ナコーンサワン，チャイナートまでに広がり，さらにマレー半島全域からベンガルまでに及んだ．

ムン国家連合体は，しかし，16世紀中葉にビルマのタウングー朝（第一次1531〜1629 第二次〜1752）の侵攻によって，ランナー王国（1558），アユタヤ王朝（1569），ラーンサーン王国（1574），そしてシプソンパンナー王国（1563）もその軍門に下る．ラーンサーン王国は，タウングー朝の侵攻を恐れ，王都をヴィエンチャンに移している．17世紀に入って3つの王国，ヴィエンチャン王国，ルアンパバン王国，チャンパサック王国に分裂する．その後，トンブリ王朝（チャオプラヤ流域のタイ系諸族）の支配下に組み込まれ，最終的にフランスに植民地として割譲されることになる．

ここでは，かつての古都の変貌をみたい．アンコール・トムがまさにそうであるが，東南アジアの古代都市の都市組織のあり方，伝統的な都市住宅の型については不明の点が少なくない．臨地調査の対象にしたのは，ピマーイ，チェンマイ，アユタヤ，ヴィエンチャンである．

3-1 ピマーイ

中部タイ，東北タイにおける「インド化」国家の都城については，『曼荼羅都市』（布野 2006）があるが，その中でもピマーイは，解明すべき多くのテーマを抱えた実に興味深い都市である．ピマーイの中心にあるプラサート・ヒン・ピマーイ Prasat Hin Phimai（以降ピマーイ寺院）はアンコール王朝の最盛期を築いた王を輩出したマヒーダラプラ Mahidarapura 王朝の中心寺院として建設され，アンコール・ワット，アンコール・トムなどの空間構成と直接間接に影響関係があると考えられている．

現在のピマーイには建設当初の骨格が残されていると考えられるが，上述のように（第II章1-2），ラーンサーン王朝（1354〜1709）の支配下におかれてきた歴史もある．その空間構成を明らかにすることは，在りし日の都市の空間構成を理解する一助になるであろう．ピマーイの都市そのものについての先行研究はほとんどないが，ピマーイ寺院に関しては比較的多くの文献がある[176]．

タイ系諸族以前に東南アジアに南下したと考えられるモン・クメール族によってヒ

---

[176] 日本で初めてピマーイに言及したのは三木栄（1930）で，伊東照司（1980）は言語文化研究の視点からピマーイ寺院の装飾に見られるレリーフの解読を試みている．

古都の変容

ンドゥー都市の理念に基づいて建設されたピマーイであるが，その居住形態は大きく変化してきた．とりわけ，幹線通りに面して立ち並ぶ店舗併用住宅，すなわちショップハウス（店屋）は，19世紀中葉以降，チャイニーズによって持ち込まれた形式である．寺院を中心とした全体の区画割りは大きく変化するところはないが，細い街路がつくられ，街区は分割されてきた．

① ピマーイ

ピマーイは，現在，タイ王国イサーン州ナコーンラーチャシーマー県ピマーイ郡ナイムアン区のピマーイ役場（テッサバーン・タンボン・ピマーイ）が管轄[177]する．バンコクから北東へおよそ300kmにあるナコーンラーチャシーマーから，さらに北東へ60km程のところに位置する（図IV-3-1a）．ピマーイ役場の管轄区内には約24万人（24万3408人，2016年5月）が居住するが，ピマーイの市街地にはその1割程度が居住していると推定される．

コーラート高原を含むイサーンには，石造建造物群が散在し，一帯がかつて扶南，真臘，アンコールなどクメール文化圏に属していたことが明らかにされている．カンボジア出土の真臘時代のイーシャナヴァルマンI世（在位615〜635年）によると思われる碑文中にビーマプラ Bhimapura の地名が刻まれており，ピマーイ寺院に残された碑文にはヴィマーヤプラ Vimayapura という地名がある（伊東 1980）が，これがピマーイと考えられている．ヴィマーヤの都市（プラ）という意味であるが，ヴィマーヤという名称からは，仏教の世界観と何らかの関係があると考えられる．伊東照司（1980）は，ピマーイ寺院は密教寺院であり，11〜12世紀のインドシナにおける密教寺院の遺構として非常に珍しい例という．一方，ピマーイは，上座部仏教の卓越した地であったという説もある．

現在ピマーイを含むコーラート一帯に居住する人びとはタイ・ラオ族と考えられており，およそ200年前頃からラオスより移住してきたとされる．タイ国鉄コーラート線（バンコク−コーラート）が開通した1897年頃よりコーラートへの移住が確認される．チャイニーズは，まもなくピマーイにもその居住範囲を拡大しており，タイ人との混血が進んでいる．

アンコール期にコーラート一帯を領地としていたマヒーダラプラ王朝の中心として築かれたピマーイ寺院は，アンコール王朝の崩壊とともにアユタヤ期には既に廃墟と化していたが，アユタヤ朝末期に1度，そして1964年〜1969年にかけてフランス政府の協力のもと，寺院の復元が行われている．その後も市内に点在する遺跡の修復が行われ，ピマーイ寺院遺跡コンプレックスは，国立歴史公園として指定され，1989年4月12日にシリントーン王女を迎えピマーイ歴史公園としての開園式が執り行わ

---

177) タイにおける行政組織は，州，県，郡，区からなり，その下に市街地を集中的に管轄する役場が置かれる．

れている[178]。

②プラサート・ヒン・ピマーイ

　ピマーイ全体の空間構成を大きく規定しているのがピマーイ寺院である．1080年から1112年の間に建造されたとされる[179]ピマーイ寺院の第一の特徴は，寺院自体がほぼ南面しており，しかもその軸線が20度程度西に傾いていることである（図IV-3-1b）．通常，ヒンドゥー寺院は日の出の方角である東を向いて計画される．アンコール都城の中心寺院は，ほとんど全て東に面して建てられており，ピマーイ周辺の寺院もその基本に従っている．しかし，ピマーイ寺院の場合，約20度のずれはあるが，南を向いて建てられている．アンコール地方を向いているとか，王道（アンコールからの幹線道路）の通っている方角に合わせたとか諸説ある（石澤編 1989）．南北軸への転換が何故行われたのかについては検討が必要であるが，ピマーイ寺院は，マヒーダラプラ王朝がアンコール王朝とは異なった独立した権力であることを象徴するものとして建てられたことは明らかである．

　ピマーイ寺院は，中心塔堂を回廊と囲壁，そして城壁で三重に囲うように構成されている．さらに城壁の外側には環濠が巡り，非常に堅固な城として築かれている．また，城壁の外側には中心祠堂からの東西副軸上にスラ・プレーンという大きな池がある．城壁は南北に長い長方形で，短辺が約565m，長辺は約1030mであるが，現在のピマーイは，城壁は既になくなり，環濠も部分的に残るのみである．城壁と囲壁との間は居住地となっており，聖域として感じられるのは囲壁より内側である．ピマーイ寺院の南北主軸に沿って南へ進むと，城壁の遥か南に施療院がある．これは，アンコール地方より放射状に伸びる王道に沿って設けられた病院施設であり，ジャヤヴァルマンⅦ世[180]治世下（1181～1220）のものと考えられている．さらに南に歩を進めるとラムナームケムという河川が交差するが，そこにあるのがナン・スラ・ポム[181]と呼ばれる桟橋である．

　ピマーイ寺院は，城壁も含めてその全てが同時期に造られたわけではなく，11世紀にジャヤヴァルマンⅥ世（1080～1107）によって始められた造営活動は13世紀のジャヤヴァルマンⅦ世の時代にまで続いていたと考えられている[182]．

---

178) 現在ユネスコの世界文化遺産への登録を目標としているが，これら保存修景活動を通してその指揮をとった人物が亡くなり，活動の求心力を欠いた状態のまま停滞している．
179) 一般には1108年に建立された晩期バプーオン建築様式のプラサートであるという．千原大五郎は『東南アジアのヒンドゥー・仏教建築』の中でアンコール・ワット様式に分類しているが，アヌウィット・チャレンスプクン Anuvit Charernsupkul は『タイの寺院壁画と石造寺院』の中でバプーオン様式後期としている．
180) アンコール朝の第二十代国王（1130年～1218年，在位1181年～1218年）．アンコール・トムが建設されたのは，このジャヤヴァルマンⅦ世の時代で，国内の街道整備，病院の建設を積極的に行った．
181) ナン・スラ・ポムとは，伝説上の美女ナン・オラピンが髪を洗うという意味である．

古都の変容

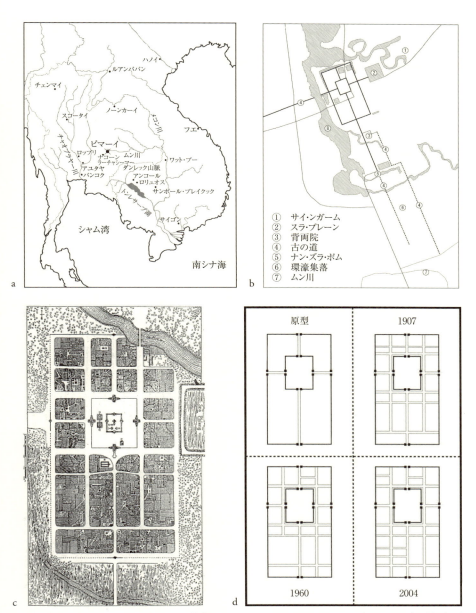

図 IV-3-1　a：ピマーイとその周辺　作製：Chantanee Chiranthanut，b：ピマーイの主要都市要素　作製：廣富純，c：ピマーイ 1907　L. Lajonquiere，d：ピマーイの街路の変遷　作製：廣富純

第Ⅳ章
東南アジアの現代住居

　回廊，囲壁，城壁の各辺には，中心祠堂からの南北主軸と東西副軸との交点に楼門が設けられているが，城壁の東門はムン川の氾濫によって破壊され，今はその基壇の一部が残るのみである．城壁の南門は，古の王道の終着点でもあり，プラトゥ・チャイ（勝利門）と呼ばれている．また北門はプラトゥ・ピー（死者の門），西門はプラトゥ・ヒン（石の門）と呼ばれている．

　ピマーイにプラトゥ・チャイから入り暫く北進すると，左手に宝物庫が見えてくるが，その用途や成立年代に関して詳しいことは分かっていない．さらに北へ進むと，ナーガを象った欄干を持つテラスがあり，このテラスによって現世と神々の世界であるメール山が結ばれている．テラスは囲壁の南門に直結しており，そこにはピマーイ寺院の建立年代に拘る碑文が刻まれている．囲壁をすぎると，回廊との間に小さな池を四方に配したテラスがあり，これによって囲壁と回廊は平面構成上見事に融合していると言える．回廊と囲壁の間の空間には，バンナライと呼ばれる経蔵が東西副軸を中心として対象に配置されているが，これに関してもその用途や成立年代は不明である．屋根の落ちてしまっている回廊を抜けると，そこには3つの基壇に乗った4つの塔が立っている．回廊の南門から見て右手は，ジャヤヴァルマンⅦ世によるとされるプラーン・ブラフマダットと呼ばれるラテライト造の塔であり，その中からは3体の像が発見されている．現在はブラフマダット像が北を向いて安置されており，この像はジャヤヴァルマンⅦ世を表しているという (Dhida Saraya 1999)．南門より左手には，1つの基壇の上に南北に並ぶ2つの構築物が並んでいる．北側のものからはシヴァ・リンガが見つかっており，ヒンドゥーの祠と呼ばれているが，その用途は不明である．南側にはプラーン・ヒン・デンと呼ばれる塔があり，スーリヤヴァルマンⅡ世（1113〜1150）によって建立されたとされている．

　そして回廊の中央には，プラーン（ストゥーパ）とモンドップ（講堂），小回廊によって構成される中心祠堂が聳えている．回廊，囲壁，城壁に設けられた12の楼門の位置を規定している主・副軸は，プラーンの中心で交差している．即ち，この都城の起点はプラーンの真中心にあり，そこが正しく世界の中心であることが理解される．城壁内部にはスラ・クワン，スラ・プルン，スラ・ケーオという3つの溜池があり，12世紀当時からのものであるとされているが，これらの溜池は囲壁と城壁の間に整然と配置されており，当時城壁内に寺院の軸線に従った街路が形成されていた可能性を示している．

---

182) 中心祠堂の前面西側にあるプラーン・ヒン・デンはスールヤヴァルマンⅡ世によって，東側にあるプラーン・ブラフマダットはジャヤヴァルマンⅦ世によって，それぞれ建立されたものであると考えられている．城壁の南門からはジャヤヴァルマンⅦ世治世において一般的であった像が数体発見されている（伊東 1980）．

③街区構成

　ピマーイが，寺院を中心とした居住区を城壁で囲んだ都城であることは確認できるが，残念ながら建設当時の街区割りや街路構成を示す地図や資料は残されていない．
　現在残っているピマーイの古地図は，いずれもこの100年の間に描かれたものであり，19世紀以前のピマーイの様子を伝える地図は見つかっていない．図IV-3-1cは1907年にL. ラジョンキエール Lajonquiereによって描かれたものである．これらの古地図から明らかになった街路の変遷をまとめたものが図IV-3-1dである．
　ピマーイの街路構成はその時々によって変化しながらも，ピマーイ寺院の主軸線と副軸線を構成する街路，およびピマーイ寺院を一周する円環型の街路は一貫して変化していない．また，街路をその走る方角で分類すると「寺院軸型」と「絶対方位（東西南北）型」に分けられる．ピマーイにおける街路は，ヒエラルキカルに構成されており，以下のように分類される．

　ⅰ　タノン tanon：ピマーイ寺院の主軸と副軸とほぼ並行に，直線的に作られた道がタノンである．タノンは都市の主要道路であり幹線道路である．
　ⅱ　ソーイ soi：タノンに直接接続し，街区内を縦横に走る道をソーイと呼ぶ．タノンに比べて極端に狭く，基本的に自動車の通行はできない．物理的には通り抜けのできるものとできないものに大別されるが，生活道としての性格が強く，一般的に通過のためにソーイを利用することは稀である．
　ⅲ　トロック torok：特徴は基本的にソーイと同様であるが，タノンには接続せずに，ソーイに接続する．
　ⅳ　ラーンバーン ranban：親族が集合して居住している際，その住居間の庭に似た空間をいう．広場的な性格を有するこのラーンバーンは親しい人間同士が互いの承認の上に使用を認め合うことで有機的に機能し，各住居へのアプローチとして利用される．
　ⅴ　パワチャムヨム pawatyomuyom：直訳すると「仕方ない場合」となる．街区内部に存在し，タノンやソーイ，トロックによってアクセス不能な宅地は，周囲の宅地を所有する者からその土地の一部を分譲してもらい，自らの宅地へのアプローチを確保することがある．近年，この孤立した宅地をめぐる争いが多発しつつある．

　タノン，ソーイ，トロックは，その接続の条件に拠って分類されるが，ラーン・バーン，パワチャムヨムは，路地に当てられた土地の所有状況に応じて分類され，その違いを形状に求めることは困難であった．しかし，地籍図と照合すると，路地と確認される場所には，路地に相当する区割りがなされているものとそうでないものがある．商業施設の密集するタラート・マイ地区の路地の多くは前者で，行政によって管理されているのに対して，北部の街区では殆どが住民間で折り合いをつけて路地機能を有

第IV章
東南アジアの現代住居

効にしている．バンコクなどの都心においては住民の転居が激しく，必ずしもうまく調整がとれず，パワチャムヨムに関する条例を制定している．ピマーイにおいては，今のところこうしたインフォーマルな路地形成が続いている．

地籍図を基にそれぞれの宅地をそのアプローチの種類によって分類すると図IV-3-1eのようになる．

　A．タノンに向けてエントランスを持つ宅地（街路型）
　B．路地に対してエントランスを持つ宅地（路地型）
　C．街路型・路地型に属する宅地と一体になって1つの所有者に使用されている宅地（拡張型）
　D．親族の宅地を通ってアクセス可能な宅地（親族型）

それぞれの宅地をそのアクセスによって色分けしてみると，公道であるタノンに面さない宅地が支配的であることに驚かされる．また，多くの宅地は路地に対してアクセスを持っており，ピマーイの住環境における路地の重要性がよくわかる．また，近年の区画整理により街区が細分化された街区においては，タノンに面する宅地の奥行きが小さくなり，路地型や拡張型，親族型の宅地が数多く生成されている．街路型が卓越する街区の殆どは溜池や寺院といった広大な非居住地を有している特殊な場合である．親族型はピマーイ北側に位置する街区に多く見られ，親族による繋がりが未だに強く残っていることが分かる．また，拡張型はショップハウスを有する街区に集中している．

すなわち，ピマーイの居住スタイルは，街路に面し商業を基盤とした職住一致型の居住スタイル，街区内部において親族の繋がりを基盤とした集団居住スタイルの2つに分けることが出来る．

ピマーイの街区は，ピマーイ寺院の軸線に従うタノン（大通り）によって街区に分割される．A-Zの26街区からなっている（図IV-3-1f）．

商業施設としては，表通りに面していわゆるショップハウス（店舗併用住居）が並ぶ．チャイニーズがタイに移住してくるのは，17世紀のアユタヤ朝時代のことである．チャイニーズたちは，所謂ショップハウス（店屋）を建設し，商店街を形成していく．ピマーイに華人が定着し始めるのは20世紀初頭のことで，役場の資料に拠れば，1914年にはショップハウスが建設されていたことがわかる．

商店街や市場は，タイ語ではタラートと呼ばれる．ピマーイには城壁内に2つ，城壁外に1つのタラートがある．ピマーイ寺院の囲壁南門から主軸に沿って伸びるチョムスダーサーデット通りを挟んで，両側に商業施設が建ち並ぶのがタラート・マイ Talat Mai である．チャイニーズ2世たちによってつくられた商店街は，この地区の主要な景観を形成しているが，徐々にRC造の建築物への建て替えが進んでいる．

3
古都の変容

図 IV-3-1e　宅地へのアプローチの類型　作製：廣富純

345

第 IV 章
東南アジアの現代住居

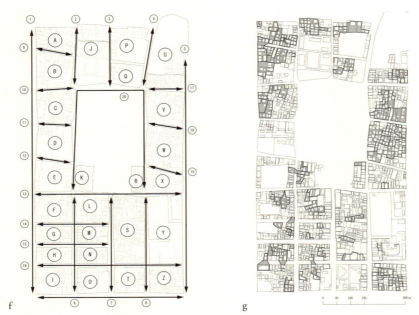

図 IV-3-1　f：タノンと街区　作製：廣富純，g：宅地割と親族の分布　作製：廣富純

　また，第 3，4 世代によって，ムアン・マイ Muang Mai というムン川以西に形成された新市街とタラート・マイ周辺に，新たな商業地域が形成されている．タラート・ペット Talat Phet は 4 世達の共同出資により開発されたショッピングモールである．1997 年に設立され，2001 年からはタラート・ペットの南側にある空き地を利用して定期市を開催している．チャイニーズによる商店街とは別に，夜市が開かれ，ピマーイ寺院のすぐ南を東西に走るアナンタチンダー通りの東端の 1 ブロック分のタノンには夕方になるとピマーイ周辺の様々な場所から人びとが集まり，肉や野菜，惣菜や菓子，日用品や装飾品など思い思いの商品を陳列して路上を埋め尽くす．
　古い市場を意味するタラート・ガオ Talat Kao と呼ばれる地区があるが，現在は店舗も少なく実質的にはタラートとしての機能は持っていない．この地区の通り沿いには，もともと高床式であった連棟形式の住居の床下が室内化・店舗化されたタイプのものが現存する．すなわち，チャイニーズによってショップハウスが持ち込まれる以前は，高床式住居が一般的であったと考えられる．
　公共施設としては，役所が 1 つ，郵便局が 1 つ，博物館が 1 つ，学校が 2 つ，交番が 2 つ存在する．現在，ハルータイロム通りの西に位置している役所であるが，1900 年から数年間はワット・スラ・ボットのヴィハーンが利用されており，ピマーイ寺院

の囲壁内に行政施設が存在していた.

その後1914年にピマーイ寺院の南東,現在の駐車場のある街区に市役所が新設された.この場所にはもともと小さな池があったと言われており,市役所はその池の畔に建設された.南部には,様々な工業施設が集中している.コンクリート・ブロックやスレート,サンプラプーム（祠）の生産工場,自動車やバイクなどの修理工場,または肥料などの農業用品を保管する倉庫などである.

街区内部では,主に高床式住居の床下を利用して,食品や日用品などの生産活動が行なわれている.このような経済活動は親族が集まって行うことが多く,ある種の内職として位置づけられる.生産された商品はピマーイやその周辺部,さらにはナコーンラーチャシーマーなど様々な場所で売られる.街区内には多くの米倉があり,その幾つかは今でも活用されている.住民の中にはピマーイ周辺に農地を所有する者も多く,そういった農地を他人に貸し与え,その賃料の代わりとして収穫の一部を納めさせるというシステムである.米倉はピマーイ北部の街区内に多く見られ,ピマーイでは,もともと農業を基盤としていたことがわかる.

④住区の構成

タノンによって区切られる街区は,ソーイと呼ばれる小路,またさらにトロックと呼ばれる袋小路によって分割される.街区内部の宅地は,ソーイあるいはトロックを通じてタノンに繋がっている.しかし,以上のいずれにも接しない宅地があり,周囲の宅地を所有する者からその土地の一部を分譲してもらい,自らの宅地へのアプローチを確保する.上述のようにパワチャムヨムと呼ばれる.さらに,ラーン・バーンと呼ばれる,親族が集合して居住する場合の共有の空間がある.ラーン・バーンは,互いの承認の上に使用を認め合う空間で,各住居へのアプローチとして利用される.

地籍図をもとに各宅地所有者の親族関係を悉皆調査したものが図IV-3-1gである.一つの街区にいくつかの親族が共住しており,基本的に親族集団はタノンを跨いで拡がらないことが分かる.「屋敷地共住結合」と呼ばれる東北タイの農村における土地共有のあり方がそのまま持ち込まれたと推測することが出来る.時代とともに宅地が分割され,近年では親族と無関係の世帯が移住してくるなど分筆化が進み,現在のような複雑な宅地割図になったと思われる.

整然とした街区割りに対して街区内部の宅地割りは不整形極まりない.ただ,ひとつ注目すべきは,不整形な境界線の中に,あたかも地層がずれたかのように,直線的に描かれるものがあることである.おそらく,当初の宅地割の境界をその断層は示している.

⑤高床式住居の類型

ピマーイの住居ははっきりと大きく二つに分かれる.ショップハウスと高床式住居である.

第 IV 章
東南アジアの現代住居

　高床式住居の屋根形状には，「寄棟」「切妻」「入母屋」「片流れ」の 4 種類があるが，ホーン・ノン（寝室）を含む母屋には「片流れ」はない．チャーン（屋根のあるテラス）あるいはラビアン（屋根のないテラス）は，基本的に母屋に附属した下屋で覆われる．高床式住居は，「ホーン・ノンを含んだ主棟部分」と「それ以外の付属的な部分」に分割して捉えることができる．高床式住居のうち 26 について実測調査を行った（図 IV−3−1h）．

　第 II 章 3 でみたように，東北タイの住居は，基本的に 3 つの空間，①ホーン・ノン［HN］，②ナーホーン（前室）［Nh］，③チャーン［C］あるいはラビアン［R］から構成される．ホーン・ノンの「ホーン」とはタイ語で部屋，「ノン」は「寝る」を意味する．四周が壁で囲まれ，他の室より 150〜200mm 程度高く作られることが多い．ナーホーンは，基本的にホーン・ノンの前室である．

　チャーンとラビアンは，母屋棟とホーン・クルア Hong Krua（台所）を繋ぐスペースである．休憩，食事など，多目的スペースに使われる．このほかの空間構成要素としては，ホーン・ナーム Hong Nam（便所），ホーン・アーブ・ナーム Hong Aabnam（風呂），ホーン・クルア，ホーン・ケップコーン Hong Khebkong（倉庫），ホーン・ナン・レン Hong Nang-len（多目的室），ホーン・ラップ・ケーク Hong Rabkheak（客間）などがある．元来，ホーン・ナームやホーン・アーブ・ナームなどが床上に置かれることはなく，幾つかの住居が共同で地上に設けるのが一般的であった．しかし，近年における衛生観念の普及や親族集団的居住様式の減少により，床下の一部室内化とともに高床上に水まわりの設備を設けることも行われるようになってきた．

　高床式住居を特徴づけるのはタイトゥンという大きな床下空間である．高床の高さは 1.4m〜2.2m まで様々で，ディー・バーン Deed Ban（ジャッキアップ）して柱を継ぎ足したものも多い[183]．タイトゥンは単なる床下の空間ではなく，日常生活の中心的舞台で，昼寝や休息，調理や食事，近所の人びととの会話や内職など，実に様々な活動が展開される．

　2 階の平面構成に着目して住居を分類すると次のようになる．

　　A グループ：ホーン・ノン，ホーン・クルア，ナーホーン，チャーン，ラビアンからなり，ホーン・ナームは一階．
　　B グループ：ホーン・ノン，ナーホーン，チャーン，ラビアンからなり，ホーン・クルア，ホーン・ナームは一階．
　　C グループ：ホーン・ノン，ホーン・クルア，ナーホーン，チャーン，ラビアン，

---

183) コンクリート製の既製品により継いでいる．ピマーイにおいて高床式住居の柱は掘立てであった．太いもので直径 250mm に達する円形断面の柱が伝統的で，根本から上部に 20cm 程度には，断面が正多角形になるような装飾が施されたものも見受けられた．

3

古都の変容

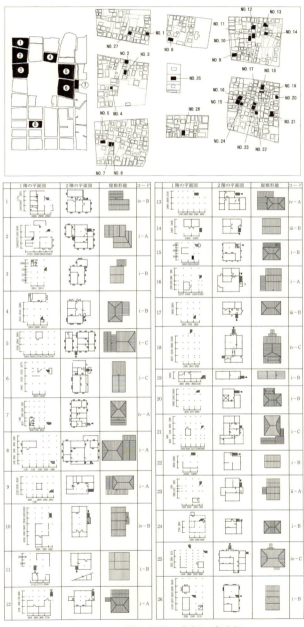

図 IV-3-1h　調査住居　作製：廣富純

349

ホーン・ナームからなる．

　Aは，東北タイで一般的に見られる基本型である．Bは，ホーン・クルアをホーン・ノンに転用し，その結果，1階に設けられるようになったタイプである．Cは，2階で全て完結するタイプで，狭小なものが多い．

　空間要素（部屋）は，「外」と「内」，「中間」の3つの空間に分けられる．ラビアン，チャーンは「外」，ナーホーンとホーン・クルアは「中間」，ホーン・ノンは「内」である．バンダイ Bandai（階段）からの動線を考えると，以下のように3つのパターンが分類される．

　　ⅰ：バンダイ　→　CまたはR　→　Nh　→　HN
　　ⅱ：バンダイ　→　CまたはNh　→　HN
　　ⅲ：バンダイ　→　C→　Nh　→　HN
　　　　バンダイ　→　C→　HN

　以上の2つを軸にして分類すると8つのタイプを区別できる（図 IV-3-1i）．
　東北タイで一般的な住居と同じなのがi-A型である（26軒のうち5軒，19.23％）．また，最も多いのが，i-B型である（26軒のうち9軒，34.62％）．i-C型も4軒（15.38％）あり，i型が18軒，69.2％を占める．基本的にチャーンが「外」と「内」をつなぐ役割を担っている．また，ホーン・クルアを2階にもたないB型が半数を占める．

⑥ショップハウスの類型

　メインストリートに面する古いショップハウスの多くは50年以内に作られたものであり，最も古いものでも100年前の建設である（図 IV-3-1j）．東南アジア各地に残るショップハウスの歴史に比べると比較的新しい．壁構造のものはなく，全ては柱梁構造である．一般的に木造であるが，近年では1階をRC造，2階を木造とするケース，全てRCで2階以上はアパートにしているケースなどが増えている．

　平面構成について，奥行きと階段の位置に着目すると，6つのタイプを区別することができる（図 IV-3-1k）．主棟部分に着目し，その奥行の間数をみると，2～4間のものがあるが，奥行き3間のタイプが支配的である．

　　a．奥行2間型：奥行が2間のタイプは，ヒヤリングによると2つに分類される．1つは初めからショップハウスとして建てられたもの，もう1つは高床式住居からの改築によってショップハウスになったものである．初めからショップハウスであったものは，階段の位置が主棟内部にあり，商業・居住という2つの要素が1棟内で完結しているのに対し，改築によって成立したショップハウスは主棟の外側に階段が設けられている．

　　b．奥行3間型：タノン側から2間は店舗とし，残りの1間に事務作業スペー

古都の変容

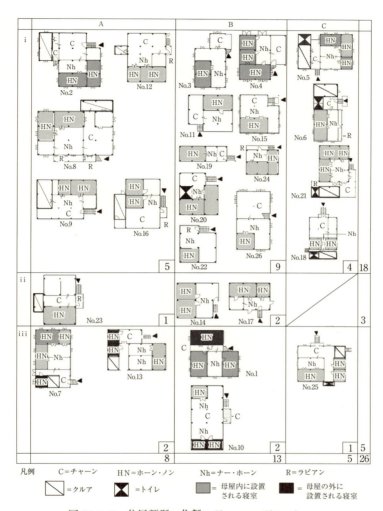

図 IV-3-1i　住居類型　作製：Chantanee Chiranthanut

スと階段を設けるのが一般的である．主棟後方に増築のある場合は，この事務室＋階段の1間が増築棟への入口にもなっており，公私の入り混じった曖昧なスペースを生み出している．また，主棟内に階段が設けられていないものもある．

c．奥行4間型：奥行4間のものは事例が少ないが，奥行3間のものと殆ど変わらず，その全てを店舗として使用するものである．

351

第 IV 章
東南アジアの現代住居

図IV-3-1　j：ショップハウスの類型　作製：廣富純，k：ショップハウスの立地　作製：廣富純

　これらの分類からは，階段の位置による平面構成の変遷によって，チャイニーズの動向が説明できる．

　　i．初期（チャイニーズ第1～2世代のショップハウス）：初期のショップハウスは，奥行が2間しかなくとも主棟の中に階段が納められている．主棟の中に店舗空間，居住空間，それらを繋ぐ階段を納め，初期には商業を営みながら居住するという生活が1つの建物内にセットになって造られていた．

　　ii．増築期（チャイニーズ第2世代以降のショップハウス）：その後商業が軌道に乗り，主棟の奥の土地への増築が始まる．増築は世代が変わる節目に行なわれる傾向があり，タラート・マイの古いショップハウスでは2つ以上の増築棟が認められた．増築による店舗空間の拡大や居住空間の分化に従って，必要に応じて階段が削除・増設されるため，複数の階段が複雑に配置されたものである．

　　iii．現在（チャイニーズ第3～4世代のショップハウス）：近年ではタラート・マイが飽和状態となり，大きな変化がみられる．1つはRC造のショップハウスの出現である．3層以上のショップハウスはアパートとして利用されている．2つ目は高床式住居からのショップハウスへの改築である．比較的小さなこのショップハウスは，一見初期のショップハウスと区別できないが，もともと高

床式住居として建てられたものが，後にショップハウスとして改築されたものは，奥行2間のその奥に差し掛け屋根で階段が設けられているのが一般的である．

以上をまとめると以下のようになる．

① ピマーイの街路には，タノン，ソーイ，トロックなどいくつかの種類があり，ヒエラルキカルな街路体系をみることができる．限られた資料から街路体系の変遷について明らかにしたが，興味深いことは，南北から西に20度傾斜した主軸とそれに直行する副軸で構成される街路と東西，南北に向く街路があり，前者から後者へ変化していったと考えられることである．
② ピマーイの現在の街区構成が建設当初に遡ることはない．とりわけ，ショップハウスの立地は近年のことである．しかし，クメールでは一般的であったと考えられる高床式住居も見られ，手掛かりの少ないクメール都市の居住地構成を窺うひとつの事例ではある．
③ 宅地へのアプローチは，街路の性格によって，大きく3つに分けられる．そして，街区はタノン（大通り）に接する「おもて」と，内部の「あんこ」の部分に分けられる．そして，ピマーイの住居形式は，タノンに面して並ぶショップハウスと街区内部に立地する高床式住居の大きく二つに分類できる．
④ 高床式住居は，親族集団によって共用されるラーン・バーンに出入口を設けるのが一般的である．高床式住居の基本型は，2階にホーン・ノン，ホーン・クルアを持ちホーン・ナームは一階とするものであり，東北タイでも一般的に見られるものであるが，ホーン・クルアを1階に置くものが増えつつあり，近年では約5割を占める．また，高床式住居では，半屋外半屋内のチャーンあるいはラビアンが重要な役割を果たしている．
⑤ ショップハウスは，間口と奥行きによって大きく分類できるが，1，2階をつなぐ階段が外階段か内階段かでタイプが異なる．興味深いのは，奥行2間のタイプ（a）に，高床式住居を転用したものと最初からショップハウスとして建てられたものとの二つがあることである．
⑥ 高床式住居によって構成されていた街区にチャイニーズによってショップハウスが持ち込まれたことは歴史的にもはっきりしており，チャイニーズたちの住居形式とその立地の変遷から，ピマーイの変遷が明らかにできる．すなわち，クメール時代の街路体系，宅地割については不明であるが，その後，メコン河を南下してきたタイ系諸族が農業を基盤として高床式住居に生活してきた．そこにチャイニーズが移住してきてショップハウスという新たな形式を持ち込

第IV章
東南アジアの現代住居

み，タノン沿いを占めていった．その結果，「屋敷地共住結合」による親族関係を維持する高床式住居群が街区内部に残されることになったのである．

3-2 | チェンマイ

チェンマイは，度々触れてきたように，ランナー王国の首都として歴史に登場する．マンラーイ王は，スコータイのラームカムヘン Ramkhamhaeng 王とパヤオ Phayao のナム・ムアン Ngam Muang 王の助けを借りて1296年4月12日に建国したとされる．正式の国名はノパブリ・スリ・ナコン・ピン・チェンマイ Nophaburi Sri Nakorn Ping Chiang Mai である．チェンマイは「新しい都市」を意味する．

チェンマイは，東を流れるピン川と西のドイ・ステープ丘陵 Doi Suthep の間に位置し，土地は東に向かって傾斜している．都市は一辺約1.6kmの正方形に計画され，二重に煉瓦の城壁によって囲われていた．内側の城壁には5つの門があり，南にのみ2門設けられていた．南の西に設けられた門は，死体を城外に持ち出す際にのみ用いられた．外側の壁は北東の角から南西の角へ向けてつくられ，城壁に沿って濠が掘られた．

城壁で囲われた「四角い村」はウィアン Viang（ウェイン Weing）と呼ばれるが，チェンマイ以外に少なくとも重要なウィアンが2つある．ウィアン・スアン・ドーク Suan Dok とウィアン・チェット・リン Jet Rin である（図IV-3-2a）．それぞれ1371年と1411年に建設されている．ウィアン・スアン・ドークは，王家の庭園として建設され，ワット・スアン・ドークを中心とする寺院都市計画であり，ウィアン・チェット・リンは

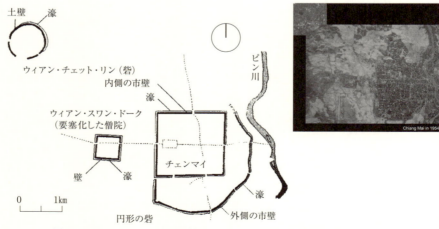

図IV-3-2a　チェンマイと隣接ウェイン　作製：Nawit Ongsavangchai

古都の変容

戦争時の終結場所となることが想定されていた.

正方形の都市は,天文学的な配置を占うマハ・タクサ Maha Taksa 碑文に基づいて計画されたと信じられている.マハ・タクサによって,都市の中心は,ワット・サドゥエ・ムアン Wat Sadue Muang（中心（臍）寺院）の都市柱の場所に確保された.都市の北部は,王と王家の家族の居住地および行政機関の場所とされ,南部は臣下,兵士,職人の場所とされた.

このウィアンという「四角い村」の伝統は,ミャンマーのカヤインと呼ばれる「四角い村」の伝統同様興味深い.タイ系諸族の集落には一般的にはみられない形態である.チェンマイ,スコータイ,そしてアユタヤの都市計画理念には,ピマーイ同様,モン・クメールの都市理念が大きく影響を及ぼしているといっていい.

四角い都市の形態が今日にまで維持されていることは,東南アジアに類例がないと言っていいが,以下に,その変容を近郊農村のターカーム村と合わせてみたい.

①チェンマイ

チェンマイの都市空間構成を大きく変えていったのは,商業活動であり,そのインフラストラクチャーとなる交通体系である.鉄道が敷設される以前,チェンマイの交易を支えたのはピン川による水運である.19世紀末の地図（図IV-3-2b）をみると,ピン川沿いに立地する問屋や商店街に依存したチェンマイのあり方がよくわかる.

チェンマイとバンコクが鉄道によって結ばれるのは1910年であり,さらに自動車による陸上輸送が一般的になると,チェンマイは大きく変わる.その変容は商店街の移動に見ることが出来る.そして,1980年代以降,市街地の拡張が本格的に始まることになる.

チェンマイの商業地区は東門の外側,タ・パエ Tha Pae

図IV-3-2b チェンマイ 1893 出典：National Archives of Thailand

355

図 IV-3-2　タ・パエ Tha Pae 通り　c：1897年，d：1902年

通り（図 IV-3-2cd）と，ピン川に沿う最も賑やかな中央市場のカード・ルアン Kado Ruang の周辺である．旧城内とピン川に挟まれて，郊外からの商人にとって交通の便がいいのがその理由である．かつても，市場が開かれ，ピン川利用の商人や旅行者で賑わう場所であった．

商店街はピン川の東西に形成され，西側はター・ワット・ケート Tha Wat Kate の寺院集団やチャイニーズ移民や外国人が経営する店舗，東側は一般の近郊農民が占め，新たな移住者も東側に商業コミュニティを形成し，川の両側に商品を供給する役割を担った．また，バンコクとの交易が次第に盛んになる．ター・ワット・ケートはピン川の分極点にあり絶好の荷上場となった．ここには伝統的な長屋の店舗が建てられ，今日までその景観の一端が残されている（図 IV-3-2ef）．中国寺院，キリスト教会，シーク教会が当時の状況を伝えている．

1884 年に歩道橋が建設され，川の両岸からのアクセスが便利となる．その結果，小さな市場が両側に出来て，チェンマイの王立墓地の区域に拡がっていった．そこで，ダラ・ラスミ Dara Rasmi 王女は，墓地をワット・スアン・ドークに移し，全体が市

図 IV-3-2ef　ター・ワット・ケートのショップハウス　撮影：布野修司

場となった．歩道橋の完成とともにチャイニーズ商人も川向うに店を拡大していった．チャイニーズ居住地区は，ピン川の西岸に沿って，ラオ・ジョウ通り Lao Jow，ウィッチャヤノン Witchayanon 道路に拡がり，さらにチャン・モイ Chang Moi 道路に繋がって北のタ・パエ Tha Pae 地区に達した．現在，ラオ・ジョウ通りはチェンマイのチャイナタウンとして知られる．中国寺院の存在はそのコミュニティが安定していることを示している．インド人商人はカード・ルアン地区で商売を始め，ヒンドゥー寺院を建設している．

1910年に，木造のナラワート Nawarat 橋が建設され，タ・ワット・ケート，カード・ルアン Kad Luang，タ・パエの各地区を結びつける役割を果たした．その結果，鉄道が敷設され，新たに鉄橋が建設された1921年までに，チェンマイ最大の商業地区が形成されることになる．以降，水運から鉄道輸送に切り替わっていくことになる．結果としてタ・ワット・ケートが寂れ，カード・ルアンとタ・パエが栄えるのである．そして，ピン川の東，ナラワート橋と鉄道駅の間に新しい商店街が形成される．しかし，チェンマイとバンコクを結ぶ幹線道路が建設されると，鉄道輸送より陸上輸送が一般的になっていく．東の鉄道駅から西の市街に向かう道路に沿った商店は振るわなくなっていく．

市街地の西の丘陵部への拡大は，チェンマイ大学が建設された1964年頃に始まる．しかし，市街化にはしばらく時間を要し，本格化するのは1980年代である．大きなきっかけになったのは観光産業の急速な成長である．チャン・クラン道路 Chang Klan Road，とタ・パエ道路を結ぶ地区が再び活気づいていくのである．20世紀から21世紀にかけて西部の大学教育機関，政府機関が立地した地区は，徐々に近代的なゾーンに変容していき，城壁で囲われた旧市街は，100万人が居住するチェンマイ大都市圏の象徴的都市核として歴史的保存地区に指定されることになる（図IV-3-2-g）．

チェンマイは，タイ第二の都市と言われるが，必ずしも人口規模について言われるのではない．人口規模でいえば，チェンマイが23.42万人（2014年）だから，ノンタブリー Nonthaburi 27万609人の方が多い．しかし，いずれにしても，バンコクの人口が約825万人，バンコク大都市圏の人口は約1460万人にものぼるから，第二の都市といっても，大都市というわけではない．バンコクのプライマシー（首座度）は，タイの国土編成の奇形的一極集中を示しているが，そうした中で，かつての歴史的都市核を保存しながら，郊外への発展をはかるというのは，他の歴史都市にも見られる変容のパターンである．

②ターカーム村

チェンマイ地域すなわち北タイのランナー地域には，ユアン族（ラーンナー・タイ族あるいはヨノク族）が居住してきた．その伝統的住居集落については第II章でみたが（II-2-5），この間の変貌も著しい．チェンマイから北西50kmに位置しているターカー

第 IV 章
東南アジアの現代住居

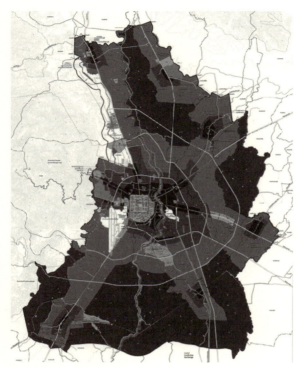

図 IV-3-2g　マスタープラン 2000　チェンマイ市

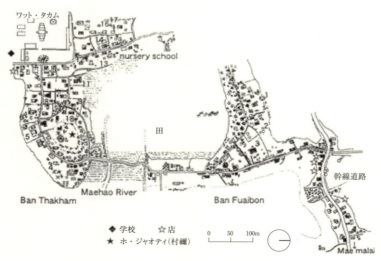

図 IV-3-2h　ターカーム村配置図　実測図：田中麻里

古都の変容

ム村 Ban Thakham についてみよう.

　メーテン郡ソプァー行政区第6村ターカーム村は, フアイボン集落（バーン・フアイボン：BF), ターカーム集落（バーン・ターカーム：BT), 少し離れた場所にあるモン族集落（バーン・モン）で構成されている（図IV-3-2h). タイでは幹線道路を起点として奥部に線状に住居が分布した村が多くみられるが, 第6村もそうした村の一つである. 幹線道路からターカーム寺に至る道沿いにフアイボン集落, 奥にターカーム集落があり, 2つの集落は, 村内を流れるメーハオ川によって分けられている. しかし, フアイボン集落は, ターカーム集落の分村であり, 2つの集落で1つのまとまりを成している.

　ターカーム村は, シプソンパンナーやチェンマイ地域の他郡より6, 7家族が移住してきたのが起源で約130年の歴史がある. チークの森林があり, 林業が目的であったといわれている (Tambandit et al. 1992). しかしこの間森林は伐採され, 現在は, 水田耕作と大豆栽培, ラムヤイ（龍眼）など果樹園経営が生業になっている. モン族集落は2集落から3kmほど離れている. 行政村は3集落で構成されるが, 村の集会などはモン集落を除く2集落で行われている.

　ターカーム村の構成要素として, 寺院, 小学校, 保育所がある. 寺院の前に2軒, 幹線道路沿いに1軒の雑貨店がある. その他商業施設としては美容院を営む民家が1軒, 食堂が1軒, 村の若い女性たちが裁縫を習得しながら製作した洋服や鞄などを販売する作業場が1軒ある. また, 隣村との境界には火葬場がある. ターカーム村には様々なコミュニティ組織が存在するが, 寺院を中心としたコミュニティのまとまりが強固である.

　ターカーム集落とフアイボン集落の106棟のうち, 最も多いのは木造で一部にブロックを使用したもので45棟（BT：26, BF：19）ある. 次に木造が42棟（BT：24, BF：18), ブロック造は19棟（BT：7, BF12）ある. 村の代表的な18世帯の23住居（親世帯, 子ども世帯で別々の住居を所有している場合も含む）についてみると, 集落としての歴史は古いが, 住宅は20～30年で建て替えられたものも多く, 最も古い住宅でも1964年の建設であった.

　木造高床式の伝統が失われつつあることを示すのが, 地床住居が6例みられることである. いずれも1985年以降に建設されている. 1988年以降に9軒の住宅が建設されているが, そのうち6軒は, 木造の柱梁構造で, 壁はコンクリート・ブロックである. ブロック壁の場合にも腰まではブロック積みでその上部は板張りのものが多い. 天井は張らず小屋裏が直接見える場合が多い. 残り3軒も木造であるが, 台所など一部にはブロックを使用する. 高床木造住宅の床下1階部分をブロックで囲ったものは2例あり, 完全な木造2階建ては1例だけである. すなわち, 新しい建築構造方式としてコンクリート・ブロック造が次第に普及しつつある.

第IV章
東南アジアの現代住居

　木材は森林から伐採してきたものを蓄えて住居建設に備え，その他の建材は村に近い店で調達するのが一般的である．隣村（第5村）の幹線道路沿いにセメント，砂，ブロックなどを扱う建材店があり最もよく利用されている．最寄りのメーマライ市場やメーテンの町にある店も利用され，約50km離れたチェンマイ市で買い付ける場合もあるが，極めて稀で基本的には身近に入手できる材料を使っている．1980年代初め頃までは，森林から木材を豊富に容易に入手できたが，1980年代後半以降は，木材資源の枯渇によって，またタイ政府による木材伐採の禁止によって[184]，木材価格が高騰し入手が困難となったことが，木造で柱間をブロック壁とする混構造が増えてきた大きな理由である．タイル貼りの床が増えているのは掃除が容易であるという理由からである．高床式住居が減り，地床や床高が低くなりつつあるのは，高齢者がいる世帯で階段の上り下りが少ない住宅が好まれるという理由からである．一方で，近年チークの古材や古家の売買がさかんであり，根強いチーク信仰も存在している．

　住宅を建設する場合，同じ村に住む大工に依頼することが多い．大工に敷地や間取り，必要となる建材について相談し，大工には手間賃を支払い，建材は居住者が調達する．いわゆる直営方式である．木材が豊富に入手できた1980年代初め頃までは，村にいる大工と親戚や村人の協力のもと住居建設が行われ，村人や親戚には手間賃ではなく食事を提供することが多かった．しかし，1980年後半以降は，村人が直接手伝うことは少なくなったという．最近では手伝いには大工から現金が支払われることが多い．

　ターカーム村の代表的な18世帯の23住戸は，床レベルと台所などの空間配置によって5タイプに類型化できる（図IV-3-2i）．複数の棟で構成されるユアン族の伝統的住居は，第II章でみたように（II-2-5），2棟の間の廊下を挟んで2列の居室が配置されるのが基本である．階段を上がるとチャーン（テラス）があり，チャーンはテーンと呼ばれる開放的広間に繋がり，寝室は基本的にテーンに接するかたちで廊下を挟んで両側に配置される．厨房は分離され，住居の後方に位置する場合もあれば，別棟となる場合もある．

　ターカーム村の住居の基本型（A1）も，平面構成は以上のようであるが，屋根が1棟の切妻屋根で，勾配が緩やかなのが異なる．住居の前後にテラスがあるのも特徴である．階段付近にはハンナームと呼ばれる水を溜めた壺と柄杓が置かれる．誰でもその水で口を濯いだり，手を洗ったりすることができる．階段を上って入口を入ると，開放的広間がある．広間の一部はそのまま寝室や台所へ続く廊下となっている．廊下を挟んで両側に寝室が設けられ，寝室には廊下側のドアから出入りする．廊下のつきあたりは床レベルが一段低くなった台所になっている．台所との境界に間仕切りはな

---

[184] 1989年にタイ政府は木材伐採を禁じる法律を定めたが違法伐採は絶えない．

古都の変容

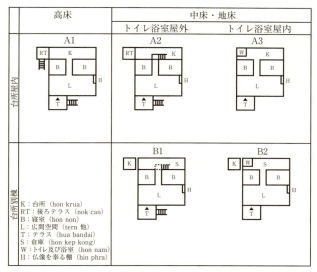

図 IV-3-2i　ターカーム村の住居類型　田中麻里（2003）

い．床は板張りか部分的に竹張りも見られる．壁は縦格子もしくは低い板壁になっていて換気を考慮した開放的な空間である．台所は後部テラスにつながり，そこにも水壺が置かれ，食器洗いや洗濯などが行われる．高床の床下には露台が置かれ，日中は涼しい床下で過ごす．床下は農機具や自転車などの置き場としても使われる（図IV-3-2j：No.6, 9）．

　平面構成は基本型と同様であるが，床レベルが中床で2階建ての住居がある（A2）．床下が室内化され，ホーン・ナン・レンと厨房からなる．ホーン・ナン・レンとは文字通りには"座って遊ぶ部屋"という意味であるが，リビングとして使われる．テレビや露台，イス，事務机などが置かれ，日常的なくつろぎから接客まで多目的に利用される．しかし，僧侶を招く儀式などには2階の広間が使用される（図IV-3-2j：No.4, 14）．家人が2階へ移動する際には，1階吹き抜け台所部分に設けられた内階段を利用する．台所部分には出入口が設けられ，水瓶や調理器具などが置かれた外台所と連結している．中床の床下は建材などを保管しておく程度で，特別な利用のためというわけではない．

　さらに基本型と同様の平面構成で地床式の住居がある（A3）．トイレ兼水浴び場が住戸内に設けられる場合，たいてい住戸最奥部の西または南の位置に設けられる．これは，北・東を高位，西・南を低位とする方位観に基づくと考えられる（図IV-3-2j：No.7B, 13B）．

第 IV 章
東南アジアの現代住居

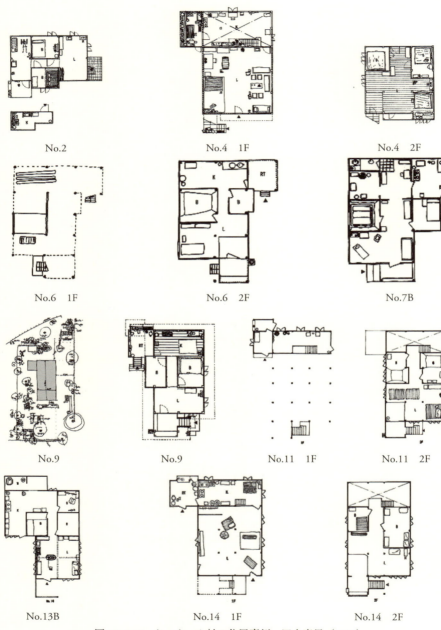

図 IV-3-2j　ターカーム村の住居事例　田中麻里（2003）

古都の変容

　その他，台所を別棟とする別の類型がある（B）．これには，厨房部分を倉庫にするもの（B1：図IV-3-2j：No.2, No.11）とトイレ兼水浴び場を住戸内にもつもの（B2：No1（図略））がある．

　厨房を独立棟として分棟することは，他の地域でも一般的にもみられる．ターカーム村でも屋内にのみ厨房をもつのは3住居にすぎない．また，トイレ兼水浴び場も，屋外の別棟にある場合が12例と別棟が多い．蒸し暑い気候に対応するものである．また，高床の開放的広間空間（テーン）を中心とする基本型は維持されてきている．しかし，地床式（A3），そして2階建ての形式（A2）は，タイ系諸族の住居の伝統から見ると新たな住居形式である[185]．

　ターカーム村の住居はこの間大きく変容してきた．その変容を促してきた第一の要因は，他地域と同様，建築材料と建築構造の変化である．特に，1980年後半以降，コンクリート・ブロックを多用した住居が増加してきたのは，木材価格の高騰によって木材入手が困難となったからである．タイは，森林資源は豊富と思われてきたが，木材は一般の住宅用には用いられなくなった．コンクリート・ブロックの方が安価となるのである．建築材料，建築構造が変化することによって，相互扶助を基本にしてきた建設のための組織も大きく変化する．

　第二に，生活様式の変化がある．調理熱源に薪や炭を使う生活から電気による料理が一般的となる．また，テレビや冷蔵庫といった家電によって，広間や厨房のあり方が大きく変わっていった．地床式，さらに床下を完全に室内化した2階住居の出現は，近代的生活様式に対応するものである．

---

[185] ターカーム村で唯一建設時から2階建てであったNo.12の場合には，より鮮明にその傾向がみられる．この住居に住む女性はここで生まれ，若い頃チェンマイの学校で美容の技術を学び，29歳の時バンコクへ行き，33歳の時戻ってきて結婚し，現在まで美容院を営んでいる．自宅は1972年に建てた時から総2階で階段部分は吹き抜けになっているが，入口から階段部分までの部分には2階床があり，僧侶が歩くには不適であると考え，踊り場で接続する僧侶専用の外階段を作っている．毎年，1月の新年と4月のタイ正月には僧侶を自宅へ招き，繁栄と幸運をもたらす儀礼を行っている．儀礼は2階広間で行われ，招く僧侶の数はたいてい5人で，7人もしくは9人のこともある．タイでは9という数字は幸運な数字と考えられており，結婚式など祝い事の際には9人の僧侶が招かれることが多いが，僧侶の数が多くなればそれだけ寄進する金額も多く負担となり，この村では5人の僧侶が呼ばれることが多い．月に4回ある仏日（ワンプラ）には僧侶に食物を寄進したり，寺に参拝したりする．新年やタイ正月，あるいは親族の何回忌かに僧侶を自宅に招く村人は多く，人びとの生活と仏教は密接に関わっている．寺のために奉仕活動をする人も多く，立派な寺を持つことが集落の人びとの願いでもある．近年ターカーム集落の近隣村でも新しい寺の建立が行われたが，それは村の発展イコール寺の発展との考えに基づいている．村の住まいとしては，儀礼時に仏像や供え物を置く棚（ト・ムー・ブーチャー）と5人の僧侶が座わることができる空間が確保されていることが不可欠である．雑貨店を開くため店を新築した時に行った開店祝いの儀礼では，やはり5人の僧侶が招かれ，村民も参加して進められている．

第IV章
東南アジアの現代住居

　ターカーム村では，II-4-2でみたようなタイ系諸族の基本特性がみられた．住居は掘立式に切妻屋根という構造，住居に関する儀礼やタブーについても共通している．母屋棟内の居室配列は，居室が中央に設けられ，前あるいは裏または両方の妻の先端にヴェランダが設けられるパターン（I），居室は小部屋に分けられ，廊下を挟んで配置されるパターン（iii），屋根は切妻1棟（c）であることが共通している．この村の住居はユアン族の伝統的住居の空間構成を持つが，規模は縮小した1棟形式の住居で構成されているといえる．興味深いのは，高床，中床，地床と床の高さに変化がみられるようになっても，チャーンや開放的な広間（テーン）を中心とする空間構成は，多くの住居において維持されていることである．一方で，他の地域同様，産業化の流れに沿う形で大きく変化してきたのがターカーム村である．

③ノンホイ住宅団地

　ノンホイ地域はチェンマイの旧市街地の南東約3kmの市街地に位置する．チェンマイ周辺には建設時期の異なるNHA[186]による団地がいくつかあるが，ここでは，2009年6月に完成したノンホイ2団地(以下ノンホイ団地)をとりあげよう．バーン・ウア・アトーンBEA[187]と呼ばれる低所得者向け住宅供給事業による団地である(QRIV-3-2)．敷地面積は28.34ライ（1ライ=1600m²），26棟の1140戸からなる（図IV-3-2k）[188]．団地の北と東に入口があり，北側入り口横にNHA管理事務所がある．団地内には貯水池，広場，東屋などがある．住棟は5階建てで，住戸型には24m²（ワンルーム）と33m²（ワンルーム+1寝室）があり，約9割が33m²タイプである（図IV-3-2l）．

　住戸面積は極めて狭小であるが，続いてバンコクについてみるように，また他の東南アジア諸国と比べて，著しく狭いということではない．居住者として，1人あるいは2人暮らしが想定され，市街地にあり高齢者では通院に便利，また子どもの通学に便利といった立地条件はいい．住戸には多くの家具が持ち込まれ，寝室と居間を家具で仕切るのが一般的である（図IV-3-2m）．

　決定的な問題は，外部空間との関係が確保されていないことである．地方におけるバーン・ウア・アトーンBEA事業は，一戸建て，二戸一建て（2戸1住宅）が一般

---

186) タイの国家住宅供給機関National Housing Authority（NHA）が設立されたのは1973年である．バンコクについて後に触れるが，中低所得者層向けの住宅供給やスラム改善事業を行ってきた．

187) 規格化された住宅を供給するバーン・ウア・アトーン Baan Eva Arthon 事業は，NHAによって2003年に開始された．バーン=家，ウア=援助する／支援する，アトーン=思いやり／関心を持つ／気にかける／助けるなどを意味する．2013年までの10年間に309プロジェクト，27万2256戸が建設され，かつてないスピードで大規模に住宅供給が行われてきた．供給される住宅は4種類（戸建て，二戸建て，長屋と集合住宅）あり，バンコク及び近郊では集合住宅が多く，地方では戸建てや二戸建てが比較的多い．

188) NHAが供給した集合住宅は入居から5年以内はNHAが管理しているが，5年以降は法人組織を設立して管理に携わることが法律で定められている．ノンホイ団地は2011年に管理のための法人組織を設立している．

古都の変容

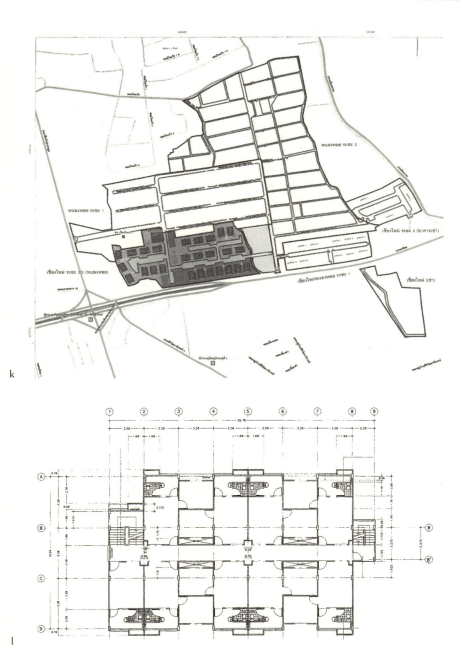

図 IV-3-2kl　ノンホイ団地敷地図と住棟図　作製：古田莉香子

第 IV 章
東南アジアの現代住居

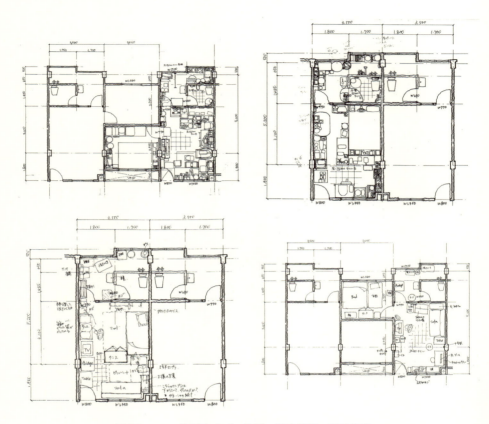

図 IV-3-2m　住戸タイプ　作製：田中麻里, 菊地雪代

的であり，個別に外部空間との関係がある程度保障されるし，場合によっては増築も可能である．スケルトンと1室程度のコア・ハウスを供給して，居住者が増改築を行うコアハウジングの方法も各国で試みられてきたが（IV-4-2, 終章5），ノンホイ団地の場合，立体化によって，共用のスペースや増築のスペースは設けられていない．

共用空間は，専ら地上階に設定され，住戸のみが専用される．団地裏の空いたスペースには多数のバナナやマンゴの木が植えられ，住棟間のスペースにも家庭菜園や花壇が設けられている．果物は誰でも自由に取って食べることができ，家庭菜園の野菜なども勝手に取って食べても構わないなど，農村での生活様式がある程度考慮されている点，バンコク近郊の団地とは大きく異なる（図IV-3-2n）．都会の団地と異なり，屋台や物売りなどの商業活動はみられない．隣接してショップハウスの並ぶ商店街があり徒歩で購買可能であり，近くに市場もあるという立地上の特性もある．

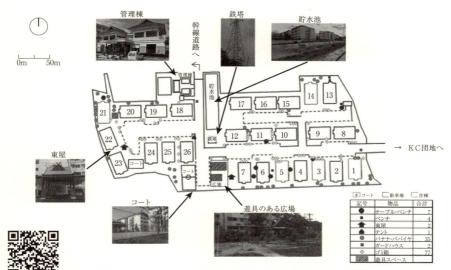

図 IV-3-2n　ノンホイ団地の屋外空間　作製：田中麻里

　コミュニティ活動が積極的に行われている点も特徴である．屋外共用空間を利用してサークル活動が行われるが，登録されているサークル活動には，公共衛生ボランティア（10人），主婦サークル（24人），高齢者サークル（43人），就業支援（21人），フットサル（20人），環境保護サークル（27人），ダンス（41人）などがある．BEA事業は，コミュニティ活動を重視し，毎年コンテストを開催しており，ノンホイ団地は，活発な活動が評価されて，2014年には準優勝している．

　コミュニティ活動が積極的に行なわれているだけでなく，父の日（国王の誕生日）をはじめとする年間行事も団地内で積極的に開催されている．すなわち，コミュニティの組織体制，自主管理体制はしっかりしている．バイクのオイル抜き取り盗難が多発した際には，居住者で話し合い，防犯カメラを設置することを決め，その際資金徴収をするのではなく，分別リサイクルしたものを売ってカメラを購入，設置後に犯人特定に至ったという．水質浄化のためのEMタンクを設置したり，公衆衛生の注意喚起をよびかける横断幕なども掲げられている．環境改善への意識は極めて高い．

　極めてしっかりしたコミュニティ組織による活発なコミュニティ活動によって支えているノンホイ団地ではあるが，狭小住宅が積層するその集合形式は，チェンマイ周辺における全く新たな形態の居住地である．駐車場の不足や規則違反のペット飼育が大きな問題とされるなど，日本の団地の抱える問題とほぼ同相の問題を抱え始めてもいる．

3-3　アユタヤ

　アユタヤの歴史地区（図 IV-3-3a）には数多くの仏教寺院が分布するが，それらは西部の歴史地区に集中し，東部の居住区には数多くのショップハウスが存在している．この居住区のショップハウスの導入にもチャイニーズの移住が大きな役割を果たすが，その歴史については多くの記録が残されている (Sawaetvimon 2001；Bunyasak 2004)．旧チャイニーズ地区は城壁内南部に位置し，川が鋭く湾曲する，港や市場が立地する最も戦略的に重要な地点に位置する．チャイニーズの多くは，川の対岸にも拡がり，そこには他の外国人も共に居住する．

　アユタヤは，かつて，東南アジアで最も栄えた王都であり[189]，多くのチャイニーズが第 2 の故郷とし，居住地を建設し，交易に当たってきた．したがって，アユタヤのショップハウスは，バンコクのラッタナーコーシン地区にシンガポールのショップハウスをモデルにして建設される以前に，チャイニーズによって建設されたと考えられる．維持されてきた街区と土地の形状から，その形態をある程度推定できる．しかし，かつてのチャイニーズ地区は，ビルマが 1765 年にアユタヤを占領した時に破壊されている．そして，首都はバンコクのトンブリに移され，経済活動は縮小し，アユタヤは歴史的古都となった．アユタヤの旧居住区のショップハウスは，最近つくら

図 IV-3-3a　アユタヤの立地　作製：Nawit Ongsavangchai

---

[189] アユタヤは，チャオプラヤ河，パサック Pasak 川，ロップブリ Lopburi 川の 3 つの川の集まる島であり，周辺には水田が広がり，経済的に豊かな交通の要衝に位置している．

れたものである.

本節では，古都アユタヤのショップハウスに焦点を当てる．20世紀半ば以降に建設されたいわゆるモダン・ショップハウスが中心となる．

①都市の形成

アユタヤ島には，375の寺院がある（図IV-3-3b）．そのほとんどはアユタヤ王朝の創建から150年の間に建設されたものである．その都市景観の骨格は，アユタヤ王朝初期1350～1569年に形成されたといっていい．1765年のビルマ戦争の敗北以後，わずか7ヶ月で後のタクシンTaksin王（1734～1782）が王朝を再統一し，首都をトンブリに移す．アユタヤは，ラーマI世（1782～1809）によってトンブリ地区のチャオプラヤ河対岸にチャクリーChakri王朝の王都が建設されるまで，首都として維持されるが（1767～1782），その後，衰退していくことになる．

アユタヤは，しかし，見捨てられたわけではない．宮殿はラーマIV世（1851～1868）によって再建され，王室の別荘として使用され続けた．仏教寺院の多くも再建される．住民が多く住んだのは，北部のクロン・サ・ブアKhlong Sa buaに沿ったワント・トン・プの周辺である．その多くは「いかだ住居（ルアン・ペー）」に住んで，農業と交易に従事した．その他の居住地区は南部のワット・パナンチョン，Wat Phananchoeng,

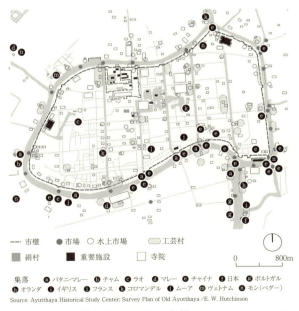

図IV-3-3b　歴史都市アユタヤ　作製：Nawit Ongsavangchai

第 IV 章
東南アジアの現代住居

図 IV-3-3c　アユタヤの都市構成　作製：Nawit Ongsavangchai

ワット・ナン・クイ Wat nang Kui, ワット・バン・カチャ Wat Bang Kacha の周辺で，居住者の大半はラーマ I 世時代に移住してきたチャイニーズであった．もうひとつ南部には，ワット・スワンダララマ Wat Suwandararam の周辺に小さなチャイニーズ居住地がある（図 IV-3-3c）.

　タイが英国とボウリング条約を締結した 1855 年以降，チャオプラヤ河沿いの中央平原の米への需要が高まるに連れて，アユタヤ島は極めて繁栄する．1894 年に地方行政制度が導入され，ムアン・クルン・カオ Muang Krung Kao, アン・トン Ang Thong, サラ・ブリ Saraburi, ロップブリ Lopburi, プラ・プッタバット Phra Phutthabat, プロンブリ Phromburi, インブリ Inburi, シンブリ Singburi が統合されてアユタヤ・モントン monthon Ayutthaya となる[190]．この新体制に即して，役所，軍基地，病院，警察署など数多くの政府機関施設が建設された．同時に，数多くの官僚たちは，フア・ロ Hua Ro 市場からワット・プラサット Wat Prasat にかけての住宅に居住した．フ

---

[190] ラーマ V 世は，19 世紀末に大規模な中央政府改革を行う．1892 年に西欧式に様々な部局の統廃合を行うとともに，ダムロン・ラジャヌバーブ Damrong Rajanubhab 王子を北方省 Mahatthai の大臣に任命．1894 年には南方省 Kalahom を廃止して，王子を内務相に任命する．1893 年にスタートしたコミッショナー・システム khaluang thesaphiban がモントンと呼ばれる．

3 古都の変容

ア・ロ市場はアユタヤ第1の市場となり，川辺の市場と陸上の市場に分かれ，陸上の市場に連棟のショップハウスが建てられていった．

1897年に22棟のショップハウスが大火災で焼失した跡地に建設され（Chutintaranond, Sunait (1996)），続いて152棟が王室によって1900年に建設された．さらに1915年に，プヤ・ボラン・ラッチャタニン Phya Boran Ratchathanin が新しい市場とともに226棟のショップハウスを建設したが，フア・ロ市場は完成したわけではない．

アユタヤは，ラーマV世時代の1897年に鉄道でバンコクと結ばれる．それとともに，アユタヤ島最初の道路となるウートン道路 U-Thong Rd が建設された．一方，古都の発掘作業は1902年に開始され，博物館が建設された．島内は，国家的重要地区に指定され，土地の私有は禁止された．この時期，住民は主として水上に居住し，住居の大半は川に沿って建設された．島内部の開発は禁止され，島の周辺部の開発のみ許された．

モントンは，タイが絶対君主制から立憲君主制に変わった1932年に解消されることになる．すなわち，トップレヴェルの行政単位として州が制定され，アユタヤはタイ中央地域の最初の州となるのである．この時期に，ロッチャナ道路 Rotchana Rd とプリディ・タムロン Pridi Thamrong 橋がパサック Pasak 川を越えて建設され，島内の発展が促されることになった．フィールド・マーシャル・ピブンソンクラム Field Marshall Phibunsongkhram 首相の産業育成，観光推進の政策によって，また1938年のプリディ・パノムヨン Pridi Phanomyong 財務相の土地私有の一部開放によって，島内開発は進行する[191]．アユタヤは大きく変化していく．また，アユタヤーワン・ノイ Ayutthaya-Wang Noi と呼ばれるバンコクと結ぶ動脈道路が大きな役割を果たすことになる．さらに1940年に州政府庁舎と新しいプリディ・タムロン Pridi Thamrong 島が建設され，数多くのショップハウスが建設された．

1980年代初期にアユタヤは急速に工業都市へと変貌していく．宗教局，王立財産局 BCP，芸術局の所有する土地が工業開発のために提供され，歴史的建造物は破壊されていった．1966年がアユタヤ発展の重要な転換点となる．アユタヤを歴史公園として保存するために，国会は島の周辺と島内の一部の開発を認めるのである．そして，バンコク遷都後200年の1967年，アユタヤを国家的歴史都市とすることが決定され，1969年には委員会が組織された．アユタヤとその周辺の歴史的文化財，建造物の調査，発掘，保存に関する総合プロジェクトの実施が委員会によって決定され[192]，

---

191) 1938〜1944年そして1948〜1957年，首相であり軍事司令官を務めたピブンソンクラン Phibunsongkhram（1897〜1964）が観光開発に力を入れ，既存の道路の修復を行い，2本の道路を建設するとともに，発掘調査と歴史的建造物の保存を行った．プリディ・パノムヨン Pridi Phanomyong（1900〜1983）財務相は，1946年には首相を務めた．

1976 年には，島内の約 20% 1,810 ラーイ Rai が，芸術局によって保存のための国家公園に指定された．その後，アユタヤは 1991 年に世界文化遺産に登録されることになる．

バンコクと繋がる 6 つの高速道路が建設され，アユタヤ島内と結ぶ大きな橋がパサック川に架けられ，ツーリズムを大いに振興させることになる．こうして，アユタヤは古都ムアン・クルン・カオ Muang Krung Kao から新都市ムアン・マイ Muang Mai へ変貌していったのである．

②都市空間構成

アユタヤ島全体の住居形式は，次の 4 つに分類される．

1. 高床式住居．
2. 伝統的住居：切妻屋根で伝統的装飾が施されている．
3. ショップハウス：木造連棟形式で 1 階が店舗，2 階が住居となる．
4. モダン・ショップハウス：RC 造で 3 階以上のものがある．

すなわち，大きく，伝統的住居とショップハウスに分かれ，建築構造，床の形式によってさらにそれぞれが二分される．1～4 は臨地調査においては明解に区分可能である．

現在，住宅地域を除いて，歴史的建造物が多く残るアユタヤ島および周辺地域は，上述のように，都市計画によって歴史公園地区に指定され，保護されている．1995 年に，芸術局によって，歴史公園地区のマスタープランが作成され，住宅地域の再配置が行われるが，このマスタープラン作成に先立って，全島全域について，土地利用と建築物の高さについて規制が行われている．建築物の高さは，島の東端から西部の歴史公園まで，徐々に厳しく設定されている．計画の目的は，要するに，世界文化遺産の登録のためにバッファーゾーン（緩衝地帯）を設けることにあった．

数多くの住民が以前から居住してきたアユタヤ島東部の規制が緩やかな地区の大きな問題は，制限を設けた組織と実際に制限する機関が異なっていたことである．制限規定は実質機能しないのである．また，土地利用規制と建築形式が整合的でないのも問題であった．

島の北東に突き出た部分からナレスアン Naresuan 橋までのウートン道路沿いの地域には，商業ビルやショップハウスが集中し，高密度居住地を形成している．商業施設やショップハウスが密集し，地区はアユタヤ市がインフォーマル・コミュニティと認定する市街区と重なっている．古くから住宅地として形成され，1952 年の航空写真で既に確認できる．その形成は水上居住の時代へ遡る．

---

192) 仏教誕生 2500 年を記念して，1955 年から 1956 年にかけて，芸術局によって発掘作業が行われた．ピブンソンクラン首相は国際協力を求め，ビルマ首相はアユタヤの修復事業に資金提供を行った．

古都の変容

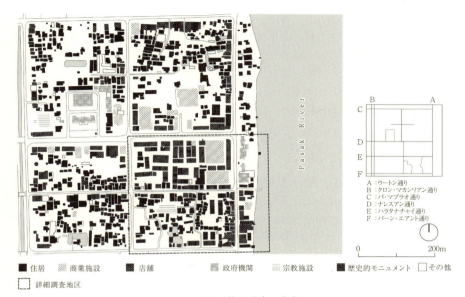

図 IV-3-3d　チャオ・プロム地区の施設分布　作製：Nawit Ongsavangchai

　ショップハウスは，島の北東の突出部，ウートン通りとナレスアン通りが交わる辺りに立地する．ショップハウスは20世紀初頭に，宗教局の土地に建設され，ここでいうモダン・ショップハウスは，王立財務局BCPの土地に，過去30年間に建設されたものである．伝統的住居は，島の全体に分布するが，宗教施設の周辺に立地する場合が多い．高床式住居もまた同様である（図IV-3-3d）．川沿いのみならず，島内の湿地や沼地に多い．洪水に襲われることがあり，排水システムをもたないため，居住環境は良くない．アユタヤの低所得者が居住する地区は，市街区の内部に位置するものとウートン通りと川との間に位置するものとの2つに分かれる．大きな問題となっているのは，歴史的公園の中に存在するインフォーマル・コミュニティである．
　ショップハウスの類型と変容を明らかにすべく，詳細調査の対象にしたのは，旧来からの住宅地チャオ・プロム地区[193]である．土地利用計画では高密度住居地域に指定される．実際には，数多くの住居以外に，市場やホテル，デパートなどが立地する繁華な地区になっている．住民へのサーヴィスとともに観光客向けの商店も少なくない．1952年の航空写真を見ると，部分的に形成されているだけである．その後急速に発展していくのであるが，観光客向け施設，行政機関，商業施設，一般住宅などが

---

193) チャオ・プロムは市場の名前であるが，簡便のために，チャオ・プロム地区とした．

373

混在し,現在と同様であることが分かる.

　ナレスアン道路沿いの地域の大半は商業施設やショップハウス占めるが,大規模なデパート,銀行,行政機関,市場なども存在する.一般の住居は,ショップハウスに囲われた街区の内部に存在し,路地が街区内部に繋がるが,外部と内部の景観は大きく異なる.チャオ・プロム地区の北の2つの街区の内部は空地のままである.チェンマイその他の都市への遠距離バスのターミナル周辺にはゲストハウスが立地している.

　高層建築はナレスレン通りの中央周辺に立地し,BCPによる小規模な開発が行われてきた.その多くはモダン・ショップハウスで,狭い間口で前面通りに直行するかたちで建てられている.大規模な建築のほとんど全てはBCPによる建設である.

　建築構造の分布と用途および建築階数との関連は明解である.すなわち,高層鉄筋コンクリート(RC)造の商業建築は街区の縁に立地し,木造建築と木造RC造の混構造建築は街区内部に立地する(図VI-3-3e).モダン・ショップハウスが街区を囲み,内部に1〜2階の木造住宅あるいは混構造の建築が存在するのである.地価や家賃が高い市内にあって,街区内部に空地があるのは,上述のように,居住条件が劣悪だからである.この特殊な条件が,アユタヤの街区を特徴づける形式を生んだと考えられる.

　臨地調査においては,ピー[194]信仰のためのサン・プラ・プム San Phra Phum[195]と呼ばれる小祠や屋台[196],王立財産局 BCP[197],中国語で書かれたサインボード[198]などの分布を調べた.様々なスタイルの膨大な屋台は,ナレスアン通りの地区の中心に集中する.中国語のサインボードは,ショップハウスのみに見られ,前扉の上部に掲げられている.このことは,チャオ・プロム市場の周辺地域のショップハウスとチャイニーズとの関係を示している.地区は,チャイニーズによって支えられる商業施設と政府機関の施設と大きく2つからなっている.

---

194) 第II章で農村集落についてみたが,ピーは,霊的存在,守護霊あるいは自然神をいう.ピー信仰は,全てに霊が宿るとする原始的宗教,いわゆるアニミズムとされる.多くのピーの型があるが,サン・プラ・プムに祀られるのは家霊と地霊である.

195) サン・プラ・プムは,通常,住居の後部に置かれる小祠に祀られる.バンコク周辺ではプラ・プム・チャオ・チ Phra Phum Chao Thi と呼ばれる.サンスクリット起源で,プラ・プムは「地の主」を意味するカンボジア語,チャオ・チはタイ語で同じ意味である.サン・プラ・プムは,タイ北部でもみられるが,そこでは単にチャオ・チと呼ばれる.その呼び名のヴァリエーションにはクメール文化の影響の度合いが関係している.

196) タイでは,専ら屋台で食事をし,自分の家で料理をしない世帯は珍しくない.アユタヤでも,屋台は至る所でみることができる.チャオ・プロム地区の中心街には多数の屋台が集まる.

197) 王立財産局BCPの建物は,ファサードにそのエンブレムを掲げている.

198) 八卦の図や「福」の逆さ文字などが入口に張られている住居はチャイニーズの住居であると容易に判断できる.

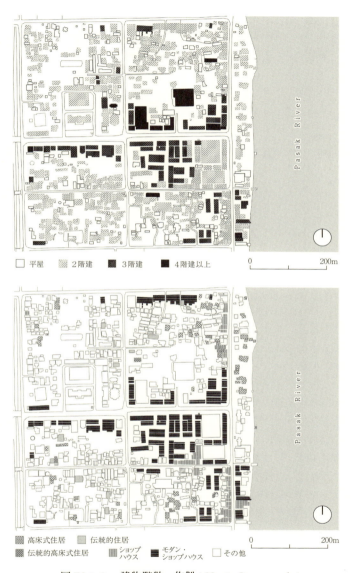

図 IV-3-3e　建物階数　作製：Nawit Ongsavangchai

第 IV 章
東南アジアの現代住居

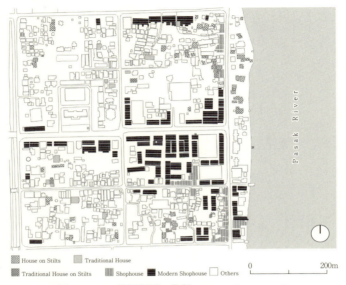

図 IV-3-3f　住居類型　作製：Nawit Ongsavangchai

航空写真によると，チャオ・プロム地区の変容は次のようである．1952 年には，ホラッタナチャイ Horattanachai 道路とチャオ・プロム地区中央の南北道路はまだ建設されていないが，ウートン道路沿いの地区とバン・エアント Bang-Eant 道路の東側には既に多くの建物が建っていた．さらに，北部地区には，パ・マプラオ Pa Maprao 道路の西側から路地を通じて戸建住宅が建ち，また，政府関係施設も，後に建て替えられるが，既に現在の地に建っていた．街区内部は草地である．15 年後の 1967 年には，チャオ・プロム市場が建設され，ホラッタナチャイ道路と南北道路が通っている．建物は街区内部に侵入し，多くの路地が発生している．インタビューによると，北東地区の密集市街地は，学校用地であったが，結局，建設は行われなかった．

1999 年にナレスアン道路沿いの地域に観光客向けの事業が開始され，チャオ・プロム地区の外側にも数多くの建物が建設され始める．住居は南東部とウートン道路の外側に建設されていった．

③ショップハウスの類型

チャオ・プロム地区の南東部を詳細地区に選定し，58 戸のうち 47 戸の実測を行い，44 戸について世帯主へのインタビュー調査を行なった．その位置は図 IV-3-3g に示す通りである（1-46 ショップハウス表 IV-3-3．A-K 戸建住宅）．

インタビューによると，アユタヤ住民の一般的なイメージが得られるが，まず指摘できるのは，その多くがアユタヤ以外から移住してきていること，また，その多数が

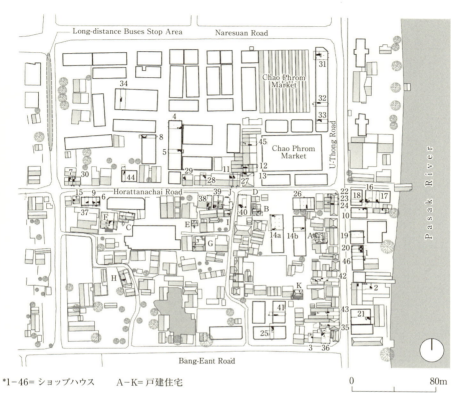

*1-46=ショップハウス　　A-K=戸建住宅

図 IV-3-3g　調査住居　作製：Nawit Ongsavangchai

チャイニーズであることである．半数以上が1990年以降に移住してきており，最も古い建物でも1937年建設である[199]．また，移住希望者が約42％で，定住意識は低い．

　タイの伝統的住居は高床式の木造住居である．アユタヤ島には，アユタヤ時代のルエン・クン・ベン Ruen Khun Phaen と呼ばれる住居が復元されている．この住居は第II章2-6でシアム族の住居の1類型として示したものである（図II-2-6のc）．平面は，ラビアン Rabiang と呼ばれる屋根の無いテラス（デッキ），軒下のチャン Chan，ホン・ノン Hong Norn と呼ばれる寝室によって構成される．ルエン・クン・ベンでは，ホン・ノン4棟が棟を直交するかたちで構成され，チャン，ラビアンがそれを取り囲む形をとっている．中央は別棟で覆われ，共有スペースとなる．ラビアンには

---

199) 建設年代についての情報は基本的には居住者へのインタビューに基づいている．

表 IV-3-3　調査ショップハウスの属性　作製：Nawit Ongsavangchai

No.	用途	構造	奥行(m)	間口(m)	奥行(span)	間口(span)	床面積(m²)	階数
1	S	RC	10	3.5	3	1	35.5	2
2	S	W	9.1	7	3	2	63.4	2
3	S	W	9.5	4.2	3	1	47.6	2
4	S	RC	9.1	11.6	2	3	115.1	3
5	S	RC	11.9	4.1	3	1	55	3
6	S	RC	8.4	3.6	3	1	35.7	2
7	S	WRC	7	3.5	2	1	27.4	2
8	S	RC	11.9	4.1	3	1	57.7	3
9	S	W	8.9	4	3	1	42.1	2
10	S	RC	37.6	5.9	9	1	220	3
11	S	W	8.9	3.5	3	1	34.3	2
12	S	W	9	3.7	3	1	37	2
13	S	W	9.5	3.3	3	1	37	2
14a	S	RC	12.1	14.4	3	4	200.6	3
14b	H	RC	12.1	3.6	3	1	43.5	3
15	S	W	9	6.1	3	2	60.3	2
16	S	RC	12.3	7	3	2	124.4	2
17	S	RC	12.3	3.6	3	1	65.9	2
18	S	RC	12.3	3.6	3	1	51.5	3
19	S	W	11.2	6.8	3	2	75.7	2
20	S	RC	10	3.5	3	1	35.5	2
21	S	RC	16.5	6.4	5	2	124.3	4
22	S	W	6	3.2	2	1	39.9	2
23	S	W	6	2.9	2	1	17.5	2
24	S	W	6	2.9	2	1	17.5	2
25	S	W	9.2	3.2	3	1	35.8	3
26	S	RC	11.7	7	3	2	114.1	3
27	S	W	9.1	5.6	3	2	58.4	2
28	S	W	7.5	4.4	3	1	40.5	2
29	S	W	7.4	3.6	2	1	35.3	2
30	S	WRC	6.8	6	2	2	46.1	2
31	S	RC	11.2	8.1	3	2	106.9	2
32	S	RC	11.5	4.3	3	1	58	2
33	S	RC	11.5	4.3	3	1	49.5	2
34	S	RC	21.2	5.1	6	1	108.1	3
35	S	W	25.9	3.3	10	1	88.7	2
36	S	W	11.3	8.2	3	2	150.5	2
37	S	RC	9.2	7.4	3	2	78.6	2
38	S	W	8.8	3.6	3	1	40.3	2
39	S	W	12.2	3.8	4	1	47.6	2
40	S	W	9.8	7.2	3	2	129.8	2
41	S	RC	12.2	3.7	3	1	57.3	3
42	S	W	27.1	3.9	8	1	104.8	2
43	S	W	12.5	3.8	3	1	80.6	2
44	H	W	12	3.8	3	1	58.3	3
45	S	W	11.7	3.7	4	1	47.5	2
46	H	RC	8.9	3	3	1	29.6	2

＊　S：店舗　H：住居　W：木造　RC：RC造

間仕切りは無く，休息，食事，談話など多様に使われる．実測した住居のうちB，E，I，Kは高床であり，Iを除いて，伝統的な空間構成を残している．こうした伝統的住居が現代のアユタヤの中心部の高密度市街地に存在することは，実にユニークであり，興味深いことである．

ショップハウスは，上述のように，まず大きく，木造あるいは木造を主構造とする2階建てのショップハウスとRC造のモダン・ショップハウスに分けられる．調査住居の中には専用住居として使用されている4戸を含んでいる．調査住居47戸の建築構造は，20戸（42.55％）が木造，2戸（4.26％）が木造とRC造の混構造，25戸（53.19％）がRC造である．22戸がショップハウス，25戸がモダン・ショップハウスである．平均延床面積は68.74m²，最小のものは17.5m²である（表 IV-3-3）．

ショップハウスの基本的な平面構成は，これまでみてきたものと同様である．前部に店，後部にユーティリティ，2階に居室が配される．ただ，各部屋の間の間仕切りはフレキシブルで独立した空間になるとは限らない．狭いので倉庫が設けられることはすくない．様々な変容が見られるが，32戸は後部に増築している．間口の拡張はみられない．

図 IV-3-3h にショップハウスの類型を示している．2階建てのショップハウスは20戸，非木造の27戸のうち14戸が2階建てである．12戸が3階建て，1戸が4階建てである．間口については，1スパンが34戸で大半を占め，2スパ

古都の変容

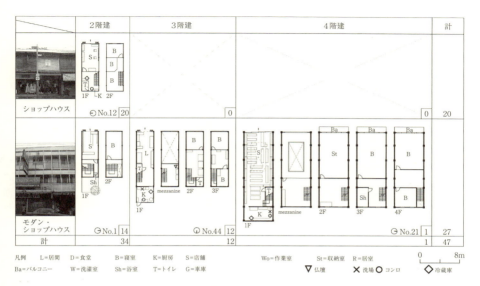

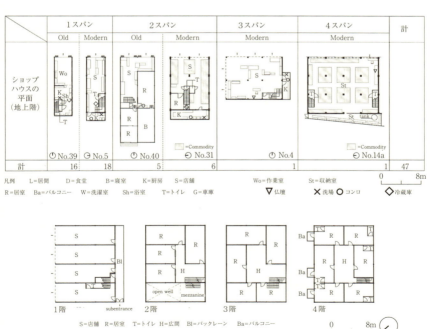

図 IV-3-3h　モダン・ショップハウスの類型　作製：Nawit Ongsavangchai

第 IV 章
東南アジアの現代住居

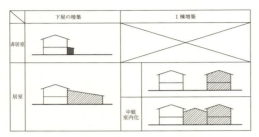

図 IV-3-3i　ショップハウスの変容　作製：Nawit Ongsavangchai

ンが 11 戸である．ショップハウスとは別に新しいタイプの商業複合ビルが出現しつつある．

④ショップハウスの変容

アユタヤ市が所管する土地登録地図によると，政府はチャオ・プロム市場に対する広大な権利を所有している．市場周辺のショップハウス群の建設による開発は財政的には問題が無い．一方，ウートン通りの両側に沿ったチャオ・プロム市場の東南部の土地は道路に対して直角方向に細分化されている．土地所有者はそれぞれ勝手に建設を行い，ばらばらの開発が行なわれてきた．通りの東西で，土地の形と規模は極めて対比的である．ウートン道路の西側には古い木造建築が連続し，東側には鉄筋コンクリート造の建物が木造建築の間にランダムに建っている．

言うまでもなく，土地の細長い形は，建築形式に大きく影響しており，増築は，後部へ差掛け小屋を建てる形で行われ，続いて中庭を室内化する形で行われる（図 IV-3-3i）．差掛け小屋の高さは平均 2.6m で，通常の部屋より低い．通常，台所，洗濯場，倉庫，トイレ，シャワー室として使われる．奥行きは 4m 以内であるが，南東地区の木造のショップハウスの場合には例外もあって 10m にも及ぶものもある．増築の規模と間口奥行きの比例関係は，内部空間の利用を大きく規定している．

3-4 ヴィエンチャン

14 世紀中頃，現在のラオスを形成する中心民族であるタイ・ラオ族による初の王国，ラーンサーン王国が建国される．18 世紀になって，王国はルアンパバン，ヴィエンチャン，チャンパサックの 3 王国に分裂するが，ヴィエンチャン王国は 1828 年（ラーマー III 世期），シアム軍（タイ）との戦いに敗れ滅亡する．この時，ヴィエンチャンの町は徹底的に破壊された．

そして，ラオスの首都ヴィエンチャンは，1893 年から約半世紀にわたりフランスの支配下におかれる．旧市街には当時建設された建物が現在も残されている（図 IV-3-4a）．

フランスとヴェトナムの影響[200]により，それまでのラオスの伝統的な住居とは異

---

[200] 1920 年代にヴェトナム人の労働者をヴィエンチャンへ移住させ，様々な形式の住居を建設した（Sayarath, Chayohet（2005））．

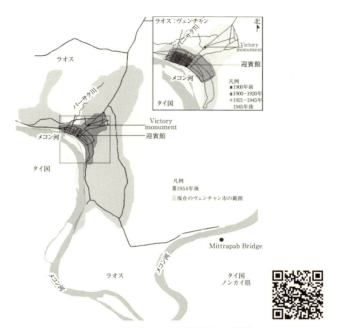

図 IV-3-4a　ヴィエンチャンの発展拡大　作製：Chantanee Chiranthanut

なり，今までになかった住居形式がみられる．その象徴がパー・トクシーと煉瓦柱である．パー・トクシーとは，タイ・ルーイ県でみたように（II-3-2），日本の土壁に良く似た技術で，竹などを格子状に編んだ下地の両面に藁と水牛の糞や樹液を混ぜた土を塗り重ね，表面にモルタルなどを塗って仕上げる壁である．「パー」はラオス語で「壁」を意味し，「トクシー」は「土壁」を意味するフランス語（Torchis）を語源とする．煉瓦柱は文字通り煉瓦による組積造の柱である．植民地期には地租収入のために，賃貸建物（ショップハウス）を街の北部に建設し，その一方でフランス人や公務員の住居を市の中心に建設した．上記の建物は，どれも煉瓦造とパー・トクシーが主な建材である．さらに，以上の特徴以外には，木造の伝統的なラオス住居を建て替え，植民地様式を真似した．ヴィエンチャンの風景は 1900 年以前とは一変することになった．

　ここでは，ヴィエンチャンの旧市街（旧内城壁内エリア）を対象として，フランス植民地期に建設されたパー・トクシーと煉瓦柱を利用したショップハウスと住居に焦点を当てている．

①都市形成とパー・トクシーの出現

　フランス植民地期以前のヴィエンチャンの都市形成史についてはよくわかってはい

第 IV 章
東南アジアの現代住居

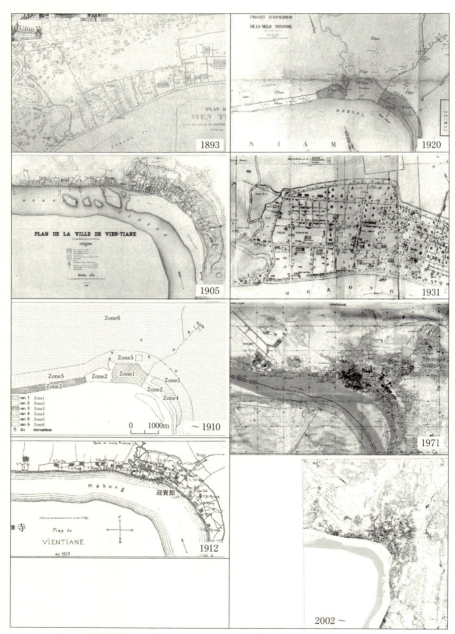

図 IV-3-4b　ヴィエンチャンの都市計画図　Chayphet（2005）

ない．残された古地図によると，メコン河の左岸に発展してきたことがわかる（図 IV-3-4b）．

1893 年，フランス・シアム条約の締結により，ラオスがフランスの支配下となると，フランス政府の都市計画により廃墟となっていたヴィエンチャンに都市の建設が始まる．

まず，フランスによる統治のシンボルとして，旧王宮があった場所に迎賓館が建設される．その後，迎賓館から北東に延びるラーンサーン Lanxang 通り，メコン川沿いのファーグム Fangum 通り，さらにそれと平行に旧市街の中心部を横切るサームセンタイ通りの 3

図 IV-3-4c　ショップハウスの立地　作製：Chantanee Chiranthanut

つの通りが計画され，町の骨格が決定された（Stuart-Fox 2006）．

迎賓館から北西方向のエリアには，ヴェトナムからの労働者，職人，公務員，中国から来た商人などの居住地が形成され，その中の 1 つの住居スタイルとしてショップハウスが建設された（Sayarath 2005）．1910 年代には市場やオフィスをはじめとして，造幣局，病院，フランス語学校，刑務所，郵便局等の公共施設の建設が進み，上下水道や電気などのインフラも整備された．1920 年代には旧市街地周辺のエリアで土地に課す税金のゾーニングが決定され，最も高い税金が課されたゾーン 1（図 IV-3-4b：1910 年図参照）の地域では土地の積極的な商業利用が進み，ショップハウスが集中して建設された．その後，市街地の拡大により町はメコン川に沿って南東方向に，さらに旧王宮から北東方向にのびるラーンサーン通りに沿って北東方向に展開する（図 IV-3-4c）．

②住居類型

ヴィエンチャンにある住居は様々なスタイルが存在している．ラオスの植民地期の木造住居以外に新たな建築技術を利用した住居に着目すると大きく 2 つのグループに分類できる．

①コロニアル・ハウス（植民地住居）は，屋根形態は入母屋と寄棟が多く，構造は煉瓦造が多くみられる．間取りは，ヨーロッパ風の住居形式の影響を受け，二階建て住居で一階は完全に壁を囲まれた部屋とする．一階は伝統的な住居（図 IV-3-4d）よりも複雑な間取りであり，居間・厨房・トイレを完備し，昼間の日

図 IV-3-4d　ヴィエンチャンの伝統的住居　撮影：Chantanee Chiranthanut

図 IV-3-4j　アーケード付のショップハウス
撮影：Chantanee Chiranthanut

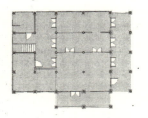

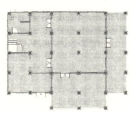

図 IV-3-4e　ヴィエンチャンのコロニアル・ハウス
作製：Chantanee Chiranthanut

常生活空間として使われている．住居の中にある階段を利用して寝室をメインの機能とする2階に移動する（図 IV-3-4e）．

②ラオス風コロニアル・ハウスの形式は，最初の住居形態で社会的地位の高い人びとが住む住居である．屋根形式は伝統的な住居の形態に似ているが，煉瓦柱とパー・トクシー壁が目立つ．

ラオス風植民地住居の屋根と構造の形態に着目すると，2つのタイプに分類される．

a．基本型（図 IV-3-4f）

チャオあるいは社会的地位の高い人びとの住居で，基本形は，2階建て，母屋と厨房が別棟に位置され，入口は妻入りである．高床は多くみられるが，煉瓦を重ねた壁で高床の下を囲む場合も少なくない．屋根形態は伝統的な住居の形態に似ていて勾配が約35-45度あり，母屋棟が2列の切妻屋根形態を持つ住居である．2階の入口には，小さなヴェランダにフランス風階段が設けられ，下部は重ねた煉

瓦，上部は木造あるいは煉瓦を用いる．ただし，調査した結果，建物内に階段がある場合も多く確認できる．

b．変化型（図 IV-3-4g）

木造の伝統的ラオス住居とは異なる新たな建材として，パー・トクシーと煉瓦柱が広まり，一般住民の住居にも影響を与え，ヴィエンチャン市内の広い範囲で建てられたと考えられる．さらに，ラオスコロニアル・ハウスが初期の形態から徐々に変化し，以下のような住居形式になった．

住居構造は，一階は煉瓦造の壁構造であり，2階は板壁よりもパー・トクシーが多くみられ，屋根材はトタンが用いられる．ちなみに，煉瓦壁には上部にパー・トクシーを利用する場合もある．ラオスコロニアル・ハウスの基本型とは異なり（例vc01とvc02），時間と費用がかからない屋根材に変更し，粘土瓦の替わりにトタンを用い，2つ並列していた切妻屋根を1つの切妻の大屋根に架け替える．その屋根勾配は35度以下のものが多くみられる．

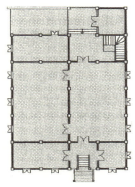

図 IV-3-4f　ラオス風コロニアル・ハウスの基本型　作製：Chantanee Chiranthanut

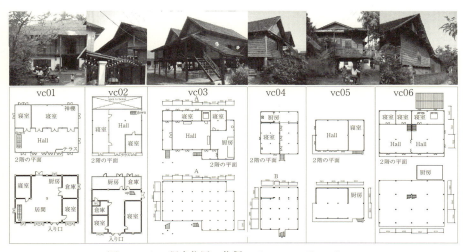

図 IV-3-4g　調査住居　作製：Chantanee Chiranthanut

第 IV 章
東南アジアの現代住居

図 IV-3-4h　ショップハウスの類型　作製：Chantanee Chiranthanut

　基本型住居と同じ妻入り住居もあるが，平入り住居も確認できる．さらに，入口に着目すると，メイン入口は一階にあり，軒内に木造の階段が設けられている．高床はみられるが，煉瓦壁で高床の下を囲む場合もある．1 階には客間以外の寝室，トイレなどがある（vc02）．厨房は，1 階の一つのコーナーを利用する（vc01），もしくは母屋の裏側に厨房を設ける（vc02）．

　伝統的な住居がラオス風植民地住居へと変化していった一断面は以上のようである．屋根形式は伝統的な住居の形態に似ているが，「煉瓦柱」と「パー・トクシー壁」が新しい要素である．1 階は煉瓦造（煉瓦柱の壁構造）で，2 階は板壁よりも「パー・トクシー壁」が多くみられ，屋根材としてトタンが用いられる．煉瓦壁で上部にパー・トクシーを利用する場合もみられる．

③ショップハウス
　現在もショップハウスが最も多く存在する旧内城壁内のラーンサーン通り北西側の地域を対象に行った．街路から観察できるショップハウスの外観に関する調査によると，以下の 4 つのタイプが確認できる（図 IV-3-4h）．

> ①は植民地期に建設された 1 階もしくは 2 階建てのショップハウスで，外壁に「パー・トクシー」が見られるもの，もしくは木造の外壁を持つものである．街路に対して平入りとなるような勾配屋根を持つ．C. サヤラートによると，植民地期に建築されたショップハウスは，外壁の構造が煉瓦造であり，間仕切り壁は「パー・トクシー」を利用するとあるが（Sayarath, Chayohet 2005），現地調査では外壁の下部が煉瓦造で，上部がパー・トクシーというケースも多く確認されたほか，上部が全て木造のものも見られた．
> ②は 1 階もしくは 2 階建てで勾配屋根を持つなど，フランス植民地期のスタイルと見られるが，外部からの調査では詳細が確認できなかったものである．外観のファサードはヨーロッパ風あるいは中国風であり，1 階部分がセットバックしてアーケードとなっているなどの特徴を持つものもみられる．
> ③は植民地期後に多く建設されたアカーン・サマイマイ Akarn Samaimai（モダンスタイル）と呼ばれる形式の 1 階もしくは 2 階建てのショップハウスで，パラ

図 IV-3-4i　ショップハウスの分布　作製：Chantanee Chiranthanut

ペットの立ち上がりにより屋根面が隠れるので，キュービックな印象のファサードを持つ．

④は上記のモダンスタイルのうち，3階建て以上のものである．多くはRC造で，新しい時代に建設されたものである．

　現在，旧市街内の旧王宮から北東方向（調査対象の範囲）には，①のグループは24軒，②のグループは72軒，③のグループは33軒が確認できる．④のタイプは最も数が多く，エリア全体に分布している（図 IV-3-4i）．

　現在のヴィエンチャンは，フランス植民地期に，その骨格がつくられたものである．ヨーロッパスタイルの建築はフランスの影響で，ショップハウスや住居は初期にヴェトナム人によって建てられたものである．フランス人の他，ラオス人，ヴェトナム人，中国人が居住する中で，様々な文化的背景における生活習慣，建築技術によって多様な住居が建てられてきた．植民地期に建築されたショップハウスは旧内城壁内，ラーンサーン通り北西側のエリアに最も多く残されており，その多様な表現を今日もみる

ことができる.これらの多様性は,フランス統治下で様々な民族の文化が混合した結果生み出されたものである.

特に,「パー・トクシー」と「煉瓦柱」が使われるようになったのは,独特である.新たに創意工夫された技術と共に住居形式も徐々に変化し,伝統的な住居はラオス風植民地住居へと変化したと考えられる.この「パー・トクシー」と「煉瓦柱」がメコン河を超えて,タイのルーイ県に移転されていく.また,ヴィエンチャンの住居も変わっていく.1階は煉瓦造(煉瓦柱の壁構造)で,2階は板壁よりもパー・トクシーが多くみられ,屋根材にはトタンが用いられる.2つ並列していた切妻屋根を1つの切妻大屋根にかけ替えること,高床の床下を囲む場合も少なくなりつつある.

IV-4　首都バンコクの変容

タイの国土そして首都バンコクが大きく変容してきたことは,IV-1,IV-2 でみてきたとおりである.バンコクは,東南アジアの典型的なプライメイト・シティとして急膨張し,今や都市的集積人口 1500 万人を超える世界有数のメガ・シティである.

バンコクがこの間,深刻な住宅問題,都市問題を抱えてきたことは他のメガ・シティと同様であるが,ここでは,バンコクの現代住宅について,3つの住宅地を取り上げて,その実態と諸問題についてみてみたい.

4-1 ｜ タイの住宅政策と住宅建設

国土の変容に伴い住宅はどのように変化してきたのか,まずはバンコクと地方の住宅についてハウジングサーベイの統計データからみてみたい[201].

タイ国土全体で見ると,1976 年には 685 万戸の住宅があり,戸建てが9割,ショップハウスが1割,その他の住宅形態はごくわずかという状況であった.1986 年に住宅は 1070 万戸に増えるが,住宅形態に大きな変化は見られない.

1996 年になると住宅は 1500 万戸に増え,戸建てのシェアが8割,ショップハウスが1割,タウンハウスやフラッツなどで1割弱という状況になり,その構成比は 2011 年もほぼ同様である.住宅の形態は 1986 年～1996 年に変化している(図 IV-4-1a).

---

[201] タイでは 1976 年から 10 年ごとに Housing Survey Report が発行されており,住宅についての詳しいデータが入手できたが,レポートは 1996 年を最後に発行されなくなった.そのため 2011 年は Household Socio-economic Survey を参照している.

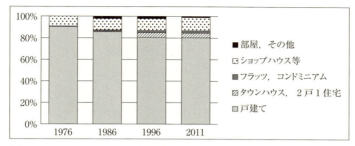

図 IV-4-1a　タイランドの住宅変化（1976, 1986, 1996, 2011）　出所：Report on Housing Survey 1976, 1986, 1996, The 2011 Household Socio-Economic Survey Whole Kingdom より作成

　それらの変化は全土で見られるわけではなく，バンコクでの変化が大きく影響している．バンコクでは1986年には戸建て（45%）とショップハウス（30%）がほとんどであったが，1996年にはショップハウスはそのまま，戸建てが減少し，その分タウンハウスやフラッツが増加した．2011年にはショップハウスが減少し，戸建てやタウンハウス，フラッツが増え，住宅の形態が多様化している．

　バンコクでは1986年から1996年だけでなく，1996年から2011年にも変化が見られ，たえずダイナミックに変化している．一方，1986年から2011年までの変化を地域ごとに見ると，北部や東北ではほとんど変化が見られず，依然として95%が戸建てである．南部では戸建てがやや減少し，タウンハウスやフラッツなどが増えている（図 IV-4-1b）．

　このように住宅の形態は変化していないが，住宅の建築材料には大きな変化が見られる．1986年には全国の戸建ての76%が木造で，混構造のものは数%であった．さらにショップハウスなどでもRC造や煉瓦造が44%みられるものの，木造も42%，木と煉瓦などの混構造が12%を占めていた．タウンハウスでも木造がみられるなど，あらゆる住宅が木造をベースとしていた．

　しかし1996年には全国の戸建てのうち木造は55%と減少し，混構造が24%，RC造か煉瓦造が13%と増えている．ショップハウスについてもRC造か煉瓦造が増え（52%），木造（28%）や混構造（11%）の割合は低下している．タウンハウスや2戸1住宅は100%がRC造か煉瓦造である．

　2011年にはバンコクの住宅の73%がRC造や煉瓦造，木造は18%である．バンコクを除く中部でもRC造や煉瓦造が56%と多く，木造は25%，木と煉瓦の混構造が17%となっている．北部ではRC造と木造が同程度みられ（36%），残りは木と煉瓦の混構造である．東北は北部とは異なり最も多いのが木と煉瓦の混構造（46%），続いてRCや煉瓦（34%），木造は少なくて20%である．南部は，他の地方と異なり

第 IV 章
東南アジアの現代住居

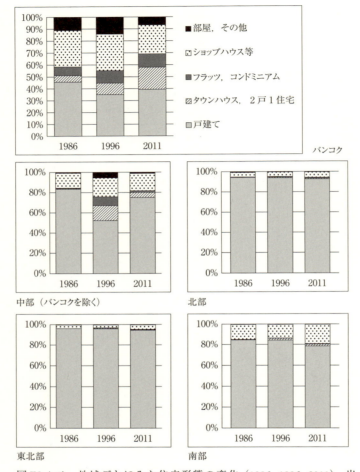

図 IV-4-1b　地域ごとにみた住宅形態の変化（1986, 1996, 2011）　出所：Report on Housing Survey 1986, 1996, The 2011 Household Socio-Economic Survey Whole Kingdom より作成

バンコクと類似している．最も多いのは RC 造や煉瓦造（70％）で，混構造が 16％，木造は最も少なく 14％ である．南部は北部や東北に比べると戸建てよりもショップハウスの割合が多いが，それでも 78％ が戸建てであるから，雨が多いこの地域では戸建てでも耐久性のある工業材料が用いられる割合が高いと考えられる．

　具体的に，集落レヴェルで住宅に使われる建材がどのように変化してきたかについては II 章でみてきた通りである．ここでは首都バンコクについて住宅政策との関わ

りからみることにしよう．

①バンコクの住宅形態

民間による宅地・住宅開発は 1950 年代から行われ，当初は郊外での宅地開発が主流であった．1960 年代末からはムーバーン・チャドサンと呼ばれる分譲住宅地の開発が始まる．1960 年代末〜1975 年には高級住宅の分譲や都心でのコンドミニアム建設が盛んとなり，1975〜1980 年代前半には郊外でタウンハウスが普及した．

1980 年代以降は，地価高騰と建設費の上昇により，民間の住宅供給の主体は，戸建てやタウンハウスからコンドミニアムへと変化し，1987 年には新規建設戸数全体の 3％に過ぎなかったフラッツやコンドミニアムは，1991 年以降 30％を占めるに至っている．

個人による戸建て住宅の建設戸数は 1980 年代後半以降，ほぼ 2〜4 万戸で推移してきたが，分譲住宅は 3〜14 万戸／年と飛躍的に増加する．一方，いわゆるダウン・マーケットと呼ばれる低価格住宅市場の拡大がある．金利の低下や住宅取得における長期融資や分割払いが普及し，中低所得者層にとっても住宅が購入しやすくなり，建設業者にもインセンティブが与えられた．1993 年には投資委員会（BOI）によって，初めて低価格住宅の開発に対する税制面での優遇措置制度が設けられ，低価格の戸建て，タウンハウス，コンドミニアムなどが供給されてきた．

このようにバンコクの住宅は社会情勢や政策によってダイナミックに変化し続けている．1970 年から 1980 年にかけて住宅は倍増し，1990 年にはフラッツやコンドミニアムが増加し，さらに 2000 年〜2010 年にかけては戸建ても増加するが，タウンハウスは 2 倍，フラッツ・コンドミニアムは 3 倍と急増し，バンコクの都市住宅の様相が大きく変化したことがわかる（図 IV-4-1c）．

中低所得者層にとっても入手しやすい住宅が増加したとはいえ，ローコスト・コン

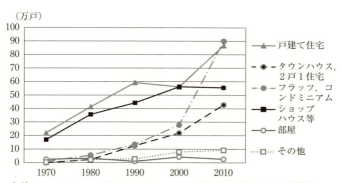

図 IV-4-1c　バンコクの住宅ストック　作製：田中麻里

ドミニアムは 20m² と狭小なものが多く，民間の住宅供給が居住環境の向上に果たした役割は限定的であり，タイ住宅公団が担う役割は大きい．

②タイ住宅公団による住宅供給

タイにおける公共住宅政策の枠組みとして，内務省公共福祉局公共住宅課，福祉住宅課，政府住宅銀行やバンコク都庁のコミュニティ改善室など4つの部門が設置されたのは1950年代初めである．しかし，当初は4部門が相互調整を欠いていたことから，1972年～1976年の第3次国家社会経済開発計画 (National Economic and Social Development Plan : NESD Plan) において，これらを統合して，内務省のもとにタイ住宅公団 (National Housing Authority : 以下 NHA) が設立された (1973年)．以降，タイにおける住宅政策は5年ごとに策定される国家社会経済開発計画に基づく．そして，タイの住宅政策の中核を担ってきたのは，タイ住宅公団 NHA である．1983年以降は国家経済社会開発庁 NESDB のもとに住宅政策小委員会が設置され，NHA の住宅政策課が住宅政策の起草などを担っている．NHA の住宅供給事業の展開は以下のようである．

a．初期住宅供給事業（1976～1978）

設立当初は5階建て集合住宅に代表される公共住宅を建設することがNHAの事業の中心であった．しかし，中層集合住宅は建設費が非常に高く，多額の補助金投入が政府の財政破綻をもたらしたこともあって，目標建設戸数よりもはるかに少ない戸数しか建設できなかった．また，家賃も高く，定収のない低所得者層にとって月々の支払いは困難であった．さらに，これまで路地などのスペースを拡張して生活してきた居住者にとって積層型住宅の住居形式はなじめずに，多くが転出することになった．その結果，公共住宅には，対象としていた低所得者層ではなく中高所得者層が居住するという皮肉な結果をもたらした．

b．公共住宅供給からセルフヘルプへ（1978～1981）

1970年代後半から政策が大きく転換される．1978～1981年の第4次国家経済社会計画のもとで新政権による低所得者層への大幅な補助金削減が行われ，開発途上国援助や国際機関による融資に期待が向けられた．また，土地の権利が保障され，その場所の道路や水道，電気，衛生設備など最低限の居住環境が改善されれば，低所得者層の人々も自ら住宅に投資し改善していく意欲と能力があるという，居住者の自助（セルフヘルプ）を重視する考え方が注目されてきた．そうした背景において，1980年前半にはスラム改善事業やサイツ・アンド・サーヴィス (S&S) 事業が盛んに行われた．スラム改善事業とは，「スラム」に道路や排水溝を設け，区画割りを整えて居住環境を整備していく事業である．サイツ・アンド・サーヴィス事業は，道路や排水，水道，電気などの最低限のインフラ整備を施した小規模な宅地を供給する事業をいう．宅地だけの場合もあるが，トイレや小規模なワンルーム程度のコアハウスが供給されるこ

ともある．増改築や住宅建設は居住者に委ねられ，居住者のニーズや経済状況に応じて段階的に住宅建設を行う方法である．
 c．土地分有の手法による住宅供給（1982～1986）
 　第5次国家経済社会計画（1982～1986年）の実施期間は政治的にも安定しており（プレム Prem 首相期 1982～1987），NHA の住宅政策課は，引き続き住宅政策を起草するなど重要な役割を担ってきたが，政府は，体系的な住宅政策の立案のため，1983年以降は国家経済社会開発庁 NESDB のもとに，住宅開発と資金に関わる様々な部門の調整を担う住宅政策小委員会を設置している．具体的には，土地分有 Land Sharing といわれる事業が行われ，低所得者層の居住環境を改善するタイ固有の手法として注目された．土地分有は，不法占拠した土地をめぐって地主と不法占拠者が話し合いを通して，合意の上で土地を分割して共住する，再定住の方法である．開発に有利な道路に面した前面部分を地主が所有し，不法占拠者は土地を地主から買い取り住宅を建設することが多い．1980年代にはタイでは7事業が行われた．しかし，その後の経済成長期には建設ラッシュに伴い地価が高騰し，地主から分割合意を得ることは難しくなり，補償金を得て郊外へ転出することが多くなっていった．
 d．NHA の役割低下，民間重視へ（1987～1991）
 　第6次国家経済社会開発計画（1987～1991年）は，民間セクターによる低所得者向け住宅開発を重視した．民間活力重視によって NHA の役割は低下（住宅公団の供給は住宅需要全体の2割以下に設定）したが，NHA は，都市再開発事業，土地区画整理事業，スラム再区画・移住事業および地方都市の開発など新しい様々な手法を展開し，これらはそれぞれ現在まで継続している．この期間，スラム問題解決に取り組むため，都市貧困層の生活改善のための都市コミュニティ事務局 UCDO が NHA の下に設けられている（1992年）．
 e．低所得者向け住宅供給の第1次ピーク（1992～1996）
 　タイは1980年代後半から目覚ましい経済成長を遂げ，1990年代はじめには不動産市場が過去最大規模となった．第7次国家経済社会開発計画（1992～1996年）のもとで NHA は過去最高の住宅供給を達成する．これには，20年にわたる NHA の経験や実績をもとに地方での事業増大が展開されたことが大きい．1995年には不動産経営および管理から利益を得ることを目的に NHA と民間会社グループによる合弁会社 CEMCO（Community and Estate Management Co. Ltd）が設立された．
 f．経済危機による事業停滞（1997～2001）
 　第8次計画（1997～2001年）の開始初年1997年に起こった経済危機のため，NHA の事業は一時中止され，未完成な民間開発事業の買い取りなど経済危機への対応策が中心となる．1999年には地方分権一括法が策定され，ますます地方開発が重視され，NHA 事業全体の43％が地方都市での事業であった．さらに，住宅供給だけでなく「1

行政区 1 生産品事業（1 tambon 1 product project）」も導入される．それとともに，地方自治体と住民をサポートしながら計画づくりを行う事例が増えてきている．また，都市貧困層の生活改善のために活動してきた組織 UCDO を引き継ぐかたちで，スラム問題解決と居住権保障のために，新しく CODI（Community Organization Development Institute）が 2000 年に設立された．

g．低所得者向け住宅供給の第 2 次ピーク（2002〜2006）

　2001 年にタクシンが首相となり，中央省庁の再編により 2003 年に NHA は内務省から，新設された社会開発・人間安全保障省の管轄となる．CODI も NHA から独立して，社会開発・人間安全保障省のもとに設置された．以後，NHA はスラム改善事業については取り扱わず，タイ公団住宅の管理，建設，運営が中心事業となっていく．

　経済活性化策のひとつとして，また新政権の目玉政策のひとつとして，NHA は 2003 年からバーン・ウア・アトーン Baan Eua Arthon project と呼ばれる低所得者向けの規格住宅の分譲事業を始めた．これは 2003〜2007 年の 5 年間に 60 万戸を建設することを当初目標とした大事業である[202]．

③バーン・ウア・アトーン事業

　タクシン首相時代に，大きな住宅政策の転換が行われる．庶民重視の経済政策を主導したタクシン元首相（タイ愛国党党首として 2001〜2006 年政権運営）の経済戦略はタクシノミックスとも呼ばれているが，具体的には農民の借金返済猶予の閣議決定，村落基金の創設，1 タンボン 1 品プロジェクト，中小零細企業支援，バーン・ウア・アトーン・プロジェクト，30 バーツ医療制度などである．とくに NHA の事業の中でバーン・ウア・アトーン事業が占める割合は極めて大きくなっている（図 IV-4-1d）．低所得者層向けの分譲住宅には，フラッツ（集合住宅），戸建て，2 戸 1 住宅，長屋の 4 種類の住宅タイプがある（図 IV-4-1e）．フラッツは 3〜5 階建て，住戸の広さは主に 24m^2 と 33m^2 で，35m^2 のものもある．戸建て，2 戸 1 住宅，長屋は 2 階建てである．住戸の広さは戸建て，2 戸 1 住宅は主に 84m^2，長屋は 64m^2 である．1 階に 1 室，2 階に 2 室の構成である．居住者による増改築ができるよう設計され，戸建ての 1 階ピロティ部分を駐車場としたり，部屋を増築することが可能である．本書では，チェンマイのノンホイ団地（IV-3-2），バンコク近郊のバーンチャロン団地（IV-4-4）で詳しく触れている．

　当初は世帯収入が 1 万 5000 バーツ／月以下の所得者層を対象としていた．しかし，その後 3 万バーツ／月以下の所得者層に対象を広げている．NHA が直接住宅建設を行うのではなく民間業者を選定して委託する．価格は 25 万〜39 万バーツとなっており，いずれも頭金として 3000 バーツを支払い，あとは月々 2400〜2600 バーツの支

---

[202] その後タイの経済状況の停滞により NHA は 60 万戸から 30 万 504 戸まで総建築戸数を削減することを提案し，2007 年 12 月閣議決定されている．

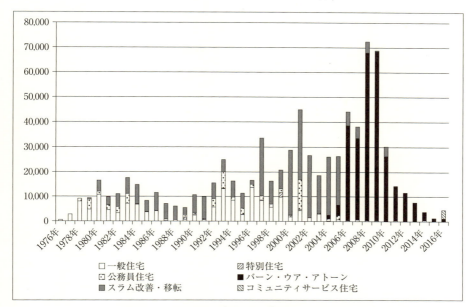

図 IV-4-1d　NHA の事業実績（縦軸は住宅戸数）

払いを 15〜20 年，最長で 30 年続けるローンプランが設定される．

　2003 年に 60 万戸を建設目標戸数として計画が実施され 2003 年から 2014 年までに，27 万 5625 戸が建設された[203]．これまでに実施されたプロジェクト数はフラッツが一番多く（119 事業），次に戸建てが多い（111 事業），長屋が一番少なく（11 事業），2 戸 1 住宅は 35 事業である[204]．1 期で完成したプロジェクトは 2 件のみで，2006 年，2007 年にはそれぞれ 40 件程度，2008 年，2009 年が最も多く，それぞれ 68 件，72 件でピークとなり，2010 年は 30 件，2013 年の 19 件と減少している．

　戸建てや 2 戸 1 住宅は全ての地方で建設されている．戸建ては 77 都県中 50 都県で建てられており，北部や東北でとくに多い．東北では集合住宅は建設されていない．長屋は中部で建設されているが数は少ない（図 IV-4-1f）．4 種類全ての住宅が建設されているのは，バンコク，アユタヤ，チャチョンサオである．

　バーン・ウア・アトーン事業は，住宅建設だけでなくコミュニティ組織を作り，住宅および住宅地の維持管理にも住民が積極的に関わることを目指しており，コミュニティ活動が活発な集合住宅団地の表彰制度もある．集合住宅は，タイの法律上，建設後 5 年以内に住宅管理組合を結成することが決められている．そのため，建設後は

---

203) NHA Annual Report 2014.
204) 2012 年 2 月に田中麻里が入手した NHA の BEA 事業実施一覧表より．

第 IV 章
東南アジアの現代住居

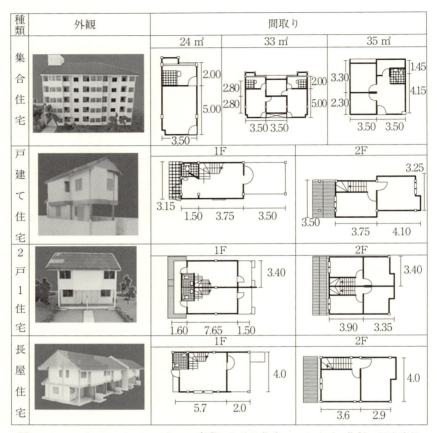

図 IV-4-1e　バーン・ウア・アトーン事業における住宅の4タイプ　作製：田中麻里

NHA の職員が管理組合の立ち上げ支援に関わるが，4-4 でみるように管理組合の立ち上げ後も相談や助言をするアドバイザー的立場で関わっている．

　以上のように，NHA は 1973 年の設立当初から，低〜中所得者層向けの住宅供給やスラム改善を行ってきた．1976 年から 2014 年までの事業の内訳をみると，最も多いのは分譲住宅バーン・ウア・アトーン事業（39％）である．この事業は 2003 年に開始されて間もないにもかかわらず，NHA のこれまでの供給戸数の首位を占めている．次に多いのはスラム改善事業の 23 万 3964 戸（33％）である．次に一般住宅（20％），公務員住宅（7％）が続く．2000 年に CODI が設立され，最低所得者層の居住改善を CODI が，中低所得者層の住宅供給を NHA が担うようになった．初めて長期計

4 首都バンコクの変容

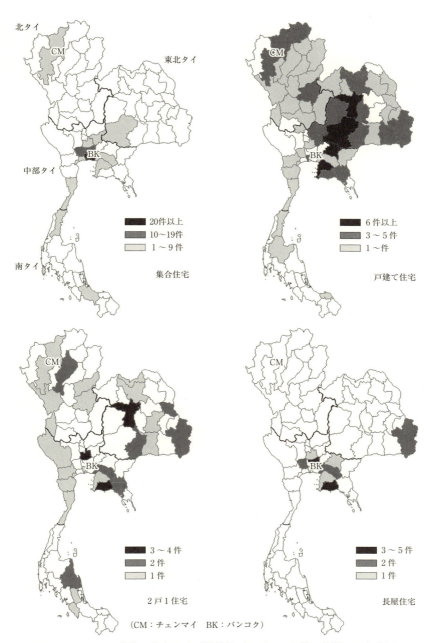

図 IV-4-1f　BEA事業の住宅タイプ別供給プロジェクト数　作製：田中麻里

画（2016〜2025）が策定されたが，これは大まかな全体図である．タイの総世帯（2016万7000世帯）のうち77％がすでに住宅所有権を有しており，23％が賃貸や公務員住宅など所有権をもたない．23％のうち41％は中所得者の賃貸住宅などであり，残り59％に対してCODIとNHAが対象とする所得層や供給戸数を明記している．

NHAは2016年に公共交通機関の駅を拠点とした集合住宅開発を開始している．駅から2〜3km離れた場所に4〜8階建ての集合住宅を建設し1階を商業施設，上階を25〜30m²の住戸とする集合住宅である．バーン・ウア・アトーン事業はバーン・プラチャラットと呼び名が変更されて継承される[205]．2017年から始まる5ヶ年計画では，高齢者向け住宅や公務員住宅の建設，ASEANの特別経済地域である国境の10地域での労働者住宅の建設，公共と民間のパートナーシップによる住宅事業などが計画されている．

NHAはこれまでサイツ・アンド・サーヴィス事業や土地分有事業など画期的な試みを行ってきた．NHA事業の中で最大建設戸数となるバーン・ウア・アトーン事業も住宅を必要とする人々に住み続けられ，居住の手がかりを与えたという点で評価できる．しかし，とくに住戸計画においては狭小な住戸，共用空間の工夫において改善が必要と思われる．

4-2 建設現場の仮設住宅地

バンコクは，これまでみたように，1980年代後半から1990年代前半にかけて著しく経済成長し，活発な経済活動に伴って建設ラッシュが続いた．1991年時点で，タイには100万人の建設労働者がいるといわれたが（タイ労働省，1991），季節労働者の数を含めると膨大な数になり，またその大部分はバンコクに集中していた．絶頂期に比べて建設活動が縮小されたとはいうものの，バンコクの建設工事の現場付近や建設中の建物の中に，建設労働者のための一時的な住まいが造られることが普通にみられた．

このような一時的な住まいは，建設工事を請け負う元請け企業が造り，居住者は職種によって数カ月単位で移動を繰り返す短期居住者から，2〜3年と比較的長期にわたる者まで様々である．夫婦や子どもと一緒に生活する場合が多く，日本のように単身者が多い飯場や単なる宿泊所としての空間とは異なる．仮設で一時的ではあるがうまく住みこなされている．農村部からの流入人口の受け皿となっていて，家族居住が多く，共同生活が営まれていることから，都市のひとつの居住地の形態として捉えることができる[206]．一時的な仮設の住まいには様々な制約があるが，限られた条件の

---

205) プラチャーは市民，ラットは政府の意味の造語．ウア・アトーンが思いやりという意味であったが，今後は今まで以上に幅広い所得階層向けの住宅供給を行うためではないかと思われる．

下での住まいのあり方には住居の本質のようなものが現れている．田中麻里（2003）によりながら，その住居形式，そして居住実態についてみたい．調査を行ったのは，図 IV-4-2a に示した A〜G の 6 住宅地である．

①仮設住宅地の形態

仮設住宅は，タイ語ではバーンパック・コンガーン・チュアックラオ Ban Pak Kongan Chuakrao（労働者が泊まる仮の住まい，という意味）と呼ばれる．建設工事現場の近くや建設中の建物の中に造られる．いずれの場合も，元請け会社が土地を借りて，住宅，共同トイレ，水浴び場が造られ，電気と水道が供給される．元請け会社から支給された建材を使って，労働者（居住者でもある）が建設する．個々に住宅が建てられるのではなく，波板鉄板やベニヤなどを再利用して，平屋か 2 階建ての棟割り長屋形式のものが多く建てられる．電気と水道代は元請け会社が負担するため，居住者は住宅も含めて生活に必要なサーヴィスを無償で利用できる．

仮設住宅は構造によって平屋型，2 階建て型，ビル中型に分類できる．住宅地の居住環境は都心部と郊外といった立地や，住宅を建設する元請け企業によっても異なる（表 IV-4-2a, b）．ビル中型とは，建設中の建物の中に仮設住宅が造られたものをいうが，これは都市部でかつタイ企業が元請けの現場に限られていた[207]．

---

206) 建設労働者に関する研究には，男女の性別での労働条件の問題を扱ったオグンラナらの研究や，労働者の子どもに関するスリサムバンドの研究など，建設労働者の労働環境，社会・経済状況を対象としたものや，ジャヤスットらによる労働者家族の抱える問題や要望に関する意識調査などがあるが，住環境の実態を詳しく述べた研究はみられない．Ogunlana, Stephen et al.(1993)'Thai Women Construction Workers', Gender studies Monograph 3, Interdisciplinary Studies in gender and Development in Conjunction with the Structural Engineering and Construction Program, Asian Institute of Technology, Bangkok, Sirisambhand, Napat（1989）'A Case Study of Two Mobile Day-care Centres at Construction Sites in The City of Bangkok', Chulalongkorn University Social research Institute, Bangkok, Jayasut, Nanthanee et al.（1988, 1989）"Research Report on Bangkok Construction Worker's Families : Community Needs Assessment", unpublished paper, Bangkok : Thammasat University, "Survey Report on Problems and Organizational Feasibility of Construction Workers", unpublished paper, Bangkok : Thammasat University. そこで，タイにおける仮設型住宅計画およびその住環境について実地調査を行った．内容は，仮設を前提とした住宅計画の内容，居住環境，住宅地の維持管理とコミュニティ，住空間の使われ方および居住者の住環境評価についてである．調査は 1993 年 4〜7 月，1994 年 10 月，バンコク都市部と郊外から，居住地の規模が大きく居住者が多い中・大規模建設プロジェクトの仮設住宅地を対象とした．地元タイ企業と日系現地法人（日系企業）の違いや，建設期間や仮設住宅の形態による差異を考慮して，代表的であると思われる 7 箇所の住宅地を選定した．各住宅地において建設労働者もしくはその家族を対象とした直接面接方式のアンケート調査，住戸観察と実測ならびに住宅地を供給する建設会社にヒヤリングを行った．調査世帯数は 351 世帯である．
207) 2 社の地元タイ企業は，ビル中に造るのは多少危険ではあるが，都心部では地価が高く，これらは一時的なものだから構わないのではないかという．一方，3 社の日系現地法人（以下，日系企業）では，いずれも事故の懸念，社会的非難を避けるため，必ず現場から離れた場所に土地を借りて仮設住宅を提供するといい，方針には明らかな違いがみられた．

第 IV 章
東南アジアの現代住居

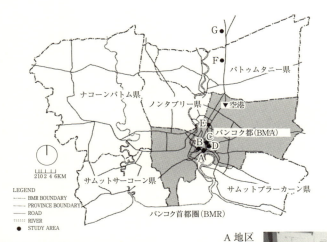

C 地区

都市部平屋（スクンヴィット通り）
観光地のためバンコク都から目立たない平屋にするよう指導があった．休日にはテレビでムエタイを観戦．

A 地区

都市部2階建て（ラーマ4世通り）
大型建設工事で長期にわたるため保育所が仮設住宅地内にある．

B 地区

都市部ビル中（シーロム通り付近）
敷地ぎりぎりの4階建て棟と建物内に住戸がある．ドラム缶水槽の周りで，水浴び，洗濯，食器洗いをする．

D 地区

都市部ビル中（スクンヴィット通り）
建設中の建物の駐車場スペースが居住空間．外壁がなく危険だが露台を置いて住みこなす．

図 IV-4-2a　建設現場の仮設住宅　作製：田中麻里

E 地区

都市部2階建て（ラチャヨティン）
仮設とはいえ植木鉢を置き，闘鶏用の鶏も飼われている．廃材を利用したテーブルや椅子に人が集まる．

F 地区

郊外平屋（ナワナコン工業団地）
住戸は広めでゆったり配置のため住戸前にテラスを増築．雑貨店は食堂も兼ね，買物代行も行う．

G 地区

郊外2階建て（バンパイン工業団地）
雑貨店は食堂も兼ねる．敷地が広くビリヤードとスナックバーが併設され無料で利用できるが賭事は禁止．

第 IV 章
東南アジアの現代住居

表 IV-4-2a 居住地の概要 1 調査世帯数，仮設居住地の立地と住宅

	調査世帯数	立地	元請会社	建設期間	現場との距離	居住人数	住宅	基本室	床面積／人
A・ラマIV世通り	53	都市部	日系A	1991.7-94.8	1500m	500人	二階建	2.5m×3.0m	3.27m²
B・ソイ・ピパット	36	都市部	地元タイB	1991.7-94.1	0m	100	ビル中[*1]	2.8m×2.8m	4.28
C・スクンビットソイ12	89	都市部	日系C	1991.8-94.5	1400m	500	平屋	2.5m×2.5m	2.88
D・スクンビットソイ20	38	都市部	地元タイD	1991.8-94.2	0m	110	ビル中	3.0m×3.5m	4.70
E・ラチャヨティン	73	都市部	日系E	1992.7-95.6	200m	280	二階建	2.5m×3.0m	4.10
F・ナバナコン	20	郊外	日系A	1992.1-93.8	20m	100	平屋	2.5m×3.6m	3.99
G・バンパイン	42	郊外	日系E	1992.9-93.11	200m	400	二階建	2.5m×2.5m	3.27

フィールド調査，1993年．
*1 サイトBでは建設中の建物の中と脇に4階建ての住宅が建てられていたが，ここでは「ビル中」として扱っている．

表 IV-4-2b 居住地の概要 2 施設・サービス

	電気	水道	トイレ[*1]	排水溝	ゴミ処理	消火器[*2]	防犯対策	医療サービス	保育施設	商業施設
A	無料	無料	11(45)	不良	自治体回収サービス 清掃者（2人）	20(16)	なし	なし	あり	雑貨店(3)
B	無料	無料	10(10)	なし	自治体回収サービス	6(9)	警備員(1)	なし	なし	なし
C	無料[*4]	無料	45(11)	良	民間回収サービス	18(28)	警官(1)，キャンプリーダー(1)[*5]	なし	なし	雑貨店(2)，即席屋台(1)[*6]
D	無料	無料	4(28)	なし	自治体回収サービス	6(16)	警備員(1)	なし	なし	雑貨店(1)[*7]
E	無料	無料	20(14)	良	自治体回収サービス 清掃者（2人）	19(10)	なし	ペスト消毒	なし	雑貨店(2)，麺屋台(1)，食堂(1)
F	無料	無料	6(17)	なし	焼却	6(10)	警備員(1)	なし	なし	雑貨店(1)，雑貨店兼食堂(2)[*8]
G	無料	無料	20(20)	なし	焼却	16(25)	警備員(1)	なし	なし	雑貨店(1)，雑貨店兼食堂(2)

出所：フィールド調査1993年．
*1 カッコ内数字は，1トイレあたりの使用人数． *2 カッコ内数字は一人当たりの消火器の数．
*3 カッコ内数字は店の数． *4 無料だが使用時間に制限がある．8：00-11：00，13：00-16：00 は使用不可．
*5 居住地における世話役． *6 キャンプリーダーの妻が，毎夕数種類の料理を大量に作り，即席屋台を開く．
*7 居住地の真向かいに同会社が請け負っている別の現場がある．そこに雑貨店があり，労働者はつけで買い物ができる．
*8 雑貨店が注文に応じて簡単な食事を提供する．郊外のF，Gでは雑貨店が食堂を兼ねる．

　住宅地は住戸，共同トイレ，共同水浴び場（共同水槽，共同水道）が設置され，電気が供給されている．これらは，全て元請け会社の負担による．住宅は，波板鉄板とベニヤ板で造られ，建設中のビル中に建設されるタイプを除く全ての住宅地に，食料や日用品を売る雑貨店（ランカイコンチャーム）がみられる．防犯上，警備員やキャンプリーダーが置かれているところが多い．キャンプリーダーとは，居住地における世話役のことである．新しい居住者に住戸を割り当てたり，不審者の出入りをチェックする．また，トラブルが発生した場合に連絡を受けて対処したり，共同水道の利用やごみ処理などが適切であるかを監督している．
　郊外の場合は地価の高い都市部に比べて敷地が広く，住宅も平屋建て（F地区），2

階建てがある (G 地区). 敷地内には比較的余裕をもって住戸が配置され，住戸入口の横などに増築が盛んに行われている. 居住密度は都市部よりも低い. 都市部に立地していると市場や屋台が利用できるが，郊外の場合は，仮設住宅地内にある雑貨店が日用品や食材を販売し，料理も作って食堂も兼ねており，居住者の多様なニーズに応えている.

都市部で建設中の建物の外に造られる仮設住宅は，現場の近くに土地を借りて造る2階建てが主流であるが，まれに平屋もある. バンコク都には建設労働者のための居住地を規制する法律はないが，建築確認申請を提出する際に，仮設住宅地の図面を提出することが求められる. その際，地域によっては，観光地の近くなので周囲に目立たないように平屋建てにするように要請されることもある (C 地区).

居住地内には雑貨店があるが，外部からもロッケンやペンローイと呼ばれる手押し車の屋台などが，ほぼ決まった時間に食べ物などを売りに来る. とくに夕方5時〜6時にもなると，いったん仕事を終えて夜の残業に就くまでの休憩時間のため，様々な種類の屋台が仮設住宅地に集まってくる.

建設中の建物の中に造られる仮設住宅は，駐車場として予定されているフロアーに廃材や波板鉄板で囲いを設けて住戸とするものが多い (D 地区). まれに敷地と建物の間の隙間に4階建てのような積層型仮設住宅が造られる. いずれの場合も，1階にトイレや共同水槽を置いた水回り空間が造られる. こうした住宅は，地価の高い都心商業地域で地代を節約する，地元タイ企業が元請けとなる現場でみられる. 雑貨店などは設けられないが，都心部では早朝から夜遅くまで多様な屋台が利用でき，居住者は外部のサーヴィスを利用して生活する.

②共用空間

雑貨店の前には，廃材などを利用して作ったテーブルやイスが置かれ，住戸前には植木鉢や露台などが置かれている. 共同水浴び場には共同水槽と水道があるが，水槽のまわりでは，食器を洗ったり，洗濯をしたり，水浴びをする人たちが賑やかにおしゃべりをする. すなわち，水槽の周囲や店の前は，人が集まってコミュニケーションをとる場となっている. 家具や子どもの遊具なども住戸前に置かれていることもあるが，簡単に調達できる現場の材料を用いて上手く作られる. 戸外では小鳥や闘鶏用と思われる鶏も飼われている. 必要なものを付け加えながら，限定された環境条件のもとでも豊かな生活空間が創り出されている (E 地区).

野菜や食器を洗ったり，水を使ったりする行為は，共同水槽の周辺か住戸前に棚を設けて戸外で行われる. 住戸前には，調理器具やザルなどを置くための台や棚，洗濯，洗面用具などが置かれることが多い. 水道，電気代ともに無償のため，調理には，タイでは一般的ではない家電製品も積極的に使用されている. 持ち運びできる家電製品の所有率は非常に高い. 80％以上の住戸が所有しているものに，電気炊飯器，扇風

第IV章
東南アジアの現代住居

機, 電気鍋, 床シート, 寝具がある. 電気湯沸かしポットなどは, とくにタイでは一般的でない電気調理器具だが, そうした器具を使用する割合が高いのも, 光熱費が無償であることからみられる特徴といえる. テレビは3軒に1台の割合（33%）で所有しているため, テレビのある住戸に人が集まって見ることも多い. とくに, 休みの日などにタイボクシングなどの試合があるときは, テレビのある住戸の外にまで人だかりができ, 皆で歓声を上げながら観戦する.

③居住空間

仮設住宅は1室空間であるため必然的に食事, 睡眠, くつろぎなど, 様々な生活が1室で行われる（図IV-4-2b）. 住戸前や出入り口付近は調理スペースとなり, 住戸内部にはテレビや家電製品が置かれ, 王の写真を飾ったり仏像を置いた祭壇（ヒンプラ）が設けられることが多い. ちょうど農村住居の中で, 冷蔵庫や棚が置かれ, 国王の写真や仏像を奉る棚などが置かれていた広間（居間）と非常によく似た空間となっている. 農村住居の広間（居間）はテレビをみたり, 寝たり, 接客をしたりといった日常生活が行われると同時に, 僧侶を招くための儀礼空間でもあった. 仮設住宅では, 仮設住宅に僧侶が招かれることは非常に少ないが, 日常の様々な生活が行われると同時に, 精神的な拠り所となる国王の写真や祭壇などが設けられている.

仮設住宅地の住戸に初めて入居するときは, たいていの居住者が住戸内で線香をつけて新しく入居することを告げる簡単な儀式を自分で行う. また, 居住者が不慮の事故などで死亡した場合には, 出身地の自宅へ遺体を運びそこで葬式が行われる. 遠方の場合には病院から寺へ運び火葬をする[208]. したがって僧侶が仮設住宅に招かれることはほとんどないが, 仮設住宅に置かれるものや空間の使われ方をみると, 農村住居における生活および儀礼空間である広間（居間）と極めて類似している.

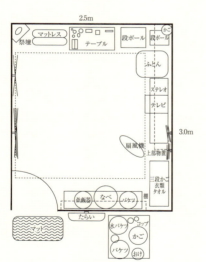

図IV-4-2b　仮設住宅空間構成（仮設住宅は通常一室空間である）　作製：田中麻里

④居住者像

調査世帯（351世帯）の世帯主の平均年齢は31歳で, 平均4.5年の建設労働の経験をもつ. 平均年齢はこれまでの研究報告[209]（平均年齢30歳前後）とほぼ同様, 40歳以下の比較的若い世代が中心である. 郊外では, 平均年齢が40歳と

---

208) 住民へのヒヤリングおよび元請け会社Aの現場責任者へのヒヤリングによる.
209) Jayasut Nathanee et al.（1989）; Sirisambhand Napat（1989）.

高いところもあるが、都市部とほぼ同様の分布状況で、立地別に大きな差はみられない[210]. また、全体の65%が農業経験者（51%は自作農、14%は小作農）で、建設業のみの経験者は21%と少ない. 建設業についた理由は、収入増を期待したり（56%）、農業から得られる収入が不十分なため（43%）といった経済的理由が多くみられた[211].

一緒に暮らす家族形態としては「夫婦のみ居住」が最も多く（35%），「子どものいる核家族」も合わせた核家族が全体の65%以上を占める. 単身労働者が多い日本の飯場の場合[212]とは大きく異なる.

子どものいる世帯について詳しくみると、0～6歳の子どもがいる世帯の54%が子どもと同居している. 子どもが就学年齢になると田舎の親類に預けて学校に通わせることが多く、同居率は低くなる. 6～12歳の子どものいる世帯では8%が同居しているに過ぎない. 12歳以上になると、今度は両親と一緒に働いたり、幼い弟妹の面倒をみるため、同居率が高くなる. 家族形態を立地別にみてみると、バンコク都心で単身者の割合が多く、子ども連れ家族の割合が若干少ない傾向がみられた.

出身地は東北タイ（42%）が最も多く、北タイ（41%）が続く. タイ中部出身もみられるが、バンコク出身は皆無であり、南部タイも少ない. 中部タイ出身者が多いという報告[213]もあるが、出身地がより地方へ広がっている理由として、地方とバンコクとの時間的距離が道路網・交通網の発達によって短くなり、出身地が拡散したことが考えられる. 労働者は、サブコントラクター（タイ語でプーラップマオ）が自分の出身地や良く知っている労働者の出身地にピックアップトラックなどで出かけて行き、村をまわりながら知り合いを通して人を集めるのが一般的であるため、ひとつの現場では同じ村の出身者集団が形成されている[214]. また、バンコクと東北タイの経済的格差が拡大されつつあることも、東北タイ出身者の増加をもたらす要因であると考えられる. 地域別1人当たり名目GNPは、バンコクを100とした場合、東北部12，北部19，中部（バンコクを除く）25，南部22，全国30である（1986年）[215]. 居住者の平

---

210) 郊外のFでとくに年齢が高い理由は明らかではない. しかし、Fでは年齢が高いだけでなく、建設業の経験も長く（F：5.27年，全体平均：4.5年），また同じサブコントラクターと仕事をしている期間も長いなど（F：3.87，全体平均：2.2年），サブコントラクターと固定的な雇用関係が結ばれていることが窺える.
211) その他の理由として、「他に仕事が見つからなかった」（31.3%），「建設の仕事に興味があった」（25.1%），「一時的に働きたい」（11.1%），「住む場所の心配がいらない」（10.3%）などがみられた.
212) 釜ヶ崎資料センター編『釜ヶ崎 歴史と現在』（三一書房，1993年）によると1965年頃までは「家族持ち」もみられたが現在は男性の単身者が多い. 西山夘三（1980）『日本のすまい III』勁草書房，今川勲（1987）『現代棄民考』田畑書店.
213) Jayasut Nathanee et al.（1989）; Sirisambhand Napat（1989）.
214) サイトBでは全体の33%が東北ルーイ県出身であり、Eでは32%が北部ピチット県出身者である. 郊外のFでは75%がピチット県出身者であった.

均収入は 4750 バーツで，バンコクの最低賃金である 1 日 125 バーツ（1 バーツ＝4.5 円，1993 年）を上回っているが，賃金単価の高い夜間（18：00～22：00 以降）の残業分を含めているため労働時間は極めて長い[216]．

出身地に，土地と住宅の両方を所有している割合は過半数を超える．バンコクに住宅を所有している者が 1 例，労働者および配偶者の出身地以外に所有している者が数例みられたが，何といっても多いのは，土地や住宅を出身地に所有している者である．土地なし農民というよりは，出身地を拠点としながらも，就業機会を求めて都市に来た出稼ぎ労働者が多いことが分かる．

仮設住宅地での居住期間は，施工段階で必要となる職種が異なるため，居住期間は，1 年以上の者から 1 箇月未満の者まで混在していて，流動性も高い．平均居住期間は 4.8 カ月である．仮設とはいえ，子どもがいる家族が多く居住しており，長期間に及ぶ建設工事の場合には，バンコク都から保育所設置の要請を受けた所もある．住宅地 A は元請けが日系企業であるが，バンコク都から要請を受けて保育施設（6m×15m，平屋：1 教室，トイレ，台所，先生の部屋からなる）を仮設住宅地の敷地内に建設している．保育所の教員はユニセフから派遣され，2.5～6 歳までの子どもを 8：00～16：00 まで保育し，遠足などの行事も不定期に行っている．子ども 1 人につき 1 日 10 バーツを保護者が保育所に支払う．

同じサブコントラクターについている者同士でより親しいつきあいがみられる．これは，同じサブコントラクターについている者の出身が同じ村であることも多いことに関係している．近所つきあいを 4 段階に尋ねると「大変親しい」や「時々話をする」など，何らかのつきあいがある者が，同じサブコントラクターについている者同士で 90％以上，違うサブコントラクターについている者同士でも 60％以上と高く，一定のつきあい関係が認められる．

また，近所つきあいに対する意見も肯定的で，仮設の住宅地ではあっても人間味のない住環境ではないことが分かる．住宅地にある共同水道の周りでは，水浴びをしたり，洗濯をしながら，また，食器を洗いながら，おしゃべりをしていることが多く，

---

215) 大阪市立大学経済研究所『世界の大都市 6』バンコク，クアラルンプール，シンガポール，ジャカルタ，pp.48-53．中西徹（1995）「フィリピンとタイにおける都市化と都市労働市場」『発展途上国の都市化と貧困層』アジア経済研究所によると，タイでは 1980 年前後から最貧地方であるタイ東北部から首都圏への人口移動の流れが支配的であるという．また，タイのスラムでの調査結果に基づき定住型の中部出身者と居住流動性が高い東北部出身者層（短期季節労働者）がみられ，「雇用者（土木建築請負）―中部・北部出身者」対「被雇用者（労働者）―東北部」の関係のもとに労働市場が分断されていると指摘している．

216) 賃金単価の高い夕方 6 時から 10 時もしくはそれ以降の残業分を含む．建設労働が肉体労働であり長時間労働であることは差し引いて考えなくてはならない．タイの労働基準法では労働時間は 1 週間 48 時間以内と定められている．

居住者同士のコミュニケーションの場となっている．水槽の周りだけでなく，雑貨店の前に置かれたテーブルや椅子なども，とくに明確な目的をもたずにただ座って時間を過ごしたり，そこを通る人を眺めたり，会話をする場所になっている．そうした場所が創られることによって，コミュニケーションが助長されていると思われる．

⑤居住者の評価

　居住者に評価されているのは，「無料で供給される住宅」と「電気・水道などが自由に使えること」でともに92％と極めて高い．キャンプリーダーのいる住宅地ではキャンプリーダーがいて安心という評価も過半数を超えている．キャンプリーダーは，住宅地に居住しながら住環境の管理をしている．ゴミ集積所の整頓や水のトラブルなどにも対応してくれて，居住者との関わりが強い彼らの存在が安心感を与えており，全体として際だった不満はみられない．ゴミの散乱についても，コミュニティリーダーや清掃担当者などがいる所では大きな問題にはなっていない．清掃を担当しているのは，住宅地で日中を過ごす労働者の妻たちであるが，彼女たちは清掃して元請け会社から若干の報酬を得ている．このように住宅地の維持管理に居住者が関わる仕組みがある場合，ゴミ散乱をはじめ問題も少なく，居住者評価も高い．

　評価の差は居住環境を反映している．水の使用時間が制限されている所では，水の利用に対する不満が過半数を超え，職場が遠いという不満は職場との距離が1km以上の住宅地に多い．またビル中型では建設の騒音が他よりも高い不満となっている．トイレに関する不満は，絶対的なトイレの数が不足している所で多く，少なくとも10〜20人に1つは必要である．仮設住宅地の建物の危険性に対する不満は，平屋建て居住者では皆無であり，一般的に危惧されるビル中型でも，居住者の1割弱が不満としているだけで危険性は強く認識されていない．

　住宅に対する不満については，暑さ（64％）が大きい．住宅が波板鉄板で作られていて，開口部が少なく，熱帯の強い日差しによって室内温度が上昇することによる．1住戸は大体2.5m×3.0mの7.5m²程度であるが，狭さ（28％）に対する不満は少ない．1人あたりの居住面積は，他の低所得住宅である工場労働者の寮（18m²で4人居住）やタイ住宅公団による賃貸住宅（32m²で5，6人居住）と比較しても同程度である．仮設住宅の狭さが，暑さに比べて大きな不満とならない理由として，彼らの出身地にある農村住居との関連が大きい．農村住居にはベランダを伴った同面積程度の1室住居のものも少なくない．複数の居室をもつ住居の場合も，やや大きめの広間（居間）で多様な生活が行われる生活様式である．農村住居の場合は，竹や木材，椰子の葉などの地域材を利用し，床下やテラスなど半戸外の居住空間を有効に使うことによって，暑さを凌ぐことができる．その点が高密度な仮設住宅とは異なる．

　居住者の住環境に対する総合評価はおおむね良い．最も評価点の高いのは郊外の平屋（F地区）で，次に都市部・ビル中（B地区）である．評価が高い理由として，郊外

のFの場合，総居住者数が少ないうえ，同郷の者が多いこと，住宅が平屋で床面積が大きいこと，職場までの距離が近いことなどが考えられる．都心部の建設中の建物の中とすぐ横に居住地があるビル中型の場合は，床面積が比較的大きく，職住近接であることなどが要因であると考えられる．しかし，最も評価の低いのも，都心部のビル中型（D地区）である．立地や居住地の条件からのみ判断することはできない．

居住者の住環境評価がマイナスとなる要因として大きいのは「住宅の狭さ」と「居住地の汚さ」である．また，「騒音」「火事・盗難の心配」といった居住地に対する不満も住環境評価のマイナス要因である．土地や住宅を別に所有している場合には，仮設住宅に対して「仮の宿」的な意識が強く，積極的に評価するものは少ない．

「基本的サーヴィスの享受」は居住者の評価を高める大きな要因である．住宅や電気・水道といった基本的サーヴィスが得られるかどうかは，住環境評価に対する満足度に最も影響する要因である．また，近隣との付き合いの度合いが親密なほど評価は高くなる．騒音や盗難の心配といった要因も，少なからず，人間関係，コミュニティ形成と結びついており，仮設住宅地における近隣付き合いの重要性が指摘できる．

居住地で望まれる施設や活動については，医療関係の施設やサーヴィスの要望が最も高い（85％）．現時点で医療サーヴィスや検診を行っている所はなく，建設業が危険を伴う仕事であること，労働時間が長いこと，幼い子どもを伴った家族居住が多く土地勘のない場所での生活であること，タイでは医療保険が普及しておらず医療費が高いことなどから切実である．続いて，「保育施設」への要望が高い（29％）．タイでは女性建設労働者が多い[217]ことから，今後その要望はさらに増えると考えられる．調査住宅地（A～F）の中で保育施設があるのは1箇所Aだけであるが，居住者の子どもの有無に関わらず評価は高い[218]．仮設住宅地Aの場合，保育所の建設は建設会社が行い，ユニセフが教員を派遣し，遠足費用などはバンコク都が助成するといった協力関係のもとで運営されており，こうした連携は非常に重要である．楽しみとして要望のある「定期市」（27％）は，コミュニティの人たちとの交流を活発にするものであり，上述のように，居住者による住宅地の維持管理にとっても重要である．

建設現場の仮設住宅地に居住する居住者の77％が建設労働を続けたいという．その主要な理由は，住宅や電気，上下水道といった生活に必要な基本的サーヴィスが得

---

217) Well, Jill : "Female Participation in the Construction Industry" Sectoral Activities Programme Working Paper, p.8, ILO, 1990. によると途上国の建設労働に携わる女性の割合は全体の10％未満であるが，タイにおけるそれは14％と高い．

218) 建設現場における家族形態として核家族が多く，6歳以下の幼い子どもが多いこと，かつて子どもの事故が頻発していた住宅地もあることなどから，子どもの教育面，安全面からもこうした施設を仮設居住地に計画していく必要がある．その場合，現行の保育料が子ども1人につき1日10バーツという設定は，共稼の場合には負担とならないが，子どもを持つ誰もが利用しやすいものとするには経済性を考慮する必要もある．

られることである[219].住環境が確保できるがゆえに,建設労働に対する需要は今後も根強いと考えられる.

建設業のもつ一品生産を基本とする受注・生産プロセスの特性,建設労働者の受給変動や作業場の移動といった性質上,住宅供給側の建設会社は固定的な居住地の建設には積極的ではない.住環境整備に対しては,現状維持を肯定するタイ系企業とは対照的に,日系大企業では積極的に取り組もうとするものが多い.タイ社会に貢献すべきであるという前向きな理由の他に,腕の良い職人を引きとめたい,施主に信頼性を高めてアピールしたいという理由からである.そうした中で,賃貸住宅の借り上げを検討する日系企業もあるが,労働者を監督しているサブコントラクターが同意しない場合が少なくない.労働者が雇用期間を過ぎても立ち退かないのではないかという懸念や,現場まで労働者を送迎するトラックバスの手配などの煩雑さ,世界でも有数の交通渋滞に陥るバンコクでの時間ロスなどを避けるためである.

建設現場の仮設住宅地というと極めて特殊と考えられるが,建設活動が活発に行われるバンコクにおいては常態化した住宅地となっており,もともと低所得者の居住地が仮設的であることを考えれば,大都市の住宅地とその居住形態の一断面を一般的に示していると考えていい.日本の建設現場に設けられる飯場とは異なり,夫婦もしくは子ども連れの家族が居住する場合が多く,農村に土地や住宅を所有する者が大半を占める出稼ぎ労働者であること,農業経験者が多く農繁期には出身地に戻る者も少なくないこと,共同水道,共同水槽,共同トイレなどがあり,農村的な共同生活が展開されているなど,バンコクの建設現場の仮設住宅地は,大都市のひとつの住宅地のモデル(アーバン・ヴィレッジ)である.すなわち,建設現場の仮設住宅地は,大都市への流入人口を受け入れる住宅地として機能している.

建設現場の仮設住宅地では,住宅はもちろん水道や電気代も元請け会社が負担し,居住者は無償でそれらを利用できることが建設労働者の魅力のひとつとなっているが,管理者がはっきりしており,世話役や清掃担当者などがいて住宅地の維持管理に居住者が関わる仕組みがみられること,居住者が状況に応じて必要なものを付加しながら環境形成を行うことが認められるような柔軟な計画であることなど,活気のある住宅地をつくり出す仕組みも興味深いモデルとなる.

---

219) 建設の仕事を続けたい理由を複数回答で尋ねたところ(N=271),住宅や施設が良い(56%)や無料で電気,水道が使用できる(42%),給料が良い(37%),住む場所の心配がいらない(31%)などが上位を占めた.他には,別の仕事がみつからなかった(24%)というものや建設の仕事に興味がある(6%),サブコンと良好な関係があるから(4%)などであった.

4-3 | コアハウジング住宅地

　タイの住宅政策が，1970年代から1980年代にかけて，当初の公共住宅供給からオン・サイトの居住環境改善へ，また，コアハウジングと呼ばれるコアハウスを供給するサイツ・アンド・サーヴィス事業へ転換していったことは前述のとおりである（本章4-1）．このコアハウジングの手法は，タイに限らず，フィリピン，インドネシアでも，さらに発展途上地域でも試みられてきた．ここでは，タイ住宅公団NHAが建設した住宅地，バンコクのトゥンソンホン Tung Song Hong を取り上げたい（口絵7）．トゥンソンホンは1980年代半ばに完成して，すでに30年以上経過する．コアハウジング住宅地の形成変容の過程を考察することは2つの面から興味深い．まず，空間形成という視点からみると，最小限の住空間から出発して，居住者がつくりあげていく過程に，居住者個人のニーズや生まれ育った地域の住居特性などがどのように反映されるかという興味がある．また，住宅地の形成という視点からみると，どのようなコミュニティが形成されていったのか，さらに，どのようなコミュニティ活動が行われているのか，そのために何が必要であったのかを知ることによって，一般の住宅地でも適用できる住まいづくりの知恵が見いだされるのではないかという興味がある．1996年の調査をもとに，居住者の動向，コアハウス増改築パターンなどを明らかにし，コアハウジングの意義と可能性について確認したい．

　①**コアハウジング（コアハウス・プロジェクト）**

　東南アジア諸国では，ヴェトナム，ラオス，カンボジアなど内戦が続いた国を除いて，1960年代末から1970年代にかけて住宅供給機関が設立され，当初は，「スラム」をクリアランスして，中層の公共集合住宅を建設する政策が採られた．しかし，住宅建設費は高く，財政的に多くの戸数を供給することはできず，居住環境改善の効果を上げることはできなかった．また，基本的に欧米の住居モデルをもとにした住居形式が，居住者の生活様式に合わないという致命的な問題もあり，入居者がまた別の「スラム」へ退去するという事態が起こった．そこで，1970年代後半になると，「スラム」をクリアランスせずにオン・サイトで生活環境を整備していくスラム改善事業や，道路や敷地整備を行い，小規模な宅地を供給するサイツ・アンド・サーヴィス事業（S&S）が試みられるようになる．S&Sは，上述のように，宅地造成をして道路，排水，水道，電気などの最小限の基盤整備を施した小規模敷地（1区画40～120m² 程度）を供給し（分譲ないし長期賃貸），住宅については人々の自力建設にまかせる方式である．1960年代の住宅政策に対して批判的立場で自力建設の思想が注目されたことや，政府の財政負担を軽減できること，住宅そのもののコストが低く抑えられるため，より低所得者層にも入手できるといった側面から広く展開されることとなった．

　コアハウジングとは，道路や水道，電気などのインフラが整備された住宅地におい

て，それぞれの住戸の敷地に簡単な水回りのコアもしくはワンルーム程度のコアハウスを供給して，その後の建設を居住者に委ねる方法である．S&S の一環として実施され，とくに 1970 年代から世界銀行が S&S に対して積極的な融資を行うことによって多くの発展途上国で実施されることになった[220]．

タイにおけるコアハウジングは，1977 年に建設されたランシット Rangsit 住宅地が最初である．バンコクでは 4 事業が実施されている．ランシット[221]はコアハウジングとしては，あまり例のない 25 年の賃貸形式である．コアハウスは 1 タイプのみだが，8 タイプの増改築パターンが想定されていた．全て国有地で賃貸契約のため，2 階建てにすることは禁じられている．

ランシットはバンコク中心部から遠くて入居率が低かったため，続いて，より都心に近いトゥンソンホンで次のコアハウジング計画が実施された．トゥンソンホン住宅地では初めてプレハブ工法が採用されたが，慣れない工法とそれによって生じる施工の不十分さ，増改築しにくいなどの理由により，バンプリーやラッカバン住宅地で実施されたその後の計画では，再び RC の柱梁に壁材としてブロックを積み上げるという RC ラーメン工法が採用され，窓や扉もつけてすぐに住める状態で供給されている．また，居住者の増改築を支援するため，ラッカバン住宅地の NHA 現地事務所では，増築用青焼き図面を販売するようになった[222]．

②トゥンソンホン・コアハウジング住宅地

トゥンソンホンはバンコクの中心から約 17km，ドンムアン空港の南 2km に位置する（図 IV-4-3a）．居住者の通勤時間は 20 分から 1 時間に想定されている．敷地面積は 43ha で，もともと NHA によって所有されていた．計画人口は約 1 万 8000 人，計画戸数は 3043 戸で，1984 年から分譲が開始された．小学校，幼稚園・保育所，職業訓練センター，コミュニティ施設，市場，ミニバス停留所，公園，貯水池，処理施設，軽工場等も計画されている．全体は 55〜196 戸に分割された 30 の小地区で構成され，地区ごとに自治組織があり，集会や行事などを行っている（図 IV-4-3b）[223]．

ここでは 6 タイプのコアハウスが用意され，土地のみの供給と合わせると 7 タイプ（図 IV-4-3c）が分譲されたが，同じタイプのコアハウスであっても地区内道路に面しているのか，路地に面しているのかによっていくつかのタイプに分類される（図 IV

220）世界銀行は 1972 年に居住分野での事業を開始したときに，S&S 事業を各国で実施した．
221）バンコクの中心から 50km 北に立地し，1428 戸，人口約 4 万人で 1977 年完成し入居が開始された．各戸の敷地面積は 80m^2，賃貸料は住宅 210B／月，維持費 17B／月，保育所，公園，駐車場，市場，浄水施設，貯水槽などの施設も計画されている．15 人の委員で構成された自治委員会があり，問題があれば委員会が話をまとめて NHA に相談に行く．地区内には青少年，老人，フットボールなどのクラブがある．居住者の入れ替わりは完成当初 4，5 年は激しかったが，今は定着している．基本的に 1 階のみで 2 階建ては認めていない．

第 IV 章
東南アジアの現代住居

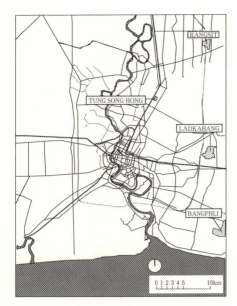

-4-3d).市場近くに R6 のショップハウス,幹線道路に沿って 2 階建の R7 が建ち並び,背面には同じ 2 階建の R8 が建つ.路地に面して R1, R3, R5 などが配置され,様々な住戸タイプが混在するよう計画されている.

建設後 10 年以上経た 1996 年の段階ではひとつの町として大きく発展している.主要な道路に面した区画では,食堂,美容室,バイク修理屋,雑貨店などに改装された住戸が多く,路上には手押し車や屋台道具一式が置かれており,小規模な商業活動が営まれていて活気づいていた.日中は居住地の奥にまで行商がやってくる.食べ物屋は毎日ほぼ決まった時間に巡回しており,毎朝 11 時頃には麺類,パパイヤサラダと餅米売り,午後 1 時頃には果物売り,午後 3〜4 時にはココナツおよびその他のお菓子売り,網焼き卵や揚げ肉団子売りが来る.刃物研ぎは週に 1 回程度,新聞古紙回収は月に 1 回程度やってくる.宝くじ屋もくる.路地幅が狭く,路地奥には大きな店舗は少ないが,こうした行商が来たり,日用品を扱う雑貨店があったり,お菓子づくりをしたり自宅で仕事をする住戸もあり,住宅だけでなく様々な活動が居住地の中に組み込まれている(図 IV-4-3e).

住宅地の建設は 1978 年に着工されたが,4 年の予定工期が遅れ,実際に入居が開

図 IV-4-3a　コアハウジング事業(トゥンソンホン住宅地)の立地　作製:田中麻里

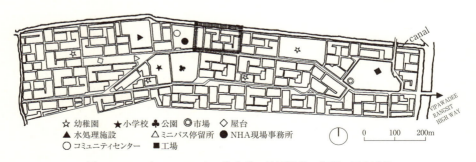

図 IV-4-3b　トゥンソンホン住宅地の地区構成　作製:田中麻里

始されたのは1984年1月である．1年後に入居を完了した世帯のうち202世帯を対象とした報告書[224]によると平均世帯人数は3.5人，家族形態で最も多いのは「夫婦と子ども」(48.5%)，次に多いのが「夫婦と子ども＋親戚，借家人」(25.7%)である．世帯主年齢として最も多いのは30代で，全体の5割を占める．次に多い40代と合わせると全体の8割を占める．20代も2割弱みられるが，50代以上は全体の1割以

222) バンプリー Bamplee のコアハウジングの計画担当者は，NHA の Mr. Suthop Chaimongklanonth 氏で，1980年 International Housing Insutitute（オランダ）に留学し，コアハウジングの住戸デザインについて学び，帰国後バンプリー・ニュータウンのデザインに携わる．現地での面接インタビューを通して彼がトゥンソンホン事業について語ったことは次の通り．1) 増築や壁や一部の改変を可能にするためプレハブではなく以後在来工法を採用．2) 1990年までは住宅のデザイン，建設とその後のメンテナンス部門が異なっていたため部局間の調整がうまくいっていなかった．1990年にニュータウン局を設立し建設前後一貫して居住地に関わっている．3) NHA の住宅プロジェクトは居住者が入居するまでに時間がかかり，そのため雑然とした，醜いといった記事が新聞に書かれたりした．4) 入居する人がコアハウジングの概念，つまり完成住宅ではなく段階的に住宅を築きあげていくという計画の意図を理解していなかった．5) 入居者はいつもターゲットグループよりもすこし所得が高い人になってしまう．NHA の供給する住宅を購入する際には，所得証明書を提出しなければならない．しかし，その証明書は会社の上司などに書いてもらうため，低めに書かれることが多い．それをチェックするためには会社ごとに確認する必要があり実質不可能である．6) 居住者が段階的に住宅建設を行うにあたって二つの支援が必要．技術的なこと（建材の供給，青焼き図面などの配布）と経済的なこと（ローンの提供）．NHA は，ランシット，トゥンソンホン，バンプリープロジェクトでは技術的な支援が不十分であった．そのため，これ以後は青焼き図面を1枚100B程度で販売している．3つのプロジェクトは世銀，アジア開発銀行の援助で実施された．世銀やアジア開発銀行は他国でうまくいっていた S&S 事業をタイで実施したかった．しかし NHA の部局に問題があった．7) 当時タイでは，ビルディング・トゥゲザーのセルフヘルプ住宅プロジェクトが成功していた．面接をしてから入居者を決定し，建設の仕方を修得するワークショップも行われていた．一方，NHA の場合は，2000〜3000戸の入居者選定を行わなくてはならない事情があった．8) 増改築，とくに2階建てを想定したデザインにするべきで，バンプリーやラッカバンではデザインを改良した．9) 数百の再定住計画ならコアハウスを採用できるが，窓や扉をいれるとコストが高くなる．トイレは住戸の前面ではなく後ろ側にすべき．住戸前の道路の幅を確保する．ごみ収集場所を確保すべきだ，という．

223) 通常タイの市街地では日本の町内会に相当する自治組織はないが，NHA によって供給された居住地内にはカナガマコーン・チュムチョムと呼ばれる委員会が組織されている．委員長，副委員長，経理，書記，公共衛生（保健，医療），教育，職業斡旋，宗教，警備，社会福祉，広報，特別行事など10名程度のメンバーで構成されている．職業斡旋や宗教担当があること，活動運営費に関しては行政などから一切助成が行われておらず，イベントごとの寄付などによって運営されている点などが日本の町内会とは異なる．会合は頻繁には行われていないが，たとえば国王の誕生日前になると国旗を掲揚することなどを委員会で話しあう．また，全体自治委員会，小地区自治委員会のほかに，老人クラブ，共済積立制度，自警団，トラックバス管理委員会，バイクタクシー管理委員会などが組織されている．

224) Prapapat Niyom et al., "The Evaluation of NHA Sites and Services Project at Tung Song Hong" 1988は，202世帯のアンケート調査によって居住者特性，住環境評価および増改築状況がまとめられている．202世帯は各住戸タイプの比率と等しくなるよう居住地全体からランダムに選定されているが，調査住戸は特定できない．

第 IV 章
東南アジアの現代住居

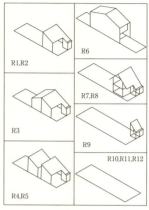

図 IV-4-3c　トゥンソンホンにおけるコアハウスの住宅タイプ　作製：田中麻里

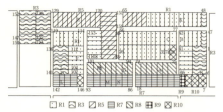

図 IV-4-3d　調査地（312 地区）における各住戸タイプの道路や路地との関係　作製：田中麻里

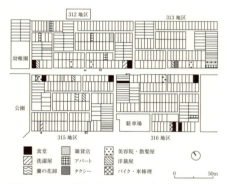

図 IV-4-3e　調査地における住戸利用の形態　作製：田中麻里

下で，若い世帯が多いことが分かる．それは居住者の年齢構成にも明確に現れている．20 歳以下が 4 割，40 代までが 5 割と全体の 9 割を占める．入居開始 1 年後の居住者像としては幼い子どものいる核家族もしくは核家族に働きざかりの親類もしくは同郷人，借家人が同居する形態が多い．就業者の職業では，民間企業が最も多く 26％，ついで役所勤務，自営商業がともに 17％であった．就業地はバンコク市内の中心街が多く，自営商業はトゥンソンホン地域内が多い．平均世帯収入は 6379 バーツ／月と，当時のバンコクの平均世帯収入である 7000 バーツより若干少ない程度である．

　この事業で対象としていたのは世帯収入が 4000〜9000 バーツ／月であったが，この所得階層に属する居住者は全体の 54.9％であり，4000 バーツ以下の世帯が 29％存在する一方で，9000 バーツ以上の高所得世帯が 15％を占め，所得にかなりのばらつきがみられる．また，202 世帯中 54 世帯が最初の権利取得者ではない．つまり全体の 26.7％が転売による新規入居者である．建設 1 年後のレポートでは，R1，2 の住戸が高所得者層に最も多く転売されたと記述するが，これはやや真実とは異なる．調査

対象となった住戸と転売された住戸の割合を再度計算してみると，転売率の高いのは，規模が大きく商業スペースのあるショップハウス（R6：39％）や2階建て（R7，8：29％）であり，必ずしも低価格なユニットが高所得者層へ転売されたわけではない[225]．

しかし，供給開始から1年後には，約半数が，対象とした所得階層以外の居住者によって構成されていたことは事実である．その理由として，まず供給当初から入居者選定に問題があり，最初から入居資格者以外に住宅が供給されたことが考えられる[226]．また，当時は中所得者層向けの住宅や低価格住宅が不足していたことが考えられる．民間が低コスト住宅の供給を積極的に開始するのは1986年頃で，1985年のプラザ合意以降に金利が低下して，長期の融資や分割払いが普及したことが契機となるまでは，民間による住宅供給は非常に限られていた．

供給後12年を経て居住者像はどのように変化したのか．1996年の調査によると，家族形態は「夫婦と子ども」からなる核家族が最も多く（14世帯中8世帯），他は親戚，同郷人[227]などが同居している世帯で，世帯構成に大きな変化はみられない．子どもは15歳以上の場合がほとんどであり，世帯主年齢も50代が最も多く（14世帯中9世帯），30代の1例を除いて全て40代以上であることから，入居当初から居住する核家族が多いと考えられる．世帯主の職業は公務員，会社員，自営業などで，世帯収入は半数が3万バーツ／月以上の中高所得者層である[228]．14例中二次権利取得者は4

---

225) Niyom Prapapat et al.（1988）によると，転売戸数が最も多かったのはR1，2で，より高所得者に転売されたとの記述がみられる．しかし，全調査戸数と転売戸数から転売率を計算し直してみると，転売率が高いのはショップハウスのR6（38.5％）や2階建てのR7，8（29.4％）など，むしろ規模も大きく高価なタイプの転売率が高い．低コストなR1，2タイプ（28.7％）も転売されているが，必ずしも低コスト住宅がより所得の高いものに転売されたわけではない．以下，R3（21.1％），R4，5（13.9％）と続く．

226) というのも，申込時に提出する所得証明書は勤務先の上司によって書かれたものであり，実際より少ない所得が申告されることが多いからである．正確な所得を確認するためには，各勤務先に照合しなければならないが，膨大な件数で時間的にも無理である．また，事業費の回収を考慮すると，ある程度は対象とした所得階層よりも高所得な階層が購入することはやむを得ないとも考えられていた．

227) 住戸Cは夫妻ともにブリラム県の出身であるが，出身村とのネットワークは常時強い．2年連続してこの世帯を訪問したところ，1年前の調査で訪問した時の出身村の知人は帰村していたが，1年後には新たに20代の若者2人が居候していた．ロフト部分は1カ月800バーツで貸しているとのことであった（現在は800バーツを2人でシェアしている）．バンコクの住宅調査ではこのような親族の子弟の教育のための居候や，出身村の人々の宿泊を世話するといった出身村とのネットワークを強く維持しながら居住している人が多い．

228) 1996年における公務員の初任給は4500バーツ／月，大卒理系のそれは8000〜1万2000バーツ／月である（1バーツ＝4.5円）．世帯収入には子どもの所得も含めているため高くなっている．しかし，これらの世帯は，バンコク市内のビクトリーモニュメント，プラトゥ・ナムやクロントイといった過密居住地で生活していたり，複数家族との同居生活を経て，現在の居住地に移転してきていることなどから，初めから高所得であったわけではないことが分かる．

例にすぎない．これは先にみた供給1年後の転売状況とほぼ同じ割合であり，とくに転売が進んだわけではない．居住年数をみると，供給後2年以内に入居した世帯が最も多く（14世帯中11例），他の3例も供給後3年以内に入居しており，居住年数は長く，居住者の流動性は高くはない．

居住者の居住環境についての評価は，1985年当時は約6割が不満としていた．その主な理由は「すぐに住めない」というコアハウスのもつ特徴が十分に理解されていないことによるものであった．しかし，供給12年後には「悪い」とするのは1例のみ[229]であり，「良い」（14世帯中10世帯）とするものが最も多く評価は高い．主な理由として，「近隣の助け合いがある」（14世帯中5世帯）「住みやすい」「昔に比べてインフラが整った」など，居住環境整備が進んだことが挙げられる．一方で，問題点としては「路地が狭い」「駐車場がない」など車に関することを半数が指摘している．自動車の保有率が増加してきたことがその背景にある[230]．

③コアハウスの増改築

入居開始直後からコアハウスの増築は行われてきた．1985年の報告書によれば，コアハウスのタイプにかかわらず，増築されたものが多い．増改築は，大半が建設業者に依頼して行われた[231]．コアユニットが2つ連結しているR3タイプが，居住者自身が増改築行った割合が5割と高い．R1，2タイプはワンルームのコアハウスなので居室の増築に大がかりな工事が必要であったのに対して，R3はR1，2の2倍の広さが用意されていたため，必ずしも大がかりな増改築を行わなくても居住者が増改築することが可能であったこと，居住するのに適した広さであったことが考えられる．これらの増改築以外にも，敷地を囲う門扉やブロック塀など外構にも手が加えられていた．

1996年の調査によると，ほとんどの住居が増改築されている．最も多いのは水平方向の増改築で，134戸と全体の約85%を占める．垂直方向すなわち2階建てへの増築は少ない．増改築には耐火性のある材料を用いることがNHAにより定められて

---

229) 「悪い」とした理由は隣人とのトラブルがあるためである．マンゴの大きなが木があったが隣人から落葉すると苦情を言われて切り倒したこと，隣人との助け合いがあまりないなどの理由である．子どもが成長して住宅自体が手狭になってきたこともあって，退職後はこの場所にアパートを建て，自らは田舎暮らしをしたいと考えている．2016年現在，この住宅は息子夫婦が中心となる2世代居住で，2011年洪水後に壁などを塗り替えて住み続けているが，洪水を経験したため，資金を貯めて2階建てにする予定だという．

230) 1988年の全国での新規車両登録台数は年間15万台であったが，1993年には46万台まで増加している．バンコクでの台数が最も多く，1992年のデータでは全体の7割程度を占める（Pocket Thailand in Figures 1994, p42-43, alpha research Co. ltd.）．

231) 建設業者に依頼するのは2階建てで増改築が複雑なR7，8タイプでは8割にのぼるが，最も簡単な構造で低コストなR1，2タイプでも5割を占める．

いるため，塀や増築部分にはコンクリートブロックが多用されているが，前庭には果樹を植えたり，半屋外のテラスを造るなど各戸で思い思いの戸外空間を創り出している．十数年の間にコアハウスを手がかりとした環境形成が行われてきたことが分かる（図 IV-4-3f）．

　一方，全面的に建て替えられた住戸が 14 戸（9％）みられた．いずれも近年に建築された比較的新しいもので，地区内幹線道路に面した敷地に建つ 2, 3 階建てのアパートである[232]．一般的なのは，1 階を主に商業施設とし，上階を単身者用住居とするショップハウス形式である．立地条件の良さを考えると，単身者を対象とした 1 室だけの小規模賃貸住宅への建て替えはさらに増えていく可能性がある．一方，路地奥の敷地や住宅の権利譲渡は，住宅地におけるコミュニティ・ネットワークを通じて行われる場合が多く，劇的な変化は少ない．

　6 年後の 2002 年には大きな変化がみられた（図 IV-4-3g）．全面建て替えがさらに増え，1996 年には 1 戸と少なかった垂直方向への増改築が 7 戸と増加していた．さらに路地の側溝は暗渠になり舗装されて路地奥まで車が入れるようになっていた．それに伴い，駐車スペースをもつ住戸が増えていた．変化は幹線道路沿いだけでなく路地奥の住宅にも及んでいた．その後，2011 年に大洪水があり，多くが床上 80cm の浸水被害を受けた．被災の翌年に訪ねると洪水が怖いので戻って来ない住民もいて路地を歩いてもかつてほどの活気はなくなっていた．洪水被災から 5 年を経た 2016 年，住宅地には大きな変化がみられた．居住者の高齢化が進んでいること，浸水を契機とした住宅改築が進んでいることである．2 階建てや床上げの改築が進んでおり，総 2 階建てにする住戸も少なくない（口絵 7）．もともと路地と住宅の間には植栽や木陰を作る樹木が植えられ，ヒューマンスケールの環境形成が行われてきたが，敷地のかさ上げや総 2 階建てがバラバラに行われることによって路地と住宅との心地よい関係が壊れつつあった．また，幹線道路では道路下により大きな排水管が通されたため，幹線道路沿いの住宅は道路よりも敷地が低くなってしまい，道路と車庫の間にスロープをつけるといった改築が必要であった．洪水被災の影響が住宅地と住戸に及ぼした影響についてはさらなる調査が必要である．

　1996 年調査で明らかになった増改築プロセスとその方法について詳しくみていく．調査した住戸の一覧は表 IV-4-3 に示したが，表の付図は増改築の具体的事例のスケッチである．

　ほぼ全戸において，入居してすぐに床や壁を仕上げたり，台所が作られる．これは，住める状態にするためであり，供給されたコアハウスにはトイレはあるものの，台所は設けられていないためである[233]．

---

232) 垂直方向に一部増築された 1 戸もアパートとなっていた．アパート化されたものは，シャワー・トイレが共同で，1 室 1200 バーツ／月前後の 4, 5 室で構成されている．

第 IV 章
東南アジアの現代住居

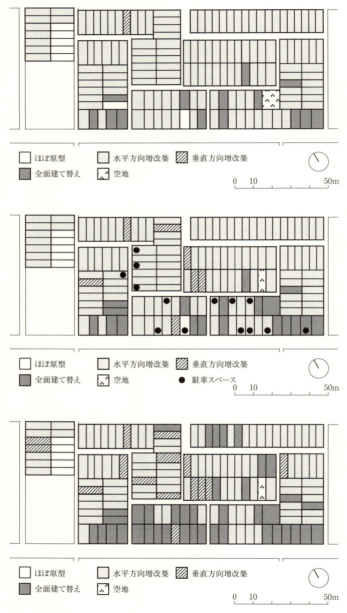

図 IV-4-3fgh　1996, 2002, 2016 年のそれぞれの年時点の住居増改築状況　作製：田中麻里

第2段階は，第1段階の増改築から約3〜9年を経た時点で，何にでも使える広間（居間）や寝室の増築が行われる．とりわけ広間（居間）は，どの住居でも広い面積を占め，食事や団欒のみならず接客や儀式も行われ多様な活動に使われる．
　第3段階は，さらに各住戸のニーズに応じて，店舗空間の増築や屋外空間をくつろぎの場として利用するためのテラス化などが段階的に行われる．
　これらの工事は建設業者に依頼する場合でも，居住者が建材を支給することが多く，居住者が積極的に増改築に関わっている（直営方式）．居住者はバンコクでの居住年数が長くなっても，出身地である故郷との結びつきが強く，故郷の親戚や知人の協力によって増改築が行われることも少なくない．故郷との結びつきは，居住形態についてみたように故郷の親戚・知人が居候するケースがあったり，農繁期には農業を手伝うために帰郷したり，故郷の寺に寄進したりすることなどを通して根強く維持されている．
　NHAは当初R1〜5のタイプでは，コアハウスは台所，食事，寝室として利用されると想定していた．しかし，実際には敷地奥のトイレ横の空間に屋根と床仕上げを施して半屋外の台所にしたものが多い．これは，強い火力やにおいを伴うタイの調理には十分な換気ができる台所が適しているからで，下準備を行う場合にも屋外に接している方が採光，換気ができて便利だからである．R1〜3では，ロフトの増築を想定して床面から2.2mの所に鉄骨梁が設けられていた（図IV-4-3h, i）．しかし，この鉄骨梁は増改築には積極的には利用されておらず，ロフト部分はほとんど物置となっている．唯一居室化された住戸においても，最初からある屋根が低いため，ロフト部分は人が立つことができなくて不便だというのが居住者の評価である．また，R4, 5は計画時に2つのコアユニットの間に採光と換気を意図した屋外空間が設けられていた（図IV-4-3j）．この屋外空間は，2階建ての増築を想定したものであったが，1985年時点で2階建てに増築されたのは3例のみであった．この中庭を利用した2階建ての事例は1996年には皆無で，屋外空間は全て居室化された．採光や換気については，トップライトをつけたり，半屋外空間を残すなど，シンプルな方法で居住者は独自に対応していた．さらにR7や8においては，増改築は自分で行うのではなく専門業者に任せていた（図IV-4-3k）．
　設計計画の意図が実際に生かされなかったのは，ひとつにはその計画上の工夫が居住者に十分に理解されていなかったためである．ある居住者は，見たことのないコン

---

233) 台所が設けられていないのはコアハウスだけに特有なのではなく，タイでは民間が分譲する建て売り住宅においても高級住宅を除き，台所が作られていないものは多い．とくにワンルームタイプのコンドミニアムではトイレは設けられるが，バルコニーが台所として転用されるものが多くみられる．その理由として，外食が多いこと，調理する場合でも火力やにおいが強く屋外が適していることが挙げられる．

第Ⅳ章
東南アジアの現代住居

表 IV-4-3　増改築されたコアハウスの具体的事例（プロセス，施工者，増改築内容）　作製：田中麻里

住戸	A	B	C	D	E	F	G	H	I	J	K	L	M	N
住戸タイプ	R8	R1	R1	R3	R5	R1	R8	R3, R10	R3	R5	R1	R7	R7	R7
所有形態	持家	持家	持家	持家	持家	持家	持家	持家	持家	持家	持家	持家	持家	賃貸社宅
増改築時期	1984	1985	1985	1985	1984	1984	1987	1985	1984	1984	1985	1983	1986	1988
作業者（建材入手）	(□)	●◆	●◆	●	(●)	●■	(□)	●■	■	●	(□)	●	●	●
		1990		1989		1993		1993	1993	1984		1993	1989	
		●◆		■		●■		●◆	●■	●◆		□	●	
						1994			1994	1987			1992	
						(●)			■	(■)			●	
増改築箇所														
塀，門扉の設置	1	1	1	1	1	1		1	1	1	1	1		
植樹	1		1	1				1	1	1	1	1		
屋外作業空間付設			1											
屋外テラス			1						3	2		1	3	
屋外台所増設	1				1								1	1
屋外洗濯場増設	1			1	1					1				1
壁床開口部の設置		1	1	1	1	1		1	1	1		1	1	
居室の天井を造作		1	1	2				1	3				1	
台所の床屋根仕上げ	1	1	1	1		1		1	1	1			1	
トイレの改造，位置変更		1			1					1			1	
店舗・作業空間増築						1	3	1	2			1	2	
ロフトの増築		2				1			1	1				
二階の増改築	1							1				2	2	
物置の増築	1				1	1		1				1		
寝室の増築，分割		2		2	1	2			2			2	3	
居間・多用途室の増築		2		2	2	2		2				1	1	
祭壇設置空間の増築	1	2										2		
住居類型	L(2F)	その他	L(loft)	L	L+W	BL+W	BL+W	BL	L	L	その他	L(2F)	BL(2F)	L(2F)

* 増改築箇所表中 1，2，3 はそれぞれ増改築時期 1 回目，2 回目，3 回目に対応している．
* 住戸 H：R3 の住居を購入した時すでに前所有者によってほとんど増改築が行われていたのでペイントしたり造作を若干手直ししただけ．R10 に店舗を付設した．
* 住戸 M：世帯主が建築業を営んでおり，セルフビルドで行うのではなく自分で監督しながら職人に仕事をさせている．
* 増改築作業を行う者：■近所の人　とはトゥンソンホン地区内に住む建築の知識をもった人や建設業を営む者をいう．

凡例
●自分　◆親戚，故郷の知人　□建設業者　■近所の人

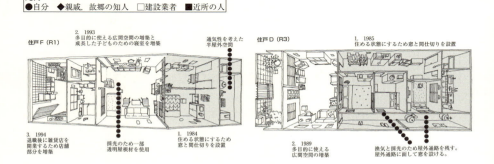

住戸 F (R1)
2. 1993 多目的に使える広間空間の増築と成長した子どものための寝室を増築
通気性を考えた半屋外空間
3. 1994 退職後に雑貨店を開業するため店舗部分を増築
1. 1984 住める状態にするため窓と間仕切りを設置
採光のため一部透明屋根材を使用

住戸 D (R3)
1. 1985 住める状態にするため窓と間仕切りを設置
2. 1989 多目的に使える広間空間の増築
換気と採光のため屋外通路を残す．屋外通路に面して窓を設ける．

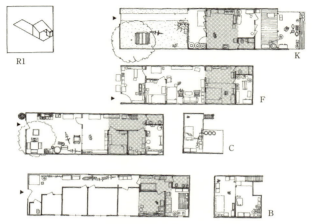

図 IV-4-3h　増改築の事例1（R1タイプ）　作製：田中麻里
　Kは住戸裏が運河になっていること，妹がお菓子を作って販売に行くため後方へ台所を大きく増築し，屋内には広い作業スペースを確保している．
　F，C，Bは元のコア部分を寝室空間として新たに広間（居間）を増築している．
　CとBはロフト部分も活用しており，Cのロフトは夫妻の出身地であるブリラム県の妻の知人に1か月800バーツで貸している．1年後にはこの知人は帰村し，別の知人2人に貸しており，出身地とのネットワークを強く維持しながら生活している．

クリートパネルで造られた住宅で，どのように増築すればよいか分からず，NHAの現地事務所にも聞いてみたが，何の情報もなく，また手助けもなかったという[234]．
　コアハウジングは，物理的なコアハウスの計画および建設とともに，居住者による環境形成への支援を両輪とする計画手法である．たとえば，フィリピンのフリーダム・トゥ・ビルド[235]の場合は，入居前から居住者が増改築の方法について理解したり，コミュニティ・ネットワークを構築するためのワークショップを行って支援している．しかし，タイの場合，居住者の自力建設の過程において供給側からの支援がなかったため，結果として増改築の遅延と失敗を引き起こし，それらが不評に結びついたと考えられる．

---

234) NHAも現地事務所で支援を行わなかったことは認めており，トゥンソンホン以降のプロジェクトでは増改築用の青焼き図面を販売するようになった．

第Ⅳ章
東南アジアの現代住居

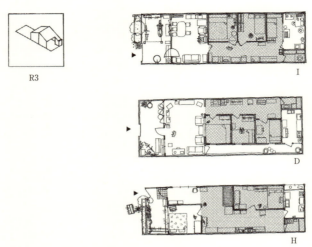

図 IV-4-3i　増改築の事例 2（R3 タイプ）　作製：田中麻里

　R3 は R1，2 よりも大きいため，元のコア部分を複数の寝室として，新たに広間を増築している．D では，ロフト下に天井を張って，ロフトは全く使われていない．

　広間から入ってすぐの廊下には，仏像や供え物が置かれた立派な祭壇（ト・ムー・ブチャー）があり，ワンプラ（仏日：ひと月に 4 日ある）には，供え物を新しくしている．

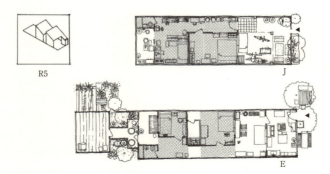

図 IV-4-3j　増改築の事例 3（R5 タイプ）　作製：田中麻里

　R5 では建設当初，2 つのコアの間に屋外空間があった．これは通風や採光，1 つのコアを 2 階建てにするためなどを想定していた．しかし E では，完全に室内化され，R3 の D と同様に仏像や供え物を置く祭壇の部屋となっていた．

4
首都バンコクの変容

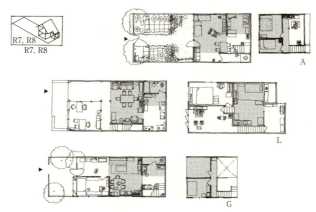

図 IV-4-3k　増改築の事例4（R7, R8 タイプ）　作製：田中麻里
　2階建の場合，増改築は専門業者にまかせている．2階に2寝室を確保できるため，敷地内には植栽をして庭を設けている．Aではトイレの排水に問題があったため，元のトイレを物置に，そして入口近くに新しくトイレを設置した．屋外の木陰で食器洗いや洗濯ができるスペースがある．2016年も広い庭を維持している数少ない住戸．

④コアハウスの完成型

　もともと1室あるいは2室のコアハウスで，いくつかのヴァリエーションがあるが，段階的に増築が進められて，最終的には類似した空間構成の住居となる．細長い短冊型の敷地形状が共通であることがそのひとつの理由であるが，一定の空間構成の形成を支えるのは，一定の生活様式だと考えられる．

　コアハウスの完成型を構成する基本的な空間要素は，多目的に使われる広間（居間）（L），寝室（B），トイレ兼水浴び場（N），台所（K），そして作業・店舗空間（W）と屋外テラスである．そこで，広間（居間）の配置に着目して平面構成を区別すると，大

235）フリーダム・トゥ・ビルドは W. キース Keys によって設立され，フィリピンで住民参加による住宅建設活動を支援するための試みを行ってきた．マニラ郊外で実施された最も初期のコアハウジング事業のダスマリーニャス住宅地では，建材を供給するための事務所を開設し，熟練大工などの技術スタッフによるアドバイスや建設組織づくりを行うだけでなく，住民の経済活動の支援など広範囲に及ぶ活動を行った．1980年頃より都市郊外に安価な土地を求めて基盤整備を行い，平屋もしくは二階建ての連棟型を主流とするコアハウスを建設し，中低所得者層に供給する活動を行っている．　コアハウスは床面積が $20m^2$ から $65m^2$ までの11タイプが用意され，将来的な増改築を考慮したデザインとなっている．また入念な入居者選定を行い，入居前のワークショップを通して，住宅建設，居住地の維持管理を円滑に進めるための活動にも力をいれている．

きく2つの型がある（図IV-4-3l1, l2）．前庭から入ると直接広間（居間）となるL型と，前庭から廊下を経て広間（居間）に至るBL型である[236]．BL型はL型の変形で，寝室の分割が難しい場合や性別の異なる子どもの寝室を確保するために前面道路の方向に寝室が付設された場合にみられる．BL型もL型も廊下と広間の空間は未分化であり，広間（居間）が通路の役割も担っている．最も多くみられるのはLBNKで構成されるL型である．

L型の住戸Dでは，前庭には土地神ジャウティが奉られ，自転車等が置かれている．住戸に入ると多様な用途に用いられる広間（居間）がある．テレビをみたり食事をしたりくつろぎの空間であるが，ヒンプラと呼ばれる祭壇，国王や高僧の写真が壁面の高い位置に飾られ，ソファなどが置かれた接客の空間でもある．ここから奥へ続く廊下沿いに寝室があり，入口から最も遠い最後部にトイレ，その横に半屋外の台所が設けられる．広間（居間）と寝室へつながる廊下の間にはドアなど強固な間仕切りがなく，ゆるやかにつながった広間（居間）の一部分が通路としての役割を担っている．L型では広間（居間）の奥の廊下に沿って寝室が並ぶ場合が最も多いが，ロフト部分や2階部分が寝室となる場合もみられる．住戸Cではロフト部分は，親類や故郷の知人など家族以外の寝室として利用している．2階建ての場合，1階部分は基本的に広間，台所，寝室で構成され，作業・店舗空間が設けられる場合もあるが，寝室は基本的に2階にある．

極めて重要なことは多目的に使われる広間（居間）が，住居の中で最も大きな空間であり，住戸タイプにかかわらず一定の規模と類似した機能をもつことである．そういう点では，L型もその変形のBL型もともに「広間（居間）中心型」の住戸と呼ぶことができる．

この多目的に使われる広間（居間）は，様々な活動に使われる．ここには，たいていの場合，ソファやテレビ，机，写真，そして飾り棚のようなものが置いてある．食事をしたり，くつろいだり，テレビをみたり，昼寝をしたり，接客したり，日常の様々な生活が展開される．また，高僧や国王の写真を飾ったり，賞状や記念品を飾ったりと，外部の視線を意識した接客の設えも施されている．また，住戸の内部と外部をつなぐ空間であると同時に，住戸内部の各室をつなぐ役割も担っている．

タイの場合，室名はホンという「部屋」という意味のタイ語に，そこでの行為や象徴的な言葉を組み合わせてできている．たとえば，寝室はホーン・ノン（部屋・寝る），トイレはホン・ナーム（部屋・水），客間はホン・ラップ・ケーク Hong rap（部屋・お客をもてなす）などである．他にも台所はホーン・クルアあるいはクルアと呼ばれる．

[236) 住戸KはLNKWで構成されており，とくに寝室が部屋として設けられていない．兄姉のみで居住しており家族人数も少ないなど特殊な事例であるが，このような事例は「その他」としている．

4 首都バンコクの変容

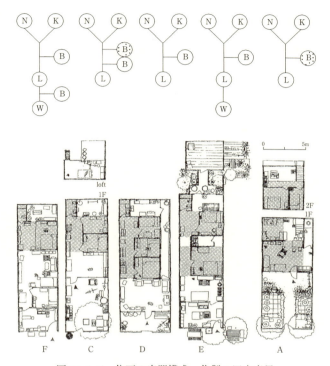

図 IV-4-31　住戸の空間構成　作製：田中麻里
網掛部分は元のコア
K：台所　N：トイレ兼水浴び場　B：寝室　L：広間（居間）
W：作業・店舗空間

　住戸 F のみが BL 型でそれ以外は L 型．前庭から入ると直接広間（居間）になるのが L 型でこれが基本となる．BL 型は L 型の変形で，性別の異なる子どもの寝室を確保することや十分な広さの寝室を確保するため前面道路方向に寝室を増築した場合に見られる．L 型も BL 型も廊下と広間の空間は未分化で広間が通路の役割も担っている．

　しかし興味深いことに，多目的に使われる広間（居間）と記述してきたこの空間は，実は特定のタイ語の室名をもたない．ホン・ラップ・ケークやホン・ナン・レン（Hong nan ren 文字通りの意味は座って遊ぶ部屋・居間）とも言われるが，「まあリビングというのか，何でもできる部屋」「食べたり昼寝したり，お客さんのための部屋」など，そこで行われる生活行為を列挙して説明される．つまり，「何でもできる部屋」である[237]．

第 IV 章
東南アジアの現代住居

　この多目的な広間（居間）は，日常だけでなく儀礼時にも極めて重要な空間となる（図IV-4-3m, n）．儀礼とは結婚式や葬式だけでなく，僧侶を自宅に招いて行う儀式一般をいう．農村では，現在でも結婚式や葬式の際には，住居に複数の僧侶が招かれる．トゥンソンホンの場合は，結婚式の披露宴はクラブやホールと呼ばれる大人数が集まれる自宅外の施設で行われることが多くなっている．葬式の場合も自宅で行うことはほとんどなく，遺体は病院から直接寺へと安置され寺で葬式が行われることが多い．しかし，結婚式の当日には新婦の自宅に僧侶が招かれ，近隣の人たちもお祝いのために参加して，自宅で儀式を行うことがある．葬式の7日後，100日後には複数の僧侶を自宅へ招くことがある．また，それ以外にも自宅へ僧侶を招く機会がある．タイでは男子は僧院にて一定期間，僧侶の修行を経験する慣習が根付いているが，息子が僧侶になるときにも自宅へ僧侶を招くことが多い．新築儀礼などの儀式も自宅で行われる．

　息子が出家するときに新築儀礼も兼ねた儀式を行ったケースが2例みられたが，両ケースともに広間（居間）に祭壇を置いて，9人の僧侶がその横に並んで座った[238]．2つの住戸はともに多目的な広間（居間）の増築が完成した後に，儀礼を行っている．儀礼時には9人の僧侶と祭壇の配置が決まっており，9人の僧侶が壁に沿って並んで座るためには一定以上の空間が必要とされる．儀礼時には広間（居間）に置かれている全ての家具が別の部屋へ移動される．儀礼のためには，経済的な余裕だけでなく，それだけの広い空間も必要とされる．2つのケースのうち，ひとつは1985年に住み始め，1990年には多目的な広間（居間）の増築を行っている．そして1998年に息子の出家を機会に，これまで行っていなかった新築儀礼も兼ねて，僧侶を招いたという．しかし，今後は，いつ僧侶を招いて儀礼を行うかは全く未定だという．

　僧侶を招く機会というのはそう頻繁にあるわけではない．それにもかかわらず，仏教信仰が日常生活に深く関わるタイの場合，1回もしくは数回あるかないかの儀礼のために多目的な広間（居間）を作って維持しているのである．住戸タイプや住戸の規

---

237) NHAが設計した住宅図面をみると，英語ではほとんど一様にマルチパーパス・ルーム（Multipurpose room）と書かれていた．文字通り，多目的室である．しかし，さらに興味深いことに，英語図面では確かにマルチパーパス・ルームとなっているが，タイ語の図面をみると，ホン・アネックプラソン（部屋・多目的）やアネックプラソン，ホン・パックポン（部屋・休む）などと一定ではないのである．これらの事実は，この空間が明確に定義されていないことを示している．そして，単純には定義できない複雑な機能をもった空間であることを示唆している．

238) 儀式を行う時に招かれる僧侶の数は地域によって若干異なり，たとえばタイ北部のメーテン郡の村では，5人か7人の場合が多く，よほど経済的に余裕がある場合は9人である．この9という数字は，日本でいう末広がりの8と同様に，タイでは幸運な数字として信じられている．9人の僧侶を招待できればベストだが，実際には僧侶の数だけ寄進も用意しなければならず，僧侶の数が増えると経済的な負担も大きくなる．ところが，トゥンソンホンの場合は，お祝い事の場合には9人の僧侶が招かれることが多い．

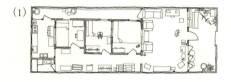

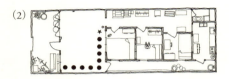

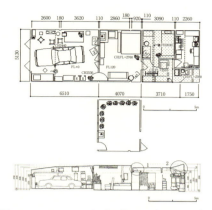

図 IV-4-3m　空間利用の実際　日常時（1）と儀礼時（2）　作製：田中麻里

●は僧侶，★は仏像の祭壇．住戸Dで儀礼を行った様子を再現．

1998年に息子が僧侶になる時，これまで行っていなかった新築儀礼もかねて，9人の僧侶を自宅に招いた．普段はテレビやソファーが置かれているが，儀礼時には全ての家具が奥の通路や部屋に片付けられた．いつも廊下に置いている仏像の祭壇を広間に移し，その横に9人の僧侶が並んで床に座れるスペースを確保した．日本では8と言う数字が末広がりで縁起が良いとされるように，タイでは9がラッキーナンバーであり，祝い事の際には可能であれば9人，または7人か5人の僧侶を招く．祝い事には9人の僧侶を招くことはバンコクでも地方でも同じで，広間(居間)に招くことが多くこの空間が共通して見られる．

図 IV-4-3n　R1 タイプの住戸の空間利用（断面図，平面図）　作製：田中麻里

(1)　●は僧侶，★は仏像の祭壇．R1 タイプの住戸で儀礼を行った様子を再現．

1987年に息子が出家する時，自宅に9人の僧侶を招いて儀礼を行った．それまで行っていなかった新築儀礼も兼ねていた．儀礼を行ったのは入口を入ってすぐの広間（居間）で，儀礼時には普段使用しているベッドやソファなど全ての家具を奥の部屋に片付けた．

(2)　R1 タイプの住戸断面図（2002年）
1：計画時に増築のために用意された鉄骨梁は物置程度にしか使われていない．
2：居住者が工夫をして高窓をつけるといった方法で採光と換気に対処している．

模にかかわらず，普遍的にこの空間がみられるのは，儀礼時に9人という複数の僧侶を招くために必要な一定空間を確保するためであると理解できる．だからこそ，初期に多様であったコアハウスが，10年以上に及ぶ増改築プロセスを経て，広間（居間）中心型という類似した住戸空間へと変化してきていると考えられる．そして，この広間（居間）は，機能的にも設えとしても農村の住まいにみられる広間（居間）と類似している．仏教信仰が生活に浸透しているタイの住居では，農村や都市を問わず，僧侶を招く空間を備えたものが住居として認識されていると考えられる．これはタイにおける住まいのあり方を考えるうえで極めて重要なポイントである．

第 IV 章
東南アジアの現代住居

タイにおけるコアハウジング事業は不評で，4事業だけで終わってしまう．未完成な住宅群や転売や投機による空き家が目立つことなどがその理由であったが，コアハウジングは，居住者の経済状況および住要求に応じた段階的な住宅建設を可能とする，居住者主体の住宅計画の一手法と捉えられ，住宅や居住環境の形成プロセスを考察することは非常に興味深く，住宅計画のあり方を考えるうえでも示唆に富む．以上をまとめると以下のようになる．

1 計画時に想定されたターゲット以外に住宅の権利が移行したことは事実であるが，それは供給後1，2年という比較的初期の段階で，その後も頻繁に権利譲渡が行われたわけではなく，二次権利取得者が今日に至るまで住み続けてきている．当時は，民間による住宅供給は高所得者を対象とした限られた市場であったこともあり，中低所得者層にとってアクセス可能な住宅取得の方法は限られていたため，権利譲渡が行われたと考えられる．

また，建設直後には6割がその住環境を不満とし，すぐに住めないという理由も多く，コアハウスの特徴が十分に理解されていなかったが，建設後12年を経て居住者による住環境評価は良いとするものが多くなっている．その理由も「近隣の助け合いがある」「住みやすい」「インフラが整ってきた」など環境形成が行われてきたことを裏付けており，住宅を必要とする世帯によって住み続けられ，居住の手がかりを与えたという点でこの事業は評価されて良いと考える．

2 コアハウスの様々な形態は通風や換気を考慮し，2階建ての増築を想定していたが，計画時に想定された増改築プロセスを経ているものは少ない．垂直方向への増築が少なく，ロフト部分もうまく活用されていないことの背景には，80m^2という敷地が確保されており水平方向への増築が可能であること，垂直方向の工事はより煩雑となること，頭上を遮るものを避ける意識が強いといった，生活文化における規範などの影響が考えられる．増改築のための工夫や構造的利点といった計画意図を居住者が理解する機会がなく，居室の必要性から，より単純なかたちで増改築を進め，通風や採光換気については高窓をつける，屋外通路を残す，台所は半屋外にするなど独自に工夫して対処してきた．

建設直後には，増改築をセルフビルドで行った割合は少なく，建設業者に依頼したり，建設業者と一緒に居住者が行った割合が多い．業者に依頼するのは，増改築が複雑な2階建てタイプや最も狭小なタイプで5割を超えていた．一方，コアユニットを2つ連結したタイプは居住者自身が増改築に携わった割合が5割と多かった．最も狭小なものは床面積が22.1m^2で，居室の増築には構造体の工事が必要なのに対して，コアユニット2つの40.9m^2のタイプは，大がかりな増改築をせずとも居住者自身が手を加えるだけで居住空間を確保することができたと考えられる．コアハウジングは物理的なコアハウスの計画および供給とともに，居住者による環境形成の支援が

両輪となる住宅計画手法であるにもかかわらずタイでは，住民の自力建設過程での供給側からの支援がないために，増改築の遅延や失敗をもたらし，それらがタイにおけるコアハウジングが不評であったという否定的な評価に結びついたと考えられる．

3 コアハウジングの増改築プロセスを分析していくとコアハウスの完成型というべきものが明らかになる．段階的な増改築を経て，現在ではもとの多様なコアハウスの形態にもかかわらず，前庭，広間（居間），寝室そして最後部にトイレと半屋外の台所が設けられる空間構成が多くみられる．このような類似した空間構成は敷地の形態に制限されていることにもよるが，調理の仕方や僧侶を招く空間を確保するといったタイの生活様式が反映された結果もたらされたものであると考える．とくに住戸の規模やタイプによらず，食事やくつろぎの場でもあると同時に，来客や僧侶を招く空間としてしつらえられた多目的な広間（居間）をもつことが住空間の特徴である．トゥンソンホンの計画時にはこのような空間についてとくに配慮して計画されなかったが，居住者による増改築プロセスの中で，農村の住まいの広間（居間）と機能やしつらえに類似した多目的な広間（居間）が形成されてきたことは，都市型住宅においてもこの空間が重要であることを示唆している．

4 1990年代以降，タイの住宅政策では，コミュニティ開発や住民参加などが計画において強調されている．居住者による環境形成活動への支援をどう行うかというマネージメント・システムは，コアハウジングにとって重要な課題であっただけでなく，現在も重要な課題のひとつである．

トゥンソンホン以降のコアハウジングでは，増改築用モデルプランの青焼き図面を希望者に販売する，といった支援が行われるようになった．しかし，そうした一方向的な支援ではなく，計画者と居住者が相互に関わる中で，より豊かな環境形成が行われていくような仕組みが求められる．このような仕組みは，後述する2003年以降に展開されるバーン・ウア・アトーン住宅事業の中でみられる（IV-4-4）．

また，気候的にも社会的にもサステイナブルな集合住宅やその計画は，タイではまだ実現できていない．そうした中，住戸計画を考えるうえでは，住空間の特性のひとつである，多目的に使われる広間（居間）をどう計画していくのか，また集合住宅の場合には，どのように共用空間としてデザインしていくかが，今後の住宅計画での重要な鍵になる．

4-4 バーンチャロン団地

タイは1988年以降経済成長期に入り，急速な人口増加による居住環境の悪化や交通渋滞などの都市問題が深刻になる一方で，高層のコンドミニアム建設や大規模な団地開発も行われてきた．その結果，様々な住宅形式が混在するようになる．そうした

第 IV 章
東南アジアの現代住居

中で，上述のように（第 IV 章 4-1），タイ住宅公団は，2003 年以降，低・中所得者層向けの大規模な分譲住宅団地を建設し，規格化された戸建て等とフラッツの集合住宅を供給するバーン・ウア・アトーン BEA 事業を展開してきた．すでに 25 万戸以上の住宅が供給されているが，ここでは，初期に建設された最も大規模な団地であるバーンチャロン団地の居住実態を明らかにする[239]．NHA によるとバーンチャロン団地建設の目的は，安全安心な住まいの保証，良好な居住者関係の構築，コミュニティにおける経済活動の促進である．

①団地の空間構成

バーンチャロンはバンコクの南東に隣接したサムットプラカーン県に位置する．サムットプラカーン県にはスワナプーム国際空港があり工場などが多く，同県で実施された BEA 事業は 17 あるが，全てフラッツである．住戸 4140 戸，計画人口 1 万 6560 人，敷地面積 16.32ha で，住棟 92 棟，広場（サッカーグラウンド，バスケットコート，遊具スペース），市場，管理棟，貯水池，時計塔からなる大規模団地である[240]（図 IV-4-4a）．

団地の北南に入り口があり，貯水池，管理棟，市場がある．団地中央部に県内唯一のサッカーグラウンドもある．それらを取り囲むように住宅が建てられ，バスケットコートや広場が点在する．市場は毎日開かれており，広場や道路では引き売りも行われている．管理棟には託児所と図書室，ジムが併設されている．託児所は 2 歳くらいから幼稚園に入る前までの子どもを，昼食とおやつを含む 1 日 100B で預かる．開所時間は月曜日〜土曜日は早朝 5,6 時〜20 時まで，日曜日は 9 時〜20 時までである．子どもは約 30 人，3 人の先生で担当している．託児所があること，朝早くから開所していること等，共働きが多い居住者への配慮がなされている．団地の管理人として，警備，掃除，草木管理，ゴミ管理，修理，事務，配水管理の担当が配置されている[241]．NHA は集合住宅の居住ルールを定め，各住棟の入り口に写真付き掲示板で示している（図 IV-4-4b）．

住棟は 5 階建てフラッツで，24m^2（ワンルーム）タイプと 33m^2（ワンルーム＋1 寝室）タイプがあり，約 9 割が 33m^2 タイプで構成される．チェンマイ近郊のノンホイ団地

---

[239] タイの住まいや住宅供給の変遷，NHA の事業内容，BEA 事業の実績を把握するための文献調査と BEA 事業とその居住者の実態把握のためのヒヤリング調査を行った（2012 年 9 月 13 日〜20 日）．ヒヤリング対象者は NHA，バーンチャロン団地の居住者，団地のコミュニティ組合員である．

[240] 人口密度は 42 家族／1600m^2（1 ライ）で，NHA が供給する住宅密度としては中規模だという．NHA では 60 家族／1 ライ以上を高密度としている．

[241] 集合住宅（フラッツ）は建設後 5 年までは NHA が住宅地の管理をし，5 年以後は法人（ニティブコン）が管理を行う．法人とは別に生活協同組合（サハゴン）というコミュニティ組織が 2005 年に設立され管理棟内に事務所を設けている．職員は住民 15 人で構成されており，代表は毎年住民の選挙によって職員から選ばれる．

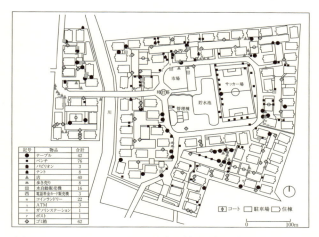

図 IV-4-4a　バーンチャロン団地の敷地概観　作製：田中麻里

についてみたように（第 IV 章 3-3-2③），住戸は極めて狭小である．居住区によって工期が異なり，24m² タイプの住宅がある西の居住区は 1 期（2003〜），それ以降は 33m² を中心とするタイプの住宅が建てられ，川を挟んで東の居住区は 2 期（2004.10〜），サッカーグラウンドや管理棟を含む東の居住区は 6 期（2008.10〜）に建設された．

②居住者と居住空間

居住者へのヒアリング[242]によると，住戸タイプを問わず核家族や一人暮らしが多い．東北出身者やバンコク，その周辺出身者が多く，工場勤務の 20 代〜50 代の働き世代が多い．

バーンチャロン団地に居住する以前は親戚宅に住んでいた人，不法占拠のため立ち退きを迫られた人，賃貸住宅として 20m² 程度のローコスト・コンドミニアムや工場の寮に住んでいた人で，一般的に，今まで住居を所有していなかった賃貸層が購入している．以前の賃貸料は月々 1000〜1600B（バーツ）程度で，現在は 1800〜2500B のローンで居住者にとって大きく負担が増す金額ではない．購入理由として他には，通勤に便利，眺めがよい，駐車できることなどが挙げられる．働きざかりの居住者が多いため，通勤に便利であることは重要な要素である（住戸 C, D, F）．

住戸内の設えは工夫されていて建設現場の仮設住宅（IV-4-2）やコアハウスの完成型（IV-4-3）と共通している．住戸に入ると多様な用途に用いられる広間（居間）があ

242）24m² タイプ 3 世帯，33m² タイプ 3 世帯のわずか 6 世帯へのインタビューであるが，NHA 事務所ならびにバーンチャロン団地生活協同組合へのヒアリングを通して居住者の一般的傾向は把握することができた．

第 IV 章
東南アジアの現代住居

［居住ルール］
・店を開かない．
・洗濯物を干さない．
・椅子をかけて窓から家に入らない．
・火を焚いてはいけない．
・壁に穴をあけない．たたいてはいけない．
・壁に色を塗ったり落書きをしたりしてはいけない．
・大きい声を出してはいけない．
・ラジオや音楽をうるさい音で流さない．
・他の人のゴミ箱に自分のゴミを捨てない．
・トイレに紙やごみを流さない．
・部屋からごみを捨ててはいけない．
・犬を飼ってはいけない．
・ゴミはゴミステーションに捨てる．

住棟入り口に掲示されている看板

図 IV-4-4b　各住棟の入り口に掲示された集合住宅の居住ルール　作製：清水梨恵

る．テレビを見たり，食事をするくつろぎの空間であると同時に，ヒンプラと呼ばれる祭壇，国王や高僧の写真が壁面の高い位置に飾られ，ソファなどが置かれた接客の空間である．

　その奥に広めの半屋外のベランダがあり，台所とトイレが配置され，物干しとして機能している．これらは，先にみたコアハウスの完成型と同じ空間構成となっており，コアハウスが積層されていると捉えられるが，増改築には対応できていない．そのため，24m^2 タイプはものに占拠されている印象は拭えない．建設労働者の住まいは仮設のため所有物も少なく，広間（居間）一室での居住も可能であったが，コアハウスの 22m^2 が最も増改築を要したように，団地の 24m^2 も狭小である．実際に，24m^2 タイプは住戸面積に対する不満が少なくない．住戸の広さに満足しているのは一人暮らしの人で，24m^2 タイプについては，家族居住には狭いという意見も聞かれ，実際に 33m^2 タイプに比べ空き家が多くみられる．また，24m^2 から 33m^2 へ移住した人もいる（住戸 B）．住戸が狭小なため，家族が増えると団地内で分居し，近居も行われている（住戸 A，E）．

　33m^2 タイプはワンルームと 1 寝室で構成されるため，広間（居間）を各世帯で設えることもできるためか広さに対する不満は聞かれなかった．

　一方，団地内にはサッカー場や公園が多数あり，これらのオープンスペースは居住者に高く評価されている．また，団地内だけでなく休日には近隣の居住者もサッカー場をはじめオープンスペースを利用している．公園などが整備されている NHA 団地は近隣の居住環境の向上にも大きく寄与している．

　しかし，駐車場のスペースは十分ではない．夜間には 2 列 3 列駐車される状態である．駐車台数の不足はほとんどの団地に共通する課題である．また，バーンチャロンでは洗濯物干し場が不足している．居住ルールでは共用空間に干してはいけないが，

4
首都バンコクの変容

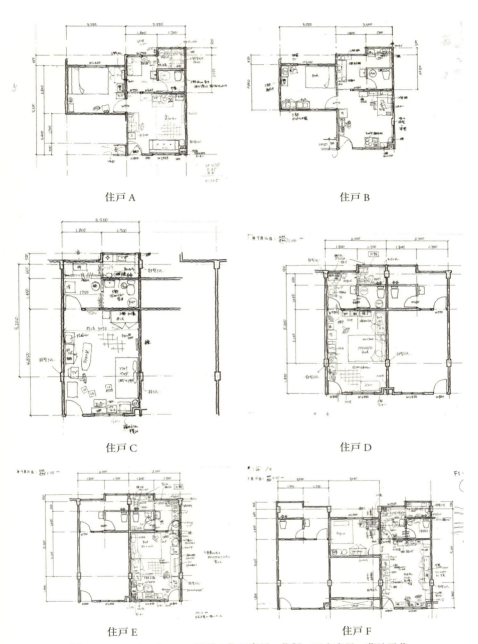

住戸A 住戸B 住戸C 住戸D 住戸E 住戸F

図 IV-4-4c　バーチャロン団地の住戸事例　作製：田中麻里・菊地雪代

洗濯物を共用空間にも干す場合がみられる．個人だけでなく洗濯屋を生業としている場合もあり，非常階段や住棟周りのスペースに洗濯物が干され，通行の妨げになる所もあり，景観上も問題視されている．

③共用空間とアクティヴィティ

バーン・ウア・アトーン BEA 事業による住宅団地の鍵を握るのは共用空間である．共用空間では様々な活動が展開され，共同生活を支えている．

a．日常活動

　平日と休日の共用空間の活動について観察調査を行ったが，居住者の活動を，話す・飲食などの「話・休息・日常行為」，遊び・ゲームスポーツなどの「遊び・余暇活動」，販売や購買の「商業活動」，洗車・洗濯物を干すなどの「家事・作業」，道の掃除などの「共用空間の維持・管理」の5つに分類すると，最も多いのは「話・休息・日常行為」である．「商業活動」は，平日と休日でほとんど同程度みられる．「遊び・余暇活動」は平日と比べて休日が当然多く，6倍にもなる．平日は1人～5人での少人数での遊びが多く，住戸に近い住棟間でみられ，休日は8人以上の大人数の遊びが増え，サッカー場，管理棟横の広場や駐車場周辺等，広い空間が使われる．

　「話・休息・日常行為」は「住棟間」で最も多くみられ，次に「路上や道路沿い」でみられる．屋根の下で座ってくつろげる店や木陰の下にテーブルとベンチが配置されている場所などでは，一日中子育て中の親子の姿がみられ，たまり場として定着している．たいてい主要通りから舗装された小道が続いており，住棟間に入りやすく，散歩に利用されやすい．一方，公園でもあまり利用がみられないのは，主要通りから直接見えず，駐車場に囲まれている閉鎖的な場所である．

　平日の住棟間で多くみられた商業活動は，休日では住棟間よりも道路沿いで多くみられる．休日の住棟間は商業活動よりも遊び・余暇活動により多く利用されるなど，平日と休日で活動場所の移動が行われ，様々な屋外空間が居住者の活動に柔軟に対応している．

b．維持管理

　「家事・作業」と「共用空間の維持・管理」は活動数が少なく，使用されている場所も様々である．居住者による自主活動の他に，サッカー場の芝刈りや掃除といったグラウンドの整備活動がみられ，団地清掃のために雇用されている者もいて，朝の涼しい時間に道の掃除や芝の手入れなどが行われている．

c．年間行事

　この団地に限らずバーン・ウア・アトーン住宅団地ではほとんどの居住者が参加して盛大に行われる年間行事がある．新年，子どもの日，タイ正月（ソンクラーン），母の日（王妃誕生日），父の日（国王誕生日），仏教行事などである．地方出身者が多いためタイ正月は1週間ずらして催される．父の日には団地内の居住地で9チームに分

かれ綱引きをはじめとする対抗試合が行われる．チーム活動で居住者同士のつながりを作るきっかけとして役立っている．行事は大きな広場を使って盛大に行われ，団地内でのサークル活動をしていない人にとっても重要な住民との交流の場となっている．

d．サークル活動

団地内では様々なサークル活動が行われている．種類としてはサッカー，フットサル，エアロビクス，バスケット，セパタクロー（タイ国技，けまりのバレーボール），ブラボン（なぎなたのような棒を使うタイ式剣道），高齢者，仏教，オートップ，健康法太極拳，フラフープがある．人気があるのはサッカー，フットサル，セパタクローである．グラウンドや広場が多い団地のため，運動系のサークルが盛んである．

文化系のサークル活動には自然になくなるものがある．一方で，オートップ[243]は月1回活動し，洗剤を作っている．職業訓練としての機能も果たし，収入増加に結びつく活動へと発展しているケースもある．東北地方出身者が多い別の団地では，東北料理に使うきのこ栽培を団地内で行い，市場価格よりも割安で販売している．さらに環境サークルは，水を浄化させるEMボールを制作して自らの団地で使用している．それだけでなく近隣の工場排水の浄化に役立てるよう工場にも販売している．こうした活動のきっかけはNHA職員のアドバイスがもとになっている．団地ではコミュニティによる経済活動の促進も目的とされており，団地ごとに担当職員が決められ相談に応じる体制が整えられている．

法律上，団地建設後5年以内はNHAが管理し，その後は管理組合を立ち上げ組合管理に移行することが定められている．しかし，経済活動支援の相談をはじめ，団地内の問題についてコミュニティリーダーらの相談に応じ助言をする関係は，管理がNHAから組合に移行した後も続くことが多い．

バーンチャロン団地，ノンホイ団地，そしてヒアリングを行ったバンコク近郊2団地，東北地方3団地，北部4団地を含めて，NHAのバーン・ウア・アトーンBEA事業による団地建設を総括すると以下のようになる．

1　建設当初，団地周辺には十分な交通手段がなく，団地内においても未完成住戸が放置されるなど安全性や防犯上に問題のみられる団地も地方ではみられる．しかし，数年間で商業施設が建設され，交通手段が増え，団地を取り囲む町が形成され都市化が進む場合もあり，NHAが供給する住宅はまちづくりの核になる場合がある．

2　BEA事業で供給される集合住宅は，ワンルーム（24m²）またはワンルーム＋1部

---

243) One Tambon One Productのことをいう．日本の大分県で実施された政策を参考にタクシン政権が実施した．農村部における零細農家の現金収入の増加，地域の活性化を目指した政策であり，OTOP商品はそれぞれの地域における特産品である．

屋（33m²）の 2 タイプである．居住者も核家族や一人暮らしが多い．空間構成は，入ってすぐに居間，奥の半屋外スペースに，バス・トイレと台所が配置される．コアハウスの規模である．しかし，コアハウスについてみたように（IV-4-3），22m² の最小限住居では大がかりな増改築が必然である．24m² のワンルームタイプは狭小であり，ほとんどの住居でモノが溢れる状態にある．また，実際空室が多い．BAE 事業の住戸タイプは，住戸モデルとしては居住者のニーズに合っていないといっていい．

第一の問題は，タイの気候風土に合った住まい方を許容しない空間構成をとっていることである．すなわち，伝統的なタイの住居の構成は考慮されていない．そして，第二の問題は，上述のように，増改築の余地が全く考慮されていないことである．増改築も可能とする，共用空間を組み込んだ，立体的な住戸モデルが考案される必要がある．

3　共用空間については，一般に，団地居住者に高く評価され居住者の生活に柔軟に対応しているといっていい．また，バーンチャロン団地など大都市に立地する場合は，オープンスペースが近隣住民にも利用され，地域全体の居住環境改善に寄与している．地方では地方の生活様式に応じた多様な共用空間の利用の仕方がみられる．

4　居住地管理，そしてコミュニティ支援については，精力的に行われている．住民組織をベースとして，様々なコミュニティ活動や年間行事が共用空間を利用して実施されている．また，コミュニティ活動が活発な団地を顕彰する制度もあり，先駆的取り組みや情報を共有する仕組みもある．NHA が団地建設の目的としている良好な居住者関係の構築，コミュニティにおける経済活動の促進については，一定の成果がみられる．居住者が支援を必要としたコアハウジング供給時代には十分ではなかったコミュニティ支援が団地建設時代にはうまく機能するようになってきている．

バンコクの都市型の居住形式としてのショップハウスについては第 III 章 2 節で詳細にみたところである．アユタヤ（IV-3-3）についてみたいわゆるモダン・ショップハウスも，バンコクでもみることができる．ここで焦点を当てた建設現場の仮設住宅地，コアハウジング住宅地，そして BAE 事業による NHA 住宅団地は，必ずしも安定した居住地の型として成立しているわけではない．しかし，住戸の空間構成には共通点も多くみられ，広間（居間）中心型とも言えるタイの居住スタイルに応じた住まいのあり方がみえてきた．1930 年代にはこうしたタイの居住スタイルと西欧の住宅形式を折衷しようという試みが，タイ国有鉄道社宅などでみられた．狭小集合住宅における広間の共用化の試みなどである（田中 2006）．いまだにこれらを越える画期的な集合住宅は出現していない．第 III 章で見たこれからの経済成長戦略において重視される「タイらしさ」という考え方を，居住分野にも適用した試みがあって良い．

洪水はアユタヤや北部では頻繁に起こり，それらをやり過ごす生活の知恵なども継

承されてきた．こうした自然災害をも含めた地域の生態系に基づく居住システムをどのように現代に引き継いでいくかは大きな課題である．

　バンコクにおいても，高層のコンドミニアムに象徴される居住形態とアモルフな居住形態に二分化されつつあるといえるだろう．地域の生態系に基づいて成立してきた居住空間の構成原理をどう受け止め，新たな形式をどう生み出していくかはバンコクにとっても大きな課題である．

終　章

「東南アジアの住居―その起源，伝播，類型，変容」と題する本書において考察の対象にした「住居」とは，ヒトの「住まい」である．日本語の類語には，住宅，家，家屋，人家，住処，栖があるが，まず素朴には「住む」場所，建物，空間を意味し，さらにそこに「住む」家族（家）あるいは集団を意味する．英語には，house, home, dwelling, …といった言葉があるが，辞書による house の定義も，まず a building for people to live in であり，続いて the people in such building である．本書が，「住居」のあり方を問題とすることにおいて，集落，都市へと対象とする居住空間を拡大していくのは必然である．ただ，一貫して問い続けたのは，身近な居住空間の型であり，その集合形式である．

　そして具体的に焦点を当てたのは，タイ系諸族の住居，集落であり，タイの都市住居の典型としてのショップハウスである．本書では，今日のタイにおける住居の起源，原型と地域類型，そしてその変容，とりわけ，過去1世紀の変容が急激かつ根源的であることを明らかにした．

　第IV章の冒頭で触れたように（IV-1），この変容は，東南アジア全域にも共通する大規模なものと言える．本書で明らかにしたこと，明らかにし得なかったことをまとめた上で，東南アジアの住居の未来のあり方を展望しよう．この変容を促すものがグローバリゼーションの一環であるとすれば，日本の住居の未来を考えることにも繋がるであろう．

1　地域の生態系に基づく住居システム

　本書では，まず第I章で，東南アジアの伝統的住居について概観した．木造の高床式住居，棟が緩やかに反り返った屋根形態といった，その共通の特性が東南アジアを含むはるか広いオーストロネシア世界にみられることを確認した上で，ロングハウス，ミナンカバウ族の住居，バタック諸族の住居，サダン・トラジャ族の住居，そしてバリ島の住居という島嶼部にみられる極めてシステマティックな住居形式とその集合形式についてみた．東南アジアの伝統的住居集落は実に多様である．そして，それぞれに体系的である．序章で議論したように（序章3），その形態の規定要因（①気候と地形（微地形と微気候），②生業形態，③家族や社会組織，④世界（社会）観や宇宙観，信仰体系）は複合的であり，地域の生態系（社会文化自然生態力学）に基づいて多様な形態をみることができる．『世界住居誌』（布野編 2005b）には，さらにニアス島，スンバ島，マドゥラ島，ロンボク島，アチェなどの住居形式をまとめている．

終章

　1980年代までは，東南アジア各地に，そうした伝統的住居形態をみることができた．臨地調査における第一の目的は，その形態（平面形式，架構方式，ディテール…）を記録するとともに，地域の気候や地形に即した住居システムを再評価し，それに学ぶことであった（『地域の生態系に基づく住居システムに関する研究（I）（II）』（布野 1981, 1991）．

2　タイ系諸族の住居

　東南アジア大陸部も，島嶼部に比べると大型の住居は少ないが，地域の生態系に基づいて多様であることは同様である．第II章で焦点を当てたのがタイ系諸族の住居である．何故，タイ系諸族に焦点を当てたかと言えば，R. ウォータソンが大陸部の住居にあまり触れていないということもあるが，そして，ラオスのタイ・ラオ族の住居集落の調査が近年可能になったこともあるが，何よりもその移住の過程に住居の地域適応のメカニズムを明らかにできると考えたからである．それに，東南アジア大陸部の地域空間の全体的連関を把握できると考えたからである．
　タイ系諸族の住居集落について明らかにしたことは第II章4にまとめたが，本書の意義の第1は，特に，タイ・ラオ族に焦点を当てることで，原型と地域類型，そしてその変容型を明らかにしたことにある．要点を繰り返せば以下である．
　①タイ系諸族の原郷は中国南部であり，その中心は雲南そしてシプソンパンナー（西双版納傣族自治州）とされるが，その住居の原型は，「竹楼」と呼ばれる竹造（もしくは木造）の高床式で床上に炉のある1室空間である．
　②タイ族住居のプリミティブな「原型」は，5つの大河に沿う形で南下していったタイ系諸族の住居の原型でもある．炉のある居室をもつのは，シプソンパンナーのタイ族の他，アッサムのカムティ族，ミャンマーのシャン族，紅河，黒河流域のタイ・ダム族などの住居に見られる．これらは全て1棟の住居である．
　③高床の炉のある1室空間から寝室が分化し，壁で囲われることで2室空間となり，家族人数に従って複数の寝室と炉のある居間からなる住居形式が成立する（「基本型」）．シプソンパンナーにおける「版納型」がそのひとつであり，アッサムのカムティ族の住居形式もそのひとつである．「版納型」は，屋根がある半開放的なヴェランダ（前廊），炉が置かれる居間（堂屋），寝室（臥室），そして高床下の4つの空間から構成される．
　④炉のある1棟1室の「原型」から寝室が分化することで一定の形式「基本型」

442

が成立すると，次の段階で炉のある居間から厨房が分化していくことになる．寒冷な気候から蒸暑い気候に移住すると厨房を分離する要求は強まる．様々な「変異型」が派生するが，一般に見られるのは「基本型」の増築というかたちで厨房部分を分離していくパターンである (V1).

⑤そして，厨房棟を別に設けて 2 棟（母屋棟と厨房棟）からなる住居形式が成立する (V2).

⑥また，蒸暑い気候になると，開放的な空間構成が求められ，さらに多くの住棟で住居を構成するパターンが成立する (V4)．物理的な空間単位に注目すると，1 棟 1 室型 (A. 原型)，1 棟型 (P. 基本型)，複数棟型 (V. 変異型) が成立していくことになる．

⑦複数の棟で居住空間を構成する住居形式として，チャオプラヤ下流域のシアム族の住居システムとシプソンパンナーの「孟連型」の住居システムは，極めて高度である．

住居形式については，以上のように，極めて明快に明らかにし得た．また，住居の集合形式すなわち集落の空間構成についても，日の出・日の入に基づく絶対方位（東西南北），山川，高低に基づく相対方位に関するオリエンテーション観とピー信仰や仏教などに関する宗教施設の配置やタイ社会のヒエラルキー構成の関係については一定程度明らかにした．

問題は，住居形式を支えてきた様々な儀礼や空間の象徴的意味の根底的変化については，本書では充分に明らかにし得ていないことである．建築材料や建築構造の変化，住宅設備の変化による住居の空間形式の変化はある程度わかりやすいが，それぞれの地域の社会文化生態力学を解明する作業は残されている．

3 ショップハウス

タイへのショップハウスの導入とその拡大過程については第 III 章で明らかにした．ラーマ IV 世が，シンガポールにスリスリヤウォン大臣らを派遣し (1859 年)，バンコクにショップハウスという都市住居の形式をもたらしたこと，その形式がデルタ平野部に，運河開削とともに普及していったことを具体的な臨地調査をもとに明らかにしたのは本書の第 2 の意義である．

中国南部で「店屋」と呼ばれた店舗併用住居の形式はチャイニーズの海外移住に伴って東南アジアに伝えられていった．そして，S. ラッフルズがシンガポール建設に伴っ

て採用したアーケード付のショップハウスの形式は東南アジア各地とともに，逆に中国南部や台湾に「騎楼」という形式として伝えられていった．そして，ショップハウスが東南アジアの都市景観を特徴づけてきたことははっきりしている．

　しかし，例えば，インドネシア，フィリピンのような国では，ショップハウスは消えつつある．フィリピンには，バハイ・ナ・バトと呼ばれるスペインの影響を受けて成立した都市住居の形式があるが，マニラのビノンド地区，セブのパリアンなどのチャイナタウンには最早ショップハウスは見られない．インドネシアには，早くからショップハウスが建設されてきた．しかし，ジャカルタのコタ地区などに1980年代の初頭までは残っていたが，再開発された．スラバヤのかつてのチャイナタウンには2棟程度が残るだけである．すなわち，1階を店舗，2階を住居とするショップハウスの形式は，デパートやショッピング・センターといった形式に置き換えられていくのである．

　タイについては，バンコクのショップハウス街など，ある程度保存措置がなされ，活気ある商店街として観光スポットになっている地区もある．土地を一括所有する国王手許金管理局（PPB）の存在が大きい．一方，タイでは，アユタヤについて見た（Ⅳ-3-3）いわゆるモダン・ショップハウスの成立がある．すなわち，数階建ての連棟店舗併用住宅がショップハウスの伝統を引き継ぐかたちで成立し，各都市の都市景観の新たな「地」となっている．

　そうした中で，シンガポールはショップハウス・ラフレシアを歴史的遺産として維持しているし，歴史的町並みとして世界文化遺産に登録されたホイアン，マラッカのような都市もある．

4　アーバン・ヴィレッジ

　タイ系諸族の住居集落の空間構成，都市におけるショップハウスの起源，拡散の過程はある程度わかりやすい．しかし，19世紀後半から20世紀にかけてそのあり方は急激に変化をはじめる．そして，東南アジア諸国が，脱植民地化を果たしていく1960年代以降，急激な都市化の過程で，住居，集落，都市は決定的に変わる．第Ⅳ章は，住居の現代的位相を住民たちの生活実態のレヴェルで明らかにしたものである．他の東南アジア諸国でも，それぞれ同じような実態を明らかにすることができる．

　グローバリゼーションの地域への浸透は，一方で，それから取り残され，差別化される地区を生み出す．それは，差異を駆動力とする資本主義システムの必然的なメカ

図終 4-1（上）　スクォッター・セツルメント
　　　　　　　ジャカルタ　撮影：布野修司
図終 4-2（下）　コアハウス・プロジェクト
　　　　　　　撮影：布野修司

ニズムの結果である．欧米の大都市の場合，そうした居住地は「スラム」[244]と呼ばれた．一般には，「スクォッター・セツルメント」（不法占拠地区）という（図終 4-1）．

　しかし，発展途上国の都市の場合，西欧都市の「スラム」のように，家族解体や犯罪や社会の病理現象が必ずしも見られる分けではない．むしろ，農村的な共同体組織が維持されるのが一般的であった．それ故，それは一般にアーバン・ヴィレッジと呼ばれる．インドネシア，マレーシアのカンポンがその典型である．カンポンとは，マレー（インドネシア）語で「ムラ」のことである．インドネシアでは，行政村はデサという．カンポンというともう少し一般的で，カタカナで書く「ムラ」の語感に近い．カンポンガン kampungan と言えば，イナカモン（田舎者），というニュアンスで使われる．インドネシアで，ジャカルタ，スラバヤといった大都市の住宅地をカンポンというのは，都市の居住地でありながら，ムラ的要素を残しているからである．この特性は発展途上地域の大都市の居住地に共通であるとされる．フィリピンはバリオ，インドではバスティー，トルコではゲジェ・コンドゥなどとそれぞれ独自の名前で呼ばれるが（IV-1③），物理的には貧しくても，社会的な組織，地区のコミュニティ組織はしっかりしているのが一般的である．すなわち，西欧の大都市の「スラム」とは異な

---

[244] スラムとは，スランバー slumber に由来するとされる．スランバーとは「まどろむ，うとうとする，無活動状態にある，〈火山などが〉休止している」といった意味である．

る[245]）．

　カンポンのような都市の居住地に対して，まず各国で行われてきたのは，スラム・クリアランスによる西欧モデルの集合住宅の供給である．しかし，住宅供給は量的に足りず，価格が高くて低所得者向けのモデルとはならなかった．それぞれの生活様式と住宅形式が合わないのも決定的であった．それに対して大きな成果を上げたのは，上下水道，歩道など最小限のインフラストラクチャーを整備する居住環境整備である．イスラーム圏のすぐれた建築活動を表彰するアガ・カーン賞が与えられたインドネシアのカンポン・インプルーブメント・プログラム KIP がその代表である．また，コアハウジングなど，スケルトン（骨組）だけを供給して，居住者自ら住居を完成させる，興味深い手法も試みられてきた（図終4-2）．バンコクについては前章で詳細に見た通りである（IV-4-3）．

　しかし，アジアの大都市はさらなる人口増に悩みつつある．そこで各都市共通の課題となるのが，新しい都市型住居のプロトタイプである．カンポンのような都市村落の形態とは異なった，高密度の居住形態がそれぞれに求められているのである．

　イスラーム圏にはそれぞれに都市組織をつくる伝統がある．インドにはハヴェリ，中国には四合院という都市型住宅の伝統がある．また，ショップハウスの伝統は東南アジアに広がっている．そうした伝統をどう新しく引き継ぐかがテーマとなる．

---

[245]）カンポンについては，『カンポンの世界』に詳述している（布野 1991）．簡潔に言えば，以下のような特性をもっている．まず，第一に，カンポンでは，隣組（RT：Rukung Tetanga），町内会（RW：Rukung Warga）といったコミュニティ組織は極めて体系的である．すなわち，様々な相互扶助組織はしっかりしている．アリサン arisan と呼ばれる講（頼母子講，無尽），ゴトン・ロヨン Gotong Royong と呼ばれる共同活動が居住区での活動を支えているのである．第二に，カンポンの居住者構成を見ると極めて多様である．カンポンには多様な民族が居住する．植民都市としての歴史が大きいけれど，インドネシアはそもそも多くの民族からなる．多民族が共住するのがインドネシアの大都市である．また，カンポンは様々な所得階層からなる．どんなカンポンでも低所得者と高所得者が共に住んでいて，土地や住宅の価格によって，階層が似通う．先進諸国の住宅地とは異なっている．第三に，カンポンは単なる住宅地ではなく，家内工業によって様々なものを造り出す機能をもっている．また，様々な商業活動がカンポンの生活を支えている．住工混合，住商混合がカンポンの特徴である．第四に，カンポンの生活は極めて自律的である．経済的には都心に寄生する形ではあるが，生活自体は一定の範囲で完結している．第五に，カンポンは，その立地によって，地域性をもつ．多様な構成は，地区によって異なり，それぞれの特性を形成している．

　英語のコンパウンド compound の語源は，カンポンである．オクスフォード英語辞典（OED）にそう説明されている．コンパウンドというと，インドなどにおける欧米人の邸宅・商館・公館などの，囲いをめぐらした敷地内，構内，南アフリカの現地人労働者を収容する囲い地，鉱山労働者などの居住区域，捕虜や家畜などを収容する囲い地を指す．しかし，もともとはバタヴィアやマラッカの居住地がそう呼ばれていたのを，英国人がインド，アフリカでも用いだすのである．カンポン＝コンパウンドが一般的に用いられだすのは 19 世紀初頭であるが，カンポンが西欧世界と土着社会との接触がもとになって形成されたという事実は極めて興味深いことである．

図終 5-1（上） タイのパブリックハウジング
a：集合住宅，d：2戸1住宅
撮影：布野修司

図終 5-2（下） スラバヤのルーマー・ススン
（積層住宅）1985年　すでに
建て替えられた．撮影：布野
修司

5　カンポン・ススン

　脱植民地を果たした東南アジア諸国において，提案され建設されてきたのは，上述のように，欧米流の住宅モデルである（図終 5-1）．日本で言えば，日本住宅公団による住宅団地の形式である．住宅形式となったのは，2DKと呼ばれるダイニング・キッチン（DK）という新たな空間を設けた狭小住宅の形式であった．日本の伝統的な住宅形式は必ずしも継承されなかった．都市的な集合形式である町家の形式が発展させられることもなかった．

　東南アジア諸国も同様である．しかし，東南アジアの場合，欧米流の住居形式や団地モデルがそのまま適用できない社会経済的な背景があった．スクォッター・セツルメントの居住実態と住居モデルの水準との落差はあまりにも大きかったのである（図終 4-1）．すなわち，欧米風の住宅モデルと供給方式では対応できない圧倒的な量の住宅が必要であった．また，住宅建設コストがかかりすぎ，大多数は入居できないのである．さらには，住居モデルが東南アジアの気候に合わないという決定的な問題もあっ

た．立体的に住む経験は伝統的になかったが故に，様々なトラブルが生じたのである（図終5-2）．

そこで，様々な創意工夫が試みられた．そこに，地域の伝統的住居を支えた仕組み，地域の生態系に基づく居住システムを現代的に継承発展するひとつの可能性があった．ひとつは，上に触れたコアハウジング（コア住宅，スケルトン住宅供給）と呼ばれる最小限の空間とスケルトンを供給する手法，もうひとつは，ルーラル・ハウジング（農村住宅供給）と呼ばれる地域型住宅の供給手法である．

コアハウジングは，セルフヘルプ（自助）・ハウジングあるいはセルフビルド（自力建設）とも呼ばれ，居住者の時間と労働を二重に搾取するものだといった批判も展開されてきたが，住居建設の方法としてみると実に興味深い手法である．居住者が住居建設に参加することを前提とすることで，居住者のニーズを可能なかぎり実現すること，また様々な創意工夫を産み出すことが目指されている．むしろ，住居と居住者の関係が，供給者（建設者，販売者）と需要者（購買者，消費者）の関係として分離される先進諸国が学ぶべきものが多い．

東南アジアにおいて，そうした住宅建設方法を実践してきたNGOグループが，バンコクのビルディング・トゥゲザー Building Together とマニラのフリーダム・トゥ・ビルド Freedom to Build である[246]（布野 1987）．

ビルディング・トゥゲザー[247]は，最初の段階で2棟の実験住宅を建設し，材料，構法，建設システム，コスト等に関する検討を行っている．ひとつは，インターロッキング・ブロックとプレキャストの梁による壁構造，もうひとつはプレキャストの柱梁による階と木構造の2階との混構造が検討されたが，採用したのは前者である．当時，何故，木造を用いないのかをめぐって議論をしたのであるが，木材が高いこと，また，建設職人に頼れないというのが大きな理由であった．ただ，2階建連棟形式の採用は，ショップハウスが念頭に置かれており，2階に生活スペース，1階にバス，トイレ，台所が置かれる空間構成は，伝統的生活様式が考慮されているといっていい．そして，具体的に実現されたプロジェクト[248]は，敷地計画と居住者参加の方法を結びつけるなど極めて興味深いものである（口絵8）．

[246] 発展途上国全体に関しては，南米チリに拠点を置く SELAVIP（SErvicio Latino Americano y Asiatico VIvienda Popular）などがあり，両団体とも関係を持っていた．

[247] 非営利組織として設立されたのは1978年である．主導したのは S. エンジェル Angel，C. ポール Paul などアジア工科大学 AIT を拠点としたグループである．①土地の取得と宅地の分譲賃貸，②住宅の分譲・賃貸，③住宅の設計施工，④研究活動（a．居住政策および住戸計画，b．建築材料の研究開発，c．構法システム），⑤自主プロジェクトの実施（a．土地，材料・部品，設備機器の入手，b．建設資金，人材の確保，c．ローンの保証等を含む），⑥コミュニティオーガニゼーション，⑦技術指導等各種コンサルタント，⑧その他関係機関との連絡等を活動内容にうたう．すなわち，ハウジングのプロセスを担うことのできる実践的かつ総合的な組織が理念とされていた．

フリーダム・トゥ・ビルド[249]は，住宅は供給せず，建材や部品のみを供給するのが大きな特徴である（図終5-3）．その具体的な活動は，貧困者の建設活動を最も束縛するものは，資材を得る手段と費用を持たないことであるという観点から，市場価格以下の建材，部品の供給を主要な柱とした．資材の確保は，居住者の前住宅を解体したものや，建設現場で使われたものなど，主として廃材古材を収集，改良することによってまかなう．そして，建築資材の供給を目的としたワークショップの開設，熟練大工などの技術スタッフによるアドバイスなどを行う．建材購入のための資金についてはパルワガン Paluwagan と呼ばれる伝統的金融の仕組（講）を用い，建設はバヤニハン Bayanihan とよばれる伝統的な相互扶助組織（結）による．伝統的な住居建設のための仕組の利用，資材のリサイクルなど，これもまた，むしろ先進諸国が学ぶべき取り組みである．

図終5-3　フリーダム・トゥー・ビルドの看板

ルーラル・ハウジングは，基本的に，伝統的住居を継承することをうたい，地域産材を用いた形で提案されてきた．タイでもフィリピンでも，例えば，オール・バンブー・ハウスの提案がある．タイの場合は，中央デルタのシアム族の伝統的2棟住宅がモデルである（図終5-4a）．フィリピンの場合，1980年代には，伝統的木造住宅 Bahai-Kubo（木の家），ルソン島平野部のコロニアル住宅 Antillean House，南島部のムスリム住宅（図終5-4b），山間部のイフガオ住宅という4つの類型を設定，それぞれ

---

248) 敷地は，バンコクの北部，幹線道路ラップラオから北へ15km入った106ライ（17ha）の土地である．全体で200戸，家族平均6人として，人口密度115人/ライ（706人/ha）の計画である．15〜20戸を単位とするクラスタ（2階建連棟）11が主歩道に治って配置されている．コミュニティ施設としては，集会所，マーケット広場，ワークショップ，診療所等がクルドサックの主道に面して設けられている．上下水道は基本的にコミュニティの自主管理とし，維持管理とコストを考慮して簡易化されているが，上水の確保のために井戸が掘られ，給水塔が建てられている．建設のプロセスは大きく①住宅の開発，②相互扶助による基本構造の建設，③セルフ・ヘルプによる各住戸の完成およびコミュニティ施設の建設の3つのフェイズに分れる．居住者は住宅の開発には参加せず（外部の請負業者に委ねられる），第2フェイズのクラスターの建設から参加し，第3段階において各戸を個々に，しかも段階的に完成していくプロセスをとる．また，コミュニティ施設，インフラストラクチャーの建設，整備はその次の段階として行われた．
249) フリーダム・トゥ・ビルドはその名を第三世界のハウジング理論に大きな影響を与えたJ. F. C. ターナーの著書（Turner, John F C & Fichter, Robert（1972））からとっていることが示すように，その影響を強く受けたグループであり，W. キース Willy Keyes がその中心であった．

図終 5-4　ルーラル・ハウジング　a：タイ，b：フィリピン　撮影：布野修司

のモデル住宅を用意している．中でも，興味深いプロジェクトは，ルソン島南部（ロス・バニョス Ros Banos）のエネルギー自給のモデル漁村（タドラック Tadlak）の建設である（図終 5-5）．1980年代初頭における，地域産材としてのヤシの全面的使用，風力発電，バイオガス発電などを実装するエコ・ヴィレッジの建設は，世界的にみても極めて先進的な試みであったといっていい．

しかし，こうした地域の伝統的な住居形式や居住システムを基礎にした住宅建設の試みが一般的な趨勢になることはなかった．農村から大都市へのプッシュ（押出）要因が弱まることはなく，すなわち，プライメイト・シティのさらなる拡大，メガ・アーバニゼーションのさらなる進行によって，ルーラル・ハウジング（農村住宅供給）が実効性をあげることはなかった．

それ故，中心的な課題になったのはアーバン・ヴィレッジであり，大都市の居住形態をどう再組織化するかである．カンポン・インプルーブメント KIP によるオンサイトの居住環境改善には限界がある．すさまじい人口圧力を受け止めるためには，立体的な居住地モデルが必要である．欧米流の集合住宅による団地モデルが現実の解答にならないことは，東南アジア全体で明らかになってきたのである．

そうした中で，ひとつの解答として提案されたのが，スラバヤの「カンポン・ススン Kampung Susun」（KASUN）モデルである（図終 5-6）．J. シラス Johan Silas（1936～）[250]のグループがスラバヤで提案したのであるが，基本理念はカンポン（アーバン・ヴィレッジ）の生活が積み重なって，立体的に展開できるということである．ススンとは，「積み重なる」という意味であり，ルーマー・ススン Rumah susun というのは「積み重なった住宅（積層住宅）」一般的には集合住宅のことである．

スラバヤは，カンポン・インプルーブメント・プログラム KIP の評価によってアガ・カーン賞，さらに UN Habitat 賞を得ている自治体であるが，一方で，欧米流の団地建設も行っている．その団地は，建設後 20 年を経ずして建て替えを余儀なくされた（図終 5-2）．そこで，シラスらが提案したのが「KASUN」モデルである[251]．

カンポン・ススン

図終 5-5　フィリピンのエコ・ヴィレッジ　a：ヤシ材の利用，b：バイオガス利用，c：風力発電　撮影：布野修司

　基本理念は，カンポンの共同生活をそのまま立体化するということである．廊下を広く取って各階に共用の居間，そして，共用の厨房スペース，トイレ・バス（2戸で

250) バンドン工科大学 ITB 卒業．スラバヤ工科大学 IST（1957 設立）の建築学科の創設（1965）に関わり，以降，スラバヤを拠点に居住環境改善の多彩な活動を展開してきている．スラバヤのカンポン・インプルーブメント・プログラム Surabaya KIP でアガ・カーン賞（1986），国際居住年記念松下賞（IYSH）（1991），UN-Habitat 賞（2005）など多くの受賞がある．インドネシア全体の住宅政策にも大統領顧問として大きな役割を果たして来た．インド洋大津波（2004）の住宅復興プロジェクトについては責任者を務めた．また，スラバヤで開催された国連人間居住会議 UN Habita Ⅲ（2016.07.25～27）では実行委員長をつとめた．論文，著書は，J. Silas（1993），"Surabaya, City of Surabaya", City Government of Surabaya，J. Silas（1995），"Impact Assessment on KIP Urban Ⅲ, the case of Surabaya", World Bank, Washington DC., J. Silas（2003），"Greater Surabaya: The Formation of a Planning Region", IIAS, J. Silas & W. Setyawan（2009），"Housing Design for Disaster Mitigation Case Study: Mega Disaster in Aceh and Nias 2004, J. Silas & W. Setyawan（2010），"Housing Footprints on Rebuilding of Aceh-Nias 2005-2009", ITS Surabaya, Ministry of Economic Affair Coordination, J. Silas・W. Setyawan・R. Ernawati・M. Okitasari・H. R. Santosa, et al（2011），"Surabaya's Kampung toward the 21th Century, Bappeko, Surabaya など多数ある．

終章

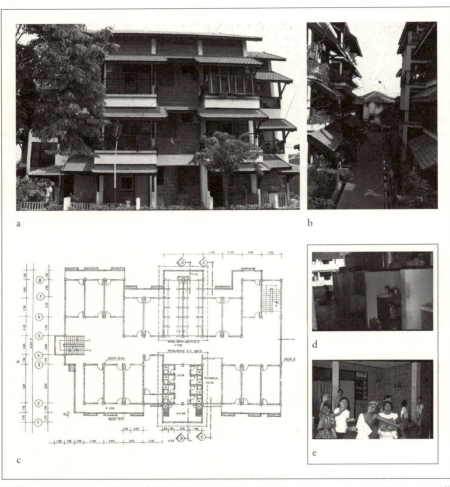

図終5-6　ルーマー・ススン（スラバヤ　a：ルスン・ドゥパック，b, c, d, e：ルスン・ソンボ）
　　　　c：平面図，d：コモン・キッチン，e：コモン・リビング　撮影：布野修司

1つ）を設ける．また，ランガール（礼拝室）も設ける．そして，各階に店，床屋などを設けてもよく，屋台（ロンボン）や物売りも自由に入れる．コレクティブ・ハウス型集合住宅といっていいが，まさに，カンポン型集合住宅である．スラバヤで2箇所実現し，ジャカルタでも採用された．ただ，20世紀末の経済危機以降，広がりは見せていない．カンポンの共同生活から，核家族単位の家族構成への変化が「KASUN」モデルを必要としなくなりつつあるようにも思える．

6　未来の住居

東南アジアに限らず世界中で問われるのは地球環境全体の問題である．エネルギー問題，資源問題，環境問題は，これからの都市と建築の方向を大きく規定することになる．本書で明らかにしたように，かつての東南アジアの都市や建築は，それぞれの地域の生態系に基づいて固有のあり方をしていた．メソポタミア文明，インダス文明，中国文明の大きな影響が地域にインパクトを与え，仏教建築，イスラーム建築，ヒンドゥー建築といった地域を超えた建築文化の系譜が地域を相互に結びつけてきたが，本書がタイ系諸族の住居集落に即して明らかにしたように地域の生態系に基づく居住システムの枠組みは維持されてきたように思われる．

地球環境全体を考える時，かつての都市や建築のあり方に戻ることはありえないにしても，それに学ぶことはできる．世界中を同じような建築が覆うのではなく，一定の地域的まとまりを考える必要がある．国民国家の国境にとらわれず，地域の文化，生態，環境を踏まえてまとまりを考える世界単位論の展開がひとつのヒントである．建築や都市の物理的形態の問題としては，どの範囲でエネルギーや資源の循環系を考えるかがテーマとなる．

---

251) 筆者はこの基本設計には直接関わってはいないが，その前提になる臨地調査と議論には加わった．それをまとめたのが布野の『インドネシアにおける居住環境の変容とその整備手法に関する研究―ハウジングシステムに関する方法論的考察―』学位請求論文（東京大学，1987）であり，カンポンのハウジング・システムの基本理念としてまとめたのは以下である（詳細は布野1991）．①総合的アプローチ Integrated Approach，②主体としてのコミュニティ：Community Initiative，③参加：Participation，④段階的アプローチ：Step by Step Approach，⑤スモール・スケール・プロジェクト：Small Scale Project，⑥自力建設・相互扶助によるハウジング：Self Build, Housing by Mutual aid，⑦地域の生態系に基づくハウジング・システム：Housing System based on Eco-System，⑧適正技術によるハウジング：Appropriate technology for Housing，⑨プロセスとしてのハウジング：Housing as a Process，⑩多様性の許容：Variety of Space である．

終章

 ひとつには地域計画レヴェルの問題がある．各国でニュータウン建設が進められているが，可能な限り，自立的な循環システムが求められる．20世紀において最も影響力をもった都市計画理念は田園都市である．アジアでも，田園都市計画はいくつか試みられてきた．しかし，田園都市も西欧諸国と同様，田園郊外を実現するにとどまった．というより，田園郊外を飲み込むほどの都市の爆発的膨張があった．大都市をどう再編するかはここでも大問題である．どの程度の規模において自立循環的なシステムが可能かは今後の問題であるけれど，ひとつの指針は，一個一個の建築においても循環システムが必要ということである．

 「KASUN」モデルを基礎にして，さらに地域の生態系に基づく居住システムを組込んだ新たな住居モデルを目指したのが「スラバヤ・エコハウス Surabaya Ecohouse」である（図終5-7）．一般に「エコハウス」「エコ・ヴィレッジ」「エコタウン」と呼ばれる試みは世界中で試みられている．そうした試みの中から未来の住居の形式が産み出されていくことになるだろう．そうした期待がある．

 アジアにおいて大きな焦点になるのは中国，インドという超人口大国である．また，熱帯地域に都市人口が爆発的に増えることである．極めてわかりやすいのは，熱帯地域で冷房が一般的になったら，地球環境全体はどうなるか，ということがある．基本的に冷房の必要のないヨーロッパの国々では，暖房の効率化を考えればいいのであるが，熱帯では大問題である．米国や日本のような先進諸国では，自由に空調を使い，熱帯地域はこれまで通りでいい，というわけにはいかない．事実，アイスリンクをもつショッピング・センターなどが東南アジアの大都市ではつくられているのである．問題は，今のところ，「エコハウス」モデルの多くが寒冷地モデル，すなわち暖房を主とするモデルであることである．

 地球環境全体を考えるとすれば，より緊急かつ広範に求められているのは，圧倒的な人口増加が予測される熱帯地域の「エコハウス」モデルである．もちろん，熱帯地域でも様々な建築システムの提案がなされつつある．「スラバヤ・エコハウス」はそうしたモデルのひとつである．マレーシアの建築家ケン・ヤンなどは，冷房を使わない超高層住宅のモデルを考えている．

 その原型は，複数家族が大型のワンルームに居住するバタック・カロのような住居である．熱帯地域では，暑さに対応するために大きな容積が必要である．そして，この原型を組み立てる空間システムのモデルは「KASUN」モデルである．

 要素技術として導入したのは，①ヤシの繊維の断熱材（地域産材）利用，②空気層を挟んだ二重屋根による断熱，③吹き抜けの煙突効果による通風循環，④腰屋根（ハイサイド・ライト）による昼光利用の最大化，⑤井水利用の床輻射冷房，⑥ソーラー・バッテリーの揚水ポンプ利用等々，いわゆるパッシブ・デザインの諸技術である．パッシブ・デザイン，すなわち，機械力を用いない伝統的住居が依拠してきた手法である．

6
未来の住居

図終 5-7 スラバヤ・エコ・ハウス（スラバヤ） a：モデル住宅，b：二重屋根，c：煙突効果利用の換気，d：井水利用の床輻射冷房

　現代の建築技術を如何に自然と調和させるかは，アジアに限らず，全世界共通の課題である．自然光の利用，通風の工夫，緑化など当然の配慮に加えて，二重屋根の採用，椰子の繊維を断熱材に使うなどの地域産材の利用，太陽電池，風力発電，井水利用の輻射冷房，雨水利用などが様々に考えられているが，実は，そうした様々な創意工夫の原理は，各地域における伝統的住居を支えてきたシステムに，その多くを学ぶことができるのである．

おわりに

本書の元になっているのは，以下の3つの学位請求論文である．
- 田中麻里『タイにおける住空間特性と住宅計画手法に関する研究』(京都大学，2003年)．
- Nawit Ongsavangchai "A Study on Formation and Transformation of Shophouse in the Old Town Areas, Thailand"(京都大学，2006年)．
- チャンタニー・チランタナット Chantanee Chiranthanut『メコン中流域におけるタイ・ラオ族の住居集落形態とその変容に関する研究 Considerations on Spatial Formation and Transformation of Tai-Lao Villages and dwellings in the Central Mekong Basin, Thailand and Laos』(滋賀県立大学，2010年)．

　この3つの学位論文に布野は指導教官として関わった．それぞれの論文のベースとなる臨地調査の多くに参加し，共に論文を執筆した．布野と田中麻里さんとの出会いは彼女の奈良女子大学在学中に遡り，布野が東洋大学に在職していた時に引率したヨーロッパ建築ツアーで知り合った．そして，京都大学の博士課程に進学，再会することになる．ナウィットさんとは京都大学の修士入学以来のつき合いである．そして，チャンタニーさんとは滋賀県立大学の博士課程に入学以来のつき合いである．驚いたことに，バンコク生まれのナウィットさんとチェンマイ生まれのチャンタニーさんはコンケーン大学の同級生なのであった．そして，チャンタニーさんの学位論文については，群馬大の教員になられた田中麻里さんに折に触れて指導をお願いすることになった．現在，ナウィットさんはチェンマイ大学，チャンタニーさんは母校コンケーン大学の教員である．

　本書にとりあげたバンコク，パタニ，アユタヤ，チェンマイ，ルアンパパン，ヴィエンチャン，ピマーイのみならず，タイの各地を歩き回る中で，この3人の学位論文とその後もそれぞれが継続的に行ってきた研究の成果を一冊の本にまとめられないか，と思うようになった．

　田中さんの学位論文については，既に，それを基にした『タイの住まい』(圓津喜屋，2006年)が公刊されているのであるが，その後も，タイの住居についての調査を続けてきている．ナウィットさん，チャンタニーさんも，それぞれタイの伝統的住居の起源をさぐる構えとともに，その変容を大きなテーマにしている．タイ系諸族の住居集落の変容をまとめの軸にできないか，というのが本書の発端である．

　タイ，そしてタイ系諸族の住居集落ということになれば，当然，その視野は，その起源を遡って，中国西南部から東南アジアに広がることになる．本書を「東南アジアの住居」と冠することにしたのは，この間一貫してお世話になってきた京都大学学術

おわりに

出版会の鈴木哲也さんの示唆によるところが大きい．すなわち，個別専門分野でのみ通用する議論ではなく，骨太の議論が欲しい，ということである．今や専務理事として，また大学出版部協会の理事も務める立場でありながら，直接編集も担当して頂いた．

「東南アジアの住居」全体を世界的な視野において位置づけるために，まず，序章と第Ⅰ章を設けた．変容をテーマとするからには，その起源，原型を明らかにする必要がある．「はじめに」に記したが，このいささか無謀とも思われる概観が可能となったのは，『世界ヴァナキュラー建築百科事典 EVAW』全3巻（Oliver ed. 1997）を我々が手にしているからである．また，The Paul Oliver Vernacular Architecture Library （POVAL）の整備もある．ただ，問題は視点である．どういうフレームとアプローチで「東南アジアの住居」に迫るかが問題である．オリヴァーのEVAW全3巻の第①巻の全体は，実は，「理論と原理 Theories and Principles」と題して，様々なアプローチを提示している．冒頭に，美学，人類学，考古学，建築学……など各学問分野における「アプローチと概念」が概括され，「文化特性と属性」「環境」「材料と建築資源」「生産」「サーヴィス」[252]「シンボリズムと装飾」「タイポロジー」「使用と機能」という章立てのもとに様々な論考がまとめられている．断片的と言えば断片的であり，要するに「百科事典」である．

本書が焦点を当てたのは，空間であり，その構成原理，すなわち住居形式である．そして，住居の集合形式，すなわち集落の空間構成である．都市的集住形式も当然対象であり，都市型の住居形式とその集合形式が問題となる．こうして，住居→集落→都市という空間規模の拡大も視野においた，そこに一貫する空間形式が考察の中心である．そして，その空間形式を規定する要因を問う構えをとった．具体的な視点については，「序論 3 住居の形態」で議論した通りである．「社会文化生態力学」（立本成文）というアプローチと概念を本書の基本的な立場として掲げたが，先のオリヴァーのEVAWの第①巻で言えば，当然のことながら全てが関わっていることになる．もちろん，タイ系諸族の住居集落の空間構成についてありとあらゆる項目を掘り下げることは不可能であるが，その主要な規定要因については的を絞ることになった．そして，空間構成の変化要因として，住宅生産の工業化の問題が大きく，地域の生態系に基づく居住の仕組が大幅に変化してきたことがクローズアップされることになった．鈴木さんには，本書を貫く以上のような基本軸を明確にし，さらに説得力をもって未来を展望するようにという強力な示唆を頂いた．いつもながら感謝したい．

執筆担当は，チャンタニー・チランタナットが第Ⅱ章および第Ⅳ章 3-1（ピーマイ），3-4（ヴィエンチャン），ナウィット・オンサワンチャイが第Ⅲ章および第Ⅳ章 3-3（ア

---

252) サーヴィスとは，建築学でいう，通風，熱環境，衛生，冷房，上下水道など，建築設備，環境工学に関する事項をいう．

ユタヤ），田中麻里が第Ⅳ章2および3-2（チェンマイ），そして4-4（バンコク）である．布野は，序章，第Ⅰ章，終章を担当し，全体の調整を行った．

振り返れば，布野が東南アジアを歩き出したのは1979年1月のことである．ジャカルタに着いてクバヨラン・バルーのホテルに荷物を置くやいなや，コタへ向かいグロドック街を歩き回った．まだ，ショップハウスはそこら中に残っていたし，カンポンは活気に満ちていた．ジャカルタからメダン，そしてパダンへ飛んで，バタック諸族とミナンカバウの集落を見た．そして，まさに，「地域の生態系に基づく住居システム」が息づいている光景に感動した．インドネシアからバンコクへ回って，当時，マニラのトンド地区と並ぶ「スラム」と言われていたクロン・トイ地区も歩いている．布野の「アジア放浪」はそれから40年にもなろうとしている．

この最初のインドネシア調査の時，バンドンの建築研究所を尋ねて，そこで偶然出会ったのがスラバヤ工科大学のJ・シラスである．運命の出会いであった．以降，スラバヤには毎年のように通うことになった．昨年（2016年7月）もスラバヤに出かけて会った．折からUN-HABITAT（国連人間居住計画）の向こう20年間の方針を定めるUrban Ⅲの準備会合が開かれており，ホットな議論をすることになった．J・シラスは今やインドネシアの人間居住計画に関する大御所である．"Perumahan dalam jejak paradoks"（HAK CIPAT, 2016）という新刊書をもらった．「パラドックスの中の人間住居」というタイトルである．80才になったから最後の本だというけれど，まだまだやる気である．

本書の刊行で一区切りつけることができたのであるが，ますます元気なJ．シラスに敗けないように次のステップに向いたいと思う．

本書の刊行に当たっては，日本学術振興会の研究成果公開促進費（学術図書）の助成（課題番号16HP5261）を受けた．本書刊行の意義を認めて頂いた審査員の先生方に感謝の意を記しておきたい．

> 2017年2月
> 著者を代表して　布野　修司

主要参考文献

A

Aasen, Clarence (1998), "Architecture of Siam: A Cultural History Interpretation", Kuala Lumpur, Oxford University Press.

Aasen Clarence (1998) *Architecture of Siam*, Oxford University Press.

Adulyapichet, Apiwan (ed.) (2002), "The Aerial Views of Seven Khmer Sanctuaries Wonders of Northeastern Thailand", Sriboon Printing.

Abrams Charles (1964) *Man's Struggle for Shelter in Urbanizing World*, The MIT press.

Ahmed, K. Iftekhar (2013), "The vanishing traces: vernacular housing of the Chittagong Hill Tracts", White Lotus Press, Thailand.

赤木攻・北原淳・竹内隆夫（2000）『続・タイ農村の構造と変動―15年の軌跡―』勁草書房．

秋道智彌編（2007）『図録　メコンの世界―歴史と生態―』弘文堂．

Allen, Edward (1969), "Stone Shelters", MIT Press (E. アレン (1993)『南イタリア　石の住まい』増田和彦・高砂正弘訳，学芸出版社).

Altman, I., Rappoport, A. & Wohlwill, J. F. (eds). (1980), "Enviroment and Culture", Plenum Publishing, New York.

Amornwongvichit (1963), "Pongsavadan Hua Muang Isan", in Prachoompongsawadan Vol.3, Kurusapa Business Organization, Bangkok.

Amranand Ping; Warren William (2000) *Lanna Style, Art and Design of Northern Thailand*, Asia books

Amyot, J. (1972), "The Chinese and the National Integration in Southeast Asia", Institute of Asian Studies, Chulalongkorn University.

Anderson, Benedict O. (1983), "Imagined Community: Reflections on the Origin and Spread of Nationalism", Verso, London (B. O. アンダーソン (1997)『想像の共同体―ナショナリズムの起源と流行』リブロポート).

安藤徹哉（1987）「バンコクのショップハウスの成立とその実態に関する考察」『都市計画．別冊：学術研究論文集』22号，日本都市計画学会．

安藤徹哉（1988）「バンコク中心市街地のショップハウスの構成に関する研究」『都市計画．別冊：学術研究論文集』23号，日本都市計画学会．

安藤徹哉（1989）「バンコクのショップハウス開発の実態と問題点」『都市計画．別冊：学術研究論文集』24号，日本都市計画学会．

安藤徹哉（1993）『都市に住む知恵―バンコクのショップハウス』丸善．

Angel.S; Benjamin.S; De Goede (1975) *Towards the recognition of the People's Housing Effort: The Low income housing delivery system in Bangkok*, Asian Institute of Technology.

Annandal, Nelson (1930), "Religion and Magic Among the Malays of the Patani States", Anthropology Part I, University Press of Liverpool.

新井清水（2004）「タイ北部，アカ及びリスにおける居住文化の変容過程に関する研究：家族と社会をめぐる10年の軌跡から」博士学位論文（芝浦工業大学）．

新井清水・西本太・畑聰一　他（2005）「アカ族の住まいにみる固有文化の支族的展開と文化変容―タイとラオスにまたがるチベット・ビルマ語派のアカ族の比較」住宅総合研究財団研究論文集，住宅総合研究財団．

新谷忠彦（2008）『タイ族が語る歴史：「センウィー王統紀」「ウンポン・スィーポ王統紀」』雄山閣.
新谷忠彦・C. ダニエルス・園江満（編）（2009）『タイ文化圏の中のラオス―物質文化・言語・民族』慶友社.
Arismoenandar K., R.（1986）, "Joglo, Rumah tradisional Jawa", Dahara Prize, Semarang.
浅川滋男（1992）『住まいの民族学的考察―華南とその周辺』京都大学学位請求論文.
浅川滋男（1994）『住まいの民族建築学―江南漢族と華南少数民族の住居論』建築資料研究社.
浅川滋男編（1998）『先史日本の住居とその周辺』同成社.
浅川滋男編（2000）『北東アジアのツングース系諸民族住居に関する歴史民俗学的研究』丸善.
浅川滋男（2004）『東アジア漂海民の家船居住と陸地定住化に関する比較研究』文部科学省科学研究費補助金研究成果報告書, 鳥取環境大学.
浅川滋男・島根県古代文化センター（2010）『出雲大社の建築考古学』同成社.
浅川滋男（2013）『建築考古学の実証と復元研究』同成社.
Asian Institute of Technology, Human Settlement Division, "The Practice of People's Participation : Seven Asian Experiences in Housing the Poor", AIT, Bangkok.
Assadullah Shahand ; Marcia Arvisu Tekie ; Karl E. Weber（1986）The Role of Women in Slum Improvement, Asian Institute of Technology.
Ateliers De La Peninsule（2004）, "Luang Phabang", Vientiean.
綾部恒雄（1971）『タイ族, その社会と文化』弘文堂.
綾部恒雄・石井米雄編（1982, 1994）『もっと知りたいシンガポール』弘文堂.
綾部恒雄・石井米雄編（1982, 1995）『もっと知りたいタイ』弘文堂.
綾部恒雄・石井米雄編（1982, 1995）『もっと知りたいインドネシア』弘文堂.
綾部恒雄・石井米雄編（1983, 1994）『もっと知りたいミャンマー』弘文堂.
綾部恒雄・石井米雄編（1983, 1994）『もっと知りたいマレーシア』弘文堂.
綾部恒雄・石井米雄編（1983, 1994）『もっと知りたいフィリピン』弘文堂.
綾部恒雄編（1984）『文化人類学15の理論』中央公論社.
綾部恒雄（1992）『東南アジアの論理と心性』第一書房.
綾部恒雄（1993）『現代世界とエスニシティ』弘文堂.
綾部恒雄編（1994）『文化人類学の名著50』平凡社.
綾部恒雄（1996）『国家のなかの民族―東南アジアのエスニシティ』明石書店.
綾部恒雄・石井米雄編（1996）『もっと知りたいカンボジア』弘文堂.
綾部恒雄・石井米雄編（1996）『もっと知りたいラオス』弘文堂.
綾部恒雄・林行夫編（1996）『タイを知るための60章』明石書店.
綾部恒雄監修・綾部恒雄他編（2000）『世界民族事典』弘文堂.
綾部恒雄編（2003）『文化人類学のフロンティア』ミネルヴァ書房.
綾部恒雄（2004）『タイ族：その社会と文化』弘文堂.
綾部恒雄監修・末成道男・曽士才編（2005）『講座世界の先住民族―ファースト・ピープルの現在 01 東アジア 02 東南アジア』明石書店.
綾部恒雄編（2006）『文化人類学20の理論』弘文堂.
Aymonier, Etienne（1901, 1999）, "Khmer Heritage in the Old Siamese Provinces of Cambodia", White Lotus.

B
Backus, Charles（1981）, "The Nan-Chao Kingdom and Tang China's Southwestern Frontier", Cambridge University, Press.

Bagneid, A.（1989）, 'Indigenous Residential Courtyards : Typology, Morphology and Bio climates', "The Courtyard as Dwelling", IASTE, Vol.6.
Baker, Christopher John ; Pasuk Phongpaichit（2005）, "A History of Thailand", Cambridge University Press.
Bangkok Metropolitan Administration : Department of City Planning（2001）, "Document for Seminar in Rehabilitation of Historical Area", August 22-23.
Bangorn, Piyapan（1998）, "Lao Nai Groong Rattanakosin", Thammasat University.
バンコク日本人商工会議所（2015）「タイ国経済概況 2014/2015 版」.
Barley, Nigel（1992）, "The Duke of Puddle Dock : Travels in the Footsteps of Stamford Raffles",（ナイジェル・バーリー（1999）『スタンフォード・ラッフルズ：シンガポールを創った男』柴田裕之監訳, 凱風社）.
Batson, Benjamin A.（1984）, "The End of the Absolute Monarchy in Siam", Oxford University Press.
Beamish, Jane & Ferguson, Jane（1985）, "A History of Singapore Architecture : the making of a city", G. Brash, Singapore.
Bean, George E.（1980）, "Turkey beyond the Maeander", Benn, London.
Beek, S. V.（1995）, "The Chao Phya-River in Transition", Oxford University Press.
Bejrananda, M. ; Micheal, A. J.（1999）, 'Spatial Pattern of Shop-houses : A Case Study of Traditional and Contemporary Shop-houses in Southern Thailand', Space Syntax-Second International Symposium Proceedings 1 : 4. Brasilia, Brazil.
Bektas, Cengiz（1996）, "Bodrum", Tasarim Yayin Grubu, Istanbul.
Bellwood, Peter（1978）, "The Polynesians : Prehistory of an Island People", Thames and Hudson（P. ベルウッド（1985）『ポリネシア』池野茂訳, 大明堂）.
Bellwood, Peter（1978）, "Archaeological research at Lake Mangakaware, Waikato, 1968-1970", University of Otago, Dept. of Anthropology.
Bellwood, Peter（1979）, "Man's conquest of the Pacific : The prehistory of Southeast Asia and Oceania", Oxford University Press（ピーター・ベルウッド（1989）『太平洋 東南アジアとオセアニアの人類史』植木武・服部研二訳, 法政大学出版局）.
Bellwood, Peter ; Fox, James J. ; Tryon, Darrell T.（1995）, "The Austronesians : historical and comparative perspectives.
Bellwood, Peter（1997）, "Prehistory of the Indo-Malaysian Archipelago", University of Hawai'i Press.
Bellwood, Peter & Renfrew, Colin（2002）, Examining the farming/language dispersal hypothesis, McDonald Institute for Archaeological Research, University of Cambridge.
Bellwood, Peter & Glover, Ian（eds.）（2004）, "Southeast Asia : from prehistory to history", Routledge.
Bellwood, Peter（2004）, "First Farmers : The Origins of Agricultural Societies", John Wiley & Sons（ピーター・ベルウッド（2008）『農耕起源の人類史』長田俊樹・佐藤洋一郎監訳, 京都 大学学術出版会）.
Bellwood, Peter（2013）, "First Migrants : Ancient Migration in Global Perspective", John Wiley & Sons.
Benedict, Paul（1942）, "Thai, Kadai, and Indonesian : A New Alignment in Southeastern Asia", American Anthropologist.
Benedict, Paul（1975）, "Austro-Thai Language and Culture : With a Glossary of Roots", Human Relations Area Files Press, New Haven.
Benedict, Paul（1986）, "Japanese/ Austro-Thai", Karoma, Michigan.
Bernier, Ronald M（1997）, "Himalayan architecture", Fairleigh Dickinson University Press.
Bhamorabutr, Abha（1986）, "Ancient Cities un Thailand", Department of Corrections Press, Bangkok.

Bhamorabutr, Abha (1988), "Ban Chiang : The Unexpected Prehistoric Civilization in Thailand", Department of Corrections Press, Bangkok.
Blackmore, Michael ; Drake, F. S. (ed.) (1967), 'The Ethnological Problems Connected with Nancho', in Proceedings of the Symposium on Historical and Linguistic Atudies on Southern China, South-East Asia and the Hong Hong Region.
Blench, Roger & Spriggs, Matthew (eds.) (1999), "Language Change and Cultural Transformation", Archaeology and language 4, Routledge.
Blench, Roger (2008), 'The Prehistory of The Daic (Tai-Kadai) Speaking Peoples and The Hypothesis of an Austronesian Connection', EURASEAA, Leiden.
Blusse, L. (1979), 'Chinese Merchant in Patani : A Study in Early Dutch-Chinese Relation', Proceeding of the IAHA 7th Conference, Chulalongkorn University, August 2-12.
Blust, R. (1987), "Lexical Reconstruction and Semantic Reconstruction : The Case of the Austronesian House Words", John Benjamins Publishing Company, Amsterdam.
Blust, R. (1988), "The Austronesian homeland : A linguistic perspective", Asian *Perspectives* 26 (1).
Blust, R. (1999), "Subgrouping, circularity and extinction : Some issues in Austronesian comparative linguistics", *in* Zeitoun E, Li PJK (*eds.*), "Selected Papers from the Eighth International Conference on Austronesian Linguistics", Academia Sinica, Taipei.
Boeke, J. H. (1940), "Indisch Economie", 2 vols., H. D. Tjeenk Willink & Zoon, Haarlem (J. H. ブーケ (1979)『二重経済論―インドネシア社会における経済構造分析』秋薑書房).
Bougas, W. A. (1990), "Patani in the Beginning of the XVII Century", ARCHIPEL 39 I'Institut National des Langues et Civilisations Orientales Paris.
Bougas, W. A (1994), "The Kingdom of Patani between Thai and Malay Mandala", Selangor : Institute Alam dan Tamadun Melayu.
Bounthavy, Sisouphanthong & Taillard, Christian (2000), "Atlas of Laos : Spatial Structure of the Economics and Social Development of the Lao People's Democratic Republic", Silkworm Books, Chiang Mai.
Bourdier, Jean-Paul ; Alsayyad, Nezar (ed.) (1989), "Dwellings, Settlements and Tradition", IASTE.
Bourdier, Jean-Paul ; Trinh, T. Minh-Ha (Thi Minh-Ha) (2011), "Vernacular architecture of West Africa : a world in dwelling", Routledge.
Bourdieu, P. (1973), 'The Berber House', In Douglas, M. (1973), "Rules and Meanings", Harmondsworth, Penguin.
Bourgeois, Jean-Louis (1983), "Spectacular Vernacular : A New Appreciation of Traditional Desert Architecture", Peregrine Smith Books, Salt Lake City.
Bourgeois, Jean-Louis ; Davidson, Basil (1989), "Spectacular vernacular : the adobe tradition", Aperture Foundation, New York.
Bowring, John, Sir (1857), "The kingdom and people of Siam ; with a narrative of the mission to that country", W. Parker, London.
Boyes, Jon (1988), "Hilltribes of Northern Thailand : Hmong Voices", Paisal, Chiang Rai.
Brahmin Urakin Viriyaburana (2001) PRAPHENEE THAI (Thais culture), Pramaha Rajakhru, Prajak Wittana.
Breazeale, Kennon (1975), "The Integration of the Lao States into the Thai Kingdom", unpublished Ph. D. dissertation, Oriental Studies, Oxford University.
Briones, Concepcion G. (1983), "Life in Old Parian", Cebuano Studies Center, University of San Carlos, Cebu City.
Brunskill, R. W. (1971, 1978, 1987, 2000), "Vernacular architecture : An Illustrated handbook", London,

Faber and Faber（R. W. ブランスキル（1985）『イングランドの民家』片野博訳，井上書院）．
Brunskill, R. W. (1997), "Houses and Cottages of Britain", The Orion Publishing Group.
文化庁文化財部建造物課（2003）『ブータンの歴史的建造物に係る保存修復協力事業報告書：アジア・太平洋地域文化財建造物保存修復協力事業』文化庁文化財部建造物課．
Bunmatham, Teerachai (1986), "Kon Isan ma jak nai (Where are Isan people come from)".
Bunnak, Piyanart (1994), "Klong Prawattisart Nai Ardeed (Historical Canal in the Past). Arsrom Kwam Kid Ruang Klong nai Krungthep lae Parimonthon (Consideration of Canal in Bangkok Metropolitan Area)", Chulalongkorn University Press.
Bunyasak, Suriya (2004), "Yonroy Talat Kao Hang Muang Siam (Back to the old Markets of Siam)", Wanchana Press, Bangkok.

C
蔡亘騏（2006）『閩南「手巾寮」街屋空間構成之比較研究』雲林科技大学碩士論文．
Cameron, W. (1883), "On the Patani", Journal of the Straits Branch of the Royal Asiatic Society. Vol.11. (June).
曹春平（2005）『閩南伝統建築』厦門大学出版社．
Carrol, Kevin (1992), "Architectures of Nigeria", Lester Crook Academic Publishing.
Carthew, M. (1952), "The History of The Thai in Yunnan 2205 B.C.-1253A.D", Journal of the Siam Society.
Chaichongrak, Ruethai (1977), "Ruan Thai Deem (in Thai)", Department of Architecture, Slipakorn University.
Chaichongrak, Ruethai; Nil-athi Somchai; Panin Ornsiri; Posayanonda Saowalak (2006) *The Thai House History and Evolution*, Amarin Printing and Publishing Company Limited.
Chaichongrak, Ruethai; Nil-athi, Somchai; Panin, Ornsiri; Posayanonda, Saowalak (2002), "THE Thai House, History and Evolution", Asia Books.
Chamaruk, Attasit; Puttako, Narakorn; Chiranthanut, Chantanee（旧姓：Wongkham）(2004), "A Study of Comfort Condition Term in Tai-Loei Traditional House", Khonkean University, Thailand.
Chantavilasvong, Santi (1978), "A Study of Some Aspects of Shop-House Architecture", Master's Thesis, Faculty of Architecture, Chulalongkorn University.
Charensupkul, Anuvit (1978), "The Elements of Thai Architecture: An Analytical Approach to Thai Buddhist Architecture and Its Component Parts from Sukhothai Period Down to the Nineteenth Century" (tr. By Kennedy, V.), Karn Pim Satri Sarn, Bangkok.
Charensupkul, Anuvit & Temiyabanda, Vivat (1979), "Nothern Thai Domestic Architecture and Rituals in House Building", The Fine Arts Commission of the Association of Siamese Architects, Bangkok.
茶谷正洋編（1996）『住まいを探る世界旅』彰国社．
茶谷正洋，中澤敏彰，八代克彦（1991）『中国大陸建築紀行』丸善．
Cheewasarth, Vassan (1986), "Chinese Architecture in Pattani", Research Report Supported by Center for Southern Thailand Studies and the James Thompson Foundation.
Cheng, Lim Keak (1979), "The Chinese in Singapore: their socio-economic geography, with special reference to pang structure", Thesis (Ph. D.) (University of London).
Chen, Voon Fee; Chee, Alice (1998), "The encyclopedia of Malaysia Volume 5, Architecture", Archipelago, Singapore.
張漢賢・東樋口護・橋本清勇（1998）「マレーシアにおけるショップハウスの供給 —— 東南アジアにおけるショップハウスの地域社会・経済連関に関する研究」『日本建築学会計画系論文集』504

号，1998 年 2 月.
張漢賢（2000）『マレーシア・シンガポールにおける街路型職住複合建築「ショップハウス」の展開―その空間の融通性と持続的利用―』博士論文（京都大学）.
張保雄（1981）『韓国の民家研究』宝晋済出版社（張保雄（1989）『韓国の民家』古今書院）.
陳志宏（2005）『閩南僑郷近代地域性建築研究』天津大学博士論文.
陳志宏（2007）『漳州城市近代化改造及騎楼建設』福建建築.
陳震東（2009）『新疆民居』中国建築工業出版社.
千原大五郎（1982）『東南アジアのヒンドゥー・仏教建築』鹿島出版会（Chihara, Daigoro（1996）, "Hindu-Buddhist architecture in Southeast Asia", translated by Rolf W. Giebel, E. J. Brill, Leiden, New York）.
千原大五郎（1986）『南の国の古寺巡礼：アジア建築の歴史』日本放送協会.
陳従周・潘洪萱・路秉傑（1993）『中国民居』学林出版社.
陳來幸（2016）『近代中国の総商会制度：繋がる華人の世界』京都大学学術出版会.
Chiranthanut, Chantanee（旧姓：Wongkham）（2004）, "Chomchon Lae Ruen Tai-Loei（Tai-Loei Community and Traditional House）: Architectural and Environment Study", Khonkean University, Thailand（in Thai）.
チャンタニー，チランタナット（2010）「メコン中流域におけるタイ・ラオ族の住居集落形態とその変容に関する研究」博士学位論文（滋賀県立大学）.
Christopher John Baker, Pasuk Phongpaichit（2005）, "A History of Thailand", China through Everbest Printing.
Chulalongkorn University（1991）, "The Composition of Physical Growth of Bangkok", Chulalongkorn University Press.
Chusree, Supachai and Ongsavangchai, Nawit（2012）, "Transformation of Urban Elements in the Old Town Area of Songkhla, Thailand", Proceeding, ISAIA 2012-The 9th International Symposium on Architectural Interchanges in Asia, 22-25 October 2012, Gwang- Ju, Korea.
Chusree, Supachai and Ongsavangchai, Nawit（2013）, "Spatial Development of Songkhla Old Town, Thailand", Proceeding, ICOMOS Thailand International Conference 2013, 15-16 October 2013, Chiang Mai, Thailand.
Chutitnaranond, Sunait（1990）, "Mandala, Segmentary State and Politics of Centralization in Medieval Ayudhaya".
Chutintaranond, Sunait（1996）, "Ayutthaya the Portrait of Living Legend", Sunjai Phulsarp, Bangkok.
Clammer, John R.（1980）, "Straits Chinese society: studies in the sociology of the baba communities of Malaysia and Singapore", Singapore University Press.
Clark, Samuel R.（1911）, "Among the Tribes of Southwest China", China Inland Mission, London.
Clement-Charpenteir, Sophie ; Clement, Pierre（1989）, "Huen Lao", Dokked Print, Luangprabang.
Clement-Charpentier, Sophie（1989）, "Permanance of Rural Settlements in Thai Towns, Dwellings, Settlements and Tradition Cross-Cultural Perspectives", IASTE.
Clement-Charpentier, Sophie ; Clement, Pierre（2003）, "Habitation Lao（Lao's House）", Vol.1, Kattiyasak, Kalaya, Sunanta, Arpailad, Keawpilawan, Suksawaddee, Weangkeaw, Inseeveangmai, Apichaiyaded,（translate）Dokket Print, Luangprabang.
Coedès, G.（1929）, "Recueil des Inscriptions du Siam 1", Inscriptions de Sukhodaya, Ramkamheng, Bangkok.
Coedès, G.（1944）, "Histoire ancienne des états hindouises d'Extreme-Orient", Ecole Française d'Extreme-Orient.

Coedès, G. (1968), "Les peuples de la peninsule indochinoise--histoire-civilisation", University of Hawaii Press.
Colquhon, Archibald R. (1883), "Across Chryse V1: Being the Narrative of A Journey of Exploration through the South China Borderlands from Canton to Mandaley", New York.
Colquhon, Archibald R. (1985), "Ethnic History of the Shans", Manas Publications, Delhi.
Committee for the Publication of Historical Documents (1982), "Foreign Records of the Bangkok Period up to A. D. 1932", Published on the Occasion of the Ratanakosin Bicentennial, Office of the Prime Minister, Bangkok.
Committee for Compiling of old Documents and Archives (1999), "Wattanatham Tang Prawattisat Ekkalak lae Phumpunya Changwat Chachoengsao (Historical Culture, Identity and Wisdom of Chachoengsao Province)", Department of Fine Arts, Bangkok.
Conservation Project Division. (n. d.), "Report of the Survey of Srasong-Longtha Shophouses", Bureau of the Crown Property.
Cooper, Ilay & Dawson, Barry (1998), "Traditional Buildings of India", Thames and Hudson, London.
Costa, Paolo M. (1994), "Studies in Arabian architecture", Variorum Publications Ltd., London.
Credner, William (1909), "Cultural and Geographical Observations made in the Tali (Yunnan); Region with Special Regard to the Nanzhao Problem.
Credner, William (1934), "CULTURAL AND GEOGRAPHICAL OBSERVATIONS MADE IN THE TALI (Yunnan); Region with Special Regard to the Nanzhao Problem", Bangkok, Siam Society.
Crouch, Dora P; Johnson, June G (2001), "Traditions in architecture: Africa, America, Asia, and Oceania", Oxford University Press.
Cunningham, C. (1964), "Order in the Atoni House", Bijdragen tot de Taal-, Land-en Volkenkunde.
Cultural Properties Department (2003), "Report on Hoi An Former International Port Town Conservation Cooperation Project", Agency for Cultural Affairs, March Japan.

D

戴志堅（2009）『福建民居』中国建築工業出版社.
Dale, Ole Johan (1999), "Urban Planning in Singapore: The Transformation of a City", Oxford University Press.
単德启（2009）『安徽民居』中国建築工業出版社.
Damluji, Salma' Samar (1998), "The Architecture of Oman", Garnet.
Damrong Rajanubhab, HRH Prince (*1919*), "Siamese History Prior to the Founding of Ayuddhaya", Journal of the Siam Society, *12, Part II.*
Damrong Rajanubhab, HRH Prince (1924), "Our Wars with the Burmese: Thai-Burmese Conflict 1539—1767", Journal of the Siam Society.
Damrong Rajanubhab, HRH Prince (1924), "Journey through Burma in 1936: A View of the Culture", History and Institutions.
クリスチャン・ダニエルズ（2014）『東南アジア大陸部　山地民の歴史と文化』言叢社.
Dang Nghiem Van Chu Thai Son & Luu Hung (1993), "Ethnic Minorities in Vietnam", The Gioi Publishers, Hanoi.
Dankittikul, Chaiyasit & Sinhanat, Sengseehanat (2005), "Wisdom, Development and Relation between Thai Vernacular Houses and Tai; Environment Study for Tai-Yai House", Sor Kor Wor, Bangkok.
Dankittikul, Chaiyasit & Sinhanat, Sengseehanat (2006), "Cultural Landscape Patterns of Shan Communities in Maehongson and in Dehong, China", Reserch Institute of Thailand.

Davis, Howard (2012), "Living Over the Store: Architecture and Local Urban Life", Routledge.
Dawson, Barry & Gillow, John (1994), "The Traditional Architecture of Indonesia", Thames and Hudson, London.
De Lacouperie, Terrien (1885), "The Cradle of the Shan Race", Field and tuer, London ((1970) Paragon Book Reprint Corp., New York).
De Lajonquiere, Lunet (1907), "Inventaire Aacheologique de L'Indochine" (3 vols), Paris.
Dell, Upton (1986), "America's Architectural Roots: Ethnic Groups that Built America (Building Watchers Series)", John Wiley & Sons Inc.
Denpaiboon, Chaweewan (2001), "Transformation by Modernization of the Traditional Waterfront Settlements in the Context of their Coexistence with the Aquatic Environment", Doctoral Dissertation, Kyoto University.
Department of Archaeology (n. d.), "Report of Preliminary Survey for Ratanakosin Conservation", Vol.3, Department of Fine Arts.
Department of Fine Arts (1982), "Archives of Conservation of Ratanakosin", Department of National Archives.
Department of Fine Arts (1987), "Report of Survey of Historic Building in Phuket City", Document No.3 /2530. Phuket: Conservation and Restoration of Historic City Project, Historical Building Conservation Section.
Department of Fine Arts, "Sathapattayakum Chino-Portuguese nai Khet Changwat Ranong, Changwat Phang Nga, Changwat Krabi, Changwat Trang (Project of Conservation and Renovation of Sino-Portuguese Architecture in Ranong", Phang Nga, Krabi and Trang Province.
Denyer, Susan (1978), "African Traditional Architecture", Heinemann, London Ibadan Nairobi/Africana Publishing Company, New York.
丁俊清・楊新平（2009）『浙江民居』中国建築工業出版社.
Dinh Quoc Phuong (2010), "Village architecture in Hanoi: patterns and changes; case study of Bat Trang, a pottery-making village", Science and Technics Publishing House, Hanoi.
Dodd, William Clifton (1932), "The Tai Race; the Elder Brother of the Chinese", Iowa, USA, 1996, White Lotus.
Domenig, G. (1980), "Tectonics of Primitive Roof Building: Materials and Reconstructions Regarding the Phenomenon of the Projecting Gables on Old Roof Forms of East Asia, Southeast Asia, and Oceania", ETH, Zurich.
Domenig, Gaudenz (2014), "Religion and architecture in premodern Indonesia: studies in spatial anthropology", Brill, Leiden.
Ducanay, Julian E. Jr., "Ethnic Houses and Philippine Artistic Expression", One-Man Show Studio, Pasig City, 1988.
Duly, Colin (1979), "The House of Mankind", Thames and Hudson.
Dumarcay, J. (1987), "The House in South-east Asia", Oxford University Press（ジャック・デュマルセ（1993）『東南アジアの住まい』佐藤浩司訳，学芸出版社）.
Dumarcay, J. (1991), "The Palaces of South-East Asia: Architecture and Customs", ed. & trans. by Smithies, Michael, Oxford University Press.
Dumarcay, J.; Smithies, Michael (1995), "Cultural Sites of Burma, Thailand and Combodia", Oxford University Press.
Dupuis, Auguste Victor (1921), "Industries et Principales Professions des Habitants de la Region de Tombouctou", Emile Larose, Paris.

Dwywr, D. J.（1975）, "People and Housing in Third World Cities : Perspective on the problem of spontaneous settlements", Longman.

E
Eberhard, Wolfram（1968）, "A History of China", University of California Press, California.
Edwards, Norman（1991）, "The Singapore House and Residential Life 1819-1939", Oxford University Press（N. エドワーズ（2000）『住まいから見た社会史：シンガポール 1819～1939』泉田英雄訳，日本経済評論社）.
Ee, Khoo Joo（1996）, "Straits Chinese", Pepin Press Netherlands.
Egerod, S and Sorensen, P.（1977）, "Lampang Reports", The Scandinavian Institute of Asian Studies, Special Publications No.5, Craftsman Press, Thailand.
Egerod Soren ; Sorensen Per（1977）"Lampang Report", The Scandinavian Institute of Asian Studies.
Eiam-anant, Prasong（1995）, "Kan Pattana Boriwen nai Khet Muang Kao（Development in the Old Districts）", Muang Boran. Vol.21. No.1-4（Jan.-Dec.）.
Eldem, Sedad Hakkı（1976）, "Türk Evı Turkish Houses", CıltI–III, Türkiye Anıt, Çevre, Turizm Değerlerini Koruma Vakf, Istanbul.
Elleh, Nnamdi（1997）, "African Architecture : Evolution and Transformation", New York, McGraw-Hill Companies.
遠藤環（2011）『都市を生きる人びと　バンコク・都市下層民のリスク対応』地域研究叢書　22，京都大学学術出版会.
Erkkila, A.（2001）, "Living on the land : Change in Forest Cover in North-Central Namibia 1943-1996", University of Joensuu.

F
Faegre, Tovald（1979）, "Tents ; Architecture of the Nomads", Anchor Press（T. フェーガー（1985）『天幕―遊牧民と狩猟民のすまい―』磯野義人訳，エス・ピー・エス出版）.
Fathy, Hassan（1986）, "Natural energy and vernacular architecture : principles and examples with reference to hot arid climates", University of Chicago Press.
Fee, C. V.（1998）, "The Encyclopedia of Malaysia Architecture", Kuala Lumpur : Archipelago Press.
Fell, R. T（1999）, "Early maps of South-East Asia", Oxford University Press（リチャード・ティラー・フェル（1993）『古地図にみる東南アジア』安藤徹哉訳，学芸出版社）.
Flower, Raymond（1984）, "Raffles : the story of Singapore", Croom Helm, Beckenham, Kent.
Forth, Gregory L.（1991）, "Space and place in Eastern Indonesia", University of Kent at Canterbury, Centre of South-East Asian Studies, Cantaberry.
Foruzanmehr, Ahmadreza（2010）, "Vernacular passive cooling sytems and thermal comfort in traditional dwellings in hot dry climates : a case study of Yazd, Iran", Oxford Brookes University.
Fox, James J（1993）, "Inside Austronesian houses : perspectives on domestic designs for living", Australian National University.
Fraser, Douglas（1968）, "Village planning in the primitive world", George Braziller（フレイザー，ダグラス（1984）『未開社会の集落』渡辺洋子訳，井上書院）.
Freeman, D.（1970）, "Report on the Iban", London, Athlone.
Frey, Pierre（2010）, "Learning from vernacular", Actes sud, Arles.
藤井純夫（2001）『ムギとヒツジの考古学』同成社.
藤井明（2000）『集落探訪』建築資料研究社.

藤本信義・楠本侑司・和田幸信（1991）『フランスの住まいと集落』丸善.
藤本強編（1997）『住の考古学』同成社.
藤島亥治郎（1933）『朝鮮建築史論』博士論文（東京帝国大学）.
藤島亥治郎（1942）『支那の風土と建築』日本放送出版協会.
藤島亥治郎（1944）『民族と建築』力書房.
藤島亥治郎（1949a）『台湾の建築』彰国社.
藤島亥治郎（1949b）『欧州の民家』養徳社.
藤島亥治郎（1958）『日本の建築』至文堂.
藤島亥治郎（1976）『韓の建築文化』芸艸堂.
藤島亥治郎（1977）『上代詩歌の家と庭』国書刊行会.
藤島亥治郎（1981）『住居』光村推古書院.
福井捷朗（1988）『ドンデーン村―東北タイの農業生態』創文社.
布野修司（1981）『地域の生態系に基づく住居システムに関する研究（I）』（主査　布野修司，全体統括・執筆，研究メンバー　安藤邦広　勝瀬義仁　浅井賢治　乾尚彦他），住宅建築研究所.
布野修司（1987）『インドネシアにおける居住環境の変容とその整備手法に関する研究―ハウジングシステムに関する方法論的考察―』学位請求論文（東京大学）.
布野修司（1991）『地域の生態系の基づく住居システムに関する研究（II）』（主査　布野修司，全体統括・執筆，研究メンバー　安藤邦広　勝瀬義仁　浅井賢治　乾尚彦他），住宅総合研究財団.
布野修司（1991）『カンポンの世界：ジャワの庶民住居誌』PARCO 出版局.
布野修司編（1991）『見知らぬ町の見知らぬ住まい』彰国社.
布野修司（1997）『住まいの夢と夢の住まい』朝日新聞社.
布野修司編（2003）『アジア都市建築史』昭和堂（布野修司編（2009）『亜州城市建築史』胡恵琴・沈謡訳，中国建築工業出版社）.
布野修司編（2005a）『近代世界システムと植民都市』京都大学学術出版会.
布野修司編（2005b）『世界住居誌』昭和堂（布野修司編（2010）『世界住居』胡恵琴訳，中国建築工業出版社，2010 年）.
布野修司（2006）『曼荼羅都市―ヒンドゥー都市の空間変容』京都大学学術出版会.
Shuji Funo & M. M. Pant（2007），"Stupa & Swastika", Kyoto University Press+Singapore National University Press.
布野修司・山根周（2008）『ムガル都市―イスラーム都市の空間変容』京都大学学術出版会.
布野修司・韓三建・朴重信・趙聖民（2010）『韓国近代都市景観の形成―日本人移住漁村と鉄道町―』京都大学学術出版会.
布野修司・ヒメネス・ベルデホ，ホアン・ラモン（2013）『グリッド都市―スペイン植民都市の起源，形成，変容，転生』京都大学学術出版会.
布野修司（2015）『大元都市―中国都城の理念と空間構造―』京都大学学術出版会.
Furnivall, J. S.（1939），"Netherlands India: A study of Plural Economy", Cambridge University Press（J. S. ファーニヴァル（1942）『ファーニヴァル蘭印経済史』南太平洋研究会訳，実業之日本社）.
二川幸夫編（1978）『木の民家：ヨーロッパ』A. D. A. Edita Tokyo.

G

Ganjanapan, Anan（1976），"Early Lan Na Thai Historiography: An Analysis of the Fifteenth and Sixteenth Century Chronicles", Ithaca, Cornell University.
Garneir, D.（2004），"Ayutthaya: Venice of the East", River Books.
Gebhard, Thorsten（1977），"Alte Bauernhäuser", Verlag Georg D. W. Callwey, München.

Gedney, William J. (1976), "On the Thai Evidence for Austro-Thai".
Gedney, William J.; Bickner, Robert J. (1989), "Selected Papers on Comparative Tai Studies", Michigan papers on South and Southeast Asia, no.29. Ann Arbor, Mich., USA: Center for South and Southeast Asian Studies, University of Michigan.
Gedney, William J., and Thomas J. Hudak (1991), "William J. Gedney's the Yay Language: Glossary, Texts, and Translations", Michigan papers on South and Southeast Asia, no.38., Center for South and Southeast Asian Studies, University of Michigan.
Gedney, William J., and Thomas J. Hudak (1994), "William J. Gedney's Southwestern Tai Dialects: Glossaries, Texts and Translations", Michigan papers on South and Southeast Asia, no.42, Center for South and Southeast Asian Studies, University of Michigan.
Gedney, William J., and Thomas J. Hudak (1995), "William J. Gedney's central Tai dialects: glossaries, texts, and translations", Michigan papers on South and Southeast Asia, no.43. Ann Arbor, Mich: Center for South and Southeast Asian Studies, University of Michigan.
Geertz, Clifford (1960), "The Religion of Java", The University of Chicago Press (Free Press, Glencoe).
Geertz, Clifford (1963), "Agricultural Involution: The Process of Agricultural Change in Indonesia", University of California Press, Berkeley.
Geertz, Clifford (1963), "Peddlers and Princes: Social Development and Economic Change in Two Indonesian Towns", The University of Chicago Press, Chicago & London.
Geertz, Clifford (1965), "The Social History of an Indonesian Town", Greenwood Press, Connecticut.
Geertz, Clifford (1967), "Tihingan: A Balinese Village", in "Villages in Indonesia", R. N. Koentjaraningrat (ed.), Cornell University Press.
Geertz, Clifford (1968), "Islam Observed: Religious Development in Morocco and Indonesia", University of Chicago Press.
Geerz, Clifford (1980), "Negara: The Theatre State in Nineteenth-Century Bali", Princeton University Press (C. ギアツ (1990)『ヌガラ 19世紀バリの劇場国家』みすず書房).
Geertz, Clifford (1983), "Local Knowledge: Further Essays in Interpretive Anthropology", Basic Books.
Geertz, Clifford (1995), "After the Fact: Two Countries, Four Decades, One Anthropologist", Cambridge and London: Harvard University Press.
Geertz, Clifford (2000), "Available Light: Anthropological Reflections on Philosophical Topics", Princeton University Press.
Gerson, Ruth (1996), "Traditional Festivals in Thailand", Oxford University Press.
Gibbs, P. (1987), "Building a Malay house", Oxford University Press (P. ギブス (1993)『マレー人の住まい』泉田英雄訳, 学芸出版社).
Ginsburg, N. Koppel, B. & McGee, T. G. (eds.) (1995), "The Extended Metropolis: Settlement Transition in Asia", University of Hawaii Press, Honolulu.
Girouard, Mark (1978), "Life in the English Country House: A Social and Architectural History", Yale University (ジルアード, マーク (1989)『英国のカントリー・ハウス:貴族の生活と建築の歴史 上, 下』森静子・ヒューズ訳, 住まいの図書館出版局).
Glassie, Henry H (2000), "Vernacular architecture", Indiana University Press.
合田濤 (1987)『ボントック族の社会構造と世界観』博士論文 (東京都立大学).
合田濤 (1989)『首狩りと言霊:フィリピン・ボントック族の社会構造と世界観』弘文社.
合田濤 (1997)『イフガオ:ルソン島山地民の呪詛と変容』弘文堂.
Goda, Toh (ed.) (2009), "Urbanization and formation of ethnicity in Southeast Asia", New Day Publishers, Philippines.

Gosling, Betty (1991), "Sukhothai: Its History, Culture and Art", Oxford University Press.
後藤明(2003)『海を渡ったモンゴロイド』講談社選書メチエ.
後藤朝太郎(2014)『南洋の華僑』大空社.
Gourou, Pierre (1936), "Les paysans du delta tonkinois: Etude de géographie humaine", Edition d'Art et d'Histoire, Paris (P. ゴロー (1945)『仏印の村落と農民』内藤莞爾訳,生活社).
Greenlaw Jean-Pierre (1995), "The Coral Buildings of Suakin", Kegan Paul International, London and New York.
賈珺(2009)『北京四合院』清華大学出版社.
賈珺・羅德胤・李秋香(2010)『北方民居』清華大学出版社.
関瑞明(2002)『泉州多元文化与泉州伝統民居』天津大学博士論文.
Guidoni, E. (1975), "Architettura Primitiva", Electa, Milano (Guidoni, E. (1979) "Primitive Architecture", Harry N. Abrams, Inc, Publishers, New York : ギドーニ,エンリコ (2002)『原始建築』桐敷真次郎訳,本の友社).
Guignard, Théodore (1912), "Dictionnaire Laotien-Français", Hong Kong : Imprimerie de Nazareth.
Guillot, Claude (1990), "The Sultanate of Banten", Gramedia Book Publishing Division, Jakarat.
Gurdon, P. R. T (1914), "The Khasis", Macmillan and Co. Limited.
Gutman, Pamela (2001), "Burma's Lost Kingdoms : Splendours of Arakan", Orchard Press, Bangkok.

H
芳賀雄(2014)『東亜共栄圏と南洋華僑』大空社.
Hahn, Emily (1968, 1946), "Raffles of Singapore: a biography", University of Malaya Press, Kuala Lumpur.
Hall, D. G. E. (1955, 1964, 1968), "A History of Southeast Asia", Macmillan Limited.
濱下武志(2013)『華僑・華人と中華網:移民・交易・送金ネットワークの構造と展開』岩波書店.
Hanson, O. (1982), "The Kachins", AMS Press, New York.
原広司(1987)『集落への旅』岩波書店.
原広司(1998)『集落の教え』彰国社.
原洋之介(2000)『地域研究叢書 地域発展の固有論理』京都大学学術出版会.
Harris, Eugene E. (2015), "Ancestors in our Genome the New Science of Human Evolution", Oxford University Press (ユージン・E・ハリス(2016)『ゲノム革命―ヒト起源の真実―』水谷淳訳,早川書房).
長谷千代子(2007)『文化の政治と生活の詩学:中国雲南省徳宏タイ族の日常的実践』風響社.
長谷川清之(1987)『フィンランドの木造民家:丸太組積造の世界』井上書院.
畑聰一(1990)『エーゲ海・キクラデスの光と影』建築資料研究社.
畑聰一(1992)『南欧のミクロコスモス』丸善.
畑聰一他(1999)「ボルネオ島―サラワクのロングハウス」『住宅建築』建築資料研究社,9月.
畑聰一・藤井明編(2003)『東アジア・東南アジアの住文化』放送大学教育振興会.
畑聰一(2005)『ラオスにおける伝統居住と近代化過程』芝浦工業大学連携推進部.
畑聰一・増田千次郎・藤澤彰他(2007)『ラオス民族住居の技術的展開に関する研究』芝浦工業大学連携推進部.
畑研究室通史編集委員会(2009)『フィールドで考える 2 東南アジア 地中海沿岸―1974-2009 芝浦工業大学建築工学科畑研究室住居・集落研究 35 年―』.
幡谷則子編(1999)『発展途上国の都市住民組織』アジア経済研究所.
Havell, E. B. (1913), "Indian Architecture", John Murray, London, 1913, 1927 (2nd ed.).

林行夫（2000）『ラオ人社会の宗教と文化変容—東北タイの地域・宗教社会誌』京都大学学術出版会．
林行夫（2001）『東北タイ農村における実践仏教の生成と変容：ラオ人社会の宗教民族誌』博士論文（京都大学）．
Heine-Geldern, Robert (1923), "Südostasien", In G. Buschan (Hrsg.): Illustrierte Völkerkunde Strecker und Schröder, Stuttgart 1923, II, i, S.689–968.
R. ハイネ・ゲルデルン（1942）『東南アジアの民族と文化』小堀甚二譯，聖紀書房．
Heine-Geldern, Robert (1955), "Conceptions of State and Kingship in Southeast Asia", Ithaca, Cornell University.
R. ハイネ＝ゲルデルン・M. バードナー（1978）『東南アジア・太平洋の美術』古橋政次訳，弘文堂．
Heywood, Denise (2006), "Ancient Luang Prabang", River Books, Bangkok.
樋口正一郎（2013）『アジアの現代都市紀行：変貌する都市と建築』鹿島出版会．
Higham, Charles (1989), "The Archaeology of Mainland Southeast Asia from 10,000 BC to the Fallof Angkor", Cambriage University Press.
Higham, Charles (1996), "The Bronze Age of Southeast Asia", Cambriage University Press.
Higham, Charles (2001), "The Civilization of Angor", Weidenfeld & Nicolson.
土方久功（1985）『パラオの神話伝説』三一書房．
平井聖（1998）『生活文化史—日本人の生活と住まい—中国・韓国と比較して』放送大学教育振興会．
平田隆行（1994）「空間語彙と土地所有から見た Butbut 氏族の集落空間 ── フィリピン・ルソン島カリンガ族の生活空間に関する研究」『日本建築学会計画系論文集』日本建築学会．
平田隆行（2003）「儀礼からみた集落空間 ── Kalinga・Butbut 氏族を対象に」神戸大学大学院自然科学研究科紀要，神戸大学大学院自然科学研究科編．
Home, Robert (1996) "Of Planting and Planning The making of British colonial cities", Routledge（『植えつけられた都市英国植民都市の形成』（布野修司＋安藤正雄監訳，ロバート・ホーム著：アジア都市建築研究会訳，京都大学学術出版会，2001 年）．
本多勝一（1973）『ニューギニア高地人』すずさわ書店．
堀井健三，大岩川嫩（1989）『「すまい」と「くらし」：第三世界の住居問題』アジア経済研究所．
Hornedo, Florentino H. (1997), "Taming the Wind: Ethno-Cultural History on the Ivatan of the Batanes Isles", University of Santo Tomas, Manila.
ホルヘ・アンソレーナ・伊従直子・内田雄造・穂坂光彦（1987）『居住へのたたかい』明石書店．
穂坂光彦（1994）『アジアの街わたしの住まい』明石書店．
Howongratana, Sunisa (1987), "A Study for Landuse Planning of Pattani Municipality", Master's Thesis, Department of Urban and Regional Planning, Chulalongkorn University.
Hoyt, Sarnia Hayes (1991), "Old Penang", Oxford University Press（サルニア・ヘイズ・ホイト（1996）『ペナン 都市の歴史』西村幸夫監修・栗林久美子・山内奈美子訳，学芸出版社）．
Hoyt, Sarnia Hayes (1993), "Old Malacca", Oxford University Press.
黄蘭翔（2011）「台湾店屋建築の歴史起源と日本殖民統治下の都市計画法による変遷」『東南アジア考古学』2011 年 12 月．
黄漢民（1997）『福建伝統民居』福建教育出版社．
黄浩 2008『江西民居』中国建築工業出版社．
Hudak, Thomas J. (2008), "William J. Gedney's Comparative Tai Source Book", University of Hawaii Press.
福島茂（1991）「発展途上国スラム・スクオッター地区の改善・再生方策に関する研究 アジア大都市圏における国公有地スラム・スクオッター地区の民営化開発」博士学位論文（東京大学）．
古屋野正伍編著（1987）『東南アジアの都市化の研究』アカデミア出版会．

主要参考文献

Huttha, Krongchai (1998), "Patani- Trade and Administration in the Past", Patani Studies Project, Faculty of Humanity and Social Science, Prince of Songkhla University (Patani Campus).

I

Ibrahim, Syukri (1985), "Sejarah Kerajaan Melayu Patani: History of the Malay Kingdom of Patani", Translated by Conner Bailey and John N. Miksic, Ohio University Press.
市村真一編 (1974) 『東南アジアの自然・社会・経済』創文社.
井出季和太 (2014) 『華僑』大空社.
Idrus, Yaakub (1996), "Rumah Traditional Negeri Sembilan: Satu Analisis Seni BinaMelayu", Penerbit Fajar Bakti SDN. BHD., Shah Alam, Kuala Lumpur.
飯倉照平編 (1983) 『雲南の民族文化』研文選書.
池浩三 (1979) 『祭儀の空間:その民俗現象の諸相と原型』相模書房.
池浩三 (1983) 『家屋紋鏡の世界:古代祭祀建築群の構成原理』相模書房.
池端雪浦・石井米雄・石澤良昭・加納啓良・後藤乾一・斎藤照子・桜井由躬雄・末廣昭・山本達郎編 (2001a) 『岩波講座 東南アジア史1 原史東南アジア世界』全9巻別巻1, 岩波書店.
池端雪浦・石井米雄・石澤良昭・加納啓良・後藤乾一・斎藤照子・桜井由躬雄・末廣昭・山本達郎編 (2001b) 『岩波講座 東南アジア史2 東南アジア古代国家の成立と展開』全9巻別巻1, 岩波書店.
池端雪浦・石井米雄・石澤良昭・加納啓良・後藤乾一・斎藤照子・桜井由躬雄・末廣昭・山本達郎編 (2001c) 『岩波講座 東南アジア史3 東南アジア近世の成立』全9巻別巻1, 岩波書店.
池端雪浦・石井米雄・石澤良昭・加納啓良・後藤乾一・斎藤照子・桜井由躬雄・末廣昭・山本達郎編 (2001d) 『岩波講座 東南アジア史4 東南アジア近世国家群の展開』全9巻別巻1, 岩波書店.
池端雪浦・石井米雄・石澤良昭・加納啓良・後藤乾一・斎藤照子・桜井由躬雄・末廣昭・山本達郎編 (2001e) 『岩波講座 東南アジア史5 東南アジア世界の再編』全9巻別巻1, 岩波書店.
池端雪浦・石井米雄・石澤良昭・加納啓良・後藤乾一・斎藤照子・桜井由躬雄・末廣昭・山本達郎編 (2001f) 『岩波講座 東南アジア史6 植民地経済の繁栄と凋落』全9巻別巻1, 岩波書店.
池端雪浦・石井米雄・石澤良昭・加納啓良・後藤乾一・斎藤照子・桜井由躬雄・末廣昭・山本達郎編 (2002a) 『岩波講座 東南アジア史7 植民地抵抗運動とナショナリズムの展開』全9巻別巻1, 岩波書店.
池端雪浦・石井米雄・石澤良昭・加納啓良・後藤乾一・斎藤照子・桜井由躬雄・末廣昭・山本達郎編 (2002b) 『岩波講座 東南アジア史8 国民国家形成の時代』全9巻別巻1, 岩波書店.
池端雪浦・石井米雄・石澤良昭・加納啓良・後藤乾一・斎藤照子・桜井由躬雄・末廣昭・山本達郎編 (2002c) 『岩波講座 東南アジア史9 「開発」の時代と「模索」の時代』全9巻別巻1, 岩波書店.
池端雪浦・石井米雄・石澤良昭・加納啓良・後藤乾一・斎藤照子・桜井由躬雄・末廣昭・山本達郎編 (2003) 『岩波講座 別巻 東南アジア史研究案内』全9巻別巻1, 岩波書店.
稲垣美晴他 (1990) 『木の家:ロシア・フィンランド・ノルウェイ:ログハウス紀行』建築資料研究社.
INAX (1993) 『遊牧民の建築術—ゲルのコスモロジー』INAX出版.
井上真編 (2003) 『アジアにおける森林の消失と保全』中央法規.
Inphantang, Weera; Panin, Tonkhaw; Kasemsook, Apiradee; Jaturawong, Chotima (2006), "Comparative Study on Living Environments between the Black Tais in Thailand and Vietnam", Research Institute of Thailand.
Intermediate Technology Development Group (1991), "Shelter, settlements, policy and the poor", proceed-

ings of the 8th Inter-schools Conference on appropriate technologies and policies for low-income settlements, Intermediate Technology, London.
尹紹亭（2000）『雲南の焼畑—人類生態学的研究』農林統計協会.
石毛直道『住居空間の人類学』鹿島出版会，1971年.
石毛直道編『民族探検の旅・第1集オセアニア』学習研究社，1976年.
Ishii, Yoneo（1986）, "Sangha, State and Society: Thai Buddhism in History", University of Hawaii Press
石井米雄編（1975）『タイ国—ひとつの稲作社会』創文社.
石井米雄（1985）『東南アジア世界の形成』ビジュアル版世界の歴史12，講談社.
石井米雄（1991）『タイ仏教入門』めこん.
石井米雄（1993）『タイの事典』同朋舎.
石井米雄・横山良一（1995）『メコン』めこん.
石井米雄（1999）『タイ近世史研究序説』岩波書店.
石井米雄・髙谷好一・立本成文・土屋健治・池端雪浦 監修・桃木至朗・小川英文・クリスチャン・ダニエルス・深見純生・福岡まどか・見市建・柳澤雅之・吉村真子・渡辺佳成編（2008）『東南アジアを知る事典』平凡社.
石川幸一（2016）『東南アジアのグローバル化とリージョナル化．4』亜細亜大学アジア研究所.
石川亮太（2016）『近代アジア市場と朝鮮：開港・華商・帝国』名古屋大学出版会.
Ismundandar K. D.（1993）, "Joglo—Architektur Rumah Traditional Jawa", Dahara Prize.
石澤良昭（1982）『古代カンボジア史研究』国書刊行会.
石澤良昭編（1989）『タイの寺院壁画と石造寺院』めこん.
石澤良昭編（2001）『東南アジア古代国家の成立と展開』岩波書店.
伊藤正子（2003）『エスニシティ〈創生〉と国民国家ベトナム：中越国境地域タイー族・ヌン族の近代』三元社.
伊東照司（1980）『クメール古跡ピマーイ寺院—タイ国クメール遺跡調査報告（1）—』，アジア・アフリカ言語文化研究 No.19, 東京外語大学アジア・アフリカ言語文化研究所.
伊東利勝編（2011）『ミャンマー概説』めこん.
Izikowitz, K. G. & SØrensen, P.（1982）, "The House in East and Southeast Asia: Anthropological and Architectural Aspects", Curzon Press.
泉田英雄（1990）「シンガポール都市計画とショップハウス：東南アジアの植民地都市とその建築様式の研究 その1」:『日本建築学会計画系論文集』第413号，1990年7月.
泉田英雄，黄俊銘（1994）「屋根付テラスと連続歩廊の町並み景観について：東南アジアの植民地都市とその建築様式の研究 その2」『日本建築学会計画系論文集』第458号，1994年4月.
泉田英雄（2006）『海域アジアの華人街（チャイナタウン）—移民と植民による都市形成』学芸出版社.
岩生成一（1966）『南洋日本人町の研究』，岩波書店.
岩城考信（2008）『ブックレット＜アジアを学ぼう＞9 バンコクの高床式住宅』風響社.
岩崎育夫（2013）『物語シンガポールの歴史：エリート開発主義国家の200年』中央公論新社.
岩田慶治（1971）『東南アジアの少数民族』日本放送協会.

J

Jablonska, Teresa（2002）, "Muzeum Stylu Zakopianskiego im. Stanislawa Witkiewicza", Muzeum Tatrzanskie.
Jackson, J. C.（1975）, "The China Town of Southeast Asia", Pacific View Point, Vol.16, No.1.
徐松石（1996）『タイ人・チュアン人・越人考』釈蒭翁訳，たま出版.
Jain, Kulbhushan & Minkshi（2000）, "Architecture of the Indian Desert", Aadi Centre, Ahmedabad.

Jain, Shikha (2004), "Havelis : A Living Tradition of Rajastahan", Shubhi Publications, India.
Janssen, Jules J. A. (1988), "Building with Bamboo ; A handbook", I. T. Publications, London.
Jaturawong, Chotima (1997), "Ruan Taii Dama, Koranee Suksa Phetburi (Taii Dam's House, Case Study in Phetburi Province)", Ph. D. dissertation, Chulalongkorn University.
Jayapal, Maya (1992), "Old Singapore" (Images of Asia), Oxford University Press.
Jefferson, M. (1939), "The Law of Primate City", Geographical Review, Vol.29.
陣内秀信（2005）『南イタリア都市の居住空間』中央公論美術出版．
Jimreiwat, Pattiya (2001), "PRAWADSART SIPSONGCHUTAI (History of Sipsongchutai)", Sangsan, Bangkok.
陣内秀信・高村雅彦『北京：都市空間を読む』鹿島出版会，1993年．
陣内秀信・高村雅彦（1998）『中国の水郷都市：蘇州と周辺の水の文化』鹿島出版会．
Jocano, F. Landa (1975), "Slum as a Way of Life", Universities of the Philippines Press, Quezon City.
徐松石（1996）『タイ人・チュアン人・越人考』釈薱翁訳，たま出版．
Jones, D. & Mitchell, G. (1997), "Vernacular Architecture of the Islamic World and Indian Asia".
Julen, Georg (1990), "Guided Tour and History of Zermatt", Hotälli Verlag, Zermatt CH.
Jumsai, Sumet (1970), "Seen : Architectural Forms of Northern Siam and Old Siamese Fortifications", The Fine Arts Commission, The Association of Siamese Architects.
Jumsai, Sumet (1988), "Naga : Cultural origins in Siam and the West Pacific" (ジュムサイ，スメート (1992)『水の神ナーガ：アジアの水辺空間と文化』西村幸夫訳，鹿島出版会．

K
Kahn, Lloyd (1973), "Shelter", Shelter Publication (カーン，ロイド (2001)『シェルター』玉井一匡監修，ワールドフォトプレス）．
柿崎一郎（2000）『タイ経済と鉄道』日本経済評論社．
Kakizaki Ichiro (2005), "Laying the tracks—The Thai economy and its railways 1885-1935" (Kyoto area studies on Asia (Volume 10), Kyoto Univercity Press.
Kakizaki, Ichiro (2012), "Rails of the Kingdom : The History of Thai Railways", White Lotus Press.
Kamjong, Renoo Vichasil (trans) (1995), "Prawadsart Lae Eakasan Tai-Dam Nai Veitnam (History and Documents of Tai-Dam In Vietnam)", in Kansuksa Wattanatam Chonchat Thai (Study of Thai's Race and Culture), Bangkok.
Kananurak, Prayoondesh (1995), "Thayard of Luang Samretkitkorn Changwang (The Heir of Luang Samretkitkorn Changwang)", Merry Print, Bangkok.
菅野博貢（1994）「開発途上国の多民族居住地域における地域開発と先住民族の居住環境の変容：中国雲南省西双版納タイ族自治州を事例として」博士学位論文（東京大学）．
鹿野忠雄・瀬川孝吉（1945）『台湾原住民族図譜・ヤミ族篇』生活社．
Kasetraj, Tawil (1969), "Prawad Phutai (History of Phutai Peoples)", Kroongsiam Karnpim, Ayuthaya.
Kasetsiri, Charnvit (1976), "The Rise of Ayudhaya : A History of Siam in the Fourteenth and Fifteenth Centuries", Oxford University Press.
樫永真佐夫（2006）「黒タイ村落における姓の継承と個人呼称」国立民族学博物館調査報告63．
片桐正夫編（2001）『アンコール・ワットの建築学』連合出版．
加藤久美子（2000）『盆地世界の国家論―雲南，シプソンパンナーのタイ族史』京都大学学術出版会．
加藤久美子（2001）『中国・ラオス・タイにおけるタイ・ルー族史料の研究』文部省科学研究費補助金研究成果報告書，名古屋大学．
加藤晋平・西田正規（1986）『森を追われたサルたち　人類史の試み』同成社．

Kaudern, W.（1925）, "Structures and Settlements in Central Celebes", Esnographical Studies in Celebes, I. Goteborg.
川島宙次（1987）『絵でみるヨーロッパの民家』, 相模書房.
川島宙次（1988）『稲作と高床の国　アジアの民家』相模書房.
川島宙次（1989）『稲作と高床の国：アジアの民家』相模書房.
川島宙次（1992）『世界の民家・住まいの創造』相模書房.
川野明正（2013）『雲南の歴史　アジア十字路に交錯する多民族世界』白帝社.
木島安史（1990）『カイロの邸宅：アラビアンナイトの世界』丸善.
菊池誠一・阿部百里子編（2010）『海の道と考古学：インドシナ半島から日本へ』高志書院.
木村有紀（2001）『人類誕生の考古学』世界の考古学⑮同成社.
木村徳国（1979）『古代建築のイメージ』NHKブックス.
木村徳国（1988）『上代語にもとづく日本建築史の研究』中央公論美術出版.
King, Geoffrey（1998）, "The Traditional Architecture of Saudi Arabia", I. B. Tauris & Co Ltd, London, St Martin's Press, New York.
King, A. D.（1984）, "The Bungalow : The Production of a Global Culture", Routledge and Kegan Paul plc, London.
金光鉉（1991）『韓国の住宅：土地に刻まれた住居』丸善.
北原淳（1985）『開発と農業：東南アジアの資本主義化』世界思想社.
北原淳（1987）『タイ農村の構造と変動』勁草書房.
北原淳編（1989）『東南アジアの社会学：家族・農村・都市』世界思想社.
北原淳（1990）『タイ農村社会論』勁草書房.
北原淳・赤木攻編（1995）『タイ：工業化と地域社会の変動』法律文化社.
北原淳（1996）『共同体の思想：村落開発論の比較社会学』世界思想社.
北原淳（2000）『続・タイ農村の構造と変動：15年の軌跡』世界思想社.
北原淳（2012）『タイ近代土地・森林政策史研究』晃洋書房.
北原安門（1998）『中国の風土と民居』里文出版.
Klassen, Winand（1986）, "Architecture in the Philippines : Filipino Building in a Cross-Cultural Context", University of San Carlos, Cebu City.
Knapp, Ronald G.（1990）, "The Chinese House : Craft, Symbol and the Folk Tradition", Oxford University Press, London（ナップ, ロナルド・ゲーリー（1996）『中国の住まい』菅野博貢訳, 学芸出版社）.
Knapp, Ronald G.（2005）, "House, home, family : living and being Chinese", University of Hawai'i Press, Honolulu.
Knapp, Ronald G.（2010）, "Chinese Houses of Southeast Asia : The Eclectic Architecture of Sojourners & Settlers", Tuttle.
Knevitt, Charles（1994）, "Shelter : human habitats from around the world", Streatley-on-Thames.
Kohl, D. G.（1984）, "Chinese Architecture in the Straits Settlements and Western Malaya : Temples, Kongsis and Houses", Heinemann, Kuala Lumpur.
小泉和子（2003）「テーブルと腰掛から見た『清明上河図』」伊原弘編『清明上河図を読む』勉誠出版.
小泉龍人（2001）『都市誕生の考古学』同成社.
小泉龍人（2016）『都市の起源　古代の先進地域＝西アジアを掘る』講談社選書メチエ.
小島敬裕（2010）『中国雲南省における徳宏タイ族の宗教と社会：国境地域の仏教徒の実践をめぐって』学位論文（京都大学）.
小島敬裕（2011）『中国・ミャンマー国境地域の仏教実践：徳宏タイ族の上座仏教と地域社会』風響

社.
小島敬裕（2014）『国境と仏教実践：中国・ミャンマー境域における上座仏教徒社会の民族誌』京都大学学術出版会.
小島麗逸，幡谷則子編（1995）『発展途上国の都市化と貧困層』勁草書房.
Kolehmainen, Alfred (1996), "Hirsirakentamisperinne", Rakentajan Kustannus.
Kolehmainen, Alfred (1997), "Puurakentamisperinne", Rakennustieto Oy, Helsinki.
駒井洋監修（2015）『移民・ディアスポラ研究』明石書店.
Kreangkrai Kirdsiri (2013), "A Study on the Explicit Knowledge and Local Wisdom in the Field of Housing for Knowledge Management in the South of Thailand", BKK: National Housing Authority.
Krug, Sonia & Duboff, Shirley (1982), "Kamthieng House: Its History and Collections", The Siam Society.
Krupa, Maciej (2002), "Zakopane", Parma Press, Warszawa.
口羽益夫編（1990）『ドンデーン村の伝統構造とその変容』創文社.
Kucukerman, Onder (1985), "Turkish House: In Search of Spatial Identity", Turkish Touring and Automobile Association, Istanbul.
Küçükerman, Önder (1978), "Turkish House in Search of Spatial Identity", Türkiye Turing Otomobil Kurumu.
倉沢愛子編（1997）『東南アジア史のなかの日本占領』早稲田大学出版会.
京都大学東南アジア研究センター（1997）『事典東南アジア—風土・生態・環境』弘文堂.

L
ラオス文化研究所編（2003）『ラオス概説』めこん.
Larsen, Knud & Sinding-Larsen, Amund (2001), "The Lhasa Atlas", Shambhala Publications INC.
Lauber, Wolfgang ; Ribbeck, Eckhart ; Cheret, Peter ; Ferstl, Klaus (2005), "Tropical architecture: sustainable and humane building in Africa, Latin America and South-East Asia", Prestel, London.
Leach, E. R.(1954), "Political Systems of Highland Burma", The London School of Economics and Political Science（リーチ，E. R.（1987）『高知ビルマの政治体系』関本照夫訳，弘文堂）.
Lee, Molly & Reinhardt, Gregory A. (2003), "Eskimo Architecture, Dwelling and Structure in the Early Historic Period", University of Alaska Press and University of Alaska Museum.
李先逵（2009）『四川民居』中国建築工業出版社.
李曉峰・譚剛毅（2009）『両湖民居』中国建築工業出版社.
李乾朗・閻亜寧・徐裕健（2009）『台湾民居』中国建築工業出版社.
雷翔（2009）『広西民居』中国建築工業出版社.
Levin, M. G. & Potapov, L. P. (1961), "Istoriko-Etnograficheskii Atlas Sibili" (Levin, M. G. & Potapov, L. P. (1964), "The Peoples of Siberia", The University of Chicago).
Lewis, M. Paul (ed.) (2009), "Ethnoloque: Languages of the World", 16 rdition, Sil International.
Lewis, P. (1969), "Ethnographic Notes on the Akhas of Burma, Vol.1-4", Hraflex Book, New Haven.
Li Tze Ling (2009), "A study of shophouse facades and their role in the expression of ethnic identity in colonial Singapore", Disertation, Tokyo University.
Li, Fu Zhen ; Chin, Zein Aan ; Paan, Chi Chue (1996), "Leiang Yuan Ling", Translated by Rattanapon Sertthakul (ed.), "Chao Zhuang", Chiang Mai: Krongkarn Suksa Chonchattai Fai Vichakarn Mahavittayalai Payap ChiangMai Lae Soon Zhuang Sart Sapha Sangkhomsart Monthon Guangxi.
廖大珂（2002）『福建海外交通史』福建人民出版社.
Lim, Jee Yuan (1987), "The Malay house: rediscovering Malaysia's indigenous shelter system", Institut

Masyarakat.

Lim, J. S. H. (1990), "The Origin of the Shophouse", Architect Journal, School of Architecture, National University of Singapore.

Lim, J. S. H. (1993), 'The 'Shophouse Rafflesia': An outline of its Malaysian pedigree and its subsequent diffusion in Asia', JMBRAS, 66 (Part 1).

Lim, William Siew Wai (1998), "Asian new urbanism" (ウイリアム・S. W. リム (2004)『21世紀アジア都市の未来像:シンガポール人建築家の挑戦』宇高雄志訳,明石書店).

林冲 (2000)『騎楼型街屋的発展與形態的研究』華僑大学碩士論文.

林琳 (2002)『広東地域建築—騎楼的空間差異研究』博士学位論文(中山大学).

林従華 (2003)『閩台伝統建築文化歴史淵源的研究』西安科技大学碩士論文.

Lin, Lee Kip (1995), "The Singapore House 1819-1942", Time Editions. Preservation of Monuments Board. Singapore.

Lin, Sheng-Man (2014), "Regeneration of Chinese Urban Heritage: A Case of Tha Tien Shophouses, Bangkok", Master of Architecture, Chulalongkorn University.

Lim, Kavin (2010), "A study of shophouses during the period of King Rama the Fifth Base on a 1907 Bangkok Map: Case Study of Sampantawong District", Master of Architecture, Chulalongkorn University.

劉継宣 (2015)『中華民族南洋開拓史』種村保三郎訳,大空社.

Logan, William S. (2000), "Hanoi: Biography of a City, University of Washington Press.

陸琦 (2008)『広東民居』中国建築工業出版社.

Luanrent, Chazee (2002), "The Peoples of Laos; Rural and Ethnic Diversities", White Lotus, Baugkok.

Lüfan Chen; Praphrt Sukonrattanamethi (1996), "Wijaipantha Ingkamnt Khong Chat Thai", Bangkok.

Lung, David P. Y (1991), "Chinese traditional vernacular architecture", Regional Council, Hong Kong.

Lunet de Lajonquiere (1907), "Inventaire Archeologique del' Indochine" (3 vols), Paris.

羅德启 (2008)『貴州民居』中国建築工業出版社.

M

馬炳堅 (1999)『北京四合院』天津大学出版社.

Maas, Pierre & Mommerstee, Geertz (1999), "Djenne Chef-d'oeuvre architectural", Karthala.

前田尚美 (1985)『東南アジアの住居と居住環境に関する研究』文部省科学研究費補助金研究成果報告書,東洋大学.

Makepeace, Walter; Brooke, Gilbert E.; Braddell, Roland St. John (1991), "One hundred years of Singapore", Oxford University Press, Originally published: London: John Murray, 1921.

Manawadu, M. S. (1993), 'Preservation of Traditional Architecture of Sri Lanka', "Monograph on Vernacular Architecture", ICOMOS.

Manit, Nai (1962), "Guide to Pimai and Antiquities in the Province of Nagara Rajasima (Khorat)", The Fine Art Department, Bangkok.

Marechaux, Pascal; Marechaux, Maria; Champault, Dominique (1993), "Yemen", Editions Phebus.

Markovich, Nicholas C.; Preiser, Wolfgang F. E.; Sturm, Fred Gillette (1990), "Pueblo Style and Regional Architecture", Van Nostrand Reinhold.

丸山孝一 (1996)『現代タイ農村生活誌 タイ文化を支える人びとの暮らし』(アジア太平洋センター研究叢書2) 九州大学出版会.

Maspero, Henri (1928), "Mythologie de la Chine moderne", Mythologie asiatique illustrée, Paris.

Maspero, Henri (1952), "Les institutions de la Chine", Paris.

Maspero, Henri（1953）, "Les documents chinois de la troisième expédition de Sir Aurel Stein en Asie centrale", London.
Matriya Tarasap（2003）, "Koomu Nakdentanglao", Atita Printed, Thailand.
松井健（1989）『セミ・ドメスティケーション──農耕と遊牧の起源再考』, 海鳴社.
McGee, T. G. & Robinson, I. M（eds.）（1995）, "The Mega-Urban Regions of Southeast Asia", University of British Columbia Press, Vancouver.
McKinnon, John & Bhurksasri（eds.）（1983）, "Highlanders of Thailand", Oxford University Press.
Medina, Toribio（1982）, "Los Aborigenes de Chile", Ed. Imprenta Universitaria, Santiago, Chile.
Metarikanon, Dararat（2003）, "Kan Muang Song Fung Kong（The relationship between Thai and Laos）", Matichol.
Merrillees, Scott（2000）, "Batavia in Nineteenth Century Photographs", Archiperago Press.
三木栄（1930）『暹羅の芸術』黒百合社.
Milliet-Mondon, Camille（1991）, 'A Tharu House in the Dang Valley', Toffin, Gerard（ed）, "Man and His House in the Himalayas", Sterling Publishers Private Limited.
Ministere de l'Equipement（ed）（1986）, "Abiter Le Bois" Ministere de l'Equipement, du Logement, de l'Amenagement du territoire et des Transports.
三谷恭之（1977）「タイ・カダイ諸語の言語年代学的考察」, 東南アジア研究 15 巻 3 号.
Mixay, Somsanouk et al（2004）, "Luang Prabang: An Architectural Journey", Ateliers de la Peninsule, Vientiane.
宮岡伯人（1987）『エスキモー 極北の文化誌』岩波書店.
宮本長二郎（1996）『日本原始古代の住居建築』中央公論美術出版.
宮崎市定（1991）「戦国時代の都市」『宮崎市定全集 3』岩波書店.
水野浩一（1981）『タイ農村の社会組織』創文社.
水野広祐（1995）『東南アジア農村の就業構造』アジア経済研究所.
水野広祐・重富真一（1997）『東南アジアの経済開発と土地制度』アジア経済研究所.
茂木計一郎・稲次敏郎・片山和俊／木寺安彦写真（1991）『中国民居の空間を探る：群居類住──'光・水・土' 中国東南部の住空間』建築資料研究社.
Mojares, Resil B.（1983）, "Casa Gorordo in Cebu: Urban Residence in a Philippine Province 1860-1920, Ramon Aboitiz Foundation", Cebu City.
桃木至朗・樋口英夫・重枝豊（1999）『チャンパ：歴史・末裔・建築』めこん.
Morgan, L. H.（1965）, "Houses and House-life of the American Aborigines", reprint, Chigago University Press（モーガン，L. H.（1990）,『アメリカ先住民のすまい』上田篤監修，古代社会研究会訳，岩波書店）.
Mote, F. W（1964）, "Problems of Thai Prehistory", Social Science Review, Volume II, No.2, Bangkok.
Mouhot, Henri（1862, 2000）, "Travels in Siam, Cambodia, Laos, and Annam", White Lotus.
Mozdzierz, Zbigniew（2003）, "Dom‹Pod Jedlami› Pawlikowskich", Druki Oprawa, Zokopane. Morgan, William N.（1989）, "Prehistoric Architecture in Micronesia", Kegan Paul International, London.
木雅・曲吉建才（2009）『西蔵民居』中国建築工業出版社.
森下恒雄（1995）『タイの住宅・居住概況』住宅・都市整備公団建築部.
村田治郎（1930）「東洋建築史系統史論」学位請求論文（京都帝国大学）（村田治郎（1931）「東洋建築系統史論」（其一）～（其三）『建築雑誌』昭和 6 年 4 月〜6 月）.
村田治郎（1975）『北方民族の古俗』自家版.
村山智順（1930）『朝鮮の風水』朝鮮総督府.
Murdock, G. P.（1949）, "Socoal Struvture", Macmillan Company（G. P. マードック（1978）『社会構造：

核家族の社会人類学』，内藤莞爾監訳，新泉社）．

N
中田友子（2004）『南ラオス村落社会の民族誌―民族混住状況下の「連帯」と闘争』明石書店．
中村茂樹・畔柳昭雄・石田卓矢（1999）『アジアの水辺空間―くらし・集落・住居・文化』鹿島出版会．
中村孝志（1981）『華人の都市と集落：マレーシア』天理教東南アジア研究室．
中村慎一（2002）『稲の考古学』同成社．
中西章（1989）『朝鮮半島の建築』理工学社．
中尾佐助（2006）『照葉樹林文化論』北海道大学出版会．
永積昭（1977）『東南アジアの歴史　新書東洋史（7）』講談社．
中須正（2008）『ブックレット＜アジアを学ぼう＞10　タイの開発・環境・災害』風響社．
Narissara Nuwattivong (1962), "Sansomdej", Vol.22, the Teachers' Council of Thailand, Bangkok.
Nartsupa, Chuttip (1997), "Sertsakij Muban Thai nai Ardeed (Economy of Thai Village in the Past)", Fourth Edition, Sangson Publishing House, Bangkok.
Nas, Peter J. M. & Grijns, Kees (2000), "Jakarta-Batavia: Socio-Cultural essays", KITLV Press, Leiden.
Nas, Peter J. M; Wessing, Robert (eds.) (2003), "Indonesian houses. Volume 1, Tradition and transformation in vernacular architecture", KITLV Press.
Nas, Peter J. M; Wessing, Robert (eds.) (2008), "Indonesian houses. Volume 2, Survey of vernacular architecture in western Indonesia", KITLV Press.
National Library of Indonesia Jakarta & Rijksmuseum Amsterdam (2001), "Johannes Rach 1720-1783 : Artist in Indonesia and Asia", National Library of Indonesia Jakarta & Rijksmuseum Amsterdam.
Nasir, Abdul Halim & Wan The, Wan Hashim (1997), "The Traditional Malay House", Penerbit Fajar Bakti SDN. BHD.
National Committee for the International Symposium on the Ancient Town of Hoi An (2003), "Ancient Town of Hoi An", Thê Giói Publishers.
National Statistical Office (2001), "The 2000 Population and Housing Census Changwat Phra Nakhon Si Ayutthaya", Statistical Data Bank and Information Dissemination Division, Office of the Prime Minister, Thailand.
Natsupa, Chattip ; Lertvisha, Pornpilai (1994), "Watanatam Mooban Thai", ATITTA Printing, Bangkok.
Nawigmoon, Aneak (2003), "Perd Kru Parb Kao (Open the old Pictures File)", Saitharn Publication House, Bangkok.
Ndii, S. D. (1968), 'Problemes Pygmees dans l'arrondiss ement de Dioun (Cameroun)', "Essaide Developpement integer", Memoire. EPHE, Paris.
Neve, Ernest F. (1993), "Things Seen in Kashmir", Anmol Publications PVT LTD.
ン・アイリン Ng Ailing（2008）『マレーシア・ペナンの伝統型ショップハウスの空間構成と利用状況』博士論文（京都工芸繊維大学）．
Nguyen, Ngoc Tung, Kobayashi, Hirohide, Ongsavangchai, Nawit and Kobayashi, Masami (2010), "A Study on Spatial Transformation of Hue Traditional Garden Houses in the Citadel Area, Vietnam", Proceeding, ISAIA 2010-The 8th International Symposium on Architectural Interchanges in Asia, 9-12 November 2010, Kitakyushu, Japan, pp.527-532.
Nicolaisen, Johannes (1963), "Ecology and Culture of the Pastral Tuareg", Copenhagen.
日本民俗建築学会編（2001）『図説　民俗建築大事典』柏書房．
日本建築学会建築計画委員会編（1988, 89）『住居・集落研究の方法と課題（I）（II）』日本建築学会．

日本タイ学会編(2009)『タイ辞典』めこん.
Nil-Athi, Somchai(1987), "Ruan Isan Lae Prapheni Kan Yu Asai(Isan houses and living traditions)", Journal of Arts and Culture, Vol.9 No.2.
Nimsamer, Pratima (2010), "Continuity and change in Riparian vernacular building traditions: impacts of modernisation in the Chao Phraya River Basin in Thailand", Oxford Brookes University.
Nin, Su Khoo (1993), "Street of George Town Penang", Janus Print and Resources.
西田正規(1986)『定住革命』新曜社.
西沢文隆(1974)『コート・ハウス論』相模書房.
Noble, Allen George (2007), "Traditional buildings: a global survey of structural forms and cultural functions", I. B. Tauris, London.
野村孝文(1981)『朝鮮の民家：風土，空間，意匠』学芸出版社.
Niyom Prapapat; Satapitanondh Lersom; Sidhiphan Preechya (1988) *The Evaluation of NHA Sites and Services Project at Tung Song Hong*, Bangkok, National Housing Authority.

O
O'Corner, V. C. Scott (1986), "Mandalay and other Cities of the Past in Burma", White Lotus, Bangkok.
Office of National Archeology and Museum t (1998), "Phuke", Kong Kan Anurak lae Pattana.
小川雄平(1995)『タイの工業化と社会の変容』，九州大学出版会.
小倉暢之(1992)『アフリカの住宅』丸善.
応地利明(1996)『絵地図の世界像』岩波書店.
応地利明(2007)『「世界地図」の誕生：地図は語る』日本経済新聞出版社.
応地利明(2011)『都城の系譜』京都大学学術出版会.
応地利明(2012)『中央ユーラシア環境史．4 生態・生業・民族の交響』臨川書店.
応地利明(2016)『トンブクトゥ：交界都市の歴史と現在』臨川書店.
太田邦夫(1985)『ヨーロッパの木造建築』講談社.
太田邦夫(1988)『東ヨーロッパの木造建築 架構形式の比較研究』相模書房.
太田邦夫(1992)『ヨーロッパの木造住宅』駸々堂.
太田邦夫(2007)『工匠たちの技と知恵—世界の住まいにみる』学芸出版社.
太田邦夫(2010)『エスノ・アーキテクチュア』SD選書, 鹿島出版会.
太田邦夫(2015)『木のヨーロッパ 建築まち歩きの事典』彰国社.
岡田雅志(2014)『越境するアイデンティティ：黒タイの移住の記憶をめぐって』風響社.
Oliver, Paul (1969), "Shelter and Society", Barrie and Rockliff, London.
Oliver, Paul (ed.) (1971), "Shelter in Africa", Barrie & Jenkins Ltd., London.
Oliver, Paul (1975a), "African shelter", Arts Council of Great Britain, London.
Oliver, Paul (1975b), "Shelter Sign and Symbol", Barrie & Jenkins Ltd., London.
Oliver, Paul (1987), "Dwellings: The House across the World", Phaidon.
Oliver, Paul (ed.) (1997), "Encyclopedia of Vernacular Architecture of the World (EVAW)", Cambrige University Press.
Oliver, Paul (2003), "Dwellings: The Vernacular House World Wide", Phaidon (P. オリバー (2004)『世界の住文化図鑑』, 藤井明訳, 東洋書林).
Oliver, Paul (2006), "Build to Meet Needs", Elsevier Ltd.
Onder, Kuçukerman (1991), "Turkish House", Turkiye Turing Ve Otomobil Kurumu.
Ongsavangchai, Nawit (2006), "A Study on the Formation and Transformation of Shophouse in the Old Town Areas, Thailand", Doctoral Dissertation, Kyoto University.

Ongsavangchai, Nawit (2009) 'Spatial Planning of Thai Northern Cities and their Urban Architecture', Proceeding of the 2009 NRL+BK21 International Symposium: Tradition and Modernity of Architecture and Urbanism in Historic Area, Cheongju, Korea, June.

Ongsavangchai, Nawit; Kuramata, Takashi; Oshima, Tadayoshi (2008), 'An Impact of Housing Development Projects on Land Use Pattern in Chiang Mai City Planning Control Area', Preceding the 4th International Symposium on Architecture and Culture in Suvarnabhumi (ISACS) 18-22 October.

Ongsavangchai, Nawit (2012), "Formation and Transformation of Kaohong Market Town, Suphanburi, Thailand", Proceedings-Heritage 2012, 3rd International Conference on Heritage and Sustainable Development, 19-22 June, Porto, Portugal.

Ongsavangchai, Nawit (2012), "Guidelines for Creating Suitable Living Environment and Dwelling for Elderly in Maehongson Municipality Area", National Housing Authority, Bangkok.

Ongsavangchai, Nawit (2013), "The Study of Architectural and Cultural Resources in Nan Municipality Area for Encouraging Community Based Tourism", Proceeding, International Critical Tourism Studies Conference V, 25-28 June 2013, Sarajevo, Bosnia & Herzegovina.

小野澤正喜（1994）『暮らしが分かるアジア読本　タイ』河出書房新社.

小野澤ニッタヤー（1997a）「タイ国黒タイ族村落における祖先崇拝」東京家政学院，女子大学紀要第1集.

小野澤ニッタヤー（1997b）「黒タイ族の親族組織と女性の地位に関する人類学的研究」博士論文（東京家政大学）.

大林太良（1978）『東南アジア大陸民族の親族組織』ぺりかん社.

大林太良（1984）『東南アジアの民族と歴史』山川出版社.

大阪市立大学経済研究所編（1989）『世界の大都市6　バンコク　クアラルンプル　シンガポール　ジャカルタ』東京大学出版会.

大阪市立大学経済研究所監修／田坂敏雄編（1998）『アジアの大都市．1バンコク』日本評論社.

大阪市立大学経済研究所監修／宮本謙介・小長谷一之編（1999）『アジアの大都市．2ジャカルタ』日本評論社.

大阪市立大学経済研究所監修／生田真人・松澤俊雄編（2000）『アジアの大都市．3クアラルンプル／シンガポール』日本評論社.

大阪市立大学経済研究所監修／中西徹・小玉徹・新津晃一編（2001）『アジアの大都市．4マニラ』日本評論社.

大阪市立大学経済研究所監修／植田政孝・古澤賢治編（2002）『アジアの大都市．5北京・上海』日本評論社.

Opolovnikov, A. V. (1983), "Russkoe Derevnnoe Zoodchestvo" (オポローヴニコフ，A. B. (1986), 『ロシアの木造建築：民家・附属小屋・橋・風車』, 坂内徳明訳，井上書院).

Ouyyanont, Porphant (1999), "Physical and Economic Change in Bangkok: 1851-1925", Reprinted from Southeast Asian Studies. Vol.36. No.4, Center for Southeast Asian Studies, Kyoto University.

Ouyyanont, Porphant (2004), "Aspect of Bangkok's Growth in the 19th and 20th Centuries', Presentation's Document on May 28, Center for Southeast Asian Studies, Kyoto University.

P

Pääbo, Svante (2014), "Neanderthal Man In Search of Lost Genomes", Basic Books (スヴァンテ・ペーボ (2015)『ネアンデルタール人は私たちと交配した』野中香方子訳，文芸春秋).

Padma, Adry et al (2001), "The Naga Village: A Heritage from the Ancestors", Foris.

パン，リン編（2012）『世界華人エンサイクロペディア』游仲勲　監訳・田口佐紀子，山本民雄，佐

主要参考文献

　　藤嘉江子訳, 明石書店.
Pairoj, Petchsanghan (1988), "Kati Kwamchuey Lae Pitikam Kan Prook Ruen Suksakoranee Groom Shao Phutai Ampher Kaowong Changwat Kalasin, in Satapatayakam Isan", Mekha Press, Bangkok.
Panchani, Chander, Shekhar (1989), "Arunachal Pradesh : Region, Culture and Society, Konarak Publishers.
Panin, Onsiri (1998), "Ruan Puenthin Iawaek Koh Muang Phra Nakhon Si Ayutthaya (Vernacular Buildings around the Ayutthaya Island)", Thammasat University Press, Bangkok.
Panin, Onsiri (2001), "Ruan Ka Khay Puenthin nai Chumchon Muang (Vernacular Commercial Buildings in Urban Areas)", J. Print, Bangkok.
Panin, Ornsiri (2006), "Local Wisdom Development and Relationship between the Vernacular Houses of Tai-Kurn in Chiangmai and Chiangtun", Reserch Institute of Thailand.
パスク　ポンパチット・糸賀滋 (1993) 『タイの経済発展とインフォーマル・セクター』 アジア経済研究所.
Peerapan, Wannasilpa (1991), "The Economic Impact of Historical Sites on the Economy of Ayutthaya, Thailand", Doctoral Dissertation, The Graduate Faculty of The University of Akron.
Pelion, Rea Leonidopoulou-Stylianou (1988), "Greek Vernacular Architecture", Melissa, Athens.
Peninsule, Ateliers De La (2004), "Luangphabang", Venetian.
Perez, Rodorigo D. III&Encarnacion, Rosario S. (1989), "Folk Architecture", GCF Books, Quezon City.
Perry, Martin ; Lily Kong ; Brenda Yeoh Kong, Lily & Yeoh, Brenda S. A. (1997), "Singapore : a developmental city state", Wiley.
Phansomboon, Somsak (1957), "A Bioserological Consideration of the Migration of the Thai Race : A preliminary report of a new concept", Journal of the Siam Society.
Phathiya, Akhom ; Eoseewong, Nidhi ; Thepnakhon, Sirama (1984), "Silpa Watthanatham Chabap Phiset (Art & Culture Magazine Special Edition)", Chao Phraya Publisher, Bangkok.
Phimonsiripol, Nunthiya (2000), "The Relationship between Chinese and Muslim Communities in Patani Province : A case of the Lim Kun Yew Tomb : 1958-1990", Master of Arts in History, Department of History, Faculty of Arts, Chulalongkorn University.
Pholdi, Orathai (2004), "Cultural Aspects of Proto-Tai Language", in Papers from the Eleventh Annual Meeting of the Southeast Asian Linguistics Society, Arizona States University.
Phuket Office of National Archeology and Museum (1998), "Kong Kan Anurak lae Pattana Sathapattayakum Chino-Portuguese nai Khet Changwat Ranong, Changwat Phang Nga, Changwat Krabi, Changwat Trang (Project of Conservation and Renovation of Sino-Portuguese Architecture in Ranong, Phang Nga, Krabi and Trang Province", Department of Fine Arts.
Pichard, Pierre (1976), "Pimay Etude Architecturale du Temple Pimay", Ecole francaise d'Extreme-Orient, Paris.
Pimonsathean, Yongtanit (1993), "Conservation of Old Bangkok and Early Shophouses", Doctoral Dissertation, Department of Urban Engineering, The University of Tokyo.
Pimonsathean, Yongtanit (1997), "Ratanakosin Town Trail", Bangkok : TOA Group.
Pimonsathean, Yongtanit (2001), "Puentee Anurak Singwadloom Silpakam Muang Kao Phuket (Area of Environmental and Architectural Preservation in the Old District of Phuket)", Architectural Journal of the Association of Siamese Architect. February.
Piper, Jacqueline M. (1992), "Bamboo and Rattan : Traditional Uses and Beliefs", Oxford University Press.
Piromya, Sompop ; Temiyabandha, Vivat ; Srisuro, Wiroj ; Ratanajarana, Khate (1997), "Thai Houses", The Mutual Fund Public Company Ltd.
Pitipat, Sumitr ; Poonsuwan, Samuechai (1997), "Sasana Lae Lwamchua Tai Dam Nai Sipsongchutai, Viet-

nam (Religion and Believe of Tai Dam People in Sipsongchutai, Vietnam)", Bangkok.

Polyzoides, Stefanos ; Sherwood, Rodger ; Tice, James (1982), "Courtyard Housing in Los Angels : A Typological Analysis", University of California Press (ポリゾイデス, S. 他 (1996)『コートヤード・ハウジング』有岡孝訳, 住まいの図書館出版局).

Pombejra, Dhiravat na (1992), "Court, Company, and Campong : Essays on the VOC presence in Ayutthaya", Ayutthaya Historical Study Center.

Porananont, A. (1982), 'Kan Kommanakom Tang Num Nai Krung Thep (Water Transportation in Bangkok)', "Silpakorn University Journal", Special Issue, Vol.4-5, Dec.1980-Dec., Silpakorn University, Bangkok.

Pornchokchai Sopon (1992) *Bangkok Slums : Review and recommendations*, Agency for Real Estate Affairs.

Powell, Robert (1993), "The Asian House : Contemporary Houses of Southeast Asia", Select Books Pte, Singapore.

Pramar, V. S. (1989), "Haveli : wooden houses and mansions of Gujarat", Mapin Pub., Ahmedabad.

Prasad, N. D. (1994), "INTACH Cultural Heritage Case Studies -II -Fort Cohin & Maattancherry a Monograph", Print & Media Associates, New Delhi.

Prasad, Sunand (1988), "The Havelis of North India", unpublished thesis, Royal College of Art, London.

Prasit Kunurat (1987), "Topology of I-san, Faculty of Humanities and Socila Sciences, Khonkean University.

Prijotomo, Josef (1984), "Ideas and forms of Javanese architecture", Gadjah Mada University Press.

Prijotomo, Josef (1989), "Text Reading and Personal Expression", in Traditional Dwellings and Settlements Working Paper - vol III ; Univ. of California, Berkeley.

Prijotomo, Josef (1994), "Javanese Architecture in the Primbon : issues in Design Considerations", paper presented in International Seminar on Indigenous Knowledge, Bandung.

Prijotomo, Josef (1995), "Petungan : Sistim Ukuran Arsitektur Jawa", Gajah Mada University Press, Yogyakarta.

Promma, Tawee (1998) "Ruen Taii Dam Ban Panad, Tabon Kaokeaw, Ampher Chiengkhan Changwat Loei", Dissertation, Mahasarakam University.

チット・プーミサック (1992)『タイ族の歴史：民族名の起源から』坂本比奈子訳, 井村文化事業社.

Punpairoj, Poomchai (2006), "The changing use of materials in Thai vernacular house construction", Oxford Brookes University, School of Architecture. Centre for Vernacular Architecture Studies.

Purcell, V. (1951), "The Chinese in Southeast Asia", Oxford University Press.

Q

Qijun, Wang (2000), "Vernacular dwellings", Springer-Verlag, Wien.

泉州港務局・泉州港口協会編 (2005)『泉州港與海上丝绸之路』中国社会科学出版社.

Quiney, Anthony (1986), "House and Home : A History of the Small English House", The British Broadcasting Corporation (クワイニー, A. (1995)『ハウスの歴史・ホームの物語 上, 下』花里俊廣訳, 住まいの図書館出版局).

R

Rahardjo, Mauro Purnomo (1989), "Meaning in Balinese traditional architecture", University of Kansas, School of Architecture and Urban Design.

Rainer, Roland (1977), "Anonymes Bauen im Iran", Akadem. Druck- u. Verlagsanst, Graz.

Randhawa, T. S. (1999), "The Indian Courtyard House", Prakash Books, New Delhi.

ラオス地域人類学研究所（2007）『ラオス南部：文化的景観と記憶の探求』雄山閣.
Rapoport, A. (1969), "House Form and Culture", Engelwood Cliffs, Prentice-Hall（ラポポート, A.（1987）『住まいと文化』山本正三他訳，大明堂).
Rapoport, A. (1976), "The Mutual Interaction of People and Their Built Environment", Moton Editions.
Rapoport, A. (1977), "Human Aspects of Urban Form: Towards a Man-Environment", Oxford Pergamon Press.
Rapoport, A. (1982), "The Meaning of the Built Environment", Beverley Hills, Sage.
Rapoport, A. (1990), "History and Precedent in Environmental Design", Plenum Press, New York.
Ratanakul, Suriya (1990), "Tai People and Their Languages a Preliminary Observation", in Southeast Asia: Lessons from Thailand, Rumthai Press, Bangkok.
Rattana, Khet; Savetchida, Temdoung; Chaumpruk, Ravivan; Nakachat, Kuson (1994), "Thai Muslim House in the Southern Thai", Prince of Songkla University.
Ratsamiphuti, Suwitch (1994), "Bot Bat Khong Grom Silp nai Karn Dulae Raksa Klong (Role of Department of Fine Arts in Canal Conservation)", Arsrom Kwam Kid Ruang Klong nai Krungthep lae Parimonthon (Consideration of Canal in Bangkok Metropolitan Area), Chulalongkorn University Press.
Raz, Ram (1834), "Essay on the Architecture of the Hindus", London.
Reha, Gu (1981), "NAY, "Gelneksel Safranbolu Evleri ve olusumu", Ankara.
Reid, A. (1998), "Southeast Asia in the Age of Commerce 1450–1680", Vol.1: The Lands Bellow the Winds, Vol.2: Expansion and Crisis. New Haven: Yale University Press（アンソニー・リード(1997, 2002)『大航海時代の東南アジア Ⅰ貿易風の下で Ⅱ拡張と危機』平野秀秋・田中優子訳，法政大学出版会).
Reid, Lawrence (2005), 'Austro-Tai hypotheses', In Encyclopedia of language and linguistics, Second edition, ed. by Keith Brown, vol.1.
Renoo Vichasil (trans) (1995), "Prawadsart Lae Eakasan Tai-Dam Nai Vietnam (History and Documents of Tai-Dam In Vietnam)", in KansukusaWattanatam Chonchat Thai (Study of Thai's Race and Culture), Bangkok.
Rojanasathian, Bunchu (2005), "Tamnaw Sathapattayakam thai", Bangkok Print.
Rojpojchanarat, Vira (2000), "Ayutthaya: Influence of Water on Settlements and Ways Life", The Journal of Sophia Asian Studies No.18.
Ronald, Arya (2005), "Nilai-Nilai Arsitektur Rumah Traditional Jawa", Gadjah Mada University Press.
R.T.N. Piromya Sompop; Temiyabandha Vivat; Ratanajarana Khate; Srisuro Wiroj (1995) *Thai Houses*, The Mutual Fund Public Company Limited.
Rudofsky, B. (1964), "Architecture without Architects", London, Academy Editions（B. ルドフスキー(1984)『建築家なしの建築』渡辺武信訳，鹿島出版会，1984年).
Rudofsky, Bernard (1969), "Streets for People", Doubleday & Company, Inc., Garden City, New York（B. ルドフスキー(1978)『人間のための街路』平良敬一・岡野一宇訳，鹿島出版会).
Rudofsky, B. (1977), "The Prodigious Builders", London, Secker and Warburg（B. ルドフスキー(1981)『驚異の工匠たち』渡辺武訳，鹿島出版会).
Rush, James R. (ed.) (1996), "Java A Tavellers' Anthology", Oxford University Press.
Ryan, Ray (1972), "Pragwonings Van Wes-Kaapland", Kaapstad, Purnell.
Rykwert, Joseph (1981), "On Adam's House in Paradise: The Idea of the Primitive Hut in Architectural History", MIT Press（リクワート, ジョセフ(1995)『アダムの家―建築の原型と その展開』黒石いずみ訳，鹿島出版会).
劉志遠（1973）「漢代市井考 ── 説東漢画像磚」『文物』3.

劉敦禎（1976）『中国の住宅』田中淡・沢谷昭次訳，鹿島出版会．

S

Sachakul, Vira (1982), "Bangkok Shophouses : Socio-Economic Analysis and Strategies for Improvements", Datoral Dissertation, University of Michigan.
Sagart, Thomas Luarent (2004), "The Higher Phylogeny of Austronesian and the Position of Tai-Kadai", CNRS, Paris.
Sagart, Thomas Luarent ; *Roger Blench* ; *Alicia Sanchez-Mazas* (2005), *"The Peopling of East Asia : Putting Together Archaeology, Linguistics and Genetics"*, *Psychology Press*.
Sai, Aung Tun (2000), "The Tai Ethnic Settlement in the Hkamti Long Area", in Myanmar Historical Research Journal, 5.
Saicharoent, Chaowalid (2010), "The survival of vernacular architecture in a modernizing world : a case study of the Lawa's houses in Mae Chaem, Thailand", Oxford Brookes University.
坂井隆・西村正雄・新田栄治（1998）『東南アジアの考古学』世界の考古学 8，同成社．
坂出祥伸（2013）『道教と東南アジア華人社会：その信仰と親族的結合』東方書店．
Saksri, Naengnoi (1991), "Ongprakob Tang Kayapab Krung Ratanakosin (Physical Components of Ratanakosin)", Chulalongkorn University Press, Bangkok.
Salura, Purnama (2015), "Sundanese Architecture", Rosda, Bandung.
ロン・サマヤナン（1971）『タイの歴史』二村龍男訳，近藤出版社．
Sanchez-Mazas, Alicia ; Blench, R. M. et al., eds. (2008), "Human Migrations in Continental East Asia and Taiwan : matching archaeology, linguistics and genetics", London : Routledge.
Sangvichien, Sood (1966), "A Preliminary Report on the Non Metrical Characteristics of Neolithic Skeletons Found at Ban Kao Kanchanaburi", Journal of the Siam Society.
Santisan, Araya (2015), "Thai Muslim vernacular house : Doors and Windows" Kreangkrai.
Sarakadee (2000a), "Phuket", Nak Dern Tang Pua Kwam Kao Jai nai Pan Din Series, Sarakadee Publisher.
Sarakadee (2000b), "Ku Mer Nam Taew Phuket (Phuket : A Travel's Guide)", Sarakadee (Feature) Publisher, Bangkok.
Saraswati, A. A. Ayu Oka (2002), "Pamesuan", Universitas Udayana.
Saraya, Dhida (1999), "Travel Guide to Prasat Hin Phimai", Seeda Press.
Sargeant, P. M. (1973), "Traditional Sundanese Badui-Area", Banten, West Java. Masalah Bangunan.
佐々木高明（1970）『熱帯の焼畑』古今書院．
Sathapattayakum Chino-Portuguese nai Khet Changwat Ranong, Changwat Phang Nga, Changwat Krabi, Changwat Trang (Project of Conservation and Renovation of Sino-Portuguese Architecture in Ranong, Phang Nga, Krabi and Trang Province. Department of Fine Arts.
佐藤宏（1995）『タイのインド人社会　東南アジアとインドの出会い』アジア経済研究所．
佐藤浩司（1992）「穀倉に住む　ロンボク島，バリ島の住空間」『季刊民族学 62』国立民族学博物館，1992 秋号．
佐藤浩司編（1998-1999）『住まいを読む』シリーズ建築人類学 1〜4，学芸出版社．
佐藤洋一郎（2008）『イネの歴史』京都大学学術出版会．
Saw, Swee-Hock (1970), "Singapore population in transition", University of Pennsylvania Press.
Sawaetvimon, Santi (2001), "Tumnan Talat Thai (History of Thai Market)", Prapansarn, Bangkok.
Sawengsuksa, Sisaleaw (1989), "Poomsad Lao (Lao's Topograhphy)", Kasoung Suksa Lae Keela, Sataban Konkwa Witaya Sangkom, Laos.
Sayarath, Chayohet (2005), "Vientiane, portrait d'une ville en mutation Les Cahiers de l'Ipraus architecture,

urbanistique, societe", Editions Researcherches.
Schliesinger, Joachim（1997）, "Hilltribe of Vietnam", White Lotus Press, Bangkok.
Schliesinger, Joachim（2001）, "Tai Groups of Thailand", White Lotus Press, Bangkok.
Schliesinger, Joachim（2003）, "Ethnic Groups of Laos", White Lotus Press, Bangkok.
Schoenauer, Norbert（1981）, "6000 Years of Housing" Volume 1～Volume 3, Garland Publishing（ノルバート・ショウナワー（1985）『世界のすまい 6000 年』『『西洋の都市住居』『東洋の都市住居』『先都市時代の住居』）三村浩史監訳，彰国社）．
Schwarz, Gabriele（1981）, "Allgemaine Siedlungsgeographie", Berlin.
Scot, William Henry（1969）, "On the Cordillera : A Look at the Peoples and Cultures of the Mountain Province", MCS Enterprises, Inc., Manila.
Seidenfaden, Maj. Erik.（1958）, "The Thai Peoples", The Siam Society.
清家清監修（1986）『アメリカン・ハウス：その風土と住居』講談社．
Seymour, D. P.（1989）, "Historical buildings in South Africa", Struikhof Publishers.
Shack, W. A.（1966）, "The Gurage : a People of the Ensete Culture", Oxford University Press, 1966.
Sheng, Yap Kioe（ed.）（1992）, "Low-Income Housing in Bangkok A review of some housing sub-markets", Divisiona of Human Settlements Development, AIT, Bangkok.
斯波義信（1995）『華僑』岩波書店．
重富真一（1996）『タイ農村の開発と住民組織』アジア経済研究所．
島之夫（1979）『ヨーロッパの風土と住居』古今書院．
清水郁郎（2003）「神話の中の家屋—北タイの山地民アカとその家屋（その 2）—」『日本建築学会計画系論文集』570.
清水郁郎（2004）「家屋に埋め込まれた歴史—北タイの山地民アカにおける系譜の分析—」『日本建築学会計画系論文集』583.
清水郁郎（2005）『家屋とひとの民族誌—北タイ山地民アカと住まいの相互構築誌』風響社．
清水純・潘宏立・庄国土編（2014）『現代アジアにおける華僑・華人ネットワークの新展開』風響社．
塩谷壽翁・沖田福美子（1998）「住生活のしくみを支配する文化的な枠組み西双版納のバーン・チャの事例から ダイ・ルー族の住生活の伝統と変容，日本建築学会計画系論文集 第 508 号，1998.6.
塩谷寿翁（2002）『異文化としての家：住まいの人類学事始め』円津喜屋．
塩崎賢明（2009）『住宅復興とコミュニティ』日本経済評論社．
Siriyananthorn, Siriyanee（2005）, "Shophouses of the Chinese in Bangkok's Chinatown 1960-2000", Thesis in Southeast Asian Studies, Chulalongkorn University.
朱南哲（1980）『韓国住宅建築』一志社（『韓国の伝統的住宅』，野村孝文訳，九州大学出版会，1981 年）．
周達観・和田久徳訳（1989）『真臘風土記：アンコール期のカンボジア』平凡社．
Siatista, Despoina Veikou & Danae Nomikou-Rizou（1990）, "Greek Vernacular Architecture", Melissa, Athens.
Siriprachai, Somboon（1995）, "Population Growth, Fertility Decline, Poverty and Deforestation in Thailand, 1850-1990", Villages in the Transformation in rural Southeast Asia, Curzon Press.
Skinner, G. W.（1956）, "Chinese Society in Thailand : An Analytic History", Ithaca : Cornell University Press.
Smithies, M.（1986）, "Images of Asia : Old Bangkok", Oxford University Press.
Songmuang, Sa-ngob ; Buakaew, Jureerat ; Thiangtham, Channarong（1999）, "Patani : Changwat, Saranugrom Wattanatham Thai Pak Tai（Encyclopedia of Southern Thai culture）", Vol.9. Encyclopedia of Thai Culture Foundation. Thai Commercial Bank.

Krung Sonia; Duboff Shirley; Kerdchouay Euayporn; Sutliff Page Jacqueline(1982)*The Kamthieng House*, Siam Society Under Royal Patronage.
園江満（2006）『ラオス北部の環境と農耕技術　タイ文化圏における稲作の生態』慶友社.
Sonsong Burootpat (1997), "Saranukrom Kroom Chatpan Tai Songatdocuments of Lao Song (Taii Dam)", Mahidol, Bangkok.
宋寅稿（1990）『都市型韓屋の類型研究』博士論文（ソウル大学），1990年.
Sørensen, P. (Per); Izikowitz, K. G; Nordiska Asieninstitutet (1982), "The House in East and Southeast Asia: anthropological and architectural aspects", Scandinavian Institute of Asian Studies, Curzon.
Sparkes, Stephen (2005), "Spirits and Souls; Gender and Cosmology in Isan Village in Northeast Thailand", White Lotus, Bangkok.
Spies, Paul (1991), "Het Grachtenboek", SDU Publisher, The Hague.
Sribusara, M. (1979), "Taii Dam Rampan (Taii Dam's History)", Bannakit Print, Bangkok.
Srisuro, Wiroj; Boasi, Udom; Hengrasamee, Thiti; Poolawat, Tanu; Sutthitam, Thada (1992), "Kansukasa Rabobrabeab Ban Prapenee Nai Chonnabot Isan Tam Lumnamchi Chanhwat Khonkean, Mahasarakham, Karasin, Royet, Yasoton", Khonkean University, Khon Kean.
Srisavasdi, Boonchuey (1963), "The Hill Tribes of Siam", Khun Aroon, Bangkok.
Stamov, Stefan (1971), 'Arhitekturata na Zheravna', Sofia Tehnika.
Steen, Bill; Komatsu, Eiko; Komatsu, Yoshio (2003), "Built by Hand: Vernacular Buildings Around the World", Gibbs Smith.
Sternstein, L. (1982), "Portrait of Bangkok: Essays in Honor of the Bicentennial of the Capital of Thailand", Bangkok: Bangkok Metropolitan Administration.
Stuart-Fox, Martin (1998), "The Lao Kingdom of Lao Xang: Rise and Decline", White Lotus, Bangkok.
Stuart-Fox, Martin (2006), "Naga Cities of the Mekong; A Guide to the temples, legends and History of Laos", Media Master, Singapore.
Sucha-Xaya, Chuvit. (n. d.). Social and Economic Factors in Architecture and Urban Design. Textbook for Lesson 264-201, Faculty of Architecture, Silpakorn University.
Sucha-Xaya, Chuvit (1981), "Shop-House and Urban Design", Master's Thesis, Department of Urban Design and Planning, Faculty of Architecture, Silpakorn University.
末廣昭（1993）『タイ　開発と民主主義』岩波書店.
末廣昭（2009）『タイ　中進国の模索』岩波書店.
末廣昭（2014）『新興アジア経済論　キャッチアップを超えて』岩波書店.
杉本尚次（1987）『住まいのエスノロジー：日本民家のルーツを探る』住まいの図書館出版局.
杉本尚次（1982）『西サモアと日本人酋長：村落調査記 1965-1980』古今書院.
杉本尚次編（1984）『日本の住まいの源流：日本基層文化の探求』文化出版局.
スメート　ジュムサイ著（西村幸夫訳）（1992）「水の神ナーガ　アジアの水辺空間と文化」鹿島出版会.
Sullivan, John (1992), "Local Government and Community in Java An Urban Case-Study", Oxford University Press.
Sumalyo, Yulianto (1995), "Arsitektur Kolonial Belanda di Indonesia", Gadjah Mada University Press.
Sumintardja, D. (1974), "Central Java: Traditional Housing in Indonesia", Masalah Bangunan.
Suwit, Jiramanee (1978), "Reun Punban Naikhet Ampher Kantaravichai Changwat Mahasarakam", Master Degree Thesis, Faculty of Architecture, Silpakorn University.
Suwit, Jiramanee (1987), "Prapenee Kathi-kwamchui Thimee Itthipol Tor Satapattayakam Isan (The impact of Traditions and Beliefs on Northeastern Thai vernacular architecture)", Khonkean University,

Khonkean.

孫平主編,《上海上海城市規劃誌》編纂委員会編『上海城市規劃誌』,上海社会科学院出版社,1999年.

Sutthiham, Thada (2004), "The Land Use and Change in Khmer Settlements in the Northeast", Toyota Foundation.

鈴木喜一(1999)『中国民家探訪事典』東京堂出版.

Syukri, I. (1985), "Sejarah Kerajaan Melayu Patani : History of the Malay Kingdom of Patani", Translated by Conner Bailey and John N. Miksic. Ohio : Ohio University Pres.

Swadesh, Morris (1971), "The Origin and Diversfication of Language", Chicago, New York.

Szabo, Albert ; Barfield, Thomas J (1991), "Afghanistan : an atlas of indigenous domestic architecture", University of Texas Press.

T

Tachakitkachorn Terdsak (2005) A Comparative Study on Transformation Process of Settlement Developed from Orchard in the Chaophraya Delta(チャオプラヤー・デルタにおける果樹園地帯から発達した居住地の形成過程に関する比較研究),博士学位論文(神戸大学).

立本成文(1996)『地域研究の問題と方法―社会文化生態力学の試み』京都大学学術出版会.

立本成文(2000)『家族圏と地域研究』京都大学学術出版会.

立本成文(2001)『共生のシステムを求めて:ヌサンタラ世界からの提言』弘文堂.

立本成文(2013)『人間科学としての地球環境学』京都通信社.

Tailor, P. M. & Aragon, L. (1991), "Beyond the Java Sea : Art of Indonesia's Outer Islands".

高野恵子(1996)「東南アジアの住居設計方法に関わる研究 ―― 中国雲南省ダイ・ルー族を中心として」『住宅総合研究財団研究年報』.

高谷好一(1982)『熱帯デルタの農業発展―メナム・デルタの研究―』創文社.

高谷好一(1985)『東南アジアの自然と土地利用』勁草書房.

高谷好一(1988)『マングローブに生きる―熱帯多雨林の生態史―』NHKブックス.

高谷好一(1993)『新世界秩序を求めて―21世紀への生態史観―』中公新書.

高谷好一(1996)『「世界単位」から世界を見る―地域研究の視座―』京都大学学術出版会.

高谷好一(1997)『多文明世界の構図―超近代の基本的論理を考える―』中公新書.

高谷好一(1999)『地域間研究の試み』京都大学学術出版会.

高谷好一(2010)『世界単位論』京都大学学術出版会.

高村雅彦(2007)「中国における「町屋」の成立過程とその変容 ―― アジアの比較建築史・都市史の視点」日本建築学会大会協議会資料『東アジアから日本の都市住宅(町屋)を捉える』.

高村雅彦(2011)『タイの水辺都市』法政大学出版局.

Talib, Kaizer (1984), "Shelter in Saudi Arabia", Academy Editions, London.

玉井哲雄編(2013)『アジアからみる日本都市史』山川出版社.

Tammawat, Jaruwan (1988), "Pumpanya Heng Isan, Roam Botkwam Isan Kadee Suksa", Srinakarin Universtiy, Mahasarakam.

Tambandit, Jarun ; Runmai, Prasarn ; Jatuponpitakkul, Prayad ; Tamnong, Somboon ; Ratanatammetia, Kanjana (1992), "Analysis on non-school education system for the economic development of the community", Chiangmai University Master thesis.

田村慶子(2001)『シンガポールを知るための60章』明石書店.

田村慶子(2016)『シンガポールの基礎知識』めこん.

Tan, Sumiko (1999), "Home Work Play", Urban Redevelopment Authority, Singapore.

田辺繁治編(1993)『実践宗教の人類学―上座部仏教の世界』京都大学学術出版会.
田中麻里(2003)「タイにおける住空間特性と住宅計画手法に関する研究」博士学位論文(京都大学).
田中麻里(2006)『タイの住まい』圓津喜屋.
田中麻里(2011)「タイにおけるNational Housing Auntority(NHA)の住宅供給の変遷と現状」群馬大学教育学部紀要　芸術・技術・体育・生活科学編，第46巻.
田中淡(1995)『中国建築史の研究』弘文堂.
Thungsakul, Nopadol and Chiranthanut (Wongkham), Chantanee (2005), "Kati Kwamchuey Lae Rabob Sangkom Kap Kan Prooksang Ruen Punban Lae Choomchon Phutai", Center For Reserch on Plurality in the Mekong Region, Khonkean University.
Thungsakul, Nopadon ; Chiranthanut (Wongkham), Chantanee (2006), "Ruen Pak Asai Puntin Groom Chon Pood Pasa Tai Nai Lao ; Koranee Suksa Ruen Phutai Nai Savannakhet (Phutai House and Communities in Savannakhet, Laos)", Khonkean University.
谷内真理子・塩谷壽翁(1998)「ダイ・ルー族の住まいにおける空間認識と行動から見いだされる空間理念」，日本建築学会計画系論文集　第568号，2003.6.
Tanphiphat Sidhijai (1983) Recent Trends in Low Income Housing Development in Thailand, edited by Y. M. Yeng *A Place To Live*, Ottawa International Development Research Center IDRC.
Tapananond, Nopanant. (n. d.), "Method for the Implementation of Urban Planning in Thailand, The Revitalization of the Inner Area of Bangkok", JICA Joint Research Program.
Tarling, Micholas (ed.) (1992), "The Cambridge History of Southeast Asia", 2 volumes, Cambridge University Press.
田坂敏雄(1998)『アジアの大都市』大阪市立大学経済研究所.
Tawat, Punnotok(1987), 'Isan ; Adeed Pachuban Lae Anakod' in Wattanatam Punban : Koranee Isan, National Culture Center, Thailand.
Tawat, Punnotok (1989), "Silajaruk Isan Samai Tai-Lao ; Suksa Tangdan Akara Witaya Lae Prawatsat Isan", Ramkamheng University.
Taylor, Brian Brace (1982), "Aga Khan Award for Architecture The Changing rural habitat", Vol.1, 2, Concept Media Pte Ltd., Singapore.
Terrien de Lacouperie, Albert Étienne Jean Baptiste (1887), "The Languages of China Before Chinese", D. Nutt, London.
Terrien de Lacouperie, Albert Étienne Jean Baptiste (1970) "The Cradle of the Shan Racet", Paragon Book Reprint Corp , New York.
Terwiel, B. J. (1979), "The Origins of the Tai Peoples Reconsidered", Oriens Extremus.
Terwiel, B. J.(1989), "Through Traveler's Eyes : an Approach to Early Nineteenth Century Thai History", Duang Kamol, Bangkok.
Tettoni Luca Invernizzi ; William Warren (19991) Thai Style, Asia Books.
Tettoni, L. I. (1997), "Sosrowardoyo, T., and Philippine Department of Tourism", Filipino Style, Edition, Didier Millet, Singapore.
Thailand Culture Center (1989), "Lan Na Culture", Amarin, Bangkok.
Thi Que Ha Tran・山田　幸正(2004)「ベトナム北部4省の伝統的民家主屋における空間構成」『日本建築学会計画系論文集』579号，2004年5月.
Thunsararak, Supaporn (1985), "Prawattisat Thongthin Lumnam Tha Jin Jak Karn Bok-lao Suksa Koranee Ban Kaohong thi Suphanburi (Local History in the Tha Jin River Basin by People Passed down Knowledge : The Case Study of Ban Kaohong in Suphanburi)", Silpa Wattanatham (Art & Culture Magazine), September.

主要参考文献

Tirasatawat, Suwit (2000), "Prawatsadlao 1779-1975", Sangsan Printed, Bangkok.
Tjahjono, G. (1989), "Cosmos, center, and duality in Javanese architectural tradition: the symbolic dimensions of house shapes in Kota Gede and surroundings", PhD. thesis, UC Berkeley.
Tjahjono, Gunawan (1989): "Center and Duality in Javanese Dwelling"; in: Dwellings, Settlement and Tradition; Jean-Paul Bourdier and Nezar Alsayyad (eds), Univ. Press of America; Lanham.
Tjahjono, G. (1998), "Architecture, Indonesian Heritage vol.6", Archipelago Press, Singapore.
東京大学生産技術研究所原研究室（1973，2006）『住居集合論　その1　地中海地域の領域論的考察』鹿島出版会．
東京大学生産技術研究所原研究室（1975，2006）『住居集合論　その2　中南米地域の領域論的考察』鹿島出版会．
東京大学生産技術研究所原研究室（1977，2006）『住居集合論　その3　東欧・中東地域の形態論的考察』鹿島出版会．
東京大学生産技術研究所原研究室（1978，2006）『住居集合論　その4　インド・ネパール集落の構造論的考察』鹿島出版会．
東京大学生産技術研究所原研究室（1979，2006）『住居集合論　その5　西アフリカ地域集落の構造論的考察』鹿島出版会．
東京芸術大学・中国民居研究グループ（1991）『中国民居の空間を探る』建築資料研究社．
Tongsari, Sayomporn (1983), "The Impact of the Building of Roads in Bangkok during the Reign of King Rama V (1868-1910): A Study in the Area within the City Walls, the Northern and the Southern Parts of the City", Master's Thesis. Silpakorn University.
友杉孝（1989）「現代都市バンコクの景観にみられる記憶の表象—貨幣・仏教・王権」『東洋文化』69号．
友杉孝（1994）『図説　バンコク歴史散歩』河出書房新社．
友杉孝（1999）『アジア都市の諸相—比較都市論にむけて—』同文館出版社．
Tonjes, H. (1996), "Ovamboland", Namibia Scientific Society.
Torvald, Faegre, "Tents; Architecture of the Nomads", Anchor Press, 1979（フェーガー，トーボー『天幕—遊牧民と狩猟民のすまい—』，磯野義人訳，エス・ピー・エス出版，1985年）．
都市住居研究会（1996）『異文化における葛藤と同化：韓国における「日式住宅」』建築資料研究社．
東洋大学東南アジア研究グループ（太田邦夫）（1981）「東南アジアの木造住居—1—バタック・トバの住居（異文化の窓）」『新建築』1981年1月．
東洋大学東南アジア研究グループ（太田邦夫）（1981）「東南アジアの木造住居—2—バタック・カロとシマルングンの住居（異文化の窓）」『新建築』1981年2月．
東洋大学東南アジア研究グループ（布野修司）（1981）「東南アジアの木造住居—3—ミナンカバウの住居（異文化の窓）」『新建築』1981年3月．
東洋大学東南アジア研究グループ（浅井賢治）（1981）「東南アジアの木造住居—4—バリの住居（異文化の窓）」『新建築』1981年4月．
東洋大学東南アジア研究グループ（太田邦夫）（1981）「東南アジアの木造住居—5—ルソン島の住居（異文化の窓）」『新建築』1981年5月．
東洋大学東南アジア研究グループ（勝瀬義仁）（1981）「東南アジアの木造住居—6—ボルネオの住居（異文化の窓）」『新建築』1981年6月．
東洋大学東南アジア研究グループ（浅井賢治）（1981）「東南アジアの木造住居—7—パラワン島とミンドロ島の住居（異文化の窓）」『新建築』1981年7月．
東洋大学東南アジア研究グループ（勝瀬義仁）（1981）「東南アジアの木造住居—8—タイ・山地少数民族の住居（異文化の窓）」『新建築』1981年8月．

坪井善明編（1995）『アジア読本』河出書房新社．
坪内良博・前田成文（1997）『核家族再考—マレー人の家族圏』弘文堂．
Tsubouchi, Yoshihiro (1984), "A Sketch of the New Road in 1883", Center for Southeast Asian Studies, Kyoto University.
土田充義．楊慎初編（2003）『中国湖南省の漢族と少数民族の民家』中央公論美術出版．
塚田誠之編（2006）『中国・東南アジア大陸部の国境地域における諸民族文化の動態』人間文化研究機構国立民族学博物館．
Turan, Mete (1990), "Vernacular architecture : paradigms of environmental response", Avebury, Aldershot.
Turner, John F C & Fichter, Robert (1972), "Freedom to build ; dweller control of the housing process", Macmillan, New York.
Turner, John F C (1976), "Housing by People : Towards Autonomy in Building Environments", Marion Boyars Publishers.

U

上東輝夫（1990）『ラオスの歴史』同文館．
上田博之（1998）「通世代性・男女の文化的性差からみたベトナム黒ターイの伝統的住居の空間構成の研究」，日本建築学会計画系論文集第504号，1998.2.
United Nations (1980) Policies Towards Urban Slums.
United Nations Center for Human Settlements (Habitat) (1984) Human Settlements Policy Issues in the ESCAP Region.
United Nations (1984) Improvement of Slums and Squatter Settlements Infrastructure and Services.
UN. Regional Housing Center & Building Research Institute, Indonesia (1973a), "Batak Toba : Traditional Buildings of Indonesia Vol.1", Bandung.
UN. Regional Housing Center & Building Research Institute, Indonesia (1973b), "Batak Karo : Traditional Buildings of Indonesia Vol.2", Bandung.
UN. Regional Housing Center & Building Research Institute, Indonesia (1973c), "Batak Simalungun and Batak Mandailing : Traditional Buildings of Indonesia Vol.3", Bandung.
Urban Redevelopment Authority (1991), "Development Control Handbooks Series", Singapore.
Urban Redevelopment Authority (1995a), "China town : Historic District", Singapore.
Urban Redevelopment Authority (1995b), "Kampong Glam : Historic District", Singapore.
Urban Redevelopment Authority (1995c), "Little India : Historic District", Singapore.
Urban Redevelopment Authority (1997), "Enhancing the Charms of Joo Chiat", Singapore.
Urban Redevelopment Authority (2000), "Conservation Guidelines", Singapore.
内田勝一・平山洋介編（1996）『講座現代居住　5 世界の居住運動』東京大学出版会．

V

Vallibhotama, Srisakra (1989), "Traditional Thai Villages and Cities : an Overview. Culture and Environment in Thailand", A Symposium of the Siam Society, The Siam Society under Royal Patronage, Bangkok.
Varanda, Fernando (1982), "Art of building in Yemen", Art and Archaeology Research Papers, London, MIT Press, Cambridge and London.
Varavarn, Chanvudhi (1987), "Evolution of Architecture through Nine Reigns (1782-1987)", Architectural Dimension, Faculty of Architecture, Chulalongkorn University.
Veerasilpchai, Santsanee (1997), "Chue Ban Nam Muang (Name of the City)", Matichon, Bangkok.

Vellinga, Marcel ; Oliver, Paul ; Bridge, Alexander (2007), "Atlas of Vernacular Architecture of the World", Rouledge.
Vellinga, Marcel (2004), "Constituting unity and difference : vernacular architecture in a Minangkabau village", KITLV Press, Leiden.
Viaro, Alain M. (1980), "Urbanisme et Architecture Traditionnels du Sud de L'ile de Nias", UNESCO.
Viên Nghiên Cúu Văn Hóa Quóc Té-Dai Hoc Nū Chiêu Hòya (2003), "Kiên Trúc Phô Co Hôi An-Viêt Nam", Nhà Xuât Bân Thê Giói, Hà Nôi.
Vipakpodhanakit, Term (1987), "Isan History", Thamasat University.
Viney, G. (1987), "Colonial Houses of South Africa", New Holland Publishers.
Vira Sachakul (1982), "Bangkok Shophouses : Socio-economic Analysis and Strategies for Improvement", Doctor of Architecture dissertation, University of Michigan.
Viriyaburana, Brahmin Urakin (2002), "Praphenee Thai (Thais culture)" , Pramaha Rajakhru, Prajak Wittana.
Virojrat, Sayanee (2000), "The Conservation of Shophouses on Chareonkrung Road-Between the Reign of King Rama IV and King Rama VII", Master's Thesis, Faculty of Architecture, Chulalongkorn University.

W
若林弘子（1986）『高床式建物の源流』弘文堂.
脇田祥尚．白石英巨（2007）「プノンペン（カンボジア）におけるショップハウスの空間構成と街区構成に関する考察」『日本建築学会計画系論文集』616号，2007年6月.
Walker, Lester "American shelter : an illustrated encyclopedia of the American home" The Overlook Press, 1981 (ウォーカー，レスター『図説アメリカの住宅　丸太小屋からポストモダンまで』小野木重勝訳，1988年).
Wang Qijun (2000), "Anceint Chinese Architecture—Vernacular Dwellings", China Architecture & Building Press.
王紹周総主編（1998）『中国民族建築』江蘇科学技術出版社.
王其均（1992）『中國傳統民居建築』南天書局出版，台北.
王金平・徐強・韓衛成（2009）『山西民居』中国建築工業出版社.
王賡武（1969）『南洋華人簡史』張奕善訳，台北水牛出版社（水牛文庫99）.
王賡武（1978）『華人・華僑与東南亜史』崔貴強；古鴻廷編，東南亜華人問題之研究.
王賡武（1987）『東南亜与華人―王賡武教授論文選集』姚楠編訳，友誼出版公司.
王賡武（1993）『海外華人研究的地位』華僑華人歴史研究.
王柳蘭（2011）『越境を生きる雲南系ムスリム』京都大学学術出版会.
汪之力主編・張祖剛副主編（1994）『中国伝統民居建築』山東科学技術出版社.
Warburg, A. (1923), "Bilder aus dem Gebiet der Pueblo-Indianer in Nord-Amerika", Vortrag gehalten am 21 (加藤哲弘訳『蛇儀礼―北アメリカ，プエブロ・インディアン居住地域からのイメージ』ありな書房，2003年).
Warren, James Francis (1986), "Rickshaw coolie : a people's history of Singapore, 1880-1940", Oxford University Press.
Warren, William (1989), "Thai style", Rizzoli.
鷲見東観（1980）『カシミールの歴史と文化』アポロン社.
渡部忠世（1977）『稲の道』日本放送出版協会.
渡部忠世（1980）『東南アジア世界：地域像の検証』創文社.

渡部忠世（1983）『アジア稲作の系譜』法政大学出版局.
渡部忠世・桜井由躬雄（1985）『中国江南の稲作文化―その学際的研究』日本放送出版協会.
渡部忠世（1997）『稲のアジア史』全3巻，小学館.
渡部忠世監修・農耕文化研究振興会編（1995～2000）『農耕の世界，その技術と文化1～8』大明堂.
渡辺誠介（1994）「バンコクの郊外化と都市整備手法に関する研究 ―― 都市中間層の台頭に注目して」博士学位論文（東京大学）.
Waterson, Roxana（1990）, "THE LIVING HOUSE", Oxford University Press, Singapore（『生きている住まい―東南アジア建築人類学』，ロクサーナ・ウォータソン（1997），布野修司（監訳）＋アジア都市建築研究会，学芸出版社）.
Waterson, Roxana（1998）, "The Architecture of South-East Asia through Travellers' Eyes", Oxford University Press.
Wattanasiri, Chollada（1986）, "Investment of the Privy Purse: 1890-1932", Master's Thesis. Silpakorn University.
Wat Ngam, Thawee.（1997）, "Thanon Kao nai Muang Krung (The Old Streets in the Capital)", Ton-Or Grammy, Bangkok.
Weerataweemat Sonyot; Tangsakul Noppadon; Sananwai Sudjid; Wongkham Chantanee（2006a）, "Satapatayakam Singvedlom Nai Ruenpuntin Tai-Lao", Nai Pak Isan Khong Pratedthai (Tai-Lao House and Communities in 8 Provinces of Thailand (Roi-ed, Kalasin, Khonkean, Loei, Udonthani, Sakonnakhon, Nakhonpanom, Mukdahan), Research Institute of Thailand.
Weerataweemat Sonyot; Tangsakul Noppadon; Wongkham Chantanee（2006b）, "Phutai's Vernacular House in Savanakhet", Khonkean University (in Thai).
Wells, Spencer（2002）, "The Journey of Man", Gillon Aitken Associates Limited, London（スペンサー・ウェルズ（2007）『アダムの旅　Y染色体がたどった大いなる旅路』和泉裕子訳，basilico）.
Whiffen, Marcus & Koeper, Frederick（1983）, "American architecture", MIT Press.
Wickberg, Nils-Erik（1959）, "Byggnadskonst i Finland", Söderström & Co., Helsinki. Widodo, J.（2004）, "The Boat and the City-Chinese Diaspora and the Architecture of Southeast Asian Coastal Cities", Architecture of Southeast Asian Coastal Cities Series. Singapore: Marshall Cavendish Academic.
Widodo, Johannes（2004）, "The Boat and the City: Chinese Diaspora and the Architecture of Southeast Asian Coastal Cities", Singapore: Marshall Cavendish Academic.
Williams, F. N.（1991）, "Precolonial Communities of Southwestern Africa", National Archives of Namibia.
Wimala, Kaniknan（2009）, "Shop House Space Development in Wat Gate Area, Chiang Mai Province", Master of Arts（Media Arts and Design）, Faculty of Fine Arts, Chiang Mai University.
Wilson, C. M.（1989）, "Thailand: A Handbook of Historical Statistics", G. K. Hall & Co, Boston.
Winichakul トンチャイ・ウィニッチャクン，石井米雄訳（2003）『地図がつくったタイ国民国家誕生の歴史』，明石書店.
Winkel, Pauline Pruneti（1987）, "Schaloo", Edizioni Poligrafico Fiorentino.
Winzeler, Robert L.（1983）, "Ethnic relations in Kelantan: a study of the Chinese and Thai as ethnic minorities in a Malay state", Oxford University Press.
Wiryosumarto, T. H.（1975）, "Minankabau-West Sumatra", Masalah Bangunan, Vol.20, No.1.
Wolters, O. W.（1999）, "History, Culture and Region in Southeast Asian Perspective", Cornell University Southeast Asia Program.
Wong, Aline K. & Yeh, Stephen H. K.（1985）, "Housing a nation: 25 years of public housing in Singapore", Maruzen Asia for Housing & Development Board.
Wongpradit, Pat（2014）, "The Study of Shophouse Development in Trang Province", Master Thesis, De-

partment of Architecture, Graduate School, Silpakorn University.
Wongthes, Sujit (1986), "The Thais were always here : A Social and Cultural History of the Siamese people in Thailand. Special Issue", Bangkok : Sinlapa wattanatham.
Wongwigkarn, Kawin ; Raksawin, Karuna ; Kitikul, Sathapattana ; Inthajak, Teerayut ; Dhammabutra, Nadadhorn (2006), "Comparison of Local Wisdom in Development of Tai-Lue Vernacular House Between Chiangkhum, Payao of Thailand and Sipsongpanna of Yunnan", Research Institute of Thailand.
World Bank (1993) Housing Enabling Markets to Work, The International Bank for Reconstruction and Development, The World Bank.
World Heritages Company (1994), "The Report of Possibility Study for Construction of Thai Cultural Center", presented to the Tourism Authority of Thailand.
Wyatt, D. K. & Teeuw, A. (1970), "Hikayat Patani : The Story of Patani", Martinus Nijhoff, The Hague.
Wyatt, D. K. (1982), "Thailand, A Short History", Yale University Press.
Wyatt, D. K. & Aroonrut Wichienkeeo (1998), "The Chiangmai Chronicle", Sirkworm Books, Chiang Mai.
Wyatt, D. K. (ed.) (2000), "The Royal Chronicles of Ayutthaya", The Siam Society.

X

許政（1998）『泉州近代与当代騎楼比較之研究』華僑大学碩士論文.

Y

八木幸二，田中厚子（1992）『アメリカ木造住宅の旅』丸善.
山本明（1992）『スウェーデンの街と住まい』丸善.
山本達也（1991）『建築探訪：トルコの民家：連結する空間』丸善.
Yamamura, Takayoshi (2003), 'Indigenous society and immigrants : tourism and retailing in Lijiang, China, a World Heritage city', "Tourism : An International Interdisciplinary Journal", Vol.51. No.2.
Yampolsky, Mariana ; Sayer, Chloë (1993), "The traditional architecture of Mexico", Thames & Hudson.
楊大禹・朱良文編（2010）『雲南民居』中国建築工業出版社.
楊宏烈（1998）『広州騎楼街的文化復興』規劃師.
楊思馨（2002）『近代泉州外廊式民居初探』華僑大学碩士論文.
矢野暢（1984）『東南アジア世界の構図』，NHKブックス.
矢野暢編（1990～1992）『講座東南アジア学入門』1～9，弘文堂.
窰洞調査団（1988）『生きている地下住居』彰国社.
業祖潤（2009）『北京民居』中国建築工業出版社.
Yeang, Ken (1992), "The Architecture of Malaysia", Pepin Press.
Yeoh, Brenda S. A. (1996), "Contesting Space in Colonial Singapore : Power Relations and the Urban Built Environment", Oxford University Press.
Yen, Ch'ing-huang (1986), "A social history of the Chinese in Singapore and Malaya, 1800-1911 / Yen Ching-hwang.", Oxford University Press.
姚荷生（2004）『雲南のタイ族：シプソンパンナー民族誌』多田狷介訳，刀水書房.
横山智・落合雪野編（2008）『ラオス農山村地域研究』めこん.
雍振華（2009）『江蘇民居』中国建築工業出版社.
吉田桂二（1986）『検証日本人の「住まい」はどこから来たか―韓国・中国・東南アジアの建築見聞録』鳳山社.

吉田桂二（1990）『図説世界の民家・町並み事典』柏書房.
吉田敏浩（1995）『森の回廊』日本放送出版協会.
吉田敏浩（1997）『宇宙樹の森』現代書館.
吉田敏浩（2000）『北ビルマ，いのちの根をたずねて』めこん.
吉田敏浩（2001）『生命の森の人びと：アジア・北ビルマの山里にて』理論社.
吉阪隆正編（1973）『住まいの原型 2』鹿島出版会.
雍振華（2009）『中国民居建築叢書　江蘇民居』中国建築工業出版社.
Yuswadi, S. et al（1979）, "Pra Penelitian Sejarah Arsitektur Indonesia", Fakurutas Sastra Universitas Indonesia.

Z
趙冲（2013）『福建・港市の都市組織および住居類型の形成，変容に関する研究』学位請求論文（滋賀県立大学）.
趙鵬（2004）『泉州官式大厝』華僑大学碩士論文.
周立軍・陳伯超・張成龍・孫清軍・金虹（2009）『東北民居』中国建築工業出版社.
Zheng, Xiaoyun（2002）, "The Hua Yao Dai of the Upper Reaches of the Red River: Their Culture and its Changes in the Contemporary Age", Bulletin of the National Museum of Ethnology.
Zhu Lianwen（1992）, "The Dai", DD Books and The Science Technology Press of Yunnnan, Bangkok
朱啓明（2004）『閩南街屋建築之研究—以福建省泉州市中山路「騎楼式」街屋為例』雲林科技大学碩士論文.
Zialcita, Fernando N. & Tinio, Martin I. Jr.（1980）, "Philippine Ancestral Houses 1810-1930", GCF Books, Quezon City.
Zipf, G. K.（1941）"National Unity and Disunity", Principia Press.
左満常・渠滔・王放（2012）『河南民居』中国建築工業出版社.
Zwerger, Klaus（2006）, "Vanishing tradition: architecture and carpentry of the Dong minority in China", Orchid Press.

主要参考文献

関連論文（年代順）

Shuji Funo (1985), 'Dominant Issues of Three Typical Kampungs and Evaluation of KIP', Peran Perbaikan Kampung dalam Pembangunan Kota,Kotamadja Surabaya ITS.

布野修司（1992）「カンポンの歴史的形成プロセスとその特質」The Kampung Type of Settlement and the Process of its Formation : Study on urban space for living in Indonesian cities No.1, 日本建築学会計画系論文報告集, 第433号, p.85-93, 1992年3月.

脇田祥尚, 布野修司, 牧紀男, 青井哲人（1995）「デサ・バヤン（インドネシア・ロンボク島）における住居集落の空間構成」Space Organization of the Settlements in Desa Bayan in Lombok Island, Indonesia, 日本建築学会計画系論文集, 第478号, p.61-68, 1995年12月.

布野修司, 田中麻里（1996）「バンコクにおける建設労働者のための仮設居住地の実態と環境整備のあり方に関する研究」Actual Conditions and Issues of Living Environments for Construction Workers Residing at Temporary Settlements in Bangkok, 日本建築学会計画系論文集, 第483号, p.101-109, 1996年5月.

脇田祥尚, 布野修司, 牧紀男, 青井哲人, 山本直彦（1996）「ロンボク島（インドネシア）におけるバリ族・ササック族の聖地, 住居集落とオリエンテーション」Orientation of Holy Places and Settlements of the Balinese and the Sasak in Lombok Island, Indonesia, 日本建築学会計画系論文集, 第489号, p.97-102, 1996年11月.

布野修司, 脇田祥尚, 牧紀男, 青井哲人, 山本直彦（1997）「チャクラヌガラ（インドネシア・ロンボク島）の街区構成：チャクラヌガラの空間構成に関する研究 その1」Street's Pattern and Block System of Cakranegara City, Lombok, Indonesia- Space Formation of Cakranegara, 日本建築学会計画系論文集, 第491号, p.135-139, 1997年1月.

布野修司, 山本直彦, 田中麻里, 脇田祥尚（1997）「ルーマー・ススン・ソンボ（スラバヤ, インドネシア）の共用空間利用に関する考察」Ritual Facilities and Community Organization of Cakranegara City, Lombok,Indonesia-Space formation of Cakranegara Part2, 日本建築学会計画系論文集, 第502号, p.87-93, 1997年12月.

布野修司, 脇田祥尚, 牧紀男, 青井哲人, 山本直彦（1998）「チャクラヌガラ（インドネシア・ロンボク島）の祭祀組織と住民組織　チャクラヌガラの空間構成に関する研究その2」Ritual Facilities and Community Organization of Cakranegara City, Lombok, Indonesia- Space formation of Cakranegara Part2, 日本建築学会計画系論文集, 第503号, p.151-156, 1998年1月.

山本直彦, 布野修司, 脇田祥尚, 三井所隆史（1998）「デサ・サングラ・アグン（インドネシア・マドゥラ島）における住居および集落の空間構成 Space Formation of the Madurese Settlements（Desa Sanggra Agung）in Madura Island, Indonesia, 日本建築学会計画系論文集, 第504号, p.103-110, 1998年2月.

布野修司, 脇田祥尚, 牧紀男, 青井哲人, 山本直彦（1998）「チャクラヌガラ（インドネシア・ロンボク島）における棲み分けの構造　チャクラヌガラの空間構成に関する研究3」Characteristics of Habitat Segregation in Cakranegara City, Lombok, Indonesia : Space formation of Cakranegara Part 3, 日本建築学会計画系論文集, 第510号, p.185-190, 1998年8月.

田中麻里, 布野修司, 赤澤昭, 小林正美（1998）「トゥンソンホン計画住宅地（バンコク）におけるコアハウスの増改築プロセスに関する考察」Transitional Process of the Core Houses at Tung Song

Hong Planned Settlement in Bangkok, 日本建築学会計画系論文集, 第512号, p.93-99, 1998年10月.

闕銘宗, 布野修司, 田中禎彦 (1999)「新店市広興里の集落構成と寺廟の祭祀圏」Community Organization of the village Settlement and Religious Service Area of Jibyo in Konghinglie (Singdyam City, Taiwan), 日本建築学会計画系論文集, 第521号, p.175-181, 1999年7月.

闕銘宗, 布野修司, 田中禎彦 (1999)「台北市の寺廟, 神壇の類型とその分布に関する考 Considerations on the Distribution and Building Types of Temples and Shrines (Jibyou, Sindam) in Taipei City, 日本建築学会計画系論文集, 第526号, p.185-192, 1999年12月.

闕銘宗, 布野修司:寺廟, 神壇の組織形態と都市コミュニティ (2000)「台北市東門地区を事例として」The Organization of Temples and Shrines (Jibyou, Sindam) and the Urban Community in East Gate Area, Taipei City, 日本建築学会計画系論文集, 第537号, 219-225, 2000年11月.

田中麻里 (2001)「タイにおける農村住居の地域性」群馬大学教育学部紀要 芸術・技術・体育・生活科学編, 第36巻, 2001.3, 219-240頁.

田中麻里, 布野修司 (2001)「住宅供給の変遷からみたバンコクの都市住宅類型」Urban Housing Types based on Housing Supply in Bangkok, 日本建築学会計画系論文集, 第548号, pp. 237-242, 2001年10月.

山口潔子, 布野修司, 安藤正雄, 脇田祥尚, 柳沢究 (2002)「ヴィガン (イロコス, フィリピン) の街区構成に関する考察」, Block Formation in Vigan, Ilocos, the Philippines, 日本建築学会計画系論文集, 第553号, pp.209-215, 2002年3月.

Mari Tanaka, Yukiyo Kikuchi, Shuji Funo (2002), 'Transition of Row Houses at Chitlada State Railway of Thailand Housing Site in Bangkok-Multipurpose Space such as Taithun (underneath) and Chan (terrace)', Journal of Asian Architecture and Building Engineering, Vol.1 No.1, March 2002.

山本直彦, 布野修司 (2002)「蘭領東インドにおけるカンポン改善事業とマドゥラ人カンポンの発展過程に関する考察―スラバヤのカンポン・シドダディを事例として―」Kampong improvement in Dutch East Indies and the development process of a Madurese kampong - Case study of Kampong Sidodadi in Surabaya -, 日本建築学会計画系論文集, 556号, pp.265-272, 2002年6月.

山本直彦, 布野修司 (2002)「スラバヤ (東ジャワ, インドネシア) 旧市街の形成とその変容過程に関する考察」The Development and the Transformation Process of the Former Walled Town of Surabaya, East Jawa, Indonesia, 日本建築学会計画系論文集, 558号, pp.235-241, 2002年8月.

Mari Tanaka, Yukiyo Kikuchi, Shuji Funo (2002), 'Spatial Characteristics of House Unit and Role of Shared Chan at Chitlada State Railway of Thailand Housing Site in Bangkok', Journal of Asian Architecture and Building Engineering, Vol.1 No.2, pp.185-191, Nov. 2002.

Shuji Funo, Naohiko Yamamoto, Johan Silas (2002), 'Typology of Kampung Houses and their Transformation Process A Study on Urban Tissues of Indonesian Cities', Journal of Asian Architecture and Building Engineering, Vol.1 No.2, pp.193-200, Nov. 2002.

Shuji Funo (2002), The Spatial Formation of Cakranegara, Lombok, in Peter J. M. Nas (ed.) : Indonesian Town Revisited, Muenster/Berlin, Lit Verlag, 2002.

田中麻里 (2003)『タイにおける住空間特性と住宅計画手法に関する研究』, 京都大学工学学位請求論文.

宇野朋子, 鉾井修一, Sri Nastiti, 布野修司 (2003)「インドネシア・スラバヤにおける住宅の室内温熱環境に関する実態調査」A Survey on Thermal Environment in Residential Houses in Surabaya, Indonesia, 日本建築学会計画系論文集, 第564号, pp.9-15, 2003年2月.

Ming-chung Chuch, Shuji Funo, Sadahiko Tanaka (2003), 'Community Organization of the Village Settlement and Service Area of Religious Centres : Si-Miao, in Konghinglie (Singdyam City, Taiwan)', Journal of Asian Architecture and Building Engineering, Vol.1 No.3, pp.191-198, May. 2003.

山口潔子, 布野修司, 安藤正雄, 脇田祥尚（2003）「ヴィガン（イロコス, フィリピン）における住宅の空間構成と街区分割」House Plan and Block Division in Vigan,Ilocos, Philippines, 日本建築学会計画系論文集, 第572号, pp.1-7, 2003年10月.

Mari Tanaka, Yukiyo Kikuchi, Akira Akazawa, Shuji Funo, Masami Kobayashi（2003）, "Spatial Characteristics of Core Housing Units Brought by Residents' Extension Activities at Tung Song Hong Settlements in Thailand" Journal of Asian Architecture and Building Engineering, Vol.2, No.2, 2003.11, pp.123-130.

Chamaruk, Attasit; Puttako, Narakorn; Chiranthanut, Chantanee（旧姓: Wongkham）（2004）, "A Study of Comfort Condition Term in Tai-Loei Traditional House", Khonkean University, Thailand.

Chiranthanut, Chantanee（旧姓: Wongkham）（2004）, "Chomchon Lae Ruen Tai-Loei（Tai-Loei Community and Traditional House）: Architectural and Environment Study", Khonkean University, Thailand（in Thai）.

Nawit Ongsavangchai,Shuji Funo（2004）, 'Consideration on Formation and Typology of Shophouse in Ratanakosin Area, Bangkok, Thailand', ラッタナコシン地区（バンコク）のショップハウスの形成と類型に関する考察, Journal of Architecture, Planning and Environmental Engineering, Aij, no.577, pp.9-15, 2004年3月.

Shuji Funo,Bambang F. Ferianto,Kyouta Yamada（2004）, 'Considerations on Space Formation and Transformation of KAMPUNG_LUAR BATANG（JAKARTA）', Journal of Asian Architecture and Building Engineering, Vol.3 No.1, pp.173-180, May. 2004.

布野修司, 山崎大智, 宇高雄志, ナウィット・オンサワンチャイ（2005）「マラッカ（マレーシア）旧市街の空間特性と住居形式に関する考察」Considerations on Urban Formation and the Form of Townhouse of Old Town Malacca（Malaysia）, 日本建築学会計画系論文集, 第585号, pp.87-94, 2005年4月.

Nawit Ongsavangchai,Shuji Funo（2005）, 'Spatial organization and transformation process of shophouse in ratanakosin area, Bangkok:-A comparative study of shop houses from three different landowners-', Journal of. Archit. Planning, AIJ, No.586, pp.1-7, May 2005.

Shuji Funo,Bambang F. Ferianto,Kyouta Yamada（2005）, 'Considerations on Typology of Kampung House and Betawi House of Kampung Luar Batang（Jakarta）', Journal of Asian Architecture and Building Engineering, Vol.4 No.1, pp.129-136, May. 2005.

山本直彦, 布野修司, 平尾和洋, 川畑良彦（2005）「ギアニャールの（バリ島・インドネシア）の都市空間構成に関する研究―東南アジアにおけるヒンドゥー都市の比較研究―」The Urban Formation of Gianyar in Bali island,Indonesia-Comparative Study on Hindu Principle of Urban Formation in Southeast Asia-, 日本建築学会計画系論文集, 第592号, pp.171-178, 2005年6月.

オンサワンチャイ・ナウィット, 布野修司（2005）「タイ・パタニの旧華人居住地のショップハウスの空間構成と変容」Spatial Formation and Transformation of Shophouse in the Old Chinese Quarter of Patani,Thailand, 日本建築学会計画系論文集, 第598号 pp.1-9, 2005年12月.

Tangsakul, Nopadol and Wongkham, Chantanee（2005）, "Kati Kwamchuey Lae Rabob Sangkom Kap Kan Prooksang Ruen Punban Lae Choomchon Phutai", Center For Reserch on Plurality in the Mekong Region, Khonkean University.

田中麻里（2006）『タイの住まい』圓津喜屋.

ナウィット・オンサワンチャイ, 桑原正慶, 布野修司（2006）「アユタヤ旧市街の居住環境特性とショップハウスの類型に関する研究」Considerations on Characteristics of Living Environment and Typology of Shophouse in Old Town of Ayutthaya（Thailand）, 日本建築学会計画系論文集, 第601号 pp.25

-31，2006年3月．

Nawit Ongsavangciiai, Shuji Funo（2006），'Spatial Organization of Shophouse in Market towns in the Central Plains of Thailand' タイ・中部平原のマーケット・タウンのショップハウスの空間構成―タラート・クロンスウォンを事例として―，Journal of．Architectural Planning AIJ, No.606, pp.9-16, Aug, 2006.

Sonyot Weeratavimat ; Noppadon Tangsakul ; Sudjid Sananwai ; Chantanee Wongkham（2006），"Satapatayakam Singvedlom Nai Ruenpuntin Tai-Lao", Nai Pak Isan Khong Pratedthai（Tai-Lao House and Communities in 8 Provinces of Thailand （Roi-ed, Kalasin, Khonkean, Loei, Udonthani, Sakonnakhon, Nakhonpanom, Mukdahan）），Research Institute of Thailand.

Tangsakul, Nopadon ; Chiranthanut（Wongkham），Chantanee （2006），"Ruen Pak Asai Puntin Groom Chon Pood Pasa Tai Nai Lao ; Koranee Suksa Ruen Phutai Nai Savannakhet （Phutai House and Communities in Savannakhet, Laos）", Khonkean University.

Sonyot Weeratavimat ; Noppadon Tangsakul ; Chantanee Wongkham（2006），"Phutai's Vernacular House in Savanakhet", Khonkean University（in Thai）.

Ongsavangchai, Nawit（2006），"A Study on the Formation and Transformation of Shophouse in the Old Town Areas, Thailand", Dissertation，Kyoto University.

Chantanee Chiranthanut, Shuji Funo（2008），'Considerations on Spatial Formation and Transformation of House in Mukdahan Province, Thailand'，ムクダハン地方（タイ）のカロン族住居の空間構成とその変容に関する考察，日本建築学会計画系論文集，第633号，pp. 2285-2292, 2008年11月．

Ongsavangchai, Nawit ; Kuramata, Takashi ; Oshima, Tadayoshi（2008），'An Impact of Housing Development Projects on Land Use Pattern in Chiang Mai City Planning Control Area', Preceding the 4th International Symposium on Architecture and Culture in Suvarnabhumi （ISACS） 18 – 22 October.

チャンタニー・チランタナット，布野修司（2009）「タイ・ルーイ族住居の空間構成とその変容に関する考察 Considerations on spatial formation and transformation of Tai-Loei house in Loei province, Thailand」，日本建築学会計画系論文集第642号，2009.8，pp.1735-1741.

布野修司，高橋俊也，川井操，チャンタニー・チランタナット（2009）「カンポンとカンポン住居の変容（1984-2006）に関する考察」，Considerations on Transformation 1984-2006 of Kampung and Kampung Houses，日本建築学会計画系論文集，第74巻 第637号，pp.593-600，2009年3月．

廣富純，チャンタニー・チランタナット，布野修司（2009）「ピマーイ（イサーン，タイ）の街路体系と街区構成に関する考察」Considerations on Street System and Formation of Street Block of Phimai（Isan, Thailand），日本建築学会計画系論文集，第74巻，第645号，pp.2399-2405，2009年11月．

廣富純，チャンタニー・チランタナット，布野修司（2009）「ピマーイ（イサーン，タイ）の住区構成と住居類型に関する考察」Considerations on Formation of Housing Blocks and Typology of Dwelling Units of Phimai（Isan, Thailand），日本建築学会計画系論文集，第74巻，第646号，pp.2579-2586，2009年12月．

Ongsavangchai, Nawit（2009）'Spatial Planning of Thai Northern Cities and their Urban Architecture', Proceeding of the 2009 NRL+BK21 International Symposium : Tradition and Modernity of Architecture and Urbanism in Historic Area, Cheongju, Korea, June.

チャンタニー・チランタナット，布野修司，額田直子（2010）「バーン・パクシー村（ルアンパバン，ラオス）の空間構成に関する考察 Considerations on Spatial Formation of Ban Paksy Village in Luangprabang, Laos」，日本建築学会計画系論文集第651号，pp.1117-1123，2010年5月．

チャンタニー・チランタナット，布野修司，額田直子（2010）「バーン・パクシー村（ルアンパバン，ラオス）におけるタイ・ラオ族の住居類型に関する考察 Considerations on Spatial Formation of Tai

-Lao House in Ban Paksy Village（Luangprabang, Laos）」，日本建築学会計画系論文集第 652 号，pp.1415-1422，2010 年 6 月．
Nguyen, Ngoc Tung, Kobayashi, Hirohide, Ongsavangchai, Nawit and Kobayashi, Masami（2010），"A Study on Spatial Transformation of Hue Traditional Garden Houses in the Citadel Area, Vietnam", Proceeding, ISAIA 2010 – The 8th International Symposium on Architectural Interchanges in Asia, 9-12 November 2010, Kitakyushu, Japan, pp.527-532.
田中麻里（2011）「タイにおける National Housing Auntority（NHA）の住宅供給の変遷と現状」群馬大学教育学部紀要　芸術・技術・体育・生活科学編，第 46 巻，pp.189-195，2011 年 3 月．
田中麻里（2011）「タイ住宅公団による住宅供給の変遷～近年の中心事業：バーン・ウア・アトーン規格分譲住宅」『月間住宅着工統計』No.321，2011.12，6-11 頁．
Chusree, Supachai and Ongsavangchai, Nawit（2012），"Transformation of Urban Elements in the Old Town Area of Songkhla, Thailand", Proceeding, ISAIA 2012 – The 9th International Symposium on Architectural Interchanges in Asia, 22-25 October 2012, Gwang- Ju, Korea.
Ongsavangchai, Nawit（2012），"Formation and Transformation of Kaohong Market Town, Suphanburi, Thailand", Proceedings-Heritage 2012, 3rd International Conference on Heritage and Sustainable Development, 19-22 June, Porto, Portugal.
Ongsavangchai, Nawit（2012），"Guidelines for Creating Suitable Living Environment and Dwelling for Elderly in Maehongson Municipality Area", National Housing Authority, Bangkok.
Ongsavangchai, Nawit（2013），"The Study of Architectural and Cultural Resources in Nan Municipality Area for Encouraging Community Based Tourism", Proceeding, International Critical Tourism Studies Conference V, 25-28 June 2013, Sarajevo, Bosnia & Herzegovina.
Chusree, Supachai and Ongsavangchai, Nawit（2013），"Spatial Development of Songkhla Old Town, Thailand", Proceeding, ICOMOS Thailand International Conference 2013, 15-16 October 2013, Chiang Mai, Thailand.
清水莉恵・田中麻里（2014）「バーンウアアトーン住宅事業におけるバーンチャロン団地（サムットプラカン県，タイ）の居住実態」群馬大学教育学部紀要　芸術・技術・体育・生活科学編，第 49 巻，2014.3，pp.175-183．
J. R. ヒメネス・ベルデホ，布野修司，梅谷敬三（2015）「ビノンド（マニラ）の街路体系と街区構成に関する考察」Considerations on Street System and Block Formation of Binondo（Manila），日本建築学会計画系論文集，第 80 巻，No.709，pp.611-619，2015 年 3 月．
清水莉恵，Terdsak Tachakitkachorn，田中麻里（2015）「バーンチャロン団地（サムットプラカン県，タイ）の共用空間の使われ方」群馬大学教育学部紀要　芸術・技術・体育・生活科学編，第 50 巻，2015.3，pp.123-131．
J. R. ヒメネス・ベルデホ，布野修司，梅谷敬三（2016）「ビノンド（マニラ）にみられる住居類型の成立とその変容に関する考察 Considerations on Formation and Transformation of House Types in Binondo District（Manila），日本建築学会計画系論文集，第 81 巻，第 721 号，pp.625-632，2016 年 3 月．
田中麻里・清水莉恵（2016）「ノンホイ団地（チェンマイ県，タイ）の居住実態と住環境評価」群馬大学教育学部紀要　芸術・技術・体育・生活科学編，第 51 巻，2016.3，pp.111-121

Houses in Southeast Asia

Its Origin, Diffusion, Typology & Transformation
— Houses of Thai Tribes, Shophouses, and Cities —

Shuji Funo + Mari Tanaka + Chantanee Chirantanat + Nawit Onsawanchai

Preface   1

Introduction   The World Vernacular Architecture : An overview   5
1   The Origin of House   7
2   The Arehitype of House   13
2-1   Cave — womb・room・tomb   25
2-2   Tent — The world of nomad   25
2-3   Raised floor — The world of sea   27
2-4   Log layering — The world of forest   29
2-5   Stone layering — vault・arch・pendentive   29
3   House Form : living sgstem based on the ecosystem in the regian   30
3-1   Natural Environment   31
3-2   Family and Society - house・village・town   33
3-3   Cosmos and Human Body - house and detail   34
4   Transformaliau of House   38

Chapter I   Traditional House of Southeast Asia   41
I-1   House and Ecological Environment in Eurasia   44
  1-1   The world of Northern Forests   46
  1-2   The world of Steppes   49
  1-3   The world of Deserts   52
  1-4   The world of Fields   54
  1-5   The world of Tropical Rain Forests   58
  1-6   The world of Seas   59
I-2   World of Austronesia and Traditional House   59
  2-1   Ecological Environment in Southeast Asia   59

2-2　Proto-Austronesian Language　　61
　2-3　Archetype of House – House Model on Dong Son Bronze Drum　　62
　2-4　Origin of House with Gabled and Hiipped Roof and Development of Building Struceure　　66
　2-5　Raised Floor and Granary　　67
I-3　House – Societg – multifamily and collective form of living space　　70
　3-1　Longhouse　　71
　3-2　Minangkabau House　　73
　3-3　House of Batak Ethnic Groups　　74
　3-4　House of Sa'dan-Toraja　　74
I-4　House and Settlement as Cosmos　　76
　4-1　Conception of Three Realms of World　　77
　4-2　Orientation　　79
　4-3　House as Body　　80
　4-4　Buffalo・Boat・Naga　　82

Chapter 2 House of Tai Ethnic Groups　　87

II-1　Tai Ethnic Group : An overview　　91
　1-1　The Origin of Tai Ethnic Group　　91
　1-2　The History of Tai Ethnic Group　　93
　1-3　The Society of Tai Ethnic Group　　101
II-2　House and Village of Tai Ethnic Group　　108
　2-1　Khamti　　108
　2-2　Shan　　110
　2-3　Tai Lue　　115
　2-4　Tai Dam　　125
　2-5　Tai Yuan　　131
　2-6　Siam　　134
　2-7　Southern Tai　　140
II-3　House and Village of Tai - Lao Ethnic Group　　141
　3-1　House and Village around the Mekong River's Mid stream Area　　144
　3-2　Ban Na Aor, Loei Province, Thailand　　159
　3-3　Ban Paksy, Luang Prabang Province, Laos　　166
　3-4　Ban Nongnouwn, Mukdahan Province, Thailand　　184
　3-5　Ban Nongchan, Kammouane Province, Laos　　194

II-4　House of Tai Ethnic Group: origin, prototype, development　206
　4-1　Spatial Organization of the Village　206
　4-2　Spatial Organization of the House　211
　4-3　House Development and Transformation　224

Chapter 3　Urban Dwelling of Southeast Asia — Shophouse　225

III-1　The Origin and Diffusion of Shophouse　232
　1-1　Tenya as the Origin of Shophouse　233
　1-2　Shophouse Rafflesia　240
　1-3　Tuek Thaew of Thailand　248
III-2　Bangkok: the capital　255
　2-1　Ratanakosin and shophouse　257
　2-2　Distribution and Grouping Pattern of Shophouse　258
　2-3　Typology of Shophouse　263
　2-4　Development and Transformation of Shophouse　265
　2-5　Three Blocks of Shophouse　266
　2-6　Transformation Process of Shophouse　278
III-3　Patani: the port town　281
　3-1　Formation of Patani City　281
　3-2　Formation of Chinese Settlement and its Shophouse　283
　3-3　Road System in Chinese Settlement and Shophouse　287
　3-4　Typology and Spatial Organization of Shophouse　292
　3-5　Transformation of Shophouse　295
III-4　Klong Suan: the market town　297
　4-1　Formation of Channel Network – socioeconomic background　298
　4-2　Formation of Market Town　300
　4-3　Spatial Organization of Talat Klong Suan　301
　4-4　Typology and Spatial Organization of Shophouse　304
　4-5　Transformation of Shophouse　305
III-5　Shophouse as Architectural Typology　309
　5-1　Formation of Shophouse　309
　5-2　Spatial Organization of Shophouse　311
　5-3　Transformation of Shophouse　312
　5-4　Guidelines for Sustainable Use of Shophouse　316

Chapter 4 Contemporary house in Southeast Asia   317

IV-1 Transformation of Southeast Asia in Transition – over urbanization and under urbanization   319
IV-2 Ecological Changes of Thailand and Houses   331
IV-3 Development and Transformation of the Historical Cities   337
   3-1 Phimai   338
   3-2 Chiang Mai   354
   3-3 Ayutthaya   368
   3-4 Vientiane   380
IV-4 Development and Transformation of the Capital city : Bangkok   388

Conclusion   439
1 Living pattern based on the ecosystem of the site   441
2 House of Tai Ethnic Group   442
3 Shophouse   443
4 Urban Village   444
5 Kampong Susun   447
6 Future of House   455
Postscript   457
Selected Bibliography   461
Authors   514

タイ語目次

ที่อยู่อาศัยแห่งเอเชียตะวันออกเฉียงใต้

หน้าภาพพิเศษ

คำนำ

สารบัญภาพ และตาราง

บทนำ ว่าด้วยสถาปัดยกรรมพื้นถิ่น   5

  1   ปฐมบทแห่งที่อยู่อาศัย   7

  2   ต้นแบบของที่อยู่อาศัย   13

       2-1   ถ้ำ — ที่กำบัง • ห้อง • หลุมฝังศพ

       2-2   เต็นท์ — โลกแห่งผู้เร่ร่อน

       2-3   พื้นยก — โลกแห่งทะเล

       2-4   การก่อไม้ — โลกแห่งป่าเขา

       2-5   การก่อหิน — หลังคาโค้ง • อาร์คโค้ง • ลวดบัว

  3   รูปลักษณะของที่อยู่อาศัย : ระบบนิเวศน์การอยู่อาศัยบนบริบทของที่ตั้ง   30

       3-1   สภาพแวดล้อมทางธรรมชาติ

       3-2   ครอบครัวและสังคม — ที่อยู่อาศัย • หมู่บ้าน • เมือง

       3-3   จักรวาลกับร่างกาย — ที่อยู่อาศัยกับรายละเอียดประกอบ

  4   การเปลี่ยนรูปของที่อยู่อาศัย   38

บทที่ 1   ที่อยู่อาศัยพื้นถิ่นของเอเชียตะวันออกเฉียงใต้   41

  I-1   สภาพแวดล้อมเชิงนิเวศน์ของยูเรเซียกับที่อยู่อาศัย   44

       1-1   ที่อยู่อาศัยแห่งป่าเหนือ

       1-2   ที่อยู่อาศัยแห่งทุ่งหญ้า

       1-3   ที่อยู่อาศัยแห่งทะเลทราย

       1-4   ที่อยู่อาศัยแห่งที่ราบ

       1-5   ที่อยู่อาศัยแห่งป่าเขตร้อน

       1-6   ที่อยู่อาศัยแห่งท้องทะเล

  I-2   โลกแห่งออสโตรนีเซียกับที่อยู่อาศัยพื้นถิ่น   59

       2-1   สภาพแวดล้อมเชิงนิเวศน์ของเอเชียตะวันออกเฉียงใต้

       2-2   ภาษาออสโตรนีเซียนดั้งเดิม

       2-3   ต้นแบบของที่อยู่อาศัย — ภาพเรือนต้นแบบบนกองสำริดดองซอน

       2-4   กำเนิดของเรือนหลังคาจั่ว — ปั้นหยา • พัฒนาการทางโครงสร้าง

       2-5   พื้นยกกับยุ้งข้าว

  I-3   ลักษณะของครัวเรือน — การอยู่รวมกันหลายครอบครัว และรูปแบบการรวมกลุ่มของที่อยู่อาศัย   70

       3-1   เรือนยาว

       3-2   เรือนมีนังกะเบา

       3-3   เรือนของกลุ่มบาตัก

507

        3-4   เรือนของกลุ่มโทราจาทางใต้

I – 4   จักรวาลแห่งการลงหลักปักฐาน   76

        4-1   กรอบคิดเกี่ยวกับโลกอดีต ปัจจุบัน และอนาคต

        4-2   การวางทิศทางเรือน

        4-3   เรือนเสมือนร่างกาย

        4-4   ควาย • เรือ • พญานาค

บทที่ 2   ที่อยู่อาศัยของกลุ่มชาติพันธุ์ไท   87

II – 1   ว่าด้วยกลุ่มชาติพันธุ์ไท   91

        1-1   ปฐมบทแห่งกลุ่มชาติพันธุ์ไท

        1-2   กลุ่มชาติพันธุ์ไทในประวัติศาสตร์

        1-3   สังคมของกลุ่มชาติพันธุ์ไท

II – 2   เรือนพักอาศัยและหมู่บ้านของกลุ่มชาติพันธุ์ไท   108

        2-1   ไทคำตี

        2-2   ไทใหญ่ (ฉาน)

        2-3   ไทลื้อ

        2-4   ไทดำ

        2-5   ไทยวน

        2-6   ไทสยาม

        2-7   ไทภาคใต้

II – 3   เรือนพักอาศัยและหมู่บ้านของกลุ่มชาติพันธุ์ไท – ลาว   141

        3-1   เรือนพักอาศัย และหมู่บ้านในบริเวณแม่น้ำโขงช่วงกลาง

        3-2   บ้านนาอ้อ จังหวัดเลย ประเทศไทย

        3-3   บ้านปากชี แขวงหลวงพระบาง ประเทศลาว

        3-4   บ้านหนองหนาว จังหวัดมุกดาหาร ประเทศไทย

        3-5   บ้านหนองจัน แขวงคำม่วน ประเทศลาว

II – 4   เรือนพักอาศัยของกลุ่มชาติพันธุ์ไท : กำเนิด ต้นแบบ และพัฒนาการ   206

        4-1   การจัดระเบียบพื้นที่ของหมู่บ้าน

        4-2   การจัดผังของเรือนพักอาศัย

        4-3   พัฒนาการและการเปลี่ยนแปลงของเรือนพักอาศัย

บทที่ 3   ที่อยู่อาศัยในเขตเมืองของเอเชียตะวันออกเฉียงใต้ - ชอปเฮ้าส์   225

III – 1   กำเนิดและการแพร่กระจายของชอปเฮ้าส์   232

        1-1   เทนยะ : ต้นกำเนิดของชอปเฮ้าส์

        1-2   ชอปเฮ้าส์ภายใต้อิทธิพลของราฟเฟิล

        1-3   ตึกแถวในประเทศไทย

III – 2   กรุงเทพฯ – เมืองหลวง   255

2-1 เกาะรัตนโกสินทร์กับซอปเฮ้าส์
2-2 ลักษณะการกระจายตัวและการรวมกลุ่มของซอปเฮ้าส์
2-3 รูปแบบของซอปเฮ้าส์
2-4 พัฒนาการและการเปลี่ยนแปลงของซอปเฮ้าส์
2-5 ซอปเฮ้าส์ 3 กลุ่มในเกาะรัตนโกสินทร์
2-6 กระบวนการเปลี่ยนแปลงของซอปเฮ้าส์

III-3 ปัตตานี – เมืองท่า 281
3-1 การเกิดขึ้นเป็นเมืองของปัตตานี
3-2 การเกิดขึ้นของย่านคนจีนและซอปเฮ้าส์ภายในย่าน
3-3 ระบบถนนภายในย่านคนจีนกับซอปเฮ้าส์
3-4 รูปแบบและการจัดรูปที่ว่างของซอปเฮ้าส์
3-5 พัฒนาการและการเปลี่ยนแปลงของซอปเฮ้าส์

III-4 คลองสวน – เมืองตลาด 297
4-1 การเกิดขึ้นของโครงข่ายสัญจรทางน้ำ – ปัจจัยทางด้านเศรษฐกิจและสังคม
4-2 การเกิดขึ้นเป็นเมืองตลาด
4-3 การก่อรูปที่ว่างของตลาดคลองสวน
4-4 รูปแบบและการจัดรูปที่ว่างของซอปเฮ้าส์
4-5 พัฒนาการและการเปลี่ยนแปลงของซอปเฮ้าส์

III-5 สถาปัตยกรรมประเภทซอปเฮ้าส์ 309
5-1 การก่อรูปขึ้นเป็นซอปเฮ้าส์
5-2 การจัดรูปที่ว่างของซอปเฮ้าส์
5-3 พัฒนาการและการเปลี่ยนแปลงของซอปเฮ้าส์
5-4 แนวทางในการใช้ประโยชน์ซอปเฮ้าส์อย่างยั่งยืน

บทที่ 4 ที่อยู่อาศัยร่วมสมัยในเอเชียตะวันออกเฉียงใต้ 317
IV-1 เอเชียตะวันออกเฉียงใต้ในกระแสของการเปลี่ยนผ่าน – เมืองโตเกินขนาดและเมืองเล็กเกินไป 319
IV-2 การเปลี่ยนแปลงของระบบนิเวศน์ที่มีผลต่อที่อยู่อาศัยของประเทศไทย 331
IV-3 พัฒนาการและการเปลี่ยนแปลงของเมืองเก่า 337
3-1 พิมาย
3-2 เชียงใหม่
3-3 อยุธยา
3-4 เวียงจันทน์
IV-4 พัฒนาการและการเปลี่ยนแปลงของเมืองหลวง – กรุงเทพ 388

บทสรุป 439
1 ระบบนิเวศน์การอยู่อาศัยบนบริบทของที่ตั้ง 441
2 ที่อยู่อาศัยของกลุ่มชาติพันธุ์ไท 442

3 ชอปเฮ้าส์ 443
4 หมู่บ้านในเขตเมือง 444
5 กัมปง • สุขุน 447
6 ก้าวต่อไปของที่อยู่อาศัย 455

คำนำ

หลังจากการมาถึงของเหล็ก กระจก และคอนกรีต จนเป็นที่นิยมใช้กันอย่างแพร่หลายในการสร้างสรรค์งานสถาปัตยกรรมของโลกปัจจุบัน ได้ทำให้ที่อยู่อาศัยในพื้นที่ส่วนต่างๆของโลกมีความคล้ายคลึงกันมากขึ้น ผลิตภัณฑ์จากระบบอุตสาหกรรม เช่น หลังคา หรือผนัง ให้สี อารมณ์ และความรู้สึกที่ออกมาเหมือนๆกัน ขณะเดียวกัน วิธีการก่อสร้างอาคารที่เหมือนกันยังทำให้ที่อยู่อาศัยมีรูปทรงออกมาคล้ายคลึงกัน ลักษณะของย่านที่พักอาศัยในประเทศญี่ปุ่น เช่น อพาร์ทเม้นท์ หรือคอนโดมิเนียมระฟ้าเป็นตัวอย่างที่เห็นได้ชัด

อย่างไรก็ตามโดยพื้นฐานแล้ว การอยู่อาศัยเป็นสิ่งที่มีความหลากหลาย ตั้งแต่คนที่อยู่อาศัยในคฤหาสน์หลังใหญ่ จนยากที่จะจินตนาการว่าภายในมีการอยู่อาศัยกันแบบใด ไปจนถึงคนไร้บ้าน หรือผู้ที่อาศัยอยู่ตามข้างถนน (street dweller) จำนวนไม่น้อย ที่ไม่มีแม้กระทั่งบ้านเพื่อพักอาศัย

ก่อนหน้าที่เหล็ก กระจก และคอนกรีตจะทำให้ที่อยู่อาศัยออกมามีรูปร่างหน้าตาที่คล้ายๆกัน แต่ละที่จะใช้วัสดุที่ผลิตได้ในท้องถิ่น และวิธีการก่อสร้างที่สืบทอดกันมาแต่อดีตในการก่อสร้างที่พักอาศัย ที่อยู่อาศัยในแต่ละส่วนของโลกก่อนเข้าสู่ยุคสมัยใหม่ หรือพูดง่ายๆว่าก่อนที่อุตสาหกรรมการก่อสร้างจะเกิดขึ้น จึงเต็มไปด้วยรูปแบบที่หลากหลาย จนน่าแปลกใจว่ามีความหลากหลายมากมายขนาดนี้เกิดขึ้นได้อย่างไร ความหลากหลายเหล่านี้มีลักษณะร่วมกันไหม และสามารถจัดหมวดหมู่เข้ากันได้หรือไม่ หนังสือเล่มนี้พยายามที่จะอธิบายถึงความหลากหลายของที่อยู่อาศัย รากเหง้าแห่งความหลากหลาย ตลอดจนความเป็นไปในอนาคตของความหลากหลายเหล่านี้

หนังสือนี้จึงหยิบยกที่อยู่อาศัยของคนภูมิภาคเอเชียตะวันออกเฉียงใต้ขึ้นมา โดยมีที่อยู่อาศัยของคนกลุ่มชาติพันธุ์ไท และซอปเฮ้าส์ (shophouse) ซึ่งเป็นที่อยู่อาศัยในเขตเมือง เป็นกรณีศึกษาที่สำคัญในการอธิบายถึง กำเนิด ลักษณะต้นแบบ และรูปแบบที่เปลี่ยนแปลงไปของที่อยู่อาศัยในแต่ละพื้นที่ ปัจจัยต่างๆที่ทำให้เกิดการเปลี่ยนแปลง ซึ่งผลลัพธ์ที่เกิดขึ้นอาจพิจารณาได้ว่า มีสาเหตุมาจาก การทำให้เป็นตะวันตก (westernization) การทำให้ทันสมัย (modernization) และการทำให้เป็นระบบอุตสาหกรรม (industrialization) ส่วนเหตุผลที่ ที่อยู่อาศัยพื้นถิ่น และซอปเฮ้าส์ในภูมิภาคเอเชียตะวันออกเฉียงใต้ถูกหยิบยกขึ้นมาเป็นกรณีศึกษานั้น จะได้อธิบายพร้อมๆกับโครงสร้างของหนังสือเล่มนี้ต่อไป

ในบทนำของหนังสือ จะเริ่มต้นด้วยการอธิบายถึง สถาปัตยกรรมพื้นถิ่น (vernacular architecture) ของโลกในภาพรวม คำว่า "vernacular" มีความหมายว่า "ความเป็นเฉพาะของพื้นที่นั้นในสิ่งต่างๆ" "ตามลักษณะของพื้นที่" หรือ "ภาษาถิ่น" "สำเนียงเฉพาะถิ่น" ซึ่งในตระกูลภาษาอินโด- ยูโรเปียนของกลุ่มชนเจอร์แมนิกแต่ดั้งเดิมจะมีความหมายถึง "การมีรกราก" หรือ "การตั้งรกรากอาศัยอยู่" โดยมาจากคำว่า "vernaculum" ในภาษาละติน ที่มีความหมายว่า "ผลิตขึ้นภายในครัวเรือน" หรือ "เลี้ยงดูภายในบ้าน" ดังนั้นจึงอาจกล่าวได้ว่าสถาปัตยกรรมพื้นถิ่น คือ สถาปัตยกรรมประเพณีที่เป็นของแต่ละท้องถิ่น

การสำรวจสถาปัตยกรรมพื้นถิ่นทั่วโลกอาจเรียกได้ว่าเป็นสิ่งเกินความคิดคำนึงจนเกินไป แต่ที่ผ่านมาก็มีงานศึกษาในพื้นที่ส่วนต่างๆของโลกออกมาให้เห็นอยู่เป็นจำนวนมาก เช่น Encyclopedia of Vernacular Architecture of the World (EVAW) โดย Paul Oliver ในปี ค.ศ. 1997 โดยมีจำนวนทั้งหมด 3 เล่ม ผลงานบนกระดาษขนาด A4 จำนวน 2384 หน้านี้ นับว่าเป็นสารานุกรมสถาปัตยกรรมพื้นถิ่นของโลกที่ครอบคลุมที่สุดในปัจจุบัน[1] EVAW ยังเป็นการปูทางให้กับงานเขียน 世界住居誌 (Houses across the World) ของ Shuji Funo ในปี ค.ศ. 2005 ต่อมาด้วยเช่นกัน หากลองพิจารณาย้อนกลับไป จะพบว่ากรณีศึกษาอันหลากหลายจากงานแต่ละชิ้นนั้นยังอยู่ในลักษณะที่กระจัดกระจาย หนังสือเล่มนี้จึงเริ่มต้นด้วยความพยายามในการยกระดับดังกล่าว โดยการแบ่งลักษณะภูมิประเทศต่างๆในเอเชียตะวันออกเฉียงใต้ออกเป็น ป่า ทะเล ภูเขา และที่ราบ

511

บลุ่ม และใช้พื้นที่แตกต่างของระบบนิเวศดังกล่าว ในการอธิบายถึงความสัมพันธ์ที่เป็นอันหนึ่งอันเดียวกับวิธีการในการจัดระเบียบพื้นที่ของหมู่บ้านพื้นถิ่น ขณะเดียวกันการศึกษาประวัติความเป็นมาของการอยู่อาศัยของมนุษย์บนโลก ก็น่าที่จะให้แนวทางในการวิเคราะห์ประเด็นต่างๆเกี่ยวกับที่อยู่อาศัยบนนิเวศพื้นที่ ที่มีความหลากหลายเป็นอย่างมากของเอเชียตะวันออกเฉียงใต้ได้เป็นอย่างดี

บทนำของหนังสือจึงมุ่งอธิบายถึงต้นแบบของที่อยู่อาศัย และปัจจัยหลักที่เป็นตัวกำหนดรูปแบบลักษณะของที่อยู่อาศัย ก่อนการมาถึงของที่อยู่อาศัยสมัยใหม่ที่มีลักษณะคล้ายคลึงกันไปหมด อันเกิดจากการใช้เหล็กและคอนกรีตเป็นวัสดุหลักในการก่อสร้าง ดังที่ได้กล่าวไปในตอนต้น รูปแบบลักษณะของที่อยู่อาศัยที่เคยเต็มไปด้วยความหลากหลายในแต่ละพื้นที่ บ่อเกิดแห่งความหลากหลายเหล่านั้น หรือพูดในอีกแง่หนึ่งว่า อะไรคือลักษณะร่วมของที่อยู่อาศัยอันหลากหลายเหล่านี้ จึงเป็นประเด็นหลักที่บทนำนี้ให้ความสนใจ

จากการมองทวีปยูเรเซียในภาพรวม ในบทที่ 1 จะอธิบายถึงลักษณะร่วมพื้นฐานที่โดดเด่นของที่อยู่อาศัยพื้นถิ่นในภูมิภาคเอเชียตะวันออกเฉียงใต้ ซึ่งในบทที่ 2 ต่อมาจะมุ่งเน้นไปยังที่อยู่อาศัยของคนกลุ่มชาติพันธุ์ไท ในภาคพื้นทวีปของเอเชียตะวันออกเฉียงใต้ต่อไป บทที่ 1 จะมุ่งประเด็นไปที่ประเทศหมู่เกาะในเอเชียตะวันออกเฉียงใต้ ซึ่งเป็นโลกแห่งท้องทะเลของออสโตรนีเซีย ที่เริ่มจากมาดากัสการ์ทางตะวันตกไปจนสุดที่เกาะอีสเตอร์ทางตะวันออก โดยมีหัวข้อหลักในการอธิบายเกี่ยวกับ กลองสำริดดองซอน เรือนยกใต้ถุนสูง ต้นกำเนิดของเรือนหลังคาจั่วและปันหยา และยุ้งข้าว นอกจากนี้ รูปแบบการรวมกลุ่มของที่อยู่อาศัยกับการอยู่รวมกันของหลายครอบครัว ตลอดจนถึงความสัมพันธ์อันใกล้ชิดของที่อยู่อาศัยกับจักรวาลวิทยา ก็เป็นประเด็นหลักที่บทนี้ให้ความสนใจเช่นกัน

บทที่ 2 เริ่มต้นด้วยการอธิบายในภาพรวมถึง ต้นกำเนิดของคนกลุ่มชาติพันธุ์ไท ซึ่งมีความเห็นออกมาที่หลากหลาย แต่ก็มีข้อสรุปที่ค่อนข้างเป็นที่ยอมรับกันโดยทั่วไปว่า เป็นกลุ่มคนที่อพยพเคลื่อนย้ายจากบริเวณทางตะวันตกเฉียงใต้ของจีนลงมาทางใต้ ซึ่งทำให้เกิดการตั้งถิ่นฐานกระจัดกระจายไปตามเส้นทางที่อพยพลงมาทั่วเอเชียตะวันออกเฉียงใต้ รูปแบบของการตั้งถิ่นฐานเป็นหมู่บ้านในลักษณะต่างๆจะได้รับการอธิบาย ก่อนที่จะมุ่งการศึกษาวิเคราะห์ไปยังหมู่บ้านของชนเผ่าไท- ลาว ในประเด็นเกี่ยวกับลักษณะในการจัดรูปที่ว่าง และกระบวนการเปลี่ยนแปลงในการจัดรูปที่ว่างดังกล่าว โดยการศึกษาเปรียบเทียบ จากการสำรวจภาคสนามในหมู่บ้านจำนวน 4 แห่ง คือ บ้านนาอ้อ และบ้านหนองหนาว ในประเทศไทย และบ้านปากซี และบ้านหนองจีน ในประเทศลาว

บทที่ 3 จะมุ่งเน้นไปที่ซอปเฮ้าส์ในฐานะที่เป็นที่อยู่อาศัยสำหรับเขตเมือง ซอปเฮ้าส์ หรือ "shophouse" ในภาษาอังกฤษ มีความหมายตรงตัวกับคำว่า "店屋" ในภาษาจีนที่แปลว่า "ร้านค้าร่วมที่พักอาศัย" ซึ่งใกล้เคียงกับคำว่า "เรือนค้า" ในภาษาไทย ที่อยู่อาศัยในรูปแบบนี้อาจกล่าวได้ว่า เกิดขึ้นมาพร้อมกับการอพยพของชาวจีนจากทางตอนใต้ของประเทศไปตั้งถิ่นฐานในพื้นที่ต่างๆของเอเชียตะวันออกเฉียงใต้ ความน่าสนใจอยู่ตรงประเด็นที่ รูปแบบของซอปเฮ้าส์ที่แสตมฟอร์ด ราฟเฟิลส์นำมาประยุกต์ใช้ในการสร้างที่อยู่อาศัยของเมืองสิงคโปร์นั้น ได้ถูกปลูกถ่ายไปยังไทย และมาเลเซีย และยังถ่ายทอดกลับไปยังภาคใต้ของจีน (เช่น ในมณฑลฝูเจี้ยน และมณฑลกว่างตง) ไปจนถึงเกาะไต้หวัน ที่มีการสร้างฉีโหลว (騎樓

---

1 สารานุกรมสถาปัตยกรรมพื้นถิ่นโลก หรือ Encyclopedia of Vernacular Architecture of the World (EVAW (P. Oliver ed. 1997) ทั้งหมดจำนวน 3 เล่ม แบ่งภูมิภาคของโลกทั้งหมดออกเป็น 7 ส่วนใหญ่ๆ ซึ่งสามารถแบ่งย่อยลงได้อีกเป็น 66 พื้นที่ นอกจากนี้ยังมีงานเขียนอื่นๆในลักษณะเดียวกัน เช่น Anthropological Atlas โดย Spencer และ Johnson, Culture World โดย Russell และ Kniffen, Ethnographical Atlas โดย G. P. Murdock และ Atlas of World Culture โดย D. H. Price การพิจารณาถึงลักษณะร่วมของสถาปัตยกรรมพื้นถิ่นจึงต้องให้ความสำคัญกับการแบ่งพื้นที่ตามภูมิรัฐศาสตร์และภูมิอากาศไปพร้อมๆกัน รวมทั้งการปรับเปลี่ยนการจัดระเบียบพื้นที่โลกจากเดิม ที่มีการจัดแบ่งเหนือใต้ไป จากตะวันออกไปตะวันตก ไปสู่การจัดระเบียบแบบใหม่ตามการขยายตัวของเมือง จากการแพร่กระจายทางวัฒนธรรม และการเคลื่อนย้ายประชากร ซึ่งเกิดขึ้นและพบเห็นได้โดยทั่วไป หากพิจารณาว่าพื้นที่บริเวณทะเลเมดิเตอร์เรเนียนและเอเชียตะวันตกเฉียงใต้ (IV) เป็นศูนย์กลางของโลก เราสามารถแบ่งภูมิภาคของโลกออกได้เป็น ยุโรป (III), เอเชียภาคพื้นทวีป (I), กลุ่มประเทศหมู่เกาะ- โอเชียเนีย (II) ตามมา โดยมีพื้นที่ส่วนที่เหลือเป็น ลาตินอเมริกา (V), อเมริกาเหนือ (VI), และแอฟริกาใต้ซาฮารา (VIII)

512

– qilou) หรือชอปเฮ้าส์ที่มีอาเขตทางเดินด้านหน้าขึ้น อาจกล่าวได้ในอีกแง่หนึ่งว่า ชอปเฮ้าส์ได้กลายเป็นรูปแบบร่วมของที่อยู่อาศัยที่แพร่กระจายครอบคลุมไปทั่วเอเชียตะวันออกเฉียงใต้ อะไรเป็นสาเหตุที่ทำให้เกิดปรากฏการณ์เช่นนี้ขึ้น เนื้อหาในบทที่ 3 จึงเริ่มต้นด้วยการอธิบายในภาพรวมเกี่ยวกับต้นกำเนิดของชอปเฮ้าส์ และกระบวนการแพร่ขยายไปยังพื้นที่ต่างๆในเอเชียตะวันออกเฉียงใต้ ก่อนที่จะอธิบายถึงการแพร่เข้ามาสู่ประเทศไทยในลำดับต่อมา โดยการยก กรุงเทพฯ ในฐานะเมืองหลวง ปัตตานี ในฐานะเมืองท่าประวัติศาสตร์ทางภาคใต้ และตลาดคลองสวน ในฐานะเมืองตลาดในบริเวณที่ราบลุ่มปากแม่น้ำของภาคกลาง ขึ้นมาเป็นพื้นที่ศึกษา เพื่ออธิบายถึงกำเนิด และพัฒนาการของชอปเฮ้าส์ตามกระบวนการปลูกถ่าย ลักษณะรูปแบบของชอปเฮ้าส์ ตลอดจนการเปลี่ยนแปลงที่เกิดขึ้นโดยละเอียด

การศึกษาวิเคราะห์เกี่ยวกับที่อยู่อาศัยพื้นถิ่น และการเปลี่ยนแปลงสู่ความทันสมัยในบทก่อนๆที่ผ่านมา จะนำไปสู่ประเด็นเกี่ยวกับการสืบทอดและพัฒนาแนวคิดมาสู่ที่อยู่อาศัยร่วมสมัยของไทยในบทที่ 4 ซึ่งเริ่มจากการขยายขอบเขตของมุมมองในการศึกษาให้กว้างขึ้นอีกครั้ง โดยการพิจารณาในภาพรวมเกี่ยวกับการเปลี่ยนแปลงอย่างถอนรากถอนโคนในนิเวศภูมิทัศน์ของเอเชียตะวันออกเฉียงใต้ ท่ามกลางกระแสโลกาภิวัตน์ที่ส่งผลกระทบรอบด้านออกไปมากขึ้นเรื่อยๆ ดังเห็นได้จากประเทศต่างๆในเอเชียตะวันออกเฉียงใต้ ที่มีการขยายตัวของเขตเมืองจนมีขนาดใหญ่เกินพอดี ขณะเดียวกัน ในอีกด้านหนึ่ง มาตรการทางสังคมที่ควบคุมการเพิ่มขึ้นของจำนวนประชากร ก็ส่งผลกระทบให้เกิดเมืองที่มีขนาดเล็กจนไปขึ้นเช่นกัน เนื้อหาของบทในช่วงต่อมาจะเป็นการอธิบายในภาพรวมเกี่ยวกับการเปลี่ยนแปลงในมิติต่างๆของที่ดิน การเคลื่อนย้ายประชากร ลักษณะรูปแบบต่างๆของพื้นที่เพื่อการอยู่อาศัย ประเภทของที่อยู่อาศัย นโยบายด้านที่อยู่อาศัย และการพัฒนาเพื่อรองรับความต้องการด้านที่อยู่อาศัยของประเทศไทย ก่อนที่จะหยิบยกเมืองพิมาย เชียงใหม่ อยุธยา และเวียงจันทน์ ซึ่งต่างเป็นเมืองศูนย์กลางที่สำคัญในอดีต ขึ้นมาเป็นกรณีศึกษาเกี่ยวกับพื้นที่ในการอยู่อาศัย เพื่ออธิบายถึงการเปลี่ยนแปลงในประเด็นต่างๆที่กล่าวถึงข้างต้น ในตอนท้ายของบทจะอธิบายให้เห็นภาพที่ชัดเจนขึ้นถึงการเปลี่ยนแปลงของกรุงเทพฯ และสถานการณ์ที่อยู่อาศัยในปัจจุบันว่ามีลักษณะเช่นไร จากการศึกษาปัญหาในการอยู่อาศัยที่เป็นลักษณะของไทยใน บ้านพักคนงาน คอร์เฮ้าส์ และการเคหะของรัฐ

จากประเด็นทั้งหมดที่กล่าวถึงไปในข้างต้น บทสรุปจะมองย้อนกลับไปยังประเทศต่างๆในเอเชียตะวันออกเฉียงใต้ เพื่อคาดการณ์ถึงความเป็นไปได้ในอนาคตของที่อยู่อาศัยปัจจุบัน

索　引
(事項・資料・人物名／民族名・言語名／地(地域)名・王朝名・古代都市名)

■事項・資料・人物名索引

( )内に民族名が記されている項目は，その民族の間で使われる概念であることを示すが，本書で扱わなかった諸民族の社会でも使われる場合があることにご注意いただきたい．また「(タイ一般)」とあるのは，タイの社会で広く使われる概念であることを示す．

BCP　→王立財務局
NHA　→国家住宅供給機関
PPB　→国王手許金管理局
VOC　→オランダ東インド会社

アーケード　229, 239, 444
アーチ　29–30
アールデコ　247
アクセソリア(マニラの連棟住宅)　241
　　→カマリン
葦葺　23　→屋根
アスタ・コサラ(バリの古い建築書　寸法体系)　36
アスタ・ブミ(バリの古い建築書　配置)　36
校倉　22, 29, 46
アトリウム　→中庭式住居
アニミズム　110
アフリカ大地溝帯　→人類の進化と拡散
アレクサンドロス大王　38
安史の乱　95
アントロポモルフィズム(人体同形主義)　36
家型埴輪　65
家社会　33
井篭組　22, 29, 46, 48
いかだ住宅　369
石場建て(石基礎)　119, 127, 212
イスラーム／イスラーム国家／イスラーム都市　22, 32, 68, 240, 321
板葺　122, 212　→屋根
市場町　302
一妻多夫家族　70　→家族

一夫多妻家族　70　→家族
稲作　22, 69, 93, 116, 211
居間
　　テーン(タイ・ルーイ族，ユアン族)　109, 124, 126, 360, 364
　　ハーン(タイ・ラオ族)　109, 153, 178, 180
　　ホーン・アネックプラソン(タイ一般)
　　ホーン・ナン・レン(タイ一般)
入母屋　119, 122, 160, 348
　　原始入母屋造　65
　　パン・ヤー(タイ・ラオ族)　160
印僑　321
院子　→中庭式住居
インダス文明　32, 453
インド化　338
インフォーマル・セクター　327
インフラストラクチャー　331
ヴァストゥ・シャストラ(古代インドの建築科学)　36
ウィアン(北タイの「城塞都市」「四角い村」)　94, 354　→カヤイン，ユアン
ウィトルウィウス　38　→『建築十書』
ヴィハーン(寺院の金堂　タイ一般)　263
ウエット(便所　タイ・ラオ族)　159
ヴェトナム戦争　328
ヴェネツィアン・バルコニー　247
ヴェランダ　71, 108, 128, 199, 222–223
　　カトゥプ(タイ・ラオ族)　199
　　コェイ(タイ・ラオ族)　147, 153, 189, 199
　　シアー(タイ・ラオ族)　147, 153, 201
　　ラビァーン(シアム族)　137

515

ヴォールト　16-17, 29-30
ウォーレス線　61
卯建　237
ウボソット（寺院の講堂　タイ一般）　263
運河　311
『営造方式』　36
エジプト文明　32
円形屋根　63
円錐形天幕住居　27, 31　→天幕住居
オアシス　44
王宮　311
王立財務局（Bureau of the Crown Property：BCP　タイ）　258, 309, 373
大元ウルス　13, 338
オランダ東インド会社（VOC）　243, 320
オリエンテーション　→方位観
折畳扉　263, 267
オンドル　31　→炕, 暖房システム

カースト　54, 68, 126
カーラ・マカラ装飾　84
塊村　239
界墻（煉瓦壁）　237　→卯建
家屋文鏡　62-63, 65
家屋模型　29
家屋文様　29, 65
カキ・リマ　233, 245
　　→ファイブ・フット・ウエイ
華僑　231, 321　→チャイニーズ
拡大家族　138, 312　→家族
拡大大都市圏　329
懸造（吊脚楼）　55
過小都市化　328
華人　231　→チャイニーズ
仮設住宅　399, 405
家族　209
　　家族（親族）原理　116
　　家族（親族）組織　33
　　一妻多夫家族　70
　　一夫多妻家族　70
　　拡大家族　138, 312
　　集団婚家族　70
　　直系家族　70
　　夫婦家族　70

複合家族　70
複婚家族　70
過大都市化　325
片流れ　160, 348　→屋根
家畜小屋　112, 127
下沈式住居　25
合掌組　16
カトゥブ（ヴェランダ　タイ・ラオ族）　199
　　→ヴェランダ
カナート　52
壁組　15
カマリン（マニラの連棟住居）　241
　　→アクセソリア
カヤイン（ミャンマーの「四角い村」）　355
　　→ウィアン
カヤンガン・ティガ（バリのコスモロジーと空間構成）　77
ガルーダ　84
ガレー（装飾的な妻飾り）
瓦葺　23, 39, 122, 212　→屋根
炕　31　→暖房システム
貫　119
灌漑農業　13
漢文化　62
カンポン　243, 283, 327
カンポン・インプルーブメント・プログラム　446
干欄式住居　55, 69, 118　→高床
騎馬遊牧民　49
旧石器時代　12
キュービット　→身体寸法
穹廬　→ゲル
巨石記念物　29
　　ドルメン　29
　　メンヒル　29
ギリシャ・ローマ文明　30, 32, 239
切妻　63, 160, 348　→妻, 屋根
　　ジュア（タイ一般）　160
騎楼　245, 444
　　→アーケード, ショップハウス
『欽定工部則例』　36
金平型　122　→高床
クアー（厨房　タイ・ラオ族）　159, 189

　　　　→厨房
楔　　69
草葺　　23, 39, 212　　→屋根
クビライ・カーン　　95, 97, 338
組石造　→組積構造
倉／倉型住居　　34, 61
　　　クラ（倉　ホクラ）　　65
鞍型屋根　　65
グリッド　　245
グレート・ジャーニー　→人類の進化と拡散
クレオール　　326
グローバリゼーション　　320, 326, 329
グロリア（暖房システム　スペイン）　　31
　　　→暖房システム
クロン（運河　タイ一般）　　231, 297
ゲイティド・コミュニティ　　328
ゲジェコンドゥ（貧困層居住地　トルコ）
　　　327, 445　→貧困層居住地
桁梁　　66
血縁集団（リネージ，氏族）　　33
　　　双系制　　116, 209
　　　父系制　　33, 116
　　　母系制　　33, 116
穴居住居　　25, 29
　　　窰洞（中国）　　25
煙出し　　31, 66
ゲル　→天幕住居，ユルト
原始入母屋造　→入母屋造
原初的住居　　15
　　　人類の進化と拡散　　7-13
　　　動物の巣　　14
建築材料（自然材料）　　20, 22, 27, 62, 141
『建築十書』　　38　→ウィトルウィウス
コアハウス／コアハウジング　　410, 413, 429,
　　　448
巷（「里」中の道）　　235
構造発達論　　66
『工程做法』　　36
勾配　　128, 212
コェイ（ヴェランダ　タイ・ラオ族）　　147,
　　　153, 189, 199　→ヴェランダ
コーカソイド　　12-13, 38
コートハウス　→中庭式住居
コーベル・アーチ　　30

ゴールデン・トライアングル　→地名索引
国王手許金管理局　（Privy Purse Bureau：PPB
　　　タイ）　249, 251-253, 258, 309-310
国家住宅供給機関（National Housing Authority
　　　：NHA　タイ）　392, 413, 436
穀倉　　70
腰折円錐形天幕住居　　27　→天幕住居
コスモロジー　　35　→方位観
　　　カヤンガン・ティガ（バリのコスモロジー
　　　と空間構成）　　77
炬燵　　31
戸建て住宅　　314, 389, 391
米倉　　69-70
　　　ラオ・カーオ（タイ・ラオ族）　　159
　　　ユーン（タイ・ラオ族）　　186
コレクティブ・ハウス　　453
コロニアル・ハウス　　38, 449
転び破風　　63, 65　→屋根
混構造　　389
コンドミニアム　　254, 391, 419, 429
　　　ローコスト・コンドミニアム　　391, 431
コンラーン（高床の床下空間　タイ）　　173
　　　→高床，床下空間

サーン（小祠　タイ・ラオ族）　　155, 160
　　　サーン・チャオ・ムアン（街の祠）　　111
　　　サーン・ピー（精霊の祠）　　168　→ピー
サイツ・アンド・サーヴィス　　392
栽培農耕　　13
サオクワン／サオヘーク（精霊が宿る柱　タ
　　　イ・ラオ族）　　153, 199, 213
サクディナー制　　249, 255, 298
叉首組　　16, 66
砂糖プランテーション　　298
砂漠　　44
サブコントラクター　　405-406
サマターン（平民と下層民の居住　シャン
　　　族）　　110　→マハターン
三界観念　　35　→コスモロジー，方位観
　　　バヌア　　77
産業化　　39, 325
散居村　　206
三合院　→四合院
サンスクリット　　96

517

シー・ノマド　27
シアー（ヴェランダ　タイ・ラオ）　147,
　　153, 201　→ヴェランダ
寺院　311
シウダード　320　→植民都市
軸組構造　15-16
四合院　25, 32, 233, 239
湿気　27, 31
ジッグラト　30
ジャーン（テラス　タイ・ダム族）　128
　　→テラス
シャーン・ナイ（ほとんどの日常作業が行われ
　　る寝室の前室空間　タイ・ルーイ）
　　163, 189
ジャイ・バーン（集落の中心　シャン族）
　　111, 113, 116, 206
ジャイナ教　54
ジャウティ（土地神　タイ）　424
ジャヤヴァルマンⅥ世　340
ジャヤヴァルマンⅦ世　97, 340, 342
シャリーア　38　→イスラーム
ジャワ原人　8
ジュウア（切妻　タイ・ルーイ族）　160
　　→切妻
州県制　235
住居の起源と原型　14-16
集村　239
集団婚家族　70　→家族
修道院　25
手巾寮　239　→竹筒屋
樹上住居　27
狩猟採集　45
　　狩猟採集民　14　→原初的住居
上座部仏教　116
焼成煉瓦　20, 22, 55　→煉瓦
正倉院　46
植民都市　326
ジョグロ（ジャワの屋根形式）　35
ショップハウス　224-225, 227, 229, 241
　　ショップハウス・ラフレシア　229, 244-
　　　　245
　　騎楼　245, 444
　　店屋　232, 239, 443
　　トゥク・テウ　248, 279

ホン・テウ　248, 279
モダン・ショップハウス　314
シルクロード　240
シルパ・シャストラ（諸技芸の書　インド）
　　36
シワ・カルマ（バリの建築書　建築理念）
　　36
シングル葺　23　→屋根
寝室
　　スアム/スアム・コイ（娘（末娘）の寝室
　　　　タイ・ラオ族）　110, 147, 153, 155,
　　　　194, 201
　　ホーン・カーン（両親と小さい子供の寝室
　　　　タイ・ラオ族）　148, 153, 163, 194
　　ホーン・ノン（タイ一般）　180, 348, 353
　　ルアン・ノーン（寝室棟　シアム族）
　　　　137
親族　→家族
身体寸法　36, 148
　　キュービット　36
　　クーブ（手　タイ一般）　148
　　ソック（指先から肘　タイ一般）　148
　　尋　36
　　フィート　36
　　尺　36
　　ニュ（指　タイ一般）　148
　　ワー（両手を広げた指先から指先　タイ一
　　　　般）　148
人類の進化と拡散　7-13　→原初的住居
巣　→動物の巣，原初的住居
スア・バーン（バーンの守護神　タイ・ルー
　　族）　116
スア・ムアン（ムアンの守護神　タイ・ルー
　　族）　116
スアム/スアム・コイ（娘（末娘）の寝室　タ
　　イ・ラオ族）　110, 147, 153, 155, 194, 201
スアン・ポー（親の空間　タイ・ラオ族）
　　199
スアン・ルーク（子供の空間　タイ・ラオ族）
　　199
水牛　82, 127, 211
水上住居　59
水稲耕作　58, 110　→稲作
スキンチ・アーチ　30

索　引

スクオッター・スラム　327
ステップ　46
ストア　229
ストーブ　31
ストーン・サークル　29
スパン　17
隅三角状持送式屋根架構　17
棲み分け（セグリゲーション）　111
「スラム」→貧困層居住地
　　スラム・クリアランス　446
スレート　20, 23
　　スレート葺　23　→屋根
世界恐慌　321
世界システム　328
世界資本主義　→グローバリゼーション
世界単位　45, 453
石造　22
セタティラート王　107
石器　11
石窟　29
セメント　263
セルフビルド　448
セルフヘルプ　392, 448
磚　55　→焼成煉瓦
氈車（車付き住宅）　51
船上住居　59
尖塔アーチ　30
増改築　416
双系制　116, 209　→血縁集団
草原　44
装飾　34, 131
ソーイ（街区内の細い通路　タイ一般）
　　343, 353
組積構造（組石造）　15-16, 29-30
ソンクラーン（正月　タイ）　116

タイガ　46
タイトゥン（高床の床下空間　タイ・ラオ族）
　　173, 184, 189, 225, 348
タウンハウス　388-389, 391
タオ・ホーン（居間　タイ・ラオ族）　155
タオウ・ホェ（炉　タイ・ラオ族）　155
高倉　69
高床式（杭上）住居　29, 62, 68-69, 127, 211

干蘭（中国）　55
金平型　122
フアン・ブハーン（東北タイ）　190
栲京（朝鮮）　46
高床の床下空間
　　コンラーン　173
　　タイトゥン（タイ・ラオ族）　173, 184, 189, 225, 348
タクシン王　132, 369
タクシン首相　394, 435
孟連型住居　119, 221, 443
竹造　62, 211
竹楼　221
タノン（都市の主要道路　タイ一般）　343, 353
タブー　140
タラット／タラート（市場　タイ一般）　284, 297
タン・カン（厨房棟を配置する側）　200
　　→方位観
タン・ターイ（下側，南側）　210　→方位観
タン・チーン（足の側）　180, 210　→方位観
タン・ナーフアン（足を向ける側）　200
　　→方位観
タン・ヌア（上側，北側）　210　→方位観
タン・フアー（頭の側）　180, 210　→方位観
タン・ホェ（女性に関わる空間　タイ・ラオ族）　155
タン・ホーン（男性に関わる空間　タイ・ラオ族）　155
暖房システム
　　オンドル（朝鮮）　31
　　炕（中国）　31
　　グロリア（スペイン）　31
　　暖炉　31
チェン（東北タイの王侯貴族が支配するウィアン）　94, 102　→ムアン
地下住居　25
竹筒屋　55, 239　→手巾寮
チャーン（屋根のあるテラス）　137, 348, 350, 360　→テラス
チャイナタウン　247
チャイニーズ　231, 243, 321
チャオ（長）　94, 133

519

索引

チャクリー改革　94
チャンディ（ヒンドゥー寺院）　68
チャンワット　94　→ムアン
厨房　35, 112
　　クアー（タイ・ラオ族）　159, 189
　　フアン・クアー（厨房棟　タイ・ラオ族）
　　　178, 189
　　ルアン・クルア（厨房棟　シアム族）
　　　138
地床式住居　68-69
直系家族　70　→家族
鎮市　235
通風　25, 31, 314
妻　35
　　妻入　123
　　妻飾り　131
　　切妻　63, 160, 348
ツンドラ　25, 31, 46
亭　235
亭子脚　239　→アーケード
定住革命　13
邸店　235, 239
ティピ　27　→天幕住居
テヴァダー・バーン（集落の祠　シャン族）
　　111
テーン（居間，寝室前の前室　タイ・ルーイ族）
　　109, 124, 126, 360, 364　→ハーン
デオリ（中庭式住居　ハイデラバード）
　　→中庭式住居
デサコタ　330
鉄筋コンクリート（RC）造　122
テラス　52, 108, 128, 223
　　ジャーン（テラス　タイ・ダム族）　128
　　チャーン（屋根のあるテラス）　137,
　　　348, 350, 360
　　ラビアン（屋根のないテラス）　348, 377
テラスハウス　241
デルタ　45
テワダ（神　タイ・ラオ族）　146
天井　55, 237
天然ゴム　332
店舗併用住居　→ショップハウス
天幕住居　15-16, 25
　　円錐形天幕住居　27, 31

腰折円錐形天幕住居　27
ティピ　27
マイカン（モンゴル）　51
ヤランガ（アルタイ族）　27
ユルト（モンゴル）　27, 46
店屋　232, 239, 443　→ショップハウス
トーノ（ユルトの天頂部）　31　→煙出し
ドーム　16, 30
ドイモイ（刷新）政策　322
トイレ　312
トゥア・フアン（母屋　タイ・ラオ族）
　　186, 189-190
トゥーブ（架設的住居　タイ・ラオ族）　151
トゥク・テウ（タイのショップハウス）
　　248, 279　→ショップハウス
洞窟　12, 25, 34
唐人　231
通し柱　119
動物の巣　14　→原初的住居
都市革命　13　→人類の進化と拡散
土掌房　118
トタン　39, 184, 224, 304
土地区画整理　393
土地分有　393
土着文化　62
トノ（殿）　65
トラス　119
ドルメン　29　→巨石記念物
トロック（街区内の細い通路）　343, 353
トンコナン（サダン・トラジャ族の住居）
　　76
ドンソン銅鼓　29, 62
ドンプータ（テワダや仏像を置く棚）　146,
　　186, 210
ナー・コーン（男性あるいは息子のスペース
　　タイ・ラオ族）　165
ナー・ムク（L型の寄棟　タイ・ラオ族）
　　160
ナーガ（水の神，神話上の海ヘビ）　84
ナーホーン（一家の主人，男性が使用する空間）
　　348
中庭式住居（コートヤード・ハウス）　32,
　　55, 58, 239

索　引

アトリウム　55
院子（中国）　55
デオリ（ハイデラバード）　55
ナレクッタ（ケララ）　55
バハ（ネパール）　58
バヒ（ネパール）　58
ペリステュロス　55
ラジバリ（西ベンガル）　55
ワダ（マハラシュトラ）　55
長屋　302
ナム・ムアン王　354
ナレクッタ（中庭式住居　ケララ）　55
　→中庭式住居
二重経済構造　326
日射熱　31, 314
ニッパ葺　302　→屋根
熱帯地域27　31, 454
粘板岩　→スレート
農耕革命　13
ノマド　25

パー・チャー（墓地　タイ一般）　111, 210
パー・トクシー（土壁）　122, 224, 381
バーザール・セクター　326
バードギル（風捕獲装置　イラン，イラク）　32, 52
パーヘオ（共同墓地　タイ・ラオ族）　168
ハーン（居間，寝室前の前室　タイ・ラオ族）　109, 153, 178, 180　→テーン
バーン・ウア・アトーン事業　364, 394, 429
バーンパック・コンガーン・チュアックラオ　→仮設住宅
バイオガス　451
パイチーン（物置　タイ・ラオ族）　148, 178, 187, 189, 201
ハヴェリ（インドの都市型住居）　55, 446
パオ　27, 46, 102
墓　25, 34
　パー・チャー（シャン族）　111, 210
　パーヘオ（タイ・ラオ族）　168
柱梁構造　15
バスティー（インドの貧困層居住地）　328, 445　→貧困層居住地
瑞朋型住居（雲南タイ族）　119

バックレーン　263, 275, 313
パティオ　55
パトゥ・ムーバーン（集落の門　タイ・ルー族）　116
バヌア（オーストロネシア言語圏に広く分布する大陸，土地，集落，村，町，国を意味する言葉）　77　→三界概念
バハ（中庭式住居　ネパール）　→中庭式住居
バハイ・ナ・バト（フィリピンの都市型住宅）　241, 243
バヒ（中庭式住居　ネパール）　→中庭式住居
バヤニハン（フィリピンの伝統的相互扶助組織　結）　449　→フリーダム・トゥ・ビルド
バラック　328
パラディアン・ウインドウ　247
バランガイ（フィリピンのコミュニティの基礎単位）　327
バリオ（フィリピンの貧困層居住地）　327, 445　→貧困層居住地
バリオ・セラド（閉じたコミュニティ　スペイン語）　328
バルコニー　263, 312, 419
パルワガン（フィリピンの伝統的金融システム　講）　449　→ビルディング・トゥゲザー
バロン・バロン（フィリピンの貧困層居住地）　327　→貧困層居住地
パワチャムヨム（路地に接続しない宅地のアクセスを可能にするための方策）　343
パン・ヤー（入母屋　タイ・ラオ族）　160　→入母屋造
版納型住居（雲南タイ族）　119, 222, 442
版築（突き固めて作る土壁）　20
半球アーチ　30
半坡屋　236
バンド　33, 52
パンナー（集落　雲南タイ族）　94
ハンナーム（洗面用の壺）　360
飯場　405　→仮設住宅
バンブーマット　22, 113
ピー（精霊）　110, 213
　ピー・フアン（家の霊）　116
　ピー・ポー（父の霊）　116
　ピー・メー（母の霊）　116
肘（腕）尺　36　→身体寸法

521

索　引

引張　27
ビドンビル（北アフリカの貧困層居住地）
　　327　→貧困層居住地
日乾煉瓦　20　→煉瓦
氷室　32
廟　287
氷河期　12
氷雪気候　31
平入　127
ビルディング・トゥゲザー　413, 448
避弄（細路地）　237
ヒンドゥー　35, 54, 68
貧困層居住地
　　ゲゼジェコンドゥ（トルコ）　327
　　バスティー（インド）　328, 445
　　バリオ（フィリピン）　327, 445
　　バロン・バロン（フィリピン）　327
　　ビドンビル（北アフリカ）　327
　　ファヴェーラ（南米）　327-328
　　ムセク（アンゴラ）　328
ヒンプラ（祭壇）　424
フア・フアン（頭を向ける側　タイ・ラオ族）
　　200　→方位観
ファーム・セクター　326
ファイブ・フット・ウエイ　232, 245, 247,
　　312　→カキ・リマ
ファヴェーラ（南米の貧困層居住地）　327-
　　328　→貧困層居住地
ファサード　229
フアン・ガレー（ユアン族の伝統的な木造住
　　居）　133　→ガレー
フアン・クアー（厨房棟　タイ・ラオ族）
　　178, 189
フアン・コェイ（平側に下屋があるオープンテ
　　ラスを持つ住居　タイ・ラオ族）　153,
　　190, 199
フアン・シアー（正式な家）　153, 201-202
フアン・ノイ（1棟の狭小住宅　タイ・ラオ族）
　　190　→フアン・ヤオ
フアン・ノン（母屋棟　タイ・ラオ族）
　　178, 183
フアン・ハーン（ハーンがある住居）　152
　　→ハーン
フアン・フアロイ（カロン族の伝統的住居）

　　199-200
フアン・フェード（2棟住居　東北タイ）
　　148, 199
フアン・ブハーン（木造の高床住居　東北タ
　　イ）　190
フアン・マイジン（木造住居　ユアン族）
　　133
フアン・マイブア（竹造住居　ユアン族）
　　133
フアン・ヤーイ（1棟以上で構成される「正式
　　な家」）　202
フアン・ヤオ（1棟の狭小住宅　タイ・ラオ族）
　　148, 151, 202　→フアン・ノイ
フィート　36　→身体寸法
風水　36
夫婦家族　70　→家族
桴京（高床の校倉　朝鮮）　46　→高床
フォーマル・セクター　327
複合家族　70　→家族
複合社会　326
複婚家族　70　→家族
輻射熱　31
父系制　33, 116　→血縁集団
仏壇　112, 213
船型屋根　65　→屋根
ブヌア　→バヌア
不法占拠　34, 393
プラ（寺　バリ）　77
プラーン（ストゥーパ）　342
プライバシー　119, 224
プライマシー（首座度）　320
　　プライメイト・シティ　319, 388
フラッツ　388-389, 391
フラットルーフ　275
フリーダム・トゥ・ビルド　448-449
プリンボン（ジャワの家相書）　38
プレファブ建築　39, 413
ブロック造　224
米西戦争　321
北京原人　8
ペリステュロス　→中庭式住居
ペンデンティブ　29-30　→組積構造
坊　234-235
方位観　35, 147

522

タン・カン（厨房棟を配置する側） 200
タン・ターイ（下側，南側） 210
タン・チーン（足の側） 180, 210
タン・ナーフアン（足を向ける側） 200
タン・ヌア（上側，北側） 210
タン・フアー（頭の側） 180, 210
フア・フアン（頭を向ける側　タイ・ラオ族） 200
坊墻制　235, 239
方形住居　63
ボウリング条約　249, 297-298, 321
房廊　232, 235, 237, 239
ホームレス　12
ホーン・アーブ・ナーム（風呂）　348
ホーン・アネックプラソン（多目的室）　426
　→居間
ホーン・カーン（両親と小さい子供の寝室　タイ・ラオ族）　148, 153, 163, 194
ホーン・クルア（台所）　348, 353, 424
ホーン・ケップコーン（倉庫）　348
ホーン・タム（仏像が置かれる部屋）　199, 201
ホーン・ナーム（便所　タイ一般）　348
ホーン・ナン・レン（多目的室）　348, 361, 425　→居間
ホーン・ノン（寝室）　180, 348, 353
ホーン・ポー（父親の寝室）　201
ホーン・ポン（東北タイの伝統的住居の内部空間に東側に配置される仕切り壁のないスペース）　165
ホーン・ラップ・ケーク（客間）　348, 425
ホーン・ルーク（子供の空間）　201
母系制　33, 116　→血縁集団
掘立柱　138, 212
北方林　45
ホミニゼーション　7　→人類の進化と拡散
ポン（息子と仏像棚や祖霊棚の空間）　147, 155, 194
ホン・テウ　248, 279　→ショップハウス

マーナサーラ　38　→シルパ・シャストラ
マイカン（モンゴルの天幕住居）　51
　→天幕住居
マガリャンイス　11, 38
町屋　239
末子相続　199
マニュファクチュア　325
マハターン（貴族の居住地，精霊や信仰に関する土地）　110　→サマンターン
丸太　27
マンラーイ王　132
ミヤ（宮　ミアラカ）　65
ムアン（都市，都市国家）　94
　→ウィアン，チェン
　ムアン・ルー　115
ムーバーン（農村共同体）　94　→ムアン
ムーバーン・チャドサン（分譲住宅地）　391
ムク（寄棟　タイ・ラオ族）　160
ムスリム　206
ムセク（アンゴラの貧困層居住地）　328
　→貧困層居住地
棟木　66
棟　35
ムハンマド　240
ムラート　326
ムランタウ（出稼ぎ）　73
ムロ（室）　65
ムン（盆地）　94
明器　51
メイズ法　249
メール山　35　→コスモロジー
メガ・アーバニゼーション　329
メガ・シティ　329, 388
メスティーソ　326
メソポタミア文明　453
メンヒル　29　→巨石記念物
木造住宅　211, 389
モスク　206
モダン・ショップハウス　314
　→ショップハウス
モルタル　20
モンゴロイド　11-13, 27
モンスーン　60
モンドップ（寺院の講堂）　342
モントン（コミッショナー・システム）　94

窰洞　25　→穴居住居
焼畑耕作　55, 58

523

屋敷地（コンパウンド） 35, 133
　　屋敷地共住結合　347
ヤシ葺　23　→屋根
屋根
　　板葺　122, 212
　　片流れ　160, 348
　　茅葺　122
　　瓦葺　23, 39, 122, 212
　　草葺　23, 39, 212
　　転び破風　63, 65
　　シングル葺　23
　　スレート葺　23
　　ニッパ葺　302
　　船型屋根　65
　　ヤシ葺　23
　　陸屋根　118
　　藁葺　23, 39
ヤフチャール（氷室　メソポタミア）　32, 52
ヤランガ（アルタイ族の天幕住居）　27
　　→腰折円錐形天幕住居
ユーティリティ　312
遊牧　14
ユーレイシアン　326
ユーン（米倉　タイ・ラオ族）　186
床下空間　→高床の床下空間
ユルト（モンゴルの天幕住居）　27, 46
　　→天幕住居
寄棟　63, 160, 348

ラーマⅠ世　100, 369
ラーマⅢ世　284
ラーマⅣ世　156, 248, 250-252, 255, 369, 443
ラーマⅤ世　129, 251
ラーマⅥ世　275
ラーマⅦ世　267
ラームカムヘン王　354
ラーン・バーン（前庭）　111, 198, 210
ラーンバーン（広場空間）　343

ライ（1ライ＝1600m²）　364
ラオ・カーオ（米倉　タイ・ラオ族）　159
ラク・バーン（集落の柱　シャン族）　111, 113, 198, 206, 210
ラク・ムアン（ムアンの柱）　116　→精霊
ラッフルズ S.　244, 247, 443
ラテルネン・デッケ　17, 30
　　→隅三角状持送式屋根架構
ラビァーン（ヴェランダ　シアム族）　137
ラビアン（屋根のないテラス）　147, 348
ランカー・テーブ（片流れ屋根　タイ・ルーイ族）　160
ランガール（礼拝室）　453
里　234-235
陸屋根（フラットルーフ）　118　→屋根
リノベーション　312
閭里　235
ルアン・クルア（厨房棟　シアム族）　138
ルアン・ノーン（寝室棟　シアム族）　137
累木式建築　→井籠組
ルーヴァー　31
ルーラル・ハウジング　448
冷房　454
煉瓦　20
　　煉瓦造　389
　　焼成煉瓦　20, 22, 55
　　日乾煉瓦　20
連棟　304, 314
炉　112, 128
ローコスト・コンドミニアム　391, 431
ログ構造　22, 29
ログハウス　46
『魯般営造正式』　36
ロングハウス　33

ワダ（中庭式住居　マハラシュトラ）　55
ワット（寺院）　111, 116
藁葺　23, 39　→屋根

■民族名・言語名索引

原則として，個別の民族名や方言でない分類概念の場合のみ，語ないし語族を付した．

赤タイ　　103
アトニ　　33, 79
アホム　　102-103
アボリジニ　　13, 27
アメリカ・インディアン　　27
アルタイ　　27, 46, 91
イヌイット　　34
イバン　　34, 71
イフガオ　　59, 69, 449
イロコイ　　34
インドネシア語　　27
ウイグル　　49
ヴェト・モン　　105
ウズベク　　49
エヴェンキ　　46, 51
エデ　　71
オーストロネシア語　　27

カチン　　71, 89
カムティ（タイ・カムティ）　　103-104, 108, 222, 442
カヤン　　71, 73
カレン　　71
カロン　　199
キタイ　　240
匈奴　　38, 49
キルギス　　49
キン　　105, 107
クメール　　107
黒タイ　　102-103　→タイ・ダム
ケンヤー　　71, 73
コリャーク　　46
コロワイ　　27

サクディ　　71
ササック　　74
サダン・トラジャ　　33, 48
シアム　　102-103, 212, 221
シナ・チベット　　61, 92
シャン　　89, 102-104, 109, 186-187, 209, 212,

222, 442
柔然　　49
女真　　240
ジョライ　　71
白タイ　　102-103　→タイ・カオ
タイ　　57
タイ・アイトン　　104
タイ・アホム　　104, 108
タイ・カダイ　　61, 89
タイ・カムヤン　　104
タイ・カロン　　89
タイ・クーン　　103
タイ・クラン　　106
タイ・コム　　106
タイ・コラート　　103
タイ・タヨ　　103
タイ・ダム　　98, 209, 212, 222, 442
タイ・ナム　　103
タイ・ヌン　　105
タイ・ノイ　　106
タイ・パーケ　　104
タイ・プアン　　154, 212-213
タイ・ヤーイ　　89
タイ・ユアン　　95, 109
タイ・ヨイ　　89
タイ・ライ　　103
タイ・ラオ　　89, 91, 109, 206, 209, 442
タイ・ルー　　199, 206, 209, 212
タイ・ルーイ　　89, 212
タイ・ルン　　103
タイ・レー　　209
タイ系諸語　　89
タガログ語　　27, 327
タタール　　27
ダヤク　　71
チベット　　107
チャム　　107
チュクチ　　46
チュット　　105

索　引

チュン　102
チョー　102
チンプオ　89
チンポー（景頗）　89, 110
ツヘ　102
ディオイ　103
テトゥム　80
トゥルコメン　49
トー　101-102, 105
トー・ティ　103
徳宏ダイ　110
ドゴン　35
突厥　49
トラジャ　63, 76
トン・タイ語　94
トン　57

ヌアウル　79
ヌリスタン　46
ヌン　101-103
ネオ・シベリアン　51

パーリ語　96
擺夷　89
バサルワ　34
バタック・カロ　74
バタック・シマルングン　48, 74
バタック・トバ　74
バタック・マンダイリング　74
ハツカ　103
パラエオ・シベリアン　51
ビルマ族　107
閩越　94
ヒンディ語　328
プータイ　89, 102-103
ブーミン　102
ブギス　49, 79
ブリャート　46, 49
プロト・オーストロネシア語　61
フン　38

ベドウィン　27, 52
ボントック　69

マダン　20, 55
マラナオ　71
マラヨ・ポリネシア語族　62
マル　89
ミナンカバウ　29, 61
ムオン　105
メオ　57
蒙古　49
モン・クメール　92, 338
モン　96, 107

ヤクート　46, 51
ヤム　49
ヤン　103
ヤンツェ・タイ　103
ユアン　103
ユン　102
ヨムート　49

ラオ　89, 102, 209
　　ラオ・ヴェン　103
　　ラオ・サウ　103
　　ラオ・スーン（高地ラオ）　166
　　ラオ・トウン　166
　　ラオ・ルム　166
ラシ　89
ラフ　92
リー　103
リン　102
ルー　102
ルワラ　27
ルン　102

ワ　92

ンガナサン　46, 51

■地（地域）名・王朝名・古代都市名索引

アヴァ朝（ミャンマー）　98
アチェ　227, 283
アッサム　89, 92, 94, 108, 222, 442
アッシリア　32
アナトリア　49
アファール盆地　11
アフガニスタン　27, 46, 49
アフリカ大地溝帯　11, 13
アユタヤ　77, 227, 229
アユタヤ王朝　99, 338
厦門　284
アラカン山脈　60
アラビア半島　27
アルナチャル・プラデシュ州　104, 108
アルメニア　30, 54
アンコール・トム　227, 338
アンコール・ワット　63
アンダマン海　104
アンダマン島　58, 61
アンナン山脈　148
アンボイナ　320
イースター島　29
イスファハン　52
インダス　13, 20, 22, 32, 453
インタノン山　133
インドシナ　29, 89, 91, 320
インドネシア　8, 43, 68, 229
インド洋　240, 311
インワ朝　98, 338
ヴィエンチャン　91, 100, 224, 227
ヴィガン　241, 321
ヴェトナム　43, 68-69, 89, 91, 241, 319
ウクライナ　10, 12
ウッタラディット　97, 134, 338
ウドンタニ　145
ウラル山地　46
ウランバートル　49
ウル　13
ウルク　13
雲南　57, 89, 92, 94, 109, 337, 442
エーヤワーディ河　59

エジプト　13, 32
エチオピア　11
エニセイ川　46
エリドゥ　13
エンデ　79
オセアニア　11, 22, 27
オビ川　46
オルドヴァイ　7, 9
カーシャン　52
カンチャナブリカーンチャナブリー　91, 101
海南　89, 92
景洪　92, 122
カザフスタン　49
カシミール　54
カスピ海　49
カチン　89
カッパドキア　25
カディン川　195
カトゥマンドゥ　58
河南　55
カフゼー遺跡　11
華北　25
河姆渡遺跡　69
カムアン　148, 194-195, 199, 210
カムチャッカ　46
カンパンペット　97, 338
樺太　46
カリマンタン　71
カロ高原　74
カンジス川　54
広東　94, 240
カンボジア　43, 91, 319
貴州　92
吉林　55
キムロン　227
キャンティ　46
陝西　55
ギラ　52
ギリシャ　30, 32, 239
キンヴァー・エッジ　25

527

索　引

クアラルンプール　330, 406
クエヴァス　25
グジャラート　57-58
クランタン王朝　283
グレシク　227
黒河　442
クロン・サンサープ　298
クロン・スアン　231, 297
クロン・プラカノン　299
クロントイ港（バンコク港）　333
元　240
ゴア　320
黄河　13
広州　320
江蘇　55
コーラート　59, 99, 339
ゴールデン・トライアングル　91
紅河　43, 59, 442
黒竜江　46
コタ地区　444
昆明　55

サイニャブリー　132, 156
サヴァナケート　143, 148, 195
ザガイン朝　98, 338
サコンナコン　194
サトゥーン　140
サバ　71
サフル　13
サムート・プラカーン　297, 430
サラワク　71
サルウィン川　43, 59, 94, 104
サンゲアン　63
サンサルバドル　38
山西　55
山東　55
シーサッチャナーライ　97, 338
シアム　101
ジェベル・ファヤ　11
シェンクワーン　150, 194
シジョリ（SIJORI）　330
四川　55, 239
シプソンチュタイ　98, 206, 209, 212, 222
シプソンパンナー／シーサンパンナ（西双版
納）　91, 95, 109, 199, 209, 211-212, 221, 338, 442
シベリア　11, 13, 25, 27
ジャカルタ　327, 329, 406
ジャワ　35, 38, 58, 68, 244, 330
シャン　104, 212, 223
上海　329
重慶　329
ジュパラ　227
ジョホール　227
シリア　8, 11
ジン・ホン　95
シンガポール　43, 229, 245, 320, 406
シンド　32
スコータイ　97, 284, 338
スタンフォードシャー　25
スパンブリ　138
スマラン　227, 244
スラウェシ　29, 48, 61, 77
スラバヤ　227, 244, 327
スリランカ　96
スワンナブミ王国　96
スンダ　68
スンダランド　13, 27
スンバ　36, 58, 77
スンバワ　63
セ・バンファイ川　91, 195
セー川　150
石寨山　29
浙江　69, 239
セバヒアン川　150
セブ　241, 243, 321
泉州　240
蘇州　237, 239
ソムール　25
ソンクラ　284

ターカーム　355
ダーンサイ　157
タイ　43, 89, 91, 102, 110, 321
タイ・デルタ　45
大理国　94-95, 337
台湾　29, 36, 89
タインホア　63

索　引

タウンギー　115, 223
タウングー朝　95, 100, 338
タニンバル諸島　33
タンザニア　7
タンロン　77, 227
チェンカーン　157
チエンテーン王国　116
チエントゥン　113
チェンナイ　329
チェンマイ　95
チェンライ　91
チグリス・ユーフラテス　52
地中海　23
チベット　54
チャイナート　98, 138, 338
チャオプラヤ川　43, 59, 212
チャオプラヤ・デルタ　221
チャクラヌガラ　227
チャクリー王朝　101, 132, 257, 369
チャチョンサオ　297-299, 395
チャルーンクルン通り　257
チャンパ王国　107
チャンパサック王国　100
中央アジア　10, 43
中華人民共和国　231
中原　25
中国　34
中東地域　22
中南米　27
中部ジャワ　68
中部タイ　405
長江　13, 91
朝鮮半島　46
チョンブリ　138
チリウォン川　243
ディエンビエンフー　126, 194
ティムール帝国　38
ティモール　33, 36, 58, 68, 79
デカン台地　57
デニソワ　11
デマ（ドゥマッ）　227
テラ・アマタ　9
テル・アル・ムカイヤル　13
テル・グッパ遺跡　53

テルナテ　320
ドヴァーラヴァティ　96
トゥヴィニアン　46
島嶼部東南アジア　442
トゥバン　227
東部ジャワ　68
東北タイ　89, 209, 212, 405
トウンオウ　212
トゥンソンホン住宅地　410, 413, 429
徳宏　206, 212
吐蕃　95, 337
トルクメニスタン　49
トルコ　25
ドルドーニュ川　12
トロブリアンド島　48
トンキン　92, 110
トンブリ王朝　100
ドンムアン　411
ドンラック山地　145

ナーン川　105, 115
ナガ　68
ナコーンサワン　98, 338
ナコーンラーチャシーマー　339
ナコン・シー・タマラート　140
ナコンパトム　96
ナラーティワート　140
ナワナコン工業団地　333
南越　94
南詔　91, 94, 107, 337
南西諸島　69
南宋　240
ニアス島　58, 77
ニコバル島　58, 61
西アジア　11, 25, 43
西イリアン　58, 68
ニューギニア　61
ニューデリー　320, 329
ヌサトゥンガラ諸島　63
ネパール　33-34, 58
ネワール　58
ノン・ノック・タ　92
ノンホイ団地　364

索　引

バーミアン　54
バーン・カオ遺跡　91
バーン・ナーオウ　209, 211
バーン・ノンチャン　195, 200, 209–211
バーン・ノンナウ　184, 211
バーン・パクシー　209
バーン・プラチャラット　398
バーンチェン遺跡　92, 145
バーンチャロン団地　394, 432
バイカル湖　46
ハイナン　92
パガン朝　98, 227, 338
パキスタン　32, 329
パクセー　150
バグダード　52
パサイ　227
パシシール　244
パジャジャラン王国　227
バタヴィア　243, 320
パタニ　140, 227, 229, 231
パタン　33
バドゥイ　68, 77
パナイ　241, 321
ハノイ　320
パプア・ニューギニア　27
ハブーバ・カビーラ南遺跡　13
ハムリン盆地　53
バリ　20, 34–36, 68
バリアン　241, 243, 444
ハリプンチャイ　96
パレスチナ　11
バンコク　229, 231, 329–330, 406, 448
バンダ　320
バンテン　283
バントゥン　227
バンドン　68
バンブリー　411, 413
東インドネシア　61
ピッサヌローク　98, 338
ビノンド地区　241
ピマーイ　99, 103
ヒマラヤ山脈　11
百越　94
広西　92, 94

ピン　194
ピン川　105
ヒンブーン川　195
ビンヤ朝　98
ビンルー　115
フィリピン　20, 43, 241, 321
プー・ビア山　148
プー・パペッド　195
プーケット　229
フエ　227
フエゴ島　11
ブエノスアイレス　328
フォントー郡　115
福建　55, 89, 91, 240
扶南　107
プノンペン　227
ブラジル　320
ブラマプトラ河　59
プランバナン　68
プリアンガン　68
ブル島　68
ブルネイ　43, 227
プレー　115
フローレス島　11, 58, 82
ヘーレン通り　241
北京　329
ペグー　77, 227
ペチャブリー　130
ペナン　245, 255, 320
ペルシア　27
ペルシア湾　240, 311
ベンガル　55, 98, 338
ホイアン　241, 444
ボヴォニヴェット寺院　260
ホーチミン　91
ポソ　82
ポリネシア　61
ポルトガル　227, 241, 282, 320
ボルネオ　29, 71, 321
ボロブドゥール　63, 68
ボロベン高原　107
香港　229
ポンティック地方　46
ボンベイ　320　→ムンバイ

530

索　引

マカオ　241, 320
マカッサル　61, 227
マグリブ　10
マシュリク　52
マダガスカル　13
マタラム　77, 227
マドゥラ島　58, 74
マトマタ　25
マドラス　320　→チェンナイ
マニラ　241, 321, 329-330
マハタート寺院　260
マハチャイ　194
マハラシュトラ　55
マヒーダラプラ王朝　340
マラッカ　227, 241, 245, 320, 444
マラッカ王国　99
マラヤ　96
マルク　→モルッカ諸島
マレーシア　43, 229
マレー半島　98, 245, 255, 338
マンガライ　82
ミクロネシア　61
ミナハサ　77
南インド　68
南シナ海　68-69, 91
南タイ　206
ミャンマー　43, 89, 91, 109, 222, 258, 319-320, 442
ミンダナオ島　321
ムアン・シン　115
ムクダハン　194
ムン・マオ王国　95, 110
ムンバイ　329
明　240
メーホーソン　112
メコン・デルタ　91, 107, 320
メコン河　43, 59, 89, 91, 106
メソポタミア　13, 22, 32
メラネシア　11
メンタワイ諸島　71
モエンジョ・ダーロ　32
モルッカ諸島　29, 68, 320
モロドヴァ遺跡　10

モンゴル高原　27
ヤズド　52
ヤラー　140
揚子江　91, 93
ヨム川　105
ヨルダン　11

ラージャスタン　58
ラーンサーン　89
ラーンサーン王朝　99-100, 338
ラーンナー　94
ライチャオ　115
ラオス　43, 89, 91-92, 110, 209, 212, 319-320, 442
ラガシュ　13
ラッカバン住宅地　411, 413
ラッタナーコーシン王朝　101, 230
ラッタナーコーシン地区　233, 255
ラップランド　27, 31
ランカ・スカ（南部タイの古代インド化国家）　281-282
ランシット住宅地　411, 413
ランナー王国　100, 338
ランパーン　115
ランプーン　96, 115
リンガ　74
ルアンパバン　89, 91, 212
ルスン・ソンボ　452
ルスン・ドゥパック　452
ルソン島　59
ルム・ナム・ルーイ　156-157
レヴァント　11
レバノン　11
レムチャバン港　333, 336
ロイット　108
ローマ　30, 32, 239
ロッブリ　96
ロティ　79, 82
ロンドン　22
ロンボク　68, 227

ワン川　105

531

著者紹介

布野修司：1972年4月東京大学工学部卒業，1976年4月東京大学大学院工学研究科博士課程中途退学，1976年5月東京大学助手（工学部），1978年5月東洋大学講師（工学部）・助教授（工学部）・1991年9月京都大学大学院助教授（工学研究科），2005年4月～滋賀県立大学大学院環境科学研究科教授・理事・副学長，2015年4月日本大学生産工学部特任教授．1987年12月工学博士（東京大学）．

田中麻里：奈良女子大学家政学部住居学科卒業，同大学院修了後，Asian Institute of Technology 修士課程修了，1998年京都大学大学院工学研究科建築学専攻博士後期課程単位取得，群馬大学教育学部講師を経て，2014年～同教授・2003年～2004年 University College London（文部科学省在外研究員），2015年4月～群馬大学総合情報メディアセンター長（図書館長）．2003年1月博士（工学）京都大学．

Nawit Ongsavangchai（ナウィット・オンサワンチャイ）：1996年3月コンケーン大学建築学部建築学科卒業，1996年5月 Crayon Architects 設計事務所勤務，1998年1月チェンマイ大学建築学部講師，2003年3月京都大学大学院工学研究科生活空間学専攻修士課程修了，2006年3月同大学院工学研究科建築学専攻博士後期課程修了，工学博士．2006年4月チェンマイ大学建築学部講師，2009年10月～チェンマイ大学助教，2012年～アジア都市建築研究室主宰，2014年～Hanabitate 建築設計事務所代表

Chantanee Chiranthanut（チャンタニー・チランタナット）：1996年3月コンケーン大学建築学部建築学科卒業，1996年7月 Poomiwuth 設計事務所勤務，1998年11月コンケーン大学建築学部講師，2001年5月 Master of Architecture, Silpakorn University, Thailand，2009年9月滋賀県立大学大学院環境科学研究科後期課程修了，博士（環境科学）．2009年10月コンケーン大学建築学部助教．

東南アジアの住居
──その起源・伝播・類型・変容

2017年2月25日　初版第一刷発行

著　者	布　野　修　司
	田　中　麻　里
	チャンタニー・チランタナット
	ナウィット・オンサワンチャイ
発行人	末　原　達　郎
発行所	京都大学学術出版会
	京都市左京区吉田近衛町69
	京都大学吉田南構内（〒606-8315）
	電話　075(761)6182
	FAX　075(761)6190
	URL　http://www.kyoto-up.or.jp/
	振替　01000-8-64677
印刷・製本	亜細亜印刷株式会社
装　幀	鷺草デザイン事務所

ⒸShuji Funo, Mari Tanaka, Chantanee Chiranthanut, Nawit Ongsavangchai 2017
Printed in Japan
ISBN978-4-8140-0063-0　　　　　定価はカバーに表示してあります

本書のコピー，スキャン，デジタル化等の無断複製は著作権法上での例外を除き禁じられています．本書を代行業者等の第三者に依頼してスキャンやデジタル化することは，たとえ個人や家庭内での利用でも著作権法違反です．